MANUAL DE PEÇAS PRÁTICAS PARA CARREIRAS JURÍDICAS

Sentença Cível

Coleção
MANUAIS
de **PRÁTICA**

Coord.: **FILIPPE AUGUSTO DOS SANTOS NASCIMENTO**

Paulo Henrique Lima Soares

MANUAL DE PEÇAS PRÁTICAS PARA CARREIRAS JURÍDICAS

Sentença Cível

2023

EDITORA *Jus*PODIVM
www.editorajuspodivm.com.br

EDITORA *Jus*PODIVM
www.editorajuspodivm.com.br

Rua Canuto Saraiva, 131 – Mooca – CEP: 03113-010 – São Paulo – São Paulo
Tel: (11) 3582.5757
Contato: www.editorajuspodivm.com.br/central-de-relacionamento

Capa e Diagramação: Maitê Coelho e Cendi Coelho *(cendicoelho@gmail.com)*

Soares, Paulo Henrique Lima

S676m Manual de Peças Práticas para Carreiras Jurídicas - Sentença Cível / Paulo Henrique Lima Soares - São Paulo: Editora Juspodivm, 2023.

720 p.

Inclui Bibliografia
ISBN: 978-85-442-4531-6

1. Direito Processual Civil. 2. Concurso Público. 3. Elaboração de Sentenças. I. Soares, Paulo Henrique Lima. II. Título.

CDD 341.46

Bibliotecária responsável:
Ana Carolina Ribeiro Mois – CRB7 – RJ 007348/0

APRESENTAÇÃO

É com grande felicidade que entrego esta obra para usufruto de seus leitores. Ela é fruto da experiência adquirida ao longo de cinco anos em atividade de assessoramento direto de magistrado, de um ano e meio como juiz, de quatro anos de estudo para provas da magistratura e da leitura de diversas obras e de frequência a cursos preparatórios diversos para concursos públicos.

Nesse período, na prática de assessorar e judicar, elaborei várias sentenças cíveis de procedimento comum, nas mais distintas matérias e complexidades - desde anotação indevida em cadastros de inadimplência a discussões sobre transporte internacional navegável de mercadorias -, e de ritos especiais - ações de despejo, de consignação em pagamento, possessórias, ação civil pública, entre outras - pelas unidades judiciárias do Estado do Ceará em que laborei. Posso assumir que errei em algumas delas no que tange ao aspecto estrutural (além do aspecto material, mas este refoge aos objetivos deste trabalho), as quais, contudo, se sujeitaram a embargos de declaração ou recurso apelatório que me oportunizaram o aperfeiçoamento na sua confecção, me impondo evitar os mesmos lapsos em atos subsequentes.

Da mesma forma, logrei algumas reprovações em concursos públicos das magistraturas federal e estadual, uma delas, inclusive, por deficiência mínima de nota no teste de sentença cível (5,74, com nota mínima 6,00), quando ignorei algumas formalidades técnicas que, quiçá observadas, teriam dado fruto diverso, o que me estimulou a buscar aprofundamento maior e melhor zelo na construção do ato decisório.

É de se notar, desde logo, que a sentença cível é uma peça essencialmente técnica que deve observar uma forma mínima de produção. É um ato complexo, que envolve trabalhar com linguagem adequada, confeccionar elementos mínimos a serem observados, apresentar tempos verbais pertinentes, cuidar na ordem de apreciação das questões jurídicas subjacentes ao caso em análise e, sobretudo, aplicar a justiça na situação concreta em conformidade com o ordenamento jurídico em vigor.

Destarte, contrariamente do que sugerem alguns, o estudo e a prática de como elaborar uma sentença cível, tanto para aqueles que com ela lidam no cotidiano do Poder Judiciário como para aqueles que pretendem aprovação em certames de magistratura federal ou estadual, não pode ser negligenciada ou relevada a segundo plano. Apenas com uma boa base teórica, a qual, modestamente, se intenciona ofertar neste curso, e treino exaustivo, a encargo dos leitores, é possível se alcançar nível excelente na realização escorreita da sentença cível. Em verdade, após bastante prática, a confecção do ato passa a ser quase intuitiva, fluindo de modo harmônico com o direito material e processual que há de ser nela abordado e se exteriorizando de modo leve e simpático.

Nessa senda, ressalva-se que a presente obra almeja ofertar mecanismos de auxílio na elaboração da sentença cível, não se imiscuindo em demasia e profundidade nos temas de direito material e de direito processual que nela serão tratados. Apenas alguns destes, é verdade, dada a recorrência de sua incidência na prática cível e nos concursos de juiz, e da especificidade de sua aplicação no ato de sentenciar, serão objeto de mais acurada exposição. Contudo, em maior parte das vezes, as matérias de fundo serão trabalhadas na presunção de seu conhecimento pelo leitor ou abordadas de modo específico ao que interessa para a aplicação na decisão, de modo que, caso haja dúvida do instituto de direito material ou de direito processual em si, recomenda-se a busca pelo assunto na obra doutrinária específica de sua preferência.

Mais especificamente para o concurso público, o leitor, com maior essencialidade, há de atentar para a exímia realização da sentença, haja vista que, conforme se infere do art. 7º, II, da Resolução nº 75/2009 do Conselho Nacional de Justiça, ato normativo que uniformiza, em muitos aspectos, os certames de magistratura nacional, as provas subjetivas gozam de maior peso no cômputo da média (peso 3) em relação às demais provas das etapas da concorrência[1]. Ademais, em caso de empate de pontuação final entre candidatos, figura como

1. Art. 7º A classificação dos candidatos habilitados obedecerá à ordem decrescente da média final, observada a seguinte ponderação:
I - da prova objetiva seletiva: peso 1;
II - da primeira e da segunda prova escrita: peso 3 para cada prova;
III - da prova oral: peso 2;
IV - da prova de títulos: peso 1

critério precípuo de solução a nota das provas escritas, nela incluída, por óbvio, a da sentença cível[2].

Portanto, a estrutura da sentença é una para a prática e para o concurso público, o que torna o estudo do ato importante para ambas as situações, sendo o foco das lições aqui envidadas: dar elementos para uma melhor resposta em provas de sentença cível de magistratura e para a construção de um ato decisório final tecnicamente irreparável na praxe forense, seja na condição de assessoramento, seja na grata função da magistratura.

Considerando os dois propósitos, desde já advirto que os capítulos I e II são de maior interesse daqueles que consultam a obra para fins de prestação de concurso público de magistratura, de maneira que aquelas que a leem para aperfeiçoar a técnica prática poderão já partir do capítulo III em diante.

Quanto ao mais, roga-se ao leitor que, identificando algo que merece reparo ao longo deste escrito, tenha a gentileza de nos alertar através do correio eletrônico *paulohenriquelimasoares@gmail.com*. Outrossim, utilizo as redes sociais para divulgação de algumas novidades em sede de Direito Processual Civil e de cursos por mim ministrados. Se for de seu interesse, sigam o perfil no Instagram *@ppaulohenrique_ls*.

Tenham uma excelente leitura!

Paulo Henrique.

2. Art. 9º Para efeito de desempate, prevalecerá a seguinte ordem de notas:
I - a das duas provas escritas somadas;
II - a da prova oral;
III - a da prova objetiva seletiva;
IV - a da prova de títulos.
Parágrafo único. Persistindo o empate, prevalecerá o candidato de maior idade.

[illegible]

[illegible]

[illegible]

[illegible]

[illegible]

[illegible]

[illegible]

APRESENTAÇÃO DA COLEÇÃO

A Coleção Ouse Saber, de Manuais Práticos, é formada por grandes autores que se destacam tanto como excelentes professores como também por uma atuação profissional exemplar em cada uma de suas carreiras jurídicas.

A ideia desta coleção é apresentar para a comunidade jurídica, em formato de obras de referência, todo o acúmulo de conhecimento que o Ouse Saber, enquanto Curso Preparatório para Concursos, acumulou ao longo de quase uma década de existência. O Ouse Saber, em sua trajetória vitoriosa, desde o seu início, ficou notabilizado por ter uma preparação diferenciada para provas escritas de carreiras jurídicas (Magistratura, Defensoria Pública, Ministério Público, Procuradorias e Delegado de Polícia), pautada em qualidade, objetividade e didática, o que proporcionou a aprovação de milhares de candidatos e candidatas nas carreiras de seus sonhos.

Com todo esse agregado de conhecimento na preparação para provas de concurso, destacadamente nas provas escritas, uma experiente equipe docente do Ouse Saber foi convidada para escrever obras construídas na medida certa para uma preparação eficiente para as provas escritas de carreiras jurídicas. A meta foi elaborar livros que tenham a profundidade adequada e nunca se afastem do propósito do concurso público. O objetivo é que o investimento de tempo e energia de candidatos e candidatas seja o ideal para trazer os resultados esperados em provas escritas.

Há um cuidado todo especial quanto à didática das obras de modo a permitir que elas sejam capazes de preparar mesmo pessoas que tenham pouco ou nenhum conhecimento na redação de sentenças ou peças processuais.

O time de autores, com muita dedicação, esforçou-se para produzir livros claros e fluentes sem perder o compromisso com a técnica exigida, o que só os anos de docência e acompanhamento de concursos, que a equipe docente do Ouse Saber possui, são capazes de proporcionar.

Por tudo isso, a Coleção Ouse Saber de Manuais Práticos é a indicada para os candidatos e as candidatas a concursos públicos que chegam às provas escritas, bem como aos profissionais do Direito que buscam o eterno aperfeiçoamento, razão pela qual a Juspodivm, esta gigante do mercado editorial brasileiro, para a alegria e honra do Ouse Saber, abraçou esta coleção.

Uma boa leitura!

Filippe Augusto dos Santos Nascimento

Defensor Público Federal.
Mestre e Doutor em Direito.
Fundador do Ouse Saber

Ig: @proffilippeaugusto

Acompanhe o Ouse Saber:

Site: www.ousesaber.com.br

Ig: @ousesaber

SUMÁRIO

CAPÍTULO III

CAPÍTULO IV

CAPÍTULO V

CAPÍTULO VI

CAPÍTULO I

ADVERTÊNCIAS INICIAIS ACERCA DE PROVA DE SENTENÇA

De início, de bom tom reforçar a relevância das provas subjetivas em concursos públicos de magistratura, notadamente no que tange à pontuação para fins de classificação no certame, tal como já adiantamos na apresentação deste escrito.

Muitos candidatos, digo inocentemente, e eu mesmo no princípio era um desses, tão somente buscam a aprovação nesta etapa com a nota mínima seis, conforme disciplinado pela Resolução nº 75/2009 do CNJ e pelos editais de concursos públicos para o cargo de juiz. É que, ao revés do que se dá no teste preambular, quando além do perfil mínimo (sessenta questões), por vezes há uma "nota de corte"[1] maior, impondo-se uma cláusula de barreira, a partir da segunda fase da disputa pela magistratura, é suficiente para a continuidade no certame o atingimento da pontuação mínima em cada etapa (6,00).

Contudo, o que esse estilo de concorrente não percebe é que, tão importante quanto a aprovação, é imprescindível se busque de modo incessante a melhor colocação de concurso possível, tanto para manter-se nas vagas, gerando direito subjetivo à nomeação, como para escolha de comarcas e antiguidade na carreira.

1. Nota de Corte: pontuação mínima a ser alcançada em primeira fase para avanço à etapa subsequente, variável de acordo com o nível da prova e dos candidatos que prestaram o concurso, considerando o máximo de duzentos candidatos à segunda fase nos concursos com menos de 1.500 inscritos e de trezentos candidatos nos certames com mais de 1.500 inscritos (regra na praxe), sem prejuízo dos empatados na última posição.

A figuração nas vagas é importante para dar um pouco mais de tranquilidade acerca da convocação para assunção no cargo, uma vez que, por força de entendimento jurisprudencial dominante, que é de amplo conhecimento dos leitores, apenas a aprovação dentro do número de vagas acarreta direito subjetivo à nomeação[2].

É verdade que, historicamente, os tribunais de justiça usualmente convocavam todos os aprovados para magistratura durante o prazo de validade do concurso (em regra, quatro anos ao todo – dois iniciais e dois de prorrogação). Entretanto, mais recentemente, conhece-se o drama de vários aprovados que viram o prazo de validade do concurso se esvair sem que tenham sido chamados todos os habilitados, como no caso do TJPB 2015 e TJMA 2014, apenas para citar os exemplos de mais destaque. Daí porque o ideal é se manter habilitado dentro das vagas editalícias ofertadas ou mesmo muito próximo a elas.

Ademais, a colocação contribui bastante para uma melhor qualidade de vida durante os primeiros anos da atividade judicante, possibilitando a escolha de uma comarca mais próxima da capital e/ou mais bem estruturada, mormente compreendendo que, na maioria dos tribunais de justiça, há uma longa caminhada para galgar elevações na carreira. No que tange à Justiça Federal, com o programa de interiorização, estão sendo instalados juízos em mais cidades dos Estados, boa parte delas com uma estrutura razoável, mas algumas bem distantes dos grandes polos.

Nessa tônica, intenciona-se despertar atenção para o cálculo e o peso das provas subjetivas da magistratura. De acordo com o art. 7º da Resolução nº 75/2009, para cada uma das duas provas escritas (subjetiva e conjunto de sentenças) atribui-se peso 3 à nota (maior de todos eles). Ou seja, além de se afigurar o teste com maior peso, ainda é duplicado!

> Seção III
>
> DA CLASSIFICAÇÃO E DA MÉDIA FINAL
>
> Art. 7º A classificação dos candidatos habilitados obedecerá à ordem decrescente da média final, observada a seguinte ponderação:
>
> I – da prova objetiva seletiva: peso 1;
>
> <u>II – da primeira e da segunda prova escrita: peso 3 para cada prova;</u>
>
> III – da prova oral: peso 2;
>
> IV – da prova de títulos: peso 1.

2. E atente-se para o entendimento excepcional segundo o qual ainda que haja aprovação no número de vagas, é possível que a administração pública deixe justificadamente de nomear dentro do prazo de validade do concurso diante da superveniência de contexto econômico-financeiro deficitário.

Não fosse bastante o extremo impacto das provas escritas para cálculo da média final classificatória, em caso de empate de nota ao final do certame, preponderará na ordem aquele candidato que tiver obtido nota mais elevada nessa etapa, conforme art. 9º do mesmo normativo.

> Art. 9º Para efeito de desempate, prevalecerá a seguinte ordem de notas:
>
> I – a das duas provas escritas somadas;
>
> II – a da prova oral;
>
> III – a da prova objetiva seletiva;
>
> IV – a da prova de títulos.
>
> Parágrafo único. Persistindo o empate, prevalecerá o candidato de maior idade.

E nem se diga que o empate, depois de prova objetiva com cem questões, duas provas escritas, compostas por uma subjetiva e duas sentenças, prova oral e de títulos é situação fática improvável. Perceba o que se deu no concurso para a magistratura estadual do TJCE 2018/2019 com os aprovados de 6ª, 7ª, e 8ª colocação:

Candidato 1, 8.018, 1

Candidato 2, 8.013, 2

Candidato 3, 7.997, 3

Candidato 4, 7.980, 4

Candidato 5, 7.904, 5

Candidato 6, 7.865, 6

Candidato 7, 7.865, 7

Candidato 8, 7.865, 8

Candidato 9, 7.823, 9

Os três aprovados entre a 6ª e 8ª colocação, pois, mesmo após todas as várias etapas do certame da magistratura, alcançaram ao fim, na ponderação das notas, exatamente a mesma média: 7.865. Figurou como critério de desempate a soma da nota das provas escritas, como aqui alertado.

Logo, diante do que aludido, não se pode menosprezar essa fase ou mesmo satisfazer-se com o atingimento da nota mínima, consideradas as consequências práticas que podem advir de tal postura em sua vida pessoal e profissional.

Por estas razões, além do estudo incessante do direito material, não se pode relevar aspectos técnicos de resolução de prova escrita, que auxiliam na conquista da melhor pontuação possível para as respostas ofertadas. Intencionamos esmerar o conhecimento de direito material e de direito processual adquiridos de um modo geral para a redação de uma sentença cível completa e escorreita.

Como se verá, existem posturas e modelos que, sem muito esforço, são capazes de garantir a excelência da reposta. Por óbvio, não se está querendo dizer que uma boa nota independe do acerto jurídico do caso proposto. Não é isso! Está se afirmando, em verdade, que o bom conhecimento jurídico, aliado a uma técnica de resposta especial e adequada de sentença cível, há de proporcionar um desempenho de destaque, quiçá se desvirtuando positivamente da maioria dos outros candidatos, o que é interessante para fins de atribuição de nota.

Isso porque, de nada adianta a detenção de excelente conhecimento das questões jurídicas atinentes ao caso proposto se o candidato não tiver a expertise necessária para expô-lo em formato de sentença, com toda a sua lógica e singularidade.

Antes de adentrar nos pontos referentes à sentença cível em si considerada, fundamental perpassar por estas orientações iniciais que devem embasar o assessor, o juiz ou o candidato a concurso público no que tange à redação do ato.

Com efeito, a confecção da sentença cível não deve ser pensada como uma mera disposição acertada de conteúdo jurídico, mas, sobretudo, na forma como abordadas e expostas as questões pertinentes, tanto no que tange à linguagem, ao estilo de texto, ao vocabulário eleito, dentre vários outros aspectos.

Feitas estas considerações esclarecedoras, passa-se ao exame específico das posturas recomendadas.

CAPÍTULO II

DICAS GERAIS PARA REDAÇÃO DE PROVAS DE SENTENÇA EM CONCURSOS PÚBLICOS

1. CONHECER AS REGRAS DO JOGO

Antes sequer de iniciar a concorrência em certames de magistratura, o pretendente candidato deverá, necessariamente, ler e estudar o que disposto na Resolução nº 75/09 do Conselho Nacional de Justiça. Isso porque se cuida de ato normativo expedido pelo conselho fiscalizatório superior do Poder Judiciário que propiciou melhor uniformização e harmonização nos concursos públicos para ingresso na carreira de magistratura das cortes nacionais.

Por conseguinte, funcionando como espécie de "manual" da disputa pelo ingresso no cargo de juiz, é imperioso que aquele que pretenda concorrer reste ciente dos termos basilares dos certames. Do contrário, seria como um jogador de futebol, ainda que bastante habilidoso, o qual não sabe que a bola não pode ser conduzida com a mão. O fracasso é certo!

Regulando a segunda etapa do certame da magistratura, dita a referida resolução que a sentença cível integra a segunda prova escrita:

> **Art. 46.** A segunda etapa do concurso será composta de 2 (duas) provas escritas, podendo haver consulta à legislação desacompanhada de anotação ou comentário, vedada a consulta a obras doutrinárias, súmulas e orientação jurisprudencial.
>
> (...)
>
> **Art. 49.** A segunda prova escrita será prática de sentença, envolvendo temas jurídicos constantes do programa, e consistirá:

> I – na Justiça Federal e na Justiça estadual, na elaboração, em dias sucessivos, de 2 (duas) sentenças, de natureza civil e criminal;
>
> II – na Justiça do Trabalho, na elaboração de 1 (uma) sentença trabalhista;
>
> III – na Justiça Militar da União e na Justiça Militar estadual, de lavratura de sentença criminal.

Ademais, "*cabe a cada tribunal definir os critérios de aplicação e de aferição da prova discursiva, explicitando-os no edital*" (art. 48). Portanto, para além da leitura geral da Resolução nº 75/09 do CNJ, deve o candidato cuidar para o exame minucioso das regras editalícias que regem cada concurso público especificamente. O ato resolutivo do CNJ proporciona as regras gerais e o bom conhecimento de como transcorrem as muitas etapas do certame para a judicatura. Todavia, não se pode ignorar que, de modo mais peculiar, o edital do concurso traz outras normas que devem ser objeto de maior atenção pelos disputantes.

Neste momento exordial, de relevo tratar de dois pontos substanciais para a ambientação de prova e, consequentemente, da aprovação na etapa: o tempo de realização conferido para a elaboração da resposta e o espaço disponibilizado para sua redação.

2. TEMPO DE PROVA

Inicialmente, não pode o candidato a concurso de juiz, notadamente nas provas escritas, ignorar previamente o tempo conferido pelo edital para findar a resposta no texto definitivo. É que, exaurido o prazo regulamentar, deve o candidato abster-se de inserir qualquer caractere em sua folha de respostas sob pena de, conforme previsão contida na maioria dos editais de concurso público, pronta eliminação do certame.

Dessa forma, em não havendo boa gestão da duração de prova, pode o candidato mais bem preparado deixar de pontuar adequadamente em virtude de não haver tempo suficiente para exaurir seus conhecimentos na transmissão da resposta para a folha. No pior dos cenários, como se anteviu, em desobediência à ordem de parada, será eliminado da disputa, não havendo sequer chance de que o conteúdo jurídico já exposto seja avaliado pela banca examinadora.

Ainda, mesmo que haja conclusão da resposta, é possível que o candidato que, quando percebeu a possibilidade de não haver tempo hábil, deixe de redigir sua resolução do modo mais técnico e completo como poderia, prejudicando o reflexo de seu conhecimento em face da nota a ser atribuída.

Destarte, a logística de tempo de prova deve ser muito bem pensada e aplicada para que não haja dano no concurso, seja por decréscimo de nota, seja por eliminação, o que tão somente demanda planejamento prévio.

Dispõe o art. 51 da Resolução nº 75/2009 que "*o tempo mínimo de duração de cada prova será de 4 (quatro) horas*". Então, para todo e qualquer certame de magistratura, o tempo mínimo a ser ofertado pela banca examinadora ao candidato para elaboração de seu texto é de quatro horas. Sem prejuízo, se verifica na praxe que muitos editais de modo específico deferem tempo de prova de cinco horas. Assim, imprescindível que o candidato verifique no seu edital qual o tempo de resposta autorizado pelo concurso.

Feito isto, deve o candidato, necessariamente, aplicar o tempo de prova editalício em seus treinos individuais antecedentes, a fim de que se crie o hábito com o lapso conferido, seja apressando a finalização da resposta, seja dilatando-a, oportunidade, neste último caso, em que poderá se preocupar em melhor gestar e destacar com excelência seus argumentos a serem inseridos no texto.

O candidato já deve ter em mente o tempo disponível para cada ato próprio em sua resposta. Como se sabe, no dia da prova, o candidato recebe um enunciado, algumas folhas de rascunho e as de texto definitivo, sendo o gerente de seu próprio tempo para entregar estas preenchidas até o fim do exame. Assim, o candidato despenderá tempo para a leitura do enunciado e compreensão do caso, para a busca pelos argumentos jurídicos e dispositivos de lei regentes, para planejamento de resposta e para transcrição do texto definitivo.

Diante deste cenário, é interessante que o candidato já tenha uma programação temporal prévia consigo para perpassar por cada uma das fases de resposta. Por exemplo, em uma prova de quatro horas, pode o candidato preestabelecer para si, como razoável, vinte minutos para a leitura do enunciado e compreensão do caso, quarenta minutos para estabelecimento dos fundamentos jurídicos e dispositivos de lei, trinta minutos para organização da resposta e duas horas para a redação do texto definitivo (insisto que a referida logística é meramente exemplificativa e pode não se amoldar na individualidade do leitor).

Deste modo, caso durante o estudo dos argumentos jurídicos e da escolha do embasamento legal, doutrinário e jurisprudencial a ser trabalhado, perceba o candidato que transcorreu uma hora e quinze minutos de prova, é prudente que acelere o passo para alçar o início da transcrição de resposta.

Ressalvo, contudo, que, como advertido, os prazos *supra* estabelecidos servem apenas como exemplo e que o cumprimento ou não da programação também dependerá da identificação da extensão do caso exigido, de sorte que, em sendo hipótese que não demande tanto alongamento, não precisará o candidato eventualmente acelerar uma fase para dar curso à outra com tanta brevidade, porém, em se verificando ser caso extenso, deverá encurtar o tempo gasto nas etapas antecedentes. Tudo decorrerá da sensibilidade do candidato em relação ao que lhe fora posto e ao tempo necessário para a resolução completo.

Cito minha experiência pessoal em dois certames que demandaram planejamento absolutamente distinto: ao prestar a prova para a magistratura do Tribunal de Justiça do Ceará, o tempo de prova era de quatro horas para redigir uma sentença de quatro laudas, o que aproximou o método aplicado ao apresentado como exemplo em parágrafos anteriores; distintamente, na prova para a magistratura federal do Tribunal Regional Federal da 5ª Região, haviam doze laudas e um caso substancialmente mais amplo, quando fora preciso encurtar a etapa preparatória demasiadamente para possibilitar a ultimação da resposta definitiva (naquele teste, respondi em dez laudas e meia).

Daí porque vital se obedecer a um ritmo de treino considerável: apenas a prática e a experiência darão essa sensibilidade e essa adaptabilidade na gestão do tempo de prova do candidato frente ao enunciado da questão e ao espaço/tempo disponibilizados pela entidade para confecção do texto definitivo.

Outrossim, perceba-se que o somatório do exemplo acima envidado não preencheu a integralidade do tempo de prova disponível, mas não sem razão (eu sou ruim de matemática, porém não tanto). Recomenda-se com firmeza que a programação reserve aproximadamente meia hora de prova para lidar com intercorrências. Decerto, não raras vezes os candidatos em concursos públicos, durante o exame, são expostos a condições com as quais não estão habituados no cotidiano de treinos, motivo pelo qual pode haver atraso na confecção da resposta.

Exemplificativamente, ao treinar no local de estudo, o candidato, ao sentir necessidade fisiológica de ir ao sanitário, apenas levanta-se, vai e volta, sem maiores percalços. De outro giro, durante a realização da prova, caso queira ir ao banheiro, primeiro, pode ainda haver uma fila de espera, de modo que não há como se aliviar de imediato, e, segundo, por vezes as bancas de concurso exigem sucessivas passagens por detectores de metal ao longo do percurso até o sanitário, havendo, certamente, maior desperdício de tempo que estaria sendo empregado na resposta.

Não se deve descurar de vários outros possíveis eventos que influenciam na dinâmica da prova: frio ou calor excessivos, carteira disponível inapropriada, outros candidatos emitindo sons repetitivos (fungados, batidas de caneta), nervosismo acentuado com sudorese na mão etc. Logo, livrar meia hora na programação é fundamental para garantir a finalização tranquila da prova.

Na eventualidade de sobrar tempo de prova, não haverá prejuízo, sendo útil despender o que remanescer na releitura da sua resposta para suplantar equívocos na transcrição do conteúdo para a folha de texto definitivo, como acentos, pingos, pontuação, entre outros.

3. ESPAÇO DE PROVA

Além do tempo de prova, precisa-se ter bastante cuidado com o espaço de prova disponibilizado para resposta. É que, na maior parte dos concursos de magistratura, há limitação de laudas/linhas para confecção de resposta.

Alguns certames, é certo, mesmo constando limitação editalícia, são bastante generosos, permitindo um cauteloso relaxamento do candidato em relação à disponibilidade para resposta. Outros, entretanto, nem tanto, merecendo atenção para utilização precisa e inteligente do que ofertado pelo examinador, com gestão adequada da quantidade de linhas.

Para estar mais bem preparado, deve-se conhecer a sistemática específica do concurso que está sendo prestado, no ponto, seja pela previsão editalícia, quando houver, seja pelo estudo de provas anteriores da mesma banca ou tribunal, aplicando a informação nos treinos preparatórios para habitualização.

Sobre esse aspecto, várias observações são pertinentes quando for a hipótese de exíguo campo de resposta.

A primeira delas consiste em acautelar-se com o tamanho da letra e o espaçamento entre palavras. Outrossim, embora visualmente possa se revelar mais apresentável, não é prudente pular linhas.

Outra dica que pode ser válida é vislumbrar uma extensão demasiada da abordagem exigida em confrontação com o espaço disponibilizado, oportunidade em que deve ser evitada a capitulação expressa da sentença para economizar linhas preciosas para inserção de conteúdo.

Abaixo, exemplo de resposta de minha autoria, no concurso para a magistratura do Ceará, de sentença criminal, tanto do início do meu texto como do fim, revelando uma estratégia não tão interessante, haja vista nítida a compressão e desorganização do encerramento para comportar a finalização técnica do ato.

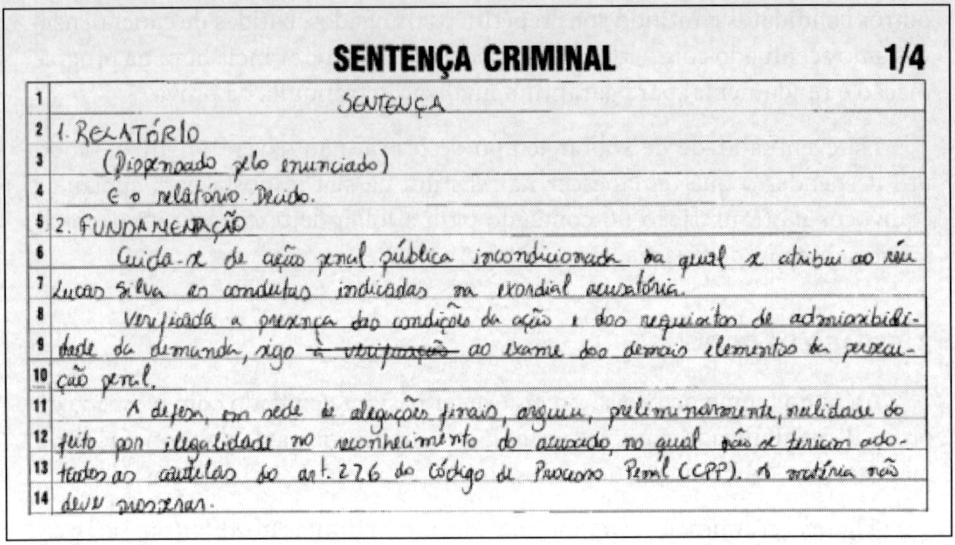

SENTENÇA CRIMINAL 1/4

SENTENÇA

1. RELATÓRIO

(Dispensado pelo enunciado)

É o relatório. Decido.

2. FUNDAMENTAÇÃO

Cuida-se de ação penal pública incondicionada na qual se atribui ao réu Lucas Silva as condutas indicadas na exordial acusatória.

Verificada a presença das condições da ação e dos requisitos de admissibilidade da demanda, sigo ~~à verificação~~ ao exame dos demais elementos da persecução penal.

A defesa, em sede de alegações finais, arguiu, preliminarmente, nulidade do feito por ilegalidade no reconhecimento do acusado, no qual não se teriam adotadas as cautelas do art. 226 do Código de Processo Penal (CPP). A matéria não deve prosperar.

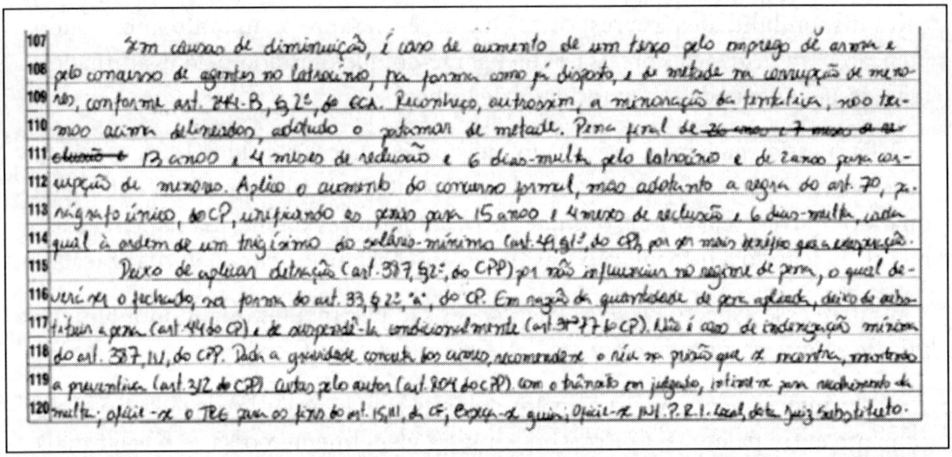

Sem causas de diminuição, é caso de aumento de um terço pelo emprego de arma e pelo concurso de agentes no latrocínio, na forma como já disposto, e de metade na corrupção de menores, conforme art. 244-B, §2º, do ECA. Reconheço, outrossim, a minoração da tentativa, nos termos acima delineados, adotando o patamar de metade. Pena final de ~~26 anos e 7 meses de reclusão e~~ 13 anos e 4 meses de reclusão e 6 dias-multa pelo latrocínio e de 2 anos para corrupção de menores. Aplico o aumento do concurso formal, mas adotando a regra do art. 70, parágrafo único, do CP, unificando as penas para 15 anos e 4 meses de reclusão e 6 dias-multa, cada qual à ordem de um trigésimo do salário-mínimo (art. 49, §1º, do CP), por ser mais benéfico que a exasperação.

Deixo de aplicar detração (art. 387, §2º, do CPP) por não influenciar no regime de pena, o qual deverá ser o fechado, na forma do art. 33, §2º, "a", do CP. Em razão da quantidade de pena aplicada, deixo de substituir a pena (art. 44 do CP) e de suspendê-la condicionalmente (art. 77 do CP). Não é caso de indenização mínima do art. 387, IV, do CPP. Dada a gravidade concreta dos crimes, recomende-se o réu na prisão que se encontra, mantendo a preventiva (art. 312 do CPP). Custas pelo autor (art. 804 do CPP). Com o trânsito em julgado, intime-se para recolhimento da multa; oficie-se o TRE para os fins do art. 15, III, da CF; expeça-se guia; oficie-se o II. P. R. I. Local, data. Juiz Substituto.

Assim, o que se recomenda é a realização de um planejamento espacial a fim de que, na maior medida possível, não haja uma desarmonia tão extrema entre os aspectos visuais da exposição do início e do fim da redação.

Entretanto, mesmo com toda essa lição e adoção de técnicas visando construir uma resposta completa dentro do quadro fornecido, é possível que não se saia como o planejado e se perceba que o espaço não será suficiente para ultimar com tranquilidade o que se almejava escrever. Isto percebido, é hora de adotar técnicas de sacrifício, consistentes em concentração máxima de escrita e construções extremamente sucintas para que se logre preencher o máximo dos itens a serem objeto de pontuação no espelho.

A título ilustrativo, como modo de "contenção de danos", note que, nas imagens acima colacionadas, em seis linhas, bem ou mal (pela brevidade do tratamento), dispôs-se sobre doze pontos essenciais da sentença penal (detração; regime de pena; substituição da pena por restritiva de direitos; suspensão condicional da pena; indenização mínima; prisão preventiva; imputação de custas; aplicação da multa; comunicação para fins eleitorais; expedição de guia de pena; comunicação para fins estatísticos e fechamento).

Contudo, na pior das hipóteses, em se vislumbrando que, apesar de todas as tentativas de prevenção de intercorrências de espaço, não será possível concluir todos os pontos pretendidos, é de se priorizar a elaboração do dispositivo e da "assinatura" da sentença.

Isso porque, para corrente doutrinária majoritária, a falta de dispositivo e assinatura acarreta a percepção de inexistência do próprio ato. É bem verdade que se conhece casos de aprovados em concursos de magistratura que, não obstante muito prejudicados em pontuação, lograram êxito em alcançar a nota mínima em sentenças, mesmo faltando tempo/espaço para construção do dispositivo. Todavia, deve-se evitar que um examinador mais rigoroso promova exclusão do certame por inexistência de sentença, preferindo, se o caso, deixar de abordar, propositadamente, alguma questão da fundamentação, para que se possa proceder ao fechamento do ato.

4. LEITURA DO ENUNCIADO

Uma das partes mais importantes, embora óbvia, na resolução de provas subjetivas é a excelente compreensão do enunciado, a fim de que se firmem as diretrizes para a resposta ideal. Não raro se percebe exposições incorretas ou incompletas muito por conta de uma assimilação equivocada do caso ou de suas nuances para direcionamento de conclusão, ora em relação a aspectos laterais, com perda de pontos menor, mas não menos importante, ora a dados fundamentais, o que pode redundar em prejuízo considerável de nota, quiçá eliminação do concurso.

Nessa medida, essencial se realizar pelo menos duas leituras do texto.

Uma primeira leitura exclusiva e atenta do enunciado. Solte a caneta, deixe suas mãos livres e concentre-se unicamente no caso. Não é momento para anotar ou providenciar destaque de nada, apenas ler detidamente.

Apenas após uma primeira leitura "limpa", recomenda-se tornar a uma segunda leitura do enunciado, desta feita com destaques dos pontos mais importantes e anotação do que se considerar pertinente no rascunho de prova.

Com a realização destas duas leituras, a resposta será facilitada, melhor interpretando os termos da proposição e não se deixando passar qualquer detalhe que se revele crucial para o alcance de uma boa nota, em conformidade com o conhecimento que detém o candidato. Sobre as anotações, se detalhará melhor no tópico seguinte.

Nada obstante, excepcionalmente, em caso de enunciados densos e/ou obscuros, não se deve descartar uma terceira leitura, a fim de confirmar as percepções até então obtidas, havendo tempo hábil de retificar eventuais más compreensões desde a concepção da resposta, direcionando a conclusão no sentido que se pretende, notadamente no que concerne a questões prejudiciais que porventura podem modificar o conteúdo decisório a depender do que delas se inferiu. Tal postura precavida é preferível ante a cenários em que, já no decorrer da transcrição do texto definitivo e em tempo de prova avançado, o candidato perceba análise equivocada de algum ponto que possa acarretar desfecho adverso ao que originariamente planejado.

Todavia, a quarta leitura, ao revés, não é recomendada, considerando que implicaria em dispêndio temporal excessivo no início da resolução da prova, podendo implicar em prejuízo na conclusão adequada da resposta ao fim do tempo disponibilizado no edital para tanto.

5. RASCUNHO DE PROVA

Questão controversa é a do rascunho de prova. Isso porque ele, comumente, é disponibilizado no mesmo alongamento do caderno de texto definitivo, o que sugere, a uma primeira vista, produção nele da resposta para ulterior reprodução definitiva na folha respectiva (inclusive, no primeiro dia da minha primeira prova subjetiva para magistratura, ingenuamente eu comecei a escrever um rascunho de resposta integral até a segunda hora de exame, instante em que, intuitivamente, percebi que, no ritmo, não concluiria a prova e o abandonei).

Ocorre que a experiência mostra que é impossível assim proceder. Não há tempo disponível para tanto. Sequer nas provas historicamente mais curtas de magistratura, como as do CESPE/CEBRASPE com apenas quatro laudas se recomenda a confecção integral da resposta em rascunho, considerando que, paralelamente, o tempo concedido tende a não se revelar folgado – usualmente quatro horas. Daí porque a recomendação é não fazer rascunho integral de resposta para subsequente transcrição ao espaço definitivo, por se revelar, a uma, desperdício de tempo precioso e, a duas, cansaço muscular que pode provocar dificuldade de finalização do texto definitivo na melhor qualidade de grafia, mormente no atual cenário tecnológico em que a prática da escrita é bem menos demandada a outrora.

Sugere-se, em realidade, utilização inteligente do espaço de rascunho, ou seja, com outra finalidade que não esboço integral de resposta. Nessa lógica, diz-se que é para rascunhar apenas as informações de destaque do enunciado, o *brainstorm* e o esqueleto da resposta a ser elaborada para guia.

Portanto, há de se rascunhar as informações mais relevantes extraídas do enunciado, na segunda leitura (e terceira, caso necessária); o *brainstorm*, consistente na exposição da tempestade de ideias advinda logo após a leitura dupla do enunciado, escrevendo-se absolutamente tudo que vem à mente como relevante, numa primeira impressão, para abordagem, procedendo-se a filtragem em um segundo instante; e construção do esqueleto de resposta, que orientará a elaboração do texto, imprescindível para que se atenda a uma ordem lógica de elaboração.

as informações mais relevantes
brainstorm
o esqueleto da resposta

Em relação às sentenças, especificamente, o rascunho poderá ser utilizado para ainda outras duas finalidades, quais sejam, elenco dos aspectos em abstrato a serem abordados em sentença devidamente memorizados, conforme se verá mais adiante, bem como transcrição, agora sim literal, do dispositivo de sentença, dada a sua relevância para o ato.

roteiro de prova de sentença
o dispositivo

Com efeito, dada a relevância extrema do dispositivo nas provas de sentença, por representar a conclusão de todo o ato, é de suma importância a sua construção excelente, razão pela qual, no ponto, interessante sua realização completa no rascunho para ulterior transcrição, a fim de evitar percalços na sua formação e prejudicar o texto.

Ademais, verifica-se que no dispositivo concentra-se, em regra, conforme maior parte dos certames consultados, não a maior pontuação em números absolutos, reservando-se-a para a fundamentação, mas a maior pontuação proporcionalmente ao tamanho do tópico despendido. Isto é, para o dispositivo, que costumeiramente reclama algo em torno de cinco a quinze linhas, é dada importância superior a outras quaisquer cinco a quinze linhas de outros trechos da resposta.

Sem embargo, a construção clara, técnica e completa do dispositivo, como ato de fechamento de tudo aquilo que até então se expôs na resposta, causa, inegavelmente, boa impressão no examinador, o que contribui para a nota atribuível à resposta dada, notadamente ante a subjetividade da tarefa de avaliação do candidato.

Noutro ponto, para melhor elaborar a sentença, convém, outrossim, valer-se do rascunho para escrever o roteiro de sentença, representado nos pontos de abordagem abstrata necessários ao exaurimento do ato. Recomenda-se que se providencie, em verdade, a integral transcrição do roteiro abstrato de sentença cível memorizado tão logo seja recebida a prova, antes mesmo da leitura do enunciado, para que haja despreocupação ulterior acerca de sua lembrança.

E com a leitura do enunciado o candidato possa tornar ao roteiro e riscar os identificados pontos que são eventualmente impertinentes à resposta a ser dada conforme assimilação do caso proposto pela banca.

Abaixo, segue modelo de esqueleto de resposta de sentença em sede de rascunho em caso simulado, a fim de esclarecer a importância para o leitor de sua elaboração, porquanto passa tranquilidade no que concerne aos temas a serem abordados, à ordem respectiva de tratamento de cada um e os principais argumentos/fundamentos individualmente, evitando receio e insegurança acerca de lapsos na resposta.

- *RELATÓRIO*
- *FUNDAMENTAÇÃO*
  - ***Revelia – art. 344/345 do CPC/efeito material da revelia***
  - ***Julgamento Antecipado do Mérito – art. 355, I, do CPC***
  - ***Ausência de Interesse de Agir – art. 17 do CPC/trinômio necessidade-utilidade-adequação/confusão com o mérito/teoria da asserção***
  - ***Incorreção do valor da causa – art. 291/292 do CPC***
  - ***Mérito***
  - ***Inexistência de dívida – art. 373, II, do CPC/ art. 6º do CDC/ art. 434 do CPC***
  - ***Restituição em dobro – art. 42 do CDC/ STJ: má-fé***
  - ***Dano Moral – conceito/ art. 5º, X, da CF/ art. 186 do CC/ dano moral in re ipsa***

- *Tutela Provisória - art. 300 do CPC*
- *DISPOSITIVO*
  - ***Procedente em parte***
  - ***Confirmar tutela***
  - ***Custas e honorários***

Apenas para quem é extremamente organizado, vale a ideia de utilização de tabela de teses, antíteses, prova, fundamento e resultado (perceber que a tese pode ser do autor ou do réu), com elenco dos pedidos autorais, das teses de defesa, citação específica de artigo de lei subjacente e menção à doutrina ou jurisprudência embasadores, a exemplo da a seguir disposta:

TESE (PEDIDO)	ANTÍTESE	PROVA	FUNDAMENTO	RESULTADO
Nulidade – Art. 239 do CPC	Assinatura do porteiro – art. 248, § 4º, do CPC	Assinatura de terceiro	Assinatura do porteiro – art. 248, § 4º, do CPC	rejeição
Danos emergentes – Art. 402 do CC	-	Incontroverso	Danos emergentes – Art. 402 do CC	procedente
Lucros cessantes – Art. 402 do CC	Prescrição	Livro diário + laudo médico de ausência ao trabalho por três meses	Lucros cessantes – Art. 402 do CC	procedente
Perda de uma chance – Art. 927 do CC – princípio da reparação integral – STJ	Ausência de chance real e séria	Comprovante de inscrição em concurso público de magistratura	Ausência de chance real e séria	improcedente
Dano moral – Art. 186 do CC/02/art. 5º, V e X da CF/88 – STJ	Aborrecimento – afastar: STJ	*In re ipsa*	Dano moral – Art. 186 do CC/02/art. 5º, V e X da CF/88 – STJ	procedente

Entretanto, sugere-se a realização da tabela em último caso, por perceber que, se não houver prática prévia, a sua elaboração pode exigir uma dedicação de tempo maior, preferindo-se o método de sumário de resposta anteriormente explicitado.

6. GRAFIA LIMPA

Outro aspecto de resposta a exigir atenção é a qualidade da grafia do candidato. É que, sobretudo, há de se possibilitar que o examinador proceda a uma leitura limpa e fluída da resposta. Assim, o ideal é que a única preocupação do leitor seja com o conteúdo jurídico exposto no texto. Ao se ofertar uma grafia (semi) ilegível, causa-se transtorno ao examinador que, para além de ocupar-se com a qualidade material da reposta, deverá empreender esforço para mesmo compreendê-la, o que certamente comprometerá a pontuação. Diz-se que a resposta que merece nota mais elevada é aquela que permite sua leitura mais ágil, e um dos requisitos para a agilidade de leitura é a grafia adequada.

No ponto, lógico que o melhor cenário direciona a uma letra cursiva bonita. Todavia, isso não é um dom de todos. Em não sendo caso de letra bonita, há de se ponderar a legibilidade da letra, no afã de decidir entre a letra cursiva feia e a letra de forma. Mesmo sendo feia, é possível que a grafia proporcione uma leitura fluente, permitindo a perfeita compreensão do que se almejava expor, sendo esta preferível.

Entretanto, não admitindo uma leitura fluída, a letra feia deve ser necessariamente substituída pela de forma para não causar qualquer contratempo na correção do examinador. Optando-se pela letra de forma, a única advertência que se faz é que deve se atentar e respeitar a distinção entre maiúsculas e minúsculas escrevendo aquelas de modo sutilmente maior, mas sem exagerar na dose. Não se ignora que, tecnicamente, em letra de forma não se há falar em maiúsculas e minúsculas. Todavia, uma leve graduação de tamanho é recomendável para visualmente facilitar a leitura. Seguem exemplos abaixo de como se sugere e como não se recomenda redigir em letra de forma com letra maiúscula. Note que na primeira linha o primeiro caractere é discretamente maior que os demais, mas sem exageros que se percebe na segunda linha.

CÓDIGO DE PROCESSO CIVIL
CÓDIGO DE PROCESSO CIVIL

Outra ponderação a se realizar no aspecto letra é a reação em caso de erro de escrita.

O mais recomendável, segundo nossa opinião, é apenas tachar o erro com traço simples, continuando a escrita escorreita logo em seguida (~~erro~~). Ex.: "Condeno o ~~autor~~ réu em custas e honorários de sucumbência...".

Sem prejuízo, há aqueles que preferem valer-se da palavra "digo", sem tachar, para seguir com a exposição inicialmente pretendida. Ex.: "Condeno o autor, digo, réu em custas e honorários de sucumbência...". Essa fórmula é preferida pelos candidatos de concursos públicos cujo edital disponha expressamente como regra a proibição de rasurar.

Inclusive, e reforçando a relevância da leitura do edital do concurso e do edital de convocação para a fase específica, há certames em que se prevê expressamente como o candidato deve se portar frente a erro de grafia, devendo a fórmula indicada pelo examinador ser indispensavelmente observada pelo redator[1].

O que não se admite, em qualquer hipótese, é rabiscar excessivamente para ocultar toda a palavra escrita, tampouco sobrescrever de modo mais incisivo sobre a palavra equivocada, posturas, portanto, que devem ser a todo custo evitadas.

Verifique-se, ainda, o aviso constante do espelho de correção da prova VUNESP – TJAC – 2019 no que tange à qualidade visual do texto:

> "Rasuras e letra ilegível reverteram em prejuízo do candidato".

Mais uma preocupação que o candidato de prova subjetiva deve guardar consigo no que concerne à grafia é o respeito à paragrafação e às margens.

Quanto a esta, basta que seja observada harmonia entre o início e o fim das linhas, buscando o candidato, na maior medida possível, iniciar e encerrar sua linha nos mesmos pontos em que iniciou e encerrou a linha anterior, sempre de modo bem próximo às bordas esquerda e direita.

A única ressalva fica por conta do início dos parágrafos, que deve respeitar compatibilidade com início de parágrafo anterior. Recomenda-se deixar o espaço correspondente a dois dedos verticais a título de paragrafação. Ademais, ainda no que tange aos parágrafos, é de bom tom manter sintonia entre seus tamanhos, evitando extrema discrepância de tamanho entre uns e outros.

---

1. No concurso do TJMT/2019, o Edital nº 02/2019, de convocação para as provas escritas da segunda etapa, assim dispunha: "5.18. RASURAS E LETRA ILEGÍVEL REVERTERÃO EM PREJUÍZO DO CANDIDATO. QUALQUER RETIFICAÇÃO FEITA NO TEXTO DAS RESPOSTAS DEFINITIVAS DEVERÁ SER PRECEDIDA DAS EXPRESSÕES "RESSALVO" OU "DIGO", SOB PENA DE SER CONSIDERADA NÃO ESCRITA RESPOSTA." Disponível em: http://www.tjmt.jus.br/intranet.arq/downloads/Imprensa/NoticiaImprensa/file/22%20-%20Lista%20de%20Inscritos%20para%20a%20prova%20de%20senten%C3%A7a%20da%20magistratura%20(KM).pdf. Acesso em: 03.03.2023.

Abaixo, segue exemplo extraído também da minha prova para a magistratura do TJCE, desta feita de sentença cível, a fim de verificar-se margens e paragrafação ideais nesse recorte:

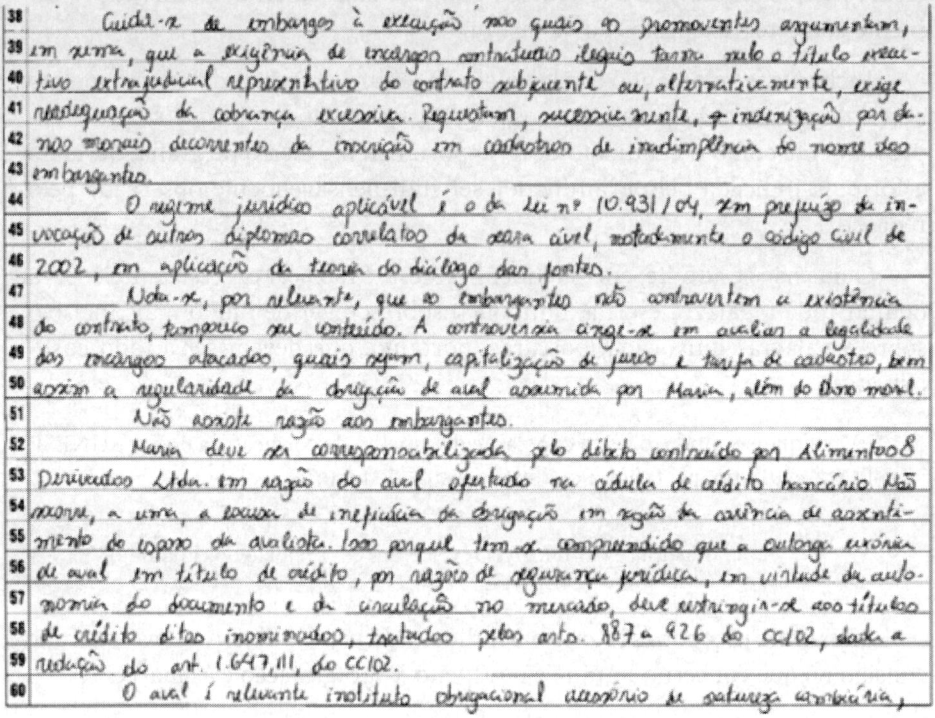

Cuida-se de embargos à execução nos quais os promoventes argumentam, em suma, que a exigência de encargos contratuais ilegais torna nulo o título executivo extrajudicial representativo do contrato subjacente ou, alternativamente, exige readequação da cobrança excessiva. Requestam, sucessivamente, a indenização por danos morais decorrentes da inscrição em cadastros de inadimplência do nome dos embargantes.

O regime jurídico aplicável é o da Lei nº 10.931/04, sem prejuízo da invocação de outros diplomas correlatos da seara cível, notadamente o Código Civil de 2002, em aplicação da teoria do diálogo das fontes.

Nota-se, por relevante, que os embargantes não contravertem a existência do contrato, tampouco seu conteúdo. A controvérsia cinge-se em avaliar a legalidade dos encargos atacados, quais sejam, capitalização de juros e tarifa de cadastro, bem assim a regularidade da obrigação de aval assumida por Maria, além do dano moral.

Não assiste razão aos embargantes.

Maria deve ser corresponsabilizada pelo débito contraído por Alimentos & Derivados Ltda. em razão do aval ofertado na cédula de crédito bancário. Não socorre, a uma, a causa de ineficácia da obrigação em razão da ausência de assentimento do esposo da avalista. Isso porque tem-se compreendido que a outorga uxória de aval em título de crédito, por razões de segurança jurídica, em virtude da autonomia do documento e da circulação no mercado, deve restringir-se aos títulos de crédito ditos inominados, tratados pelos arts. 887 a 926 do CC/02, dada a redação do art. 1.647, III, do CC/02.

O aval é relevante instituto obrigacional acessório de natureza cambiária,

Remanescendo a tratar sobre os parágrafos, aconselha-se que sejam construídos curtos, para não tornar a leitura cansativa, com tamanho ideal recomendado de quatro a oito linhas cada um, valendo-se de frases diretas e objetivas. As frases devem conter, quando muito, três/quatro linhas preferencialmente, com o fim de conferir pausas de leitura, evitar dispersão argumentativa, com risco de tergiversação, e minimizar a chance de erro gramatical.

Enfim, como recomendação última no tocante a este aspecto, ao terminar a elaboração do texto definitivo da prova, em havendo tempo disponível, é prudente seja realizada releitura para verificar erros de escrita a fim de que, se possível, seja feita a sua supressão, como a colocação de pontuação e acentuação esquecidos, além de ser a única hipótese de utilização de chave para inclusão de palavra omitida e da palavra escorreita por cima da tardiamente percebida equivocada em caso de erro.

7. CUIDADO COM ESTRANGEIRISMOS

Tenha sempre em mente que a prova deve ser respondida em vernáculo[2]. Portanto, na maior medida possível, devem ser evitados os nominados estrangeirismos, ou seja, escrita em língua alienígena ao longo da dissertação em vernáculo, mormente quando a língua portuguesa e o Direito gozem de expressão correlata de fama equivalente.

Assim, estrangeirismos, muitas vezes, não são bem encarados por alguns examinadores, tanto por passar um recibo de pedantismo do candidato, como de desvalorização da língua local, devendo-se, preferencialmente, adotar a expressão em português sinônima, salvo as clássicas amplamente divulgadas em julgados das Cortes Superiores, uma vez que, nesse caso, provavelmente até constarão do espelho de resposta.

A ideia, pois, é evitar estrangeirismos exclusivamente tratados em nível doutrinário, não refletidos em julgados do Superior Tribunal de Justiça e/ou do Supremo Tribunal Federal. O único caso em que se deve adotar estrangeirismo jurídico não constante de jurisprudência superior se dá quando, em certame em que se tem ciência da pessoa do examinador, no teste for exigido conhecimento de artigo jurídico, tese, dissertação, livro ou outro trabalho acadêmico de sua autoria.

A título exemplificativo, segue rol de expressões clássicas ou que ainda não contém equivalente em vernáculo com fama semelhante até o fechamento da edição deste livro:

> "pas de nullité sans grief"
> "duty to mitigate the loss"
> "venire contra factum proprium"
> "vacatio legis"

Diferentemente, as expressões a seguir, como regra, devem ser evitadas, porquanto dispõem de expressão correlata em língua nacional de fama idêntica ou até superior, conforme literatura jurídica reconhecida:

2. É o que consta do art. 49, parágrafo único, da já citada Resolução nº 75 do Conselho Nacional de Justiça:
"Art. 49. (...)
Parágrafo único. Em qualquer prova considerar-se-á também o conhecimento do vernáculo".

"perte d'une chance" – perda de uma chance

"Juris et de jure" – presunção absoluta

"Lucrum cessans" – lucro cessante

Nestes últimos casos, quando muito, se realmente o candidato insistir na utilização da expressão estrangeira, preferir redigir o texto com a correspondente portuguesa e inserir a locução alienígena entre parênteses. Ex.: teoria da perda de uma chance ("perte d'une chance").

Mas, atenção extrema! Caso se opte pela utilização de expressão ou vocábulo em língua estrangeira, dois cuidados devem necessariamente ser adotados: colocar a palavra ou expressão entre aspas e escrever escorreitamente a grafia. Essa última cautela é absoluta. Note que as expressões forasteiras em língua inglesa ou em latim tem escrita mais comum. Diferentemente, a título ilustrativo, as expressões em idioma alemão, salvo a quem tenha estudo e afinidade, refogem à lógica linguística portuguesa e demanda ainda mais atenção (Ex.: "Einheit der Verfassung"[3]).

Exemplo de como mencionar palavra ou expressão em outro idioma:

> "No que concerne à constatação de restrição creditícia indevida, cabe a imposição de indenização pecuniária por danos morais, os quais prescindem de prova, excepcionalmente, já que o Superior Tribunal de Justiça tem entendimento sedimentado no sentido de terem natureza 'in re ipsa'".

8. INDICAÇÃO DE ARTIGOS DE LEI, DE DOUTRINA E DE ENTENDIMENTO JURISPRUDENCIAL

Item de destaque na resolução de provas subjetivas, de suma relevância para a completude da pontuação de cada item do exame.

A indicação do artigo de lei referente à fundamentação jurídica objeto da resposta é necessária, essencial e indispensável, sob pena de inevitável perda de pontos. Lembre-se que o candidato tem disponível a legislação para realização da prova escrita (e o examinador sabe disso), motivo pelo qual a não

3. STF. ADPF 33 MC, voto do min. Gilmar Mendes, j. 29-10-2003, P, DJ de 6-8-2004.

especificação do dispositivo da lei subjacente à tese implicará inevitavelmente em não reconhecimento integral da pontuação.

Vide o aviso antecedente ao caso tratado na prova da FGV - TJ/AP - 2022, no sentido da menção à legislação pertinente:

> Leia o relatório abaixo com atenção e profira sentença, apreciando todos os pedidos formulados. Limite-se à fundamentação e à parte dispositiva, ficando dispensado o relatório.
>
> Enfrente todas as questões explícita e implicitamente propostas, mencionando, na fundamentação, todos os dispositivos legais pertinentes.

Na mesma medida, a indicação de que a tese exposta goza de respaldo em jurisprudência é imprescindível, sob pena de perda de pontos. No ponto, é preciso ser o mais específico possível sobre a natureza jurídica e origem da jurisprudência, mas tendo certeza destas, embora seja dispensável a menção com exatidão sobre o número do processo ou do acórdão e a transcrição de seus termos, por óbvio, já que, neste caso, não há consulta permitida a tais fontes do direito. Ex.: "entendimento sumulado"; "entendimento manifestado sob o regime de recurso repetitivo"; "tese alcançada sob o manto da repercussão geral" etc.

Ao contrário, em não havendo certeza da natureza, valer-se da expressão "jurisprudência do STJ/STF". Caso a dúvida paire sobre a fonte, adotar "jurisprudência dos tribunais superiores", embora esta apenas deve ser adotada em último caso, considerando fazer-se pesadas críticas sobre essa versão genérica e simplista de menção à jurisprudência.

Para nortear a busca mental da gênese do entendimento jurisprudencial indicado, lembre-se que o Supremo Tribunal Federal normalmente decide questões constitucionais, ao passo que o Superior Tribunal de Justiça resolve controvérsias estritamente infralegais. Ademais, há outros métodos de tentar identificar a fonte do julgado, como, por exemplo, a memória visual da revisão realizada na véspera, quando envidada através do repositório do Dizer o Direito[4], que usa fundo azul para os julgados de informativos extraídos do STF e amarelo para os do STJ.

É certo que, conquanto, como se disse, não se exija pormenorização da citação dos dados processuais referentes à jurisprudência, se recomenda fortemente a memorização, pelo menos, do número das súmulas mais famosas, uma vez que, embora a ocultação não implique em prejuízo direto no cômputo

4. Disponível em: https://www.dizerodireito.com.br/.

da nota, a citação precisa, apenas nestes específicos casos, dá satisfação ao examinador e demonstra sabedoria e conhecimento do candidato que destoam do padrão das respostas sob sua avaliação. Exemplos de entendimentos sumulados mais notáveis: súmulas nºs 362[5] e 385[6] do STJ.

Ainda no que toca a jurisprudência, atenção ao mencionar julgados mais ilustres, notadamente aqueles que se destacam pela figura do ministro relator, podendo o candidato fazer alusão nominalmente a ele apenas em caso de absoluta exatidão, devendo se abster, contudo, de exprimir expressões elogiosas à pessoa do magistrado tendo em vista que: a uma, poderá causar impressão de gabação desmedida e, a duas, notadamente nos últimos tempos de foco incisivo sobre o Supremo Tribunal Federal e politização da Corte com ênfase nalguns membros, a postura política/jurídica do examinador pode ser diametralmente oposta à do citado ministro.

Assim é imperioso evitar adjetivação do entendimento ou do magistrado que o prolatou (Ex.: "Conforme o sempre preciso ministro Alexandre de Moraes..."), restringindo-se a uma construção objetiva e de caráter estritamente informativo (Ex.: "Conforme o ministro Alexandre de Moraes...").

Enfim, quanto à indicação de doutrina, em regra, preferir não a fazer especificamente – nomeando obra e/ou autor – à exceção dos clássicos, como Ihering, Carnelutti, Cappelletti, Pontes de Miranda, Liebman, dentre outros de mesma qualificação e reconhecimento. Como regra, pois, basta fazer alusão genérica de que se cuida de entendimento doutrinário.

Entretanto, mesmo após as advertências, se o candidato optar por realizar a menção a doutrina específica, as seguintes cautelas adicionais devem ser observadas:

- ter absoluta certeza que aquela é a posição do doutrinador a ser citado;
- conhecer bem o examinador e saber que tem apreço pela conclusão jurídica exposta na doutrina aludida;
- cientificar-se de que o examinador tem simpatia pelo doutrinador a ser mencionado (ou pelo menos que não tem antipatia).

5. "A correção monetária do valor da indenização do dano moral incide desde a data do arbitramento."
6. "Da anotação irregular em cadastro de proteção ao crédito, não cabe indenização por dano moral, quando preexistente legítima inscrição, ressalvado o direito ao cancelamento."

9. USO CORRETO DAS ABREVIAÇÕES

Sobre o modo de escrita, deve-se atentar para a possibilidade ou não de utilização de abreviações na sua resposta.

Inicialmente, ressalta-se que abreviações de palavras ou expressões comuns nunca (mas nunca mesmo!) deverão ser realizadas. Ex.: tb; vc; e vdc. O redator deve lembrar que está confeccionando uma peça processual formal, longe do campo das redes sociais e dos aplicativos de mensagens instantâneas. Pode parecer exagerada a advertência, mas já tive oportunidade de me deparar com tais construções em curso preparatório para concursos públicos em que atuei como docente, daí por que o excesso de zelo.

No que tange às abreviações de nomenclaturas de instituições, é possível e até recomendada, mas desde que se redija por extenso pelo menos uma primeira vez para, só então, a partir das menções subsequentes, adotar a fórmula abreviada amplamente reconhecida. Ex.: Ministério Público – MP; Defensoria Pública – DP; Poder Judiciário – PJ. Todavia, sempre que possível, buscar socorrer-se também de expressões sinônimas: órgão ministerial, fiscal da ordem jurídica, instituição autora, entre outras.

Se estivermos diante de leis, deve ser invocada a mesma sistemática acima disposta, escrevendo-se, uma primeira vez, o número da lei, acrescendo-se, entre parênteses, a sua alcunha famosa por extenso, quando for o caso, para, em uma segunda citação, utilizar a sigla respectiva.

Ex.:

> 1ª vez: Lei nº 8.078/90 (Código de Defesa do Consumidor)
>
> 2ª vez: CDC

Em se tratando de diplomas renomados, contudo, não se revela sugerível indicar o número da lei na menção inaugural, bastando dispor sobre seu nome por extenso e, a partir da segunda remissão, utilizar a sigla respectiva:

Ex.:

> 1ª vez: Código Civil, Código de Processo Civil
>
> 2ª vez: CC (CC/02), CPC (CPC/15)

Uma última observação refere-se à exposição do ano de edição do normativo junto à sigla. Entende-se desnecessária (CPC/15 – CPC; CC/02 – CC) quando se cuidar de legislações que já superam dois/três anos de vigência. Todavia, estando-se diante de caso que exige análise de sucessão de leis no tempo, a demandar diálogo normativo entre o novel diploma e o anterior, aí sim é interessante dispor, na menção ao dispositivo, sobre qual delas está-se fazendo alusão, ainda que o texto seja redigido além dos dois/três anos de vigência da legislação mais recente, a fim de adequadamente esclarecer ao leitor acerca da abordagem temporal que se está construindo com ambos os diplomas em confrontação. Ex.: CPC/15 x CPC/73.

10. CITAÇÃO DE DISPOSITIVOS

Outro ponto que merece atenção é a forma de citação de dispositivos de lei. É que algumas bancas mais rigorosas demandam modo específico de construir o texto, sob pena de desconto de pontos de português.

Cito o art. 10 da Lei Complementar nº 95/98, que já auxilia a corretamente indicar artigos, uma vez que esclarece como devem ser redigidos os próprios textos legais. Segundo o dispositivo, em seu inciso I, deverá ser adotada a partícula "art.", seguida de numeral ordinal até o nono e cardinal a partir do dez. Ex.: art. 1º; art. 9º; art. 10; art. 45.

> **Lei Complementar nº 95/98:**
>
> **Art. 10.** Os textos legais serão articulados com observância dos seguintes princípios:
>
> I – a unidade básica de articulação será o artigo, indicado pela abreviatura "Art.", seguida de numeração ordinal até o nono e cardinal a partir deste;
>
> (...)

Logo, adequando-se ao que rege o legislador, preferir escrever a forma abreviada "art.", sem esquecer-se do ponto final ao fim dela. Em relação à lei, buscar citar da seguinte forma: "Lei nº 1.111/11".

A citação completa pode ser realizada livremente de dois modos, deste que se respeitem as construções peculiares de cada uma.

É possível realizar-se citação direta, quando se parte da unidade mais específica para a mais ampla do artigo. Nesta, note que não há separação por vírgulas. Ex.: "... conforme alínea c do inciso II do art. 45 da Lei nº 1.111/11.". Ou se faz citação indireta, partindo-se da unidade mais geral do artigo até

alcançar-se a mais específica, com separação de cada qual por vírgulas. Ex.: citação indireta: "... conforme art. 45, II, c, da Lei nº 1.111/11.".

Na citação indireta, contudo, perceba que, se se tratar de artigo sem parágrafos ou incisos, não é caso de aposição de vírgula entre o numeral do artigo e a respectiva lei. Ex.: "... conforme art. 45 da Lei nº 1.111/11.".

Ainda, se a citação for da cabeça do dispositivo e se optar pela versão em latim, rememorar que deverá ser escrita entre aspas ("caput") por ser palavra em língua estrangeira, como já se teve oportunidade de esclarecer.

11. NÃO INOVAR FÁTICA E TECNICAMENTE A RESPOSTA

É interessante e fomentável, por vezes, a criatividade do candidato em certames. E isso é muito salutar no que tange à fundamentação, sendo sempre válidas associações pertinentes de argumentos jurídicos, com interpretações teleológicas ou analógicas, invocação da principiologia ou de julgados correlatos para aplicação da mesma *ratio*.

Nunca se sabe o que o examinador pode, de fato, exigir no espelho de avaliação, de modo que essa proatividade de apresentar uma maior gama de argumentos lógicos com exploração máxima do tema principal e daquelas que guardam estreita correlação pode garantir boa pontuação, ainda que propriamente não constem como essenciais segundo o parâmetro de correção, por também representarem exposição válida de conhecimento pelo candidato.

Assim é que, repise-se, havendo pertinência, cabe ao candidato abrir a sua resposta a tudo aquilo que possa/deva ser abordado, tendo a cautela, é certo, de evitar tergiversação, fuga do tema e desperdício de tempo e espaço de prova, conforme advertências já realizadas em momento oportuno.

Todavia, conquanto a imaginação seja recomendável, além das precauções já alertadas no parágrafo anterior, outra absolutamente é essencial: não trabalhar na resposta com informações fáticas não contidas no enunciado.

Inclusive, como se infere do enunciado da prova aplicada pelo CEBRASPE - TJ/BA - 2019 de sentença cível, há expressa advertência acerca da não inovação fática:

> **"Considerando os fatos acima relatados, redija a sentença cível, dando solução ao caso. Analise toda a matéria de direito processual e material pertinente para o julgamento, fundamente suas explanações, dispense a narrativa dos fatos e não crie fatos novos."**

No mesmo sentido, houvera advertência no exame aplicado pelo CEBRASPE – TJ/PR – 2019 no padrão de resposta[7].

Por exemplo, como esforço argumentativo de um caso que trate como questão principal dano moral decorrente de falha em prestação de serviço de saúde, o candidato pode ser tentado a fazer alusão à gravidade da enfermidade a que acometido o intentante, mesmo sem que haja dados nesse sentido. Ou mesmo num caso de um questionamento de negativação indevida, em que o impedimento à aquisição de produtos e/ou à contratação de serviços no mercado de consumo poderia se revelar apta a auxiliar na valoração da indenização, quando, em verdade, nada foi versado no enunciado acerca de tal circunstância.

A inovação argumentativa frente às informações do enunciado, certamente, é encarada de maneira antipática pelo examinador que poderá concluir que o candidato não foi hábil em se atentar aos ditames do caso e formular sua fundamentação convincente a partir daquilo que efetivamente lhe estava disponível. O risco se eleva sobremaneira quando o candidato, ao considerar fatos não inseridos no enunciado como razão de decidir, adota conclusão antagônica àquela proposta em espelho de correção, havendo severa possibilidade de não atingimento do perfil mínimo de aprovação nestes casos.

Ademais, é de se ter cuidado com inovações exóticas até mesmo em conteúdo jurídico. Há de se chamar a atenção do examinador positivamente pela técnica de sentença e pela maneira objetiva e cirúrgica de exposição do conhecimento jurídico quando da análise das questões pertinentes, e não por empregar comandos inusitados e extremamente vanguardistas. Nessa tônica, deve o candidato se abster de destacar-se com manifestações não usuais na sentença, tais como:

> Ex1.: "sentença registrada eletronicamente"
>
> Ex2.: "Intimem-se as partes por e-mail"
>
> Ex3.: "Condenação em 13,25% de honorários advocatícios"

Nestes casos, há ainda o risco, embora mínimo, de o examinador compreender até mesmo que houvera uma tentativa de identificação indireta do candidato, o que pode acarretar, como se verá mais adiante, em eliminação pronta do certame.

---

7. "4. FUNDAMENTAÇÃO. O candidato deverá apresentar os fundamentos, a motivação em que analisará as questões de fato e de direito (artigo 489, inciso II, CPC), observando, tanto quanto possível, os requisitos indicados no § 1º e § 2º, do mesmo dispositivo. <u>É vedado ao candidato criar fatos ou hipóteses não contempladas no enunciado da questão.</u>"

12. NÃO CONFRONTAR INFORMAÇÕES TIDAS POR VERDADEIRAS PELO ENUNCIADO

De outra banda, o candidato deve aceitar informações assertivas dispostas no enunciado. Isto é, se a questão faz uma afirmação fática, sem que haja contestação implícita ou expressa, deve ser assimilada como verdadeira, sem que se tenha em mente que deveria ter sido objeto de prova.

Nesse ponto, vale invocar o jargão popular, por inevitável e bem retratar o comportamento a ser adotado pelo candidato: "parar de procurar pelo em ovo".

Abaixo, trecho de enunciado de prova de sentença cível que revela informações de fato que devem ser acolhidas como verdadeiras pelo candidato sentenciante, seguida de questionamentos que devem ser evitados pelo candidato.

TJ/CE - 2018 - CESPE

> "Maria, sócia da empresa à época da contratação do referido empréstimo, participou na condição de avalista, porém omitiu, no ato da assinatura do contrato, o fato de ser casada. Posteriormente, em função de incompatibilidades com os demais sócios, Maria se retirou do quadro societário da empresa."
>
> - instrumento contratual societário original?
>
> - certidão de casamento?
>
> - aditivo de alteração do quadro societário?

No caso acima, como não há debate implícito ou explícito sobre tais dados objetos das indagações acima, é de se ter por verídicos para construção da fundamentação jurídica.

Diversamente, se a instituição financeira tivesse questionado, em sua defesa, a não juntada da certidão de casamento e do aditivo contratual, aí sim a questão deveria ser abordada pelo candidato, com as consequências próprias, conforme arcabouço documental informado e aplicação, se o caso, das regras de ônus probatório.

13. NÃO SE IDENTIFICAR DIRETA OU INDIRETAMENTE

Muitas das advertências e sugestões até então providenciadas, embora veementemente recomendáveis, não implicando em pronta reprovação do candidato que não as seguir, porém, dependendo do ânimo da banca e do rigorismo da avaliação, tem o condão de acarretar redução dos pontos respectivamente atribuíveis.

Entretanto, o presente item não se cuida de regra puramente preferencial, mas impositiva: não se identifique na resposta nem direta nem indiretamente. A identificação do candidato, por qualquer meio, implica em eliminação do certame na imensa maioria, senão todas as provas de concurso público em etapa subjetiva, conforme regras constantes dos seus editais.

Por consectário, o candidato deve terminar sua sentença com, **exclusivamente**, a expressão "ASSINATURA DO JUIZ SUBSTITUTO" ou expressão neutra similar ou mesmo com aquela que o enunciado especificamente indicar, quando for este o caso, sendo esta obrigatória frente a quaisquer outras. Insisto, por necessário, não se deve colocar nome real tampouco fictício não indicado pelo examinador (Ex.: João da Silva), não se deve assinar, rubricar ou emitir qualquer sinal identificador, ainda que inconscientemente.

Como consequência da regra de não identificação indireta, ainda, preferir não fazer alusão a entendimento de juiz de primeiro grau ou de desembargador de Tribunal de Justiça, **salvo quando for o do próprio examinador** ou quando se tratar de ministro do STJ ou do STF (tendo absoluta certeza de que fora o indicado que emitira o entendimento invocado e com a ressalva já exposta de não fazer menção elogiosa).

Haverá maior explicitação sobre este item mais à frente quando da análise da finalização da sentença cível.

14. CONHEÇA BEM A JURISPRUDÊNCIA

Outra proposta, esta mais afeita ao estudo do que à técnica de resposta, é salutar priorizar a revisão da jurisprudência mais recente, haja vista que tem, estatisticamente, sido objeto de maior incidência em provas de segundas fases.

Destarte, ter bem em mente a jurisprudência divulgada em informativos dos derradeiros três anos anteriores à data do teste, incluídas as súmulas recém-editadas, bem assim a leitura das notícias propagadas no último semestre nos sítios oficiais do Supremo Tribunal Federal e do Superior Tribunal de Justiça é imprescindível para o êxito. Quanto a estas últimas, perceber que, em alguns casos, não são retratadas em informativos, daí porque interessante a leitura no site destes tribunais.

Em se cuidando de banca do próprio tribunal, acrescer o conhecimento das súmulas específicas dele, dos julgados mais recentes dos respectivos examinadores e das notícias extraídas do "site" da corte.

Inclusive, como reflexo de tal item, se perceberá que esta obra está repleta de citações e menções à jurisprudência atual, tanto do STF, como, e principalmente em implicar em análise infraconstitucional predominante das leis, do STJ.

15. DÚVIDA SOBRE O RESULTADO DA DEMANDA

Como última dica específica sobre resposta em concursos, para além daquelas que se abordará dispersamente nos capítulos seguintes, é o comportamento a se tomar em caso de, mesmo diante da adoção da técnica de *brainstorm* e da consulta à legislação disponível, não lhe ocorrer o entendimento compatível com o caso apresentado.

Quando isto ocorrer, e se ocorrer, não adianta se desesperar. Isso só piora a situação. Respire, pense e faça aquilo que você fez muitas vezes na fase preambular: chute!

Lembre-se que você já está entre os melhores do concurso. Dentre 5, 10, 15 e, às vezes, até 20 mil indivíduos, você está entre o seleto grupo, que raramente supera 500 pessoas (2 a 10% dos candidatos inscritos) que são contempladas com a convocação à etapa seguinte do certame. Note, portanto, que está entre aqueles que tem melhor conhecimento jurídico.

Destarte, por mais que a resposta correta não se lhe tenha apresentado com tanta evidência, invoque sua bagagem jurídica para sobre ela exercer raciocínio lógico a fim de que, após tarefa indutiva de argumentação, com toda a principiologia geral do direito e legislação disponível, além de conhecimento sobre entendimentos jurisprudenciais sobre situações próximas, **seja possível que você alcance a conclusão jurídica que lhe apetece, razoável e proporcional, segundo sua leitura de justiça.**

Veja que não se trata de um 'chute' às escuras, pois, mas da seleção de um posicionamento direcionado que, ao final, pode ou não estar correto. Ou melhor, estar ou não em conformidade com o espelho de avaliação.

De toda sorte, ainda que não esteja a resposta final escolhida alinhada ao padrão, o examinador considerará o seu texto e toda a fundamentação que você foi capaz de inserir nele e lhe poderá conferir outros pontos, uma vez que a correção da prova de sentença não se restringe aos aspectos estritamente de direito material/processual envolvidos, mas a redação escorreita e a capacidade de argumentação também devem ser consideradas[8].

8. "(...)
Parágrafo único. A Comissão Examinadora deverá considerar, em cada questão, o conhecimento sobre o tema, a utilização correta do idioma oficial e a capacidade de exposição".

Enfim, é de se esclarecer que, estatisticamente falando, predomina em exames de sentença as conclusões jurídicas que redundam em julgamento de procedência, ainda que parcial, da demanda, porquanto é comum que o examinador queira avaliar a competência do candidato em sintetizar e construir um dispositivo tecnicamente correto, completo e compreensível no comando final, com as determinações que lhe são inerentes.

Assim é que, se após a leitura do enunciado, tenha o candidato a certeza de que se trata de hipótese de extinção processual terminativa ou de improcedência, não hesite. Porém, caso tenha dúvidas sobre a conclusão a ser adotada, tente exercitar seu *brainstorm* de maneira viciada, dando predileção no seu raciocínio lógico-jurídico à argumentação que resulte em julgamento procedente, ainda que – e na maior parte das vezes –, em parte, dos pedidos veiculados.

CAPÍTULO III

DICAS PRÁTICAS DE ELABORAÇÃO DE SENTENÇAS

1. DIVISÃO DA SENTENÇA EM TÓPICOS

Para além das recomendações acima tratadas, que mais se alinham com o interesse na resolução de provas subjetivas de magistratura, há outras que se destinam mais especificamente a robustecer a qualidade da sentença cível, sem prejuízo de algumas destas também se prestarem a melhorar a redação de sentença penal, com ou sem adaptações próprias de conteúdo/técnica.

De início, ressalta-se que é sempre aconselhável dividir a sentença de acordo com seus elementos (relatório, fundamentação e dispositivo, conforme art. 489 do CPC), salvo notória escassez de espaço no caso de resposta e concurso público.

Ex.:

> I - RELATÓRIO
>
> (...)
>
> II - FUNDAMENTAÇÃO
>
> (...)
>
> III - DISPOSITIVO
>
> (...)

Ademais, para melhor organização de sua sentença cível, notadamente diante de decisões que contenham diversas questões jurídicas a serem trabalhadas, deve-se preferir a subdivisão expressa em tópicos, renovando-se, mais ainda, a ressalva de que é preciso cuidar do espaço em caso de exame da magistratura, já que para cada título se desperdiçará uma linha.

A subdivisão em tópicos demonstra organização de ideias e permite que o jurisdicionado/examinador tenham melhor compreensão daquilo que decidido[1], sem prejuízo de auxiliar o próprio redator do ato decisório no que concerne à abordagem da integralidade dos pontos e questões necessárias, tornando o ato mais completo, reduzindo, em tese, a recorribilidade por embargos de declaração.

Ex.:

I – RELATÓRIO

II – FUNDAMENTAÇÃO

1. Preliminares

1.1. Nulidade de citação

1.2. Ilegitimidade passiva

1.3. Incorreção do valor da causa

1.4. Indevida concessão de gratuidade judiciária

2. Mérito

2.1. Prescrição

2.2. Danos emergentes

2.3. Lucros cessantes

2.4. Danos morais

3. Tutela Provisória

III – DISPOSITIVO

No que tange a concursos públicos de juiz, tal organização é interessante até para permitir uma correção mais acurada do examinador, já que, em seu espelho, estão também as questões divididas em tópicos para cômputo da respectiva pontuação. Tenha-se sempre em mente que facilitar a leitura do examinador, seja com aspecto visual do ato, como já discutido alhures, seja com

1. No certame da FCC – TJ/AL – 2022, figurou no espelho de resposta da sentença cível que seria pontuada a divisão da sentença em tópicos: "Estrutura da sentença: preliminares – mérito (tópicos/capítulos) – dispositivo."

melhor organização de ideias, tende a render a simpatia do corretor, não raro reproduzindo melhor pontuação.

Ou seja, cabe ao candidato fazer um exercício de custo/benefício: em havendo amplitude de matérias abordáveis e havendo espaço folgado disponibilizado pela banca, cabe a dissecação em tópicos; ao contrário, se o espaço aparentar que não comportaria destacar linhas para a subdivisão, prejudicando a melhor dissertação da resposta, talvez não seja o caso de proceder à utilização dos tópicos, preferindo-se deixar as linhas respectivas para exaurimento da exposição de conteúdo.

2. SER ASSERTIVO

Vale salientar que a sentença cível há de ser escrita de maneira assertiva/firme quando da argumentação jurídica e do desfecho decisório. É comum que o assessor ou o candidato que não estejam afeitos à construção de sentenças, vindo da advocacia ou da academia jurídica, em suas primeiras redações, tragam um viés mais opinativo em sua argumentação jurídica, o qual contudo, deve ser abstraído.

Destarte, é de se evitar, necessariamente, construções vacilantes e/ou que impliquem mera opinião pessoal. Assim, expressões como as infra dispostas não são recomendadas em absoluto:

- ✓ "entendo que"
- ✓ "segundo penso"
- ✓ "salvo melhor juízo"
- ✓ "na minha opinião"

Tais locuções dão a sensação de hesitação no texto jurídico, o que não se admite em sede de decisão judicial, tendo o condão de passar uma noção de insegurança do candidato ao examinador ou, pior, do juiz ao jurisdicionado, causando perplexidade, inclusive, no que tange à aceitação e sujeição aos ditames do ato.

Insisto, o redator da sentença, seja ele já magistrado, seja assessor, seja estagiário, seja candidato de concurso público, é o juiz da causa apresentada, razão pela qual deve empregar em sua decisão modo de articulação de texto com tom firme, seguro e incisivo, mas não grosseiro, acompanhando-se a devida justificação jurídica da postura de maneira resolutiva.

Abaixo, exemplos de redações inadequadas, em nossa percepção, seguidas da correspectiva recomendada:

- Exemplo negativo 1:

> "Na minha compreensão, não se aplica o adimplemento substancial à hipótese, uma vez que..."

- Exemplo positivo 1:

> "Não é aplicável o adimplemento substancial à hipótese, uma vez que..."

- Exemplo negativo 2:

> "Salvo melhor juízo, a tese não merece prosperar, haja vista que..."

- Exemplo positivo 2:

> "A tese não merece prosperar, haja vista que..."

Vide, portanto, que não há qualquer dificuldade na redação sugerida. Ao contrário, as técnicas preferíveis são até mais simples de serem elaboradas, adotando-se terceira pessoa na fundamentação e primeira pessoa na conclusão/desfecho. Ex.: Defiro; julgo.

3. LINGUAGEM OBJETIVA E TÉCNICA

O vocabulário adotado pelo redator deve ser técnico e preciso. Sobretudo, o juiz deve ser formal, mas sem descurar que uma das principais finalidades é proporcionar pacificação social às partes, razão pela qual o ideal é que seja por elas pessoal e diretamente bem compreendido, independentemente de explicação jurídica pelo causídico que as patrocina.

Com efeito, como uma das ações para conferir maior acesso à justiça está a utilização de linguagem comum, permitindo que o cidadão envolvido na decisão judicial, seja o exitoso, seja o sucumbente, possa, sem intermediários, compreender o conteúdo do ato e as razões argumentativas, convencendo-se ou não do teor decisório, mas entendendo o que e o porquê do que resolvido, atentando-se elementarmente à circunstância de que o juiz também é um agente democrático, sujeito ao controle social de qualquer do povo, notadamente quando se tratar de demandas que envolvam pessoas mais vulneráveis.

Assim, há de se evitar, a todo custo, excessivo rebuscamento, a ponto de se revelar o ato ininteligível ao homem de cultura comum. Cito como exemplo de linguajar a ser refutado a sentença penal abaixo colacionada, extraída de feito que julgara delito de furto. Perceba que, até para pessoas bem instruídas, o ato se revela obscuro. Tal vocabulário deve ser reservado às obras literárias, não à comunicação do magistrado com as partes processuais.

> "Pois sim.
>
> Nestas plagas donde canpeia a pobreza e a miséria, quase quinhentos reais, ínfimo não o é. Seria, *venia concessa*, temerário entender-se por atípica a ação, com empalmo de quase quinhentos reais que, por outra, não redundaria em qualquer resposta no âmbito penal. "Legalizar-se-ia" – e incentivaria – abafos de tal quantia, o que redundaria no caos ou babel.
>
> E, o que é insignificante para uns, para outros não o é.
>
> Vá inquirir aos milhões e milhões de brasileiros, que em liça mensal de sol a sol, observando horário e ordens, percebendo paga mínima, se quase quinhentos reais é insignificante. A resposta, por óbvio e ululante, parafraseando o saudoso dramaturgo, há de ser negativa.
>
> Derriba-se. pois, a insignificância ou bagatela.
>
> Porém a tese outra impressiona.
>
> É de se pôr cobro a este malsão proceder dos estabelecimentos que, bem cientes da pilha em andamento, não impedem-na, reclamando que o gatuno *in continenti* devolva bens que acomodou em receptáculo ou bolceta, como *in casu,* sem o aguardo de este passar pelo caixa e ser contido, após, fora das dependências do estabelecimento.
>
> Tal agir ou atuar é, por vias transversas, vero acicate ao crime.
>
> E, como é dos autos, o fiscal Pablo (f. 06), ajustou que observou o réu em atitude suspeita e que em momento algum o perdeu de vista.
>
> O exemplo é baço, bem o sei, mas se garção ou latagão apusesse espadete em fauce de caixa, demandado burras, iria o fiscal (amiúde armados com revólveres, gás pimenta ou outros petrechos como dispositivo de choques, etc.) aguardar a consumação do roubo qualificado ou latrocínio? Cremos que não. Homessa!
>
> E, dá-se ensancha, ainda, a barafunda, eis que o réu (que aliás não possui em seu passado jaça de monta, tanto que caucionado pela autoridade policial) meneou a cabeça a assentou subtração de apenas duas

peças. E, também, não anuiu ao acosso, contido no interior do estabelecimento (f. 10), o que é razoável, pois bise:se:(sic) o fiscal não perdeu-o de vista em momento algum.

Nada obstante e volvendo ao cerne.

Ante a dinâmica, bem clareada nos autos, temos que, nos dizeres de Anibal Bruno, jurista merecedor de panegíricos com todas as veras da alma, uma autêntica carência de tipo.

A dinâmica, tal qual exsurge, se manifesta injunção de persuasão ou encabeçamento de que seria impossível a consumação do crime.

Desce e fecha a h hipótese vertente o que está no artigo 17 do Código Penal.

Não vinga, pois, o anelo acusatório, pese o respeito que faz-se merecedor o insigne *dominus litis et custos legis* que, por sua impar cultura e labor, goza, não apenas dentre seus pares mas, perante todos os operadores de Direto nesta Vara (e em outras), de grande nomeada.

Ex positis:

JULGO IMPROCEDENTE a presente ação penal e o faço para ABSOLVER como de fato absolvo o réu GILBERTO TEIXEIRA LIMA, relativamente a acusação que lhe foi assacada, por infração a norma da cabeça do artigo 155 do Código Penal, forte no artigo 397, inciso III, do Código de Processo Penal.

Vade in pace.

Dixi!

São Paulo, 22 de setembro de 2.014.[2]"

Na mesma medida, não devem ser escolhidas gírias ou coloquialismo chulo, rememorando-se a formalidade mínima do ato judicial. Ex.: não utilizar a expressão "pra", mas a fórmula "para".

Em verdade, a tarefa do magistrado é caminhar dentro de um linguajar padrão por todos compreensível, evitando os lindes do rebuscamento e do palavreado vulgar.

Vale salientar que tramita no Congresso Nacional o Projeto de Lei nº 3.326/21[3] com vistas a alterar a redação do art. 489 do CPC, inserindo a neces-

2. Disponível em: https://www.conjur.com.br/dl/sentenca-furto-supermercado.pdf. Acesso em: 08.01.2022.
3. Art. 1º Esta Lei altera o artigo 489 da Lei nº 13.105, de 16 de março de 2015- Código de Processo Civil.
   Art. 2º O artigo 489 da Lei 13.105, de 16 de março de 2015, passa a vigorar com a seguinte alteração:

sidade de que o dispositivo da sentença seja redigido em linguagem coloquial, acessível às pessoas físicas que sejam partes processuais, estabelecendo, assim, diálogo direto destas com o magistrado decisor.

4. DECIDIR SOBRE TODOS OS PEDIDOS E TESES?

É certo que, como regra amplamente geral, o juiz deve decidir sobre absolutamente todos os pedidos e confrontar argumentativamente todas as teses ventiladas pelas partes, sem prejuízo da abordagem daqueles pontos que o próprio legislador assim o impôs, ainda que de ofício. Menciona-se o art. 489, § 1º, do CPC, no qual restou reforçado o dever de fundamentação adequada de decisões judiciais, o qual trouxe em seu inciso IV o comando de fundamentação não deficiente.

> **Art. 489.** (...)
>
> § 1º Não se considera fundamentada qualquer decisão judicial, seja ela interlocutória, sentença ou acórdão, que:
>
> (...)
>
> IV – não enfrentar todos os argumentos deduzidos no processo capazes de, em tese, infirmar a conclusão adotada pelo julgador;

Pelo legislador, portanto, a decisão que não se debruce sobre todos os argumentos das partes suficientes para conduzir a uma conclusão própria é viciada por carência de fundamentação.

A disposição em tela criou o embate sobre a necessidade de fundamentação exauriente, em contraponto à validade de fundamentação suficiente. A doutrina sustenta, pela maior parte de seus componentes, que a ordem processual adotou a primeira sistemática, exigindo do julgador atenção a necessariamente todos os pontos trazidos pelas partes. A Escola Nacional da Magistratura, a

---

"Art. 489...

§ 4º A reprodução do dispositivo da sentença em linguagem coloquial, sem a utilização de termos exclusivos da Linguagem técnico-jurídica e acrescida das considerações que a autoridade Judicial entender necessárias, de modo que a prestação jurisdicional possa ser plenamente compreendida por qualquer pessoa do povo.

§ 5º A utilização de expressões ou textos em língua estrangeira deve ser sempre acompanhada da respectiva tradução em língua portuguesa, dispensada apenas quando se trate de texto ou expressão já integrados à técnica jurídica.

§ 6º O disposto no inciso § 4º deste artigo aplica-se exclusivamente aos processos com participação de pessoa física, quando esta seja diretamente interessada na decisão Judicial." (NR)

Art. 3º. Esta lei entra em vigor na data de sua publicação.

pretexto de analisar os dispositivos do CPC de 2015, a seu turno, apresentou uma série de enunciados que se contrapõem à leitura doutrinária do texto legal[4], conduzindo a uma noção de fundamentação suficiente.

Lado outro, a jurisprudência, notadamente do Superior Tribunal de Justiça, continuou a entender, tal como o era sob a égide da legislação processual revogada, que basta que o decisor cuide dos argumentos e teses que impliquem em direcionamento decisório, relegando o silêncio àqueles que não podem, mesmo em tese, conduzir a resultado diverso[5], sendo essa a orientação a ser adotada na praxe forense, até como medida racionalidade na gestão dos processos, considerando-se que, no mais das vezes, as unidades judiciárias estão assoberbadas de demandas pendentes de análise, carecendo de uma análise menos burocrática das causas ali submetidas para otimização do serviço.

Porém, cuidado em provas de sentença, pois, nessa seara, há de se abordar absolutamente tudo que alegado, por mais que tratado superficialmente pela questão ou prejudicado por análise de questão prejudicial, uma vez que é possível que tal conste no espelho de avaliação do examinador. Peço licença, uma vez mais, para reproduzir o enunciado da sentença cível do concurso para juiz substituto do TJCE, aplicada em 2018.

> A empresa Alimentos & Derivados Ltda. e Maria, partes qualificadas nos autos, opuseram embargos à execução. Em sua inicial, as embargantes pugnam pela nulidade do processo executivo, sob o fundamento de que o título que o embasou é ilegal, pois ficou evidenciada a prática do anatocismo. Nesse ponto, elas aduzem que a capitalização de juros é considerada uma prática ilegal que coloca o usuário em posição de extrema desvantagem, tratando-se de uma medida flagrantemente abusiva, estando, pois, ausentes os requisitos da liquidez e da certeza.

---

4. 10) A fundamentação sucinta não se confunde com a ausência de fundamentação e não acarreta a nulidade da decisão se forem enfrentadas todas as questões cuja resolução, em tese, influencie a decisão da causa.

   12) Não ofende a norma extraível do inciso IV do § 1º do art. 489 do CPC/2015 a decisão que deixar de apreciar questões cujo exame tenha ficado prejudicado em razão da análise anterior de questão subordinante.

5. (...)

   2. O órgão julgador não é obrigado a rebater, um a um, todos os argumentos trazidos pelas partes em defesa da tese que apresentaram. Deve apenas enfrentar a demanda, observando as questões relevantes e imprescindíveis à sua resolução.

   (...)

   (AgInt no REsp 1820927/PR, Rel. Ministro HERMAN BENJAMIN, SEGUNDA TURMA, julgado em 07/11/2019, DJe 22/11/2019)

Nela, constata-se um argumento de nulidade associado ao anatocismo. Como redigida, poder-se-ia cogitar de uma compreensão de que o afastamento do argumento de capitalização indevida de juros seria suficiente para abordar a questão. Inclusive foi essa a conclusão que adotei na prova, omitindo-me de versar acerca da nulidade especificamente como ponto isolado de fundamentação. Todavia, veja-se que o padrão de resposta que embasou a avaliação, diversamente, exigiu abordagem em tópico específico, o que me causou decréscimo de nota.

> DA NULIDADE DA EXECUÇÃO
>
> Com referência à alegação de nulidade do feito executório, vale destacar que a análise dos pressupostos da execução (liquidez e certeza) constitui uma verdadeira questão de mérito, razão pela qual será avaliada em campo próprio, ao ser examinada toda a conjuntura do caso proposto.
>
> Aqui, também urge observar que, a rigor, no ato de recebimento da execução, foi feita uma análise dos seus requisitos, de modo que existe, portanto, uma presunção da sua observância.
>
> **Obs.: há que se considerar, em parte, os recursos que pleiteiam a total abordagem da nulidade da execução apenas no enfrentamento do mérito. Deste modo, caso a fundamentação apresentada no mérito seja condizente, o candidato será pontuado, devendo, entretanto, ser penalizado (obter pontuação menor) em relação ao candidato que traz a matéria de forma preliminar e no mérito.**

Então, em sede de sentença em concursos públicos, não deve ser relevada nenhuma possível tese, abordando-se ainda que genericamente, como o caso, todos os pontos e questões que se puder extrair do texto, sendo mais recomendado pecar pelo excesso a desperdiçar pontos fáceis que decerto farão falta no resultado, seja para definir aprovação, seja para fins de colocação.

Noutro ponto, ainda no campo da fundamentação, deve o redator da sentença cuidar nas matérias de ordem pública não arguidas pelas partes, a exemplo da prescrição e dos "pedidos implícitos", ambos abordados mais adiante, postura mitigada, é verdade, pelo art. 10 do CPC – princípio da vedação da decisão surpresa.

No caso dos concursos é importante atentar a algumas "deixas" do enunciado. Por exemplo, observar acuradamente enunciados repletos de datas e termos, posto possível se querer abordagem sobre prescrição/decadência.

5. NÃO SE LIMITAR A REPRODUZIR LEI, JURISPRUDÊNCIA OU CONCEITOS INDETERMINADOS

O redator da sentença não pode se limitar a citar/reproduzir o texto da lei ou da jurisprudência ou, pior, fazer alusão a expressão cujo conceito jurídico é classificado como indeterminado. Tal postura ofende ao art. 489, § 1º, I, II e V do CPC, compreendendo-se como não fundamentada, e, portanto, viciada, a decisão que assim proceder.

> § 1º Não se considera fundamentada qualquer decisão judicial, seja ela interlocutória, sentença ou acórdão, que:
>
> I – se limitar à indicação, à reprodução ou à paráfrase de ato normativo, sem explicar sua relação com a causa ou a questão decidida;
>
> II – empregar conceitos jurídicos indeterminados, sem explicar o motivo concreto de sua incidência no caso;
>
> (...)
>
> V – se limitar a invocar precedente ou enunciado de súmula, sem identificar seus fundamentos determinantes nem demonstrar que o caso sob julgamento se ajusta àqueles fundamentos;

Lembre-se de que o produtor do texto, seja juiz, assessor, estagiário ou candidato, está decidindo conforme sua convicção, seu (livre) convencimento motivado sobre a prova e a subsunção da realidade fática alcançada com a conclusão jurídica adequada, de maneira que deve haver argumentação racional pelo magistrado. O juiz não pode ser visto como um mero reprodutor de entendimentos, sob pena de poder se entender ser substituível por algum aplicativo de inteligência artificial muito mais eficiente e célere.

Nesse sentido, inclusive, a jurisprudência tem sido rica em reconhecer a carência de fundamentação nas decisões ditas genéricas, como se pode verificar a ementa infra reproduzida do STJ:

> (...)
>
> 1. Incorre em negativa de prestação jurisdicional o Tribunal que prolata acórdão que, para resolver a controvérsia, apoia-se em princípios jurídicos sem proceder à necessária densificação, bem como emprega conceitos jurídicos indeterminados sem explicar o motivo concreto de sua incidência no caso. Inteligência dos arts. 489 e 1.022 do CPC/2015.
>
> 2. Recurso especial provido.
>
> (REsp n. 1.999.967/AP, relator Ministro Mauro Campbell Marques, Segunda Turma, julgado em 16/8/2022, DJe de 31/8/2022.)

No mesmo teste do TJAC – 2019 – VUNESP, no espelho de correção fora inserida a observação de que mera reprodução de texto legal / normativo não seriam considerados para fins de nota[6].

Apresento, abaixo, exemplos de qual construção se deve evitar e, paralelamente, a preferível em situação análoga:

Exemplo negativo:

> "Conforme entendimento jurisprudencial dominante, o dano moral, em inscrição indevida, se dá "in re ipsa". Em conclusão, assiste razão à parte autora..."

Exemplo positivo.:

> "O dano moral, em inscrição indevida, se dá "in re ipsa", uma vez que, inequivocamente, proporciona abalo presumido na honra subjetiva do autor, dado o tolhimento em sua liberdade contratual proporcionada pela restrição. Na espécie, constatou-se a negativação sem respaldo legal ou contratual, motivo bastante para a reparação pecuniária pretendida. Tal compreensão é corroborada pela jurisprudência do STJ."

Nesse sentido, o decisor deve necessariamente fazer a tarefa argumentativa de subsunção, explicitando a regra aplicável, seja ela advinda de lei, jurisprudência ou conceito indeterminado, em confronto com o caso em análise, para, empós, apresentar o respaldo de autoridade advindo da fonte normativa.

6. ESTILO DE LINGUAGEM ADOTADO

Primeiramente, e sem qualquer tipo de constrangimento, alerto que é absolutamente indispensável o uso correto do vernáculo. É regra basilar e universal, mas que, por excesso, me convém aqui reforçar.

Policie-se para entender qual o seu nível gramatical e linguístico. Caso perceba ou seja advertido por pessoas de sua confiança ou mesmo por instrutores de cursos preparatórios de que você tem dificuldades nesse campo, entendo ser pertinente que se contrate algum curso específico de redação, na sua localidade ou via *internet*, já que o cometimento de lapsos graves de português

6. "Não foram considerados trechos de prova que se identificavam como meras reproduções, no todo ou em parte, de textos de lei ou atos normativos."

compromete a respeitabilidade da sentença redigida perante o jurisdicionado e, quando o caso, o examinador da prova, além de, neste caso implicar em decréscimo de pontuação[7].

Entrementes, caso haja uma base interessante e não se veja necessidade de dedicar tempo e gasto nessa seara, nunca descure do hábito de leitura. A leitura propicia inegavelmente, conforme estudos consolidados, robustecimento do vocabulário e facilidade de ideias. Se houver espaço na sua jornada diária, inclusive, para além da leitura jurídica obrigatória para nós que somos da área, acrescente livros de outros temas, como finanças, evolução pessoal, história, economia, literatura, ficção, conforme sua predileção.

É certo, todavia, que mesmo a pessoa mais preparada, na hora "h", pode ter um lapso de memória de esquecer-se da escrita correta de uma dada palavra ou da conjugação de um escolhido verbo. O famoso "deu branco" é normal e acontece com qualquer um. Nesses casos, vale a humildade da consulta, se possível for, ao dicionário ou mesmo a sites de pesquisa, como o Google.

Caso a dúvida sobrevenha durante um certame, não havendo possibilidade de consultas, escreva a palavra no rascunho e observe. Se estiver, de fato, erroneamente redigida, você vai ter essa sensação quando a vir por si mesmo escrita. É possível que, neste momento, se lembre da redação correta. Se ainda com este exercício não lhe ocorrer a grafia certa, troque por um sinônimo. Daí mais uma vez a importância da bagagem de leitura, que lhe conferirá várias opções sinônimas de apresentar a mesma ideia, sendo a língua portuguesa muito rica nesse aspecto.

Superado este ponto, passo a abordar a forma preferencial de redigir o próprio ato decisório.

A uma, a redação da sentença pode ser feita com verbo conjugado na terceira pessoa do singular do presente do indicativo com a partícula 'se' (passa-se; supera-se; confira-se; compreende-se) ou em primeira pessoa do singular (passo; supero; confiro; compreendo). Ambas as fórmulas são igualmente aceitáveis com uma ressalva importante: **ainda que se prefira a primeira linha de dicção, nos desfechos/dispositivos/núcleos decisórios é indispensável a adoção da primeira pessoa (defiro; afasto; reconheço; refuto etc.).**

---

7. Resolução nº 75/09 do CNJ:

Art. 49. A segunda prova escrita será prática de sentença, envolvendo temas jurídicos constantes do programa, e consistirá:

(...)

Parágrafo único. **Em qualquer prova considerar-se-á também o conhecimento do vernáculo.**

Não é demais dizer, outrossim, que o juiz deve adotar linguagem técnica e isenta, demonstrando imparcialidade. O magistrado é o juiz da causa, com o perdão da redundância, e deve se comportar como tal, tratando as teses de ambas as partes, por mais que eventualmente esdrúxulas, manifestamente incabíveis, ou que o objeto processual seja absolutamente sensível, de maneira equânime e respeitosa. Quando muito, em caso de exagero extremo, deve avaliar a possibilidade de sancionar processualmente a parte nas tenazes de ato atentatório à dignidade da justiça[8] ou litigância de má-fé[9], fundamentando-a.

NUNCA o decisor deve adotar tom pessoal ou de parte, sob pena de comprometer a imparcialidade constitucionalmente estatuída e, uma vez mais, a respeitabilidade de sua decisão.

Inclusive, embora seja raro, é cediço que há a possibilidade de a parte ou o advogado que a representa praticar condutas antiéticas, por comportamentos processuais, pela forma de apresentação nos atos judiciais e/ou por redação de peças, que acabem redundando em reações emocionais do juiz natural com o exclusivo propósito de, após, levantar a tese de suspeição e retirá-lo da

8. Art. 77. Além de outros previstos neste Código, são deveres das partes, de seus procuradores e de todos aqueles que de qualquer forma participem do processo:

I - expor os fatos em juízo conforme a verdade;

II - não formular pretensão ou de apresentar defesa quando cientes de que são destituídas de fundamento;

III - não produzir provas e não praticar atos inúteis ou desnecessários à declaração ou à defesa do direito;

IV - cumprir com exatidão as decisões jurisdicionais, de natureza provisória ou final, e não criar embaraços à sua efetivação;

V - declinar, no primeiro momento que lhes couber falar nos autos, o endereço residencial ou profissional onde receberão intimações, atualizando essa informação sempre que ocorrer qualquer modificação temporária ou definitiva;

VI - não praticar inovação ilegal no estado de fato de bem ou direito litigioso.

VII - informar e manter atualizados seus dados cadastrais perante os órgãos do Poder Judiciário e, no caso do § 6º do art. 246 deste Código, da Administração Tributária, para recebimento de citações e intimações.

9. Art. 80. Considera-se litigante de má-fé aquele que:

I - deduzir pretensão ou defesa contra texto expresso de lei ou fato incontroverso;

II - alterar a verdade dos fatos;

III - usar do processo para conseguir objetivo ilegal;

IV - opuser resistência injustificada ao andamento do processo;

V - proceder de modo temerário em qualquer incidente ou ato do processo;

VI - provocar incidente manifestamente infundado;

VII - interpuser recurso com intuito manifestamente protelatório.

presidência da causa. Não se ignora que a legislação processual prevê que a provocação do ator processual não acarreta suspeição do juiz[10]. De toda sorte, na praxe forense ou, com maior razão, na prova do concurso, por mais que haja provocação da parte ou que o caso ou a tese de defesa seja revoltante (ex.: homicídio por legítima defesa da honra), cabe ao redator da sentença ter a serenidade de se despir de envolver-se emocionalmente em sua argumentação jurídica, aplicando isentamente o rigor da norma jurídica.

Exemplo negativo:

> "O promovido agiu de modo extremamente reprovável ao conduzir seu veículo em velocidade excessiva e atropelar uma pobre criancinha que atravessava a rua em busca de sua bola. Um futuro tolhido por uma irresponsabilidade! Um monstro que nem se dignou a prestar socorro";

Exemplo positivo:

> "O promovido agiu com culpa, na modalidade imprudência, pela conduta de dirigir seu veículo em alta velocidade, sobrevindo o atropelamento da criança. Agravada a conduta em face da tenra idade da vítima e a não prestação de socorro."

Outra recomendação veemente é evitar a utilização da palavra "mesmo" como pronome pessoal. Tal construção revela-se equivocada sob o aspecto linguístico, além de ser desagradável aos olhos do leitor. Prefira valer-se de pronomes pessoais tecnicamente escorreitos.

Exemplo negativo:

> "O requerido fora contratado para prestar serviço junto à contratante autora, percebendo a remuneração ajustada. Ocorre que o mesmo não cumpriu sua obrigação contratual..."

10. Art. 145. (...)
§ 2º Será ilegítima a alegação de suspeição quando:
I – houver sido provocada por quem a alega;

Exemplo positivo:

> "O requerido fora contratado para prestar serviço junto à contratante autora, percebendo a remuneração ajustada. Ocorre que ele (ou se preferir, aquele/o promovido) não cumpriu sua obrigação contratual..."

Como derradeira dica de redação, evite a utilização de adjetivo elogioso dirigido aos advogados das partes, ao Ministério Público, ao Defensor Público ou outro agente jurídico do processo, uma vez que tal forma de expressar-se juridicamente revela-se retrógrada e, aqui também, pode comprometer a imparcialidade do julgador (ex.: ilustre, douto, sábio, distinto, entre outras). Inclusive, em dados contextos, a leitura textual pode transmitir impressão adversa, de que poderia ter sido empregada de maneira crítica/irônica, o que, com maior razão, deve-se esquivar-se.

7. HARMONIA VISUAL ENTRE AS PARTES DA SENTENÇA

Outra preocupação que o redator da sentença deve ter, tanto da praxe como do concurso público, é com a estética do texto produzido.

Nesse sentido, o ideal é que o relatório, por mais que completo, seja construído de maneira sintética, não se alongando em demasia para já não cansar o leitor neste primeiro momento. Ademais, em provas de sentença, é preciso ainda alertar que, em regra, é a parcela da resposta com menor atribuição de pontos, de maneira que, é certo, não se deve desperdiçá-los, contudo há de se conferir prevalência de espaço e de tempo de resposta às partes seguintes.

Lado outro, na fundamentação, aí sim, é recomendável a prolixidade, logicamente respeitada a pertinência da argumentação jurídica com a hipótese de incidência, apresentando o decisor toda a argumentação legal, jurisprudencial e doutrinária oportuna. No ponto, esclarece-se que, tanto sob o aspecto cênico como técnico, a fundamentação deve ser, necessária e inequivocamente, o trecho mais longo do texto decisório da sentença.

RELATÓRIO
FUNDAMENTAÇÃO
DISPOSITIVO

Por fim, o dispositivo, como desfecho e contenedor do comando jurídico principal do ato, deve ser objetivo e técnico, sendo, como regra, o segmento mais curto, embora não menos importante, do ato.

CAPÍTULO IV

ELEMENTOS DA SENTENÇA

Neste capítulo, explicitar-se-á e abordar-se-á, ainda que de maneira breve, o significado e a importância de cada um dos elementos da sentença, confiando que já haja base mínima do leitor sobre cada um deles, apenas para que se possa prosseguir e adentrar na estruturação minudente ideal do referido ato.

O art. 489, *caput*, do CPC estabelece os elementos essenciais da sentença, quais sejam, relatório, fundamentação e dispositivo, e sobre cada um deles apresentaremos noções iniciais abaixo, sem prejuízo de ulterior complementação quando da análise prática de cada um deles envidada em seguida.

1. RELATÓRIO

O inciso I do art. 489 do CPC é bem elucidativo e já esclarece o conteúdo básico a conter em um relatório, motivo por que de rigor a sua reprodução:

> **Art. 489.** São elementos essenciais da sentença:
>
> I – o relatório, que conterá os nomes das partes, a identificação do caso, com a suma do pedido e da contestação, e o registro das principais ocorrências havidas no andamento do processo;
>
> (...)

Portanto, por força de lei, sistematizando para melhor memorização, o relatório deverá conter, pelo menos:

1. Nome das partes;
2. Identificação do caso;
3. Suma do pedido;
4. Contestação;
5. Registro das principais ocorrências.

Deve-se ter em mente que duas são as finalidades do relatório: a) demonstrar para as partes e para a sociedade que o magistrado sentenciante se ateve aos dados do processo e tem ciência da controvérsia fático-jurídica que lhe fora apresentada, tendo aptidão e legitimidade para proferir julgamento; b) expor o caso para outros julgadores para fins de formação de precedentes, permitindo-lhes verificar o substrato fático que ensejou a decisão e, assim, confrontar com as situações que ora se lhe apresentam para verificar a compatibilidade entre uma e outra.

Destaca-se que a ausência de elaboração do relatório, é majoritariamente compreendida como hipótese de nulidade, ou seja, a falta do relatório implica sentença nula.

Ressalva-se respeitável posição doutrinária que entende haver necessidade de demonstração de prejuízo para tanto, consistente na evidenciação de que, pela discrepância da fundamentação, de fato, não houve leitura dos autos pelo magistrado. Diversamente, se for possível perceber que, nada obstante não elaborado relatório, o juiz teve plena e ampla ciência da controvérsia decidida, através da fundamentação específica associada a fatos particulares da causa, entender-se-ia pela inexistência da nulidade.

Consigne-se que o debate acima não se aplica ao rito sumaríssimo dos Juizados Especiais, regido pelos princípios da oralidade, simplicidade, informalidade, economia processual e celeridade, o que redundou na dispensa legal expressa de elaboração do relatório da sentença, à luz do que disposto no *caput*, *in fine*, do art. 38 da Lei nº 9.099/95.

Todavia, refugindo de tais entendimentos, independentemente da convicção pessoal do leitor, para fins de concurso público, nunca deve o relatório ser esquecido se não expressamente dispensado. A consequência da sua falta depende, aí sim, da posição do examinador se a ausência implica nulidade ou não. Se entender pela nulidade, é possível que haja atribuição de nota zero por parte de um corretor mais rigoroso, ao passo que, do contrário, haveria perda de pontos referentes a tal aspecto singularmente, sendo avaliado o restante da prova.

2. FUNDAMENTAÇÃO

Rege o inciso II do art. 489, por sua vez, que os fundamentos são elementos essenciais da sentença, "*em que o juiz analisará as questões de fato e de direito*".

Este elemento decorre diretamente do dever constitucional de fundamentação das decisões judiciais, insculpido no art. 93, IX, da CF/88[1].

O art. 489, § 1º, do CPC, sem correlato na legislação processual revogada, estabeleceu diretrizes para o que se tem por decisão não fundamentada. Vale salientar que os ditames estabelecidos para se reputar válida a decisão são meramente exemplificativos, conforme compreensão majoritária[2]. Extremamente relevante sua leitura integral para evitar vício na elaboração da sentença da prática forense ou do concurso público:

> § 1º Não se considera fundamentada qualquer decisão judicial, seja ela interlocutória, sentença ou acórdão, que:
>
> I – se limitar à indicação, à reprodução ou à paráfrase de ato normativo, sem explicar sua relação com a causa ou a questão decidida;
>
> II – empregar conceitos jurídicos indeterminados, sem explicar o motivo concreto de sua incidência no caso;
>
> III – invocar motivos que se prestariam a justificar qualquer outra decisão;
>
> IV – não enfrentar todos os argumentos deduzidos no processo capazes de, em tese, infirmar a conclusão adotada pelo julgador;
>
> V – se limitar a invocar precedente ou enunciado de súmula, sem identificar seus fundamentos determinantes nem demonstrar que o caso sob julgamento se ajusta àqueles fundamentos;
>
> VI – deixar de seguir enunciado de súmula, jurisprudência ou precedente invocado pela parte, sem demonstrar a existência de distinção no caso em julgamento ou a superação do entendimento.

Como aludido no inciso I, deve-se evitar valer-se de fundamentação jurídica, seja ela lei, doutrina ou jurisprudência, sem fazer a adequada subsunção do respaldo jurídico aos fatos concretos apresentados na relação jurídica processual de parte a parte. E aí está, talvez, uma das grandes dificuldades do recém-egresso da academia ou do estudante exclusivo de concurso público, habituado à exposição abstrata de conteúdo jurídico, quando se depara com a necessidade de elaboração de sentença.

É a razão pela qual o estágio acadêmico supervisionado das faculdades de Direito e o treino preparatório são indispensáveis antes da elaboração da

---

1. Art. 93. (...)
   IX - todos os julgamentos dos órgãos do Poder Judiciário serão públicos, e fundamentadas todas as decisões, sob pena de nulidade, podendo a lei limitar a presença, em determinados atos, às próprias partes e a seus advogados, ou somente a estes, em casos nos quais a preservação do direito à intimidade do interessado no sigilo não prejudique o interesse público à informação;
2. Enunciado nº 303 do FPPC. (art. 489, §1º) As hipóteses descritas nos incisos do §1º do art. 489 são exemplificativas. (Grupo Sentença, Coisa Julgada e Ação Rescisória)

sentença cível. Neles haverá a capacitação do redator para, além da formulação de fundamentação jurídica genérica conceitual, indispensável, é claro, em um próximo momento, realizar uma correlação, uma subsunção, como se verá mais adiante, entre aquela tese e os fatos específicos da causa, para, só então, ter-se a possibilidade de prolação de uma conclusão.

Outrossim, destaca-se que a fundamentação poderá se subdividir em capítulos, se houver mais de uma questão a ser solvida. Esses capítulos existem independentemente de rótulos que se faça constar no ato decisório, de modo que consistem na abordagem particularizada de cada matéria a ser apreciada. Isto é, para a identificação de capítulos decisórios, basta que exista uma pluralidade de questões jurídicas a serem abordadas e decididas que emanem do caso apresentado.

Consta-se que a ausência de fundamentação, de modo unânime em doutrina e em jurisprudência, diferentemente do que se viu no contexto do relatório, faz implicar nulidade da sentença. Daí porque relevante observar os passos propostos abaixo, na parte prática deste livro, no que tange a apreciação de pedidos, preenchendo todos os elementos de uma fundamentação adequada (identificação do pedido, apresentação da fundamentação jurídica pertinente, análise das provas apresentadas, apreciação das teses de defesa, subsunção e conclusão).

Entrementes, não se pode confundir fundamentação carente ou deficiente com fundamentação sucinta, esta não implicando, necessariamente, em nulidade da sentença.

Por curiosidade, o Código de Processo Civil de 1973 dispunha, expressamente, que a sentença terminativa, ou seja, aquela que não resolve o mérito, poderia ser prolatada de modo conciso[3].

Malgrado a segunda parte do art. 459 não tenha sido objeto de repetição no correlato art. 490 do CPC/15, o bastante criticado Enunciado nº 10 da ENFAM autoriza a elaboração de fundamentação sucinta, destacando ausência de vício se o juiz enfrentar adequadamente as questões a serem tratadas:

> Enunciado ENFAM nº 10: A fundamentação sucinta não se confunde com a ausência de fundamentação e não acarreta a nulidade da decisão se forem enfrentadas todas as questões cuja resolução, em tese, influencie a decisão da causa.

3. Art. 459. O juiz proferirá a sentença, acolhendo ou rejeitando, no todo ou em parte, o pedido formulado pelo autor. Nos casos de extinção do processo sem julgamento do mérito, o juiz decidirá em forma concisa.

Superando a reprovação doutrinária do enunciado acima indicado, o Superior Tribunal de Justiça entendeu que a concisão da decisão judicial, por si só, não vicia o ato, quando for possível identificar que a fundamentação se revelara suficiente para compreensão do convencimento do magistrado à luz dos fatos que lhe foram apresentados e do ordenamento jurídico subjacente.[4]

Como já alertado, em provas de sentença, preferir fundamentar amplamente acerca de todos os pontos e questões que se possa inferir do caso proposto[5]. Para a praxe, mormente em unidades com elevada carga, adotar a com-

---

4. ADMINISTRATIVO. TERRENO DE MARINHA. REINTEGRAÇÃO DE POSSE. ALEGAÇÃO DE VÍCIOS NO ACÓRDÃO RELATIVOS À FUNDAMENTAÇÃO. INEXISTÊNCIA.

   (...)

   IV – No que trata da apontada violação do art. 489, I e II, e § 1º, e 1.022 do CPC de 2015, verifica-se não assistir razão ao recorrente, pois o Tribunal a quo decidiu a matéria de forma fundamentada, tendo analisado todas as questões que entendeu necessárias para a solução da lide, inclusive aquelas apontadas no apelo nobre como omitidas, não obstante tenha decidido contrariamente à pretensão da parte.

   V – Vejamos os excertos essenciais que tratam das questões (fls. 270- 275). [...] Compulsando os autos, verifica-se que os documentos anexados são capazes de comprovar o direito alegado, não havendo que se falar em inexistência de documento essencial. Verifica-se, ainda, que a inicial inclusive foi instruída de cópia do auto de infração n. 3.786 (fl. 09/10). [...] No caso em tela, verifica-se que a sentença restou devidamente fundamentada, embora de forma concisa, mostrando-se clara e coerente, com indicação das razões do convencimento daquela magistrada, que buscou fundamentos nos dispositivos legais citados e na jurisprudência. [...] In casu, comunga-se com o posicionamento esposado pelo r. juízo primevo à f. 162, uma vez que em se tratando de invasão de área de domínio público é correta a escolha do procedimento especial da reintegração de posse. [...] Não há que se falar em ausência de documento essencial, haja vista que a definição da faixa de domínio, a cargo do apelado, conforme documentação trazida com a inicial, está estabelecida em 15 metros a partir do eixo da rodovia, seguindo-se, a seguir, outros 15 metros da área não edificante. Desse modo, a existência da área não edificável, nos 15 metros de largura após a faixa de domínio da rodovia, representa limitação ao direito de construir e deveria ter sido obedecida pela apelante, independentemente de indenização, como já se decidiu em caso idêntico ao se determinar a demolição e limpeza da área ocupada por um barracão[...]".

   (...)

   (AgInt no REsp n. 1.650.680/MG, relator Ministro Francisco Falcão, Segunda Turma, julgado em 8/5/2018, DJe de 14/5/2018.)

   PROCESSUAL CIVIL. AGRAVO INTERNO NO AGRAVO EM RECURSO ESPECIAL. DECISÃO DA PRESIDÊNCIA DO STJ. MANUTENÇÃO. ALEGAÇÃO DE AUSÊNCIA DE FUNDAMENTAÇÃO. IMPROCEDÊNCIA AUSÊNCIA DE COMPROVAÇÃO DA SUSPENSÃO DE EXPEDIENTE FORENSE NO ATO DE INTERPOSIÇÃO. PRAZO DE 15 DIAS ÚTEIS. INTEMPESTIVIDADE. AGRAVO INTERNO DESPROVIDO.

   1. Decisão sucinta não se confunde com ausência de fundamentação, desde que suficiente para que a parte compreenda as razões do não conhecimento do recurso.

   (...)

   (AgInt no AREsp n. 2.162.990/SP, relator Ministro João Otávio de Noronha, Quarta Turma, julgado em 12/12/2022, DJe de 16/12/2022.)

5. No concurso do TJ/SP – 2019, constou advertência no enunciado nesse sentido no exame de sentença cível: "Elabore sentença, enfrentando todos os argumentos das partes, expondo os fundamentos que alicerçarem sua conclusão. Fica dispensado o relatório."

preensão acerca da possibilidade de fundamentação expedita como maneira de viabilizar análise quantitativamente maior de demandas pendentes.

Outro ponto de destaque é a celeuma fundamentação exauriente x fundamentação suficiente, entendendo, nada obstante entendimento doutrinário adverso, o Superior Tribunal de Justiça que é prescindível a atividade argumentativa acerca de pontos ou questões jurídicas prejudicadas ante o acolhimento de teses antecedentes logicamente (prejudiciais). Nessa linha, cito a ementa abaixo:

> (...)
>
> II – Conforme entendimento pacífico desta Corte: "O julgador não está obrigado a responder a todas as questões suscitadas pelas partes, quando já tenha encontrado motivo suficiente para proferir a decisão. A prescrição trazida pelo art. 489 do CPC/2015 veio confirmar a jurisprudência já sedimentada pelo Colendo Superior Tribunal de Justiça, sendo dever do julgador apenas enfrentar as questões capazes de infirmar a conclusão adotada na decisão recorrida." (EDcl no MS n. 21.315/DF, relatora Ministra Diva Malerbi (Desembargadora convocada TRF 3ª Região), Primeira Seção, julgado em 8/6/2016, DJe 15/6/2016.)
>
> (EDcl nos EDcl no RMS n. 47.449/PI, relator Ministro Francisco Falcão, Segunda Turma, julgado em 15/12/2022, DJe de 19/12/2022.)

Ademais, insta observar que, conquanto o art. 489, § 1º, IV, do CPC exija análise de todos os argumentos apresentados, há corrente doutrinária forte que dispensa a análise de pontos e questões já previamente debatidas no âmbito das decisões de observância impositiva, listadas no art. 927 do CPC[6]. Nestes casos, cabe ao julgador providenciar a subsunção do caso sob exame à tese fixada pela Corte Superior. É o teor do enunciado nº 594 do Fórum Permanente de Processualistas Civis – FPPC[7].

---

6. Art. 927. Os juízes e os tribunais observarão:
   I – as decisões do Supremo Tribunal Federal em controle concentrado de constitucionalidade;
   II – os enunciados de súmula vinculante;
   III – os acórdãos em incidente de assunção de competência ou de resolução de demandas repetitivas e em julgamento de recursos extraordinário e especial repetitivos;
   IV – os enunciados das súmulas do Supremo Tribunal Federal em matéria constitucional e do Superior Tribunal de Justiça em matéria infraconstitucional;
   V – a orientação do plenário ou do órgão especial aos quais estiverem vinculados.
7. Enunciado FPPC 524. (art. 489, §1º, IV; art. 985, I) O art. 489, §1º, IV, não obriga o órgão julgador a enfrentar os fundamentos jurídicos deduzidos no processo e já enfrentados na formação da decisão paradigma, sendo necessário demonstrar a correlação fática e jurídica entre o caso concreto e aquele já apreciado. (Grupo: Precedentes, IRDR, Recursos Repetitivos e Assunção de competência)

Aqui, uma vez mais, insisto no *disclaimer*. Para a praxe forense, é de grande valia o domínio dessas interpretações mais estritas do dever de fundamentar, haja vista que as metas impostas pelo Conselho Nacional de Justiça e o assoberbamento de demandas nos escaninhos físicos e/ou virtuais das unidades obriga a que o juiz se paute por uma atuação mais racional, focada em eficiência, com vistas a decidir, com a maior qualidade possível, o maior número de feitos.

Entretanto, para concursos públicos, é essencial, como já se alertou oportunamente em tópico precedente, versar acerca de absolutamente todos os pontos e questões que emanem do enunciado, considerando-se que não se sabe quais deles constarão no paradigma de avaliação do examinador.

De bom tom ressalvar, outrossim, o entendimento pretoriano manifestado no AREsp 1.267.283-MG, segundo o qual, para fins do art. 489, § 1º, VI, do CPC, não se considera como precedente a invocação de julgado "simples" e isolado, afastando, assim, o dever de o magistrado especificamente dispor acerca da sua não incidência caso decida em sentido adverso. A Corte explicitou que o referido dispositivo deve ser lido conjuntamente com o art. 927 do CPC, o qual elenca os chamados precedentes vinculantes ou qualificados, que devem ser observados pelos juízes e tribunais, estes, sim, exigindo demonstração de *distinguishing* (distinção) ou *overrulling* (superação) para que julgue contra suas conclusões o magistrado.

Com isso, depreende-se que o julgador não está obrigado a se manifestar individualmente sobre julgados/precedentes de mero caráter persuasivo, não infringindo tal postura o dever de fundamentação da decisão judicial.

Em igual sentido, o STJ definiu que o julgador não precisa se debruçar acerca de julgados indicados na argumentação da parte, ainda que tenham se formados em nível de qualificação, nos termos do art. 927 do CPC, que tenham sito prolatados por tribunais de segundo grau distintos do qual está vinculado o juiz, por disporem, neste caso, tanto quanto, de pura persuasão, não havendo falar em obrigatoriedade por falta de hierarquia funcional entre o decisor e a corte que os produziu[8].

8. (...)

2- Os propósitos recursais consistem em definir: (i) se o dever de seguir enunciado de súmula, jurisprudência ou precedente invocado pela parte, previsto no art. 489, §1º, VI, do CPC/15, abrange também o dever de seguir julgado proferido por Tribunal de 2º grau distinto daquele a que o julgador está vinculado; (ii) se o valor existente em previdência complementar privada aberta na modalidade VGBL deve ser partilhado por ocasião da dissolução do vínculo conjugal; (iii) se a apresentação de declaração de imposto de renda com informação incorreta tipifica litigância de má-fé; (iv) se é possível partilhar valor existente em conta bancária alegadamente em nome de terceiro.

Enfim, cabe trazer, à colação, ementa de julgado da Corte Superior em que reconheceu vício de fundamentação em hipótese em que o tribunal, ao julgar um recurso em sede de uma ação em trâmite sob o procedimento comum, restringiu-se a apresentar as balizas para a aplicação do entendimento ali manifestado, atribuindo aos juízes de primeiro grau a responsabilidade pela subsunção aos casos repetitivos respectivos em suas unidades judiciárias. Merece reprodução:

> RECURSO ESPECIAL. DIREITO CIVIL E PROCESSUAL CIVIL. CPC/2015. CONTRATO DE PARTICIPAÇÃO FINANCEIRA EM EMPRESA DE TELEFONIA. LIQUIDAÇÃO INDIVIDUAL DE SENTENÇA COLETIVA (ACP N. 0632533-62.1997.8.26.0100/SP). PROLAÇÃO DE ACÓRDÃO GENÉRICO PELO TRIBUNAL DE ORIGEM. DELEGAÇÃO DE COMPETÊNCIA RECURSAL AO JUÍZO DE PRIMEIRO GRAU. DESCABIMENTO. NEGATIVA DE PRESTAÇÃO JURISDICIONAL. OCORRÊNCIA. NULIDADE DO ACÓRDÃO RECORRIDO.
>
> 1. Controvérsia acerca da validade de acórdão genérico prolatado pelo Tribunal 'a quo', delegando ao juízo de primeiro grau a atribuição de aplicar o referido acórdão ao caso concreto, sob a justificativa da existência de multiplicidade de recursos versando sobre questões atinentes à liquidação da sentença proferida na ação civil pública n. 0632533-62.1997.8.26.0100/SP.
>
> 2. Nos termos do art. 489, § 1º, inciso V, do CPC/2015, não se considera fundamentada a decisão ou acórdão que "se limitar a invocar precedente ou enunciado de súmula, sem identificar seus fundamentos determinantes nem demonstrar que o caso sob julgamento se ajusta àqueles fundamentos".
>
> 3. Imprescindibilidade, no exercício da jurisdição em caráter difuso, da resolução das questões atinentes à especificidade do caso sob julgamento. Doutrina sobre o tema.
>
> 4. Inobservância da regra do art. 489, § 1º, inciso V, do CPC/2015 no caso concreto.
>
> 5. Inviabilidade de delegação de competência funcional hierárquica ao juízo de primeiro grau para aplicar o referido acórdão genérico ao caso dos autos, em virtude da ausência de previsão legal.

3- A regra do art. 489, §1º, VI, do CPC/15, segundo a qual o juiz, para deixar de aplicar enunciado de súmula, jurisprudência ou precedente invocado pela parte, deve demonstrar a existência de distinção ou de superação, somente se aplica às súmulas ou precedentes vinculantes, mas não às súmulas e aos precedentes apenas persuasivos, como, por exemplo, os acórdãos proferidos por Tribunais de 2º grau distintos daquele a que o julgador está vinculado.

(...)

(REsp n. 1.698.774/RS, relatora Ministra Nancy Andrighi, Terceira Turma, julgado em 1/9/2020, DJe de 9/9/2020.)

6. Recomendação para que seja instaurado incidente de demandas repetitivas no Tribunal de origem para enfrentar de maneira uniforme a multiplicidade de recursos identificada naquele sodalício.

7. Anulação do acórdão recorrido por negativa de prestação jurisdicional, restando prejudicado o mérito recursal.

8. RECURSO ESPECIAL PROVIDO.

(REsp n. 1.880.319/SP, relator Ministro Paulo de Tarso Sanseverino, Terceira Turma, julgado em 17/11/2020, DJe de 20/11/2020.) (grifos nossos)

3. DISPOSITIVO

O derradeiro ato da sentença cível é o dispositivo, no qual, em conformidade com o art. 489, III, do CPC, *"o juiz resolverá as questões principais que as partes lhe submeterem"*.

No dispositivo, como melhor se elucidará adiante, o magistrado dará sua conclusão e fixará a norma jurídica aplicável ao caso concreto, sem prejuízo de estabelecer a responsabilidade sucumbencial.

Diversamente das partes anteriormente mencionadas, a sua ausência implica **inexistência**, ou seja, a sua falta implica em reconhecer que o ato não é sentença.

No ponto, relevante trazer à baila o disposto no art. 205 do CPC:

> **Art. 205.** Os despachos, as decisões, as sentenças e os acórdãos serão redigidos, datados e assinados pelos juízes.
>
> § 1º Quando os pronunciamentos previstos no caput forem proferidos oralmente, o servidor os documentará, submetendo-os aos juízes para revisão e assinatura.

No sentido do entendimento ora esposado, e para demonstrar a gravidade do que se está colocando, observe-se o entendimento do STJ pelo qual a sentença oral é válida, desde que mantido o seu registro audiovisual nos autos para se permitir o contraditório e a ampla defesa, de maneira a não prejudicar a pretensão recursal. Saliento que tal decisão se dera no campo penal, à luz do art. 405, § 2º, do Código de Processo Penal. Consigne-se que tal entendimento veio em sentido contrário a outros julgados do mesmo STJ, o que revela a incipiência da posição[9].

9. HC 462.253/SC; HC 336.112/SC; HC 470.034-SC.

Conquanto o conteúdo decisório tenha ficado, certamente, restrito ao âmbito penal, esclarece-se que o CPC dispõe de norma de idêntico teor, qual seja, art. 367, § 5°, levando-se a crer que igual conclusão poderia chegar a Corte se se tratasse de matéria cível submetida a apreciação.

Todavia, atente-se ao julgado emanado do Tribunal Regional Federal da 1° Região, exarado nos autos de n° 0000759-80.2019.4.01.9199[10], no qual, em aplicação ao que rege o art. 205, § 1°, do CPC, anulou o julgamento de ação previdenciária em que o juiz prolatou a sentença de maneira exclusivamente oral, dispondo que caberia ao julgador, após documentação regular da sentença ditada, submetê-lo para revisão e assinatura.

Em decorrência lógica de tal conclusão, em uma prova de concurso público, em constatando espaço insuficiente para finalizar a prova, deve-se preocupar o candidato em elaborar o dispositivo, ainda que se omita propositadamente alguma matéria em fundamentação. Tem-se ciência, assumimos, de casos de juízes aprovados que não tiveram tempo/espaço para construção do dispositivo, havendo substancial perda de pontos, mas não reprovação. Todavia, a fim de se precaver de um examinador mais rigoroso e desperdiçar em absoluto todo um avanço até então obtido, a recomendação é preferir perder pontuação de fundamentação propositadamente omitida para viabilizar a confecção do dispositivo, com fechamento da sentença.

4. PRINCÍPIO DA CONGRUÊNCIA

Já estando superada a breve análise dos elementos da sentença, ainda assim, antes de finalizar essa etapa inicial teórica, importante atentar para o princípio da congruência/adstrição/correlação das decisões judiciais, que goza de importante reflexo na praxe forense e em provas de sentença cível.

10. PROCESSUAL CIVIL. RECURSO DE APELAÇÃO. PROCESSUAL CIVIL. SENTENÇA SEM ASSINATURA. ATO INEXISTENTE. RETORNO DOS AUTOS À PRIMEIRA INSTÂNCIA. APELAÇÃO PROVIDA. 1. Trata-se de apelação interposta pelo INSS em face de sentença que julgou procedente o pedido formulado pela parte autora, de concessão de benefício de aposentadoria rural por idade, com o devido pagamento das parcelas respectivas. Em suas razões alega ser o ato inexiste eis que a sentença não foi assinada pelo juízo a quo, e requer seja declarada sua nulidade com retorno dos autos à origem para nova prolação se sentença. 2. Nos termos do art. 205 do CPC, os atos proferidos pelos magistrados devem obedecer aos requisitos instrumentais, tendo como requisitos de validade do ato decisório a data e a assinatura do juiz prolator do referido ato. 3. Mesmo sendo proferida oralmente, em audiência, somente após o ato de assinatura realizado pelo juiz é que a sentença passa a ser considerada ato processual. Antes disso é ato inexistente. 4. Apelação provida, para anular a sentença determinando o retorno dos autos à primeira instância para que outra seja proferida.

O princípio da congruência, ou da adstrição ou da correlação, é corolário do princípio da inércia da jurisdição, norma fundamental do processo prevista no art. 2º, do CPC/15, pela qual "*o processo começa por iniciativa da parte e se desenvolve por impulso oficial, salvo as exceções previstas em lei*".

Pela lógica da congruência, o magistrado deve ater-se às questões jurídicas decorrentes das petições das partes processuais, notadamente a petição inicial do autor e a contestação do réu. É vedado, portanto, ao decisor, salvo nas hipóteses de exceção legal ou jurisprudencial, conhecer de ofício sobre questões que não foram objeto de apresentação pelas partes, sob pena de quebra de imparcialidade e incidência das consequências próprias de decisões incongruentes.

Dois são os dispositivos do Código de Processo Civil dos quais se pode extrair a necessidade de congruência entre o pedido e a decisão judicial, estando abaixo colacionados:

> **Art. 141.** O juiz decidirá o mérito nos limites propostos pelas partes, sendo-lhe vedado conhecer de questões não suscitadas a cujo respeito a lei exige iniciativa da parte.
>
> **Art. 492.** É vedado ao juiz proferir decisão de natureza diversa da pedida, bem como condenar a parte em quantidade superior ou em objeto diverso do que lhe foi demandado.

A congruência se subdivide em congruência interna e externa.

A congruência interna consiste na relação fundamento-conclusão. É o que se nomina de sentença suicida, quando a conclusão destoa da fundamentação apresentada. Supre-se por embargos de declaração por contradição (art. 1.022, I, do CPC/15) ou mesmo por apelação. Obviamente, deve o decisor não incidir em incongruência interna, tendo a cautela de não apresentar conclusão contraditória com a fundamentação apresentada. Todavia, não é esta espécie de congruência que merece o foco de nossa atenção nesse momento, haja vista que apenas uma desconcentração considerável redunda em tal vício de sentença.

É com a congruência externa que há de se ter mais cautela, por causar maior perplexidade em algumas situações. Esta se refere à observância estrita dos pedidos veiculados pelas partes quando da prolação da sentença. Pode ser objetiva: relacionada ao bem jurídico pretendido; ou subjetiva, atinente às partes processuais.

Assim, a sentença deve ater-se aos pedidos veiculados pelas partes, sob pena de proferir-se sentença ***extra petita*** (quando se conceder coisa diferente do que pedido ou se atingir pessoa alheia à relação jurídica – **sentença completamente nula**); ***ultra petita*** (quando se conceder a coisa solicitada, mas em quantidade maior, ou quando se atingir, além da pessoa contra a qual deveria ser dada, outra pessoa distinta e alheia à relação processual – **sentença nula no excedente**); ou ***citra petita*** (quando se decidir sobre a coisa solicitada, mas em quantidade menor do que a pedida, ou quando deixar de abordar todos os litisconsortes incluídos – **sentença válida naquilo que expressamente decidido, embora viciada por sua insuficiência**).

Convém expor o entendimento superior pelo qual a homologação de cálculos do contador judicial, ainda que em patamar excedente à própria quantia reclamada pela exequente em sua peça de deflagração da etapa executória do processo, mas desde que restrito às balizas do título judicial transitado em julgado, não implica em atuação *ultra petita* do julgador[11].

Nada obstante o princípio da congruência, quatro situações hão de ser destacadas. E é aqui que se localiza a perplexidade da congruência externa já adiantada. É que a congruência estrita deve (não se tratando, pois, de mera faculdade judicial) ser flexibilizada em pontuais situações, não devendo o julgador as ignorar, menos ainda o candidato de concurso público, este sob pena de supressão de pontuação em sua resposta.

4.1. Conjunto da postulação

Determina o CPC, em seu art. 322, § 2º, que a interpretação dos pedidos deve considerar o conjunto da postulação, observando-se o princípio da boa-fé[12]. Deste modo, a assimilação dos pedidos deve ser ampla, abrangendo-se inclusive aqueles omitidos, porém decorrentes lógicos dos fatos e dos demais pedidos.

---

11. (...)
V. Conforme a jurisprudência consolidada no Superior Tribunal de Justiça, "o acolhimento dos cálculos elaborados por Contador Judicial em valor superior ao apresentado pelo exequente não configura julgamento ultra petita, uma vez que, ao adequar os cálculos aos parâmetros da sentença exequenda, garante a perfeita execução do julgado" (STJ, AgRg no Ag 1.088.328/SP, Rel. Ministro NAPOLEÃO NUNES MAIA FILHO, QUINTA TURMA, DJe de 16/08/2010). Em igual sentido: STJ, AgRg no REsp 1.262.408/AL, Rel. Ministra REGINA HELENA COSTA, PRIMEIRA TURMA, DJe de 19/04/2016; AgRg no AgRg no AREsp 650.227/SP, Rel. Ministro MAURO CAMPBELL MARQUES, SEGUNDA TURMA, DJe de 13/05/2015; AgRg no AREsp 563.091/SP, Rel. Ministro HERMAN BENJAMIN, SEGUNDA TURMA, DJe de 04/12/2014; AgRg no REsp 575.970/SP, Rel. Ministro NEFI CORDEIRO, SEXTA TURMA, DJe de 09/06/2014.
(...)
(REsp n. 1.934.881/SP, relatora Ministra Assusete Magalhães, Segunda Turma, julgado em 27/9/2022, DJe de 30/9/2022.)
12. Enunciado FPPC 285. (art. 322, §2º) A interpretação do pedido e dos atos postulatórios em geral deve levar em consideração a vontade da parte, aplicando-se o art. 112 do Código Civil. (Grupo: Petição inicial, resposta do réu e saneamento)

Art. 322. O pedido deve ser certo.

(...)

§ 2º A interpretação do pedido considerará o conjunto da postulação e observará o princípio da boa-fé.

O Superior Tribunal de Justiça aplicava a regra mesmo antes da vigência do CPC/15, conforme de infere do julgado do EDcl no REsp 1606781/RJ, Rel. Ministro RICARDO VILLAS BÔAS CUEVA, TERCEIRA TURMA, julgado em 13/12/2016, DJe 02/02/2017, posterior ao CPC/73, mas em análise de relação processual nele instaurada[13].

Como bom exemplo de aplicação do instituto, imagina-se o caso daquele que, tendo seu nome inserido indevidamente em cadastros restritivos de crédito, formula pedido de reparação por danos morais em face de tal situação. É intuitivo que, em verdade, para além do pleito indenizatório e até como um pressuposto para ele, deve-se interpretar que a parte também deseja a própria declaração de inexistência do débito, que pode ser compreendido como pedido extraível do conjunto da postulação.

Abaixo reproduzo ementa do Superior Tribunal de Justiça na qual a Corte bem discorre acerca do conjunto a postulação e do princípio da adstrição, propugnando que o julgador deve estar atento à não vinculação fiel entre o pedido e a sentença, desde que se possa inferir a postulação em seu conjunto e tal postura atenda ao um ideal de efetividade da prestação jurisdicional:

---

13. (...)

2. Hipótese em que a prática de concorrência desleal pelo uso indevido de marca e pelo desvio de clientela foi exaustivamente comprovada nos autos, não apenas pelo simples uso, pela ré, da expressão "URBANO", mas pela conjugação desse fato com a utilização de cores e layout que apresentam enorme semelhança com os padrões adotados pela autora, com a declaração dos próprios idealizadores do site de que se valeram desse artifício para serem reconhecidos no mercado eletrônico e com a contratação de links patrocinados adotando-se como palavra-chave a expressão "PEIXE URBANO" e suas variações.

3. Pedido inicial que deve ser interpretado considerando a pretensão de fazer cessar os atos contrários à livre concorrência, independentemente da forma como a disputa pelo mercado se estabelecia, seja em idêntico ramo de atuação, seja em outra atividade assemelhada capaz de gerar competição mercadológica.

4. A interpretação do pedido deve considerar o conjunto da postulação e observar o princípio da boa-fé, considerando a reiterada jurisprudência desta Corte, atualmente reproduzida no art. 322, § 2º, do Código de Processo Civil/2015.

5. A vedação ao uso da expressão "URBANO" constitui medida suficiente e necessária para a inibição da concorrência desleal, sobretudo sob a vertente do desvio de clientela.

6. Embargos de declaração rejeitados.

(EDcl no REsp n. 1.606.781/RJ, relator Ministro Ricardo Villas Bôas Cueva, Terceira Turma, julgado em 13/12/2016, DJe de 2/2/2017.)

> (...)
>
> 2. É vedado ao juiz proferir decisão de natureza diversa da pedida, bem com condenar a parte em quantidade superior ou em objeto diverso do que lhe foi demandado.
>
> 3. Não há julgamento extra petita quando o órgão julgador não desrespeitou os limites objetivos da pretensão inicial nem concedeu providência jurisdicional diversa da que fora requerida, em atenção ao princípio da congruência ou adstrição.
>
> 4. Inexiste violação dos limites da causa quando o julgador reconhece os pedidos implícitos formulados na petição inicial, não estando restrito ao que está expresso no capítulo referente aos pedidos, sendo-lhe permitido extrair, mediante interpretação lógico-sistemática da petição inicial, aquilo que a parte pretende obter, aplicando o princípio da equidade.
>
> 5. Não é extra petita o julgado que decide questão que é reflexo de pedido deduzido na inicial, superando a ideia da absoluta congruência entre o pedido e a sentença para outorgar ao demandante a tutela jurisdicional adequada e efetiva.
>
> (...)
>
> 7. A conclusão pela necessidade de liquidação de sentença com a produção de perícia técnica para determinar e individualizar a área usucapida de imóvel maior e indiviso outorga tutela jurisdicional adequada e efetiva à parte, na medida em que necessária para a expedição do mandado de registro da usucapião.
>
> 8. A sentença judicial que, ao reconhecer a usucapião, individualiza, de forma clara e precisa, a área usucapida, pode ser objeto de registro no cartório de registro de imóveis, sem a necessidade de pedido expresso na inicial a respeito da medida extrajudicial.
>
> (...)
>
> (AgInt no REsp n. 1.802.192/MG, relator Ministro João Otávio de Noronha, Quarta Turma, julgado em 12/12/2022, DJe de 15/12/2022.)

Ainda, exemplificativamente, o Superior Tribunal de Justiça entende que a atuação jurisdicional ativista no sentido de conceder medida cautelar diversa da postulada, fundamentadamente pelo magistrado, em deferência ao princípio da eficiência por se revelar mais protetiva àquela proposta pela parte, integra o poder geral de cautela do juiz e, portanto, não malfere o princípio da adstrição[14]. Na mesma linha de intelecção a concepção doutrinária[15].

---

14. PROCESSUAL CIVIL. AGRAVO INTERNO NA PETIÇÃO. MEDIDA CAUTELAR. DEFERIMENTO EX OFFICIO. POSSIBILIDADE. LIMITES DO PEDIDO. OBSERVÂNCIA. DESNECESSIDADE. CARÁTER PROVISÓRIO. EFICÁCIA DA TUTELA JURISDICIONAL. PREVALÊNCIA. EXORBITÂNCIA. AJUSTE. CABIMENTO. RECURSO PARCIALMENTE PROVIDO.
    1. O poder geral de cautela, positivado no art. 297 do CPC/2015, autoriza que o juiz defira medidas 'ex officio', no escopo de preservar a utilidade de provimento jurisdicional futuro.

Todavia, é de se ter bastante cuidado com a aplicação do dispositivo, porquanto se está em linha tênue entre a adstrição e a extrapolação do pedido, preferindo o julgador, e principalmente o candidato de concurso público, proceder à aplicação do dispositivo apenas em caso de existência de entendimento doutrinário e jurisprudencial sedimentado.

4.2. Pedidos implícitos

Outra situação bem relevante no que tange à congruência é a dos pedidos implícitos, eleitos pelo legislador e pela jurisprudência como de observância obrigatória pelo juiz, ainda que não expressamente formulados e ainda que nem mesmo decorram do conjunto da postulação. Sua não percepção pelo magistrado, de ofício, implica reconhecimento de omissão na sentença, suprível por embargos de declaração ou apelação. Logo, devem ser decididos independentemente de tratamento expresso ou mesmo implícito pelas partes.

Os pedidos implícitos são tratados legal e jurisprudencialmente. Na lei, ressalvadas disposições esparsas, são eles dispostos no art. 322, § 1º, e art. 323 do CPC:

> **Art. 322.** O pedido deve ser certo.
>
> § 1º Compreendem-se no principal os juros legais, a correção monetária e as verbas de sucumbência, inclusive os honorários advocatícios.
>
> (...)
>
> **Art. 323.** Na ação que tiver por objeto cumprimento de obrigação em prestações sucessivas, essas serão consideradas incluídas no pedido, independentemente de declaração expressa do autor, e serão incluídas na condenação, enquanto durar a obrigação, se o devedor, no curso do processo, deixar de pagá-las ou de consigná-las.

Destarte, sistematizando para melhor memorizar, esses são os pleitos implícitos de fonte legal que deverão ser objeto de decisão ainda que não levantados pelas partes, por força do próprio CPC, sem prejuízo da verificação doutros na legislação esparsa ou na jurisprudência, conforme se verá à frente:

1.1. Não contraria o princípio da adstrição o deferimento de medida cautelar que diverge ou ultrapassa os limites do pedido formulado pela parte, se entender o magistrado que essa providência milita em favor da eficácia da tutela jurisdicional.

(...)

(AgInt na Pet n. 15.420/RJ, relator Ministro Antonio Carlos Ferreira, Quarta Turma, julgado em 6/12/2022, DJe de 13/12/2022.)

15. Enunciado FPPC 31. (art. 301) O poder geral de cautela está mantido no CPC. (Grupo: Tutela Antecipada)

✓ Juros legais
✓ Correção monetária
✓ Verbas sucumbenciais
✓ Prestações vincendas de obrigações de trato sucessivo

Cito, a título exemplificativo, o entendimento esposado pelo STJ em aplicação do destacado art. 323 do CPC, quando admitiu fossem embutidas na ação de execução de título extrajudicial de cotas condomínios as mensalidades vencidas até a integral satisfação do débito, ressalvando, contudo, que tal inserção é admitida em relação àquelas homogêneas e contínuas, exclusivamente[16]. Em semelhante sentido aborda a doutrina[17].

Além das calcadas em autorização legal, há pretensões implícitas reconhecidas jurisprudencialmente de conhecimento necessário pelo sentenciante, não apenas com o intuito de acerto do ato decisório em si, mas de aplicação de justiça social e resolução definitiva e adequada das controvérsias apresentadas, evitando-se que, em virtude do que decidido, exsurja nova controvérsia para decisão em outra demanda, prorrogando-se o conflito em relações processuais distintas sobre a mesma relação jurídica de direito material.

Veja-se, *v. g.*, que a jurisprudência do STJ, fundada na necessidade de conduzir as partes ao *status quo ante*, ao promover a desconstituição de relações jurídicas materiais, por mais que certos pedidos não tenham sido expressamente

16. (...)

1. Com o advento do CPC/2015, o crédito referente às contribuições ordinárias ou extraordinárias de condomínio edilício – previstas na respectiva convenção ou aprovadas em assembleia geral, desde que documentalmente comprovadas – passou a ser expressamente considerado como título executivo extrajudicial, nos termos do art. 784, inciso X.

2. Com a comprovação dos requisitos do título executivo extrajudicial, mostra-se possível a inclusão, na execução, das parcelas vincendas no débito exequendo, até o cumprimento integral da obrigação do curso do processo.

3. No entanto, apenas as prestações homogêneas, contínuas e da mesma natureza comportam essa inclusão automática na execução. Assim, em havendo modificação da natureza da prestação ou da sua homogeneidade, bem como de eventual ampliação do ato constritivo dela decorrente, deverá ser oportunizado ao devedor o direito de se defender, por meio de embargos, em relação a esse acréscimo e limitado ao referido conteúdo.

4. Recurso especial provido.

(REsp n. 1.835.998/RS, relator Ministro Luis Felipe Salomão, Quarta Turma, julgado em 26/10/2021, DJe de 17/12/2021.)

17. Enunciado FPPC 505. (art. 323; Lei 8.245/1991) Na ação de despejo cumulada com cobrança, julgados procedentes ambos os pedidos, são passíveis de execução, além das parcelas vencidas indicadas na petição inicial, as que se tornaram exigíveis entre a data de propositura da ação e a efetiva desocupação do imóvel locado. (Grupo: Impacto nos Juizados e nos procedimentos especiais da legislação extravagante)

realizados pela parte a quem interessaria, compreende serem decorrências naturais dessa restauração, razão pela qual devem essas questões ser trazidas de ofício pelo julgador.

Cito e parcialmente reproduzo dois julgados da Corte Superior, relativos a rescisão de contrato preliminar de compra e venda de bem imóvel, nos quais, em um deles, estabeleceu-se valor locatício em prol do vendedor em razão de o comprador ter residido no imóvel durante algum tempo, e, no outro, se determinou a devolução das prestações já pagas pelo então adquirente:

> (...)
>
> 2. O direito de recebimento de indenização a título de aluguel do promissário comprador que, mesmo dando causa à rescisão, permanece na posse do imóvel, decorre da privação do promitente vendedor do uso do imóvel, à luz do disposto nos artigos 402, que trata das perdas e danos, 419, que trata da indenização suplementar às arras confirmatórias, além dos artigos 884 e 885, que versam sobre o princípio da vedação ao enriquecimento sem causa, todos do Código Civil. 3. Nesse contexto, o encargo locatício mostra-se devido durante todo o período de ocupação, ainda que não haja pedido expresso na petição inicial, visto que é consectário lógico do retorno ao status quo ante pretendido com a ação de rescisão de promessa de compra e venda, sob pena de premiar os inadimplentes com moradia graciosa e estimular a protelação do final do processo. 4. Agravo interno provido para dar provimento ao recurso especial. (AgInt no REsp 1167766/ES, Rel. Ministro RAUL ARAÚJO, Rel. p/ Acórdão Ministra MARIA ISABEL GALLOTTI, QUARTA TURMA, julgado em 16/11/2017, DJe 01/02/2018)
>
> (...) 6. Rescindido o contrato, deve ser assegurado o retorno ao status quo ante, com a determinação de devolução dos valores eventuais pagos, circunstância em que não se configura a existência de julgamento extra petita pela decisão do magistrado que assim se pronuncia.
>
> (...)
>
> (REsp 1471838/PR, Rel. Ministro RICARDO VILLAS BÔAS CUEVA, TERCEIRA TURMA, julgado em 09/06/2015, DJe 26/06/2015)

Ressalva-se, por oportuno, que os juros convencionais, diversamente do que se dá com os legais, só poderão ser estabelecidos em havendo pedido expresso, não sendo hipótese de pedido implícito.

Sobre o estabelecimento de juros legais, correção monetária e honorários de advogado, haverá melhor aprofundamento quando da abordagem prática da elaboração do dispositivo da sentença cível.

4.3. Alteração superveniente do quadro fático

A terceira observação decorrente das mitigações ao princípio da congruência é a de que a alteração ulterior do quadro fático, durante a tramitação processual, deve ser considerada pelo juiz na sua decisão, ainda que oficiosamente, desde que seja conferido às partes previamente o direito de manifestarem-se em contraditório sobre ela. É a previsão constante do art. 493 do CPC:

> **Art. 493.** Se, depois da propositura da ação, algum fato constitutivo, modificativo ou extintivo do direito influir no julgamento do mérito, caberá ao juiz tomá-lo em consideração, de ofício ou a requerimento da parte, no momento de proferir a decisão.
>
> Parágrafo único. Se constatar de ofício o fato novo, o juiz ouvirá as partes sobre ele antes de decidir.

Como cediço, infelizmente, diante da precária infraestrutura física e de pessoal da maior parte das Cortes de Justiça pátrias, de um lado, bem como da crescente litigância, lado outro, fomentada por uma concepção ampliada de acesso à justiça e gratuidade judiciária, retirando os riscos da derrota processual, somada à nominada jurisprudência lotérica, não é incomum que os feitos se arrastem por anos ou mesmo décadas nos escaninhos da unidade até que tenham solução definitiva pelo julgador.

Ocorre que, como também é de conhecimento, as relações sociais costumam ser bem dinâmicas, cotidianamente alteradas, de maneira que, não raras vezes, o contexto fático que ensejou a deflagração da demanda judicial evolua e se modifique ao longo do curso do processo, situação que não pode ser ignorada pelo magistrado.

Com efeito, não cabe ao juiz decidir sobre o passado, uma vez que tal decisão não teria eficácia atual, desperdiçando-se o serviço público. O decisor se debruça sobre o caso à luz da situação atual, ainda que tal se tenha alterado desde a petição inicial, sem que isso implique em ofensa ao princípio da congruência.

O exemplo recente mais importante de aplicação desta norma é a na usucapião, admitindo o STJ que o juiz pondere o prazo de tramitação processual como de prescrição aquisitiva, ainda quando, no momento do ajuizamento da demanda, o autor não tivesse preenchido o prazo legal para a declaração da pretendida propriedade.

Por exemplo: o autor ingressou com ação de usucapião com dez anos de posse mansa e pacífica, alegando, ter envidado obras de caráter produtivo, fazendo atrair o prazo mais exíguo disposto no art. 1.238, parágrafo único, do Código Civil[18]. Contudo, durante a instrução processual, não fora o autor capaz

18. Art. 1.238. Aquele que, por quinze anos, sem interrupção, nem oposição, possuir como seu um imóvel, adquire-lhe a propriedade, independentemente de título e boa-fé; podendo requerer ao juiz que assim o declare por sentença, a qual servirá de título para o registro no Cartório de Registro de Imóveis.

de comprovar a condição de redução prazal, de maneira que a aquisição da posse deveria se dar apenas após os quinze anos do *caput* do mesmo dispositivo. Ocorre que o magistrado percebe que a própria ação de usucapião, em virtude de intercorrências rituais, perdurou mais de cinco anos, os quais, somados aos dez anteriores ao ajuizamento da demanda, integrariam o lapso da prescrição aquisitiva, constatação que pode (deve) ser considerada pelo magistrado na hora de sentenciar, concluindo-se pela procedência do pedido, em aplicação ao art. 493 do CPC. Segue a ementa ilustrativa:

> (...) 4. A contestação oferecida na ação de usucapião não tem o condão de interromper o prazo da prescrição aquisitiva, sendo incontroverso que a resistência oposta limitou-se ao protesto, efetuado em fevereiro de 1987, tendo a ação ação (sic) reivindicatória sido ajuizada apenas em maio de 2009. Portanto, cabe, tendo em vista o disposto no artigo 462 do Código de Processo Civil, o reconhecimento e declaração da usucapião ocorrida durante a tramitação do processo.
>
> (...)
>
> (REsp 1210396/DF, Rel. Ministro LUIS FELIPE SALOMÃO, QUARTA TURMA, julgado em 12/04/2012, DJe 19/06/2012)

4.4. Fundamentos jurídicos distintos

Ponto intrigante no que se refere à correlação entre o pedido e a decisão envolve os lindes da causa de pedir. É de se destacar, neste aspecto, que o juiz está subordinado às questões jurídicas apresentadas pelas partes, em decorrência do panorama fático apresentado, estando a elas vinculado.

Contudo, ressalva-se que o magistrado não está vinculado à fundamentação jurídica sustentada pela parte, podendo decidir e até mesmo conceder postulações com base em respaldo jurídico absolutamente distinto daquele que lhe fora apresentado pelo interessado.

Aplica-se, pois, os clássicos, mas ainda atuais, brocardos jurídicos *da mihi factum, dabo tibi ius* (dá-me os fatos que eu te dou o direito) e *iura novit curia* (o juiz conhece o direito).

É a posição do STJ sobre a postura judicial:

> (...)
>
> 3. O magistrado, desde que observados os fatos da causa (causa de pedir remota) e os pedidos deduzidos, pode julgar a demanda com respaldo em

---

Parágrafo único. O prazo estabelecido neste artigo reduzir-se-á a dez anos se o possuidor houver estabelecido no imóvel a sua moradia habitual, ou nele realizado obras ou serviços de caráter produtivo.

> fundamentos jurídicos diferentes daqueles apresentados pelas partes, o que em nada afronta o princípio da congruência. Precedentes.
>
> (...)
>
> (AgInt no AREsp 833.851/SP, Rel. Ministro GURGEL DE FARIA, PRIMEIRA TURMA, julgado em 01/07/2019, DJe 02/08/2019)

No mesmo sentido o enunciado FPPC 281, pelo qual "*a indicação do dispositivo legal não é requisito da petição inicial e, uma vez existente, não vincula o órgão julgador. (Grupo: Petição inicial, resposta do réu e saneamento; redação revista no V FPPC-Vitória)*".

Aliás, alerte-se que a compreensão jurisprudencial dominante é a de que o julgador pode não apenas dar classificação jurídica distinta, sem alteração da causa de pedir, mas o pode fazer sem oitiva prévia das partes, sem que tal postura infrinja o princípio da vedação à decisão surpresa, norma fundamental do processo civil, nos termos do art. 10 do CPC[19].

Portanto, também no que se refere à fundamentação jurídica, não desrespeita o princípio da congruência a adoção de decisão pelo magistrado calcada em argumentos jurídicos diferentes dos trazidos pelas partes do processo.

Tanto é assim que, em aplicação analógica ao que disposto no art. 363 do Código de Processo Penal, a jurisprudência do STJ decide que, nos casos de ação de improbidade administrativa, em havendo capitulação diversa pelo proponente à luz dos fatos apresentados na peça de deflagração, pode o magistrado promover o seu reenquadramento dentro na legislação de regência em outra modalidade típica, desde que respeitada a vinculação fática, sem que tal represente desatenção ao princípio em liça[20].

Enfim, eram essas as considerações teóricas que se revelavam pertinentes sobre sentença, devendo ser buscada na literatura maior profundidade caso haja interesse. Firmadas as bases mínimas, seguimos à proposta principal deste livro: perpassar sobre todos os pontos de abordagem em uma sentença cível.

---

19. (...)

    II – Diante da ausência de dimensão absoluta do princípio da não surpresa, equivocada a interpretação que conclua pela sua aplicação automática e irrestrita. Não ofende o art. 10 do CPC/2015 o provimento jurisdicional que dá classificação jurídica à questão controvertida apreciada em sede de embargos de divergência.

    (...)

    (EDcl nos EREsp n. 1.213.143/RS, relatora Ministra Regina Helena Costa, Primeira Seção, julgado em 8/2/2023, DJe de 13/2/2023.)

20. Jurisprudência em Teses nº 186 do STJ: 6) Não há falar em julgamento extra petita nem em violação ao princípio da congruência na hipótese de decisão que enquadra o ato de improbidade administrativa em dispositivo diverso do indicado na inicial, pois a defesa atém-se aos fatos e o juiz define a sua qualificação jurídica.

CAPÍTULO V

ORDEM DE CONSTRUÇÃO/APRECIAÇÃO DAS MATÉRIAS EM SENTENÇA CÍVEL

Neste tópico, relaciono os pontos que devem ser abordados na elaboração da sentença cível. Num primeiro momento, apenas o elenco para memorização. Caso a ideia seja a realização de prova de concurso, a sugestão é a releitura insistente em momentos que antecedem o teste para que possa o candidato, tão logo receba a prova, os relacionar no rascunho e, só então, despreocupando-se da possibilidade de esquecer-se de algum deles, seguir à leitura do enunciado e início da resolução. Se o aprendizado for para a praxe forense, talvez seja o caso de imprimi-los e colar em local visível na estação de trabalho. Com o tempo e a experiência, não será preciso mais os consultar já que passará a ser instintiva a sua adoção na técnica de sua sentença.

Veja-se, pois, que são 27 itens, estando eles infra arrolados:

1. RELATÓRIO
2. FUNDAMENTAÇÃO
3. ESTABELECIMENTO DO REGIME JURÍDICO PROCESSUAL INCIDENTE
4. DECIDIR SOBRE JULGAMENTO CONJUNTO DE AÇÕES
5. APONTAMENTO DE QUESTÕES JÁ DECIDIDAS
6. SOLUÇÃO DE QUESTÕES PENDENTES DE APRECIAÇÃO PRÉVIA
7. RESOLVER SOBRE JULGAMENTO ANTECIPADO DO MÉRITO
8. BREVÍSSIMA SUMA DO PEDIDO
9. ESTABELECIMENTO DO REGIME JURÍDICO MATERIAL INCIDENTE
10. PRELIMINARES
11. FECHAMENTO DAS PRELIMINARES
12. PREJUDICIAIS DE MÉRITO

13. MÉRITO PROPRIAMENTE DITO
14. ADIANTAR O RESULTADO FINAL
15. ANUNCIAÇÃO DA CONTROVÉRSIA A SER SOLVIDA, RESSALVANDO OS PONTOS INCONTROVERSOS
16. INDICAR O PEDIDO QUE VAI SER OBJETO DE DECISÃO
17. APRESENTAR OS RESPECTIVOS FUNDAMENTOS JURÍDICOS (CF, LEI, JURISPRUDÊNCIA, DOUTRINA)
18. DISPOR SOBRE A PROVA
19. TESES DE DEFESA
20. SUBSUNÇÃO E CONCLUSÃO
21. VERIFICAR SE É CASO DE TUTELA PROVISÓRIA/LITIGÂNCIA DE MÁ-FÉ
22. DISPOSITIVO
23. JUROS E CORREÇÃO MONETÁRIA (SE O CASO)
24. CUSTAS, DESPESAS E HONORÁRIOS DE SUCUMBÊNCIA
25. OUTRAS PROVIDÊNCIAS ESPECIAIS
26. REGIME DE CUMPRIMENTO DA SENTENÇA, SE O CASO
27. FINALIZAR

Observe-se que os itens 16-20 devem ser seguidos por pedido realizado. Ou seja, se houverem pedidos cumulados, o que é a situação mais corriqueira tanto na praxe como no concurso público, deve-se seguir os pontos do roteiro de 16-20 em tantos quantos forem os pedidos, de modo subsequente (não concomitante, como regra), exaurindo-se a análise de um pedido para, só então, seguir-se ao próximo.

Outra observação de destaque é que, em relação a alguns itens, pode se pensar em uma volatilidade no que tange à ordem de seu tratamento, devendo haver conhecimento do candidato sobre o propósito específico de sua alocação para, então, ter a sensibilidade de, eventualmente, percebendo a pertinência de sua colocação em outro momento na sentença, o fazer, sem que tal implique em minoração da lógica técnica exigida para a peça.

Exemplo está no julgamento antecipado do mérito: 1) pode ser incluído como primeiro item da fundamentação da sentença, como aliás o fazem alguns espelhos de bancas examinadoras; 2) pode ser alocado após o estabelecimento da controvérsia, antes da análise das preliminares, como tem sido mais usual e, portanto, recomendável; e 3) pode ser embutido após as preliminares, como pressuposto para a análise meritória propriamente dita, sendo esta, inclusive, a minha particular predileção.

CAPÍTULO VI

SENTENÇA CÍVEL PONTO A PONTO

Doravante, se minudenciará, no que relevante, os itens acima listados para sua melhor compreensão individualizada. O objetivo do estabelecimento desses pontos é propiciar ao redator da sentença cível, ato da maior complexidade no processo, a possibilidade de redigir de maneira escorreita, coerente e completa.

Isso porque, de nada adianta o julgador conhecer o direito material e o direito processual aplicáveis ao caso, sendo imprescindível que conheça a técnica de sentença para transpor adequadamente seus conhecimentos em formato de ato decisório. Não se está diante de artigo jurídico ou mesmo livro acadêmico, tampouco diante de uma petição advocatícia, mas do principal ato do processo e da relação jurídica processual.

Note que, dentro dos acima itens elencados, existem os que se pode alcunhar de **essenciais,** que devem ser trabalhados sob pena de perda sensitiva do ato; os que se pode chamar de itens de **mero deleite perenes**, estes que visam tão somente, em qualquer situação, elevar a impressão positiva do leitor, e os itens **voláteis**, que, a depender do contexto emanado do caso concreto, podem ser essenciais ou de mero deleite.

Uma advertência/desabafo para aqueles leitores da praxe forense: diante do acúmulo de serviço e escassez de quadro funcional na maioria das unidades, de um lado, e doutro a sedentia da sociedade por uma justiça mais célere e a pressão institucional por produtividade com a superação das metas nacionais do Conselho Nacional de Justiça, notadamente a meta 1[1], é comum que não

1. Meta 1 – Julgar mais processos que os distribuídos (todos os segmentos)
Julgar quantidade maior de processos de conhecimento do que os distribuídos no ano corrente, excluídos os suspensos e sobrestados no ano corrente.

haja disponibilidade do julgador para perpassar por cada um desses pontos, mormente os de natureza facultativa, restringindo-se aos aspetos estritamente essenciais para a decisão do caso concreto.

Abaixo, quando da análise pontual de cada item sugerido, nos itens que consideramos de mero deleite haverá o alerta, competindo ao leitor acolher a sua colocação ou não na sua sentença cível.

Ao iniciar, deve o redator apor a palavra "**SENTENÇA**" em caixa alta, centralizadamente, no documento.

Em prova de concurso público, o candidato procederá tal como explicitado no parágrafo anterior de maneira manuscrita, salvo se o próprio enunciado já trouxer em si uma estrutura de relatório, exigindo a fundamentação em continuidade, quando então o candidato deverá seguir o ato decisório conforme inaugurado pelo seu examinador[2].

Em se tratando de sentença cível da praxe forense, é importante perceber que alguns sistemas processuais eletrônicos, como o Sistema de Automação Judicial – SAJ, já automaticamente inserem no documento o tipo de ato, em conformidade com o modelo anteriormente selecionado, e alguns dados processuais – cabeçalho – no qual consta número do processo, nome das partes, classe, assuntos, entre outros. Lado outro, sistemas hão que não fazem tal importação, ao menos num primeiro momento, como o Processo Judicial Eletrônico – Pje, abrindo um documento totalmente em branco, porém sendo possível criar ferramentas de autopreenchimento.

---

2. Na prova de sentença cível do Tribunal de Justiça do Estado do Rio de Janeiro, o enunciado adotou a forma de relatório, de maneira que caberia ao candidato iniciar a resposta de texto definitivo imediatamente pela fundamentação:

TRIBUNAL DE JUSTIÇA DO ESTADO DO RIO DE JANEIRO

XLVII CONCURSO PARA INGRESSO NA MAGISTRATURA DE CARREIRA DO ESTADO DO RIO DE JANEIRO

SENTENÇA CÍVEL

Leia o relatório abaixo com atenção, presumindo a veracidade de todas as alegações feitas. Limite-se à fundamentação e à parte dispositiva. Enfrente todas as questões explícita e implicitamente propostas, mencionando na fundamentação todos os artigos eventualmente pertinentes, cuja correta citação será levada em consideração pela banca. AS QUESTÕES JURÍDICAS SUSCITADAS DEVERÃO SER SOLUCIONADAS, AINDA QUE O CANDIDATO DECIDA EXTINGUIR O PROCESSO SEM RESOLUÇÃO DO MÉRITO OU VENHA A ACOLHER EVENTUAIS PRELIMINARES OU PREJUDICIAIS.

1. RELATÓRIO

Através do relatório, repetindo o que já se antecipou, o juiz vai indicar o nome das partes e identificará o caso, narrando a síntese das teses autorais e de defesa, bem como apontando as principais ocorrências e intercorrências processuais, tal como comanda o art. 489, I, do CPC, já oportunamente reproduzido e analisado. No linguajar coloquial, o julgador conta a "historinha" do caso e do processo.

No que tange à linguagem a ser adotada nesta parte da sentença, é a descritiva, narrativa, ou seja, não se autoriza valoração de qualquer espécie, ainda que minimamente, neste trecho do ato. Está-se tão somente a descrever o que se dera no processo até então, desde os pedidos formulados às teses de defesa, além de narração dos principais eventos ocorridos no processo. Não só, pois, é impertinente e inoportuno, como tecnicamente equivocado, o redator emitir juízo de valor nesta sede, devendo-se redigir o texto de maneira criteriosamente expositiva.

Exemplo negativo:

> "Às fls. XX, a testemunha YY confirma a tese autoral..."

Exemplo positivo:

> "Às fls. XX, consta depoimento da testemunha YY."

Com efeito, o campo próprio para a atividade valorativa sobre as teses jurídicas aventadas e acerca das provas coligidas aos autos, como se verá com mais acurácia mais adiante, é a fundamentação.

Outrossim, tanto na praxe como em certames de magistratura, o redator da sentença cível deve proceder ao relatório com parcimônia, sendo prescindível que se relate especificamente cada ponto, argumento, tese ou ocorrência processual. Pode (deve), até para evitar a fadiga do leitor/examinador, restringir-se a narrar aquilo que, com maior ou menor importância, será considerado para a conclusão jurídica que se adotará.

Portanto, o redator deve se concentrar nos aspectos relevantes para a decisão a ser adotada, numa técnica premonitória de identificação das questões principais a serem abordadas na fundamentação.

Desta forma, não precisa o julgador, por exemplo, ao relatar, fazer constar que houve emenda à inicial para retificar o valor da causa; que houve substabelecimento com reserva de poderes a outros advogados; que a parte fora intimada para trazer novo endereço dos réus não localizados para citação etc., salvo se tais informações forem relevantes para alguma conclusão a ser adotada em sentença.

O relatório, assim, deve ser sintético, não se alongando em demasia, notadamente sobre aspectos não relativos à decisão que se adotará.

Noutro ponto, impende destacar que o **tempo verbal adequado para a construção adequada do relatório é o passado**, haja vista que se fará alusão ao que já ocorreu.

No que tange ao seu início, propriamente, o julgador pode optar por dar diretamente partida à narrativa ou pode inserir a expressão "vistos" logo antes, como se verá adiante. Não se deve escolher, preferivelmente, a expressão "recebidos hoje" para o início do ato, já que, no mais das vezes, etimologicamente, não representa a realidade. Com efeito, o cenário do Poder Judiciário retrata excepcionalíssimos casos em que o magistrado consegue despachar/decidir, quanto mais sentenciar, um feito no exato dia de sua conclusão, sendo mais usual que o magistrado apenas possa se debruçar sobre o caso apenas após alguns dias ou até meses após a devolução dos autos pela secretaria para análise e impulsionamento.

Em relação ao substantivo identificador das partes, faculta-se a utilização de autor/réu, promovente/promovido, requerente/requerido, livremente a gosto do escritor, sem que haja preferência por quaisquer destas ou mesmo erronia em sua adoção. É a regra.

Nas ações especiais, todavia, quando haja previsão de uma denominação legal específica a se reconhecer às partes, é impositivo que se opte por ela, como ocorre no mandado de segurança, nos embargos das mais variadas subespécies, na oposição e no rito sumaríssimo, por exemplo:

> Mandado de Segurança: impetrante/impetrado;
>
> Embargos: embargante/embargado;
>
> Oposição: opoente/oposto;
>
> Juizados Especiais: reclamante/reclamado.

O relatório pode ser iniciado de dois modos, também de livre escolha do escritor: com a indicação do tipo de ação, seguida do nome das partes, ou pelo nome da autora com o tipo de demanda e o nome do réu, tal como se verifica nos exemplos abaixo:

> "Trata-se de ação de obrigação de fazer ajuizada por A em face de B..."
>
> "A ajuizou ação de obrigação de fazer contra B..."

Sem prejuízo, não se descarta a possibilidade de construção em outros estilos redacionais, desde que haja lógica, facilidade de compreensão e preenchimento dos requisitos do elemento da sentença.

Como visto, o relatório é elemento essencial da sentença, na forma do art. 489, I, do CPC, configurando sua ausência nulidade, em seguindo o entendimento dominante. Atente-se, todavia, ao que disposto no art. 38 da Lei nº 9.099/95 (Lei dos Juizados Especiais), o qual dispensa o relatório, apenas exigindo menção aos principais fatos ocorridos em audiência.

> Lei nº 9.099/95
>
> **Art. 38.** A sentença mencionará os elementos de convicção do Juiz, com breve resumo dos fatos relevantes ocorridos em audiência, dispensado o relatório.

Todavia, como diz o brocardo "*a maiori, ad minus*", isto é, quem pode o mais, pode o menos, na praxe a elaboração de relatório nas sentenças dos procedimentos de rito sumaríssimo não implica nulidade, mas apenas desperdício de tempo e esforço que poderia ser redirecionado a outros casos. Entretanto, se se tratar de prova de sentença, é importante que o candidato se abstenha de proceder ao relatório, mesmo que o queira, tendo em vista que a sua elaboração poderá acarretar impressão do examinador de que aquele desconhece o teor e a autorização contida no referido dispositivo, acarretando perda de pontuação. Aliás, convém que expressamente o dispense e mencione o artigo chancelador.

Segue, abaixo, subroteiro de estrutura base de relatório, contendo os pontos e a sua ordem de tratamento que devem ser relatados:

- ✓ Tipo de demanda e partes;
- ✓ Síntese dos fatos;
- ✓ Pedidos autorais;

✓ Documentos principais;

✓ Tutela de urgência, se o caso;

✓ Citação e audiência de conciliação, se o caso;

✓ Contestação: teses de defesa preliminares e meritórias, nessa ordem;

✓ Documentos principais;

✓ Mera referência à réplica, salvo fatos novos;

✓ Saneador, se o caso;

✓ Principais fatos da instrução, se o caso.

Note, especificamente, que o relatório em provas de sentenças de concurso público é normalmente dispensado. Deve-se atentar para tal informação, até para que não haja dispêndio inútil de tempo de prova e/ou espaço de prova, já que a sua elaboração não ensejará qualquer consequência em sede de nota atribuída. Ao contrário, pode acarretar gratuito decréscimo de pontuação se o candidato cometer algum equívoco linguístico.

A dispensa do relatório, insisto, deve vir expressa, podendo constar do enunciado ou das advertências acerca da prova de sentença. Segue amostra extraída do concurso CEBRASPE – TJPR – 2019:

> Considerando os fatos relatados anteriormente, redija sentença cível, dando solução ao caso. Analise toda a matéria de direito processual e material pertinente ao julgamento, fundamentando suas explanações. Dispense o relatório e não acrescente fatos novos.

Entretanto, de outra banda, cuidado, **atente para identificar se realmente há dispensa pelo enunciado**. É que, por vezes, habitua-se, nos treinos, a solver os enunciados com dispensa de relatório de modo tal que já se parte do pressuposto de que não precisa ser realizado, sem que haja cautelosa verificação sobre a desobrigação de o fazer. Assim, em eventualmente não liberando a prova da confecção do relatório, pode o candidato não se aperceber da peculiaridade e deixar de o elaborar, perdendo preciosos pontos[3].

3. No concurso da VUNESP – TJ/AC – 2019, o relatório não fora dispensado: "Deverá o candidato elaborar a sentença, de acordo com os artigos 489, 490 e 491 do CPC, vedada sua identificação. Ao final, deverá assinar como Antônio José, Juiz de Direito da Vara Cível da Capital. Tanto assim que o espelho de correção assim dispôs: "Atender aos artigos 489, 490 e 491 do CPC – deve indicar as partes e os respectivos pleitos, isto é, síntese da inicial e da contestação. Não houve dispensa de relatório, observando que o artigo 489, inciso I, do CPC o menciona expressamente." O examinador, na ocasião, atribuiu um ponto (de dez) à elaboração do relatório, pontuação substancial e que pode fazer a diferença na

Ultimadas as instruções de elaboração de relatório, compete exemplificar:

> "Vistos.
>
> I - RELATÓRIO
>
> Cuida-se de ação de obrigação de pagar quantia certa interposta por José em face de Maria pelo procedimento comum.
>
> Narra o autor que alienara um par de brincos de ouro para Maria, no valor de R$ 500,00, para pagamento trinta dias após a compra, porém esta não o realizou na data aprazada.
>
> Requereu a concessão dos auspícios da gratuidade judiciária, bem assim a condenação à quitação contratual. Suplicou, outrossim, imputação de custas e honorários de sucumbência a Maria, estes à razão de vinte por cento do valor da condenação.
>
> Juntou contrato firmado entre as partes e termo de entrega da mercadoria, fls..
>
> Citada para comparecimento à audiência de conciliação, Maria se ausentou injustificadamente, a teor do termo de fls..
>
> Apresentou contestação de fls.. Na defesa, sustentou, preliminarmente, que o autor não era pobre na forma da lei, notadamente por não ter sido apresentada qualquer documentação econômica ou fiscal neste sentido, e, em mérito, que não possui condições econômicas atuais para quitar a obrigação, propondo a entrega de um aparelho celular Xing Ling como pagamento.
>
> Não juntou documentos.
>
> O autor, replicando às fls., argumentou fazer jus à gratuidade judiciária, pois, estando desempregado, promove aquisição de joias por oportunidade, quando seus proprietários falecem e as repassam por valor bem inferior ao de mercado. Outrossim, destacou que não aceitava o celular Xing Ling como pagamento, requerendo a condenação em pecúnia, nos termos da inicial.
>
> Juntou termo de não declaração de Imposto de Renda por perceber rendimento anual inferior ao teto base às fls..
>
> Vieram os autos conclusos.
>
> É o relatório, passo a fundamentar e decidir."

---

nota final, tendo o condão de implicar em eliminação do candidato ou em queda de sua classificação no certame, notadamente porque, em se tratando de relatório, reputa-se ser um ponto "fácil".

Caso se esteja diante de prova de concurso público na qual o enunciado contenha a previsão de dispensa de relatório, recomenda-se a adoção do seguinte formato:

> "Vistos.
>
> I – RELATÓRIO
>
> (dispensado pelo enunciado)
>
> É o relatório, passo a fundamentar e decidir."

2. FUNDAMENTAÇÃO

É o momento de, à luz do caso narrado no relatório, expor os fundamentos de fato e de direito que acarretarão a conclusão adotada, conforme o já aludido art. 489, II, do CPC.

Na fundamentação, de rigor o abandono da linguagem meramente descritiva e narrativa do relato para iniciar-se uma linguagem propriamente dissertativa, considerando que já se deve dar curso à atividade argumentativa, visando ao convencimento do leitor de que se alinha o ato à melhor compreensão sobre o ordenamento jurídico que subjaz o quadro fático proveniente da demanda. Já se exerce, então, a exposição dos argumentos que conduzirão o magistrado à conclusão jurídica dispositiva.

Por esta razão, também, **o tempo verbal adotado é o presente**, pois não se está fazendo alusão a fatos pretéritos, mas a argumentos contemporâneos pelos quais se vale o juiz para julgar a causa.

Para aqueles que prestam concurso público de magistratura, aqui se encontra a aprovação do candidato. É na fundamentação que se concentra a quantidade maior de pontuação da prova de sentença cível e é a base para a demonstração ao examinador de que o intentante resta habilitado à prolação de decisões judiciais robustas e sólidas.

Assim, antes de iniciar a parte de fundamentação, respire fundo e se proponha a fazer o melhor texto argumentativo de sua vida, observando de perto a melhor técnica de construção da sentença e emitindo de modo mais completo possível o conteúdo jurídico atinente ao caso proposto.

3. ESTABELECIMENTO DO REGIME JURÍDICO PROCESSUAL INCIDENTE

Cuida-se de item de mero deleite, de colocação facultativa.

A ideia do tópico é tão somente esclarecer ao leitor qual a legislação que embasa(ou) o procedimento adotado, oportunizando a identificação sobre quais regras jurídicas regeram a tramitação e instruem o próprio ato decisório, haja vista possível pertinência de providências peculiares em relação a outros ritos.

O próprio Código de Processo Civil prevê, em seu título III, procedimentos especiais, cujos ritos refogem à ordinarização do procedimento comum previsto no título anterior. Exemplos relevantes para a praxe são a ação de consignação em pagamento, as ações possessórias, o inventário e a partilha, as ações de família e a ação monitória.

Não se descure, outrossim, acerca da possibilidade de se ter que trabalhar com o rito do revogado Código de Processo Civil de 1973, por exemplo, com o procedimento sumário, acaso a ação tenha sido proposta sob sua égide e ainda não tenha sido sentenciada, a teor do art. 1.046, § 1º, do CPC de 2015[4].

Outros ritos de bastante incidência prática e exigidos frequentemente em concursos públicos são o rito sumaríssimo da Lei nº 9.099/95 (Juizados Especiais), o Mandado de Segurança da Lei nº 12.016/09, a ação civil de improbidade administrativa da Lei nº 8.429/92 (devendo se atentar às severas alterações impostas pela Lei nº 14.230/21), a ação de alimentos da Lei nº 5.478/68 e a ação de desapropriação do Decreto-Lei nº 3.365/41, dentre outras, cada qual com sua peculiaridade, devendo o redator da sentença estar atento às nuances de cada lei especial de regência ritual.

Segue modelo de apresentação do item. Veja-se que se deve dispor de modo bastante breve:

> "Aplica-se o CPC/15 para reger o procedimento na espécie."

Entretanto, perceba: em se tratando de legislações mistas (de direito material e de direito processual – ex.: LIA), há de se conjugar este item com o do estabelecimento

4. § 1º As disposições da Lei nº 5.869, de 11 de janeiro de 1973 , relativas ao procedimento sumário e aos procedimentos especiais que forem revogadas aplicar-se-ão às ações propostas e não sentenciadas até o início da vigência deste Código.

do regime jurídico de **direito material** incidente, abordado no ponto 9 *infra*, a fim de evitar repetições desnecessárias:

> "Regem, material e processualmente, o caso, as disposições da Lei nº 8.429/92 (Lei de Improbidade Administrativa)."

4. DECIDIR SOBRE JULGAMENTO CONJUNTO DE AÇÕES

A seguir, passa-se à disposição sobre o julgamento conjunto de demandas, item essencial neste início de parte fundamentativa. Perceba que, em regra, o processamento conjunto já fora acolhido explícita ou implicitamente pelo juízo, sob pena de eventual necessidade de conversão em diligência, incabível nesta fase. Excepciona-se apenas as hipóteses em que, mesmo nunca identificada a necessidade de tramitação conjunta, seja possível o julgamento único, como na hipótese de conexão ou continência.

Anote-se que devem ser feitos capítulos distintos para cada ação a ser decidida, inclusive, preferencialmente, sendo extremamente recomendável a criação de tópicos individuais para identificação perfeita pelo leitor de qual ação está sendo objeto de julgamento em cada uma das exposições.

Ademais, devem, por consequência, serem elaborados tantos dispositivos quanto a quantidade de ações conjuntamente decididas, com os respectivos consectários (Ex.: custas e honorários advocatícios de sucumbência).

4.1. Conexão

Uma das hipóteses clássicas de julgamento conjunto de ações é a conexão.

O instituto está regulado no art. 55 do CPC, podendo se subdividir em conexão propriamente dita (causa de pedir ou pedido comuns) - *caput* e §§ 1º e 2º - ou a material (relação de prejudicialidade) - § 3º, valendo colacionar a redação integral do dispositivo:

> **Art. 55.** Reputam-se conexas 2 (duas) ou mais ações quando lhes for comum o pedido ou a causa de pedir.
>
> § 1º Os processos de ações conexas serão reunidos para decisão conjunta, salvo se um deles já houver sido sentenciado.
>
> § 2º Aplica-se o disposto no caput:
>
> I - à execução de título extrajudicial e à ação de conhecimento relativa ao mesmo ato jurídico;

> II – às execuções fundadas no mesmo título executivo.
>
> § 3º Serão reunidos para julgamento conjunto os processos que possam gerar risco de prolação de decisões conflitantes ou contraditórias caso decididos separadamente, mesmo sem conexão entre eles.

Observe-se, inclusive, que o legislador estabeleceu hipóteses legais expressas de conexão no § 2º do art. 55, sem prejuízo do seu reconhecimento atípico nos casos em que conceitualmente se verificar a comunidade de pedidos e/ou causa de pedir entre as demandas comparadas.

Ademais, impende destacar que, conquanto o § 3º do art. 55 do CPC não tenha paralelo na codificação processual anterior, o Superior Tribunal de Justiça, mesmo antes da vigência da inédita disposição, reconhecia que a prejudicialidade entre as demandas, com risco de conclusões diversas por diferentes juízes, mormente contraditórias entre si, acarretava a necessidade de reunião das demandas sob o juízo prevento[5].

Contudo, observe-se que, mesmo diante de conexão formal ou material, não haverá reunião dos feitos, nas hipóteses seguintes:

- ✓ inconveniência na reunião;
- ✓ um dos feitos já houver sido julgado;
- ✓ se tratar de competência absoluta.

---

5. RECURSO ESPECIAL. PROCESSUAL CIVIL. COMPETÊNCIA. CONEXÃO. REUNIÃO DE AÇÕES. RELAÇÃO DE PREJUDICIALIDADE ENTRE AS CAUSAS. PROCESSO DE CONHECIMENTO E DE EXECUÇÃO. POSSIBILIDADE DE JULGAMENTO CONJUNTO. DISSÍDIO JURISPRUDENCIAL NÃO COMPROVADO.

   1. Uma causa, mercê de não poder ser idêntica à outra, pode guardar com a mesma um vínculo de identidade quanto a um de seus elementos caracterizadores. Esse vínculo entre as ações por força da identidade de um de seus elementos denomina-se, tecnicamente, de conexão. (FUX, Luiz. Curso de direito processual civil. Rio de Janeiro: Forense, 2001).

   2. A moderna teoria materialista da conexão ultrapassa os limites estreitos da teoria tradicional e procura caracterizar o fenômeno pela identificação de fatos comuns, causais ou finalísticos entre diferentes ações, superando a simples identidade parcial dos elementos constitutivos das ações.

   3. É possível a conexão entre um processo de conhecimento e um de execução, quando se observar entre eles uma mesma origem, ou seja, que as causas se fundamentam em fatos comuns ou nas mesmas relações jurídicas, sujeitando-as a uma análise conjunta.

   4. O efeito jurídico maior da conexão é a modificação de competência, com reunião das causas em um mesmo juízo. A modificação apenas não acontecerá nos casos de competência absoluta, quando se providenciará a suspensão do andamento processual de uma das ações, até que a conexa seja, enfim, resolvida.

   (...)

   (REsp n. 1.221.941/RJ, relator Ministro Luis Felipe Salomão, Quarta Turma, julgado em 24/2/2015, DJe de 14/4/2015.)

Com efeito, excepcionalmente, é possível que o magistrado entenda que, num específico caso concreto que lhe tenha sido submetido, não se revelem presentes os fundamentos ensejadores da reunião para decisão conjunta: economia processual e segurança jurídica. A doutrina majoritária propõe que cabe ao julgador, em cada caso, ponderar os benefícios e os eventuais malefícios da reunião para, fundamentadamente, decidir sobre.

Ainda, se uma das ações conexas já houver sido sentenciada, não é caso de reunião processual. Isso porque, como se disse no parágrafo anterior, os objetivos precípuos do legislador em propor a união são propiciar economia processual, com a possibilidade de adoção de atos conjuntos, e a segurança jurídica, evitando decisões conflitantes. Ocorre que, com o julgamento de uma das ações, tais propósitos desaparecem, de maneira que a própria lei ressalva a não reunião neste caso, nos termos da parte final do § 1º do art. 55 do CPC. Nesse sentido, a lição de DANIEL NEVES[6]:

> Apesar de toda a polêmica que envolve a questão da obrigatoriedade ou não da reunião de processos conexos criada na vigência do CPC/1973, e que deve ser mantida na vigência do atual Código de Processo Civil, acredito que uma reunião que não possa alcançar nenhum dos dois objetivos traçados para o instituto está totalmente fora de questão. A aplicação automática, sem nenhuma ponderação a respeito da *ratio* da norma não se justifica. E parece concordar com tal posição a jurisprudência, sumulando o Superior Tribunal de Justiça o entendimento de que não existe reunião de processos conexos quando um deles já estiver no tribunal, circunstância esta em que obviamente a reunião dos processos não geraria qualquer economia processual ou harmonia dos julgados, visto que em um deles a prova já foi produzida e a decisão já foi prolatada.
>
> Há diversos julgados do Superior Tribunal de Justiça que afirmam expressamente existir um verdadeiro juízo de conveniência baseado em juízo de discricionariedade na reunião de ações conexas, deixando suficientemente claro não ser obrigatória tal reunião no caso concreto. Essa facultatividade de reunião de ações conexas está inclusive sumulada quando a conexão se der entre execuções fiscais propostas contra o mesmo devedor. Tudo leva a crer que a reunião nos termos do § 3º do art. 55 do CPC seguirá a mesma lógica, ou seja, não será obrigatória mesmo que haja risco de decisões conflitantes e contraditórias.

Enfim, note que a reunião dos processos conexos se restringe aos casos de competência relativa, fixada no principal interesse privado das partes processuais, não abrangendo, pois, casos em que a competência do juiz advém de norma

6. NEVES, Daniel Amorim Assumpção. Manual de Direito Processual Civil. Volume Único. Salvador: Juspodivm, 2016.

de natureza absoluta, selecionada no maior interesse público. É a interpretação que decorre da leitura do art. 54 do CPC[7], sendo o entendimento adotado pelo Superior Tribunal de Justiça[8].

Nestes casos, a solução para evitar a prolação de decisões conflitantes é o juiz da demanda prejudicada ter a sensibilidade de, em percebendo tal situação, proceder à suspensão processual, nos termos do art. 313, V, do CPC, aguardando-se a definição da demanda prejudicial.[9]

4.2. Continência

A continência é outra hipótese de julgamento conjunto de ações, quando se verifica identidade de partes, de causas de pedidos, mas um dos pedidos é mais amplo, abrangendo em si o da outra ação. Esta regida no art. 56 do CPC:

> **Art. 56.** Dá-se a continência entre 2 (duas) ou mais ações quando houver identidade quanto às partes e à causa de pedir, mas o pedido de uma, por ser mais amplo, abrange o das demais.

Entretanto, destaque-se que só haverá reunião se a ação contida for proposta primeiro. Se a ação continente houver sido proposta anteriormente, deverá ser extinta sem resolução de mérito a demanda contida, porquanto há de se considerar que, neste último caso, haverá tecnicamente uma litispendência, já

---

7. Art. 54. A competência relativa poderá modificar-se pela conexão ou pela continência, observado o disposto nesta Seção.

8. (...)

   2. Eventual existência de conexão entre demandas não é causa de modificação de competência absoluta, o que impossibilita a reunião dos processos sob esse fundamento. A conexão por prejudicialidade prevista no art. 55, § 3º, do CPC/2015 submete-se à previsão do art. 54 do mesmo diploma processual, que limita as hipóteses de modificação de competência de natureza relativa.

   3. Inviabilizada a reunião de processos, a multiplicidade de penhoras sobre o mesmo bem demanda a definição da competência de um único juízo para recebimento dos créditos e posterior distribuição entre os diversos credores, evitando-se decisões conflitantes e garantindo segurança jurídica.

   (...)

   (CC n. 171.782/SP, relator Ministro Moura Ribeiro, Segunda Seção, julgado em 25/11/2020, DJe de 10/12/2020.)

9. Art. 313. Suspende-se o processo:

   (...)

   V – quando a sentença de mérito:

   a) depender do julgamento de outra causa ou da declaração de existência ou de inexistência de relação jurídica que constitua o objeto principal de outro processo pendente;

   b) tiver de ser proferida somente após a verificação de determinado fato ou a produção de certa prova, requisitada a outro juízo;

que o seu pedido estaria completamente abrangido pelo formulado na pretensão pretérita. É a regra do art. 57 do CPC[10].

Até poderá haver julgamento conjunto neste último caso, mas só se percebido tão somente quando da prolação da sentença, quando para um dos pedidos, o contido, se imporá prévia extinção de resolução de mérito, seguindo-se à análise do remanescente.

4.3. Oposição

Através da oposição, um terceiro pretende o bem ou o direito sobre o qual controvertem autor e réu em uma relação processual. Era prevista como intervenção de terceiro na codificação revogada. Porém, no CPC de 2015, é tratada como procedimento especial, ajuizado por dependência à causa originária, sendo julgados ambos pela mesma sentença, conforme art. 682 e ss.

> **Art. 682.** Quem pretender, no todo ou em parte, a coisa ou o direito sobre que controvertem autor e réu poderá, até ser proferida a sentença, oferecer oposição contra ambos.
>
> **Art. 685.** Admitido o processamento, a oposição será apensada aos autos e tramitará simultaneamente à ação originária, sendo ambas julgadas pela mesma sentença.

Cuida-se de procedimento prejudicial, conforme art. 686 do CPC, razão pela qual deverá o juiz julgar, no ato de sentença em que tem de analisar a demanda originária e a oposição, primeiramente esta.

> **Art. 686.** Cabendo ao juiz decidir simultaneamente a ação originária e a oposição, desta conhecerá em primeiro lugar.

É que, caso procedente a oposição, será considerada prejudicada a demanda originária, porquanto há perda de seu objeto, que fora conferido ao opoente. De outra sorte, rejeitada a pretensão do opoente, sucumbente este, portanto, passa-se ao julgamento da demanda originária a fim de se decidir a qual dos opostos deve ser conferido o bem ou direito debatido.

10. Art. 57. Quando houver continência e a ação continente tiver sido proposta anteriormente, no processo relativo à ação contida será proferida sentença sem resolução de mérito, caso contrário, as ações serão necessariamente reunidas.

4.4. Reconvenção

Reconvenção é espécie de ação *sui generis* manejada pelo réu em face do autor, quando houver conexão entre o seu pedido e o do autor ou entre aquele e algum fundamento da defesa. Está prevista no art. 343 do CPC, *infra* colacionado:

> **Art. 343.** Na contestação, é lícito ao réu propor reconvenção para manifestar pretensão própria, conexa com a ação principal ou com o fundamento da defesa.

Julgar-se-á depois da ação principal, porém não há dependência em relação a esta, diferentemente do que se dá com a oposição ou mesmo com o recurso adesivo no processo civil[11]. Ou seja, mesmo que haja extinção sem julgamento do mérito da demanda originária, se a reconvenção preencher os pressupostos processuais e requisitos de admissibilidade, deve ser apreciada pelo magistrado.

Assim é que a demanda proposta através de reconvenção tem que preencher os mesmos requisitos e pressupostos de uma ação interposta originariamente, inclusive no que toca à taxa judiciária, se houver previsão neste sentido na legislação local de regência. Se a petição estiver viciada, mas for possível a correção, tanto quanto possui o reconvinte direito subjetivo de emenda.

Vale ressaltar que, desde o advento do CPC de 2015, houve uma simplificação no procedimento da reconvenção. Com efeito, na égide da legislação anterior, exigia-se que a reconvenção fosse proposta em petição própria, distinta da peça de contestação/defesa. Era o que decorria da redação do art. 299 do CPC de 1973[12].

Diferentemente da redação dada pelo legislador anterior, a novel ressalta que, "*na contestação, é lícito ao réu propor reconvenção...*", de maneira que se admite o manejo simbiótico de defesa e reconvenção. Nem mesmo se exige a rotulação da demanda reconvencional na peça de defesa, ou seja, que o promovido crie tópico específico na contestação para abordar o pleito, embora tal, por razões práticas, seja de todo recomendável. Todavia, um alerta: como quem

---

11. Art. 997 (...)

    § 2º O **recurso adesivo fica subordinado ao recurso independente**, sendo-lhe aplicáveis as mesmas regras deste quanto aos requisitos de admissibilidade e julgamento no tribunal, salvo disposição legal diversa, observado, ainda, o seguinte:

    (...)

12. Art. 299. A contestação e a reconvenção serão oferecidas simultaneamente, em peças autônomas; a exceção será processada em apenso aos autos principais.

pode o mais, pode o menos, se é lícito ao réu apresentar reconvenção na peça da contestação, pode optar, da mesma forma, pela apresentação de petição apartada, se preferir e/ou compreender que tal método é melhor para o exercício do seu direito de ação. Deverá, tão somente, atentar para a necessidade de apresentação simultânea, sob pena de incidência de preclusão consumativa.

Como decorrência da simplicidade relativa da reconvenção na legislação vigente, e à luz do que rege o art. 322, § 1º, do CPC, já objeto de visita em momento anterior, além da não vinculação do *nomen iuris* dado pela parte, se entende que, caso o réu tenha intitulado seu pedido inadequadamente como "pedido contraposto", fora das hipóteses legais de seu cabimento, mas estando preenchidos os requisitos de admissibilidade e os pressupostos processuais para o acolhimento de demanda reconvencional na espécie, deverá o juiz adotá-lo como tal, processando-a regularmente e, ao final, julgando-a. É o entendimento do Superior Tribunal de Justiça[13] e a interpretação doutrinária[14].

Ponto de relevo é verificar o interesse processual na demanda reconvencional. Isso porque há hipóteses em que não se deve admitir reconvenção, seja por obstáculo legal expresso, seja por falta de interesse processual na vertente necessidade, que se aprofundará posteriormente, como, *v.g.*, nas ações dúplices (ex.: declaratórias) e naquelas em que expressamente viável a veiculação de pedido contraposto (ex.: ação possessória e procedimento juizados especiais, conforme art. 556 do CPC e art. 31 da Lei nº 9.099/95, abaixo dispostos).

---

13. (...)

2. A partir das inovações trazidas pelo Código de Processo Civil de 2015, o oferecimento de reconvenção passou a ser feito na própria contestação, sem maiores formalidades, visando garantir a razoável duração do processo e a máxima economia processual.

3. A equivocada denominação do pedido reconvencional como pedido contraposto não impede o regular processamento da pretensão formulada pelo réu contra o autor, desde que ela esteja bem delimitada na contestação e que ao autor seja assegurado o pleno exercício do contraditório e da ampla defesa.

4. A existência de manifestação inequívoca do réu qualitativa ou quantitativamente maior que a simples improcedência da demanda principal é o quanto basta para se considerar proposta a reconvenção, independentemente do nomen iuris que se atribua à pretensão, nos termos do Enunciado nº 45 do Fórum Permanente dos Processualistas Civis.

5. Recurso especial provido.

(REsp n. 1.940.016/PR, relator Ministro Ricardo Villas Bôas Cueva, Terceira Turma, julgado em 22/6/2021, DJe de 30/6/2021.)

14. Enunciado FPPC 45. (art. 343) Para que se considere proposta a reconvenção, não há necessidade de uso desse nomen iuris, ou dedução de um capítulo próprio. Contudo, o réu deve manifestar inequivocamente o pedido de tutela jurisdicional qualitativa ou quantitativamente maior que a simples improcedência da demanda inicial. (Grupo: Litisconsórcio, Intervenção de Terceiros e Resposta do Réu)

CPC/15

Art. 556. É lícito ao réu, na contestação, alegando que foi o ofendido em sua posse, demandar a proteção possessória e a indenização pelos prejuízos resultantes da turbação ou do esbulho cometido pelo autor.

Lei nº 9.099/95

Art. 31. Não se admitirá a reconvenção. É lícito ao réu, na contestação, formular pedido em seu favor, nos limites do art. 3º desta Lei, desde que fundado nos mesmos fatos que constituem objeto da controvérsia.

Cumpre advertir, quanto ao tema, acerca do entendimento jurisprudencial segundo o qual é matéria de defesa, e, portanto, não depende de pedido contraposto ou reconvencional, a pretensão de aplicação da penalidade por cobrança indevida do art. 940 do CC. A mesma lógica vale para os embargos monitórios[15].

Também decidiu o STJ no sentido de que a veiculação de defesa com tese de nulidade de cláusula contratual ou da própria cobrança em si envidada pelo autor na exordial compõe fato extintivo do direito autoral, que pode e deve ser manejada em sede de contestação, prescindindo, pois, de pedido reconvencional ou contraposto. A mesma conclusão se dá nos casos de alegação de compensação do art. 368 e seguintes do CC/02. Não obstante, diversamente, a pretensão rescisória ou revisional de contrato refoge conceitualmente do objeto de defesa, demandando preenchimento dos pressupostos para pretensão reconvencional. Colaciono a ementa do julgado, embora extensa, por ser absolutamente pedagógica e densa na distinção, auxiliando na perfeita compreensão dos conceitos e possibilidades envolvidas:

> (...)
>
> 2. O propósito recursal é definir se (I) a nulidade de cláusula contratual ou da cobrança, a compensação de valores e a rescisão ou revisão contratual podem ser alegadas como matérias de defesa em contestação; (II) à luz do CPC/1973, é possível examinar a pretensão reconvencional deduzida apenas na contestação, em peça única; e (III) houve cerceamento de defesa.
>
> 3. Quando se está diante de alegação de fatos novos pelo réu, para avaliar se são possíveis de serem apresentados em contestação, sem a necessidade de reconvenção, é preciso apurar se são fatos impeditivos, modificativos ou extintivos do direito do autor, como autoriza o art. 326 do CPC/1973 (art. 350 do CPC/2015). Nessa hipótese, haverá uma ampliação do objeto de

15. STJ. REsp n. 1.877.292/SP, relatora Ministra Nancy Andrighi, Terceira Turma, julgado em 20/10/2020, DJe de 26/10/2020.

> conhecimento do Juiz, mas não do processo e todas as alegações servirão exclusivamente para fundamentar a improcedência do pedido do autor.
>
> 4. Se a pretensão de cobrança deduzida na inicial é fundada em cláusula contratual, a alegação de nulidade dessa cláusula ou da própria cobrança pode ser manejada em contestação, por caracterizar fato extintivo do direito do autor.
>
> 5. Segundo a jurisprudência do STJ, a compensação é matéria possível de ser alegada em contestação, de forma a justificar o não pagamento do valor cobrado ou a sua redução, extinguindo ou modificando o direito do autor. Todavia, conforme o art. 369 do CC/2002, a compensação se dá apenas entre dívidas líquidas, vencidas e de coisas fungíveis.
>
> 6. Não se pode formular, na contestação, pedido de rescisão ou revisão contratual, tendo em vista que o direito do autor só seria extinto ou modificado após a decretação da rescisão ou da revisão do contrato por sentença e, para tanto, seria necessária a realização de um pedido em reconvenção ou em ação autônoma.
>
> 7. No entanto, o réu pode alegar, na contestação, a ocorrência anterior do desfazimento do contrato, como na hipótese de cláusula resolutiva expressa (art. 474 do CC/2002) ou de distrato (art. 472 do CC/2002), pois, nessa situação, o desfazimento já se operou, extinguindo o direito do autor no plano do direito material, sem a necessidade de decisão judicial.
>
> 8. A despeito do art. 299 do CPC/1973, sendo possível identificar a existência da pretensão reconvencional na peça de contestação e não havendo prejuízo ao contraditório, estará configurada uma mera irregularidade formal que é insuficiente para impedir o exame da pretensão. Precedentes do STJ e do STF.
>
> 9. O afastamento do direito à produção de prova deve se dar em decisão devidamente fundamentada, sob pena de cerceamento de defesa. Precedentes.
>
> (...)
>
> (REsp n. 2.000.288/MG, relatora Ministra Nancy Andrighi, Terceira Turma, julgado em 25/10/2022, DJe de 27/10/2022.)

A vantagem da simplificação de tal postulação para a parte requerida é a flexibilização de formalidade, já que tanto a realização de pedido contraposto como a reconvenção, esta com maior amplitude, tem requisitos específicos a serem atendidos pela parte que os veicula, burocracia esta bem inferior quanto a apresentação de defesa.

Ainda, ressalto hipótese de reconvenção vedada por previsão legal específica: reconvenção da reconvenção em ação monitória, a teor do art. 702, § 6º, do CPC ("*Na ação monitória admite-se a reconvenção, sendo vedado o oferecimento de reconvenção à reconvenção*"). O dispositivo tem pouca utilidade prática, haja vista a raridade da situação, mas resolve uma controvérsia antiga sobre a viabilidade da reconvenção à reconvenção genericamente tratada. Se há coibição específica para o rito monitório, por lógica jurídica, é admissível no procedimento comum quando preenchidos, por óbvio, os requisitos do art. 343 do CPC, já aludido.

Nesse sentido, segue julgado do Superior Tribunal de Justiça que bem elucida a possibilidade de manejo da reconvenção à reconvenção, mas apresentando interessante condicionante: apenas cabe a reconvenção sucessiva quando a razão fundante apenas sobrevier na reconvenção proposta pela contraparte, seja por pedido ali formulado, seja por fundamento na defesa que se fará diante dela[16].

---

16. (...)

1- O propósito recursal é definir se, no sistema processual brasileiro, é admissível a reconvenção sucessiva, também denominada de reconvenção à reconvenção.

2- Dado que propositura da reconvenção à reconvenção ocorreu na vigência do CPC/73 e que a questão controvertida versa justamente sobre o seu cabimento, é correto afirmar que a admissibilidade da reconvenção sucessiva deve ser examinada, inicialmente, à luz da legislação revogada.

3- Ainda na vigência do CPC/73, a doutrina se posicionou, majoritariamente, pela admissibilidade da reconvenção à reconvenção, por se tratar de medida não vedada pelo sistema processual, mas desde que a questão que justifica a propositura da reconvenção sucessiva tenha como origem a contestação ou a primeira reconvenção.

4- Esse entendimento não se modifica se porventura se adotar, como marco temporal, a data da publicação da decisão que rejeitou liminarmente a reconvenção sucessiva, ocorrida na vigência do CPC/15, pois a nova legislação processual solucionou alguns dos impedimentos apontados ao cabimento da reconvenção sucessiva, como, por exemplo, a previsão de que o autor-reconvindo será intimado para apresentar resposta e não mais contestação (art. 343, §1º) e a vedação expressa de reconvenção à reconvenção apenas na hipótese da ação monitória (art. 702, §6º).

5- Assim, também na vigência do CPC/15, é igualmente correto concluir que a reconvenção à reconvenção não é vedada pelo sistema processual, condicionando-se o seu exercício, todavia, ao fato de que a questão que justifica a propositura da reconvenção sucessiva tenha surgido na contestação ou na primeira reconvenção, o que viabiliza que as partes solucionem integralmente o litígio que as envolve no mesmo processo e melhor atende aos princípios da eficiência e da economia processual, sem comprometimento da razoável duração do processo.

6- Na hipótese, o autor ajuizou ação de cobrança e de arbitramento de honorários advocatícios em face do recorrido, pleiteando o pagamento de honorários contratuais e sucumbenciais; em reconvenção, o réu formulou pretensão de repetição do indébito, porque teria pago ao autor, a título de honorários, valor maior do que o devido, surgindo, apenas a partir desse exato momento, a pretensão de repetição do indébito deduzida pelo autor na reconvenção sucessiva, a fim de que seja o réu condenado a pagar ao autor o equivalente do que dele exige, pretensão que não seria suscetível de cumulação com os pedidos formulados na petição inicial.

(...)

(REsp n. 1.690.216/RS, relator Ministro Paulo de Tarso Sanseverino, relatora para acórdão Ministra Nancy Andrighi, Terceira Turma, julgado em 22/9/2020, DJe de 28/9/2020.)

4.5. Denunciação da lide

A denunciação da lide é espécie de intervenção de terceiro provocada, seja pelo autor, seja pelo réu.

É hipótese de julgamento conjunto de ações – a originária e a denunciação – e se dá, em noção básica, quando uma das partes faz jus a regresso em face de terceiro, seja por evicção, seja por outra causa legal ou contratual.

Julgasse-a depois da ação principal, mas, diversamente do que se dá com a reconvenção, há prejudicialidade frente a demanda originária.

Nesse aspecto, bem se assemelha à oposição, com a distinção de que, enquanto esta é a prejudicial, na denunciação, a demanda originária é a prejudicial. Isto é, o julgamento da denunciação ocorrerá tão somente a depender do resultado da demanda principal[17]. Está inserta no art. 125 do CPC, que elenca suas hipóteses taxativas de cabimento:

> **Art. 125.** É admissível a denunciação da lide, promovida por qualquer das partes:
>
> I – ao alienante imediato, no processo relativo à coisa cujo domínio foi transferido ao denunciante, a fim de que possa exercer os direitos que da evicção lhe resultam;
>
> II – àquele que estiver obrigado, por lei ou pelo contrato, a indenizar, em ação regressiva, o prejuízo de quem for vencido no processo.
>
> § 1º O direito regressivo será exercido por ação autônoma quando a denunciação da lide for indeferida, deixar de ser promovida ou não for permitida.

Veja-se que se a parte adversa ao denunciante, na ação originária, ganhar a ação, passa-se à análise da denunciação, como decorrência do direito de regresso; se o denunciante ganhar a ação, prejudicada a denunciação da lide, vez que não há falar em regresso, com ônus para o denunciante, daí porque se fala em prejudicialidade.

De destaque, assim, que, não obstante prejudicada a denunciação pelo êxito do denunciante em relação ao pleito principal, este arcará com as despesas de sucumbência do denunciado, em vista da denunciação que o trouxe para os autos – aplica-se a causalidade no suportamento da sucumbência – regra esta compatível com o reconhecimento hodiernamente tranquilo de que se cuida de intervenção por provocação facultativa daquele que tem interesse.

17. Art. 129. Se o denunciante for vencido na ação principal, o juiz passará ao julgamento da denunciação da lide.

A denunciação da lide passou a ser estratégia processual do denunciante que, como tal, deverá arcar com os bônus (ex.: celeridade e economia processual), caso venha a sucumbir na demanda originária, e com os ônus, como verbas de sucumbência, em cenário de vitória na demanda originária, advindas de sua escolha. Acaso não deseje correr o risco de ser instado a arcar com a sua sucumbência frente ao denunciado, deverá preferir aguardar o resultado da pretensão da contraparte para, só então, se o caso, deflagrar ação própria em face de quem lhe deva indenizar.

> **Art. 129.** (...)
>
> Parágrafo único. Se o denunciante for vencedor, a ação de denunciação não terá o seu pedido examinado, sem prejuízo da condenação do denunciante ao pagamento das verbas de sucumbência em favor do denunciado.

Destaque-se que, em demandas securitárias, a legislação prevê a possibilidade de o causador do dano demandado provocar, em denunciação, a seguradora com a qual contratou (art. 125, II, do CPC). Todavia, interessante relativização é apresentada pelo STJ, que, por entendimento sedimentado, admite a inclusão da seguradora diretamente no polo passivo da demanda como litisconsorte do causador do dano, flexibilizando, inclusive, conceitualmente, a pertinência subjetiva que define a legitimidade, como se verá mais adiante.

> (...)
>
> 1. A controvérsia dos autos cinge-se à possibilidade de o terceiro prejudicado no acidente automobilístico promover a ação convocando à lide, em litisconsórcio passivo, o segurado e a seguradora, no seguro de responsabilidade civil facultativo.
>
> 2. Desde que os promovidos não tragam aos autos fatos que demonstrem a inexistência ou invalidade do cogitado contrato de seguro de responsabilidade civil por acidentes de veículos, limitando-se a contestar sobretudo o mérito da pretensão autoral, mostra-se viável a preservação do litisconsórcio passivo, entre segurado e seguradora. Isso, porque esse litisconsórcio terá, então, prevalentes aqueles mesmos contornos que teria caso formado, em ação movida só contra o segurado apontado causador do acidente, por denunciação feita pelo réu, em decorrência da aplicação das regras dos arts. 70, 71, 72, 75 e 76 do Código de Processo Civil - CPC.
>
> 3. Se o réu segurado convocado para a ação iria mesmo denunciar a lide à seguradora, nenhum prejuízo haverá para esta pelo fato de ter sido convocada a juízo, como promovida, a requerimento do terceiro autor da ação. Em ambos os casos haverá de defender-se em litisconsórcio passivo com o réu, respondendo solidariamente com este pela reparação do dano decorrente do acidente, até os limites dos valores segurados contratados.
>
> 4. Recurso especial provido.

(REsp 710.463/RJ, Rel. Ministro RAUL ARAÚJO, QUARTA TURMA, julgado em 09/04/2013, DJe 18/04/2013)

Outrossim e como decorrência do entendimento anterior, a fim de conferir maior efetividade à prestação jurisdicional e prestigiar a indenização à vítima, o mesmo STJ admite condenação direta (e não meramente regressiva) da denunciada em benefício do autor quando aquela não refutar a denunciação e restringir-se a contestar a demanda autoral. É o que dita a Súmula nº 537 do STJ:

> Em ação de reparação de danos, a seguradora denunciada, se aceitar a denunciação ou contestar o pedido do autor, pode ser condenada, direta e solidariamente junto com o segurado, ao pagamento da indenização devida à vítima, nos limites contratados na apólice.
>
> (Súmula 537, SEGUNDA SEÇÃO, julgado em 10/06/2015, DJe 15/06/2015)

Uma ressalva, contudo, é fundamental. Conquanto o STJ admita que a seguradora do causador do dano componha o polo passivo, a Corte entende que, em regra, poderá ser demandada como litisconsorte, num caso de litisconsórcio passivo necessário, junto com seu contratante e suposto responsável pelo evento danoso[18]. Apenas se admite que figure isoladamente no polo passivo da demanda quando, administrativamente, já indenizou o prejudicado parcialmente, vindo este a juízo rogar complementação pecuniária por insuficiência[19].

---

18. No seguro de responsabilidade civil facultativo, não cabe o ajuizamento de ação pelo terceiro prejudicado direta e exclusivamente em face da seguradora do apontado causador do dano. (SÚMULA 529, SEGUNDA SEÇÃO, julgado em 13/05/2015, DJe 18/05/2015)

19. (...)

2. Cinge-se a controvérsia a saber se a vítima de acidente de trânsito (terceiro prejudicado) pode ajuizar demanda direta e exclusivamente contra a seguradora do causador do dano quando reconhecida, na esfera administrativa, a responsabilidade dele pela ocorrência do sinistro e paga, a princípio, parte da indenização securitária. 3. A Segunda Seção do Superior Tribunal de Justiça consagrou o entendimento de que, no seguro de responsabilidade civil facultativo, descabe ação do terceiro prejudicado ajuizada direta e exclusivamente contra a seguradora do apontado causador do dano (Súmula nº 529/STJ). Isso porque a obrigação da seguradora de ressarcir danos sofridos por terceiros pressupõe a responsabilidade civil do segurado, a qual, de regra, não poderá ser reconhecida em demanda em que não interveio, sob pena de vulneração do devido processo legal e da ampla defesa.

4. Há hipóteses em que a obrigação civil de indenizar do segurado se revela incontroversa, como quando reconhece a culpa pelo acidente de trânsito ao acionar o seguro de automóvel contratado, ou quando firma acordo extrajudicial com a vítima obtendo a anuência da seguradora, ou, ainda, quando esta celebra acordo diretamente com a vítima. Nesses casos, mesmo não havendo liame contratual entre a seguradora e o terceiro prejudicado, forma-se, pelos fatos sucedidos, uma relação jurídica de direito material envolvendo ambos, sobretudo se paga a indenização securitária, cujo valor é o objeto contestado.

5. Na pretensão de complementação de indenização securitária decorrente de seguro de responsabilidade civil facultativo, a seguradora pode ser demandada direta e exclusivamente pelo terceiro prejudicado no sinistro, pois, com o pagamento tido como parcial na esfera administrativa, originou-se

Da mesma forma como na reconvenção, deve-se atentar para as causas de denunciação vedada.

4.5.1. Denunciação sucessiva

A primeira das espécies de denunciação coibida é a sucessiva, mas apenas aquela que sobrevém à segunda. Com efeito, o art. 125, §2º, do CPC admite uma única denunciação sucessiva por parte do denunciado contra seu antecessor na relação jurídica compartimentada.

> **Art. 125.** (...)
>
> § 2º Admite-se uma única denunciação sucessiva, promovida pelo denunciado, contra seu antecessor imediato na cadeia dominial ou quem seja responsável por indenizá-lo, não podendo o denunciado sucessivo promover nova denunciação, hipótese em que eventual direito de regresso será exercido por ação autônoma.

Este antecessor do denunciado, por sua vez denunciado por este, não poderá se valer de nova denunciação frente ao seu próprio antecessor, haja vista que o acréscimo subjetivo e objetivo de outra relação causaria complexidade que teria o condão de prejudicar o exercício da pretensão originária, de sorte que deverá demandar autonomamente, se o caso.

4.5.2. Denunciação per saltum

A segunda hipótese de denunciação vedada é a denunciação *per saltum*, ou seja, efetuada não perante o antecessor imediato na cadeira relacional, mas em face de outro em posição indireta diante do denunciante. Impende destacar, ora mais para fins de curiosidade, que o art. 456 do CC admitia a denunciação indireta em evicção, todavia a autorização fora expressamente revogada pelo novo CPC.

> **Art. 456.** Para poder exercitar o direito que da evicção lhe resulta, o adquirente notificará do litígio o alienante imediato, ou qualquer dos anteriores, quando e como lhe determinarem as leis do processo.
>
> Art. 1.072. Revogam-se:

---

uma nova relação jurídica substancial entre as partes. Inexistência de restrição ao direito de defesa da seguradora ao não ser incluído em conjunto o segurado no polo passivo da lide.

6. Recurso especial provido.

(REsp n. 1.584.970/MT, relator Ministro Ricardo Villas Bôas Cueva, Terceira Turma, julgado em 24/10/2017, DJe de 30/10/2017.)

> (...)
>
> II – os arts. 227, caput, 229, 230, 456, 1.482, 1.483 e 1.768 a 1.773 da Lei nº 10.406, de 10 de janeiro de 2002 (Código Civil);

4.5.3. Denunciação nas demandas de consumo

A terceira hipótese de denunciação da lide coibida é a da ação de consumo, em conformidade com o art. 88 do CDC, não se admitindo entre os fornecedores quando se cuidar de responsabilidade do comerciante em fato do produto, vez que há alusão ao art. 13, exclusivamente, pela regra legal expressa.

> **Art. 88.** Na hipótese do art. 13, parágrafo único deste código, a ação de regresso poderá ser ajuizada em processo autônomo, facultada a possibilidade de prosseguir-se nos mesmos autos, vedada a denunciação da lide.

Nada obstante, a jurisprudência do STJ dá interpretação extensiva ao texto para proibir a denunciação em se tratando de fato do produto de um modo geral e a fato do serviço, abrangendo, pois, em suma, todas as modalidades de acidente de consumo[20]. Outrossim, conquanto a vedação legal, o mesmo STJ entende, com razão, de que tal é estabelecida exclusivamente em prol do consumidor, evitando que a demanda ganhe complexidade a ponto de prejudicar a celeridade processual e a satisfação do direito consumerista a contento. Destarte, a coibição não pode ser invocada pelo denunciado em matéria de defesa como maneira de ser excluído do processo quando o autor quem a postulou ou quando, instado, concordar com a convocação proposta pelo denunciante[21].

---

20. (...)

1. A vedação à denunciação da lide prevista no art. 88 do Código de Defesa do Consumidor não se restringe à responsabilidade de comerciante por fato do produto (art. 13 do CDC), sendo aplicável também nas demais hipóteses de responsabilidade civil por acidentes de consumo (arts. 12 e 14 do CDC). Precedentes.

2. Agravo interno a que se nega provimento.

(AgInt no AREsp n. 1.503.994/PR, relator Ministro Raul Araújo, Quarta Turma, julgado em 29/10/2019, DJe de 21/11/2019.)

21. (...)

1 – A norma do art. 88 do CDC, que proíbe a denunciação à lide, consubstancia-se em regra insculpida em benefício do consumidor, atuando em prol da brevidade do processo de ressarcimento de seus prejuízos, em face da responsabilidade objetiva do fornecedor, devendo, por esse motivo, ser arguida pelo próprio consumidor, em seu próprio benefício.

2 – Desse modo, na hipótese de deferimento da denunciação requerida pelo réu sem insurgência do consumidor promovente, legitimado a tal, descabe ao denunciado fornecedor invocar em seu benefício a regra de afastamento da denunciação para eximir-se de suas responsabilidades perante o denunciante, desvirtuando regra concebida em favor do consumidor em juízo.

4.5.4. Denunciação em demandas contra entes públicos por atos de seus agentes

Enfim, como uma quarta hipótese, se apresenta a aplicação da teoria da dupla garantia em caso de ato danoso praticado por agente público.

Como cediço, na dicção do art. 37, § 6º, da Constituição Federal de 1988, as prestadoras de serviços públicos respondem pelos danos que seus agentes, nessa qualidade, causarem a terceiros, assegurado o direito de regresso contra o responsável nos casos de dolo ou culpa.

Nesse passo, é de se atender ao entendimento doutrinário e jurisprudencial dominante, segundo o qual se adota a teoria da dupla garantia na espécie: de um lado, protege-se o administrado, trazendo a responsabilidade para si atinente a atos praticados por seus agentes; e, lado outro, protege-se o agente público, o qual apenas responderá diretamente ao Estado, e não ao administrado, nos casos de dolo ou culpa.

Dessarte, o regresso de que cuida o texto constitucional não se verifica através do instituto processual da denunciação da lide, mas da veiculação de ação regressiva autônoma ulterior em casos de dolo ou culpa. Tal entendimento é inclusive espelhado em sede de repercussão geral no âmbito do Supremo Tribunal Federal:

> O § 6º do artigo 37 da Magna Carta autoriza a proposição de que somente as pessoas jurídicas de direito público, ou as pessoas jurídicas de direito privado que prestem serviços públicos, é que poderão responder, objetivamente, pela reparação de danos a terceiros. Isto por ato ou omissão dos respectivos agentes, agindo estes na qualidade de agentes públicos, e não como pessoas comuns.
>
> Esse mesmo dispositivo constitucional consagra, ainda, dupla garantia: uma, em favor do particular, possibilitando-lhe ação indenizatória contra a pessoa jurídica de direito público, ou de direito privado que preste serviço público, dado que bem maior, praticamente certa, a possibilidade de pagamento do dano objetivamente sofrido. Outra garantia, no entanto, em

---

3 - In casu, tendo havido já condenação nas instâncias ordinárias, sem prejuízo para o consumidor, a interpretação do art. 88 do CPC deve ser realizada em harmonia com o princípio da facilitação do acesso do consumidor aos órgãos judiciários, bem como da celeridade e economia processual para todas as partes do processo, não havendo justificativa, no caso, para se cassar a decisão de admissão da denunciação da lide.

4 - Recurso especial desprovido.

(REsp n. 913.687/SP, relator Ministro Raul Araújo, Quarta Turma, julgado em 11/10/2016, DJe de 4/11/2016.)

> prol do servidor estatal, que somente responde administrativa e civilmente perante a pessoa jurídica a cujo quadro funcional se vincular.
>
> STF. 1ª Turma. RE 327904, Rel. Min. Carlos Britto, julgado em 15/08/2006.

Coíbe-se, pois, a denunciação da lide uma vez que, em se a admitindo, ampliar-se-ia o objeto da demanda, porquanto a atividade probatória passaria a se imiscuir na questão do dolo ou da culpa, desnecessários para a configuração da própria responsabilidade estatal, retardando a marcha processual em prejuízo do autor.

A seguir, para finalizar a abordagem do tópico, trago alguns exemplos de como dispor sobre o julgamento conjunto de ações em sentença cível:

Ex1.:

> "A presente sentença se presta a decidir tanto a oposição manejada, em apenso, quanto a ação principal ora tratada, conforme previsão do art. 685 do CPC/15".

Ex2.:

> "Percebendo que o réu apresentara reconvenção, tendo esta natureza própria de ação, julgo-a, através desta sentença, conjuntamente com a ação autoral".

Ex3.:

> "Cuidando-se de ações prejudiciais entre si, a fim de evitar prolação de decisões conflitantes, deverão ser objeto de julgamento conjunto neste ato, a teor do que disposto no art. 55, § 3º, do CPC."

5. APONTAMENTO DE QUESTÕES JÁ DECIDIDAS

Neste ponto da sentença, cabe ao redator excluir, expressamente, do objeto da apreciação as matérias já decididas em outra oportunidade, ao longo da tramitação processual.

Com o CPC de 2015, principalmente, há a possibilidade de emissão de decisões intermediárias parciais, portanto antes mesmo da sentença, com ou sem julgamento de mérito, que tem o condão de atribuir definitividade às questões ali resolvidas, situações essas exemplificativamente abaixo relacionadas.

Destarte, compete ao julgador, até como medida de transparência, de demonstração de organização e conhecimento do que se deu no processo até então e a fim de evitar a propositura de embargos de declaração, já esclarecer que não está apreciando algumas questões em razão de haver decisão intermediária pretérita sobre elas, com solução sujeita à perpetuidade se não tiver sido objeto de recurso em tempo e modo adequados.

Centra-se, então, o julgador tão somente na parcela dos pedidos ainda pendente de apreciação, excluindo de modo consciente aqueles previamente decididos.

5.1. Extinção parcial prévia

Nos termos do art. 354, parágrafo único, do CPC, é cabível ao juiz em fase de julgamento conforme o estado do processo, prolatar decisão parcial extintiva, com esteio no art. 485 ou art. 487, II e III, resolvendo parte dos pedidos veiculados.

> **Art. 354.** Ocorrendo qualquer das hipóteses previstas nos arts. 485 e 487, incisos II e III, o juiz proferirá sentença.
>
> Parágrafo único. A decisão a que se refere o caput pode dizer respeito a apenas parcela do processo, caso em que será impugnável por agravo de instrumento.

No ponto, então, afastada expressamente a análise do pedido extinto, remanesce a análise do pleito remanescente.

É o caso, por exemplo, de exclusão de litisconsorte passivo ilegítimo em decisão interlocutória de extinção parcial realizada em saneamento processual, cabendo ao julgador, na sentença, apenas rememorá-la, seguindo, após, à análise das demais matérias em face do litisconsorte mantido.

5.2. Decisão intermediária parcial de mérito

Outrossim, e aqui com maior relevância, é possível que o juiz profira até decisão parcial de mérito, resolvendo, definitivamente um ou mais pedidos cumulados, quando se mostrarem incontroversos ou quando estiverem em condições de imediato julgamento (julgamento antecipado do mérito), nos dizeres do art. 356 do CPC.

> **Art. 356.** O juiz decidirá parcialmente o mérito quando um ou mais dos pedidos formulados ou parcela deles:
>
> I – mostrar-se incontroverso;
>
> II – estiver em condições de imediato julgamento, nos termos do art. 355.

É o caso, por exemplo, da comum ação de divórcio cumulada com partilha de bens e pedido de alimentos. Isso porque o entendimento majoritário em doutrina e jurisprudência é de que a pretensão de se divorciar, como natural, é direito potestativo de um dos consortes, não havendo falar em resistência do outro ou do Poder Judiciário. Todavia, a partilha, não raras vezes, envolve questões mais complexas, atinentes ao regime de bens e ao esforço comum, bem assim observados os casos legais em que o patrimônio não se comunga com o outro. Na mesma medida, os alimentos entre ex-cônjuges não costumam ser matéria tranquila, dada a excepcionalidade de sua prestação, a temporariedade e necessidade de definição, na maior medida possível, de um patamar justo, quando devidos.

Até por isso o art. 731, parágrafo único, do CPC, autoriza que, nos casos de procedimento de jurisdição voluntária de divórcio consensual, é possível homologá-lo mesmo quando houver controvérsia no que tange à partilha, deixando-a para ser solucionada ulteriormente pelo rito do procedimento especial de que cuida os arts. 647 e seguintes do CPC[22].

Por conseguinte, se percebe ser, no divórcio litigioso, caso evidente de decisão parcial de mérito para, desde logo, homologar a extinção da sociedade conjugal e, em seguida, aprofundar-se, inclusive probatoriamente quando necessário for, sobre as demais questões pendentes.

Note-se, pois, que, na sentença, o juiz apenas terá o cuidado de, evocando a decisão parcial de mérito já prolatada, delimitar os pedidos ainda pendentes de decisão que serão abordados naquele ato.

5.3. Decisão parcial de improcedência liminar

Por último, e de maneira bem controversa, menciona-se a possibilidade de julgamento de improcedência liminar parcial do pedido, a qual exclui parcela da postulação de maneira antecipadíssima e exige debruçamento de todos os

22. Art. 731. A homologação do divórcio ou da separação consensuais, observados os requisitos legais, poderá ser requerida em petição assinada por ambos os cônjuges, da qual constarão:
I – as disposições relativas à descrição e à partilha dos bens comuns;
II – as disposições relativas à pensão alimentícia entre os cônjuges;
III – o acordo relativo à guarda dos filhos incapazes e ao regime de visitas; e
IV – o valor da contribuição para criar e educar os filhos.
Parágrafo único. Se os cônjuges não acordarem sobre a partilha dos bens, far-se-á esta depois de homologado o divórcio, na forma estabelecida nos arts. 647 a 658 .

atores processuais apenas sobre o que remanescer hígido após análise precoce do mérito.

O julgamento antecipado do mérito está previsto no art. 322 do CPC, cabível quando a hipótese dos autos se encaixar em alguma das alíneas do dispositivo ou mesmo de seu parágrafo único, quando a causa independer de produção probatória.

> **Art. 332.** Nas causas que dispensem a fase instrutória, o juiz, independentemente da citação do réu, julgará liminarmente improcedente o pedido que contrariar:
>
> I – enunciado de súmula do Supremo Tribunal Federal ou do Superior Tribunal de Justiça;
>
> II – acórdão proferido pelo Supremo Tribunal Federal ou pelo Superior Tribunal de Justiça em julgamento de recursos repetitivos;
>
> III – entendimento firmado em incidente de resolução de demandas repetitivas ou de assunção de competência;
>
> IV – enunciado de súmula de tribunal de justiça sobre direito local.
>
> § 1º O juiz também poderá julgar liminarmente improcedente o pedido se verificar, desde logo, a ocorrência de decadência ou de prescrição.

É bem verdade que parte da doutrina diverge sobre o cabimento da parcial análise liminar de mérito, por questões de utilidade[23]. Todavia, afora a viabilidade e a pertinência da providência, em prestígio ao princípio da eficiência e da

---

23. Nesse sentido: "Questão interessante diz respeito à identidade parcial de questões jurídicas entre as demandas já sentenciadas com a total improcedência do pedido e uma demanda atual. A pergunta é: sendo mais ampla a demanda atual, é possível aplicar o art. 332 do Novo CPC, para o julgamento de improcedência liminar parcial, atingindo somente a parcela da demanda que tenha relação de identidade de questões jurídicas com sentenças de integral improcedência já proferidas no juízo?

A resposta a esse questionamento passa necessariamente pela razão de ser da norma. O julgamento de improcedência liminar tem como objetivo decidir o mérito de uma demanda antes mesmo da citação do réu. Trata-se de medida salutar em termos de celeridade processual e economia processual, sagrando-se o réu vitorioso, e de forma definitiva, sem nem mesmo ter sido incomodado com a sua citação e por consequência sem nem ter precisado participar do processo. A justificativa, portanto, é de extinguir um processo com resolução de mérito sem a necessidade de integração do réu à relação jurídica processual.

Como se nota com facilidade, na hipótese de julgamento liminar de improcedência parcial, a justificativa da existência do

art. 332 do Novo CPC desaparece, considerando-se que nesse caso, restando parcela da demanda não decidida, o réu necessariamente será integrado à relação jurídica processual, tendo o ônus de se defender. Será impossível nesse caso a extinção do processo com resolução do mérito antes da citação do réu, de forma que, sendo indispensável aguardar a citação e provável defesa do réu, nenhum sentido terá o julgamento parcial de improcedência liminar, devendo o juiz se abster de aplicar o 332 do Novo CPC." (NEVES, Daniel Amorim Assumpção. Manual de Direito Processual Civil. Volume Único. Salvador: Juspodivm, 2016.)

economia processuais, minha posição, não há que se discutir se tal decisão já fora prolatada exordialmente.

A seguir, trazemos exemplos de redação de texto atinente a consideração de pedidos decididos ao longo do processo, conforme os itens acima explicitados.

Ex1.:

> "Destaco que a preliminar de ilegitimidade passiva, sustentada pela promovida em sua peça de reproche, fora prévia e devidamente analisada pela decisão saneadora de fls., com supedâneo no art. 354, parágrafo único, do CPC/15, razão pela qual deixo de apreciá-la nesta oportunidade";

Ex2.:

> "Destaco que o pleito de danos materiais, na modalidade danos emergentes, veiculado pelo autor na exordial, diante da incontrovérsia verificada em saneamento, fora objeto de prévia e devida análise em decisão parcial de mérito, na forma do art. 356, I, do CPC/15, razão pela qual deixo de apreciá-lo nesta oportunidade".

6. SOLUÇÃO DE QUESTÕES PENDENTES DE APRECIAÇÃO PRÉVIA

Em seguida, deve o julgador verificar se há questões prévias pendentes de decisão. São questões que, em regra, se resolvem por decisão intermediária ao longo da tramitação processual, portanto, anterior à sentença, mas que, por alguma razão, ainda não o foram.

Desta forma, tratando-se de circunstâncias que normalmente não devem ser objeto de sentença, mas de decisão, devem ser verificadas ainda neste momento exordial do ato decisório.

Consigne-se, ademais, que, cuidando-se de momento para a prolação de sentença, quando for o caso de prestação de exame de concurso público de magistratura, deve-se adotar, para a solução da questão prévia, a conclusão que viabilize o ato, ou seja, que admita a continuidade do julgamento, não acarretando conversão em diligência, por óbvio.

Abaixo, apresentamos algumas das principais questões prévias que podem se sobressair em sede de sentença cível, de maneira meramente exemplificativa, sem nenhuma pretensão de exaurimento, dada a gama de situações concretas que podem se revelar, buscando, tanto quanto, apontar as posturas mais indicadas em caso de concurso público e o substrato jurídico respectivo.

> **Art. 279.** É nulo o processo quando o membro do Ministério Público não for intimado a acompanhar o feito em que deva intervir.
>
> (...)

6.1. Nulidades

Previamente, até por consectário lógico, deve o juiz apreciar as eventuais nulidades vislumbradas, levantadas ou não pelas partes e/ou intervenientes outros.

Nessa senda, deve-se ter em mente três princípios basilares de processo civil que norteiam a análise das nulidades: princípio da instrumentalidade das formas, princípio *pas de nullité sans grief* e princípio da primazia de julgamento de mérito. Toda a abordagem de nulidades deve se lastrear nesses princípios.

O princípio da instrumentalidade das formas extrai-se da redação do art. 188 do CPC, segundo o qual "*os atos e os termos processuais independem de forma determinada, salvo quando a lei expressamente a exigir, considerando-se válidos os que, realizados de outro modo, lhe preencham a finalidade essencial*".

De início, o legislador já esclarece que a regra é o informalismo processual, excetuadas as previsões legais em sentido contrário. Na segunda parte do dispositivo, estabelece que, mesmo nos casos em que houver formalidade legal exigível, não se invalidará o ato que não a atender quando atingir o propósito para o qual fora concebida. Essa última previsão é sobremaneira relevante para o legislador que este houve por bem praticamente repeti-la no art. 277 do CPC[24].

Noutro dispositivo está prevista a regra processual que reflete o princípio geral do direito pelo qual ninguém pode se beneficiar de sua própria torpeza. Pelo teor do art. 276 do CPC, quando a parte desatender formalidade, não poderá ela mesmo arguir a respectiva nulidade[25].

Nesse campo, impõe-se mencionar julgado do STJ que versou acerca da prerrogativa de intimação pessoal da Fazenda Pública. Como se sabe, os entes públicos têm a prerrogativa de serem pessoalmente intimados de atos e

24. Art. 277. Quando a lei prescrever determinada forma, o juiz considerará válido o ato se, realizado de outro modo, lhe alcançar a finalidade.
25. Art. 276. Quando a lei prescrever determinada forma sob pena de nulidade, a decretação desta não pode ser requerida pela parte que lhe deu causa.

decisões judiciais, conforme consta do art. 183 do CPC[26]. Por sua vez, a Lei nº 11.419/06, que rege o processo eletrônico, previu a comunicação dos atos processuais por via eletrônica, inclusive intimação, servindo, para fins de Fazenda Pública, como pessoal, para aqueles que assim se cadastrarem[27].

Ocorre que, na praxe, o que se viu foi uma absoluta relutância da maioria dos entes públicos de se cadastrarem perante o órgão jurisdicional para recepção de intimação eletrônica, já que tal exigia investimentos de recursos e organização próprios, de maneira que se revelava, para eles, muito mais cômodo o formato anterior de remessa ou intimação por oficial de justiça, ainda que, para o Poder Judiciário, fosse muito mais burocrático e custoso.

Percebendo tal cenário, o legislador do CPC/15 passou a estabelecer a obrigatoriedade do cadastro, nos termos do art. 246, § 1º, e art. 1.050, no afã de retirar os entes públicos renitentes de sua inércia[28]. O STJ já decidiu, também como forma de desestímulo à renitência de alguns entes que persistiu mesmo após a vigência do CPC, em 18/03/2016, que o desatendimento do dever jurídico e processual de prévio cadastramento para recepção de comunicações eletrônicas autoriza que o órgão jurisdicional proceda as intimações através do Diário da Justiça sem que tal implique em nulidade[29].

O princípio *pas de nullité sans grief* infere-se precipuamente do art. 282, § 1º, do CPC[30]. É que não há que se falar em nulidade quando não evidenciado

---

26. Art. 183. A União, os Estados, o Distrito Federal, os Municípios e suas respectivas autarquias e fundações de direito público gozarão de prazo em dobro para todas as suas manifestações processuais, cuja contagem terá início a partir da intimação pessoal.

    § 1º A intimação pessoal far-se-á por carga, remessa ou meio eletrônico.

27. Art. 5º As intimações serão feitas por meio eletrônico em portal próprio aos que se cadastrarem na forma do art. 2º desta Lei, dispensando-se a publicação no órgão oficial, inclusive eletrônico.

    (...)

    § 6º As intimações feitas na forma deste artigo, inclusive da Fazenda Pública, serão consideradas pessoais para todos os efeitos legais.

28. Art. 246. (...)

    § 1º As empresas públicas e privadas são obrigadas a manter cadastro nos sistemas de processo em autos eletrônicos, para efeito de recebimento de citações e intimações, as quais serão efetuadas preferencialmente por esse meio.

    Art. 1.050. A União, os Estados, o Distrito Federal, os Municípios, suas respectivas entidades da administração indireta, o Ministério Público, a Defensoria Pública e a Advocacia Pública, no prazo de 30 (trinta) dias a contar da data da entrada em vigor deste Código , deverão se cadastrar perante a administração do tribunal no qual atuem para cumprimento do disposto nos arts. 246, § 2º , e 270, parágrafo único .

29. STJ. 1ª Seção. AR 6503-CE, Rel. Min. Og Fernandes, julgado em 27/10/2021 (Info 716).

30. Art. 282. Ao pronunciar a nulidade, o juiz declarará que atos são atingidos e ordenará as providências necessárias a fim de que sejam repetidos ou retificados.

    § 1º O ato não será repetido nem sua falta será suprida quando não prejudicar a parte.

prejuízo. Em verdade, a ideia é que a formalidade processual tem um fim, resguardar alguma situação jurídica. Se não for respeitada, mas a parte a quem prejudicaria não for capaz de demonstrar o real prejuízo, não há que se falar em formalidade vazia.

Para além da regra-mor acima mencionada, há outras previsões específicas que apenas concretamente a espelham, como a que se verifica, por exemplo, da do art. 279 do CPC. No *caput* do artigo, esclarece o legislador que o processo é nulo quando haveria de intervir o Ministério Público e não lhe for oportunizada a atuação. Todavia, o § 2º já ressalva que essa nulidade específica depende necessariamente de provocação do próprio Ministério Público após instado a tanto, oportunidade em que, inclusive, poderá asseverar que a nulidade não causou prejuízo, mantendo-se hígidos os atos processuais praticados[31].

É o caso, por exemplo, da ação de alimentos em prol de criança em que os genitores são partes. Ajuizada a demanda, o juiz fixou alimentos provisórios em patamar razoável e determinou o agendamento de conciliação. Não alcançada a composição, a requerida contesta no sentido de que sua renda não permite arcar com a verba alimentar pedida pela contraparte. Após réplica, as partes são instadas à produção probatória, oportunidade em que o representante do alimentado pede que seja oficiado o órgão laboral do alimentante, bem assim reclama designação de audiência de instrução. Respondido o ofício pela empregadora e realizada a oitiva das testemunhas tempestivamente arroladas, além de coletado o depoimento pessoal do requerido, o juiz abre para alegações finais. Apenas neste momento, o requerido postula reconhecimento de nulidade em razão de o Ministério Público não ter sido convocado a atuar, nos termos do art. 178, I, do CPC, como fiscal da ordem jurídica. Neste momento, instado, poderá apontar que, conquanto sua intervenção fosse essencial desde o início, a sua ausência por lapso processual não acarretou prejuízo ao alimentante, passando, então, a manifestar-se sobre o mérito da causa. Na situação narrada, em sentença, cabe ao juiz afastar a tese de nulidade, nos termos do dispositivo acima ventilado[32].

---

31 § 2º A nulidade só pode ser decretada após a intimação do Ministério Público, que se manifestará sobre a existência ou a inexistência de prejuízo.

32. A aplicação do dispositivo fora exigida no teste de sentença cível da FCC – TJ/AL – 2021: "b. A defesa do meio ambiente compõe o rol de atribuições do MP (127, caput, e 129, § 1º, CF), devendo atuar como fiscal da ordem jurídica nos processos que envolvam interesse social (art. 178, 1, CPC). Ainda que tardia a intimação do *custos legis*, o órgão do MP opinou pela parcial procedência da ação afastando qualquer nulidade (art. 279, § 2º, CPC); razão pela qual a nulidade absoluta é rejeitada."

Contrariamente, por óbvio, detectado o prejuízo no processo decorrente da não convocação do Ministério Público para atuar como fiscal da ordem jurídica em tempo e modo adequados, de rigor o reconhecimento da nulidade, mormente quando, possibilitada a intervenção tardia em feito cuja conclusão contraria os interesses do incapaz, ainda que mero incapaz fático, sem reconhecimento jurídico-formal da incapacidade, não houver azo para reverter o conteúdo decisório doutra maneira[33].

Enfim, não se pode deixar de lado a norma fundamental do processo insculpida no bojo do art. 6º do CPC, pela qual "*todos os sujeitos do processo devem cooperar entre si para que se obtenha, em tempo razoável, decisão de mérito justa e efetiva*". É o princípio da primazia do julgamento de mérito que se espraia por todo o ordenamento jurídico processual.

Inclusive, calcado em tal principiologia, o STJ reconheceu que a retificação tardia do valor da causa, posterior até mesmo à decisão do mérito acerca da pretensão principal, é mera irregularidade, não comprometendo a higidez

---

33. (...)

2- O propósito do recurso especial é definir se é nulo o processo em que não houve a intimação e a intervenção do Ministério Público em 1º grau de jurisdição, a despeito da presença de parte que possuía enfermidade psíquica grave, ainda que não declarada previamente por decisão judicial.

3- A nulidade do processo por ausência de intimação e de intervenção do Ministério Público apenas deverá ser decretada quando sobressair prejuízo à pessoa cujos interesses deveriam ser zelados pelo Parquet no processo judicial. Precedentes.

4- Não há, em regra, nulidade do processo em virtude da ausência de intimação e de intervenção do Ministério Público em 1º grau de jurisdição quando houver a atuação ministerial em 2º grau. Precedentes.

5- A regra do art. 178, II, do CPC/15, ao prever a necessidade de intimação e intervenção do Ministério Público no processo que envolva interesse de incapaz, refere-se não apenas ao juridicamente incapaz, mas também ao comprovadamente incapaz de fato, ainda que não tenha havido prévia declaração judicial da incapacidade.

6- Na hipótese, a indispensabilidade da intimação e da intervenção do Ministério Público se justifica pelo fato incontroverso de que a parte possui doença psíquica grave, aliado ao fato de que todos os legitimados ordinários à propositura de eventual ação de interdição (art. 747, I a III, do CPC/15) não existem ou possuem conflito de interesses com a parte enferma, de modo que a ausência de intimação e intervenção do Parquet teve, como consequência, prejuízo concreto à parte.

7- Inaplicabilidade, na hipótese, do entendimento segundo o qual não há nulidade do processo em virtude da ausência de intimação e de intervenção do Ministério Público em 1º grau de jurisdição quando houver a atuação ministerial em 2º grau, uma vez que a ciência do Parquet acerca da ação e da situação da parte ainda em 1º grau poderia, em tese, conduzir à ação a desfecho substancialmente diferente.

8- Recurso especial conhecido e provido, para decretar a nulidade do processo desde a citação.

(REsp n. 1.969.217/SP, relatora Ministra Nancy Andrighi, Terceira Turma, julgado em 8/3/2022, DJe de 11/3/2022.)

do título condenatório, cabendo à parte suportar a diferença da taxa judiciária apurada, se o caso[34].

No campo das nulidades, o destaque fica por conta da ousada norma do art. 282, § 2º, do CPC, segundo a qual, mesmo percebendo nulidade, se o juiz puder julgar o mérito em prol daquele a quem aproveitaria, deverá fazê-lo.

> § 2º Quando puder decidir o mérito a favor da parte a quem aproveite a decretação da nulidade, o juiz não a pronunciará nem mandará repetir o ato ou suprir-lhe a falta.

Por exemplo, se numa ação de seguro DPVAT, após a realização de perícia que atesta a existência de lesões permanentes no requerente, hábeis a ensejar a indenização pretendida, o juiz manda intimar ambas as partes sobre o laudo correspondente, mas a secretaria apenas intima a seguradora, pode aplicar a norma acima para superar a falta de intimação do autor e prosseguir à prolação da sentença, especificamente afastando a nulidade, se, em juízo de antecipação, previr que os pleitos formulados pelo autor serão integralmente acolhidos.

Ademais, de rigor trazer à colação o entendimento do STJ segundo o qual a nulidade, notadamente a relativa, deve ser apresentada na primeira oportunidade que a parte a quem prejudica tiver de falar nos autos, sob pena de preclusão. Com isso, coíbe-se a alcunhada "nulidade de algibeira" ou "nulidade de bolso", na qual a parte busca postergar a arguição do vício para outro momento ulterior, conforme melhor lhe convir, representando tal prática atentando à boa-fé processual com a qual o Poder Judiciário não pode compactuar[35-36-37].

---

34. STJ. 3ª Turma. AgInt no REsp 1667308-SP, Rel. Min. Paulo de Tarso Sanseverino, julgado em 30/03/2020 (Info 669).

35. (...)

    2. Em regra, é necessária a intimação do terceiro titular de direito real (v.g. usufrutuário) acerca da penhora e da alienação judicial do bem gravado com tal direito, na forma dos arts. 799, II, e 889, III, do CPC/2015.

    3. Hipótese, contudo, em que o vício indicado pela parte recorrente configura a denominada "nulidade de algibeira", que deve ser rechaçada por esta Corte Superior em virtude do dever imposto a todos aqueles que participam do processo, de proceder com lealdade e boa-fé.

    4. Recurso especial não provido.

    (REsp n. 2.000.959/SP, relatora Ministra Nancy Andrighi, relator para acórdão Ministro Ricardo Villas Bôas Cueva, Terceira Turma, julgado em 4/10/2022, DJe de 13/10/2022.)

36. REsp n. 1.833.871/TO, relator Ministro Paulo de Tarso Sanseverino, Terceira Turma, julgado em 21/3/2023, DJe de 28/3/2023.

37. REsp n. 2.033.239/SP, relator Ministro Marco Aurélio Bellizze, Terceira Turma, julgado em 14/2/2023, DJe de 16/2/2023.

6.2. Gratuidade judiciária

É bem verdade que o momento para análise da gratuidade judiciária, em regra, é com a decisão de acolhimento da peça inicial, se nela formulado, ou com a referente a providências ulteriores à contestação, se vindicado pelo réu. Todavia, é ainda possível a veiculação do pedido a qualquer tempo, cabendo ao juiz, como primeiro ato decisório superveniente, avaliar o preenchimento dos requisitos ensejadores da benesse[38].

Convém ressaltar que, embora possa parecer absolutamente extemporânea a avaliação da gratuidade processual nesta sede, a praxe revela que tal é situação bem comum nos processos mais antigos, quando, a despeito de a parte postular o benefício de gratuidade judiciária em sua peça exordial, o juiz restringia-se a lançar o "cite-se", sem reconhecer expressamente a hipossuficiência econômica, mas tampouco exigindo a taxa judiciária inaugural[39].

Portanto, o pedido pendente de gratuidade judiciária pode decorrer tanto de pedido anterior e não decidido por lapso do juízo, como em razão de o pleito ser imediatamente anterior à própria sentença, sendo, em ambos os casos, de inserção obrigatória na decisão final.

Assim, em todos os cenários em que não houver decisão pretérita sobre a gratuidade judiciária, cabe ao juiz apreciar o pedido. Vale a advertência de que a gratuidade judiciária depende de solicitação pelo interessado, não cabendo ao juiz concedê-la de ofício[40].

Acerca da amplitude do benefício de gratuidade judiciária, além do elenco constante do § 1º do art. 98 do CPC, é de se verificar a jurisprudência do STJ no sentido de seu cabimento nas mais variadas espécies procedimentais, inclusive, no específico caso tratado, em prol do executado em execução de

38. Art. 99. O pedido de gratuidade da justiça pode ser formulado na petição inicial, na contestação, na petição para ingresso de terceiro no processo ou em recurso.
§ 1º Se superveniente à primeira manifestação da parte na instância, o pedido poderá ser formulado por petição simples, nos autos do próprio processo, e não suspenderá seu curso.
39. Embora, nesse cenário de pedido formulado e não analisado por omissão do juízo, quando houver juntada de declaração de hipossuficiência por pessoa natural, a jurisprudência reconheça presumido acatamento do pleito. É o que consta do Jurisprudência em Teses nº 149 do STJ: 8) A ausência de manifestação do órgão julgador a respeito do pedido de assistência judiciária gratuita formulado enseja a presunção da concessão do benefício em favor da parte que o pleiteou, quando acompanhado da declaração de hipossuficiência.
40. Jurisprudência em Teses nº 149 do STJ: 7) O benefício da assistência judiciária gratuita depende de expresso pedido da parte, sendo vedada sua concessão de ofício pelo juiz.

título extrajudicial[41], não apenas nos respectivos embargos à execução, devendo o magistrado apenas se valer do regramento de aferição da justeza da benesse, conforme abaixo alinhavado.

Destaca-se o art. 99, §§ 2º a 4º, do CPC como possíveis fundamentos para viabilizar a aceitação da benesse nesse momento processual.

> **Art. 99.** O pedido de gratuidade da justiça pode ser formulado na petição inicial, na contestação, na petição para ingresso de terceiro no processo ou em recurso.
>
> (...)
>
> § 2º O juiz somente poderá indeferir o pedido se houver nos autos elementos que evidenciem a falta dos pressupostos legais para a concessão de gratuidade, devendo, antes de indeferir o pedido, determinar à parte a comprovação do preenchimento dos referidos pressupostos.
>
> *§ 3º Presume-se verdadeira a alegação de insuficiência deduzida exclusivamente por pessoa natural.*
>
> § 4º A assistência do requerente por advogado particular não impede a concessão de gratuidade da justiça.

Com efeito, para indeferir o pedido de gratuidade judiciária, há que ressalvar que a recusa deve advir de dúvida razoável do juízo, o qual deverá ainda oportunizar à parte demonstrar o preenchimento dos pressupostos; é de se acolher a presunção relativa decorrente de firma de pessoa natural[42]; e destacar que o mero patrocínio por causídico particular, *per si*, não deve obstaculizar o acolhimento da gratuidade judiciária.

Uma ressalva de relevo, contudo. A declaração de pobreza, firmada pela parte, que autoafirme a ausência de condições financeiras para suportamento das custas processuais e demais despesas goza, é certo, de presunção relativa de

41. STJ. 3ª Turma. REsp 1837398-RS, Rel. Min. Nancy Andrighi, julgado em 25/05/2021 (Info 698).

42. Assim constou no padrão de resposta do CEBRASPE – TJ/MA – 2022: "Quanto à gratuidade da justiça, vale registrar que, em conformidade com os arts. 98, caput, e 99, § 3.º, do CPC, para a concessão da assistência judiciária, em regra, basta a afirmação da parte no sentido de não dispor de condições para pagar as custas processuais sem prejuízo próprio e de sua família, presumindo-se pobre, até prova em contrário, quem alegar essa circunstância.

Tal presunção, porém, pode ser afastada mediante prova em sentido contrário, produzida pela parte adversa ou por meio de apuração iniciada de ofício pelo juiz, se presentes os motivos que a recomendem. No caso dos autos, a ré não logrou trazer elementos idôneos a infirmar o pedido da gratuidade do autor. Dessa forma, diante da declaração de hipossuficiência firmada pelo demandante, corroborada pelo comprovante de isenção do imposto de renda, deve ser deferida a gratuidade judiciária ao autor, no teor do art. 98, § 1.º, do CPC."

veracidade, que, em razão de sua natureza, por outro lado, pode ser infirmada por outros elementos constantes dos autos – art. 99, §§ 2º e 3º, do CPC.

O magistrado, nessa seara, possui o poder-dever de exercer juízo de razoabilidade acerca da gratuidade judiciária que é pleiteada pelas partes, competindo-lhe, caso haja carência de verossimilhança, como regra, conceder à parte o direito constitucional de demonstrá-la. Por conseguinte, em não sendo o solicitante exitoso na comprovação de sua miserabilidade processual, o juiz tem o dever de indeferir-lhe o benefício, salvaguardando o interesse estatal na percepção do tributo devido, bem como o da parte adversa no ressarcimento das despesas que expender ao longo do trâmite processual caso o provocante sucumba.

No ponto, a Constituição Federal de 1988 rege que "*o Estado prestará assistência jurídica integral e gratuita aos que comprovarem insuficiência de recursos*" (art. 5º, LXXIV). Note que a norma que emana do texto constitucional é o fornecimento de assistência judiciária gratuita àqueles que comprovarem a hipossuficiência econômica. O legislador, no CPC/15, houve por bem inverter a lógica, pelo menos no que tange à pessoa física, para atribuir presunção de pobreza a quem assim se autodeclare, em postura, aliás, reputada inclusive inconstitucional por alguns juristas minoritários, mas cuja leitura há de se respeitar. Nesse sentido, conquanto se alinhe a presunção emanada da declaração, se cuida de presunção relativa, sujeita a conclusão contrária, e não absoluta, como algumas partes e advogados pretendem impor na praxe.

Tal interpretação se extrai da leitura mesmo do art. 99, § 2º, do CPC/15, acima reproduzido. Outro não é o entendimento esposado pelo Superior Tribunal de Justiça[43].

Destarte, a teor do art. 99, § 2º, do CPC/15, a afirmação de pobreza veiculada pelo promovente não retrata presunção absoluta de hipossuficiência

43. (...)

2. Consoante a firme jurisprudência do STJ, a afirmação de pobreza, para fins de obtenção da gratuidade de justiça, goza de presunção relativa de veracidade.

3. "Por um lado, à luz da norma fundamental a reger a gratuidade de justiça e do art. 5º, caput, da Lei n. 1.060/1950 – não revogado pelo CPC/2015 –, tem o juiz o poder-dever de indeferir, de ofício, o pedido, caso tenha fundada razão e propicie previamente à parte demonstrar sua incapacidade econômico-financeira de fazer frente às custas e/ou despesas processuais. Por outro lado, é dever do magistrado, na direção do processo, prevenir o abuso de direito e garantir às partes igualdade de tratamento." (REsp 1584130/RS, Rel. Ministro LUIS FELIPE SALOMÃO, QUARTA TURMA, julgado em 07/06/2016, DJe 17/08/2016) 4. Agravo interno não provido.

(AgInt no REsp 1630945/RS, Rel. Ministro LUIS FELIPE SALOMÃO, QUARTA TURMA, julgado em 15/12/2016, DJe 02/02/2017)

econômica, mas relativa, podendo ser afastada pelo magistrado caso perceba nos autos elementos que evidenciem ausência de veracidade de sua declaração, a fim de evitar que as partes indevidamente se eximam de cumprir o dever cívico e legal de suportamento dos tributos, dentre eles as custas judiciais, taxa judiciária e das demais despesas processuais, conforme art. 82 do CPC/15, em prejuízo do Poder Judiciário, do Estado e da sociedade, figurando-se, por conseguinte, a gratuidade judiciária como exceção.

Pontuo que o próprio Supremo Tribunal Federal mencionou, em julgado no qual discorreu sobre a possibilidade de acesso pelo Fisco a dados financeiros protegidos por sigilo bancário, independentemente de intervenção judicial, acerca do dever fundamental de pagar tributos, não havendo que se excluir, por inserido em semelhante razão, a taca judiciária e as custas judiciais[44].

Malgrada a previsão de que, antes do indeferimento da gratuidade judiciária, cabe ao juiz ofertar a chance da parte pretendente se manifestar previamente, interpretação corroborada pela jurisprudência dominante, entendo que tal oportunização é válida, precipuamente, quando a parte pretender a concessão do benefício com esteio na autodeclaração.

Diversamente, até em deferência à racionalização dos recursos públicos, à razoável duração dos processos e ao princípio da eficiência, é possível que o juiz indefira, desde logo, a pretensão de concessão de gratuidade judiciária acaso, com a inicial, a parte já colacione documentos atinentes à sua condição econômica. Com efeito, por vezes, se observa a postura proativa da parte em já juntar, com a petição inicial, contracheques, cópias de declarações de imposto de renda, extratos bancários, faturas de cartão de crédito, dentre outros. Nesse cenário, convencido o julgador de que o interessado não se amolda em quadro de hipossuficiência de recursos, pode, e deve, o juiz já rejeitar, caso em que deverá ofertar à parte a chance, não mais de demonstrar a penúria, mas de recolher as custas e a taxa judiciária exordial.

---

44. (...) 5. A ordem constitucional instaurada em 1988 estabeleceu, dentre os objetivos da República Federativa do Brasil, a construção de uma sociedade livre, justa e solidária, a erradicação da pobreza e a marginalização e a redução das desigualdades sociais e regionais. Para tanto, a Carta foi generosa na previsão de direitos individuais, sociais, econômicos e culturais para o cidadão. Ocorre que, correlatos a esses direitos, existem também deveres, cujo atendimento é, também, condição sine qua non para a realização do projeto de sociedade esculpido na Carta Federal. Dentre esses deveres, consta o dever fundamental de pagar tributos, visto que são eles que, majoritariamente, financiam as ações estatais voltadas à concretização dos direitos do cidadão. Nesse quadro, é preciso que se adotem mecanismos efetivos de combate à sonegação fiscal, sendo o instrumento fiscalizatório instituído nos arts. 5º e 6º da Lei Complementar nº 105/ 2001 de extrema significância nessa tarefa. (...) (ADI 2859, Relator(a): Min. DIAS TOFFOLI, Tribunal Pleno, julgado em 24/02/2016, ACÓRDÃO ELETRÔNICO DJe-225 DIVULG 20-10-2016 PUBLIC 21-10-2016)

Avançando, é de se destacar o entendimento jurisprudencial dominante no âmbito da Corte Superior pelo qual o benefício da gratuidade judiciária tem natureza individual e personalíssima, de maneira que, em caso de demanda ajuizada por menor de dezoito anos, a eventual condição econômica abastada de seu representante legal não deve ser invocada para denegar o benefício, cabendo ao decisor aplicar, *a priori*, a presunção de que cuida o § 3° do art. 98 do CPC, sem prejuízo de o magistrado poder aprofundar a alegação de hipossuficiente econômica caso suspeite concretamente que o menor, por si, dispõe de patrimônio suficiente ao custeio das despesas processuais, ou acaso ulteriormente, nos termos do art. 100 do CPC, a contraparte apresente elementos neste mesmo sentido[45].

No ponto, ainda, relevante apresentar o enunciado sumular nº 481 do STJ. É que, como se percebeu, a presunção relativa legal de hipossuficiência econômica advinda da firma de declaração nesse sentido se aplica tão somente às pessoas físicas. No que toca às pessoas jurídicas, não estão elas excluídas da possibilidade de angariar a benesse, porém a elas não se aplica qualquer presunção, sendo imperiosa a efetiva demonstração da impossibilidade de custear a demanda, inclusive, em regra, se se cuidar de pessoa jurídica sem fins lucrativos. *In verbis*, o texto sumulado:

> Faz jus ao benefício da justiça gratuita a pessoa jurídica com ou sem fins lucrativos que demonstrar sua impossibilidade de arcar com os encargos processuais. (SÚMULA 481, CORTE ESPECIAL, julgado em 28/06/2012, DJe 01/08/2012)

Ou seja, repito para bem sedimentar, a presunção legal advinda da autodeclaração não se aplica às pessoas jurídicas de uma maneira geral, sendo, para elas, indispensável específica demonstração de hipossuficiência econômica. Reputo conveniente a memorização do número da referida súmula, dada a sua fama e ampla incidência na praxe e em certames de magistratura.

Como toda regra, todavia, há exceções. A mais notável é a de que, conquanto, em regra, a pessoa jurídica sem fins lucrativos não seja presumidamente hipossuficiente, ainda conforme interpretação da súmula nº 481 do STJ, cabendo à parte a quem interessa o deferimento da benesse assim o demonstrar, quando se tratar de **entidade filantrópica ou sem fins lucrativos de apoio a pessoas idosas**, não há que se perscrutar sobre sua capacidade econômica, uma

45. STJ. REsp n. 1.807.216/SP, relatora Ministra Nancy Andrighi, Terceira Turma, julgado em 4/2/2020, DJe de 6/2/2020

vez que, por força do art. 51 do Estatuto da Pessoa Idosa[46], dispõe de assistência judiciária gratuita. Fora o entendimento esposado no REsp 1.742.251-MG.

Destaco, outrossim, a conclusão adotada pelo STJ no REsp 1.899.342-SP, no qual decidiu que, em caso de se tratar de empresário individual ou microempreendedor individual - MEI, prevalece a presunção de que trata o § 3° do art. 98 do CPC, já que, nessas modalidades de exercício da atividade empresarial, não se gesta formalmente uma pessoa jurídica, mas o empresário o faz em nome próprio, inclusive com confusão patrimonial, havendo criação de Cadastro Nacional de Pessoa Jurídica - CNPJ apenas para fins tributários. Nessas hipóteses, portanto, não se aplica o teor da súmula n° 481 deste mesmo tribunal, sem prejuízo de se fiscalizar a veracidade da declaração de hipossuficiência econômica caso a parte contrária apresente elementos concretos ou em caso de dúvida séria pelo magistrado.

Tornando ao aspecto técnico da abordagem da questão prévia, ressalvo, que, se houver impugnação ao pedido de gratuidade já deferido em decisão anterior, a matéria passa a ser preliminar, devendo ser tratada mais adiante na sentença, conforme se verá.

6.3. Desconsideração da personalidade jurídica solicitada na exordial e ainda não decidida

A desconsideração da personalidade jurídica é modalidade de intervenção de terceiro, novel natureza jurídica gestada pelo CPC/15, na qual se visa proporcionar respondência patrimonial de outrem não integrante da relação jurídica de direito material original pela obrigação que se pretende seja imposta ou que já o fora da respectiva relação processual formada. Conforme previsão legal, enseja a instauração de um incidente, a fim de não conturbar os autos principais e de propiciar efetivo contraditório em prol daquele sobre o qual se pretende atingimento patrimonial.

Entretanto, quando formulado na exordial, a desconsideração da personalidade jurídica não enseja abertura de incidente, na medida em que, em verdade, será formado um litisconsórcio passivo *sui generis*, cabendo ao juiz analisar na mesma relação processual tanto a existência e pendência da obrigação principal como a presença dos pressupostos autorizadores da superação da personalidade do devedor originário.

46. Art. 51. As instituições filantrópicas ou sem fins lucrativos prestadoras de serviço às pessoas idosas terão direito à assistência judiciária gratuita.

> **Art. 134.** (...)
>
> § 2º Dispensa-se a instauração do incidente se a desconsideração da personalidade jurídica for requerida na petição inicial, hipótese em que será citado o sócio ou a pessoa jurídica.

Em consequência, em havendo citação do réu desconsiderado e regular tramitação do feito, cabe ao juiz decidir, neste momento na sentença, sobre a desconsideração ou não da personalidade jurídica. Isso é importante pois, rejeitado o descortinamento, não se precisa tratar sobre as demais matérias de defesa por ele levantadas; do contrário, em havendo o afastamento da personalidade em desfavor do sócio, devem ser apreciadas suas teses defensivas subsidiárias.

Vale rememorar que a lei determina expressamente seja adotado o mesmo procedimento à nominada desconsideração inversa da personalidade jurídica, na qual se busca superar a pessoa física que busca blindar seu patrimônio através de sua atribuição a uma pessoa jurídica, situação mais comum nos casos de encerramento da sociedade conjugal e partilha de bens[47].

Sem prejuízo, a doutrina e a jurisprudência ainda estendem os ditames desta modalidade de intervenção de terceiro para as chamadas desconsideração da personalidade jurídica expansiva e indireta. Simplificando os conceitos, na expansiva, há o atingimento de sócio oculto da sociedade, que elege um outro indivíduo para o personificar – o "laranja" ou "testa de ferro"; na indireta, em um ambiente de coligação empresarial, supera-se a personalidade jurídica da devedora principal para o atingimento da sociedade controladora, controlada ou coligada, conforme o caso.

Ademais, não é demais lembrar, sinteticamente mais para fins de revisão ou incitação do leitor, que deve sempre invocar, diante de decisão acerca de desconsideração da personalidade jurídica, as duas principais teorias adotadas para a identificação de seus pressupostos: teoria maior, regra geral no Direito Civil, prevista no art. 50 do CC[48], que exige, em síntese, demonstração de abuso da personalidade jurídica, caracterizada, a seu turno, por desvio de finalidade ou confusão patrimonial; ou a teoria menor, cabível, por exemplo, no direito

47. § 2º Aplica-se o disposto neste Capítulo à hipótese de desconsideração inversa da personalidade jurídica.

48. Art. 50. Em caso de abuso da personalidade jurídica, caracterizado pelo desvio de finalidade ou pela confusão patrimonial, pode o juiz, a requerimento da parte, ou do Ministério Público quando lhe couber intervir no processo, desconsiderá-la para que os efeitos de certas e determinadas relações de obrigações sejam estendidos aos bens particulares de administradores ou de sócios da pessoa jurídica beneficiados direta ou indiretamente pelo abuso.

consumerista e ambiental, na qual se exige, diante da sensibilidade do prejuízo envolvido, a mera situação de insolvência[49] (art. 28, § 5º, do CDC[50] e art. 4º da Lei nº 9.605/98[51]).

6.4. Pedido de produção probatória pendente

Almeja-se, neste ponto, dispor sobre pleitos de produção probatória formulados pelas partes, porém sem que tenha havido decisão prévia expressa acolhendo ou refutando a sua realização, como ideal seria.

Como cediço, o momento mais apropriado para decidir e definir as provas que se produzirá no processo é o saneamento do art. 357 do CPC, após o encerramento da fase postulatória e iniciando a etapa instrutória[52]. Ocorre que, na praxe, pode acontecer de tal formato não ser fielmente respeitado, ou de a parte requerer tardiamente a prova, de maneira que é possível se alcançar o instante de prolação da sentença com pleito de prova pendente de apreciação.

Se não for o caso de acatamento da produção probatória em aberto com conversão em diligência, caberá ao magistrado, nesta oportunidade, rejeitar a pretensão, de maneira individualmente fundamentada.

Trago à baila os dispositivos pertinentes que auxiliam na decisão pelo indeferimento da prova, tanto a regra geral do livre convencimento motivado,

---

49. (...)

2. Para fins de aplicação da Teoria Menor da desconsideração da personalidade jurídica (art. 28, § 5º, do CDC), basta que o consumidor demonstre o estado de insolvência do fornecedor ou o fato de a personalidade jurídica representar um obstáculo ao ressarcimento dos prejuízos causados.

3. A despeito de não exigir prova de abuso ou fraude para fins de aplicação da Teoria Menor da desconsideração da personalidade jurídica, tampouco de confusão patrimonial, o § 5º do art. 28 do CDC não dá margem para admitir a responsabilização pessoal de quem não integra o quadro societário da empresa, ainda que nela atue como gestor. Precedente.

4. Recurso especial provido.

(REsp n. 1.862.557/DF, relator Ministro Ricardo Villas Bôas Cueva, Terceira Turma, julgado em 15/6/2021, DJe de 21/6/2021.)

50. § 5º Também poderá ser desconsiderada a pessoa jurídica sempre que sua personalidade for, de alguma forma, obstáculo ao ressarcimento de prejuízos causados aos consumidores.

51. Art. 4º Poderá ser desconsiderada a pessoa jurídica sempre que sua personalidade for obstáculo ao ressarcimento de prejuízos causados à qualidade do meio ambiente.

52. Art. 357. Não ocorrendo nenhuma das hipóteses deste Capítulo, deverá o juiz, em decisão de saneamento e de organização do processo:

(...)

II – delimitar as questões de fato sobre as quais recairá a atividade probatória, especificando os meios de prova admitidos;

tendo o juiz como destinatário da prova que pode recusar as consideradas protelatórias ou inúteis, quanto as regras especiais sobre o momento, a necessidade e a possibilidade de cada tipo de prova típica. Sem prejuízo, é ainda possível, caso se tenha atentado à prolação de decisão saneadora adequada, à preclusão que dela advém, nos termos do art. 357, §1º, do CPC.

> REGRA GERAL:
>
> **Art. 370** (...)
>
> Parágrafo único. O juiz indeferirá, em decisão fundamentada, as diligências inúteis ou meramente protelatórias.
>
> PRECLUSÃO DA PROVA DOCUMENTAL:
>
> **Art. 434.** Incumbe à parte instruir a petição inicial ou a contestação com os documentos destinados a provar suas alegações.
>
> NÃO CABIMENTO DA PROVA TESTEMUNHAL:
>
> **Art. 443.** O juiz indeferirá a inquirição de testemunhas sobre fatos:
>
> I – já provados por documento ou confissão da parte;
>
> II – que só por documento ou por exame pericial puderem ser provados.
>
> NÃO CABIMENTO DA PROVA PERICIAL:
>
> **Art. 464.** A prova pericial consiste em exame, vistoria ou avaliação.
>
> § 1º O juiz indeferirá a perícia quando:
>
> I – a prova do fato não depender de conhecimento especial de técnico;
>
> II – for desnecessária em vista de outras provas produzidas;
>
> III – a verificação for impraticável.
>
> PRECLUSÃO NO SANEAMENTO:
>
> **Art. 357** (...)
>
> § 1º Realizado o saneamento, as partes têm o direito de pedir esclarecimentos ou solicitar ajustes, no prazo comum de 5 (cinco) dias, findo o qual a decisão se torna estável.

Apenas duas ressalvas acerca da preclusão da prova documental. Conquanto o legislador seja claro acerca do momento da apresentação dos documentos que instruem as teses autoral e de defesa, a própria lei admite sua colocação tardia quando i) servir para contrapor fatos supervenientes ao longo da tramitação do processo à petição inicial e à contestação, ou ii) se tratar de documento novo, consistente naquele que não pode ser justificadamente trazido aos autos em tempo adequado ou quando produzido em momento ulterior. É a dicção do art. 435 do CPC[53].

Ademais, ainda no mesmo ponto, é de se registrar a jurisprudência do Superior Tribunal de Justiça que flexibiliza os marcos preclusivos da prova documental acima destacados para admitir a sua exibição tardia quando, cumulativamente, i) não se tratar de documento essencial à propositura da demanda, ii) não tiver havido demonstração de prejuízo com o retardo, podendo ser conferido contraditório sobre ele e iii) não restar caracterizada má-fé da parte que a produziu *a posteriori*[54].

Outro caso clássico de rechaço de produção probatória, inclusive bastante ocorrente na praxe forense, é o pleito da parte, logicamente através de seu advogado, para realização de depoimento pessoal da mesma parte, em contrariedade ao que disciplina expressamente o art. 385 do CPC[55].

Contudo, não se deve perder de vista o efetivo propósito de tal meio de prova – a obtenção de confissão da contraparte, seja ficta, pela ausência injustificada ao ato ou a responder adequadamente aos questionamentos formulados pelo advogado da outra parte, ou real provocada, como se infere do art. 390, § 2º, do CPC[56].

---

53. Art. 435. É lícito às partes, em qualquer tempo, juntar aos autos documentos novos, quando destinados a fazer prova de fatos ocorridos depois dos articulados ou para contrapô-los aos que foram produzidos nos autos.

    Parágrafo único. Admite-se também a juntada posterior de documentos formados após a petição inicial ou a contestação, bem como dos que se tornaram conhecidos, acessíveis ou disponíveis após esses atos, cabendo à parte que os produzir comprovar o motivo que a impediu de juntá-los anteriormente e incumbindo ao juiz, em qualquer caso, avaliar a conduta da parte de acordo com o art. 5º .
54. (...)

    1. A jurisprudência desta Corte possui entendimento no sentido de que a "juntada de documentos, em fase de apelação, que não se enquadram naqueles indispensáveis à propositura da ação e apresentam cunho exclusivamente probatório, com o nítido caráter de esclarecer os eventos narrados, é admitida, desde que garantido o contraditório e ausente qualquer indício de má-fé, sob pena de se sacrificar a apuração dos fatos sem uma razão ponderável" (REsp 1.176.440/RO, Rel. Ministro NAPOLEÃO NUNES MAIA FILHO, PRIMEIRA TURMA, julgado em 17/09/2013, DJe 04/10/2013).

    (...)

    (AgRg no REsp n. 1.520.509/DF, relator Ministro Sérgio Kukina, Primeira Turma, julgado em 7/5/2015, DJe de 18/5/2015.)
55. Art. 385. **Cabe à parte requerer o depoimento pessoal da outra parte,** a fim de que esta seja interrogada na audiência de instrução e julgamento, sem prejuízo do poder do juiz de ordená-lo de ofício.
56. Art. 390. A confissão judicial pode ser espontânea ou provocada.

    (...)

    § 2º **A confissão provocada constará do termo de depoimento pessoal.**

Logo, não sendo hábil o depoimento pessoal a servir de prova em prol da parte que depõe, carece de interesse processual em postular, ela mesma, a sua realização.

Para finalizar o tratamento desta questão prévia, porém, há de se ter um cuidado, lado outro, em caso de rejeição da produção probatória postulada, ressalvados os casos de preclusão e não cabimento. O juiz deve respeitar a boa-fé e evitar comportamento contraditório em prejuízo de qualquer das partes, conforme art. 5º do CPC (norma fundamental do processo). Destarte, ao rejeitar o pleito probatório, não pode o juiz julgar improcedente o pedido por falta de provas, salvo demonstração especial (ônus argumentativo incrementado) de que a prova pretendida nem em abstrato teria o condão de demonstrar o fato, haja vista vedação legal. Cito julgado do STJ:

> (...) 1. Consoante jurisprudência desta Corte Superior, há cerceamento de defesa quando a parte, embora pugnando pela produção de determinada prova, tem obstado o ato processual e há julgamento contrário ao seu interesse com fundamento na ausência de prova de suas alegações.
>
> (...)
>
> (AgInt no AREsp 1327290/SP, Rel. Ministro RAUL ARAÚJO, QUARTA TURMA, julgado em 20/08/2019, DJe 09/09/2019)

6.5. Revelia

Outra questão prévia que há de ser solvida ainda nessa etapa exordial da sentença, quando o caso, é a da revelia, se verificada a ausência formal de apresentação de defesa, bem assim a incidência ou não dos respectivos efeitos formal – ausência de intimação – e material – presunção de veracidade dos fatos afirmados pelo autor.

Explicite-se que o efeito formal da revelia acarreta a não intimação da parte acerca dos atos e decisões judiciais, mas não dispensa a respectiva publicação na imprensa oficial. É que, pela leitura do texto correspectivo do CPC revogado, poder-se-ia entender, como aliás muitos entendiam, que a "publicação" exigida pelo dispositivo restringia-se à colocação do documento nos autos, dado o princípio da publicidade que rege o processo. Aperfeiçoando, contudo, a redação, no CPC/15 consta que a publicação se dá com a veiculação do conteúdo do documento na imprensa oficial, conforme art. 346, *caput*, do CPC[57].

57. Art. 346. Os prazos contra o revel que não tenha patrono nos autos fluirão da data de publicação do ato decisório no órgão oficial.

O efeito material da revelia, a seu turno, será melhor explorado adiante, quando do estudo sobre as provas do processo. Por ora, vale reproduzir o dispositivo que a conceitua:

> **Art. 344.** Se o réu não contestar a ação, será considerado revel e presumir-se-ão verdadeiras as alegações de fato formuladas pelo autor.

6.6. Intervenção de terceiros ainda não decidida

A intervenção de terceiros é o instituto de direito processual civil através do qual se convoca aos autos pessoa física ou jurídica não integrante da relação originária, nas hipóteses estritamente previstas em lei. São cinco as modalidades rotuladas no CPC, sem prejuízo de outras espraiadas pela legislação processual extravagante: assistência, denunciação da lide, chamamento ao processo, desconsideração da personalidade jurídica e *amicus curiae*.

Convém ressaltar que, como tópico de sentença, em regra, mormente se cuidando de concurso público, é o caso de rechaçar a pretensão interventiva, haja vista que o acolhimento implicaria em não julgamento – conversão em diligência.

(...)

1. A questão posta à discussão no presente recurso especial consiste em saber, a par da existência de negativa de prestação jurisdicional, se é necessário ou não a publicação no diário oficial das decisões proferidas em processo eletrônico com réu revel sem advogado constituído nos autos.

2. Depreende-se do acórdão recorrido que todas as questões suficientes ao deslinde da controvérsia foram devidamente analisadas pelo Tribunal de origem, razão pela qual afasta-se a apontada negativa de prestação jurisdicional.

3. Nos termos do art. 346 do CPC/2015, "Os prazos contra o revel que não tenha patrono nos autos fluirão da data de publicação do ato decisório no órgão oficial". Logo, exige-se a publicação do ato decisório na imprensa oficial, para que se inicie o prazo processual contra o revel que não tenha advogado constituído nos autos, não sendo suficiente a mera publicação em cartório, como ocorria sob a égide do diploma processual anterior.

4. O art. 5º, caput e § 1º, da Lei n. 11.419/2006, que dispõe sobre a informatização do processo judicial, determina que "As intimações serão feitas por meio eletrônico em portal próprio aos que se cadastrarem na forma do art. 2º desta Lei, dispensando-se a publicação no órgão oficial, inclusive eletrônico", consignando, ainda, que "Considerar-se-á realizada a intimação no dia em que o intimando efetivar a consulta eletrônica ao teor da intimação, certificando-se nos autos a sua realização".

5. Dessa forma, ainda que se trate de processo eletrônico, a publicação da decisão no órgão oficial somente será dispensada quando a parte estiver representada por advogado cadastrado no sistema do Poder Judiciário, ocasião em que a intimação se dará de forma eletrônica, situação, contudo, não verificada nos autos.

6. Recurso especial provido.

(REsp n. 1.951.656/RS, relator Ministro Marco Aurélio Bellizze, Terceira Turma, julgado em 7/2/2023, DJe de 10/2/2023.)

Não se descura, contudo, a possibilidade de acolhimento de intervenção de terceiros que não implique retrocesso à marcha processual, como é o caso da assistência, na forma do art. 119, parágrafo único, do CPC, já que o assistente receberá o processo no estado em que se encontre.

> **Art. 119.** Pendendo causa entre 2 (duas) ou mais pessoas, o terceiro juridicamente interessado em que a sentença seja favorável a uma delas poderá intervir no processo para assisti-la.
>
> Parágrafo único. A assistência será admitida em qualquer procedimento e em todos os graus de jurisdição, recebendo o assistente o processo no estado em que se encontre.

Destarte, nada obstante a tendência a rejeitar, não se ignora que se possível for a prolação da sentença independentemente da conclusão do julgador e houver, obviamente, respaldo legal, há de ser acolhido, até para que se possa abordar no ato decisório eventuais teses aventadas em sua peça de intervenção e/ou para que já figure formalmente na relação processual e seja intimada da sentença para possibilitar, se o caso, apresentação tempestiva de recurso.

Por oportuno, é interessante repisar o tópico 6.2 que trata sobre a denunciação da lide, onde se apresenta, sinteticamente, os entendimentos mais comuns na praxe e no concurso público sobre o tema.

Ainda, para fins de esclarecimento por não ter sido mencionada neste item, saliento que a nomeação à autoria deixou de ser modalidade de intervenção de terceiros, tal como o foi a oposição, já abordada, para se encaixar como mera preliminar processual, nos termos dos arts. 338 e 339 do CPC, admitindo-se a correção do polo passivo quando suscitado pela parte promovida e anuído pela promovente[58]. Tal providência, contudo, como regra, é incompatível com a sentença, dada a necessidade de atentar ao procedimento próprio, não sendo

58. Art. 338. Alegando o réu, na contestação, ser parte ilegítima ou não ser o responsável pelo prejuízo invocado, o juiz facultará ao autor, em 15 (quinze) dias, a alteração da petição inicial para substituição do réu.

Parágrafo único. Realizada a substituição, o autor reembolsará as despesas e pagará os honorários ao procurador do réu excluído, que serão fixados entre três e cinco por cento do valor da causa ou, sendo este irrisório, nos termos do art. 85, § 8º .

Art. 339. Quando alegar sua ilegitimidade, incumbe ao réu indicar o sujeito passivo da relação jurídica discutida sempre que tiver conhecimento, sob pena de arcar com as despesas processuais e de indenizar o autor pelos prejuízos decorrentes da falta de indicação.

§ 1º O autor, ao aceitar a indicação, procederá, no prazo de 15 (quinze) dias, à alteração da petição inicial para a substituição do réu, observando-se, ainda, o parágrafo único do art. 338 .

§ 2º No prazo de 15 (quinze) dias, o autor pode optar por alterar a petição inicial para incluir, como litisconsorte passivo, o sujeito indicado pelo réu.

caso de questão prévia, salvo se o terceiro indicado como legitimado comparecer espontaneamente aos autos, apresentando defesa, e houver réplica sobre ela pela parte autora, em que, dentre outros aspectos, anua com o apontamento.

> (...)
>
> 2. O propósito recursal consiste em avaliar a validade de cláusula compromissória, contida em contrato de aquisição de um lote em projeto de parcelamento do solo no município de Senador Canedo/GO, que foi comercializado pela recorrida. 3. O art. 51, VII, do CDC se limita a vedar a adoção prévia e compulsória da arbitragem, no momento da celebração do contrato, mas não impede que, posteriormente, diante do litígio, havendo consenso entre as partes – em especial a aquiescência do consumidor –, seja instaurado o procedimento arbitral. Precedentes.
>
> 4. É possível a utilização de arbitragem para resolução de litígios originados de relação de consumo quando não houver imposição pelo fornecedor, bem como quando a iniciativa da instauração ocorrer pelo consumidor ou, no caso de iniciativa do fornecedor, venha a concordar ou ratificar expressamente com a instituição.

6.7. Multa por ato atentatório à dignidade da justiça por ausência injustificada à audiência de conciliação (art. 334, § 8º, do CPC/15)

Outra matéria que deve ser analisada nesta sede é a aplicação de penalidade por ausência injustificada à audiência de conciliação, caso não tenha havido decisão prévia sobre ela.

Como cediço, o art. 334 do CPC impõe, como dever processual de cooperação processual, que as partes compareçam à audiência preliminar de conciliação designada antes mesmo da apresentação da defesa, acompanhadas de advogado ou defensor ou por eles representadas com poderes específicos para transigir. Caso se ausentem injustificadamente, tal comportamento será compreendido como ato atentatório à dignidade da justiça e aplicada sanção de até dois por centro sobre o valor da causa, a teor do § 8º do mesmo artigo[59]. A audiência só não será designada, na dicção do § 4º, quando ambas as partes manifestarem desinteresse ou quando o direito não admitir autocomposição.

Três observações importantes.

---

59. § 8º O não comparecimento injustificado do autor ou do réu à audiência de conciliação é considerado ato atentatório à dignidade da justiça e será sancionado com multa de até dois por cento da vantagem econômica pretendida ou do valor da causa, revertida em favor da União ou do Estado.

A jurisprudência do Superior Tribunal de Justiça tem sido bem firme quanto à impositividade do comparecimento ao ato, como se pode inferir do julgamento do REsp 1769949/SP, que de modo até extremo na minha visão, aplicou a penalidade ao Instituto Nacional do Seguro Social – INSS em causa de natureza previdenciária[60].

60. (...)

1. A nova legislação processual civil instrumentaliza a denominada Justiça Multiportas, incentivando a solução consensual dos conflitos, especialmente por meio das modalidades de conciliação e mediação. O objetivo dessa auspiciosa inovação é hipervalorizar da concertación de interesses inter partes, em claro desfavor do vetusto incentivo ao demandismo. Mas isso somente se pode alcançar por meio da atuação inteligente dos Juízes das causas, motivados pelos ideais da equidade, da razoabilidade, da economia e da justiça do caso concreto.

2. Em seus artigos iniciais, o Código de Processo Civil prescreve que o Estado promoverá, sempre que possível, a solução consensual dos conflitos (art. 3º., § 2º. do CPC/2015), recomendando que a conciliação, a mediação e outros métodos de solução harmoniosa de conflitos sejam estimulados por Juízes, Advogados, Defensores Públicos e Membros do Ministério Público (art. 3º., § 3º. do CPC/2015), inclusive no curso do processo judicial (art. 139, V do CPC/2015). Esses dispositivos do CPC pressupõem que os Julgadores abram as mentes para a metodologia contemporânea prestigiadora da visão instrumentalista do processo, levando-o, progressivamente, a deixar de ser um objetivo em si mesmo.

3. Reafirmando esse escopo, o CPC/2015, em seu art. 334, estabelece a obrigatoriedade da realização de audiência de conciliação ou de mediação após a citação do réu. Excepcionando a sua realização, tão somente, na hipótese de o direito controvertido não admitir autocomposição ou na hipótese de ambas as partes manifestarem, expressamente, desinteresse na composição consensual (art. 334, § 4º. do CPC/2015).

4. O caráter obrigatório da realização dessa audiência de conciliação é a grande mudança da nova Lei Processual Civil, mas o INSS, contudo, intenta repristinar a regra de 1994, que estabelecia ser optativa a audiência de conciliação (art. 125, IV do CPC/1973 com redação dada pela Lei 8.952/1994), retirando o efeito programado e esperado pela legislação processual civil adveniente.

5. Rememore-se, aqui, aquela conhecida – mas esquecida – recomendação do jurista alemão Rudolph von Iherin (1818-1892), no seu famoso livro O Espírito do Direito Romano, observando que o Direito só existe no processo de sua realização. Se não passa à realidade da visa social, o que existe apenas nas leis e sobre o papel não é mais do que o simulacro ou um fantasma do Direito, não é mais do que meras palavras. Isso que dizer que, se o Juiz não assegurar a eficácia das concepções jurídicas que instituem as garantias das partes, tudo a que o Direito serve e as promessas que formula resultarão inócuas e inúteis.

6. No caso dos autos, o INSS manifestou desinteresse na realização da audiência, contudo, a parte autora manifestou o seu interesse, o que torna obrigatória a realização da audiência de conciliação, com a indispensável presença das partes. Comporta frisar que o processo judicial não é mais concebido como um duelo, uma luta entre dois contendores ou um jogo de habilidades ou espertezas. Exatamente por isso, não se deixará a sua efetividade ao sabor ou ao alvedrio de qualquer dos seus atores, porque a justiça que por meio dele se realiza acha-se sob a responsabilidade do Juiz e constitui, inclusive, o macro-objetivo do seu mister.

7. Assim, não comparecendo o INSS à audiência de conciliação, inevitável a aplicação da multa prevista no art. 334, § 8º. do CPC/2015, que estabelece que o não comparecimento injustificado do autor ou do réu à audiência de conciliação é considerado ato atentatório à dignidade da Justiça e será sancionado com multa de até 2% da vantagem econômica pretendida ou do valor da causa, revertida em favor da União ou do Estado. Qualquer interpretação passadista desse dispositivo será um retrocesso na evolução do Direito pela via jurisdicional e um desserviço à Justiça.

O outro ponto é que, no afã de ampliar o espectro de abrangência da lei, a doutrina entende que a restrição a direitos que não admitam composição é um núcleo duro dentro de um universo maior dos direitos indisponíveis. Isto é, os direitos que não admitem autocomposição são espécies de direitos indisponíveis, mas nem todos os direitos indisponíveis não admitem autocomposição, notadamente aqueles em que possa haver alguma disposição acerca do tempo e do modo de seu cumprimento, como a prestação de alimentos, por exemplo. Nesse sentido, FREDIE DIDIER JR.[61]:

> O legislador foi extremamente feliz em não confundir direito indisponível com direito que não admita autocomposição, porque mesmo nos processos que versam sobre direito indisponível é cabível a autocomposição. Naturalmente, nesse caso, a autocomposição não tem como objeto o direito material, mas sim as formas de exercício deste direito, tais como os modos e momentos de cumprimento da obrigação.
>
> Na tutela coletiva, por exemplo, esse entendimento é pacificado, o mesmo ocorrendo nas ações em que se discutem alimentos.

A última delas é a de que, para fazer acordos em audiência preliminar ou mesmo em outro momento processual, o representante processual da Fazenda Pública, normalmente um procurador, deve ter autorização legal, na qual serão fixadas as balizas acerca da validade de sua atuação, mormente diante do princípio-mestre do direito administrativista da indisponibilidade do interesse público.

Perceba, entretanto, que a sanção pela renitência à obrigação legal de comparecimento à sessão conciliatória primeva só incide em caso de ausência formal ao ato, seja por si, seja por advogado constituído com poderes especiais para transigir. Isto é, caso a parte não vá, mas encaminhe representante processual com poderes especiais para transigir, não atenta contra a dignidade da justiça, nos termos do art. 334, § 10, do CPC[62]. A jurisprudência do STJ reassentou o referido entendimento[63].

Apresentam-se, ao fim, como de costume, modelos de redação de questões prévias não decididas para esclarecimento:

---

8. Recurso Especial do INSS a que se nega provimento.

(REsp 1769949/SP, Rel. Ministro NAPOLEÃO NUNES MAIA FILHO, PRIMEIRA TURMA, julgado em 08/09/2020, DJe 02/10/2020)

61. DIDIER JR, Fredie. Curso de Direito Processual Civil. Vol. 1. 19ª edição. Salvador: Juspodivm, 2017.
62. § 10. A parte poderá constituir representante, por meio de procuração específica, com poderes para negociar e transigir.
63. STJ. 4ª Turma. AgInt no RMS 56422-MS, Rel. Min. Raul Araújo, julgado em 08/06/2021 (Info 700).

Ex1.:

> "Verificando que houve nos autos pleito de gratuidade judiciária ainda não decidido, hei por bem, dada a presunção de que trata o art. 99, § 3º, do CPC/15 e à míngua de elementos que permitam duvidar da declaração prestada, conceder a justiça gratuita ao autor."

Ex2.:

> "A demandada postulou, em contestação, o depoimento pessoal da parte autora em audiência instrutória para demonstrar que não houvera abalo moral decorrente da inscrição indevida em cadastros de inadimplência. Entretanto, dada a natureza *in re ipsa* do dano moral nestas hipóteses, decorrente, pois, do mero ato ilícito por presunção, posição corroborada pela jurisprudência do Superior Tribunal de Justiça, concluo que a prova é inútil, na forma do art. 370, parágrafo único, do CPC/15, motivo pelo qual a indefiro."

Ex3.:

> "Sobre a postulação de prova pericial envidada, e atento ao que dispõe o art. 371 do CPC/15, destaco que a prova oral já coletada é mais que suficiente à solução da questão, conclusão que enseja o seu indeferimento, com sustentáculo no art. 464, § 1º, II, do CPC/15".

Ex4.:

> "À vista da ausência de apresentação de contestação nos autos, reconheço a revelia do réu, sem prejuízo dos respectivos efeitos processual – ausência de intimações – e material – presunção de veracidade dos fatos narrados pelo autor –, porquanto não incidentes nenhuma das hipóteses de obstacularização deste dispostas no art. 345 do CPC/15."

7. RESOLVER SOBRE JULGAMENTO ANTECIPADO DO MÉRITO

Esse item é essencialíssimo e, quando o caso, deve ser necessariamente objeto de exposição pelo julgador, com maior atenção ao candidato de concurso público, uma vez que constará certamente do espelho de correção, conforme se pode inferir, inclusive, dos padrões de resposta oficiais de bancas examinadoras em provas de sentença cível compilados no Anexo II desta obra, mais à frente disposto.

Haverá julgamento antecipado quando o juiz, percebendo a desnecessidade de produção doutras provas, além das já carreadas documentalmente aos autos ou constatando a revelia desacompanhada de pedido de provas de qualquer das partes (inclusive da revel), resolve de logo o mérito.

Como se sabe da tradicional doutrina processual, o processo, em primeiro grau, é composto por três fases: a fase postulatória, que segue da petição inicial e vai até a réplica, quando cabível; a fase instrutória, que se inicia logo após o encerramento da postulatória e visa à produção das provas (exceto as documentais, como já se adiantou) pelas partes, podendo se encerrar com as alegações finais sobre a prova testemunhal produzida em audiência ou sobre o laudo pericial apresentando nos autos por auxiliar do juízo imparcial e especializado; e a fase de julgamento, que pode se dar em audiência oralmente ou em gabinete do magistrado.

Todavia, situações hão em que se prescinde da produção probatória suplementar à documental, seja pela suficiência desta, seja pela inadmissibilidade dos demais meios de prova para a demonstração fática almejada, ou mesmo em que inexiste qualquer controvérsia fática, litigando as partes em razão da interpretação da norma jurídica. Nestes casos, a etapa instrutória é inútil e, em deferência ao princípio da eficiência insculpido no *caput* do art. 37 da Constituição Federal, se deverá, desde logo, propiciar o julgamento da causa.

Segue o que disposto no art. 355 do CPC, de assimilação obrigatória:

> **Art. 355.** O juiz julgará antecipadamente o pedido, proferindo sentença com resolução de mérito, quando:
>
> I – não houver necessidade de produção de outras provas;
>
> II – o réu for revel, ocorrer o efeito previsto no art. 344 e não houver requerimento de prova, na forma do art. 349.

Digno de nota que, ressalvado o entendimento pessoal deste autor, é caso de julgamento antecipado do mérito quando, também, houver provocação probatória às partes e estas expressamente as dispensarem ou silenciarem[64].

64. Assim constou no espelho de avaliação da prova de sentença cível do TJ/SP – 2022: "1. Comporta a lide julgamento antecipado, diante do desinteresse das partes na produção de provas. As provas relativas aos fatos e aos danos se encontram demonstradas por documentos juntados aos autos."

Ainda, para além das hipóteses acima sublinhadas, a doutrina entende ser possível estabelecer-se julgamento antecipado do mérito convencional, por negócio jurídico processual, nos termos do art. 190 do CPC[65]. Tal entendimento é esposado no enunciado nº 21 do FPPC.

Entretanto, note que, em havendo produção de qualquer prova nessa fase intermediária, não há de se falar em julgamento antecipado do mérito, sendo incorreta, portanto, sua alusão no texto da decisão.

Outra observação é a de que, como ao juiz também de aplica a regra de boa-fé processual, devendo evitar comportamentos contraditórios, em se resolvendo pelo julgamento antecipado do mérito diante da alegada desnecessidade da produção doutras provas, não pode concluir pela improcedência por falta de provas, por implicar em conduta vedada. Decerto, se de um lado o julgador apontou a desnecessidade de produção doutras provas, de outro não lhe caberá decidir justamente pela sua ausência. É o teor do Enunciado nº 297 do FPPC:

> ENUNCIADO FPPC 297. (art. 355) O juiz que promove julgamento antecipado do mérito por desnecessidade de outras provas não pode proferir sentença fundamentada em não atendimento ao ônus probatório (Grupo: Intervenção de terceiro, gratuidade da justiça e fase de saneamento e organização do processo; redação revista no XFPPC-Brasília).

Ressalva-se, uma vez mais, a possibilidade de julgamento por ausência de provas se a causa exigir, taxativamente, prova documental, cujo instante próprio é a petição inicial, pelo autor, ou a contestação, pelo réu, num dos raros, mas subsistentes, exemplos legais de prova tarifada reminiscente, como do art. 215 do CC no que tange à escritura pública[66].

Noutra amostra de prova tarifada jurisprudencial, o STJ decidiu que a prova documental/escrita, exclusivamente, é hábil a demonstrar eventual existência de sociedade de fato entre dois indivíduos, não a suprindo outros meios de prova[67].

Sobre a topografia do ponto, observa-se que pode figurar tanto no início da fundamentação como após a análise das preliminares. Em concursos públicos,

---

65. 21. (art. 190) São admissíveis os seguintes negócios, dentre outros: acordo para realização de sustentação oral, acordo para ampliação do tempo de sustentação oral, julgamento antecipado do mérito convencional, convenção sobre prova, redução de prazos processuais19. (Grupo: Negócio Processual; redação revista no III FPPC-Rio)
66. Art. 215. A escritura pública, lavrada em notas de tabelião, é documento dotado de fé pública, fazendo prova plena.
67. STJ. REsp n. 1.706.812/DF, relator Ministro Ricardo Villas Bôas Cueva, Terceira Turma, julgado em 3/9/2019, DJe de 6/9/2019.

verifica-se que na maior parte dos padrões de resposta sugere-se a inserção do tópico no princípio da parte fundamentativa. Todavia, na prova do TJ/RJ o espelho de avaliação explicitou que deveria ser tratado após desfecho das preliminares[68].

Vejam exemplos bem simples de redação do trecho[69]:

Ex1.:

> "Estando a causa madura para imediato julgamento, despiciendas outras provas além das já constantes dos autos, promovo o julgamento antecipado do mérito, com fundamento no art. 355, I, do CPC/15."

Ex2.:

> "Constatada a revelia e não havendo postulação probatória, promovo o julgamento antecipado do mérito, conforme art. 355, II, do CPC/15."

8. BREVÍSSIMA SUMA DO PEDIDO

Neste momento, cabe ao decisor dispor de modo absolutamente reduzido sobre a natureza da ação e sobre os pedidos veiculados que pendem de decisão, para fixar-se o quanto será decidido adiante.

Seguem os modelos:

Ex1.:

> "Cuida-se de ação declaratória e condenatória na qual a parte autora reclama pelo reconhecimento da inexistência do débito cobrado, sanção legal por cobrança indevida, bem assim indenização por danos materiais e morais."

---

68. "I. Estrutura e apresentação da sentença.
Enfrentamento ordenado e lógico das questões preliminares. Impropriedade do exame de questões preliminares no juízo de mérito da causa. Julgamento antecipado do mérito pressupõe a presença das condições para o regular exercício do direito de ação e os requisitos de validade processual (juízo preliminar), ou seja, o prévio enfrentamento de todas as questões preliminares suscitadas."

69. Evidenciando como tanto se exige a disposição sobre o julgamento antecipado do mérito em sentenças cíveis de concursos públicos como a singeleza e objetividade da abordagem respectiva, destaco como tal fora cobrado pelo CEBRASPE – TJ/MA – 2022: "O presente processo comporta julgamento antecipado do mérito, uma vez que não há necessidade de produção de outras provas (art. 355, I, do CPC). Se, nas alegações finais, as partes se mantiveram inertes ou não requereram nenhuma diligência, conclui-se, então, que consentiram com o julgamento imediato do feito (Raimundo Silvino da Costa Neto e Rodrigo Cordeiro de Souza Rodrigues. Sentença cível. 2.ª ed. São Paulo: Ed. Método, 2016, p. 53)."

Ex2.:

> "Trata-se de ação de improbidade administrativa proposta pelo Ministério Público a fim de imputar ao demandado condutas que redundaram em enriquecimento ilícito, lesão ao erário e desatendimento a princípios da Administração Pública, pretendendo, assim, impor as tenazes da lei de regência".

9. ESTABELECIMENTO DO REGIME JURÍDICO MATERIAL INCIDENTE

Outrora, logo no início do roteiro de sentença cível, sugeriu-se indicar a legislação processual aplicável ao rito processual no qual se está a sentenciar. Neste instante, há de se explicitar qual a legislação de direito material preponderante na resolução do caso (Ex.: CC/02, CDC, CTN etc.), ressalvadas as hipóteses de legislação especial híbrida, quando a alusão anterior implica desnecessidade de repetição.

Cuida-se, aqui, de item volátil, revelando-se, em regra, de mero deleite, facultativo, pois, salvo se o regime jurídico de direito material incidente também for objeto de controvérsia. Neste último caso, deve o sentenciante, necessariamente, estabelecer a legislação aplicável, sob pena de perda de pontos.

O exemplo mais recorrente de debate de regime jurídico verificável na praxe forense e em provas de concurso público, e que exige decisão expressa – item essencial – é o atinente à relação civil ou consumerista.

Se o caso, o julgador poderá se socorrer com a aplicação das teorias finalista e finalista mitigada, adotadas pelo STJ. Em suma, pela teoria finalista, é consumidor todo aquele que adquire ou utiliza produto ou serviço como destinatário final fático e econômico, exaurindo, pois, a cadeia de consumo. Na teoria finalista mitigada, há flexibilização da ultimação da destinação econômica nos casos em que aquele que explora os produtos e serviços adquiridos ou utilizados em sua atividade apresentar alguma espécie de vulnerabilidade[70].

---

70. (...)

2. O propósito recursal consiste em definir se o Código de Defesa do Consumidor é aplicável à relação jurídica firmada entre as partes, oriunda de contrato de gestão de pagamentos on-line.

3. Há duas teorias acerca da definição de consumidor: a maximalista ou objetiva, que exige apenas a existência de destinação final fática do produto ou serviço, e a finalista ou subjetiva, mais restritiva, que exige a presença de destinação final fática e econômica. O art. 2º do CDC ao definir consumidor como "toda pessoa física ou jurídica que adquire ou utiliza produto ou serviço como destinatário final" adota o conceito finalista.

Trazemos algumas sugestões de redação simplificada do item:

Ex1.:

> "Dos autos se infere que a relação jurídica de direito material subjacente se amolda às disposições do CC/02, sendo esta, por consectário, a legislação embasadora da presente controvérsia."

Ex2.:

> "Cuidando-se de relação consumerista, vez que os polos da relação jurídica de direito material subjacente preenchem os requisitos de consumidor e fornecedor, respectivamente constantes dos arts. 2º e 3º do Código de Defesa do Consumidor, este será o diploma regente da análise das questões apresentadas."

Ex3.:

> "Malgrado constar do polo ativo da demanda pessoa jurídica de direito material destinatária fática, mas não econômica do produto, observa-se sua vulnerabilidade técnica/jurídica/informacional a justificar, em adoção à teoria finalista mitigada, a regência do Código de Defesa do Consumidor para a solução da controvérsia apresentada."

---

4. Nada obstante, a jurisprudência do STJ, pautada em uma interpretação teleológica do dispositivo legal, adere à teoria finalista mitigada ou aprofundada, a qual viabiliza a aplicação da lei consumerista sobre situações em que, apesar do produto ou serviço ser adquirido no curso do desenvolvimento de uma atividade empresarial, haja vulnerabilidade técnica jurídica ou fática da parte adquirente frente ao fornecedor.

5. Nessas situações, a aplicação do Código de Defesa do Consumidor fica condicionada à demonstração efetiva da vulnerabilidade da pessoa frente ao fornecedor. Então, incumbe ao sujeito que pretende a incidência do diploma consumerista comprovar a sua situação peculiar de vulnerabilidade.

6. Na hipótese dos autos, a aplicação da teoria finalista não permite o enquadramento da recorrente como consumidora, porquanto realiza a venda de ingressos on-line e contratou a recorrida para a prestação de serviços de intermediação de pagamentos. Ou seja, os serviços prestados pela recorrida se destinam ao desempenho da atividade econômica da recorrente. Ademais, a Corte de origem, com base nas provas constantes do processo, concluiu que a recorrente não é vulnerável frente à recorrida, de modo que a alteração dessa conclusão esbarra no óbice da Súmula 7 do STJ.

7. A incidência da Súmula 7 desta Corte acerca do tema que se supõe divergente impede o conhecimento da insurgência veiculada pela alínea "c" do art. 105, III, da CF.

8. Recurso especial conhecido e não provido.

(REsp n. 2.020.811/SP, relatora Ministra Nancy Andrighi, Terceira Turma, julgado em 29/11/2022, DJe de 1/12/2022.)

10. PRELIMINARES

Preliminares são aquelas matérias que, apreciadas antes do mérito, tem o potencial de impedir a sua análise, extinguindo assim o feito sem sua resolução, – peremptórias – ou postergar sua análise – dilatórias. São, como regra, questões que admitem conhecimento de ofício pelo juiz, salvo no que concerne à convenção de arbitragem e à incompetência relativa[71]. Estão arroladas no art. 337 do CPC, em rol exaustivo no que toca ao procedimento comum, sem prejuízo da previsão doutras em lei que reja o procedimento especial.

O verbo preferencial a se utilizar na decisão sobre estas espécies de matéria é "acolher/rejeitar", sem prejuízo de "admitir/invocar/refutar/afastar", caso haja excesso de preliminares para evitar repetição indesejada de palavras idênticas. Não se recomenda utilizar "defiro/indefiro", considerando serem verbos próprios para análise dos pedidos em seu mérito.

Veja-se que, em provas de concurso, a regra é a rejeição ou acolhimento parcial das preliminares arguidas, admitindo o exame do mérito de, pelo menos, algum dos pedidos. São raríssimos os casos conhecidos de extinção total sem resolução do mérito em exames de magistratura. Não se está querendo dizer que o candidato deve, a todo e qualquer custo, superar preliminares, mas que o olhar já deve ser nesse sentido, encarando-se com preconceito solução que implique em extinção *in totum* da demanda. Por óbvio, se houver certeza que esta é a melhor conclusão, há de se acolhê-la.

Abaixo, discriminaremos as preliminares, apresentando dispositivos interessantes que podem auxiliar no seu tratamento, abordando as primeiras (incompetência e legitimidade/interesse processual) de um modo um tanto mais detido, dada a sua relevância prática, perpassando pelas demais de maneira *an passant* apenas para ciência e, se o caso, maior aprofundamento na doutrina processual civil de sua preferência.

Recomenda-se o tratamento, quando pertinente, a toda evidência, primeiramente das preliminares de competência e de convenção de arbitragem, e, a seguir, legitimidade/interesse processual, nesta ordem, seguindo-se posteriormente à demais. As primeiras, pois, compreende-se que, para decidir sobre

---

71. Art. 337. Incumbe ao réu, antes de discutir o mérito, alegar:

(...)

§ 5º Excetuadas a convenção de arbitragem e a incompetência relativa, o juiz conhecerá de ofício das matérias enumeradas neste artigo.

outras preliminares, prejudiciais e matérias meritórias, deve o magistrado, desde logo, avaliar sua própria competência para conhecimento e julgamento do feito.

Com efeito, não há lógica em afastar ou acolher preliminares para, só então, acabar por reconhecer a própria incompetência, infirmando tudo o que fora antes apreciado.

A legitimidade/interesse processual, a seu turno, tem importância pela sua especial análise no momento de elaboração da sentença, a qual demanda uma técnica peculiar ante as demais, notadamente pela necessidade de maior aprofundamento em alguns aspectos teóricos, tendo em visto que são as que tem maior incidência prática.

Para a praxe, por ser mais comum a possibilidade de acolher uma preliminar peremptória em sentença, vale a advertência lógica de que, até mesmo alinhando-se à leitura do STJ sobre o art. 489, IV, do CPC, se o redator perceber que, diante de um universo de preliminares arguidas, alguma peremptória será acolhida, deverá desde logo passar à sua análise, dispensando-se a argumentação sobre aquelas que seriam afastadas.

10.1. Incompetência

> **Art. 337.** Incumbe ao réu, antes de discutir o mérito, alegar:
>
> II – incompetência absoluta e relativa;

Competência, em apertadíssima percepção, é a medida de jurisdição. É o estabelecimento de regras organizacionais internas ao Poder Judiciário para prestigiar o princípio do juiz natural. A competência absoluta decorre de interesse de ordem pública e, portanto, é indeclinável e improrrogável, ou seja, não podem as partes sobre elas dispor, seja em negócio jurídico próprio, seja na própria relação processual instaurada, bem assim a sua não alegação não implica em estabilização da demanda no que toca a tal aspecto; ao passo que a competência relativa, concebida no interesse das partes, pode ser declinada e prorrogada.

Convém que seja a primeira preliminar a ser tratada em havendo sua alegação, uma vez que, antes de tudo, deve o juiz decidir sobre sua competência para análise de todas as demais questões jurídicas atinentes à causa.

Em razão da extensão da matéria, se envidará apenas alguns comentários sobre disposições e entendimentos pontuais, que tem mais incidência prática.

Esclarece-se que, sobre competência, são várias e variadas as fontes. Há normas de competência na Constituição Federal, que, no ponto, devem prevalecer independentemente de previsão infraconstitucional em sentido adverso, no Código de Processo Civil, em leis extravagantes, na Lei de Organização Judiciaria local, sem prejuízo de estar em atos normativos emanados pelos Tribunais[72].

De partida, consigno regra de jurisdição nacional. Observe que o art. 21 a art. 23 do CPC apresentam as hipóteses em que competente a autoridade judiciária brasileira nos conflitos que, de uma forma ou de outra, envolvem outras jurisdições, estrangeiras.

Para fins de destaque, anoto a regra do art. 22, II, do CPC[73], pela qual é competente o magistrado brasileiro para processar as causas de relação de consumo quando o consumidor tiver domicílio ou residência no Brasil. O norte da norma é conferir maior guarida ao consumidor, vulnerável na relação, conferindo-lhe a prerrogativa de litigar em seu país se se envolver em controvérsia de consumo internacional.

A norma é bem-vinda, mormente nos dias hodiernos em que as transações e os contratos internacionais são muito mais comuns no âmbito consumerista que outrora, sendo acessível a qualquer um fazer aquisições a distância em sítios de comércio internacionais, notadamente norte-americanos (ex.: eBay) e chineses (ex.: Aliexpress).

Nada obstante as previsões de jurisdição nacional, no art. 25, *caput*, do CPC consta previsão de eleição de foro internacional[74], as quais vogam para as hipóteses dos arts. 21 e 22, apenas não incidindo nas do art. 23, por representarem interesse subjacente da República do Brasil, conforme esclarece o § 1º do art. 25.

---

72. Enunciado FPPC 236. (art. 44) O art. 44 não estabelece uma ordem de prevalência, mas apenas elenca as fontes normativas sobre competência, devendo ser observado o art. 125, § 1º, da Constituição Federal. (Grupo: Competência e invalidades processuais)
73. Art. 22. Compete, ainda, à autoridade judiciária brasileira processar e julgar as ações:
(...)
II – decorrentes de relações de consumo, quando o consumidor tiver domicílio ou residência no Brasil;
74. Art. 25. Não compete à autoridade judiciária brasileira o processamento e o julgamento da ação quando houver cláusula de eleição de foro exclusivo estrangeiro em contrato internacional, arguida pelo réu na contestação.
§ 1º Não se aplica o disposto no caput às hipóteses de competência internacional exclusiva previstas neste Capítulo.

Sobre as previsões do art. 22, II, em conflito com a do art. 25, *caput*, todas do CPC, acima aludidas, o STJ foi chamado a decidir acerca da inserção de cláusula de eleição de foro em contrato consumerista internacional quando o consumidor for domiciliado ou residente em solo nacional. Na hipótese, a Corte entendeu por reconhecer inválida a cláusula de eleição de foro internacional na espécie, em deferência ao que dispõe o art. 6º, VIII e art. 51, I, do Código de Defesa do Consumidor, associado ao art. 25, § 2º, que remete ao art. 63, § 3º, do CPC[75].

Noutro campo, de bom tom rememorar a regra geral de competência territorial interna – domicílio do réu – nas causas de direito pessoal ou direito real mobiliário.

> CPC/15:
>
> **Art. 46.** A ação fundada em direito pessoal ou em direito real sobre bens móveis será proposta, em regra, no foro de domicílio do réu.
>
> (...)

As regras especiais de competência territorial, a seu turno, estão previstas entre os arts. 47 a 53 do CPC/15, aos quais faço remissão ao leitor, bem assim à obra doutrinária de sua preferência caso haja necessidade de aprofundamento.

Destaco a regra do art. 53 do CPC, inédita frente ao CPC/73. Nesta codificação revogada, nas causas ditas de família, como regra a competência era do domicílio da mulher. Tal regramento existia diante da necessidade de conferir uma maior proteção à figura feminina, como deferência ao princípio da igualdade material, dando-lhe a prerrogativa de litigar no local de seu domicílio em causas atinentes ao direito familiar.

Contudo, no CPC/15, com o avançar da sociedade e o recrudescimento da respeitabilidade da mulher no seio social, compreendeu-se que não havia mais azo para, abstrata e genericamente, conferir tal prerrogativa a ela. Nestas demandas familiares, a competência passou a ser estabelecida em conformidade com uma ordem preferencial e sucessiva a seguir disposta[76]: 1º) o domicílio do guardião, se houver filho incapaz; 2º) o domicílio último do casal, se não houver filho incapaz; ou 3º) o domicílio do réu (se nenhuma das partes mais residir no último domicílio). Como regra superpreferencial, que prevalece sobre todas

75. REsp n. 1.797.109/SP, relator Ministro Ricardo Villas Bôas Cueva, Terceira Turma, julgado em 21/3/2023, DJe de 24/3/2023

76. II Jornada de Direito Processual Civil – Enunciado 108: A competência prevista nas alíneas do art. 53, I, do CPC não é de foros concorrentes, mas de foros subsidiários.

as anteriores, fora incluída a alínea 'd' pela Lei nº 13.894/19, que estabelece como competente o foro do domicílio da vítima de violência doméstica e familiar contra a mulher[77].

Com esta última inserção, andou bem o legislador para suprir uma situação de vulnerabilidade fruto da alteração do critério de estabelecimento de competência. Com efeito, *a priori*, não se percebe mais socialmente fragilidade da mulher no que tange ao exercício de seus direitos de família, o que levou o CPC/15 a adotar outras conclusões que não a de competência do juízo da mulher. Todavia, não fora pensada, inicialmente, a situação da mulher vítima de violência doméstica e familiar, que deve ser protegida e ter seus direitos prestigiados, daí porque a novel previsão.

Outro apontamento acerca do sistema de competência prevista no CPC é devido em razão do entendimento restritivo adotado pelo STJ, que merece maior aprofundamento.

O art. 53, V, da codificação processual aduz que é competente o foro "*de domicílio do autor ou do local do fato, para a ação de reparação de dano sofrido em razão de delito ou acidente de veículos, inclusive aeronaves*". A norma existe com uma intenção protetiva àquele vitimado de acidente veicular, que não raro costuma impor uma gama de restrições de ordem física e sanitária à pessoa, além do prejuízo patrimonial extenso comumente decorrente. Ocorre que tal *ratio* não se encontra presente quando a proponente da demanda é a locadora de veículos proprietária do bem envolvido no acidente que vitimou o seu contratante, motivo pelo qual a Corte Superior entendeu que, neste cenário, aplica-se a regra geral do art. 46 do CPC acima informada[78].

---

77. Art. 53. É competente o foro:

I – para a ação de divórcio, separação, anulação de casamento e reconhecimento ou dissolução de união estável:

a) de domicílio do guardião de filho incapaz;

b) do último domicílio do casal, caso não haja filho incapaz;

c) de domicílio do réu, se nenhuma das partes residir no antigo domicílio do casal;

d) de domicílio da vítima de violência doméstica e familiar, nos termos da Lei nº 11.340, de 7 de agosto de 2006 (Lei Maria da Penha);

78. (...)

1. A regra geral da competência do foro de domicílio do réu (art. 46 do CPC/2015) dá lugar à exceção do art. 53, V, do CPC/2015 quando se tratar de ação de reparação de dano sofrido em razão de delito ou acidente de veículos, inclusive aeronaves, hipótese em que a competência concorrente será do foro de domicílio do autor ou do local do fato.

2. A finalidade principal da aludida exceção é a de privilegiar a pessoa que suportou o dano decorrente do acidente ou do ilícito, pois já enfrenta diversas dificuldades, de modo que, para facilitar o acesso à Justiça, a lei lhe faculta a escolha do foro que lhe seria mais favorável.

Ainda, de enorme incidência prática, importante ressaltar a competência territorial interna, também nas relações de consumo, como domicílio do autor consumidor, conforme art. 101 do CDC[79].

Rememore-se que tal competência especial é estabelecida em prol do consumidor que, diversamente, pode compreender que é mais vantajoso litigar no domicílio do réu fornecedor, no que declinará do benefício de foro.

> (...)
>
> 1. A competência territorial, em se tratando de relação consumerista, é absoluta. Se a autoria do feito pertence ao consumidor, cabe a ele ajuizar a demanda no local em que melhor possa deduzir sua defesa, escolhendo entre seu foro de domicílio, no de domicílio do réu, no do local de cumprimento da obrigação, ou no foro de eleição contratual, caso exista. Inadmissível, todavia, a escolha aleatória de foro sem justificativa plausível e pormenorizadamente demonstrada. Precedentes.
>
> 2. Agravo regimental desprovido.
>
> (AgRg no AREsp 391.555/MS, Rel. Ministro MARCO BUZZI, QUARTA TURMA, julgado em 14/04/2015, DJe 20/04/2015)

Outra regra de destaque em sede de competência é a do foro funcional territorial no âmbito da Ação Civil Pública, estabelecido no local da ocorrência do dano, absoluto e improrrogável, nos termos do art. 2º da Lei nº 7.347/85[80]. Destarte, conquanto seja definida em razão do território, cuida-se de competência absoluta, sobre ela não se admitindo prorrogação[81], refugindo à regra geral desta espécie de competência.

---

3. Essa abstração não se justifica quando a ação é movida por locadora de veículos para reparação de danos suportados em acidente de trânsito no qual se envolveu o locatário, sobretudo quando o local do dano é o mesmo do domicílio do réu e em cidade que a locadora também realiza suas operações, sob pena de se desvirtuar a função principal da norma.

4. Recurso especial conhecido e desprovido.

(REsp n. 1.869.053/SP, relator Ministro Marco Aurélio Bellizze, Terceira Turma, julgado em 29/11/2022, DJe de 2/12/2022.)

79. Art. 101. Na ação de responsabilidade civil do fornecedor de produtos e serviços, sem prejuízo do disposto nos Capítulos I e II deste título, serão observadas as seguintes normas:

    I – a ação pode ser proposta no domicílio do autor;

80. Art. 2º As ações previstas nesta Lei serão propostas no foro do local onde ocorrer o dano, cujo juízo terá competência funcional para processar e julgar a causa.

81. (...)

    2. As normas processuais dão preferência à tutela dos interesses dos cidadãos hipossuficientes ante à conveniência da Administração do Estado, inclusive na gestão judiciária.

    3. Registre-se que a população Estado do Mato Grosso é estimada em 3.567.234 habitantes em 2021, distribuídos em uma área territorial de 903.207,050 km², conforme dados extraídos do site do IBGE. A Comarca de Vila Rica, por exemplo, dista 1268 km de estrada até o Município de Várzea Grande. A

Sobre competência, a fim de estar preparado para a proferição de sentença, deve o candidato conhecer bem a jurisprudência do STF e do STJ, notadamente os entendimentos sumulados, mormente porque, sobre estas fontes, não há material de pesquisa permitido para uso franqueado no momento do exame.

Cito exemplificativamente a Súmula nº 33 do STJ, a qual conjugada com o art. 65 do CPC, conduz à conclusão de prorrogação de competência relativa caso não haja argumento sobre incompetência em sede de contestação pelo réu:

> Súmula nº 33. A incompetência relativa não pode ser declarada de ofício.
>
> **Art. 65.** Prorrogar-se-á a competência relativa se o réu não alegar a incompetência em preliminar de contestação.

Para além do regramento infralegal, o julgador deve ter amplo conhecimento da competência constitucionalmente estabelecida. No ponto, de maior relevância ter domínio do que disposto no art. 109 da CF/88, que estabelece a competência material da Justiça Federal para processar e julgar, em absoluto, as causas ali discriminadas.

Dos seus incisos, o de mais ampla incidência prática é a do inciso I, pelo qual se estabelece a competência dos juízes federais para "*as causas em que a União, entidade autárquica ou empresa pública federal forem interessadas na condição de autoras, rés, assistentes ou oponentes, exceto as de falência, as de acidentes de trabalho e as sujeitas à Justiça Eleitoral e à Justiça do Trabalho*".

Por conseguinte, em havendo interesse de entes públicos de natureza federal, a competência passa a ser do juízo federal, salvo quando o direito discutido envolver falência, acidentes de trabalho – hipótese com bastante incidência prática em decorrência dos benefícios acidentários do Instituto Nacional do

---

imposição da tramitação das demandas em uma única comarca implica claro prejuízo aos cidadãos do Estado, que serão forçados a longos deslocamentos para as audiências e para a produção da prova necessária ao bom andamento do feito.

4. Fixam-se as seguintes teses vinculantes no presente IAC:

Tese A) Prevalecem sobre quaisquer outras normas locais, primárias ou secundárias, legislativas ou administrativas, as seguintes competências de foro:

i) em regra, do local do dano, para ação civil pública (art. 2º da Lei n.º 7.347/1985);

ii) ressalvada a competência da Justiça Federal, em ações coletivas, do local onde ocorreu ou deva ocorrer o dano de impacto restrito, ou da capital do Estado, se os danos forem regionais ou nacionais, submetendo-se ainda os casos à regra geral do CPC, em havendo competência concorrente (art. 93, I e II, do CDC).

(...)

(RMS n. 64.525/MT, relator Ministro Og Fernandes, Primeira Seção, julgado em 21/10/2021, DJe de 29/11/2021.)

Seguro Social – INSS, inclusive nem se tratando de delegação, mas de competência própria da Justiça Estadual – discussão de Direito Eleitoral ou Laboral[82].

O dispositivo, por ter caráter constitucional, não deve ter aplicação analógica, mas se submete à interpretação extensiva, à luz da teleologia da norma. É o caso de se reconhecer a competência do juízo estadual para analisar ações judiciais cuja causa de pedir se refira a superendividamento, conforme novel concepção do art. 104-A e seguintes do CDC, em que se instaura um concurso de credores, ainda que um deste tenha natureza federal, como exemplo mais claro nestas situações, a Caixa Econômica Federal – CEF, empresa pública federal, dado o enquadramento na previsão excepcional falimentar[83].

Convém estabelecer a compreensão legal e sumular de que cabe à Justiça Federal, com exclusividade, aferir a existência de interesse de ente de natureza federal para fins de competência, oportunidade em que, excluindo-o da demanda, remeterá/devolverá os autos à justiça estadual sem suscitação de conflito[84].

Ainda sobre definição de competência federal, cabe apontar a redação atual do § 3º do mesmo art. 109 do texto constitucional, que restringiu o cabimento das hipóteses de delegação federal. Isso porque, na época da constituinte, observava-se que a Justiça Federal apenas se localizava nas capitais dos Estados e em alguns pontuais grandes polos, de maneira que, a fim de viabilizar o acesso à justiça apregoado na Constituição, à época, o mencionado dispositivo continha uma redação mais ampla, prevendo hipóteses de delegação de competência federal ao juízo estadual e dispondo que a legislação infraconstitucional poderia apresentar outras situações.

Entrementes, mais recentemente tem se visto uma política de interiorização da Justiça Federal, alcançando bem mais espaços territoriais que outrora, bem assim se observa uma "quase-falência" da Justiça Estadual com assoberbamento de demandas, motivo por que o constituinte derivado, com a Emenda Constitucional nº 103/2019, houve por bem limitar a delegação de competência

82. Súmula 501-STF: Compete a justiça ordinária estadual o processo e o julgamento, em ambas as instâncias, das causas de acidente do trabalho, ainda que promovidas contra a união, suas autarquias, empresas públicas ou sociedades de economia mista.

83. CC n. 193.066/DF, relator Ministro Marco Buzzi, Segunda Seção, julgado em 22/3/2023, DJe de 31/3/2023.

84. Art. 45. (...)

§ 3º O juízo federal restituirá os autos ao juízo estadual sem suscitar conflito se o ente federal cuja presença ensejou a remessa for excluído do processo.

Compete à Justiça Federal decidir sobre a existência de interesse jurídico que justifique a presença, no processo, da União, suas autarquias ou empresas públicas.

(CORTE ESPECIAL, julgado em 07/02/1996, DJ 13/02/1996, p. 2608)

a uma única hipótese, inclusive por sua maior sensibilidade: causas previdenciárias em face do Instituto Nacional do Seguro Social – INSS[85].

Inclusive, é de se ressaltar o entendimento do STF segundo o qual, ainda que no município de residência do segurado não haja sede da Justiça Federal, mas se houver na sede da respectiva Comarca que integra – quanto esta é composta por mais de um município, cenário que está se revelando cada vez mais frequente nas justiças estaduais – cabe à parte se dirigir àquela para buscar seus direitos no juízo federal.[86]

Na verdade, da leitura do art. 15, III, da Lei nº 5.010/66, alterada pela Lei nº 13.876 /2019, a fim de regulamentar a EC já mencionada, observa-se um quadro ainda mais restritivo, na medida em que estabelece objetivamente que a delegação à justiça estadual apenas ocorrerá se a seção mais próxima do juízo federal estiver a mais de 70 (setenta) quilômetros da Comarca de domicílio do segurado[87].

Ademais, a modificação do art. 109, § 3º, da CF/88 acarretou inconstitucionalidade superveniente e, portanto, tecnicamente segundo a concepção constitucionalista, revogação tácita do art. 381, § 4º, do CPC, que trazia a delegação da competência do juízo estadual para a produção antecipada de prova quando não fosse sede de Justiça Federal[88].

Enfim, cabe discutir a competência material nas chamadas "ações de saúde", notadamente, para o que ora importa, nas causas em que se pretende concessão de medicamento não constante da relação do Sistema Único de Saúde – SUS, situação que tem bastante incidência prática, infelizmente, e tem recorrência importante nos certames de magistratura.

Para tratar de tal espécie de demanda, de medicamento não incorporado ao SUS, essencial que o julgador tenha acesso à periódica Relação Nacional

85. § 3º Lei poderá autorizar que as causas de competência da Justiça Federal em que forem parte instituição de previdência social e segurado possam ser processadas e julgadas na justiça estadual quando a comarca do domicílio do segurado não for sede de vara federal.

86. COMPETÊNCIA – AÇÃO PREVIDENCIÁRIA – JUSTIÇA FEDERAL E JUSTIÇA COMUM. A competência da Justiça comum pressupõe inexistência, na comarca do domicílio do segurado ou beneficiário da previdência, de Vara Federal, sendo neutro o fator residência considerado certo distrito.

(RE 860508, Relator(a): MARCO AURÉLIO, Tribunal Pleno, julgado em 08/03/2021, PROCESSO ELETRÔNICO REPERCUSSÃO GERAL – MÉRITO DJe-055 DIVULG 22-03-2021 PUBLIC 23-03-2021)

87. III – as causas em que forem parte instituição de previdência social e segurado e que se referirem a benefícios de natureza pecuniária, quando a Comarca de domicílio do segurado estiver localizada a mais de 70 km (setenta quilômetros) de Município sede de Vara Federal;

88. § 4º O juízo estadual tem competência para produção antecipada de prova requerida em face da União, de entidade autárquica ou de empresa pública federal se, na localidade, não houver vara federal.

de Medicamentos Essenciais – RENAME.[89] Em concurso público, decerto o enunciado deixará bem evidente se a substância pretendida na situação posta é ou não adotada no SUS, não devendo o candidato, de forma alguma, sequer ler a referida relação, demasiadamente extensa e com nomenclatura de princípios ativos com os quais a maioria de nós da área jurídica não está habituado.

Ainda, cabe ao julgador ter conhecimento do entendimento consolidado em recurso repetitivo do Superior Tribunal de Justiça no REsp 1.657.156/RJ[90], no qual, em síntese, ressaltou ser obrigatória a concessão de medicamento não integrante do Sistema Único de Saúde – SUS desde que houvesse: i) relatório médico circunstanciado indicando o uso da substância, ressaltando a frustração da eficiência das eventuais correlatas existentes no sistema de saúde; ii) demonstração de hipossuficiência econômica do paciente; e iii) a substância tivesse registro na Agência Nacional de Vigilância Sanitária – ANVISA.

Outrossim, e aqui está o ponto nodal para o tema tratado, que, conquanto o Superior Tribunal de Justiça, em precedente qualificado recente, não tenha afastado a competência do juízo estadual para essa espécie de demanda, o Supremo Tribunal Federal reconheceu como necessária a inclusão da União no polo passivo de demandas dessa estirpe, até para que se possa ter ciência e discutir as razões técnicas, conforme critérios exarados pela Comissão Nacional de Incorporação de Tecnologias no Sistema Único de Saúde – CONITEC, pelas quais as substâncias são ou não são incluídas no rol da RENAME, de modo a tornar a Justiça Federal competente para o feito. Cito os julgados:

> Ementa: CONSTITUCIONAL E PROCESSUAL CIVIL. AGRAVO INTERNO EM RECLAMAÇÃO. INDEVIDA APLICAÇÃO DO TEMA 793 DA REPERCUSSÃO GERAL PELO JUÍZO DA ORIGEM. ÔNUS OBRIGACIONAL A SER SUPORTADO PELA UNIÃO. NECESSIDADE DE SUA

---

89. https://www.gov.br/saude/pt-br/composicao/sectics/daf/relacao-nacional-de-medicamentos-essenciais.

90. (...)

TESE FIXADA: A tese fixada no julgamento repetitivo passa a ser: A concessão dos medicamentos não incorporados em atos normativos do SUS exige a presença cumulativa dos seguintes requisitos: i) Comprovação, por meio de laudo médico fundamentado e circunstanciado expedido por médico que assiste o paciente, da imprescindibilidade ou necessidade do medicamento, assim como da ineficácia, para o tratamento da moléstia, dos fármacos fornecidos pelo SUS; ii) incapacidade financeira de arcar com o custo do medicamento prescrito; iii) existência de registro do medicamento na ANVISA, observados os usos autorizados pela agência.

Modula-se os efeitos do presente repetitivo de forma que os requisitos acima elencados sejam exigidos de forma cumulativa somente quanto aos processos distribuídos a partir da data da publicação do acórdão embargado, ou seja, 4/5/2018.

(EDcl no REsp n. 1.657.156/RJ, relator Ministro Benedito Gonçalves, Primeira Seção, julgado em 12/9/2018, DJe de 21/9/2018.)

> INCLUSÃO NO POLO PASSIVO. PRECEDENTES. AGRAVO INTERNO DESPROVIDO. 1. O objeto do Agravo é a correta interpretação e aplicação da tese fixada no Tema 793 da Repercussão Geral, cujo teor é o seguinte: "os entes da federação, em decorrência da competência comum, são solidariamente responsáveis nas demandas prestacionais na área da saúde, e diante dos critérios constitucionais de descentralização e hierarquização, compete à autoridade judicial direcionar o cumprimento conforme as regras de repartição de competências e determinar o ressarcimento a quem suportou o ônus financeiro". 2. O entendimento da 1ª Turma do Supremo Tribunal Federal se firmou no sentido da necessidade de inclusão da União no polo passivo da demanda nos casos de pedido de fornecimento de medicamento não incluído nas políticas públicas do SUS, especialmente para que a autoridade judicial possa, "diante dos critérios constitucionais de descentralização e hierarquização direcionar, caso a caso, o cumprimento conforme as regras de repartição de competências e determinar o ressarcimento a quem suportou o ônus financeiro", conforme determinado no RE 855.178-ED (Tema 793-RG). 3. Agravo Interno desprovido.(STF, Rcl 52715 AgR, Relator(a): ALEXANDRE DE MORAES, Primeira Turma, julgado em 16/05/2022, PROCESSO ELETRÔNICO DJe-096 DIVULG 18-05-2022 PUBLIC 19-05-2022)
>
> EMENTA AGRAVO INTERNO EM RECURSO EXTRAORDINÁRIO COM AGRAVO. FORNECIMENTO DE MEDICAMENTO. RESPONSABILIDADE SOLIDÁRIA DOS ENTES FEDERADOS. POLO PASSIVO. RE 855.178 ED (TEMA N. 793/RG). 1. No julgamento do RE 855.178 (Tema n. 793/RG), o Plenário do Supremo, reafirmando a jurisprudência, assentou a responsabilidade solidária dos entes federados em matéria de saúde. 2. Nas hipóteses em que o tratamento pretendido não estiver incluído nas políticas públicas de saúde, a União deve figurar no polo passivo da ação, ante a atribuição do Ministério da Saúde para incorporar, excluir ou alterar novos medicamentos, produtos, procedimentos, bem como constituir ou alterar protocolo clínico de diretriz terapêutica, nos termos do art. 19-Q da Lei n.8.080, de 19 de setembro de1990. 3. Agravo interno desprovido.(ARE 1324375 AgR, Relator(a): NUNES MARQUES, Segunda Turma, julgado em 14/03/2022, PROCESSO ELETRÔNICO DJe-073 DIVULG 18-04-2022 PUBLIC 19-04-2022)

Desta forma, tem-se, então, que atualmente o entendimento do STF é de que nos casos de medicamentos que estão registrados na ANVISA, mas ainda não foram incorporados no SUS, é necessária que a União integralize o polo passivo da demanda, de modo que atrai a competência da Justiça Federal, nos moldes do art. 109, I, da CF/88.

Sobre a matéria, contudo, observe-se que fora instaurado o Incidente de Assunção de Competência nº 14 no âmbito do renitente Superior Tribunal de Justiça, tendo a Corte concluído e reafirmado sua anterior jurisprudência pela competência material comum e consequente competência do juízo a depender da natureza jurídica do legitimado selecionado pela parte autora, se a União (Juízo Federal) ou o Estado e/ou o Município (Juízo Estadual), não cabendo ao magistrado interferir na opção. Segue o inteiro teor da tese firmada para conferência:

a) Nas hipóteses de ações relativas à saúde intentadas com o objetivo de compelir o Poder Público ao cumprimento de obrigação de fazer consistente na dispensação de medicamentos não inseridos na lista do SUS, mas registrado na ANVISA, deverá prevalecer a competência do juízo de acordo com os entes contra os quais a parte autora elegeu demandar.

b) as regras de repartição de competência administrativas do SUS não devem ser invocadas pelos magistrados para fins de alteração ou ampliação do polo passivo delineado pela parte no momento da propositura ação, mas tão somente para fins de redirecionar o cumprimento da sentença ou determinar o ressarcimento da entidade federada que suportou o ônus financeiro no lugar do ente público competente, não sendo o conflito de competência a via adequada para discutir a legitimidade ad causam, à luz da Lei n. 8.080/1990, ou a nulidade das decisões proferidas pelo Juízo estadual ou federal, questões que devem ser analisada no bojo da ação principal.

c) a competência da Justiça Federal, nos termos do art. 109, I, da CF/88, é determinada por critério objetivo, em regra, em razão das pessoas que figuram no polo passivo da demanda (competência ratione personae), competindo ao Juízo federal decidir sobre o interesse da União no processo (Súmula 150 do STJ), não cabendo ao Juízo estadual, ao receber os autos que lhe foram restituídos em vista da exclusão do ente federal do feito, suscitar conflito de competência (Súmula 254 do STJ).

Ressalte-se, entretanto, que, inclusive em razão da resistência do STJ a qual se verificou acima, o STF submeteu a questão a repercussão geral (Tema nº 1234), a fim de sedimentar a controvérsia, considerando-se que, ao fim e ao cabo, decorre da interpretação constitucional dos dispositivos que versam sobre Direito à Saúde, sendo imperioso identificar, por ora, para fins de concursos públicos e praxe judiciária, que o Tribunal Constitucional determinou que, enquanto não decidida, "(ii) nas demandas judiciais relativas a medicamentos não incorporados: devem ser processadas e julgadas pelo Juízo, estadual ou federal, ao qual foram direcionadas pelo cidadão, sendo vedada, até o julgamento definitivo do Tema 1234 da Repercussão Geral, a declinação da competência ou determinação de inclusão da União no polo passivo;".

Seguindo no tema competência, atentar que a competência funcional para analisar mandado de segurança é disciplinada pelas constituições estaduais, conforme o grau da autoridade indicada por coatora, desde que observada a simetria com a disciplina da Constituição Federal correlatamente. Nesse tema, verifique-se que a jurisprudência entende não ser passível de emenda a petição inicial que aponte incorretamente a autoridade coatora, nos termos do art. 6º, § 3º, da Lei nº

12.016/09[91] quando, em decorrência da retificação, o juízo em que apresentada não tiver competência funcional para processar e julgar o instrumento[92].

Eram estas as observações que reputamos coerentes para os propósitos da obra acerca de competência, repito, sem qualquer intenção de exaurimento, dada a vastidão do regramento e das suas implicações e interpretações doutrinárias e jurisprudenciais.

10.2. Convenção de arbitragem

> X – convenção de arbitragem;

Tanto quanto, é das primeiras preliminares a serem analisados em vista de sua potencial prejudicialidade em relação às demais, se cuidando, em verdade, ao fim e ao cabo, de análise de competência, segundo concepção majoritária, ainda que especial, do juízo arbitral ou do juízo jurisdicional. O STJ até reconhece a possibilidade de interpor agravo de instrumento imediato diante de decisão que verse acerca competência do juízo, justamente em interpretação extensiva do dispositivo autorizador do recurso em face de decisão que rejeita convenção de arbitragem (CPC, art. 1.015, III), dada a proximidade dos conceitos[93].

A convenção de arbitragem pode se dar por cláusula compromissória ou por compromisso arbitral. Cuida-se fundamentalmente de método de solução da controvérsia eleito por negócio jurídico entre as partes, as quais optam pela jurisdição privada, na qual um terceiro imparcial, eleito pelas partes direta ou indiretamente, resolverá o litígio, com ares de definitividade, salvo específicos casos de admissibilidade de rescisão do julgamento arbitral. Há celeuma doutrinária quando à natureza jurisdicional ou não da atividade, em discussão que não cabe aos propósitos da presente obra. Vale salientar que, malgrado o debate acima anunciado, o STJ já reconheceu a litispendência entre demanda

---

91. § 3º Considera-se autoridade coatora aquela que tenha praticado o ato impugnado ou da qual emane a ordem para a sua prática.

92. (...)

    II – Este Superior Tribunal de Justiça, tem jurisprudência pacífica no sentido da vedação à oportunização ao impetrante, da emenda à inicial para a indicação da correta autoridade coatora, quando a referida modificação implique na alteração da competência jurisdicional. Precedentes: AgInt no RMS n. 53.867/MG, relator Ministro Gurgel de Faria, Primeira Turma, julgado em 21/3/2019, DJe de 3/4/2019 e RMS n. 68.112/MA, relator Ministro Mauro Campbell Marques, Segunda Turma, julgado em 20/9/2022, DJe de 27/9/2022.) III – Recurso especial provido.

    (REsp n. 1.954.451/RJ, relator Ministro Francisco Falcão, Segunda Turma, julgado em 14/2/2023, DJe de 16/2/2023.)

93. EREsp n. 1.730.436/SP, relatora Ministra Laurita Vaz, Corte Especial, julgado em 18/8/2021, DJe de 3/9/2021.

arbitral e judiciária, a ponto de ser imprescindível a solução por conflito de competência[94].

De se destacar que, como adiantado, a exceção de convenção de arbitragem não pode ser reconhecida de ofício, cabendo à parte a sua provocação, além de ser imprescindível a sua alegação em preliminar de contestação, sem prejuízo de o fazer em momento anterior, sob pena de prorrogação de competência do juízo estatal, nos termos do § 6º do art. 337 do CPC:

> **Art. 337.** (...)
>
> § 6º A ausência de alegação da existência de convenção de arbitragem, na forma prevista neste Capítulo, implica aceitação da jurisdição estatal e renúncia ao juízo arbitral.

Note-se, pois, que a não ressalva pelo réu da convenção de arbitragem na contestação acarreta preclusão e abdicação da jurisdição arbitral em prol da estatal em curso.

Outro ponto que dispõe de razoável incidência é que, no bojo das relações consumeristas, veda-se a determinação da via arbitral compulsória, na forma do art. 51, VII, do CDC[95]. Vale distinguir tal coibição legal com a escolha ulterior da arbitragem entre fornecedor e consumidor. Ou seja, a convenção de arbitragem, instaurada quando o conflito já exsurgiu, no âmbito do Direito do Consumidor, não é necessariamente nula, em abstrato, havendo de se avaliar, casuisticamente a sua validade ou não[96].

---

94. (...)

1. Resume-se a controvérsia a definir a competência para o julgamento de demandas distintas, a primeira instaurada perante juízo arbitral e a segunda ajuizada na Justiça trabalhista, envolvendo relação jurídica anterior e posterior à celebração de contrato de franquia no qual se estabeleceu a arbitragem como forma de composição de litígios.

2. A jurisprudência desta Corte se firmou no sentido de que é possível, diante da conclusão de que a atividade arbitral tem natureza jurisdicional, que exista conflito de competência entre Juízo arbitral e órgão do Poder Judiciário, cabendo ao Superior Tribunal de Justiça seu julgamento.

(...)

(CC n. 184.495/SP, relator Ministro Ricardo Villas Bôas Cueva, Segunda Seção, julgado em 22/6/2022, DJe de 1/7/2022.)

95. Art. 51. São nulas de pleno direito, entre outras, as cláusulas contratuais relativas ao fornecimento de produtos e serviços que:

(...)

VII – determinem a utilização compulsória de arbitragem;

96 5. Pelo teor do art. 4º, § 2º, da Lei de Arbitragem, mesmo que a cláusula compromissória esteja na mesma página de assinatura do contrato, as formalidades legais devem ser observadas, com os destaques necessários. Cuida-se de uma formalidade necessária para a validades do ato, por expressa disposição legal, que não pode ser afastada por livre disposição entre as partes.

6. Na hipótese, a atitude da consumidora em promover o ajuizamento da ação evidencia a sua discordância em submeter-se ao procedimento arbitral, não podendo, pois, nos termos do art. 51, VII, do CDC, prevalecer a cláusula que impõe a sua utilização, visto ter-se dado de forma compulsória.

7. Recurso especial conhecido e provido.

Ademais, não há que se confundir a proibição do estabelecimento prévio de arbitragem nas relações consumeristas com o estabelecimento de arbitragem no âmbito dos contratos de adesão.

Em contratos de adesão, quando as cláusulas são pré-confeccionadas por uma das partes e meramente aceitas pela outra, há disciplina especial, restritiva, mas não proibitiva, e não se prescinde de requisitos específicos de validade: documento anexo específico ou cláusula negritada com visto especial. É como aduz o art. 4º da Lei nº 9.307/96:

> Lei de Arbitragem:
>
> Art. 4º A cláusula compromissória é a convenção através da qual as partes em um contrato comprometem-se a submeter à arbitragem os litígios que possam vir a surgir, relativamente a tal contrato.
>
> § 1º A cláusula compromissória deve ser estipulada por escrito, podendo estar inserta no próprio contrato ou em documento apartado que a ele se refira.
>
> § 2º Nos contratos de adesão, a cláusula compromissória só terá eficácia se o aderente tomar a iniciativa de instituir a arbitragem ou concordar, expressamente, com a sua instituição, desde que por escrito em documento anexo ou em negrito, com a assinatura ou visto especialmente para essa cláusula.

Há de se ter em mente, ademais, a regra do princípio da *kompetenz-kompetenz*, acolhido pelo STJ, através do qual competiria inicialmente ao árbitro avaliar sua competência quando houver efetiva arguição de convenção de arbitragem[97]. Ocorre que, no que toca à arguição de invalidade da cláusula arbitral, cabe ao juiz togado, se instado, avaliar a tese, sem que tal implique em ofensa ao entendimento anterior[98].

(REsp n. 1.785.783/GO, relatora Ministra Nancy Andrighi, Terceira Turma, julgado em 5/11/2019, DJe de 7/11/2019.)

97. Jurisprudência em Teses nº 122 do STJ: 3) A previsão contratual de convenção de arbitragem enseja o reconhecimento da competência do Juízo arbitral para decidir com primazia sobre Poder Judiciário, de ofício ou por provocação das partes, as questões relativas à existência, à validade e à eficácia da convenção de arbitragem e do contrato que contenha a cláusula compromissória.

    4) O Poder Judiciário pode, em situações excepcionais, declarar a nulidade de cláusula compromissória arbitral, independentemente do estado em que se encontre o procedimento arbitral, quando aposta em compromisso claramente ilegal.

98. (...)

    3. O juiz pode examinar a alegação de nulidade da cláusula arbitral por descumprimento dos requisitos previstos no art. 4º, § 2º, da LEI 9.307/96, sem que isso implique violação ao princípio da Kompetenz-kompetenz. Precedentes.

    (...)

    (AgInt nos EDcl no REsp n. 1.983.934/RJ, relatora Ministra Nancy Andrighi, Terceira Turma, julgado em 20/6/2022, DJe de 22/6/2022.)

Por fim, tecnicamente, embora o regramento em muito se assemelhe com o da competência, como se viu acima, não é caso de declínio o acolhimento da preliminar, mas de extinção do feito sem resolução do mérito, conforme previsão do art. 485, VII, do CPC[99-100].

10.3. Legitimidade e Interesse processual

> **Art. 337.** (...)
>
> XI – ausência de legitimidade ou de interesse processual;
>
> **Art. 17.** Para postular em juízo é necessário ter interesse e legitimidade.

Esta preliminar deve ser trabalhada, como antecipado, logo após a da competência e/ou da existência de convenção de arbitragem, se houverem, dada a sua forma especial de elaboração. Isso porque, ao avaliar legitimidade e interesse processual, deve o decisor conceituá-los para só após subsumir os fatos ao direito. Sem prejuízo, em boa parte das vezes, há de se trabalhar com a teoria da asserção e com a advertência de que há confusão da preliminar com o mérito, como veremos.

Adverte-se, desde logo, que em provas de sentença cível de concursos públicos, deve ser evitado o termo "condições da ação", já que o CPC/15 não o trouxe, causando celeuma doutrinária sobre a subsistência da categoria. Com efeito, autorizada doutrina entende que com a nova ordem processual, abandonou-se a teoria eclética da ação, concebida outrora por Enrico Tullio Liebman, para amoldar-se à teoria abstrata, passando a legitimidade e o interesse processual à categoria de pressupostos processuais[101].

---

99. Art. 485. O juiz não resolverá o mérito quando:

    (...)

    VII – acolher a alegação de existência de convenção de arbitragem ou quando o juízo arbitral reconhecer sua competência;

100. Enunciado 434. (art. 485, VII) O reconhecimento da competência pelo juízo arbitral é causa para a extinção do processo judicial sem resolução de mérito. (Grupo: Arbitragem)

101. Por todos, FREDIE DIDIER JR.: A segunda alteração silenciosa é a mais importante. O texto normativo atual não se vale da expressão "condição da ação". Apenas se determina que, reconhecida a ilegitimidade ou a falta de interesse, o órgão jurisdicional deve proferir decisão de inadmissibilidade. Retira-se a menção expressa à categoria "condição da ação" do único texto normativo do CPC que a previa e que, por isso, justificava a permanência de estudos doutrinários ao seu respeito. Também não há mais use da expressão *carência de ação*. Não há mais razão para o uso, pela ciência do processo brasileira, do conceito "condição da ação". A legitimidade ad causam e o interesse de agir passarão a ser explicados com suporte no repertório teórico dos pressupostos processuais. A legitimidade e o interesse passarão, então, a constar da exposição sistemática dos pressupostos processuais de validade: o interesse, como pressuposto de validade objetivo extrínseco; a legitimidade, como pressuposto

Destarte, no que toca a concursos públicos, por não se conhecer, no mais das vezes, a posição processual pessoal do examinador sobre uma ou outra corrente, é aconselhável ater-se à linguagem isenta do CPC, sem se filiar, de antemão, a qualquer dos entendimentos. Ao fazer alusão, pois, sempre se utilizar das expressões "legitimidade processual" e "interesse processual", em vez de "condições da ação".

A legitimidade deve ser sucintamente conceituada no ato como "a pertinência subjetiva da ação". É o vínculo da pessoa, física ou jurídica, autora ou ré, com a relação de direito material subjacente à causa de pedir remota.

A averiguação da legitimidade perpassa pela identificação de suas duas subclassificações. O art. 18 do CPC/15 estampa, por mais que implicitamente, as espécies de legitimidade ventiladas no ordenamento jurídico:

> **Art. 18** Ninguém poderá pleitear direito alheio em nome próprio, salvo quando autorizado pelo ordenamento jurídico.

Da leitura reversa do texto legal se infere a regra geral do direito processual civil pátrio, qual seja, apenas se pode pleitear em nome próprio, direito próprio. É, sem maiores delongas, a legitimidade ordinária.

Legitimidade extraordinária é o instituto jurídico excepcional, portanto, segundo o qual as pessoas e entes especificamente indicados na legislação e nas restritas e expressas situações elencadas, poderão atuar em juízo, pleiteando não direito seu, mas alheio.

Nas ações coletivas, naturalmente, não há perfeita adstrição entre os sujeitos da relação jurídica material subjacente ao objeto da demanda, que é coletivo *lato sensu*, em relação ao sujeito processual, haja vista que a lei elenca os entes e pessoas legitimadas a pleitear em juízo direitos de ordem difusa, coletiva – *stricto sensu* –, e individual homogênea.

Todavia, para além da autorização legal/constitucional prévia e genérica, é imprescindível para o ajuizamento de ação coletiva em legitimação extraordinária, procurando resguardar os atores sociais – partes, associados, terceiros – acerca de eventual exercício abusivo do direito de acionar o Poder Judiciário, a exigência de pertinência temática. Assim sustenta a doutrina:

---

de validade subjetivo relativo às partes. A mudança não é insignificante. Sepulta-se um conceito que, embora prenhe de defeitos, estava amplamente disseminado no pensamento jurídico brasileiro. Inaugura-se, no particular, um novo paradigma teórico, mais adequado que o anterior, e que, por isso mesmo, é digno de registro e aplausos. (DIDIER JR., Fredie. Curso de Direito Processual Civil. Vol. 1. 19ª edição. Salvador: Juspodivm, 2017.)

> Na lição da doutrina, trata-se da "harmonização entre as finalidades institucionais das associações civis ou dos órgãos públicos legitimados e o objeto a ser tutelado na ação civil pública. Em outras palavras, mencionadas pessoas somente poderão propor a ação civil pública em defesa de um interesse cuja tutela seja de sua finalidade institucional"[102].

Destarte, a fim de se aferir a legitimação extraordinária para representação de seus substituídos em juízo, essencial a demonstração de pertinência temática entre a finalidade original e a causa de pedir remota narrada na demanda.

A pertinência temática é exigível de todos os pretensos legitimados, inclusive órgãos públicos, adverte-se. Contudo, como a própria existência de ente público visa o bem-estar social, para estes, o requisito é presumido, apenas se reconhecendo o não preenchimento em casos bem escancarados de absoluta incompatibilidade entre a pretensão coletiva veiculada e a finalidade pública, o que se verifica com mais incidência no que toca às autarquias, fundações, empresas públicas e sociedades de economia mista, já que sua atuação é delimitada por lei e/ou outro ato administrativo, havendo de ser considerada quando da verificação da pertinência temática[103].

Já nos casos dos entes privados abstratamente legitimados, como é o caso das associações e dos sindicatos, a pertinência temática há de ser aferida mais criteriosamente, devendo haver correlação entre o direito perseguido e suas finalidades conceptivas.

Tanto é assim que o legislador inseriu tal requisito, junto com a antiguidade superior a um ano, no inciso que corresponde à associação no âmbito da Lei de Ação Civil Pública:

> V – a associação que, concomitantemente:
>
> a) esteja constituída há pelo menos 1 (um) ano nos termos da lei civil;
>
> b) inclua, entre suas finalidades institucionais, a proteção ao patrimônio público e social, ao meio ambiente, ao consumidor, à ordem econômica, à livre concorrência, aos direitos de grupos raciais, étnicos ou religiosos ou ao patrimônio artístico, estético, histórico, turístico e paisagístico.

Malgrado o intuito restritivo do legislador, a jurisprudência do STJ vem entendendo que, a uma, se diante do direito pleiteado se perceber a gravidade

---

102. DE SOUZA, Motauri Ciocchetti. Ação Civil Pública e Inquérito Civil. 5ª ed. São Paulo: Editora Saraiva, 2013, p. 78.
103. STJ. 4ª Turma. REsp 1.978.138-SP, Rel. Min. Antonio Carlos Ferreira, julgado em 22/03/2022 (Info 731).

da ofensa, dispensa-se a sujeição temporal de constituição prévia[104], ao passo que, a duas, a leitura sobre a pertinência temática haveria de ser "flexível e ampla", em prestígio ao princípio do acesso à justiça, da inafastabilidade da jurisdição e da eficácia da tutela coletiva. Cito emenda neste sentido:

> (...)
>
> 1. As associações civis, para ajuizar ações civis públicas ou coletivas, precisam deter representatividade adequada do grupo que pretendam defender em juízo, aferida à vista do preenchimento de dois requisitos: a) pré-constituição há pelo menos um ano nos termos da lei civil – dispensável, quando evidente interesse social; e b) pertinência temática – indispensável e correspondente à finalidade institucional compatível com a defesa judicial do interesse.
>
> 2. Quanto ao requisito temporal, a jurisprudência do Superior Tribunal de Justiça é firme quanto à possibilidade de dispensa do requisito de um ano de pré-constituição da associação, nos casos de interesse social evidenciado pela dimensão do dano e pela relevância do bem jurídico a ser protegido.
>
> 3. A doença celíaca caracteriza-se pela atrofia parcial ou total das vilosidades intestinais, causada pela ingestão de glúten, presente no trigo, centeio, cevada, aveia e malte. A ingestão do glúten, por portadores da doença, pode trazer diversos males à saúde, como a má absorção de nutrientes que são essenciais para a manutenção fisiológica do organismo, assim como pode ser fator de risco para o desencadeamento de doenças crônicas como diabetes tipo 1, doença autoimune da tireoide, artrite reumatoide, doença de Addison, síndrome de Sjögren, câncer intestinal, osteoporose, infertilidade em mulheres, enfermidades neurológicas, bem como distúrbios psiquiátricos e morte.
>
> 4. A informação acerca da existência do glúten em determinado produto alimentício é a forma mais eficiente para que o portador da doença garanta seu bem-estar, e, sobretudo, uma das formas de efetivação do direito humano à alimentação adequada, alçado ao nível de direito fundamental, acrescentado ao rol de direitos sociais, após a Emenda Constitucional n. 64/2010, tomando lugar entre os direitos individuais e coletivos.
>
> 5. A pertinência temática exigida pela legislação, para a configuração da legitimidade em ações coletivas, consiste no nexo material entre os fins institucionais do demandante e a tutela pretendida naquela ação. É o vínculo de afinidade temática entre o legitimado e o objeto litigioso, a harmonização entre as finalidades institucionais dos legitimados e o objeto a ser tutelado na ação civil pública.

104. Inclusive tal entendimento fora exigido na prova de sentença cível FCC – TJ/AL – 2021, como consta no espelho de avaliação: "A ilegitimidade (ativa, na verdade, não passiva, como constou por mero erro material; quem eventualmente se confundir não será prejudicado) da Associação dos Surfistas será rejeitada pois a pertinência subjetiva da associação tem respaldo legal nos artigos 5º, V, da Lei nº 7.347/85 e 5º, XXII, da CF. Não obstante seja requisito a constituição há mais de um ano da Associação (art. 5º, V, da Lei nº 7.347/85 e 82, IV, do CDC) é possível sua mitigação conforme artigo 82, §1º do CDC e entendimento do E.STJ."

6. Entretanto, não é preciso que uma associação civil seja constituída para defender em juízo especificamente aquele exato interesse controvertido na hipótese concreta. 7. O juízo de verificação da pertinência temática há de ser responsavelmente flexível e amplo, em contemplação ao princípio constitucional do acesso à justiça, mormente a considerar-se a máxima efetividade dos direitos fundamentais.

8. No caso concreto, a Abracon possui entre os fins institucionais a promoção da segurança alimentar e nutricional, assim como a melhoria da qualidade de vida, especialmente no que diz respeito a qualidade de produtos e serviços, estando, dessa forma, configurada a pertinência temática.

9. Recurso especial provido.

(REsp n. 1.357.618/DF, relator Ministro Luis Felipe Salomão, Quarta Turma, julgado em 26/9/2017, DJe de 24/11/2017.)

No que toca à legitimidade extraordinária do Ministério Público, mormente diante da previsão bem abrangente contida no art. 127 da Carta Magna[105], tem-se, em regra, a admitido para as ações coletivas em geral e, também, às individuais quando o direito vindicado for indisponível, casos em que atuará como substituto processual[106-107-108], salvo quando, a toda evidência, se caracterizar a pretensão perseguida como absolutamente individual e privada[109-110]. Sobre o tema, ainda, necessariamente consultar a 19ª Edição da Jurisprudência

105. Art. 127. O Ministério Público é instituição permanente, essencial à função jurisdicional do Estado, incumbindo-lhe a defesa da ordem jurídica, do regime democrático e dos interesses sociais e individuais indisponíveis.

106. Súmula 329-STJ: O Ministério Público tem legitimidade para propor ação civil pública em defesa do patrimônio público.

107. Súmula 601-STJ: O Ministério Público tem legitimidade ativa para atuar na defesa de direitos difusos, coletivos e individuais homogêneos dos consumidores, ainda que decorrentes da prestação de serviço público.

108. Súmula 643-STF: O Ministério Público tem legitimidade para promover ação civil pública cujo fundamento seja a ilegalidade de reajuste de mensalidades escolares.

109. (...)

1. O Ministério Público possui legitimidade para promover a tutela coletiva de direitos individuais homogêneos, mesmo que de natureza disponível, desde que o interesse jurídico tutelado possua relevante natureza social. Precedentes.

2. No caso dos autos, não há relevância social na ação civil pública, tendo em vista que a controvérsia a respeito da cobrança de taxa por associação de moradores não transcende a esfera de interesse privado, devendo, portanto, ser mantida a extinção do processo por ilegitimidade ad causam da promotoria pública.

3. Recurso especial a que se nega provimento.

(REsp n. 1.585.794/MG, relator Ministro Antonio Carlos Ferreira, Quarta Turma, julgado em 28/9/2021, DJe de 1/10/2021.)

110. (...)

1. O Supremo Tribunal Federal, ao julgar o ARE 694294 RG, sob o rito da repercussão geral, firmou entendimento no sentido de que o Ministério Público não possui legitimidade ativa ad causam para,

em Teses do STJ, constante do anexo IX desta obra, vez que condensa vários entendimentos sobre legitimidade extraordinária em substituição processual do Ministério Público em demandas de cunho coletivo.

Ademais, imperioso destacar a possibilidade de sucessão processual de associação extinta pelo Ministério Público, na condição de substituto processual, nos casos de tutela coletiva, não sendo o caso, portanto, de extinção processual sem exame de mérito por falta de pressuposto processual parte[111].

Convém alertar que a jurisprudência, notadamente do STJ, é bem fecunda no campo da legitimidade extraordinária para a tutela coletiva, sempre revisitando o tema e definindo sobre a legitimidade do ente autor para a pretensão manejada em cada caso apresentado, sendo sobremaneira indispensável que o julgador tenha uma boa fonte de pesquisa para consultas e que o estudante de concurso público leia com afinco e repetidamente tais decisões, mormente as divulgadas em informativos de jurisprudência.

Noutro ponto, imperioso perpassar pelo estudo da teoria da asserção, sendo aquela através da qual se afere a legitimidade e o interesse processual, conforme doutrina importante e posição jurisprudencial prevalecente. Muito frequente constar de espelhos e padrões de resposta de sentenças cíveis[112]. Não se contrapõe propriamente às demais teorias da ação, mas deita-se sobre a forma de inferir legitimidade e interesse processual.

---

em ação civil pública, deduzir em juízo pretensão de natureza tributária em defesa dos contribuintes, que vise questionar a constitucionalidade/legalidade de tributo.

2. Reconhecimento, no caso, da ilegitimidade ativa do Ministério Público para ajuizar ação civil pública objetivando a restituição de valores indevidamente recolhidos a título de empréstimo compulsório sobre aquisição quisição de automóveis de passeio e utilitários, nos termos do Decreto-Lei n. 2.288/86. Destaca-se recente precedente acerca desse específico tema no âmbito da 1ª Seção, no julgamento do EREsp nº 1428611/SE, acórdão pendente de publicação, que afirmou a ilegitimidade ativa do Parquet na causa, por haver discussão, em ação civil pública, sobre tema de natureza essencialmente tributária.

4. Agravo interno não provido.

(AgInt no REsp n. 1.709.093/ES, relator Ministro Benedito Gonçalves, Primeira Turma, julgado em 29/3/2022, DJe de 1/4/2022.)

111. STJ. 4ª Turma. AgInt no REsp 1.582.243-SP, Rel. Min. Maria Isabel Gallotti, julgado em 14/2/2023 (Info 764).

112. Do padrão de respostas da banca CEBRASPE – TJ/CE – 2019, constou: "No que diz respeito à preliminar aventada quanto à ilegitimidade passiva da segunda embargante (Maria), é preciso reconhecer a incidência da teoria da asserção, que, por sua vez, estabelece que os pressupostos e as condições da ação devam ser analisados à luz dos elementos fornecidos pelas partes.

Assim, a procedência ou não dos pedidos formulados contra ela constitui questão de mérito a ser apreciada sob o crivo do contraditório e da ampla defesa, embasada em cognição mais aprofundada."

Através dela, diz-se que legitimidade e interesse devem ser avaliados unicamente com supedâneo no teor da petição inicial e da versão fática apresentada pelo autor, de modo que se procederia uma exclusiva análise *in status assertionis* – presumindo-se verdadeiros os fatos trazidos pelo autor. Se, do contrário, para afastar a responsabilidade for imprescindível maior aprofundamento, cuidar-se-ia de matéria meritória, ensejando julgamento com mérito.

Exemplificativamente, se A acionar B afirmando na sua versão que C lhe atirou uma pedra, há escancarada ilegitimidade passiva, vez que B não integra a relação material, devendo o feito ser extinto sem resolução de mérito; diversamente, caso A acione B relatando que este lhe atirou uma pedra, porém, em instrução, se identifique que C quem a atirou, não é hipótese de ilegitimidade passiva, vez que pela narração do autor, havia compatibilidade de personagens, mas de improcedência processual.

Bem explicita DANIEL NEVES os lindes da referida teoria:

> Para os defensores da teoria da asserção, sendo possível ao juiz mediante uma cognição sumária perceber a ausência de uma ou mais condições da ação, deve extinguir o processo sem a resolução do mérito por carência de ação (art. 485, VI, do Novo CPC), pois já teria condições desde o limiar do processo de extingui-lo e assim evitar o desenvolvimento de atividade inútil. Com embasamento no princípio da economia processual, entende-se que, já se sabendo que o processo não reúne condições para a resolução do mérito, cabe ao juiz a sua prematura extinção por carência da ação. Nesses termos, a teoria da asserção não difere da teoria eclética. Por outro lado, caso o juiz precise no caso concreto de uma cognição mais aprofundada para então decidir sobre a presença ou não das condições da ação, não mais haverá tais condições da ação, que passarão a ser entendidas como matérias de mérito. Dessa forma, aprofundada a cognição, a ausência daquilo que no início do processo poderia ter sido considerado uma condição da ação passa a ser matéria de mérito, gerando uma sentença de rejeição do pedido do autor (art. 487, I, do Novo CPC), com a geração de coisa julgada material. Nesses termos, a teoria da asserção não difere da teoria abstrata pura[113].

A jurisprudência do Superior Tribunal de Justiça aplica a teoria da asserção em seus julgamentos, a teor do que se infere da ementa abaixo colacionada:

113. NEVES, Daniel Amorim Assumpção. Manual de Direito Processual Civil. Volume Único. 11ª Ed. Salvador: Juspodivm, 2019.

> (...)
>
> 1. Se a controvérsia é decidida dentro dos limites delineados na petição inicial, não há falar em julgamento extra, citra ou ultra petita.
>
> 2. A jurisprudência desta Corte Superior adota a teoria da asserção, segundo a qual a presença das condições da ação, entre elas a legitimidade ativa, deve ser apreciada à luz da narrativa contida na petição inicial, não se confundindo com o exame do direito material objeto da ação, a ser enfrentado mediante confronto dos elementos de fato e de prova apresentados pelas partes em litígio.
>
> (...)
>
> (AgInt no REsp 1710937/DF, Rel. Ministro PAULO DE TARSO SANSEVERINO, TERCEIRA TURMA, julgado em 14/10/2019, DJe 18/10/2019)

Duas são as vertentes da teoria da asserção. Uma delas trabalha com o momento de identificação da preliminar. Se percebida no começo, no instante do recebimento da demanda, trata-se de terminação do feito. Ao revés, se for percebida apenas em instante mais tardio da tramitação processual, seria caso de exame de mérito. É corrente minoritária.

A vertente que prevalece considera a necessidade de atividade probatória investigativa para se perquirir se há ou não exame de mérito e definir a solução a ser dada. Nessa toada, se a preliminar for evidente, emanada da leitura da peça exordial assimilada em abstrato, é caso de extinção sem julgamento do mérito. Caso contrário, se a preliminar sobressair da atividade probatória, é hipótese de resolução do mérito pela improcedência da pretensão aventada.

Daí porque a associação com um *iceberg*: se a percepção dos elementos estiver *primo ictu oculi*, na ponta visível, cuidar-se-ia de extinção sem solução meritória; contrariamente, se a legitimidade e o interesse processual só puderem ser evidenciados após aprofundamento, na parte existente, mas não evidente, é caso de exame de mérito.

Nessas situações, deve-se acrescentar o argumento da confusão com mérito, quando afastada a preliminar em virtude da necessidade de análise do direito e/ou das provas constantes dos autos.

É o caso de um contestante que afirma inexistir a pretendida responsabilidade objetiva pela indenização de dano causado por filho menor, requestando declaração de ilegitimidade. Ocorre que a definição da existência ou não se responsabilidade não prescinde de crivo meritório, não sendo o caso de conclusão terminativa, ainda que se redunde na irresponsabilidade.

Inclusive o próprio Superior Tribunal de Justiça chancelou essa postergação da análise da preliminar quando o julgador compreender que se confunde com a apreciação meritória da demanda posta[114].

Há de se perceber, ainda, a potencial aplicação do art. 493 do CPC, já abordado em momento pretérito quando da análise do princípio da correlação, no que tange à legitimidade processual. É que o STJ decidiu acerca da possibilidade do reconhecimento de ilegitimidade processual ativa ulterior em virtude do trânsito em julgado de outra ação, de natureza prejudicial, que veio por alterar a relação jurídica de direito material estabelecida nesta segunda demanda, circunstância que deve ser considerada nos termos do retromencionado dispositivo[115].

---

114. (...)

3. O Estado de São Paulo é parte legítima para figurar no polo ativo da causa, uma vez que o objeto da ação rescisória é a desconstituição de acórdão proferido em anterior ação rescisória, da qual participou, além de que há possibilidade de a condenação judicial implicar sua responsabilização financeira, uma vez que o DER não possui patrimônio suficiente para suportar o vultuoso montante indenizatório.

4. Não há nulidade no despacho saneador que se limita a postergar o exame das matérias preliminares alegadas, porque se confundem com a pretensão meritória posta em juízo e especialmente em razão da constatação de que, no caso dos autos, há a necessidade de prévia instrução probatória, para a completa compreensão e solução da lide, tanto do juízo rescindente como rescisório.

(...)

(REsp n. 1.945.660/SP, relator Ministro Benedito Gonçalves, Primeira Turma, julgado em 4/10/2022, DJe de 10/10/2022.)

115. (...)

Hipótese: cinge-se a controvérsia em decidir acerca de pedido de resolução de contrato de arrendamento rural celebrado com o antigo usufrutuário do imóvel, ajuizado por aquele que se diz novo proprietário do aludido bem, considerando-se, ainda, a alegação de fato novo (coisa julgada superveniente).

(...)

4. Reconhecimento, em sentença transitada em julgado, proferida em outra ação judicial, da circunstância de que o autor da presente lide de rescisão de contrato e reintegração de posse jamais, em tempo algum, fora titular (proprietário) do bem imóvel em disputa na demanda ora em julgamento, fato que, agora demonstrado, enseja a constatação superveniente, neste grau de jurisdição, da intransponível ilegitimidade ativa ad causam, conforme determina o artigo 493 do atual Código de Processo Civil (art. 462 do CPC/73).Ainda assim, a matéria (ausência de legitimidade ativa) foi deduzida nas instâncias ordinárias e prequestionada.

4.1 Conhecido o recurso especial, esta Corte detém cognição ampla para o julgamento da lide, podendo, ao aplicar o direito à espécie, levar em consideração fatos novos, extintivos do direito de uma das partes, ocorridos posteriormente ao ajuizamento da ação, nos termos do art. 462 do CPC/73 (art. 493 do CPC/15). (cf. AgInt nos EDcl no REsp 1327956/SP, Rel. Ministro PAULO DE TARSO SANSEVERINO, TERCEIRA TURMA, julgado em 27/06/2017, DJe 03/08/2017)

4.2 Havendo posterior decisão judicial, com trânsito em julgado, reconhecendo a resolução do compromisso de compra e venda de imóvel rural – título no qual se fundava o alegado direito do autor

O interesse processual, a seu turno "é a observância do trinômio necessidade, adequação e utilidade da prestação jurisdicional".

Necessidade é a imprescindibilidade da intervenção jurisdicional para garantir a posição jurídica de vantagem pretendida. Adequação é a escolha do meio pertinente para se conquistar a posição jurídica. Utilidade é a caracterização da posição almejada como incremento de seu patrimônio jurídico.

Dentro da proposta de análise mais abreviada dos institutos, cabe breve incursionamento sobre a necessidade, já que é dos itens mais exigidos do julgador quando da apreciação da causa.

Deve-se partir do pressuposto do princípio constitucional da inafastabilidade da jurisdição – art. 5º, XXXV, da CF/88 ("*a lei não excluirá da apreciação do Poder Judiciário lesão ou ameaça a direito;*"). Assim, aprioristicamente, não se revela necessária a provocação extrajudicial do réu para caracterização de resistência, segundo linha de intelecção tradicional.

Todavia, diante do quadro de deficiência que se encontra o Poder Judiciário, tem-se, paulatinamente, seguido uma linha mais restritiva de se exigir prévia demanda administrativa, com recusa de atendimento, para se compreender evidenciado o interesse jurídico na propositura da demanda perante o órgão jurisdicional.

O entendimento amplo deste autor é neste sentido: não agride o direito de acesso à Justiça a exigência de que o legitimado busque previamente solução extrajudicial para a sua pretensão e, se acaso resistida, resta autorizada a via jurisdicional, como forma de uso racional dos recursos públicos escassos. Todavia, malgrado sustentáculo doutrinário importante em tal posição, alerto que este não é a posição da majoritária nas cortes nacionais, motivo pelo qual, em concursos públicos, de rigor ater-se às estritas hipóteses já alinhavadas pela lei e/ou pela jurisprudência.

Nessa toada, algumas espécies de pretensão, por força de lei ou de entendimento jurisprudencial prevalecente, excepcionalmente, exigem prévio requerimento e/ou esgotamento da via administrativa, ficando o registro, abaixo,

–, evidente sua ilegitimidade ativa para ajuizar demanda de resolução de contrato de arrendamento rural, relativo ao bem em questão.

5. Recurso especial PROVIDO, a fim declarar a ilegitimidade ativa, e, em consequência, deixar de apreciar o mérito, nos termos do artigo 485, inciso VI, do Código de Processo Civil.

(REsp n. 1.237.567/MT, relator Ministro Marco Buzzi, Quarta Turma, julgado em 22/3/2022, DJe de 1/4/2022.)

exemplificativamente: demandas desportivas (art. 217, § 1º, da CF)[116]; habeas data (art. 8º, parágrafo único, da Lei nº 9.507/97)[117]; súmula vinculante (art. 7º, § 1º, da Lei nº 11.417/06)[118]; ações previdenciárias (RE 631.240/MG)[119]; ações

116. § 1º O Poder Judiciário só admitirá ações relativas à disciplina e às competições desportivas após esgotarem-se as instâncias da justiça desportiva, regulada em lei.

117. Parágrafo único. A petição inicial deverá ser instruída com prova:

I - da recusa ao acesso às informações ou do decurso de mais de dez dias sem decisão;

II - da recusa em fazer-se a retificação ou do decurso de mais de quinze dias, sem decisão; ou

III - da recusa em fazer-se a anotação a que se refere o § 2° do art. 4° ou do decurso de mais de quinze dias sem decisão.

118. § 1º Contra omissão ou ato da administração pública, o uso da reclamação só será admitido após esgotamento das vias administrativas.

119. Ementa: RECURSO EXTRAORDINÁRIO. REPERCUSSÃO GERAL. PRÉVIO REQUERIMENTO ADMINISTRATIVO E INTERESSE EM AGIR. 1. A instituição de condições para o regular exercício do direito de ação é compatível com o art. 5º, XXXV, da Constituição. Para se caracterizar a presença de interesse em agir, é preciso haver necessidade de ir a juízo. 2. A concessão de benefícios previdenciários depende de requerimento do interessado, não se caracterizando ameaça ou lesão a direito antes de sua apreciação e indeferimento pelo INSS, ou se excedido o prazo legal para sua análise. É bem de ver, no entanto, que a exigência de prévio requerimento não se confunde com o exaurimento das vias administrativas. 3. A exigência de prévio requerimento administrativo não deve prevalecer quando o entendimento da Administração for notória e reiteradamente contrário à postulação do segurado. 4. Na hipótese de pretensão de revisão, restabelecimento ou manutenção de benefício anteriormente concedido, considerando que o INSS tem o dever legal de conceder a prestação mais vantajosa possível, o pedido poderá ser formulado diretamente em juízo – salvo se depender da análise de matéria de fato ainda não levada ao conhecimento da Administração –, uma vez que, nesses casos, a conduta do INSS já configura o não acolhimento ao menos tácito da pretensão. 5. Tendo em vista a prolongada oscilação jurisprudencial na matéria, inclusive no Supremo Tribunal Federal, deve-se estabelecer uma fórmula de transição para lidar com as ações em curso, nos termos a seguir expostos. 6. Quanto às ações ajuizadas até a conclusão do presente julgamento (03.09.2014), sem que tenha havido prévio requerimento administrativo nas hipóteses em que exigível, será observado o seguinte: (i) caso a ação tenha sido ajuizada no âmbito de Juizado Itinerante, a ausência de anterior pedido administrativo não deverá implicar a extinção do feito; (ii) caso o INSS já tenha apresentado contestação de mérito, está caracterizado o interesse em agir pela resistência à pretensão; (iii) as demais ações que não se enquadrem nos itens (i) e (ii) ficarão sobrestadas, observando-se a sistemática a seguir. 7. Nas ações sobrestadas, o autor será intimado a dar entrada no pedido administrativo em 30 dias, sob pena de extinção do processo. Comprovada a postulação administrativa, o INSS será intimado a se manifestar acerca do pedido em até 90 dias, prazo dentro do qual a Autarquia deverá colher todas as provas eventualmente necessárias e proferir decisão. Se o pedido for acolhido administrativamente ou não puder ter o seu mérito analisado devido a razões imputáveis ao próprio requerente, extingue-se a ação. Do contrário, estará caracterizado o interesse em agir e o feito deverá prosseguir. 8. Em todos os casos acima – itens (i), (ii) e (iii) –, tanto a análise administrativa quanto a judicial deverão levar em conta a data do início da ação como data de entrada do requerimento, para todos os efeitos legais. 9. Recurso extraordinário a que se dá parcial provimento, reformando-se o acórdão recorrido para determinar a baixa dos autos ao juiz de primeiro grau, o qual deverá intimar a autora – que alega ser trabalhadora rural informal – a dar entrada no pedido administrativo em 30 dias, sob pena de extinção. Comprovada a postulação administrativa, o INSS será intimado para que, em 90 dias, colha as provas necessárias e profira decisão administrativa, considerando como data de entrada do requerimento a data do início da ação, para todos os efeitos legais. O resultado será comunicado ao juiz, que apreciará a subsistência ou não do interesse em agir. (RE 631240, Relator(a): ROBERTO BARROSO, Tribunal Pleno, julgado

sobre seguro DPVAT (AgInt no AREsp 989.022/RJ)[120] e exibição de documentos bancários (REsp n. 1.349.453/MS)[121].

Todavia, em retrógrado prestígio à compreensão irrestrita do acesso à justiça, com a qual não se coaduna a realidade prática, insisto, o Superior Tribunal de Justiça entendeu que a pretensão de anulação de crédito fiscal não se sujeita à prévia necessidade de requerimento/processo administrativo prévio, dispondo o contribuinte, desde logo, da via jurisdicional para questionar a exação[122].

Sobre interesse processual, ainda, cabe uma observação de relevo. O art. 785 do CPC apresenta uma concepção, *a priori*, contraintuitiva à noção de eficiência, e disciplina que, por mais que a parte já disponha em seu benefício de um título executivo extrajudicial, lhe é deferida a via ordinária de conhecimento, sem que tal implique em carência de interesse processual. A mesma lógica é válida para a ação monitoria por força de extensão oriunda de leitura jurisprudencial e doutrinária[123].

> **Art. 785.** A existência de título executivo extrajudicial não impede a parte de optar pelo processo de conhecimento, a fim de obter título executivo judicial.

---

em 03/09/2014, ACÓRDÃO ELETRÔNICO REPERCUSSÃO GERAL – MÉRITO DJe-220 DIVULG 07-11-2014 PUBLIC 10-11-2014 RTJ VOL-00234-01 PP-00220)

120. (...)

1. O requerimento administrativo prévio constitui requisito essencial para aferir a existência de interesse de agir na ação de cobrança do seguro DPVAT. Súmula 83/STJ.

2. A ameaça ou lesão a direito aptas a ensejar a necessidade de manifestação judiciária do Estado só se caracterizam após o prévio requerimento administrativo, o qual não se confunde com o esgotamento das instâncias administrativas, consoante firmado pelo Plenário da Corte no julgamento de repercussão geral reconhecida nos autos do RE 631.240, Rel. Min. Roberto Barroso, Sessão do dia 03.09.14.

3. Agravo interno desprovido.

(AgInt no AREsp 989.022/RJ, Rel. Ministro MARCO BUZZI, QUARTA TURMA, julgado em 24/05/2021, DJe 27/05/2021)

121. (...)

1. Para efeitos do art. 543-C do CPC, firma-se a seguinte tese: A propositura de ação cautelar de exibição de documentos bancários (cópias e segunda via de documentos) é cabível como medida preparatória a fim de instruir a ação principal, bastando a demonstração da existência de relação jurídica entre as partes, a comprovação de prévio pedido à instituição financeira não atendido em prazo razoável, e o pagamento do custo do serviço conforme previsão contratual e normatização da autoridade monetária.

2. No caso concreto, recurso especial provido.

(REsp n. 1.349.453/MS, relator Ministro Luis Felipe Salomão, Segunda Seção, julgado em 10/12/2014, DJe de 2/2/2015.)

122. STJ. REsp n. 1.753.006/SP, relator Ministro Gurgel de Faria, Primeira Turma, julgado em 15/9/2022, DJe de 23/9/2022.

123. I Jornada de Direito Processual Civil – Enunciado 101: É admissível ação monitória, ainda que o autor detenha título executivo extrajudicial.

Para além desses casos, a jurisprudência do STJ é no sentido de que, mesmo diante dos casos de desjudicialização legal, a parte pode optar pelo ajuizamento da demanda perante o Poder Judiciário. Assim é que, por exemplo, nos casos de usucapião[124], de divórcio, de inventário ou de execução imobiliária[125], mesmo havendo previsão legal permissiva do procedimento extrajudicial, a parte tem a prerrogativa (direito potestativo) de propor a pretensão perante o órgão jurisdicional competente, devendo tal entendimento ser rigorosamente aplicado em sede de concursos públicos, embora conte com forte resistência doutrinária, incluindo a minha oposição pessoal.

Com efeito, se a parte tem disponível para si a via extrajudicial, em tese mais célere e menos custosa, não faz sentido se admitir que dirija sua pretensão ao Poder Judiciário, já abarrotado de demandas contenciosas ou de jurisdição voluntária em que as partes não têm a via administrativa franqueada sofrem diuturnamente diante da demora na sua apreciação pela carência de infraestrutura.

O interesse processual, nesta senda no viés adequação, também é compreendido como o manejo da espécie procedimental pertinente à pretensão almejada. Ou seja, a inadequação da via eleita, expressão famosa no meio jurisprudencial, representa, tecnicamente, carência (ou falta) de interesse processual.

No ponto, de relevo apresentar o entendimento jurisprudencial pelo qual, mesmo à míngua de previsão específica da outrora alcunhada, sob a égide do CPC/73, cautelar de exibição de documentos, ainda é cabível a pretensão exibitória documental autônoma, hodiernamente pelo rito comum ordinário, com possível veiculação de postulação acautelatória ou antecipatória, se evidenciados seus pressupostos.

Essa conclusão adveio após uma série de julgamentos extintivos em face de pretensões de tal espécie, na ideia de que, com o CPC/15 e com descontinuidade normativo-típica do procedimento cautelar especial de exibição de documentos, a parte deveria se valer ou do procedimento de produção antecipada de provas, do art. 381 e seguintes do CPC ou do pedido meramente incidental de exibição de documentos, em demanda em que o pedido principal já estaria apresentado. Entretanto, como se adiantou, o STJ entendeu que a parte ainda

124. STJ. REsp n. 1.796.394/RJ, relator Ministro Ricardo Villas Bôas Cueva, Terceira Turma, julgado em 24/5/2022, DJe de 30/5/2022.

125. STJ. REsp n. 1.965.973/SP, relator Ministro Ricardo Villas Bôas Cueva, Terceira Turma, julgado em 15/2/2022, DJe de 22/2/2022.

tem interesse jurídico, e, portanto, processual, na pretensão pura e simples de exibição de documentos[126]. No mesmo sentido a compreensão doutrinária[127-128].

Ainda sob esse viés, é de se verificar a necessidade de compatibilização dos pedidos formulados, cumulativamente, com o procedimento especial proposto. Por exemplo, conquanto as ações possessórias tenham rito próprio, o legislador autoriza que sejam envidados cumulativamente outros pedidos de caráter indenizatório ou inibitório que especifica no art. 555 do CPC[129].

Sem embargo, em não havendo previsão legal autorizadora, não é adequada a cumulação de pedidos próprios de ritos distintos, salvo quando a parte adotar, para todos, o procedimento ordinário, como dita o art. 327, § 2º, do CPC[130]. Nessa lógica é que o STJ entende que não cabe, em embargos de terceiro, procedimento especial disciplinado nos arts. 674 e seguintes do CPC, que visa o livramento de patrimônio de constrição judicial envidada em outra relação processual, aviar pleito indenizatório[131], ou de reconhecimento de fraude contra credores[132].

Abaixo, construções textuais que servem para nortear o leitor em como bem tratar estes aspectos em sua sentença cível, a partir da seguinte lógica: alegação da parte – conceito – teoria da asserção – subsunção – confusão com o mérito (se o caso).

---

126. STJ. 3ª Turma. REsp 1803251-SC, Rel. Min. Marco Aurélio Bellizze, julgado em 22/10/2019 (Info 660). STJ. 4ª Turma.REsp 1774987-SP, Rel. Min. Maria Isabel Gallotti, julgado em 08/11/2018 (Info 637).
127. II Jornada de Direito Processual Civil – Enunciado 119: É admissível o ajuizamento de ação de exibição de documentos, de forma autônoma, inclusive pelo procedimento comum do CPC (art. 318 e seguintes).
128. Enunciado FPPC 446. (arts. 785 e 700) Cabe ação monitória mesmo quando o autor for portador de título executivo extrajudicial. (Grupo: Execução)
129. Art. 555. É lícito ao autor cumular ao pedido possessório o de:
I – condenação em perdas e danos;
II – indenização dos frutos.
Parágrafo único. Pode o autor requerer, ainda, imposição de medida necessária e adequada para:
I – evitar nova turbação ou esbulho;
II – cumprir-se a tutela provisória ou final.
130. § 2º Quando, para cada pedido, corresponder tipo diverso de procedimento, será admitida a cumulação se o autor empregar o procedimento comum, sem prejuízo do emprego das técnicas processuais diferenciadas previstas nos procedimentos especiais a que se sujeitam um ou mais pedidos cumulados, que não forem incompatíveis com as disposições sobre o procedimento comum.
131. STJ. 3ª Turma. REsp 1703707-RS, Rel. Min. Marco Aurélio Bellizze, julgado em 25/05/2021 (Info 698).
132. Súmula 195-STJ: Em embargos de terceiro não se anula ato jurídico, por fraude contra credores.

Ex1.:

"Sustenta a defesa preliminar de ilegitimidade passiva para responder à demanda. Não há razão na tese. A legitimidade é a pertinência subjetiva da ação. Na hipótese, a demandada figura na relação jurídica de direito material subjacente, de modo que tem aptidão para responder aos termos do pedido. Ademais, segundo entendimento jurisprudencial prevalecente, ao qual me filio, a legitimidade processual deve ser observada em atenção à teoria da asserção, presumindo-se verdadeiros os fatos narrados pelo autor na peça de inauguração. Outrossim, identificar se a demandada praticou ou não o ato que lhe é imputado é matéria que se confunde com o mérito e neste será melhor decidido. Portanto, imperiosa a rejeição da preliminar."

Ex2.:

"Requer o promovido a extinção sem resolução de mérito por ausência de interesse processual. Não há razão na tese. O interesse processual é a observância do trinômio necessidade, adequação e utilidade da prestação jurisdicional. Na hipótese, há narração de uma pretensão resistida, somente alcançável por intermédio da atividade jurisdicional e o provimento é adequado à entrega do bem da vida reclamado, o qual, ainda, é capaz de proporcionar melhora na situação jurídica da autora. Valendo-se da teoria da asserção, segundo a qual o interesse processual deve ser aferido em conformidade com a versão fática trazida com a petição inicial, e percebendo que perquirir sobre a razão jurídica é matéria a ser apreciada em mérito, de rigor a rejeição da preliminar."

10.4. Inexistência ou nulidade da citação

I – inexistência ou nulidade da citação;

A preliminar de inexistência ou nulidade de citação, com bastante probabilidade, em provas de concursos públicos, deve ser objeto de afastamento.

Regra importante que se associa à preliminar em análise é a do comparecimento espontâneo do réu ao feito, nos termos do art. 239, § 1º, do CPC:

Art. 239. Para a validade do processo é indispensável a citação do réu ou do executado, ressalvadas as hipóteses de indeferimento da petição inicial ou de improcedência liminar do pedido.

> § 1º O comparecimento espontâneo do réu ou do executado supre a falta ou a nulidade da citação, fluindo a partir desta data o prazo para apresentação de contestação ou de embargos à execução.

Note que a norma vigente se distingue da anterior, constante do CPC/73, segundo a qual o lapso contava desde a decisão que reconhecia a nulidade. De relevo atentar para o novel termo inicial de contagem do prazo de defesa, qual seja, o próprio comparecimento aos autos.

Um exemplo bem ilustra a alteração legislativa ora discutida: em 20 de setembro de 2022 junta-se nos autos um aviso de recebimento firmado por terceiro referente a carta citatória dirigida à parte ré, com assinatura datada de 10 de setembro de 2022; em 10 de janeiro de 2023, o réu Pedro se apresenta nos autos afirmando a nulidade da citação feita a outrem; em 20 de janeiro de 2023, o magistrado reconhece o vício citatório, intimando-se as partes da decisão em 23 de janeiro de 2023 via DJe.

À vista do caso hipotético exposto, observe-se que, na redação do CPC/73, o princípio do prazo para apresentação de defesa era o dia 23 de janeiro de 2023, data da intimação da decisão que reconheceu a falha na citação; ao passo que, pelo CPC/15, o prazo já teria se iniciado desde 10 de janeiro de 2023, data da primeira intervenção do réu nos autos.

Vale ressaltar que a regra do art. 239, § 1°, acima exposta, é aplicável durante a etapa de conhecimento. Caso o processo tenha sido julgado, estando em etapa de cumprimento de sentença, poderá o executado se valer da defesa através de impugnação, nos mesmos autos, fundado no art. 525, § 1°, I, do CPC, hipótese em que, se acolhida, o prazo para apresentação de contestação conta-se a partir da intimação da respectiva decisão, afastando a incidência da regra geral da fase de conhecimento[133].

Ainda no que toca ao tema uma ressalva que exige cautela. O STJ entende que o peticionamento nos autos acompanhado de procuração por parte do réu, sem que o instrumento contenha poderes especiais para receber citação, não caracteriza comparecimento espontâneo apto a dispensar a comunicação pessoal sobre o ajuizamento da demanda, exigindo-se, ainda assim, a perfectibilização da citação válida[134].

---

133. STJ. AgInt nos EREsp n. 1.930.225/SP, relator Ministro Luis Felipe Salomão, Segunda Seção, julgado em 31/5/2022, DJe de 6/6/2022

134. STJ. EREsp 1.709.915/CE, Rel. Ministro OG FERNANDES, Corte Especial, julgado em 1º/8/2018, DJe de 9/8/2018.

Em semelhante sentido, a mesma Corte decidiu que a apresentação de ofício nos autos por parte de ente público intimado (e não citado) para cumprir tutela provisória de urgência liminarmente concedida não caracteriza comparecimento espontâneo para fins de dispensa de realização do ato citatório. No caso, o juiz determinou a intimação do ente sobre a liminar para imediato cumprimento, sem prejuízo de ulterior citação para apresentação de defesa, tendo o intimado apresentado nos autos resposta quanto ao encaminhamento da prestação determinada, não suprindo a citação válida, até em deferência ao princípio da boa-fé e da cooperação processual[135].

Outra regra trazida pelo CPC/15 de caráter relevante quanto à presente preliminar é o reconhecimento da validade da citação quando entregue a pessoa com poderes de gerência ou administração, sem prejuízo da entrega feita a funcionário responsável pelo recebimento de correspondência[136].

Tal norma é especialmente eficiente em grandes organizações, no qual se alcançar a pessoa do administrador (*Chief Executive Officer* – CEO) seria extremamente dificultoso e poderia servir de óbice ao melhor andamento processual.

Na mesma lógica se reconheceu que é regular a citação da pessoa jurídica estrangeira por meio de seu entreposto no Brasil, ainda que não seja formalmente aquela mesma pessoa jurídica ou agência ou filial[137].

Noutro aspecto, o STJ reconheceu a nulidade da citação de pessoa jurídica que, após mudança de endereço regularmente comunicada à Junta Comercial, não retificara as informações de localização própria em seu sítio oficial, sendo o ato de comunicação dirigido e recebido no endereço anterior. Isso porque, dada a extrema relevância do ato citatório para o processo e cumprido o requisito disposto no art. 32, II, a, da Lei nº 8.934/94[138], não se pode concluir válida

135. STJ. REsp n. 1.904.530/PE, relator Ministro Francisco Falcão, Segunda Turma, julgado em 8/3/2022, DJe de 11/3/2022.

136. Art. 248. (...)

§ 2º Sendo o citando pessoa jurídica, será válida a entrega do mandado a pessoa com poderes de gerência geral ou de administração ou, ainda, a funcionário responsável pelo recebimento de correspondências.

137. STJ. Corte Especial. HDE 410-EX, Rel. Min. Benedito Gonçalves, julgado em 20/11/2019 (Info 661).

138. Art. 32. O registro compreende:

(...)

II – O arquivamento:

a) dos documentos relativos à constituição, alteração, dissolução e extinção de firmas mercantis individuais, sociedades mercantis e cooperativas;

a citação neste cenário, ainda que por pretensão adoção da teoria da aparência, que é excepcional[139].

Enfim, outra norma inédita e bem-vinda, informa que em propriedades de acesso controlado, a citação pode ser realizada na pessoa do porteiro, que declarará, sob as penas da lei, se a parte citanda ali não residir ou não se encontrar[140]. Logicamente, a regra também traz uma certa insegurança, uma vez que deixa na mão de um terceiro ao processo e ao Poder Judiciário, profissional que não dispõe de fé pública – porteiro – importante ato de comunicação processual que visa dar ciência à parte de que contra si tramita um processo, devendo apresentar defesa no prazo da lei sob pena de incidência de um dos mais gravosos efeitos processuais – presunção de veracidade dos fatos narrados pelo autor na exordial. Por isso mesmo, na praxe, deve o juiz lidar com parcimônia frente à regra, cuidando para, tanto quanto possível, preservar o direito do citando de real ciência da demanda.

Fora essas três normas de solução de possíveis controvérsias sobre citação, podem ser invocadas, ainda, normas de superação de nulidade anteriormente tratadas.

10.5. Incorreção do valor da causa

> III – incorreção do valor da causa;

O valor da causa deve ser arbitrado pela parte em conformidade com a natureza e a valia do pedido formulado. As regras que instrumentalizam o valor da causa restam insculpidas nos arts. 291 e 292 do CPC, aos quais remetemos

---

139. (...)

1. Controvérsia em torno da validade da citação de pessoa jurídica em seu antigo endereço, cuja mudança fora comunicada à Junta Comercial, mas sem alteração no sítio eletrônico da empresa.

2. Extrema relevância da regularidade formal do ato citatório por sua primordial importância na formação da relação processual.

3. Não preenchimento dos requisitos para aplicação da teoria da aparência. 4. Precedentes da Terceira Turma do STJ.

5. RECURSO ESPECIAL PROVIDO.

(REsp n. 1.976.741/RJ, relator Ministro Paulo de Tarso Sanseverino, Terceira Turma, julgado em 26/4/2022, DJe de 3/5/2022.)

140. Art. 248. (...)

§ 4º Nos condomínios edilícios ou nos loteamentos com controle de acesso, será válida a entrega do mandado a funcionário da portaria responsável pelo recebimento de correspondência, que, entretanto, poderá recusar o recebimento, se declarar, por escrito, sob as penas da lei, que o destinatário da correspondência está ausente.

o leitor. Sem prejuízo, legislações esparsas sobre relações jurídicas específicas podem apresentar outras formas de cômputo da valia da causa, como é o caso do art. 58, III, da Lei nº 8.245/91 (Lei de Locações)[141-142].

Com o CPC/15, a insurgência sobre o valor da causa eleito pelo autor passou a ser matéria preliminar, dispensando o incidente de impugnação ao valor da causa previsto pela legislação revogada.

Como destaque na novel legislação, a inserção da previsão de que o dano moral deve ser quantificado para fins de valor da causa, aparentemente superando jurisprudência sólida do STJ no sentido de que era possível o pedido genérico nessas hipóteses. Outrossim, o § 3º do art. 292 permite que o juiz corrija de ofício o valor da causa se tiver elementos suficientes para tanto, sendo válida a sua utilização em sentença, inclusive quando não haja arguição preliminar, tendo a cautela o julgador de preservar o contraditório.

> **Art. 292.** O valor da causa constará da petição inicial ou da reconvenção e será:
>
> (...)
>
> V – na ação indenizatória, inclusive a fundada em dano moral, o valor pretendido;
>
> (...)
>
> § 3º O juiz corrigirá, de ofício e por arbitramento, o valor da causa quando verificar que não corresponde ao conteúdo patrimonial em discussão ou ao proveito econômico perseguido pelo autor, caso em que se procederá ao recolhimento das custas correspondentes.

Todavia, em havendo elevação do valor da causa, veja-se, é caso, em regra, de conversão em diligência para recolhimento das custas complementares. Destarte, apenas se admite a retificação do valor da causa em sentença cível produzida em teste de magistratura se for para reduzir o patamar ou para elevá-lo, neste derradeiro caso quando o autor for beneficiário da gratuidade de justiça ou isento de custas conforme legislação federal ou estadual de regência.

---

141. Art. 58. Ressalvados os casos previstos no parágrafo único do art. 1º, nas ações de despejo, consignação em pagamento de aluguel e acessório da locação, revisionais de aluguel e renovatórias de locação, observar-se-á o seguinte:

    (...)

    III – o valor da causa corresponderá a doze meses de aluguel, ou, na hipótese do inciso II do art. 47, a três salários vigentes por ocasião do ajuizamento;

142. Súmula 449-STF: O valor da causa, na consignatória de aluguel, corresponde a uma anuidade.

O valor da causa, na praxe, exige atenção por parte do julgador e até mesmo da contraparte, já que possui importantes reflexos nas custas judiciais e na taxa judiciária, proporcionando recrudescimento da arrecadação em prol do aperfeiçoamento da prestação jurisdicional, bem assim pode vir a servir de base de cálculo, quando não houver condenação ou proveito econômico imediatamente aferível, como se constatará mais adiante, para a definição da remuneração do causídico da parte exitosa.

Ademais, o valor da causa pode definir até mesmo competência, absoluta ou relativa, seja prevista em lei federal, como os diplomas regentes dos Juizados Especiais Federal (Lei nº 10.259/01), Estadual (Lei nº 9.099/95) e da Fazenda Pública (Lei nº 12.153/09), seja na disciplina normativa local, *v.g.*, na organização do Tribunal de Justiça do Estado de São Paulo, constante da Resolução nº 2, de 21/12/76, que prevê que as demandas avaliadas acima de quinhentos salários-mínimos serão encaminhadas ao Foro Central, ao tempo em que as inferiores a tal patamar remanescem nos Foros Regionais.

Ainda, reforçando a relevância do tema, não raras vezes ignorados pelos magistrados, a definição do valor da causa tem consequências sob o aspecto recursal. Basta avaliar o novel requisito de relevância das questões federais infraconstitucionais discutidas da demanda, implementado pela Emenda Constitucional nº 125/22 como requisito de admissibilidade do recurso especial ao Superior Tribunal de Justiça, pendente, é certo, de regulamentação para alçar o plano da eficácia, o qual se compreende presumido quando a pretensão representar economicamente mais de quinhentos salários-mínimos, conforme art. 105, §§ 2º e 3º, III, da Constituição Federal[143]. Até mesmo a seleção do valor da causa pode mitigar a aplicação do princípio constitucional implícito do duplo grau de jurisdição, conforme dita o art. 34 da Lei nº 6.830/80, o qual prevê a irrecorribilidade das sentenças de primeiro grau em execuções fiscais de valores inferiores a cinquenta ORTN[144].

---

143. § 2º No recurso especial, o recorrente deve demonstrar a relevância das questões de direito federal infraconstitucional discutidas no caso, nos termos da lei, a fim de que a admissão do recurso seja examinada pelo Tribunal, o qual somente pode dele não conhecer com base nesse motivo pela manifestação de 2/3 (dois terços) dos membros do órgão competente para o julgamento. (Incluído pela Emenda Constitucional nº 125, de 2022)

    § 3º Haverá a relevância de que trata o § 2º deste artigo nos seguintes casos:

    III – ações cujo valor da causa ultrapasse 500 (quinhentos) salários mínimos; (Incluído pela Emenda Constitucional nº 125, de 2022)

144. Art. 34 – Das sentenças de primeira instância proferidas em execuções de valor igual ou inferior a 50 (cinqüenta) Obrigações Reajustáveis do Tesouro Nacional – ORTN, só se admitirão embargos infringentes e de declaração.

No concurso público, com maior razão, deve o candidato aperceber-se quando o caso de retificação, haja vista que a desatenção propiciará nota inferior.

10.6. Inépcia da petição inicial

> IV – inépcia da petição inicial;

Os casos de inépcia da petição inicial são retratados no art. 330, § 1º, do CPC/15[145], porém são bem raros em provas de concurso, diante da predileção das bancas examinadores de ver o mérito apreciado pelos candidatos à magistratura.

No ponto, se se apresentar cenário de inépcia da inicial, de registrar-se que, nada obstante o STJ tenha o entendimento de que a emenda pode/deve ser conferida, mesmo após a contestação, acaso implique em alteração da causa de pedir ou do pedido, aí já estaria ultrapassado o momento adequado, em respeito ao art. 329 do CPC/15 (antigo art. 264 do CPC).

> (...)
>
> 1. Descabe a emenda da petição inicial após o oferecimento da contestação e o saneamento do processo, quando essa providência importar alteração do pedido ou da causa de pedir (art. 264, parágrafo único, CPC).
>
> 2. Agravo regimental improvido.
>
> (AgRg no REsp 1263614/PR, Rel. Ministro MARCO AURÉLIO BELLIZZE, TERCEIRA TURMA, julgado em 23/02/2016, DJe 29/02/2016)

Ademais, consigne-se a jurisprudência também pretoriana no sentido de que a emenda à petição inicial apenas é cabível quando a peça contiver vício sanável. Em se tratando de vício insanável, o pronto indeferimento é medida que se impõe[146].

---

145. Art. 330. (...)

§ 1º Considera-se inepta a petição inicial quando:

I – lhe faltar pedido ou causa de pedir;

II – o pedido for indeterminado, ressalvadas as hipóteses legais em que se permite o pedido genérico;

III – da narração dos fatos não decorrer logicamente a conclusão;

IV – contiver pedidos incompatíveis entre si.

146. (...)

2. O Código de Processo Civil, em seus arts. 282 e 283, estabelece diversos requisitos a serem observados pelo autor ao apresentar em juízo sua petição inicial. Caso, mesmo assim, algum desses requisitos não seja preenchido, ou a petição apresente defeito ou irregularidade capaz de dificultar o julgamento do mérito, o CPC permite (art. 284) que o juiz conceda ao autor a possibilidade de emenda da petição

Cumpre salientar que é possível o indeferimento parcial da petição inicial, se a demanda não se revelar integralmente viável após regular determinação de emenda, quando possível, prosseguindo-se a causa em face da parcela regular[147]. Embora, em regra, tal decote deva ser feito já quando da admissibilidade da ação, por decisão interlocutória, ou mesmo quando do saneamento e organização do processo, nos termos do art. 354, parágrafo único, do CPC, não se descura da possibilidade de apreciar tal situação apenas em sentença, motivo pelo qual deve restar atento o elaborador da peça.

Ao fim, cabe pontuar que a inépcia da peça de deflagração por carência de fundamento jurídico não se verifica ante a mera falta de indicação de dispositivo legal que ampare a pretensão, conforme entendimento da jurisprudência, até em compatibilização aos reconhecidos princípios gerais do direito *da mihi factum, dabo tibi ius* (dá-me os fatos que eu te dou o direito) e *iura novit curia* (o juiz conhece o direito).[148]

10.7. Perempção

V – perempção;

Uma raridade na praxe forense e em certames de magistratura é a preliminar de perempção, consistente na vedação à propositura de demanda em razão

---

– se o vício for sanável, porque, se insanável, enseja o indeferimento prima facie. Não cumprida essa determinação judicial, a petição inicial será indeferida, nos temos do art. 295, VI. do CPC c/c o parágrafo único do 284, o que significa extinção do processo sem julgamento do mérito com fulcro no art. 267, I, do CPC.

3. In casu. não obstante tenha sido intimado para regularizar o feito, o autor não cumpriu da diligência, motivo pelo qual a petição inicial restou indeferida.

4. Recurso especial desprovido.

(REsp n. 827.242/DF, relator Ministro Luiz Fux, Primeira Turma, julgado em 4/11/2008, DJe de 1/12/2008.)

147. STJ. REsp n. 1.837.301/SC, relator Ministro Moura Ribeiro, Terceira Turma, julgado em 18/2/2020, DJe de 20/2/2020.

148. (...)

1. Não há como acolher a tese de inépcia da exordial, pois "a petição inicial não deve ser considerada inepta quando, com a narração dos fatos contidos na exordial, seja possível a razoável compreensão, por parte do magistrado, da causa de pedir e do pedido." (AgRg no AREsp 207.365/SP, Rel. Ministro SIDNEI BENETI, TERCEIRA TURMA, julgado em 21/03/2013, DJe 02/04/2013) 1.1. A indicação dos fundamentos jurídicos do pedido não se confunde com a obrigatoriedade de particularização, de modo absoluto, de artigos de lei em que amparada a pretensão do autor. "Isso porque a exigência legal deve conviver com o princípio identificado pelos brocardos iura novit curia e da mihi factum dabo tibi jus." (REsp 818.738/PB, Rel. Ministro SIDNEI BENETI, TERCEIRA TURMA, julgado em 19/08/2010, DJe 16/11/2010) (...)

(AgRg no REsp n. 1.075.225/MG, relator Ministro Marco Buzzi, Quarta Turma, julgado em 17/12/2013, DJe de 4/2/2014.)

do abandono consecutivo das três ações anteriores com o mesmo objeto. Está conceituada no art. 486, § 3º, do CPC:

> **Art. 486.** (...)
>
> § 3º Se o autor der causa, por 3 (três) vezes, a sentença fundada em abandono da causa, não poderá propor nova ação contra o réu com o mesmo objeto, ficando-lhe ressalvada, entretanto, a possibilidade de alegar em defesa o seu direito.

Ressalva-se que ao interessado ainda resta a possibilidade de arguir a matéria perempta como defesa. Ou seja, mesmo que a parte não mais possa discutir por ação o direito pretendido, é possível que traga a uma relação processual instaurada como tese defensiva, *stricto sensu*, mas com a ressalva de se manter a vedação para pedido reconvencional, já que dispõe, como vimos, de natureza de ação[149].

10.8. Litispendência

> VI – litispendência;

A litispendência se dá quando duas causas idênticas tramitam simultaneamente. A identidade decorre da verificação dos mesmos elementos da ação: partes, causa de pedir e pedido. Está conceituada no art. 337, §§ 1º a 3º, abaixo colacionados:

---

149. Por todos, DANIEL NEVES: "Registre-se que a perempção não extingue o direito material da parte, nisso distinguindo-se da decadência, nem a pretensão de direito material, nisso distinguindo-se da prescrição. O ponto essencial dessas distinções é a possibilidade de a parte alegar o direito material objeto das três ações extintas por abandono em sua defesa. Fernanda ingressou por três vezes com ação indenizatória pedindo a condenação de Aline ao pagamento de R$ 10.000,00 em razão de empréstimo inadimplido, sendo que nas três oportunidades o processo foi extinto sem a resolução do mérito por abandono de Fernanda (art. 485, III, do Novo CPC). Em razão do fenômeno da perempção Fernanda não poderá mais ingressar com ação de cobrança contra Aline, mas, se porventura Aline a demandar por outra obrigação inadimplida, poderá alegar seu direito de crédito de R$ 10.000,00 em sua contestação (compensação). Conforme visto, o direito material objeto das três demandas extintas por abandono do autor não é afetado pelo fenômeno da perempção, podendo, inclusive, ser utilizado em sede defensiva. Não será possível ao réu, entretanto, utilizar tal matéria em qualquer das respostas que o ordenamento lhe concede, mas tão somente na contestação, resposta defensiva por natureza contra a pretensão do autor. Inconcebível, portanto, que o réu, aproveitando-se de sua posição passiva no processo, ingresse com reconvenção alegando justamente o direito material objeto das três demandas extintas por abandono da causa. Tendo a reconvenção natureza jurídica de verdadeira ação do réu contra o autor, havendo a perempção, não se admitirá a propositura de tal espécie de resposta." (NEVES, Daniel Amorim Assumpção. Manual de Direito Processual Civil. Volume Único. Salvador: Juspodivm, 2016.)

> **Art. 337.** (...)
>
> § 1º Verifica-se a litispendência ou a coisa julgada quando se reproduz ação anteriormente ajuizada.
>
> § 2º Uma ação é idêntica a outra quando possui as mesmas partes, a mesma causa de pedir e o mesmo pedido.
>
> § 3º Há litispendência quando se repete ação que está em curso.

Note-se que o legislador se preocupou bem em delinear o instituto, já que dedicou três parágrafos a ele. A litispendência se verifica, como o próprio nome sugere, quando há lide pendente e exsurge outra repetida. Nisso se distingue da coisa julgada, que se verá à frente, porquanto, nesta, a lide anterior fora definitivamente resolvida, embora em ambos os casos a solução processual seja equivalente: extinção da segunda pretensão, como regra, sem exame do mérito.

De destaque a possibilidade de litispendência parcial, quando a segunda demanda repete apenas parcela dos pedidos, oportunidade em que o juiz deve rejeitar a apreciação dos pedidos idênticos veiculados noutra ação, extinguindo-a integralmente sem resolução do feito quando não houver pedidos inéditos (continência) ou parcialmente se houver pedidos novos.

Ressalva importante, em relação ao critério de tríplice identidade, se dá nos casos de solidariedade passiva da obrigação, quando se admite a ocorrência de litispendência, ainda que distintas as partes passivas, se forem idênticas a parte autora e a causa de pedir próxima. Era a hipótese do seguro DPVAT, no qual, como se sabe, havia um consórcio de seguradoras que o compunham, sob a coordenação da "Seguradora Líder", podendo o prejudicado reclamar de quaisquer delas indenização por incapacidade permanente decorrente de acidente de trânsito. Destarte, se a parte litigasse em face de uma seguradora, em razão de dado evento, e propusesse outra demanda para discutir o mesmo fato, ainda que em desfavor de outra seguradora, havia de se reconhecer a litispendência[150].

---

150. Processo: 0012012-62.2014.8.06.0115 – Apelação Cível Apelante: Seguradora Líder dos Consórcios do Seguro DPVAT S/A Apelado: Francisca Eudivânia de Souza Silva EMENTA: APELAÇÃO CÍVEL. AÇÃO DE COBRANÇA DO SEGURO DPVAT. OCORRÊNCIA DE LITISPENDÊNCIA E COISA JULGADA. RECURSO CONHECIDO E PROVIDO. SENTENÇA REFORMADA. Inicialmente, a apelante alega que existe litispendência entre a presente ação, distribuída no dia 11/11/2014, e o processo nº 0895553-11.2014.8.06.0001, distribuído no dia 06/10/2014. De fato, verifica-se que o processo nº 0895553-11.2014.8.06.0001 tramitou perante o juízo da 12ª Vara Cível desta comarca, tendo sido proposto pela parte promovente, ora recorrida, contra a Companhia Excelsior de Seguros, que compõe o Consórcio do Seguro DPVAT. Tal seguradora é responsável solidária junto com a recorrente, Seguradora Líder de Consórcios, no tocante ao adimplemento do seguro DPVAT, conforme expressamente dispõe o art. 7º, parágrafo segundo, da Lei n. 6.194/1974. Em consulta ao sistema SAJPG, constata-se que a demanda ajuizada contra a Companhia Excelsior, processo nº 0895553-11.2014.8.06.0001, foi julgada improcedente, cujo trânsito em julgado ocorreu no dia 13/03/2020. Em

10.9. Coisa julgada

VII – coisa julgada;

A coisa julgada bastante se assemelha ao fenômeno da litispendência, divergindo tão somente em relação ao momento de ajuizamento da segunda demanda. Nesta, a propositura da segunda ação ocorre posteriormente ao trânsito em julgado da primeira. Tem previsão no art. 337, § 4º, do CPC:

> **Art. 337.** (...)
>
> § 4º Há coisa julgada quando se repete ação que já foi decidida por decisão transitada em julgado.

Distingue-se a coisa julgada material, tratada no art. 502 do CPC como a indiscutibilidade da decisão judicial em definitivo, e a coisa julgada meramente formal, a qual encerra aquela relação processual específica, porém não obsta rediscussão da matéria de fundo em outra demanda, nos termos do art. 486 do CPC[151].

---

que pese a promovente, ora recorrida, alegar que o acidente em questão ocorreu no dia 20/06/2014, o boletim de ocorrência, constante na fl. 98, comprova que o sinistro, de fato, deu-se no dia 24/02/2014, às 7 horas. Com efeito, verifica-se que o dia 24/02/2014 também é a data do sinistro que consta no comprovante de pagamento do seguro DPVAT, realizado na via administrativa na quantia correspondente a R$ 4.725,00 (fl. 205). Tal comprovante de pagamento embasou a decisão de improcedência do pedido consignado na demanda nº 0895553-11.2014.8.06.0001. Em suma, a recorrida apresentou o mesmo boletim de ocorrência nos dois processos de cobrança do seguro DPVAT, o que leva a crer que ocorreu tão somente um acidente. Ademais, o laudo pericial, constante nos presentes autos, detectou perda da mobilidade no mesmo membro referido naqueles autos. A meu ver, é evidente a existência de litispendência entre a presente demanda e a ação de nº 0895553-11.2014.8.06.0001, inclusive transitada em julgado e arquivada no juízo de primeiro grau. Desta feita, estando a questão resolvida pela sentença que julgou o processo nº 0895553-11.2014.8.06.0001, que foi interposto anteriormente aos presentes autos, configurada está a coisa julgada. Recurso conhecido e provido. Sentença reformada. Processo extinto sem resolução de mérito em face da ocorrência da coisa julgada material, nos termos do art. 485, inciso V e § 3º, do Código de Processo Civil. ACÓRDÃO: Vistos, relatados e discutidos estes autos em que são partes as acima indicadas, acordam os desembargadores integrantes da 4ª Câmara de Direito Privado do Tribunal de Justiça do Estado do Ceará, por unanimidade de votos, em conhecer do recurso para conceder-lhe provimento, nos termos do relatório e do voto da relatora, que passam a fazer parte integrante do presente acórdão. Fortaleza (CE), 14 de julho de 2020. FRANCISCO BEZERRA CAVALCANTE Presidente do Órgão Julgador MARIA DO LIVRAMENTO ALVES MAGALHÃES Desembargadora Relatora

(TJ-CE – AC: 00120126220148060115 CE 0012012-62.2014.8.06.0115, Relator: MARIA DO LIVRAMENTO ALVES MAGALHÃES, Data de Julgamento: 14/07/2020, 4ª Câmara Direito Privado, Data de Publicação: 14/07/2020)

151. Art. 502. Denomina-se coisa julgada material a autoridade que torna imutável e indiscutível a decisão de mérito não mais sujeita a recurso.

Art. 486. O pronunciamento judicial que não resolve o mérito não obsta a que a parte proponha de novo a ação.

Logo, é possível deparar-se no momento da elaboração da sentença cível de concursos públicos com coisa julgada material parcial, com afastamento preliminar de parcela dos pedidos ou com coisa julgada formal, caso em que pode ser decidida a demanda reiterada se preenchidos os pressupostos negativos do art. 486 do CPC, ocasião em que parcela do mérito restaria pendente de apreciação.

Vale ressaltar a norma do art. 508 do CPC, de relevância extrema para a higidez do sistema de justiça e segurança jurídica nas relações sociais, pela qual "*transitada em julgado a decisão de mérito, considerar-se-ão deduzidas e repelidas todas as alegações e as defesas que a parte poderia opor tanto ao acolhimento quanto à rejeição do pedido*". É a positivação do princípio dedutível-deduzido.

Destarte, tem-se concluído, inclusive, que, conquanto não haja exata reiteração de demanda, ou mesmo de perfeita identidade entre aquilo que já decidido e a novel pretensão, se se revelar que esta integra, explícita ou implicitamente, as conclusões emanadas da decisão definitiva transitada em julgado, é de se reputar que estão albergadas pela coisa julgada material existente[152].

Questão intrigante se dá nos casos de dupla coisa julgada sobre o mesmo contexto fático-jurídico. Isto é, após apresentação de uma segunda demanda sobre a mesma causa de pedir e pedidos já definitivamente julgados, quando não se percebe tal situação e se profere um segundo julgamento, o qual também transita em julgado.

Após muita oscilação na jurisprudência, o STJ passou a decidir que deve prevalecer a segunda coisa julgada, que acabou por superar a primeira, exceto

---

§ 1º No caso de extinção em razão de litispendência e nos casos dos incisos I, IV, VI e VII do art. 485, a propositura da nova ação depende da correção do vício que levou à sentença sem resolução do mérito.

§ 2º A petição inicial, todavia, não será despachada sem a prova do pagamento ou do depósito das custas e dos honorários de advogado.

152. (...)

1. Discute-se a possibilidade de ajuizamento de nova demanda para restituição de quantia paga a título de juros remuneratórios incidentes sobre tarifas consideradas abusivas em ação de repetição de indébito julgada procedente e transitada em julgado.

2. A eficácia preclusiva da coisa julgada impede a apreciação de questões deduzidas e dedutíveis, ainda que não tenham sido examinadas, desde que atinentes à mesma causa de pedir.

3. Hipótese na qual a parte autora ajuizou nova ação buscando a restituição de valores pagos a título de juros remuneratórios em razão da incidência destes sobre tarifas bancárias declaradas abusivas em sentença com trânsito em julgado, que determinou a restituição dos valores pagos indevidamente, com base nos mesmos fatos e fundamentos jurídicos do primeiro processo.

4. Recurso especial provido.

(REsp n. 1.989.143/PB, relatora Ministra Maria Isabel Gallotti, Quarta Turma, julgado em 6/12/2022, DJe de 13/12/2022.)

quando invalidada por ação rescisória ou por já ter se deflagrado o cumprimento da primeira sentença[153].

Na espécie, é de bom tom destacar os casos em que, malgrado tenha havido solução de mérito anterior com trânsito em julgado da sentença, formando-se coisa julgada material, dada a sensibilidade do direito e/ou as circunstâncias em que se deu a decisão, compreende-se acerca da sua relatividade, flexibilizando-se a rigidez da impossibilidade de revolver a matéria. As hipóteses mais famosas desta situação são investigação de paternidade[154] e direito à saúde[155].

---

153. STJ. AgInt nos EDcl no REsp n. 1.930.955/ES, relator Ministro Mauro Campbell Marques, Segunda Turma, julgado em 8/3/2022, DJe de 25/3/2022.

154. AGRAVO INTERNO NO AGRAVO EM RECURSO ESPECIAL - AÇÃO DE INVESTIGAÇÃO DE PATERNIDADE - DECISÃO MONOCRÁTICA QUE NEGOU PROVIMENTO AO RECLAMO. INSURGÊNCIA DO REQUERIDO.

1. Nas ações de estado, tais como as de filiação, deve-se dar prevalência ao princípio da verdade real, admitindo-se, até mesmo, a relativização ou flexibilização da coisa julgada para realização de perícia com material genético (DNA). Precedentes do STF e do STJ.

2. Se o exame de DNA, direto ou indireto, contradiz prova robusta produzida no curso da demanda, impõe-se a conversão do julgamento em diligência, a fim oportunizar que novos testes sejam realizados.

Precedentes. 2.1. Essa providência pode ser tomada até mesmo pelo julgador em segunda instância, uma vez que não há preclusão pro judicato nessa hipótese. Precedentes. 2.2. No caso em tela, ainda que a oportunidade para realização de testes com múltiplos parentes vivos do suposto pai tenha surgido tardiamente, deve ser convertido o julgamento em diligência, no intuito de encontrar a verdade real a respeito da origem genética da autora.

3. Agravo interno provido para, de plano, conhecer em parte do recurso especial e, nessa extensão, dar-lhe parcial provimento.

(AgInt no AREsp n. 1.269.554/SP, relator Ministro Marco Buzzi, Quarta Turma, julgado em 6/10/2020, DJe de 22/10/2020.)

155. PROCESSUAL CIVIL E ADMINISTRATIVO. FORNECIMENTO DE MEDICAMENTOS. DIREITO À SAÚDE. SUBSTITUIÇÃO DO FÁRMACO. MESMA ENFERMIDADE. ADEQUAÇÃO AO TRATAMENTO. RELATIVIZAÇÃO DA COISA JULGADA. SITUAÇÃO EXCEPCIONALÍSSIMA. POSSIBILIDADE. 1. O STJ tem entendimento no sentido de que, "considerando o bem jurídico pleiteado no presente caso, - garantia do direito constitucional à saúde (art. 196 da CF/88) –, bem como os princípios da celeridade processual e instrumentalidade das formas, não há que falar em ofensa à coisa julgada quando a parte autora pleiteia a substituição ou complemento de fármaco diverso do descrito na exordial, desde que relativo à mesma enfermidade, para fins de mera adequação do tratamento. Ora, o objetivo da ação é o tratamento médico necessário para cessar a enfermidade da qual está acometido o paciente, razão pela qual não se mostra razoável compelir a parte autora a ajuizar uma nova ação a cada mudança de prescrição médica" (AREsp 911.992/RJ, Relator Ministro GURGEL DE FARIA, Primeira Turma, DJe 31.8.2018). 2.

Admite-se a relativização da coisa julgada em situações excepcionalíssimas nas quais a segurança jurídica tiver que ceder em favor de outros princípios ou valores mais importantes, como o direito à saúde, hipótese dos autos.

3. Recurso Especial não provido.

(REsp n. 1.795.761/SE, relator Ministro Herman Benjamin, Segunda Turma, julgado em 16/5/2019, DJe de 30/5/2019.)

Ademais, é de se estabelecer que a coisa julgada material é de ser respeitada acaso mantidas as mesmas circunstâncias fáticas que ensejaram a decisão primeva, mormente se se tratar de relação jurídica de direito material de trato continuado em que se deram modificações de ordem fática e jurídica ao longo do tempo. Tal conclusão até mesmo decorre do que rege o art. 505, I, do CPC[156].

Nestes casos, a jurisdição acerca da segunda controvérsia, havida em circunstâncias distintas da primeira, é inafastável, e assim tem se alinhado a jurisprudência nacional[157].

Enfim, rememore-se os casos em que o próprio legislador estabelece a não configuração da coisa julgada, excepcionalmente, em demandas de ordem coletiva, a depender do resultado da demanda ou do fundamento da improcedência – coisa julgada *secundum eventum probationis*[158] e coisa julgada *secundum eventum litis*[159] – conforme previsões constantes do art. 103 do Código de Defesa do Consumidor (CDC).

10.10. Conexão

VIII – conexão;

Já ventilada em sede de estabelecimento de julgamento conjunto de ações, fazendo-se apenas remissão ao leitor.

---

156. Art. 505. Nenhum juiz decidirá novamente as questões já decididas relativas à mesma lide, salvo:
I – se, tratando-se de relação jurídica de trato continuado, sobreveio modificação no estado de fato ou de direito, caso em que poderá a parte pedir a revisão do que foi estatuído na sentença;
157. STJ. 3ª Turma. REsp 2027650-DF, Rel. Ministro Ricardo Villas Bôas Cueva, julgado em 25/10/2022 (Info 759).
158. Art. 103. Nas ações coletivas de que trata este código, a sentença fará coisa julgada:
I – erga omnes, **exceto se o pedido for julgado improcedente por insuficiência de provas**, hipótese em que qualquer legitimado poderá intentar outra ação, com idêntico fundamento valendo-se de nova prova, na hipótese do inciso I do parágrafo único do art. 81;
II – ultra partes, mas limitadamente ao grupo, categoria ou classe, **salvo improcedência por insuficiência de provas**, nos termos do inciso anterior, quando se tratar da hipótese prevista no inciso II do parágrafo único do art. 81.
159. Art. 103. (...)
III – erga omnes, **apenas no caso de procedência do pedido**, para beneficiar todas as vítimas e seus sucessores, na hipótese do inciso III do parágrafo único do art. 81.

10.11. Incapacidade de parte, defeito de representação ou falta de autorização

IX – incapacidade da parte, defeito de representação ou falta de autorização;

O art. 76 do CPC estabelece-se que o juiz deverá suspender o processo caso verificada incapacidade processual ou irregularidade de representação da parte a fim de que possa sanar o vício. Em não havendo supressão, cuidando-se do autor, o feito será extinto; do réu, será reconhecida revelia; ou do terceiro, será expurgado da demanda ou considerado revel, conforme for sua posição processual[160].

A "autorização", a seu turno, está prevista no art. 73 do CPC, exigindo-se o consentimento do consorte nos casos de casamento ou de união estável comprovada nos autos de uma das partes, nas causas especificadas nos § 1º e 2º do referido dispositivo[161].

A questão interessante do item é a vagueza com a qual o legislador tratou da necessidade de integração do companheiro no caso de união estável "comprovada nos autos". Discute a doutrina acerca de qual seria a comprovação tratada na lei – se a formal, mediante escritura pública ou título judicial, ou se

---

160. Art. 76. Verificada a incapacidade processual ou a irregularidade da representação da parte, o juiz suspenderá o processo e designará prazo razoável para que seja sanado o vício.

§ 1º Descumprida a determinação, caso o processo esteja na instância originária:

I – o processo será extinto, se a providência couber ao autor;

II – o réu será considerado revel, se a providência lhe couber;

III – o terceiro será considerado revel ou excluído do processo, dependendo do polo em que se encontre.

161. Art. 73. O cônjuge necessitará do consentimento do outro para propor ação que verse sobre direito real imobiliário, salvo quando casados sob o regime de separação absoluta de bens.

§ 1º Ambos os cônjuges serão necessariamente citados para a ação:

I – que verse sobre direito real imobiliário, salvo quando casados sob o regime de separação absoluta de bens;

II – resultante de fato que diga respeito a ambos os cônjuges ou de ato praticado por eles;

III – fundada em dívida contraída por um dos cônjuges a bem da família;

IV – que tenha por objeto o reconhecimento, a constituição ou a extinção de ônus sobre imóvel de um ou de ambos os cônjuges.

§ 2º Nas ações possessórias, a participação do cônjuge do autor ou do réu somente é indispensável nas hipóteses de composse ou de ato por ambos praticado.

§ 3º Aplica-se o disposto neste artigo à união estável comprovada nos autos.

Art. 74. O consentimento previsto no art. 73 pode ser suprido judicialmente quando for negado por um dos cônjuges sem justo motivo, ou quando lhe seja impossível concedê-lo.

Parágrafo único. A falta de consentimento, quando necessário e não suprido pelo juiz, invalida o processo.

poderiam ser aceitos outros meios de prova. Prevalece, contudo, a primeira posição, mais restritiva, como postura assecuratória dos direitos da contraparte e/ou de terceiros, exigindo-se, nestes casos, que a união estável esteja devidamente formalizada[162].

10.12. Falta de caução ou de outra prestação que a lei exige como preliminar

> XII – falta de caução ou de outra prestação que a lei exige como preliminar;

A regra de maior relevo é a do art. 83 do CPC:

> **Art. 83.** O autor, brasileiro ou estrangeiro, que residir fora do Brasil ou deixar de residir no país ao longo da tramitação de processo prestará caução suficiente ao pagamento das custas e dos honorários de advogado da parte contrária nas ações que propuser, se não tiver no Brasil bens imóveis que lhes assegurem o pagamento.

Sobre o ponto, consigne-se que o Brasil é signatário do Protocolo de Cooperação e Assistência Jurisdicional em Matéria Civil, Comercial, Trabalhista e Administrativa – Protocolo de Las Leñas, aprovado pelo Decreto nº 2.067/1996 e alterado pelo Decreto nº 6.891/2009, pelo qual se conferiu igualdade de

162. "Nem sempre a união estável será comprovada documentalmente e não é raro que as circunstâncias relevantes para sua configuração decorram de prova oral. Diante desse quadro, abrem-se três possibilidades: a) permite-se uma ampla dilação probatória incidental, para fins de controle de admissibilidade da demanda; b) admite-se apenas prova documental, como contrato ou sentença anterior, simetricamente ao disposto no art. 612, segunda parte, CPC; c) limita-se somente à prova pré-constituída, sem qualquer abertura de incidente probatório, ainda que sobre prova documental posterior. Evidentemente, qualquer que seja a solução adotada, inexistirá pronunciamento judicial sobre a existência ou não de união estável, não se formando coisa julgada a seu respeito (o tema se torna mais complexo diante dos termos do art. 503, CPC). A questão aqui será tomada como fato apenas para fins de validade e eficácia de processo específico, sem qualquer efeito sobre a caracterização em si da união, que, passe o truísmo, não é objeto do processo. Entre as três possibilidades descritas, parece-nos que a segunda é a mais adequada para o sistema do Código, já que não subtrai aprioristicamente a possibilidade de ampla produção de prova documental nem permite a instalação de um incidente que pode obnubilar as questões efetivamente discutidas no processo (sobre a discussão antes da regra do novo CPC, DIDIER JR., 2014a, p. 275-276; TEPEDINO; BARBOZA; MORAES, 2004, p. 455-456). A Corregedoria do CNJ, em um afã legiferante, houve por bem editar o Provimento 37/2014, disciplinando o registro formal de união estável hétero ou homossexual. Uma interpretação possível para o dispositivo pode se basear, portanto, nessa formalização para considerar a união estável "comprovada nos autos", como forma de eliminar ou amenizar os problemas antes apontados. Sem dúvida essa opção prestigia a segurança, mas acaba por tornar obrigatória uma forma que é facultativa, sacrificando a proteção patrimonial daqueles que vivem em união estável." (Cabral, Antônio do Passo. Cramer, Ronaldo. Comentários ao novo Código de Processo Civil. 1Ed. Rio de Janeiro: Forense, 2015.)

tratamento processual a todo e qualquer cidadão ou residente permanente dos Estados-partes (Argentina, Bolívia, Brasil, Chile, Paraguai e Uruguai).

Todavia, o STJ decidiu que referido normativo não isenta os cidadãos ou residentes permanentes nos Estados-partes da caução de que cuida o art. 83 do CPC, porquanto é estabelecida em razão da ausência de residência em solo nacional e por não dispor de bens imóveis em solo pátrio, não havendo *discrimen* em face da nacionalidade[163].

Nesse sentido, apenas a elaboração de documento internacional específico que aborde a caução processual tem o condão de dispensar a condição de procedibilidade estatuída legalmente, como indicado no enunciado nº 4 da I Jornadas de Processo Civil do Conselho da Justiça Federal – CJF.[164]

10.13. Indevida concessão de benefício de gratuidade de justiça

XIII – indevida concessão do benefício de gratuidade de justiça.

Veja-se que, tanto quanto o pedido de gratuidade judiciária pode ser veiculado a qualquer tempo, a contraparte pode arguir a não justeza da benesse em

163. (...)

1. O autor que não residir no Brasil prestará caução suficiente às custas e honorários de advogado da parte contrária, se não tiver imóveis no Brasil que assegurem o pagamento de eventual sucumbência (CPC/2015, art. 83, caput).

2. A exigência de caução é imposta tanto ao promovente brasileiro como ao estrangeiro, desde que atendidas duas condições objetivas e cumulativas: (I) não resida no Brasil ou deixe de residir na pendência da demanda; e (II) não seja proprietário de bens imóveis no Brasil, suficientes para assegurar o pagamento das custas e dos honorários advocatícios, na hipótese de sua sucumbência.

3. O segundo requisito impõe, tanto aos brasileiros como aos estrangeiros, a necessidade de serem titulares de bens imóveis no território submetido à jurisdição brasileira, o que não ocorre com os prédios localizados em território alienígena.

4. O Protocolo de Las Leñas, do qual o Brasil é signatário, não traz dispensa genérica da prestação de caução, limitando-se a impor o tratamento igualitário entre todos os cidadãos e residentes nos territórios de quaisquer dos Estados-Partes. Não incidência da exceção prevista no § 1º do art. 83 do CPC/2015.

5. Conforme o acórdão recorrido, o promovente é cidadão argentino, porém tem residência fora do território regional transnacional englobado pelo Protocolo de Las Leñas. Com isso, está alcançado pela regra do caput do art. 83 do CPC, impondo-se-lhe a prestação de caução, salvo se comprovar a propriedade de bens imóveis suficientes no Brasil.

6. Recurso especial a que se nega provimento.

(REsp n. 1.991.994/SP, relator Ministro Raul Araújo, Quarta Turma, julgado em 7/6/2022, DJe de 20/6/2022.)

164. I Jornada de Direito Processual Civil – Enunciado 4: A entrada em vigor de acordo ou tratado internacional, que estabeleça dispensa da caução prevista no art. 83, § 1º, I, do CPC, impõe a liberação da caução previamente prestada.

manifestação imediatamente subsequente, seja qual ela for (contestação, réplica, petição etc.)[165].

Valem aqui as mesmas observações elaboradas quando do estudo do instituto da gratuidade judiciária trabalhada como questão prévia, notadamente no que tange às regras e aos entendimentos que auxiliam no afastamento da preliminar, de grande valia para candidatos de concursos públicos precipuamente, já expostos em item precedente. Faço mera remissão.

Reforço, por oportuno e necessário, o cuidado para não confundir com a questão prévia de gratuidade judiciária: note-se que, em caso de expressa impugnação pela contraparte de gratuidade judiciária já deferida, cabe a apreciação da questão como preliminar ao mérito. Caso haja pendência de apreciação de pedido de gratuidade, sem decisão inicial de acatamento ou não, é que se recomenda o tratamento como questão prévia, haja vista que tal, em verdade, já deveria ter sido decidido, mas não o fora, como já abordado oportunamente.

11. FECHAMENTO DAS PRELIMINARES

Findadas as preliminares, por ser um marco notável dentro da técnica de sentença, recomenda-se a elaboração, simples e objetiva, mas importante, de parágrafo de transição, semelhante ao abaixo elaborado:

Ex.:

> "Presentes estão, pois, os pressupostos processuais de existência e validade do processo, bem assim as partes são legítimas e há interesse processual na solução da controvérsia. Dessa forma, sigo ao exame de mérito."

12. PREJUDICIAIS DE MÉRITO

Todavia, antes de adentrar no mérito propriamente dito, hão de ser decididas possíveis prejudiciais de mérito, como temas que não obstaculizam o julgamento meritório, mas direcionam necessariamente o seu resultado. Dentre as

165. Art. 100. Deferido o pedido, a parte contrária poderá oferecer impugnação na contestação, na réplica, nas contrarrazões de recurso ou, nos casos de pedido superveniente ou formulado por terceiro, por meio de petição simples, a ser apresentada no prazo de 15 (quinze) dias, nos autos do próprio processo, sem suspensão de seu curso.

Parágrafo único. Revogado o benefício, a parte arcará com as despesas processuais que tiver deixado de adiantar e pagará, em caso de má-fé, até o décuplo de seu valor a título de multa, que será revertida em benefício da Fazenda Pública estadual ou federal e poderá ser inscrita em dívida ativa.

principais, menciona-se a avaliação de inconstitucionalidade de lei, prescrição e a decadência. Segue sugestão de parágrafo de iniciação, caso tenham sido ventiladas pelas partes ou o juízo resolva tratá-las de ofício, resguardado o contraditório prévio:

Ex.:

> "De modo prévio, contudo, há de se perpassar pela prejudicial de mérito da prescrição/decadência aduzida pelo réu."

Vale salientar que a inconstitucionalidade de lei pode ser reconhecida de ofício ou mediante argumento das partes. O exame de constitucionalidade se concretiza com a verificação da compatibilidade do fundamento jurídico embasador da pretensão com o bloco de constitucionalidade, composto pela Constituição Federal, Ato das Disposições Constitucionais Transitórias, Emendas Constitucionais e Tratados Internacionais de Direitos Humanos recepcionados sob a sistemática das Emendas Constitucionais.

Pode ser realizada pelo magistrado de primeiro grau, em qualquer caso, por força da vertente difusa do controle de constitucionalidade, na linha norte-americana. Esta prejudicial não apresenta maiores especificidades.

Mais delicada é a prejudicial de mérito da prescrição e da decadência.

Aqui também é caso de atentar para a maior chance de, em provas de concursos de magistratura, ser caso de rejeição ou acolhimento parcial da prejudicial de mérito, considerando que o alcance meritório é quase sempre exigido para melhor avaliação dos candidatos. Dica: em exames de sentença, atentar para enunciados repletos de datas, quando costumeiramente se deve observar a ocorrência de prescrição/decadência.

A prescrição e a decadência legal podem ser acolhidas de ofício pelo decisor, independentemente de provocação das partes, conforme previsão expressa do art. 487, II, do CPC. Tal redação, inclusive, derrogou parcial e tacitamente a redação do art. 191 do Código Civil, quando admitia a renúncia tácita à prescrição, mas restrita a revogação ao ambiente jurisdicional, ainda sendo possível que ocorra no campo extrajudicial.

A decadência convencional, a seu turno, deve ser objeto de arguição expressa, não podendo o magistrado dela conhecer de ofício[166-167].

166. Art. 211. Se a decadência for convencional, a parte a quem aproveita pode alegá-la em qualquer grau de jurisdição, mas o juiz não pode suprir a alegação.
167. Enunciado FPPC 521. (art. 487, parágrafo único; arts. 210 e 211 do Código Civil) Apenas a decadência fixada em lei pode ser conhecida de ofício pelo juiz. (Grupo: Sentença, coisa julgada e ação rescisória)

Não esquecer que a decisão pela prescrição/decadência é de mérito, embora prejudicial, daí porque fazer alusão em dispositivo ao art. 487 do CPC.

> **Art. 487.** Haverá resolução de mérito quando o juiz:
>
> (...)
>
> II – decidir, de ofício ou a requerimento, sobre a ocorrência de decadência ou prescrição;

Ressalve-se que, embora seja possível o seu reconhecimento de ofício, o contraditório ainda assim é essencial, apenas dispensado caso se dê no julgamento de improcedência liminar do pedido, conforme dicção do parágrafo único do art. 487 do CPC[168].

Seguindo a lógica de Agnelo Amorim, em apertadíssima síntese, a ação meramente declaratória é imprescritível; a ação constitutiva, na qual se vindica direitos potestativos, pode ser objeto de decadência; e a ação condenatória, consistente na exigência de uma pretensão está sujeita a prescrição.

No ponto, de extremo relevo a alusão à *Teoria da Actio Nata*, porquanto costuma aparecer em espelhos de sentenças cíveis da magistratura e é bastante recorrente na praxe forense, pela qual "*o direito de ação nasce com a ciência da violação do direito*". Nessa toada, apenas o efetivo conhecimento da ofensa ao direito material por aquele a quem interessa é capaz de dar impulso ao lapso prescricional[169]. É a regra na ordem jurídica, não infensa, aliás como quase nada no Direito, a exceções. Reproduz-se, por relevante, ementa extraída de julgado emanado do Superior Tribunal de Justiça que bem explicita a adoção sedimentada da teoria em seu viés subjetivo:

> PROCESSUAL CIVIL E ADMINISTRATIVO. AGRAVO INTERNO NO AGRAVO INTERNO NO RECURSO ESPECIAL. AÇÃO INDENIZATÓRIA MARCO PRESCRICIONAL. TEORIA DA ACTIO NATA. ART. 1022 DO CPC. VIOLAÇÃO. RECURSO ESPECIAL PARCIALMENTE PROVIDO.
>
> 1. Trata-se de Agravo Interno contra decisão que reconsiderou a decisão anterior e deu parcial provimento ao Recurso Especial do particular para

168. Parágrafo único. Ressalvada a hipótese do § 1º do art. 332, a prescrição e a decadência não serão reconhecidas sem que antes seja dada às partes oportunidade de manifestar-se.

169. A abordagem da teoria da *actio nata* fora exigida na prova de sentença cível do TJ/SP – 2017, conforme se confere do trecho a seguir: "2 – A prescrição (5 anos) deve ser rejeitada. A resposta deve fazer distinção entre os prazos do artigo 206, § 3º, inciso V, do Código Civil (3 anos) e do artigo 27 do Código de Defesa do Consumidor (5 anos), e também abordar o princípio da "actio nata" (artigo 189 do Código Civil), mencionando o momento em que o autor da ação tomou conhecimento da violação a seu direito."

que o Tribunal de origem se pronuncie sobre a matéria referente à aplicação da teoria da actio nata, a permitir, ou não, no caso concreto, a eleição deste marco como dies a quo do prazo prescricional, julgando no mais como entender de direito.

2. Na linha de entendimentos do Superior Tribunal de Justiça, "o curso do prazo prescricional do direito de reclamar inicia-se somente quando o titular do direito subjetivo violado possa a conhecer o fato e a extensão de suas consequências - dano, extensão e autoria da lesão" (REsp 1.257.387/RS, Rel. Min. Eliana Calmon, Segunda Turma, DJe de 17.9.2013) 3. Embora, em regra, o prazo prescricional tenha início com o nascimento da pretensão – ou seja, com a exigibilidade da prestação –, a vertente subjetiva da teoria da actio nata ensina que a contagem do prazo prescricional exige a efetiva inércia do titular do direito, a qual somente se verifica diante da inexistência de óbices ao exercício da pretensão e a partir do momento em que o titular tem ciência inequívoca do dano, de sua extensão, e da autoria da lesão. Em posição idêntica o REsp 1.494.482/SP, Rel. Min. Ricardo Villas Bôas Cueva, Rel. p/ Acórdão Min. Nancy Andrighi, Terceira Turma, DJe 18.12.2020.

4. Agravo Interno não provido.

(AgInt no AgInt no REsp n. 1.890.873/PE, relator Ministro Herman Benjamin, Segunda Turma, julgado em 28/6/2021, DJe de 1/7/2021.)

A prescrição, como instrumento de consolidação das relações e de segurança jurídica de todo relevante para a estabilização das relações e boa convivência social, é a regra ampla no ordenamento jurídico. As hipóteses de imprescritibilidade, assim, são absolutamente excepcionais. Cita-se como exemplos de ações imprescritíveis a meramente declaratória, na classificação acima indicada, a referente a direitos da personalidade, as que discutem estado da pessoa e as relativas a ressarcimento de danos ao erário[170], esta por força de comando constitucional[171].

Em relação à reparação de dano ao erário, atentar para a interpretação redutora atribuída ao art. 37, § 5º, da CF/88 pelo Supremo Tribunal Federal, na qual reconheceu a prescritibilidade da pretensão que visa recuperar prejuízo público nos casos de danos decorrentes de ilícito civil (RE 669.069/MG) e de danos decorrentes de atos culposos (RE 852.475/SP).

170. CF/88. Art. 37. (...)

§ 5º A lei estabelecerá os prazos de prescrição para ilícitos praticados por qualquer agente, servidor ou não, que causem prejuízos ao erário, **ressalvadas as respectivas ações de ressarcimento**.

171. Art. 37. (...)

§ 5º A lei estabelecerá os prazos de prescrição para ilícitos praticados por qualquer agente, servidor ou não, que causem prejuízos ao erário, ressalvadas as respectivas ações de ressarcimento.

Além disso, verificando-se que a citação é um dos marcos interruptivos da prescrição, na forma do art. 240, § 1º, do CPC[172], apresenta-se o entendimento do STJ pelo qual a citação válida operada em ação coletiva é capaz de interromper o transcurso do lapso prescricional para a propositura da ação individual que contiver a mesma causa de pedir.[173] Entretanto, a citação no cumprimento de sentença coletiva de obrigação de fazer não obsta o transcurso do lustro prescricional no que tange à obrigação de pagar prevista no mesmo título, mas omitida no primevo ato executório, sujeitando-se ao lapso prescricional de cinco anos[174].

Quanto ao mais, as principais disposições que abordam a temática da prescrição e decadência restam a seguir enumeradas para consulta oportuna, que tem mais incidência na experiência forense e em certames de magistratura, sem qualquer pretensão, contudo, de exaustividade das vastas previsões sobre o tema:

- ✓ Arts. 205 e 206 do CC/02 – prescrição
- ✓ Arts. 178/179 do CC/02 – decadência
- ✓ Art. 27 do CDC – prescrição
- ✓ Art. 26 do CDC – decadência
- ✓ Art. 23 da Lei nº 8429/92
- ✓ Art. 1º do Decreto-lei nº 20.910/32
- ✓ Art. 1º-C da Lei nº 9494/97
- ✓ Art. 37, § 5º, da CF/88
- ✓ Art. 54 da Lei nº 9784/99

---

172. Art. 240. A citação válida, ainda quando ordenada por juízo incompetente, induz litispendência, torna litigiosa a coisa e constitui em mora o devedor, ressalvado o disposto nos arts. 397 e 398 da Lei nº 10.406, de 10 de janeiro de 2002 (Código Civil).

    § 1º A interrupção da prescrição, operada pelo despacho que ordena a citação, ainda que proferido por juízo incompetente, retroagirá à data de propositura da ação.

173. (...)

    3. A citação válida na ação coletiva por danos ambientais interrompe o prazo prescricional da ação indenizatória individual se coincidentes a causa de pedir das demandas.

    (...)

    (AgInt no AREsp n. 2.036.247/RS, relator Ministro João Otávio de Noronha, Quarta Turma, julgado em 14/11/2022, DJe de 17/11/2022.)

174. STJ. 1ª Turma. AgInt no AREsp 1804754-RN, Rel. Min. Sérgio Kukina, julgado em 15/03/2022 (Info 729).

Sem prejuízo, a jurisprudência é vasta no tema, motivo pelo qual cabe ao julgador manter consigo uma boa fonte de consulta, ao passo que ao candidato de concursos públicos se manter atualizado, principalmente com os informativos mais recentes das Cortes superiores e com os entendimentos sumulados.

13. MÉRITO PROPRIAMENTE DITO

O item é preenchido com mero parágrafo de transição, conforme sugerido, não merecendo maior delineamento:

Ex1.:

> "Superado o exame das prejudiciais de mérito, passo ao exame meritório propriamente dito."

Ex2.:

> "Inexistindo prejudiciais de mérito arguidas ou identificadas de ofício, sigo ao exame meritório propriamente dito."

14. ADIANTAR O RESULTADO FINAL

Cuida-se de item opcional, cumprido com qualquer das construções curtas abaixo relacionadas:

> Ex1.:
>
> "Assiste razão ao autor."
>
> Ex2.:
>
> "Não assiste razão ao autor."
>
> Ex3.:
>
> "Ao autor assiste razão parcial."

A lógica é já esclarecer ao leitor sobre a sua conclusão, seja ele jurisdicionado, advogado, Defensor Público, Ministério Público ou examinador.

Em provas de sentença é de todo interessante, uma vez que, com tal, já se revela para o examinador qual a conclusão do candidato sobre o ato mesmo antes de toda a análise que sobrevirá. Se o candidato houver sido preciso, o examinador tem uma sensação de leveza na leitura da fundamentação, notadamente porque já percebera que a resposta está acertada, cabendo apenas mensurar a pontuação adequada.

Na praxe, se presta a esclarecer à parte e/ou seu representante a quem beneficiará a conclusão, servindo para amenizar a sua expectativa e permitir a identificação, a seguir, acerca das razões para o resultado obtido.

15. ANUNCIAÇÃO DA CONTROVÉRSIA A SER SOLVIDA, RESSALVANDO OS PONTOS INCONTROVERSOS

Compete ao sentenciante, neste momento, delimitar a controvérsia sobre a qual prolatará decisão, afastando os pontos incontroversos. É uma maneira de, bem compreendida a situação posta a exame, balizar as matérias sobre as quais haverá jurisdição, descartando as demais, em deferência até mesmo ao princípio da eficiência de égide constitucional, evitando-se o desperdício de recursos públicos com o dispêndio inócuo de esforço mental e temporal do julgador sobre pontos que não carecem de apreciação e argumentação.

No tópico, pertinente a compreensão de dois institutos que auxiliam neste decote material meritório: revelia e ônus de impugnação especificada, redundando ambos, ressalvadas as exceções dispostas em lei, em presunção de veracidade de fatos autorais, prescindindo, então, de incursionamento mais aprofundado.

15.1. Revelia: efeito material

A revelia estabelece, em regra, a incontrovérsia das alegações de fato trazidas pelo autor na inicial, demandando, pois, pouca ou nenhuma atividade probatória sobre o fato:

> **Art. 344.** Se o réu não contestar a ação, será considerado revel e presumir-se-ão verdadeiras as alegações de fato formuladas pelo autor.

Entretanto, deve-se cuidar com as situações de efeito material obstado, previstas no art. 345 do CPC, quando se bloqueia a presunção de veracidade emanada da revelia, exigindo-se, então, prova efetiva dos fatos, conforme art. 373, I, do CPC:

> **Art. 345.** A revelia não produz o efeito mencionado no art. 344 se:
>
> I – havendo pluralidade de réus, algum deles contestar a ação;
>
> II – o litígio versar sobre direitos indisponíveis;

> III – a petição inicial não estiver acompanhada de instrumento que a lei considere indispensável à prova do ato;
>
> IV – as alegações de fato formuladas pelo autor forem inverossímeis ou estiverem em contradição com prova constante dos autos.

De se ressaltar, entretanto, que a mera assunção de veracidade dos fatos narrados pelo autor não implica necessário êxito na sua demanda, uma vez que é possível que a pretensão jurídica não se revele crível diante do que relatado. Na linha, cito DANIEL NEVES:

> Reputam-se verdadeiros somente os fatos alegados pelo autor, de forma que a matéria jurídica naturalmente estará fora do alcance desse efeito da revelia.
>
> Aplicando-se o princípio do iura novit curia – o juiz sabe o direito –, é inadmissível a vinculação do magistrado à fundamentação jurídica do autor somente porque o réu não contesta a demanda, tornando-se revel. Daí por que incompreensível a determinação de desentranhamento da contestação dos autos quando ocorre a revelia, sendo certo que o juiz poderá se aproveitar dos fundamentos jurídicos de defesa apresentados pelo réu em sua contestação viciada. A exclusão da matéria de direito da presunção gerada pela revelia é o que explica o julgamento de improcedência do pedido do autor mesmo sendo revel o réu e ocorrendo a presunção de veracidade dos fatos alegados na petição inicial no caso concreto.[175]

Ademais, de se indicar os casos em que, mesmo não havendo previsão expressa excepcionadora no art. 345 do CPC, não haveria formação do efeito material, conforme análise do caso concreto e a depender do que se está questionando da demanda.

Por exemplo, é tranquilo o reconhecimento jurisprudencial de não configuração da presunção de veracidade dos fatos apresentados pelo autor nas hipóteses em que não há resposta pela contraparte nos procedimentos de embargos à execução de título executivo extrajudicial[176], dada a força natural que emana do título que o subjaz, de ação rescisória[177], por almejar se rescindir título judicial, ou mesmo nas ações ordinárias em que se visa questionar ato administrativo[178], que detém presunção de legitimidade segundo a melhor

175. NEVES, Daniel Amorim Assumpção. Manual de Direito Processual Civil. Volume Único. Salvador: Juspodivm, 2016.
176. STJ. AgRg no AREsp n. 576.926/SP, relator Ministro Marco Aurélio Bellizze, Terceira Turma, julgado em 12/2/2015, DJe de 26/2/2015.
177. STJ. AR n. 4.309/SP, relator Ministro Gilson Dipp, Terceira Seção, julgado em 11/4/2012, DJe de 8/8/2012.
178. STJ. AgRg no REsp n. 1.137.177/SP, relator Ministro Humberto Martins, Segunda Turma, julgado em 18/2/2010, DJe de 2/3/2010.

doutrina administrativista. Em verdade, o Superior Tribunal de Justiça tem entendimento bastante criticado de que o efeito material da revelia não se aplica frente a Fazenda Pública, ante a indisponibilidade do patrimônio público[179].

15.2. Ônus da impugnação especificada: efeito material

Outra circunstância que acarreta inflexões sobre a controvérsia remanescente para decisão é a do ônus da impugnação especificada. Por esta regra processual, deve a defesa combater um a um os pontos apresentados pelo autor, sob pena de presunção de veracidade daquilo que não refutado. Contudo, também existem hipóteses em que a presunção por desatendimento à impugnação especificada é afastada.

> **Art. 341.** Incumbe também ao réu manifestar-se precisamente sobre as alegações de fato constantes da petição inicial, presumindo-se verdadeiras as não impugnadas, salvo se:
>
> I – não for admissível, a seu respeito, a confissão;
>
> II – a petição inicial não estiver acompanhada de instrumento que a lei considerar da substância do ato;
>
> III – estiverem em contradição com a defesa, considerada em seu conjunto.
>
> Parágrafo único. O ônus da impugnação especificada dos fatos não se aplica ao defensor público, ao advogado dativo e ao curador especial.

Ressalva-se que o ônus de impugnação especificada, conforme esclarece o parágrafo único do dispositivo de regência, acima reproduzido, não se aplica ao defensor público, ao advogado dativo e ao curador especial. Nestes casos, como se revela na praxe forense, admite-se que haja a apresentação de contestação por negativa geral, sem que tal implique em reconhecimento de veracidade dos

---

179. (...)

3. **Consolidou-se nesta Corte o entendimento segundo o qual não se aplica à Fazenda Pública o efeito material da revelia, nem é admissível, quanto aos fatos que lhe dizem respeito, a confissão, em face da indisponibilidade dos bens e direitos sob sua responsabilidade.**

4. Hipótese em que, para a decretação da fraude à execução fiscal (ou seu afastamento), faz-se necessário a verificação da circunstância de ter a alienação do bem reduzido o patrimônio do executado à situação de insolvência, sendo certo que o contexto fático delineado no acórdão recorrido não é suficiente à verificação desta circunstância, cabendo às instâncias ordinárias a sua apreciação, sob pena de supressão de instância.

5. Agravo interno não provido.

(AgInt no AREsp n. 1.171.685/PR, relator Ministro Gurgel de Faria, Primeira Turma, julgado em 2/8/2018, DJe de 21/8/2018.)

fatos apresentados pela parte autora, exigindo que haja produção probatória e argumentativa sobre as questões.

A seguir as sugestões de construção de texto:

Ex1.:

> "No processo remanesce a controvérsia sobre a ocorrência ou não do dano moral indenizável requerido na exordial. Isso porque, no que tange à declaração de inexistência do contrato, não há impugnação, na forma do art. 341 do CPC/15, fazendo-se presumir a veracidade da afirmação apresentada pelo autor."

Ex2.:

> "Há que se definir, apenas, o quantum debeatur da obrigação estabelecida entre as partes. Vê-se que a própria ocorrência do negócio jurídico é assumida pela contraparte, razão pela qual o fato é incontroverso."

16. PEDIDO

Momento, finalmente, de tratar sobre os pedidos especificamente formulados. Devem eles ser abordados em conformidade com os tópicos 16/20 do roteiro de sentença cível proposto alhures, de modo isolado e sucessivo para cada pedido formulado. Tal formatação é essencial para organização de sua sentença cível.

Em caso de prova de concurso de magistratura tal postura é ainda mais essencial, haja vista que o examinador, ao ler a resposta do candidato, no mais das vezes, terá consigo um espelho de avaliação, no qual constam, ponto a ponto, as questões que deveriam ser objeto de tratamento. Daí porque a subdivisão bem delineada na resposta é interessante até mesmo para facilitar a correção, causando boa impressão no leitor.

Inicia-se, então, estabelecendo o pedido ou um deles, caso haja mais de um, que será apreciado para que o leitor se situe.

Ex1.:

> "Postula a parte, pois, indenização por danos morais."

Ex2.:

> "Requereu a parte autora pensão mensal por óbito precoce de seu filho."

17. FUNDAMENTOS JURÍDICOS (CF, LEI, JURISPRUDÊNCIA, DOUTRINA)

É o momento de demonstrar toda a bagagem jurídica, conceituando o instituto correlato e apresentando toda a fundamentação jurídica subjacente, com citação dos dispositivos de lei pertinentes e da jurisprudência aplicável, esclarecendo, quando possível, se se trata de julgados ordinários, de recursos repetitivos ou de repercussão geral, ou de textos sumulares.

No caso de resposta de sentença cível em concurso público com maior evidência. Com o perdão da coloquialidade, mas como se diz, "é hora de dar show!". Aqui se concentra a maior parte da pontuação na prova de sentença cível, razão pela qual se deve explorar de modo amplo e maximizado a fundamentação jurídica que conduzirá a decisão judicial. Não se fala em prolixidade, mas, certamente, em completude, trabalhando com exatidão as questões respectivas. Visualmente, inclusive, deve ser a parte mais longa do ato decisório em relação às demais questões ali tratadas.

Abaixo, exemplos de como redigir matérias comumente exigidas em certames a título meramente ilustrativo:

Ex1.:

> "O dano moral goza de previsão constitucional (art. 5º, V e X, da CF/88) e legal (art. 186 do CC/02). Pode ser compreendido como ofensa à honra subjetiva da pessoa humana, malferindo direitos da personalidade, com potencial de atingir psiquicamente a vítima e lhe causar transtornos severos. A jurisprudência do Superior Tribunal de Justiça é assente no sentido de que a inscrição indevida em cadastros de inadimplência tem o condão de proporcionar abalo moral à vítima."

Ex2.:

> "A responsabilidade civil está calcada sobre três premissas: a ocorrência de um dano, o advento de um resultado e a percepção de um nexo de causalidade. Dispõem os arts. 186 e 927 do CC/02, em leitura conjugada, que aquele que, por ação ou omissão voluntária, negligência ou

imprudência, violar direito ou causar dano a outrem, comete ato ilícito, ficando obrigado a repará-lo. De modo mais específico, rege o art. 948 do CC/02, que a indenização consistirá, em caso de óbito, na prestação de alimentos às pessoas a quem o morto os devia, considerada a duração provável da vida da vítima. A jurisprudência do Superior Tribunal de Justiça compreende que, em se tratando de família de demonstrada baixa renda, há dependência presumida, de modo que se revela devida a indenização mensal no patamar de dois terços do salário-mínimo desde o momento em que a vítima completaria quatorze anos até os vinte e cinco anos e reduzido a um terço desta idade até a data do atingimento da expectativa de vida prevista pelo IBGE."

18. PROVA

Após estabelecidos os fundamentos jurídicos à exaustão, deve o decisor se debruçar sobre a atividade probatória realizada. Destaque-se que, se for o caso de incontrovérsia, já apresentada em momento antecedente, esta há de ser rememorada para dispensar-se a aferição probatória ou mesmo a aplicação dos ônus decorrentes de sua não produção.

A análise das provas se dá com esteio no livre convencimento motivado, que funda o art. 371 do CPC:

> **Art. 371.** O juiz apreciará a prova constante dos autos, independentemente do sujeito que a tiver promovido, e indicará na decisão as razões da formação de seu convencimento.

Há de se ressalvar, entretanto, que existem fatos que independem de prova, conforme art. 374 do CPC, inclusive a própria incontrovérsia, mas também outros, devendo o juiz expressamente consignar quando for o caso, apresentando o dispositivo de regência:

> **Art. 374.** Não dependem de prova os fatos:
>
> I - notórios;
>
> II - afirmados por uma parte e confessados pela parte contrária;
>
> III - admitidos no processo como incontroversos;
>
> IV - em cujo favor milita presunção legal de existência ou de veracidade.

Ademais, de absoluto relevo ter ciência das regras de ônus da prova dispostas na legislação, com bastante incidência prática e em seleção de magistratura.

A regra amplamente geral é a de **distribuição estática** do ônus probatório, que se dá *ope legis*, independentemente de decisão judicial neste sentido, regulada pelo art. 373 do CPC:

> **Art. 373.** O ônus da prova incumbe:
>
> I – ao autor, quanto ao fato constitutivo de seu direito;
>
> II – ao réu, quanto à existência de fato impeditivo, modificativo ou extintivo do direito do autor.

É de suma importância a memorização do dispositivo e sua adequada indicação quando pertinente, porquanto se presta a resolver diversas situações em que, perante controvérsia fática, as partes não são capazes de atender aos seus ônus probatórios.

Atente-se, contudo, que a legislação processual comum trouxe, de modo inovador e vanguardista, a possibilidade de distribuição dinâmica do ônus probatório, *ope judicis*, a teor do § 1º do art. 373, nos termos *infra* dispostos:

> § 1º Nos casos previstos em lei ou diante de peculiaridades da causa relacionadas à impossibilidade ou à excessiva dificuldade de cumprir o encargo nos termos do caput ou à maior facilidade de obtenção da prova do fato contrário, poderá o juiz atribuir o ônus da prova de modo diverso, desde que o faça por decisão fundamentada, caso em que deverá dar à parte a oportunidade de se desincumbir do ônus que lhe foi atribuído.
>
> § 2º A decisão prevista no § 1º deste artigo não pode gerar situação em que a desincumbência do encargo pela parte seja impossível ou excessivamente difícil.
>
> (...)

A regra do § 2º, a seu turno, veda a inversão diabólica do ônus da prova, quando impossível ou extremamente difícil a desincumbência do encargo em desfavor de quem imposto o ônus, devendo o julgador estar sempre atento a tal percepção.

Outrossim, o § 3º estabelece a possibilidade de inversão negociada do ônus da prova (negócio jurídico processual probatório), a qual pode se dar previamente à instauração do litígio ou durante a tramitação processual até o saneamento e organização do processo. Inclusive, sendo este o caso, salvo quando se reconhecer nulidade, a distribuição transacionada obsta a ingerência judicial na matéria, respeitando-se a autonomia das partes processuais[180].

---

180. II Jornada de Direito Processual Civil – Enunciado 128: Exceto quando reconhecida sua nulidade, a convenção das partes sobre o ônus da prova afasta a redistribuição por parte do juiz.

> § 3º A distribuição diversa do ônus da prova também pode ocorrer por convenção das partes, salvo quando:
>
> I – recair sobre direito indisponível da parte;
>
> II – tornar excessivamente difícil a uma parte o exercício do direito.
>
> § 4º A convenção de que trata o § 3º pode ser celebrada antes ou durante o processo.

O STJ já decidiu pela inversão dinâmica do ônus da prova em situação de resolução de sociedade conjugal com partilha de bens na qual a ex-consorte afirmava ter contribuído para realização de acessões e benfeitores em imóvel de titularidade exclusiva de seu então cônjuge, a fim de superar a presunção constante do art. 1.253 do CC/02, em caso que reputou que o titular, em verdade, deteria maiores condições de evidenciar que suportou sem esforço comum as melhorias no imóvel.[181]

A distribuição do encargo probatório também pode se dar de maneira diversa no âmbito das relações processuais consumeristas. Conforme art. 6º, VIII, do CDC é admissível a inversão do ônus da prova quando verossímil a tese do consumidor ou quando houver hipossuficiência processual identificada (que não se confunde com vulnerabilidade, esta presumida pela legislação própria):

---

181. (...)

2. Cinge-se a controvérsia a definir se a atribuição dinâmica do ônus probatório acerca da realização de acessões/benfeitorias em imóvel de propriedade do cônjuge varão, objeto de eventual partilha em ação de divórcio, pode afastar a presunção do art. 1.253 do Código Civil de 2002 ("Toda construção ou plantação existente em um terreno presume-se feita pelo proprietário e à sua custa, até que se prove o contrário.").

(...)

5. Para dar concretude ao princípio da persuasão racional do juiz, insculpido no art. 371 do CPC/2015, aliado aos postulados de boa-fé, de cooperação, de lealdade e de paridade de armas previstos no novo diploma processual civil (arts. 5º, 6º, 7º, 77, I e II, e 378 do CPC/2015), com vistas a proporcionar uma decisão de mérito justa e efetiva, foi introduzida a faculdade de o juiz, no exercício dos poderes instrutórios que lhe competem (art. 370 do CPC/2015), atribuir o ônus da prova de modo diverso entre os sujeitos do processo quando diante de situações peculiares (art. 371, § 1º, do CPC/2015). A instrumentalização dessa faculdade foi denominada pela doutrina processual teoria da distribuição dinâmica do ônus da prova ou teoria da carga dinâmica do ônus da prova.

6. No caso dos autos, a participação do cônjuge varão como coproprietário do imóvel em cujas acessões/benfeitorias foram realizadas faz presumir também o esforço comum do cônjuge virago na sua realização (art. 1.660, I e IV, do CC/2002), além de que ocorreram interrupções no vínculo matrimonial, são peculiaridades que autorizam a dinamização do ônus probatório para o recorrente (art. 371, § 1º, do CPC/2015).

7. Recurso especial não provido.

(REsp n. 1.888.242/PR, relator Ministro Ricardo Villas Bôas Cueva, Terceira Turma, julgado em 29/3/2022, DJe de 31/3/2022.)

> Art. 6º São direitos básicos do consumidor:
>
> (...)
>
> VIII – a facilitação da defesa de seus direitos, inclusive com a inversão do ônus da prova, a seu favor, no processo civil, quando, a critério do juiz, for verossímil a alegação ou quando for ele hipossuficiente, segundo as regras ordinárias de experiências;

Nesse caso, a inversão é *ope judicis*, ou seja, não dispensa decisão judicial fundamentada e prévia, oportunizando-se que a parte a quem atribuído o encargo possa produzir a respectiva prova, sob pena de nulidade. Cuidado, pois, com a invocação de tal norma em sentença, vez que deve o enunciado ter feito alusão a decisão anterior que a tenha determinado. Do contrário, descabida a indicação.

Ocorre que o CDC também traz regras de inversão *ope legis*, ou seja, independente de entendimento judicial. Estão elas situadas no art. 12, § 3° (fato do produto); art. 14, § 3° (fato do serviço); e art. 38 (veracidade publicitária). Nesses casos, diversamente do que se dá no regramento geral do art. 6º, VIII, do CDC, pode o magistrado levantar ineditamente o ônus invertido, porquanto decorre direta e imediatamente da lei. Nesse sentido, cito a jurisprudência do STJ:

> (...)
>
> 2. Diferentemente do comando contido no art. 6º, inciso VIII, que prevê a inversão do ônus da prova "a critério do juiz", quando for verossímil a alegação ou hipossuficiente a parte, o § 3º, do art. 12, preestabelece – de forma objetiva e independentemente da manifestação do magistrado –, a distribuição da carga probatória em desfavor do fornecedor, que "só não será responsabilizado se provar: I – que não colocou o produto no mercado; II – que, embora haja colocado o produto no mercado, o defeito inexiste; III- a culpa exclusiva do consumidor ou de terceiro". É a diferenciação já clássica na doutrina e na jurisprudência entre a inversão ope judicis (art. 6º, inciso VIII, do CDC) e inversão ope legis (arts. 12, § 3º, e art. 14, § 3º, do CDC). Precedente da Segunda Seção.
>
> (...)
>
> 5. Recurso especial não provido.
>
> (REsp n. 1.095.271/RS, relator Ministro Luis Felipe Salomão, Quarta Turma, julgado em 7/2/2013, DJe de 5/3/2013.)

No tema, impõe-se aludir ao entendimento pelo qual as normas materiais de publicidade enganosa e abusiva constantes do CDC podem ser invocadas no âmbito do Direito Concorrencial, forte na proteção da defesa do consumidor e da livre concorrência, princípios regentes da ordem econômica em nível constitucional (art. 170, IV e V, da CF/88).

Todavia, as disposições de cunho processual da publicidade ilícita estariam fora da intercambialidade, notadamente a prerrogativa de inversão legal do ônus da prova, por estarem calcadas fundamentalmente no princípio da isonomia material e na vulnerabilidade do consumidor, circunstâncias que em que não se sub-roga o prejudicado do direito de concorrência, ressalvado o reconhecimento da inversão dinâmica do ônus da prova de que trata o art. 373, § 1º, do CPC[182].

Apresento, por conveniente, interessante julgado da mesma Corte Superior em que, diante da notoriedade do fato discutido, afirmou-se que a inversão *ope judicis* se transformaria em *ope legis*, atribuindo-se naturalmente o ônus probatório ao fornecedor, independentemente de decisão judicial neste sentido[183].

---

182. (...)

2. Caso concreto em que a controvérsia recursal versa acerca da possibilidade de aplicação da inversão do ônus da prova operada de forma direta e automática pelo art. 38 do CDC às ações fundadas em publicidade enganosa propostas não por consumidor, mas por sociedade empresária concorrente.

3. Direito da Concorrência e Direito do Consumidor que apresentam relação simbiótica, pois, em termos gerais, quanto maior a concorrência, maior tende a ser o bem-estar do consumidor e que, quanto maior a proteção do consumidor, mais justa e leal tende a ser a concorrência.

4. Normas previstas no CDC relativas aos limites da publicidade ao consumidor, incluindo a proibição às publicidades enganosa e abusiva, que se aplicam também às relações concorrenciais, uma vez que elas acabam por reforçar a defesa da concorrência.

5. Diálogo de coordenação e de adaptação sistemática entre as normas do Direito da Concorrência e as do Direito do Consumidor que, no entanto, não alcança o art. 38 do CDC, que impõe, ope legis, a inversão do ônus da prova em desfavor do anunciante.

6. Norma que tem como fundamento a vulnerabilidade do consumidor e como objetivo garantir a igualdade material e reforçar sua proteção, inclusive no acesso à Justiça.

7. Vulnerabilidade que não pode ser pressuposta, como regra, na relação concorrencial. Norma do art. 38 do CDC cuja aplicação não se justifica nas relações concorrenciais por não reforçar a defesa da concorrência.

8. Eventual dificuldade ou mesmo impossibilidade de o autor arcar com o ônus da prova, verificada no caso concreto, que pode ser resolvida por meio da distribuição dinâmica do ônus da prova. Art. 373, § 1º, do CPC.

9. Inversão determinada "ope legis" que, em alguns casos, poderia até mesmo prejudicar a defesa da concorrência, já que acabaria por facilitar o abuso do direito de ação com finalidade anticoncorrencial, em prática amplamente conhecida pelo termo em inglês "sham litigation".

10. RECURSO ESPECIAL DESPROVIDO.

(REsp n. 1.866.232/SP, relator Ministro Paulo de Tarso Sanseverino, Terceira Turma, julgado em 21/3/2023, DJe de 23/3/2023.)

183. (...)

6. A recorrente aduz também ofensa ao art. 6º, VIII, da Lei 8.078/1990 (Código de Defesa do Consumidor), porque o ônus da prova não poderia ter sido invertido em seu desfavor, tendo em vista a falta de comprovação da verossimilhança das alegações feitas pela recorrida e da hipossuficiência desta. Contudo, a instância de origem decidiu a questão com fundamento no suporte fático-probatório dos autos, cujo reexame é inviável em Recurso Especial. No mais, a posição do Tribunal de origem está em sintonia com a jurisprudência do STJ.

Há, ainda, em conformidade com a jurisprudência do STJ, inversão no direito ambiental – *ope judicis* – atribuindo-se ao poluidor/degradador o ônus de demonstrar que sua atividade não fora responsável por dano ambiental ou que este inexiste.

> A inversão do ônus da prova aplica-se às ações de degradação ambiental.
> (Súmula 618, CORTE ESPECIAL, julgado em 24/10/2018, DJe 30/10/2018)

Releva destacar que, normalmente, a inversão do ônus da prova é regra de instrução, não de julgamento, demandando que o juiz atribua expressamente o encargo de modo distinto entre as partes e que conceda lapso suficiente para dele se desincumbir[184].

Um esclarecimento é bastante importante, notadamente para a praxe forense. Não é raro que se confunda inadvertidamente entre inversão do ônus probatório, como acima retratado, com inversão do custeio da prova. Nessa tônica, se vislumbra com bastante frequência, aliás, advogados que representam o público vulnerável postularem voluntariamente a produção de uma prova, pericial, *v. g.*, mas tentarem imputar o seu custo à parte contrária. Tal intenção não goza de qualquer respaldo legal. A parte que requereu a produção da prova deve arcar com o seu custo, ainda que, em tese, não tivesse o ônus de produzi-la, salvo beneficiário da justiça gratuita, que será subsidiado pelo Estado.

Assim é que, por exemplo, numa demanda em que se discute vício no produto, acaso o juiz haja por bem, com supedâneo no já indicado art. 6º, VIII, do

---

7. **De toda a sorte, ninguém duvida que, no mercado brasileiro de consumo de telefonia, os consumidores, em particular as pessoas físicas, encarnam, como regra, a posição de sujeito "hipossuficiente", na exata acepção do art. 6º, VII, do Código de Defesa do Consumidor. São dezenas de milhões de pobres, trabalhadores urbanos e rurais, pessoas humildes, que dependem absolutamente de serviços de telefonia, sobretudo de celular pós-pago. Por outro lado, não são poucos os casos em que, indo além das "regras ordinárias de experiência", a "verossimilhança" (CDC, art. 6º, VIII) das alegações do consumidor mostra-se tão manifesta, de conhecimento público, que atrai status jurídico de fatos notórios, os quais "não dependem de prova" (art. 374, I, do Código de Processo Civil). Tal notoriedade transmuda a inversão do ônus da prova de ope judicis para ope legis, decorrência da própria lógica do nosso sistema processual (princípio notoria non egent probatione).**

8. No que tange à aludida violação do art. 273, a iterativa jurisprudência do Superior Tribunal de Justiça prescreve que o juízo de valor precário, emitido na concessão ou no indeferimento de medida liminar, não tem o condão de ensejar a violação da legislação federal, o que implica não cabimento do Recurso Especial, nos termos da Súmula 735/STF.

9. Recurso Especial parcialmente conhecido e, nessa parte, não provido.

(REsp n. 1.790.814/PA, relator Ministro Herman Benjamin, Segunda Turma, julgado em 21/3/2019, DJe de 19/6/2019.)

184. STJ. EREsp n. 422.778/SP, relator Ministro João Otávio de Noronha, relatora para acórdão Ministra Maria Isabel Gallotti, Segunda Seção, julgado em 29/2/2012, DJe de 21/6/2012.

CDC, inverter o ônus da prova, cabe ao fornecedor demonstrar que não há o vício narrado, ou que houvera mau uso pelo consumidor. Nesse sentido, após invertido o ônus probatório e instadas as partes, se, ainda assim, ao invés do fornecedor, o próprio consumidor postular a realização de perícia no produto, deverá arcar com o dispêndio respectivo. Lado outro, em silenciando o consumidor, pode o fornecedor ou postular a realização da prova, e arcará com o custo, ou se não postular a sua produção, e aí suportará as consequências processuais advindas da desatenção ao *onus probandi*. É a jurisprudência do STJ[185].

Noutro ponto, mas ainda sobre avaliação da prova, consigne-se, por relevante e frequente na praxe e no concurso público, que, no campo do direito previdenciário, é possível apontar uma espécie de semi-tarifação da prova atinente ao segurado especial.

---

185. (...)

1. Cuida-se, na origem, de Ação de Reintegração de Posse movida pela recorrente contra os recorridos. Processada a demanda, houve ajuizamento de Reconvenção, cujo objeto é a reparação por danos materiais e morais decorrentes da ocupação da área em disputa, tendo havido decisão judicial de inversão do ônus da prova e determinação de que os honorários periciais recaiam sobre a empresa, ora recorrente.

2. Acerca da inversão do ônus da prova, nenhum reparo merece o acórdão recorrido. Em perfeita sintonia com a Constituição de 1988, o art. 373, § 1º, do Código de Processo Civil reproduz, na relação processual, a transição da isonomia formal para a isonomia material, mutação profunda do paradigma dos direitos retóricos para o paradigma dos direitos operativos, pilar do Estado Social de Direito. Não se trata, contudo, de prerrogativa judicial irrestrita, pois depende ora de previsão legal (direta ou indireta, p. ex., como consectário do princípio da precaução), ora, na sua falta, de peculiaridades da causa, associadas quer à impossibilidade ou a excessivo custo ou complexidade de cumprimento do encargo probante, quer à maior capacidade de obtenção da prova pela parte contrária. Naquela hipótese, em reação à natureza espinhosa da produção probatória, a inversão foca em dificuldade do beneficiário da inversão; nesta, prestigia a maior facilidade, para tanto, do detentor da prova do fato contrário. Qualquer elemento probatório, pontualmente – ou todos eles conjuntamente –, pode ser objeto da decretação de inversão, desde que haja adequada fundamentação judicial.

3. A alteração ope legis ou ope judicis da sistemática probatória ordinária leva consigo o custeio da carga invertida, não como dever, mas como simples faculdade. Logo, não equivale a compelir a parte gravada a pagar ou a antecipar pagamento pelo que remanescer de ônus do beneficiário. Modificada a atribuição, desaparece a necessidade de a parte favorecida provar aquilo que, daí em diante, integrar o âmbito da inversão. Ilógico e supérfluo, portanto, requisitar produza o réu prova de seu exclusivo interesse disponível, já que a omissão em nada prejudicará o favorecido ou o andamento processual. Ou seja, a inversão não implica transferência ao réu de custas de perícia requerida pelo autor da demanda, pois de duas, uma: ou tal prova continua com o autor e somente a ele incumbe, ou a ele comumente cabia e foi deslocada para o réu, titular da opção de, por sua conta e risco, cumpri-la ou não. Claro, se o sujeito titular do ônus invertido preferir não antecipar honorários periciais referentes a seu encargo probatório, presumir-se-ão verdadeiras as alegações da outra parte.

5. Recurso Especial parcialmente conhecido e, nessa parte, não provido.

(REsp n. 1.807.831/RO, relator Ministro Herman Benjamin, Segunda Turma, julgado em 7/11/2019, DJe de 14/9/2020.)

Com efeito, estabelece o art. 55, § 3°, da Lei n° 8.213/90 que a demonstração da atividade campesina pode ser realizada por qualquer meio de prova, inclusive testemunhal, porém não prescinde de, ao menos, início de prova material (documental) que corrobore, salvo motivo de força maior ou caso fortuito.

> § 3º A comprovação do tempo de serviço para os fins desta Lei, inclusive mediante justificativa administrativa ou judicial, observado o disposto no art. 108 desta Lei, só produzirá efeito quando for baseada em início de prova material contemporânea dos fatos, não admitida a prova exclusivamente testemunhal, exceto na ocorrência de motivo de força maior ou caso fortuito, na forma prevista no regulamento.

A norma fora gestada em correspondência ao entendimento pretoriano anterior neste mesmo sentido, estampado na súmula nº 149:

> A prova exclusivamente testemunhal não basta a comprovação da atividade rurícola, para efeito da obtenção de benefício previdenciário. (SÚMULA 149, TERCEIRA SEÇÃO, julgado em 07/12/1995, DJ 18/12/1995, p. 44864)

Isso porque, tendo em vista a debilidade e alta potencialidade de manipulação da prova testemunhal em vista de concessão de benefícios previdenciários fraudulentos, com prejuízo social imensurável considerando que o segurado especial rompe a regra do ideal contributivo do sistema, não se dispensa a segurança advinda do mínimo de prova documental[186].

---

186. (...)

1. A controvérsia cinge-se em saber sobre a possibilidade, ou não, de reconhecimento do período de trabalho rural anterior ao documento mais antigo juntado como início de prova material. 2. De acordo com o art. 400 do Código de Processo Civil "a prova testemunhal é sempre admissível, não dispondo a lei de modo diverso". Por sua vez, a Lei de Benefícios, ao disciplinar a aposentadoria por tempo de serviço, expressamente estabelece no § 3º do art. 55 que a comprovação do tempo de serviço só produzirá efeito quando baseada em início de prova material, "não sendo admitida prova exclusivamente testemunhal, salvo na ocorrência de motivo de força maior ou caso fortuito, conforme disposto no Regulamento" (Súmula 149/STJ). 3. No âmbito desta Corte, é pacífico o entendimento de ser possível o reconhecimento do tempo de serviço mediante apresentação de um início de prova material, desde que corroborado por testemunhos idôneos. Precedentes. 4. A Lei de Benefícios, ao exigir um "início de prova material", teve por pressuposto assegurar o direito à contagem do tempo de atividade exercida por trabalhador rural em período anterior ao advento da Lei 8.213/91 levando em conta as dificuldades deste, notadamente hipossuficiente. 5. Ainda que inexista prova documental do período antecedente ao casamento do segurado, ocorrido em 1974, os testemunhos colhidos em juízo, conforme reconhecido pelas instâncias ordinárias, corroboraram a alegação da inicial e confirmaram o trabalho do autor desde 1967. 6. No caso concreto, mostra-se necessário decotar, dos períodos reconhecidos na sentença, alguns poucos meses em função de os autos evidenciarem os registros de contratos de trabalho urbano em datas que coincidem com o termo final dos interregnos de labor como rurícola, não impedindo, contudo, o reconhecimento do direito à aposentadoria por tempo de serviço, mormente por estar incontroversa a circunstância de que o autor cumpriu a carência devida no exercício de atividade urbana, conforme exige o inc. II do art. 25 da Lei 8.213/91. 7. Os juros de mora devem incidir em 1% ao mês, a partir da citação válida, nos termos da Súmula n. 204/STJ, por se

Com esse ideal, reconhece-se uma semi-tarifação, como antedito, na medida em que a prova exclusivamente testemunhal é inadmissível para demonstração de atividade rurícola pelo tempo de carência para a obtenção do aposento, devendo ser complementada com, ao menos, início de prova material, ainda que não abranja todo o período que se visa declarar.

18.1. Provas e danos materiais e morais

Sobre provas, cabe trazer à discussão a questão do dano moral. Nada obstante cuidar-se de direito material, suas inflexões em direito probatório são fundamentais e merecem análise ainda que breve para fins de abordagem em sentença cível, até porque a matéria é extremamente recorrente tanto na praxe forense como em certames de magistratura.

Conforme sedimentada jurisprudência do STJ, o mero inadimplemento contratual não enseja indenização por danos morais, sendo preciso inferir outras circunstâncias capazes de proporcionar abalo psíquico, sentimento de vexame, de humilhação, através da ofensa a direitos da personalidade.

> (...)
>
> 1. A jurisprudência desta Corte Superior é firme no sentido de que o simples inadimplemento contratual, em regra, não configura dano moral indenizável, devendo haver consequências fáticas capazes de ensejar o sofrimento psicológico, o que não ocorreu no caso concreto.
>
> (...)
>
> (AgInt nos EDcl no REsp 1776499/SP, Rel. Ministro RAUL ARAÚJO, QUARTA TURMA, julgado em 05/11/2019, DJe 27/11/2019)

Nessa linha, por conseguinte, como regra, o dano moral em sede de inadimplemento contratual demanda prova especial de sua efetiva ocorrência, ainda que indiciariamente.

Entretanto, há casos em que o dano moral independe de prova, tornando-se presumido. É o que se convencionou chamar de dano moral *in re ipsa*. Nestes casos, se entende que do próprio ato ilícito praticado se infere agressão injusta a direito da personalidade da vítima. Entende-se que o ato ilícito se

---

tratar de matéria previdenciária. E, a partir do advento da Lei 11.960/09, no percentual estabelecido para caderneta de poupança. Acórdão sujeito ao regime do art. 543-C do Código de Processo Civil.

(STJ - REsp: 1348633 SP 2012/0214203-0, Relator: Ministro ARNALDO ESTEVES LIMA, Data de Julgamento: 28/08/2013, S1 - PRIMEIRA SEÇÃO, Data de Publicação: DJe 05/12/2014 RSSTJ vol. 46 p. 335)

dá de forma tal que da sua mera ocorrência decorre a conclusão de inevitável existência de injusta investida a direito da personalidade digno de reparação.

Algumas das hipóteses de dano moral *in re ipsa* são tratadas em súmulas do STJ, merecendo memorização:

> Caracteriza dano moral a apresentação antecipada de cheque pré-datado.
>
> (Súmula 370, SEGUNDA SEÇÃO, julgado em 16/02/2009, DJe 25/02/2009)
>
> A simples devolução indevida de cheque caracteriza dano moral.
>
> (Súmula 388, SEGUNDA SEÇÃO, julgado em 26/08/2009, DJe 01/09/2009)

Outros casos são objeto de jurisprudência do STJ, que também não dispensam memorização, podendo ser exemplificativamente citados os seguintes:

- ✓ recusa indevida de plano de saúde em fornecer tratamento (AgInt no REsp 1671192/RS)
- ✓ dano moral coletivo (REsp 1823072/RJ)
- ✓ inscrição indevida[187] (AgInt no AREsp 1540833/SC)
- ✓ protesto indevido (AgInt no AREsp 1410715/RS)
- ✓ inscrição/protesto indevidos em face de Pessoa Jurídica (AgInt no AREsp 1328587/DF)
- ✓ uso indevido de marca (AgInt no REsp 1537883/PR)
- ✓ uso não autorizado de imagem de criança (AgRg no REsp 1295652/PR)
- ✓ falha na prestação de serviço público essencial (AgInt no REsp 1797271/RS)
- ✓ ingestão de alimento com corpo estranho (AgInt no AREsp 1299401/SP)
- ✓ violação de direito de imagem (AgInt no AREsp 1177785/PR)
- ✓ veiculação da identidade de menor de idade pelos meios de comunicação, sem autorização do responsável (AgInt no AREsp 1544938)
- ✓ violência doméstica e familiar contra a mulher (REsp 1.675.874)

---

187. Salvo quando preexistir legítima inscrição negativa, conforme entendimento sumulado do Superior Tribunal de Justiça: "Da anotação irregular em cadastro de proteção ao crédito, não cabe indenização por dano moral, quando preexistente legítima inscrição, ressalvado o direito ao cancelamento". (Súmula 385, SEGUNDA SEÇÃO, julgado em 27/05/2009, DJe 08/06/2009).

A recomendação de fixação se dá, na praxe, pela circunstância processual de dispensar produção probatória específica quanto à ocorrência de abalo moral – embora não dispense a prova sobre o fato em si – bem assim em virtude de, em sede de concursos públicos, os examinadores adotarem a expressão "dano moral presumido" e/ou "dano moral *in re ipsa*" em seus espelhos de avaliação.

Por outro lado, de bom tom levantar hipóteses que podem causar confusão, mas que, todavia, não configuram dano moral *in re ipsa*, diversamente, conforme orientação da Corte Superior[188]:

- ✓ cobrança indevida[189] (AREsp 1313832/SP)
- ✓ atraso de voo (REsp 1584465/MG)
- ✓ cancelamento de voo (REsp 1796716/MG)
- ✓ atraso na entrega de imóvel (AREsp 937068/RS)[190]
- ✓ retardo em baixar gravame de veículo em alienação fiduciária (AREsp 1324503/RS)
- ✓ titular de dados pessoais vazados na internet (AREsp 2130619)

Já no que se refere ao dano material não há maiores discussões, haja vista que, indistintamente, não dispensa efetiva comprovação, na forma da linha esposada pelo STJ:

> (...)
>
> 5. O Superior Tribunal de Justiça tem a orientação firme de que é necessária a efetiva comprovação da ocorrência dos lucros cessantes e dos danos

---

188. A definição se a demora na prestação de serviços bancários acarreta dano moral presumido está afetada a recurso repetitivo: ProAfR no REsp n. 1.962.275/GO, relator Ministro Ricardo Villas Bôas Cueva, Segunda Seção, julgado em 24/5/2022, DJe de 30/5/2022.

189. Nos casos em que não há anotação negativa em bancos de dados de crédito.

190. No CEBRASPE – TJ/MA – 2022, seguiu-se referida linha: "A partir de um simples cálculo aritmético entre esses marcos temporais, observa-se que houve uma demora total de 15 (quinze) meses e 9 (nove) dias, dos quais, 6 (seis) meses estariam dentro do prazo de tolerância, sendo que apenas os demais 9 (nove) meses e 9 (nove) dias excedentes poderiam ser considerados como um atraso ilícito. Tal lapso de tempo, contudo, não é considerado pela jurisprudência do STJ como suficiente – sem que haja a prova de uma significativa e anormal situação que repercuta na esfera de dignidade do comprador, o que não ocorreu nos autos –, para gerar danos morais indenizáveis. (STJ. Terceira Turma. REsp 1654843/SP, rel. min. Ricardo Villas Bôas Cueva, julgado em 27/2/2018; STJ. Terceira Turma. AgInt no REsp 1693221/SP, rel. min. Nancy Andrighi, julgado em 20/3/2018; STJ. Terceira Turma. AgInt-REsp 1.870.773, rel. min. Paulo de Tarso Sansenverino, julgado em 26/3/2021; STJ. Terceira Turma. AgInt-REsp 1.913.570, rel.min. Ricardo Villas Bôas Cueva, julgado em 15/6/2021).

Considerando que, na hipótese, o autor não logrou êxito em comprovar a ocorrência de uma violação atípica a seu direito da personalidade, os danos morais não devem ser acolhidos."

> emergentes, não se admitindo indenização baseada em cálculos hipotéticos nem cálculos por presunção ou dissociados da realidade.
>
> (...)
>
> (REsp 1496018/MA, Rel. Ministro RICARDO VILLAS BÔAS CUEVA, TERCEIRA TURMA, julgado em 17/05/2016, DJe 06/06/2016)

Seguem modelos de redação que abordam a construção textual sugerida sobre provas:

Ex1.:

> "Na hipótese dos autos, resta incontroversa, como dito, a própria anotação, de modo que tal fato, na forma do art. 374, II, do CPC/15, independe de prova. Ademais, o dano moral em questão é presumido ('*in re ipsa*'), independente de produção de prova, uma vez que decorre direta e imediatamente do próprio ato ilícito em si considerado. Tal entendimento é corroborado pelo STJ."

Ex2.:

> "No caso, observa-se que o autor se desincumbiu do ônus de demonstrar os fatos constitutivos do seu direito, na forma do art. 373, I, do CPC/15. Com efeito, apresentou documento oficial emitido pelo Governo Federal de que está cadastrada para percepção de benefícios próprios de famílias de baixa renda. Ademais, apresentou sua Carteira de Trabalho que atesta sua situação de desemprego nos últimos dois anos. Ainda, as testemunhas ratificaram a situação paupérrima da pretendente. No que tange ao evento, a perícia concluiu que o demandado conduzia seu veículo em velocidade superior à recomendada pela via, oportunidade em que se desgovernou e subiu a calçada, atingindo o adolescente quando este aguardava o transporte coletivo na parada de ônibus. As testemunhas ouvidas em instrução corroboraram com a dinâmica do acidente tratada na prova pericial. Por fim, à míngua de comprovação de renda, vale o patamar de um salário-mínimo."

19. TESES DE DEFESA

Empós tratar sobre a prova, é tempo de verificar as teses de defesa arguidas para enfrentamento.

As teses de defesa podem ser fáticas ou jurídicas. Diz-se fáticas aquelas que almejam alterar os fatos apresentados pelo autor, ao passo que as jurídicas objetivam infirmar a causa de pedir próxima (fundamentos jurídicos).

Se forem fáticas, faz-se alusão no item probatório antecedente, uma vez que influi no quadro fático embasador da decisão; se forem jurídicas, abordar especificamente neste instante.

Abaixo, exemplos de redação:

Ex1.:

> "Não se cuida, nestes casos, portanto, de mero aborrecimento cotidiano, porquanto a negativação proporciona dificuldade no mercado econômico para efetivar transações importantes, daí a presunção imposta de provocação de dano moral."

Ex2.:

> "Destarte, não merece guarida a tese de ausência de ato ilícito e correspondente falta de dever de indenizar apresentada pela ré, haja vista que se contrapõe à prova produzida nos autos sob o crivo do contraditório".

20. SUBSUNÇÃO E CONCLUSÃO

Por fim, estabelecido o pedido, trabalhados os fundamentos jurídicos, verificada a prova produzida e apreciadas as teses de defesa, é momento para subsumir os fatos ao direito e dar o resultado jurídico acerca da postulação veiculada. É a finalização e o arremate.

Rememore-se, como já se aprofundou anteriormente, que o art. 489, § 1º, do CPC não considera fundamentada a decisão que:

> I – se limitar à indicação, à reprodução ou à paráfrase de ato normativo, sem explicar sua relação com a causa ou a questão decidida;
>
> II – empregar conceitos jurídicos indeterminados, sem explicar o motivo concreto de sua incidência no caso;
>
> III – invocar motivos que se prestariam a justificar qualquer outra decisão;
>
> IV – não enfrentar todos os argumentos deduzidos no processo capazes de, em tese, infirmar a conclusão adotada pelo julgador;
>
> V – se limitar a invocar precedente ou enunciado de súmula, sem identificar seus fundamentos determinantes nem demonstrar que o caso sob julgamento se ajusta àqueles fundamentos;

Daí porque é fundamental fazer a subsunção, afastando-se de eventual fundamentação viciada por insuficiência. A subsunção consiste em amoldar os fatos da causa aos fundamentos jurídicos trabalhados a fim de, em análise comparativa, perceber que aqueles fundamentos se aplicam especificamente à pretensão que se está a analisar.

Consigne-se que, sendo o caso, é a etapa em que se arbitrará indenização.

Ex1.:

> "Assim, incontroversa a anotação indevida, desnecessária a prova de dano e o afastamento da tese defensiva, é de se concluir pelo dever de indenizar pelos danos morais provocados no autor, de modo que se impõe passar ao seu arbitramento..."

Ex2.:

> "Nessa toada, considerados os fundamentos jurídicos, a avaliação da prova e a refutação das teses de defesa, faz jus a autora ao pensionamento mensal desejado, estabelecido em dois terços do salário-mínimo desde a data em que completaria quatorze até os vinte e cinco anos e em um terço desta data até o atingimento da expectativa de vida do IBGE."

20.1. Arbitramento de dano moral

Por relevante, tecem-se algumas considerações sobre o arbitramento da indenização por dano moral. Nada obstante sua subjetividade, há de se cumprir um roteiro mínimo e uma fundamentação adequada a fim de não descambar para a aleatoriedade ou arbitrariedade na fixação da reparação pecuniária respectiva.

Assim, conforme defendido por doutrina majoritária e acolhido pelo STJ, a estipulação da quantia da indenização por dano moral deve atender a um critério bifásico. Tal tem sido explorado pelas bancas examinadoras de certames de magistratura em teste de sentença cível[191].

191. No concurso do CEBRASPE – TJ/BA – 2019, constou o seguinte trecho no padrão de resposta oficial da banca examinadora: "Como se sabe, o dano moral advém de dor, angústia, sofrimento, sensações experimentadas singularmente por cada pessoa, envolvendo elevado grau de subjetivismo. Em se tratando de morte, presume-se a dor decorrente da perda do ente querido. A jurisprudência do Superior Tribunal de Justiça considera válida a adoção do critério bifásico para o arbitramento equitativo da

Em um primeiro momento, o decisor irá comparar o caso em liça com outros assemelhados, extraindo uma média de valores indenizatórios havidos em situações análogas, a qual deverá servir, *a priori*, de base de partida. Por exemplo, pode verificar que em casos de inscrição indevida em cadastros de inadimplência, comumente se arbitra R$ 3.000,00, e que se tratando de homicídio de jovem, R$ 30.000,00, em média, sendo estes as balizas de origem da dosagem do valor devido.

No segundo momento, o juiz avalia as circunstâncias peculiares do fato e as condições econômicas do agressor e da vítima, elevando ou minorando a valia média alcançada. Apresento ementa de julgado do STJ que bem elucida o arbitramento em duas etapas, estabelecendo um método e os critérios balizadores de cada uma:

> RECURSO ESPECIAL. RESPONSABILIDADE CIVIL. ACIDENTE DE TRÂNSITO. MORTE. DANO MORAL. QUANTUM INDENIZATÓRIO. DISSÍDIO JURISPRUDENCIAL. CRITÉRIOS DE ARBITRAMENTO EQUITATIVO PELO JUIZ. MÉTODO BIFÁSICO. VALORIZAÇÃO DO INTERESSE JURÍDICO LESADO E DAS CIRCUNSTÂNCIAS DO CASO.
>
> 1. Discussão restrita à quantificação da indenização por dano moral sofrido pelo esposo da vítima falecida em acidente de trânsito, que foi arbitrado pelo tribunal de origem em dez mil reais.
>
> 2. Dissídio jurisprudencial caracterizado com os precedentes das duas turmas integrantes da Segunda Secção do STJ.
>
> 3. Elevação do valor da indenização por dano moral na linha dos precedentes desta Corte, considerando as duas etapas que devem ser percorridas para esse arbitramento.
>
> 4. Na primeira etapa, deve-se estabelecer um valor básico para a indenização, considerando o interesse jurídico lesado, com base em grupo de precedentes jurisprudenciais que apreciaram casos semelhantes.
>
> 5. Na segunda etapa, devem ser consideradas as circunstâncias do caso, para fixação definitiva do valor da indenização, atendendo a determinação legal de arbitramento equitativo pelo juiz.

indenização. Na primeira fase, haja vista o interesse jurídico lesado e os precedentes oriundos de casos semelhantes, estabelece-se um valor básico para a indenização. Na segunda fase, ponderam-se as circunstâncias em concreto, com vistas aos princípios da razoabilidade e da proporcionalidade, ao caráter compensatório da indenização, à natureza da ofensa e à gravidade do ilícito, de forma que o valor se mostre suficiente para restaurar aos pais da vítima o bem-estar, sem acarretar seu enriquecimento sem causa."

6. Aplicação analógica do enunciado normativo do parágrafo único do art. 953 do CC/2002.

7. Doutrina e jurisprudência acerca do tema.

8. RECURSO ESPECIAL PROVIDO.

(REsp n. 959.780/ES, relator Ministro Paulo de Tarso Sanseverino, Terceira Turma, julgado em 26/4/2011, DJe de 6/5/2011.)

Sem prejuízo, é assente em jurisprudência que o arbitramento do dano moral deve ponderar sua cofinalidade pedagógico-punitiva (teoria do desestímulo)[192].

Assim, com estes parâmetros, intenciona-se atender a um binômio: de um lado, a reparação deve ser suficiente para representar o dano moral imposto; de outro, não pode importar em enriquecimento sem causa do beneficiário da indenização, conforme jurisprudência sólida do STJ[193].

É de leitura obrigatória a Jurisprudência em Teses nº 125 do STJ, que cuida dos entendimentos sedimentados no âmbito da Corte Superior sobre dano moral, exigidos com frequência em provas de concursos públicos e de auxílio fundamental ao julgador na praxe forense.

Abaixo, exemplo de valoração e quantificação do dano moral, segundo o critério bifásico e os parâmetros destacados pela Corte Superior.

---

192. REsp n. 1.539.056/MG, relator Ministro Luis Felipe Salomão, Quarta Turma, julgado em 6/4/2021, DJe de 18/5/2021.

193. 1. Na fixação de indenização por danos morais, são levadas em consideração as peculiaridades da causa. Nessas circunstâncias, consideram-se a gravidade do ato, o potencial econômico do ofensor, o caráter pedagógico da indenização e os parâmetros adotados em casos semelhantes. No caso, a despeito da gravidade das lesões sofridas pela parte ora recorrente, observa-se que, em atenção às condições financeiras da ofensora, não se mostra desarrazoada ou desproporcional a fixação do quantum indenizatório em R$ 50.000,00 (cinquenta mil reais). Precedentes.

(...)

(AgRg no AREsp 662.068/RJ, Rel. Ministro RAUL ARAÚJO, QUARTA TURMA, julgado em 19/05/2015, DJe 22/06/2015)

(...)

2. O critério que vem sendo adotado por essa Corte Superior na fixação do valor da indenização por danos morais, considera as condições pessoais e econômicas das partes, devendo, contudo, o arbitramento operar-se com moderação e razoabilidade, atento à realidade da vida e às peculiaridades e aos fatos de cada caso, de forma a não haver o enriquecimento indevido do ofendido, bem como que sirva para desestimular o ofensor a repetir o ato ilícito.

(...)

(REsp 1133386/RS, Rel. Ministro HONILDO AMARAL DE MELLO CASTRO (DESEMBARGADOR CONVOCADO DO TJ/AP), QUARTA TURMA, julgado em 17/06/2010, DJe 30/06/2010)

Ex.:

> "Assim, incontroversa a anotação indevida, desnecessária a prova de dano e o afastamento da tese defensiva, é de se concluir pelo dever de indenizar pelos danos morais provocados no autor, de modo que se impõe passar ao seu arbitramento.
>
> No ponto, hei de adotar o critério bifásico de valoração da indenização por danos morais, apurando, em um momento exordial, patamares médios arbitrados por este juízo em situações similares para, em um momento seguinte, atenuar ou elevar a quantia em conformidade com as peculiaridades do caso em evidência.
>
> É de costume, em hipóteses de inscrição indevida, que seja fixada a indenização em torno de R$ 5.000,00, sendo este o patamar adotado em primeira fase de arbitramento. Contudo, tal valor deve ser atenuado, conforme as circunstâncias do caso e observado o potencial econômico das partes, vislumbrada a exclusão espontânea da negativação, a qual perdurou por apenas um mês, razão pela qual estabeleço o valor em R$ 3.000,00. Tal quantia respeita o caráter pedagógico-punitivo a ser imposto através da indenização por dano moral, bem assim não implica enriquecimento sem causa do beneficiário."

21. VERIFICAR SE É CASO DE TUTELA PROVISÓRIA/LITIGÂNCIA DE MÁ-FÉ

21.1. Da tutela provisória em sentença

Se houver pedido de tutela provisória não decidido ou tiver havido renovação do pedido anteriormente rejeitado, deve o decisor passar a dispor sobre ele nesta parte da decisão. Foquemos na tutela provisória, vez que sua incidência na praxe e em provas de concurso público é maciçamente maior e merece mais atenção.

Os requisitos para a tutela provisória de urgência estão no art. 300 do CPC, não havendo mais diferenciação no que toca à pretensão cautelar ou antecipatória como se vislumbrava na legislação passada:

> **Art. 300.** A tutela de urgência será concedida quando houver elementos que evidenciem a probabilidade do direito e o perigo de dano ou o risco ao resultado útil do processo.

Probabilidade jurídica e perigo da demora são os requisitos para concessão do pedido antecipado ou cautelar provisório. De outra banda, reconhece-se que deve haver reversibilidade fática da medida, como regra.

Probabilidade do direito é a assimilação estatístico-jurídica das chances de êxito do promovente ao fim da demanda, analisada com base nos argumentos expendidos e nas provas carreadas aos autos até então.

Leciona o processualista FREDIE DIDIER JR. que a probabilidade do direito se transmuda na verificação de duas circunstâncias: verossimilhança fática e plausibilidade jurídica. Veja-se a lição exposta em seu curso:

> Inicialmente, é necessária a verossimilhança fática, com a constatação de que há um considerável grau de plausibilidade em torno da narrativa dos fatos trazida pelo autor. É preciso que se visualize, nessa narrativa, uma verdade provável sobre os fatos, independentemente da produção de prova.
>
> Junto a isso, deve haver uma plausibilidade jurídica, com a verificação de que é provável a subsunção dos fatos à norma invocada, conduzindo aos efeitos pretendidos.
>
> Um dado não pode ser esquecido: a existência de prova não conduz necessariamente a juízo de verossimilhança e ao acolhimento do pedido; e o juízo de verossimilhança não decorre necessariamente de atos probatórios.
>
> De um lado, nem sempre uma prova dos fatos implicará o acolhimento da pretensão – ainda que em caráter provisório. É o que se dá, por exemplo, quando os fatos, ainda que devidamente corroborados, não se subsomem ao enunciado normativo invocado, ou, ainda que juridicizados, não geram os efeitos jurídicos desejados. E mais, ainda que provados e verossímeis os fatos trazidos pelo requerente, pode o requerido trazer prova pré-constituída de fato novo, extintivo (ex.: pagamento), modificativo (ex.: renúncia parcial) ou impeditivo (ex.: prescrição) do direito deduzido, invertendo, pois, a verossimilhança.
>
> De outro lado, nem sempre a verossimilhança advirá de prova. Na forma do art. 300 do CPC, basta que haja "elementos que evidenciem a probabilidade" do direito. Poderá assentar-se, por exemplo, em fatos incontroversos, notórios ou presumidos (a partir de máximas de experiência, por exemplo), ou decorrentes de uma coisa julgada anterior, que serve com fundamento da pretensão (efeito positivo da coisa julgada).[194]

Por sua vez, o perigo da demora na oferta da prestação jurisdicional revela-se pela probabilidade de dano imediato ou risco ao resultado útil do processo. Pontuo que o perigo de dano deve mostrar-se certo, atual ou iminente, e grave,

194. DIDIER JR., Fredie. Curso de Direito Processual Civil. Vol. 1. 19ª edição. Salvador: Juspodivm, 2017.

sob pena de banalização indesejável do instituto com a inversão do ônus processual tomada em decisões fundadas em cognição sumária.

Esclarece o retrocitado autor que:

> A tutela provisória de urgência pressupõe, também, a existência de elementos que evidenciem o perigo que a demora no oferecimento da prestação jurisdicional (periculum in mora) representa para a efetividade da jurisdição e a eficaz realização do direito.
>
> O perigo da demora é definido pelo legislador como o perigo que a demora processual representa de "dano ou o risco ao resultado útil do processo" (art. 300, CPC).
>
> Importante é registrar que o que justifica a tutela provisória de urgência é aquele perigo de dano: i) concreto (certo), e, não, hipotético ou eventual, decorrente de mero temor subjetivo da parte; ii) atual, que está na iminência de ocorrer, ou esteja acontecendo; e, enfim, iii) grave, que seja de grande ou média intensidade e tenha aptidão para prejudicar ou impedir a fruição do direito.[195]

Perceba, entretanto, que em sede de sentença, não há mais falar em mera probabilidade jurídica, mas de certeza jurídica, fundada em cognição exauriente. Destarte, não é preciso dispor fundamentadamente sobre probabilidade jurídica, bastando fazer alusão à fundamentação já exposta para o acolhimento meritório do pedido. Deve-se ater mais acuradamente à análise do perigo da demora ou risco ao resultado útil do processo que autoriza o cumprimento imediato do pedido.

No que toca à reversibilidade da medida, dada a sua natureza precária, como estabelecido no § 3º do art. 300 do CPC[196], deve ser possível a restituição das partes ao *status quo ante* em caso de resolução definitiva da demanda em sentido adverso ao antecipado. No ponto, entretanto, cabe destacar a doutrina que compreende que tal pressuposto negativo não é absoluto, devendo ceder em caso de irreversibilidade inversa, ou seja, quando a não concessão da tutela provisória de urgência for tão drástica que faz perecer desde logo o direito vindicado, sendo imprescindível, ponderando os direitos em debate, definir qual deve prevalecer, como nas hipóteses de reivindicação de direito à saúde. É como defende, também, FREDIE DIDIER JR.:

195. Idem.

196. § 3º A tutela de urgência de natureza antecipada não será concedida quando houver perigo de irreversibilidade dos efeitos da decisão.

> Essa exigência legal deve ser lida com temperamentos, pois, se levada às últimas consequências, pode conduzir à inutilização da tutela provisória satisfativa (antecipada). Deve ser abrandada, de forma a que se preserve o instituto. Isso porque, em muitos casos, mesmo sendo irreversível a tutela provisória satisfativa – ex.: cirurgia em paciente terminal, despoluição de águas fluviais etc.-, o seu deferimento é essencial para que se evite um "mal maior" para a parte requerente. Se o seu deferimento é fadado à produção de efeitos irreversíveis desfavoráveis ao requerido, o seu indeferimento também implica consequências irreversíveis em desfavor do requerente. Nesse contexto, existe, pois, o perigo da irreversibilidade decorrente da não-concessão da medida. Não conceder a tutela provisória satisfativa (antecipada) para a efetivação do direito à saúde pode, por exemplo, muitas vezes, implicar a consequência irreversível da morte do demandante. (...) Diante desses direitos fundamentais em choque – efetividade versus segurança –, deve-se invocar a proporcionalidade, para que sejam devidamente compatibilizados. Como regra, sempre que forem constatados a probabilidade do direito e o perigo da demora da prestação jurisdicional resultantes da sua não-satisfação imediata, deve-se privilegiar o direito provável, adiantando sua fruição, em detrimento do direito improvável da contraparte. Deve-se dar primazia à efetividade da tutela com sua antecipação, em prejuízo da segurança jurídica da parte adversária, que deverá suportar sua irreversibilidade e contentar-se, quando possível, com uma reparação pelo equivalente em pecúnia. Em tais situações, cabe ao juiz ponderar os valores em jogo, dando proteção àquele que, no caso concreto, tenha maior relevo. A decisão deve ser motivada nos termos do §2º do art. 489 do CPC.[197]

É no mesmo sentido o Enunciado nº 40 da I Jornada de Processo Civil do CJF[198] e o Enunciado FPPC nº 419[199].

Ainda, há a previsão da tutela provisória de evidência, calcada numa probabilidade jurídica qualificada, consubstanciada numa das previsões dos incisos do art. 311. Aqui, não é caso sequer de avaliação de perigo da demora ou ao resultado útil do processo.

> **Art. 311.** A tutela da evidência será concedida, independentemente da demonstração de perigo de dano ou de risco ao resultado útil do processo, quando:
>
> I – ficar caracterizado o abuso do direito de defesa ou o manifesto propósito protelatório da parte;

197. DIDIER JR., Fredie. Curso de Direito Processual Civil. Vol. 1. 19ª edição. Salvador: Juspodivm, 2017.
198. I Jornada de Direito Processual Civil – Enunciado 40: A irreversibilidade dos efeitos da tutela de urgência não impede sua concessão, em se tratando de direito provável, cuja lesão seja irreversível.
199. Enunciado FPPC 419. (art. 300, § 3º) Não é absoluta a regra que proíbe tutela provisória com efeitos irreversíveis. (Grupo: Tutela de urgência e tutela de evidência)

> II – as alegações de fato puderem ser comprovadas apenas documentalmente e houver tese firmada em julgamento de casos repetitivos ou em súmula vinculante;
>
> III – se tratar de pedido reipersecutório fundado em prova documental adequada do contrato de depósito, caso em que será decretada a ordem de entrega do objeto custodiado, sob cominação de multa;
>
> IV – a petição inicial for instruída com prova documental suficiente dos fatos constitutivos do direito do autor, a que o réu não oponha prova capaz de gerar dúvida razoável.
>
> Parágrafo único. Nas hipóteses dos incisos II e III, o juiz poderá decidir liminarmente.

Note que o inciso II do art. 311 ensejará mínima alusão para deferimento, já que o precedente obrigatório já terá sido objeto de abordagem na fundamentação meritória. Os demais incisos devem demandar mais aprofundamento, salvo se, de algum modo, os fundamentos justificadores houverem, tanto quanto, sido tratados no mesmo ato sentencial em momento prévio.

Sobre o tema, ainda, essencial dispor acerca da conclusão do STF no bojo da Ação Direta de Inconstitucionalidade nº 4296, que reconheceu a inconstitucionalidade do § 2º[200] do art. 7º e do art. 22, § 2º[201], todos da Lei nº 12.016/09, que impunham uma série de restrições ao juiz para conceder liminar em sede de Mandado de Segurança.

Com efeito, a Lei de Mandado de Segurança continha vedações insuperáveis à concessão de liminar nos casos de compensação de créditos tributários, de entrega de mercadorias e bens provenientes do exterior, de reclassificação ou equiparação de servidores públicos e de concessão de aumento ou extensão de vantagens ou pagamento de qualquer natureza.

Com tal decisão, resta superado o entendimento sumulado nº 212 do STJ[202], a qual fora, ulteriormente, formalmente cancelado pela Corte.

Além disso, nos casos de mandado de segurança coletivo, a lei exigia expressamente a necessidade de contraditório prévio para a concessão de liminar.

---

200. § 2º Não será concedida medida liminar que tenha por objeto a compensação de créditos tributários, a entrega de mercadorias e bens provenientes do exterior, a reclassificação ou equiparação de servidores públicos e a concessão de aumento ou a extensão de vantagens ou pagamento de qualquer natureza.
201. § 2º No mandado de segurança coletivo, a liminar só poderá ser concedida após a audiência do representante judicial da pessoa jurídica de direito público, que deverá se pronunciar no prazo de 72 (setenta e duas) horas.
202. A compensação de créditos tributários não pode ser deferida em ação cautelar ou por medida liminar cautelar ou antecipatória. (SÚMULA 212, PRIMEIRA SEÇÃO, julgado em 11/05/2005, DJ 23/05/2005)

A Corte Constitucional entendeu que ambas as previsões, sob a justificativa de prevalência do interesse público sobre o privado, acabavam por ofender o princípio da isonomia, já que o regramento do CPC não contém as restrições supraindicadas, e comprometiam o acesso à justiça e a eficácia da prestação jurisdicional, e declarou o descompasso com a ordem constitucional vigente[203].

Cumpre esclarecer que, conquanto o julgamento tenha se adstrito à liminar da Lei do Mandado de Segurança, os reflexos nas demais tutelas antecipatórias e acautelatórias em face do Poder Público é evidente, porquanto o § 5º do próprio art. 7º da mesma lei e o art. 1º da Lei nº 8.437/92 adotaram fórmula de construção remissiva, dispondo não caber liminar ou tutela antecipada (nomenclatura antiga) nas mesmas hipóteses em que vedada a liminar do Mandado de Segurança:

> § 5º As vedações relacionadas com a concessão de liminares previstas neste artigo se estendem à tutela antecipada a que se referem os arts. 273 e 461 da Lei no 5.869, de 11 janeiro de 1973 – Código de Processo Civil.
>
> Art. 1° Não será cabível medida liminar contra atos do Poder Público, no procedimento cautelar ou em quaisquer outras ações de natureza cautelar ou preventiva, toda vez que providência semelhante não puder ser concedida em ações de mandado de segurança, em virtude de vedação legal.

Por conseguinte, como ruíram as vedações à liminar no *mandamus*, por reflexo, esvaziou-se o conteúdo dos referidos dispositivos, sendo admissível a concessão de liminar e/ou de tutela provisória de urgência ou de evidência em face do Poder Público, no mesmo contexto em que cabível nas demais pretensões resistidas.

Segue o texto sugestivo de redação quanto à tutela provisória de urgência em sentença:

Ex.:

> "De tudo o que avaliado, notam-se presentes os pressupostos ensejadores da tutela provisória de urgência reclamada, constantes do art. 300 do CPC/15. Decerto, já não há mais mera probabilidade jurídica, mas certeza jurídica, fundada numa percepção dos elementos dos autos em via de cognição exauriente, a qual redundou, inclusive, em acolhimento meritório do pedido. Ademais, há perigo da demora, vez que a anotação negativa de inadimplência restringe sobremaneira o exercício de direitos

203. STF. Plenário. ADI 4296/DF, Rel. Min. Marco Aurélio, redator do acórdão Min. Alexandre de Moraes julgado em 9/6/2021 (Info 1021)

perante o mercado econômico e/ou de consumo. Por conseguinte, defiro a tutela de urgência provisória para suspender os efeitos da inscrição, determinando expedição de ofício ao banco de dados para que retire o gravame."

21.2. Da litigância de má-fé

Também se procederá neste instante a análise de eventual litigância de má-fé, com esteio no art. 80 do CPC, como dito.

Sobre o ponto, destaque-se que é comum que as partes busquem atribuir conduta maliciosa uma à outra pelo tão só exercício do direito de ação, de um lado, e do direito de defesa, doutro. Porém, é compreensão dominante que, como regra, tais não representam litigância de má-fé, devendo ser prontamente rechaçados, salvo quando inequívoco o dolo de obstruir pretensão jurisdicional legítima[204].

Cabe destacar que o beneficiário da justiça gratuita, se litigar de má-fé, não disporá da isenção/suspensão, por razões óbvias, da obrigação de custear os valores atinentes às sanções processuais impostas em razão de seu próprio comportamento, conforme dicção expressa do art. 98, § 4º, do CPC[205]. Todavia, há se ressaltar que o comportamento malicioso não implica em revogação do benefício, cabendo-lhe tão somente ter de suportar a penalização imposta,

204. (...)

6. O exercício legítimo do contraditório e da ampla defesa, com todos os meios e recursos a ela inerentes (art. 5º, LV, da CF/88), não se caracteriza como litigância de má-fé, salvo se ficar comprovada a intenção da parte de obstruir o trâmite regular do processo (dolo), a configurar uma conduta desleal por abuso de direito.

7. Na espécie, não há qualquer referência no acórdão recorrido à eventual atuação desleal da recorrente, senão vinculada à improcedência da pretensão deduzida na cautelar incidental, circunstância que, frise-se, não constitui, por si mesma, resistência injustificada ao andamento do processo. 8. Com relação ao valor arbitrado a título de compensação por danos morais, não há como alterar o decidido no acórdão impugnado sem o reexame de fatos e provas, o que é vedado em recurso especial pela Súmula 07/STJ, mormente quando a quantia não se mostra desproporcional, à luz de outros julgados desta Corte.

(...)

(REsp n. 1.423.942/SP, relatora Ministra Nancy Andrighi, Terceira Turma, julgado em 26/9/2017, DJe de 29/9/2017.)

205. § 4º A concessão de gratuidade não afasta o dever de o beneficiário pagar, ao final, as multas processuais que lhe sejam impostas.

mantidas as demais prerrogativas econômicas decorrentes da gratuidade que lhe fora reconhecida[206].

22. DISPOSITIVO

O dispositivo é a suma das conclusões decisórias.

É a norma jurídica do caso concreto. Deve ser elaborado o mais completo possível, abrangendo eventuais terminações parciais e a extinção meritória, nesta ordem, de um lado, mas, de outro, deve ser redigido do modo mais sintético, objetivo e direto possível, para que se possa bem apreender o comando decisório. Dispositivos extensos causam transtornos, confusão, dispersão e incompreensão adequada daquilo que deve ser cumprido.

É interessante pontuar o dispositivo em caso de multiplicidade de conclusões, para melhor se perceber a decisão sobre todos os pedidos veiculados e questões decididas. A forma de pontuar será vista em exemplo de redação de dispositivo disposto mais à frente para melhor compreensão.

As preliminares só devem ser referidas no dispositivo naquilo que acolhidas. Se houver afastamento da preliminar, não é preciso reproduzir o resultado no dispositivo, uma vez que não influirá no resultado da demanda[207]. Perceber que o dispositivo deve se adstringir àquilo que representa o centro da decisão.

---

206. (...)

5. As sanções aplicáveis ao litigante de má-fé são aquelas taxativamente previstas pelo legislador, não comportando interpretação extensiva. 6. Assim, apesar de reprovável, a conduta desleal, ímproba, de uma parte beneficiária da assistência judiciária gratuita não acarreta, por si só, a revogação do benefício, atraindo, tão somente, a incidência das penas expressamente cominadas no texto legal.

7. A revogação do benefício da assistência judiciária gratuita – importante instrumento de democratização do acesso ao Poder Judiciário – pressupõe prova da inexistência ou do desaparecimento do estado de miserabilidade econômica, não estando atrelada à forma de atuação da parte no processo.

8. Nos termos do art. 98, § 4º, do CPC/2015, a concessão da gratuidade de justiça não isenta a parte beneficiária de, ao final do processo, pagar as penalidades que lhe foram impostas em decorrência da litigância de má-fé.

9. Recurso especial parcialmente conhecido e, nessa extensão, parcialmente provido.

(REsp n. 1.663.193/SP, relatora Ministra Nancy Andrighi, Terceira Turma, julgado em 20/2/2018, DJe de 23/2/2018.)

207. Nada obstante a proposição de não inclusão de preliminares afastadas no dispositivo, convém mencionar que no certame CEBRASPE – TJ/BA – 2019, constou no padrão de respostas sugerido a rejeição da ilegitimidade passiva arguida, conquanto, em observação, tenha o examinador esclarecido que a não abordagem em dispositivo não implicaria em decréscimo de pontuação. Confira: "Ante o exposto, rejeito a preliminar de ilegitimidade passiva ad causam da segunda ré e, no mérito, julgo procedentes em parte os pedidos dos autores da ação, com apreciação de mérito, nos termos do art. 487, I, do CPC, para:

(...)

Não se pode esquecer de consignar expressamente as expressões "com resolução de mérito" ou "sem resolução de mérito", com necessária alusão ao artigo e inciso do resultado da decisão (ex.: art. 485, IV, do CPC; art. 485, VI, do CPC; art. 487, I, do CPC).

Há de ser iniciado o dispositivo com quaisquer das seguintes expressões, livremente conforme predileção do redator: "Ante o exposto"; "Face ao exposto"; "Diante do que exposto" ou outra equivalente.

O dispositivo pode ser classificado em **direto**, quando expressamente indica o que decidido em relação a cada pedido e questão. É o dispositivo convencional. Todos os exemplos dispostos a seguir são na formatação direta.

O dispositivo **indireto** se dá quando se restringe a apontar como decide pedidos e questões presentes em outra peça (ex.: "Ante o exposto, com esteio no art. 487, I, do CPC, julgo os pedidos veiculados na petição inicial, com resolução do mérito, integralmente procedentes). Tanto na praxe forense como em provas de sentença, elabore apenas o dispositivo direto, sendo amplamente não recomendável o formato indireto.

Os verbos ou expressões nucleares do dispositivo podem ser acolho/rejeito/julgo procedente/julgo improcedente. Embora a preferência pessoal deste autor é pelas últimas expressões em se tratando de decisão meritória, reservando as primeiras para os pleitos sem resolução de mérito, o próprio art. 490 do CPC, quando menciona a resolução do mérito, vale-se das expressões acolher e rejeitar, razão pela qual podem ser utilizadas, tanto quanto, pelo sentenciante ("*O juiz resolverá o mérito acolhendo ou rejeitando, no todo ou em parte, os pedidos formulados pelas partes*").

Consigne-se que, em se tratando de sentença condenatória a obrigações da fazer/não fazer e entregar coisa, nos termos dos arts. 497 e 498 do CPC/15 deve ser elaborado, desde logo, o comando de cumprimento. Note que, em tais obrigações, não se exige o aguardo pela provocação executiva como se dá na obrigação de pagar, podendo o magistrado, inclusive, dar curso à decisão de ofício.

De igual maneira deve proceder o sentenciante em caso de prolação de sentença constitutiva/desconstitutiva, quando necessário, para implementar o conteúdo decisório, como é o caso, por exemplo, da decretação do divórcio ou do reconhecimento de paternidade, quando será imprescindível, no próprio ato

---

Obs.: não será apenado o candidato que deixar de colocar no dispositivo a rejeição da preliminar de ilegitimidade passiva ad causam da segunda ré."

sentencial, determinar a expedição de mandado de registro/averbação à serventia extrajudicial correspondente.

Confira-se as sugestões de dispositivo abaixo realizadas:

Ex1.: EXTINÇÃO TOTAL SEM RESOLUÇÃO DO MÉRITO

> "extingo, sem resolução do mérito, a ação proposta, nos termos do art. 485, *, do CPC/15"

Ex2.: EXTINÇÃO TOTAL COM RESOLUÇÃO DE MÉRITO – IMPROCEDÊNCIA

> "extingo o feito, com resolução de seu mérito, a teor do art. 487, I, do CPC/15, julgando improcedentes os pedidos autorais."

Ex3.: EXTINÇÃO TOTAL COM RESOLUÇÃO DE MÉRITO – PROCEDÊNCIA

> "extingo, com resolução do mérito, o feito manejado, na forma do art. 487, I, do CPC/15, julgando procedentes os pleitos autorais para: i) declarar a inexistência de relação contratual entre as partes; ii) condenar a instituição financeira promovida a restituir os valores indevidamente descontados da conta bancária do autor, (correção monetária e juros); e iii) condenar a ré à reparação por dano moral indenizável no montante de R$ 5.000,00, (correção monetária e juros)."

Ex4.: EXTINÇÃO TOTAL COM RESOLUÇÃO DE MÉRITO – PROCEDÊNCIA PARCIAL

> "extingo o feito, com resolução do mérito, conforme art. 487, I, do CPC/15, julgando parcialmente procedentes os pedidos autorais, condenando o réu nos danos emergentes e nos lucros cessantes advindos do ato ilícito, (correção monetária e juros), a serem apurados em liquidação de sentença, na forma do art. 509, I, do CPC/15."

Ex 5.: EXTINÇÃO "MESCLADA"

> "extingo o feito, sem resolução de mérito, conforme art. 485, VI, do CPC/15, por ilegitimidade passiva da ré A; e, com resolução do mérito, a teor do art. 487, I, do CPC/15, julgando parcialmente procedentes os

pedidos veiculados em face de B para: i) declarar inexistente a dívida exigida; e ii) condenar a demandada a indenizar, por abalo moral, a promovente na quantia de R$ 5.000,00, (correção monetária e juros)."[208]

23. JUROS E CORREÇÃO MONETÁRIA

Relembrar que juros moratórios e correção monetária se tratam de pedidos implícitos, como já abordado logo no início deste trabalho, devendo ser aplicados em qualquer obrigação de pagar. Tem lastro, dentre outros, no art. 404 do CC/02 e no art. 491, *caput*, do CPC:

> CC/02
>
> **Art. 404.** As perdas e danos, nas obrigações de pagamento em dinheiro, serão pagas com atualização monetária segundo índices oficiais regularmente estabelecidos, abrangendo juros, custas e honorários de advogado, sem prejuízo da pena convencional.
>
> CPC/15
>
> **Art. 491.** Na ação relativa à obrigação de pagar quantia, ainda que formulado pedido genérico, a decisão definirá desde logo a extensão da obrigação, o índice de correção monetária, a taxa de juros, o termo inicial de ambos e a periodicidade da capitalização dos juros, se for o caso, salvo quando:
>
> (...)

Assim, as obrigações de pagar estabelecidas em sentença devem vir necessariamente acompanhadas dos consectários legais fixados especificamente, tanto em relação ao índice como aos termos inicial e final, com o respectivo substrato legal, conforme tabelas que serão elucidadas mais adiante.

Uma advertência tem sede. É imprescindível que o julgador seja bastante criterioso quando da seleção dos índices e termos iniciais dos consectários de mora, em atenção aos ditames legais, jurisprudenciais e à tabela prática do respectivo tribunal, se houver, na medida em que, uma vez transitada em julgado a decisão condenatória com fixação das balizas moratórias, não cabe rediscuti-las em sede de cumprimento de sentença, considerando que o título judicial

208. A fórmula proposta pode ser identificada no padrão de resposta da sentença cível aplicada pela VUNESP – TJ/MT – 2019: "Ante o exposto e por tudo mais que dos autos consta, (i) rejeitada a preliminar de incompetência do Juízo e (ii) extinto o processo, sem resolução do mérito, em relação à corré VMR –Brasil Consultoria de Imóveis S.A., (iii) julgo procedente, em parte, o pedido para condenar a corré SATI –Assessoria Imobiliária Ltda. ao pagamento de R$ 7.444,00, a ser corrigido pela tabela do Tribunal de Justiça, desde a data do desembolso, acrescido de juros de mora de 1% ao mês desde a citação."

já estará formado e sedimentado, ainda que para ajustar-se à eventual decisão superior do Supremo Tribunal Federal[209].

Para fins de concursos públicos, diversamente do que orientado na primeira parte da obra, entendo fundamental a memorização dos dispositivos e súmulas atinentes a este trecho da sentença, com expressa indicação na resposta, já que são restritos os fundamentos e sempre constam nos espelhos de correção das bancas examinadoras.

Para a prática forense, basta que o redator mantenha as tabelas sintéticas à frente apresentadas (ou outras extraídas de outras obras ou sítios de *internet* de igual propósito que o leitor prefira) em local acessível para constante consulta. Com o tempo, a memorização é inevitável, sem prejuízo de as informações já constarem dos modelos preteritamente produzidos em situações análogas à examinada.

23.1. Índices

A sentença que condenar alguém a pagar um valor a outrem deve estabelecer, em relação aos consectários de mora, tanto o índice como os termos iniciais e finais, sob pena de omissão embargável de declaração. Em sede de concurso público, a omissão do candidato em relação a quaisquer destes aspectos pode implicar em redução de nota, o que não se deseja.

No que tange ao índice de juros, veja-se a sucessão de leis a seguir:

> **Art. 406.** Quando os juros moratórios não forem convencionados, ou o forem sem taxa estipulada, ou quando provierem de determinação da lei, serão fixados segundo a taxa que estiver em vigor para a mora do pagamento de impostos devidos à Fazenda Nacional.
>
> CTN
>
> **Art. 161.** (...)
>
> § 1º Se a lei não dispuser de modo diverso, os juros de mora são calculados à taxa de um por cento ao mês.
>
> LEI Nº 9.065/95
>
> **Art. 13.** A partir de 1º de abril de 1995, os juros de que tratam a alínea c do parágrafo único do art. 14 da Lei nº 8.847, de 28 de janeiro de 1994, com a redação dada pelo art. 6º da Lei nº 8.850, de 28 de janeiro de 1994, e pelo art. 90 da Lei nº 8.981, de 1995, o art. 84, inciso I, e o art. 91, parágrafo único,

209. STJ. 2ª Turma. REsp 1861550-DF, Rel. Min. Og Fernandes, julgado em 16/06/2020 (Info 676).

> alínea a.2, da Lei nº 8.981, de 1995, serão equivalentes à taxa referencial do Sistema Especial de Liquidação e de Custódia – SELIC para títulos federais, acumulada mensalmente.

A doutrina majoritária entende que se deve adotar os juros de 1% ao mês, previstos no art. 161, § 1º, do CTN, haja vista que a SELIC não seria índice de juros propriamente dito, cuidando-se de variável calculada *a priori*, mas nela embutida a estimativa inflacionária do período, característica própria de correção monetária. Em acréscimo, prefere o INPC como índice de atualização, por melhor retratar a inflação e a recomposição monetária dos valores.

O STJ, entretanto, aplica a taxa SELIC como juros moratórios, atendendo à linha lógica emanada das disposições citadas, mas, reconhecendo que tal índice tem composição que inclui aspectos inflacionários, motivo pelo qual determina sua não cumulação com índices de correção monetária.

> (...)
>
> 3- De acordo com o entendimento do STJ, a taxa dos juros moratórios a que se refere o art. 406 do CC/02 é a taxa referencial do Sistema Especial de Liquidação e Custódia – SELIC, que se revela insuscetível de cumulação com quaisquer índices de correção monetária, sob pena de bis in idem.
>
> (...)
>
> (REsp 1537922/DF, Rel. Ministra NANCY ANDRIGHI, TERCEIRA TURMA, julgado em 28/03/2017, DJe 30/03/2017)

O inconveniente da taxa SELIC é justamente a constatação de que juros e correção monetária, por vezes, tem termos distintos, como se verá a seguir, de modo que sua incidência pode se revelar excessiva em alguns períodos em que um dos consectários não é devido, a exemplo da indenização por dano moral que tem juros moratórios iniciados desde o evento danoso em relações extracontratuais e atualização monetária tão somente a partir de seu arbitramento. Nesse caso específico, não se pode adotar a taxa SELIC desde o prejuízo, uma vez que apenas os juros de mora são devidos a partir dali, vedando-se o enriquecimento sem causa.

Todavia, visando compatibilizar tal situação inusitada, na sentença cível se deverá mesclar os índices, aplicando a SELIC, quando dos lapsos de incidência cumulativa e INPC de atualização monetária ou 1% de juros nos períodos de incidência isolada. Mais à frente veremos exemplos de como redigir dispositivos nessa formatação.

Uma observação tem sede. No âmbito do REsp 1795982/SP, o Superior Tribunal de Justiça tornou a discutir acerca do índice a ser adotado nos consectários de mora decorrentes de condenações judiciais em que se discuta relação estritamente civil. Ressalte-se que, embora ainda esteja o feito pendente de decisão final, o relator, Ministro Luís Felipe Salomão, votou contra a aplicação da Taxa SELIC, contrariando a jurisprudência até então sedimentada, por reputar que o referido índice é incapaz de recompor monetariamente a condenação e, ao mesmo tempo, sancionar pela mora o devedor. Após o voto, o processo foi retirado de pauta por pedido de vista, cabendo acompanhar proximamente o resultado do referido julgamento.

Questão controversa é a mera alusão à tabela prática do tribunal em certames de magistratura. Isso porque conquanto haja aceitação em alguns tribunais, notadamente aqueles cujas provas de sentença são elaboradas e corrigidas por membros do próprio Poder Judiciário[210], em outros se considera equivocada a ausência de indicação expressa dos índices. Deste modo, é preferível dispor especificamente sobre os parâmetros, nos moldes já delineados.

Para a praxe forense, basta aferir se o tribunal do qual é membro ou assessora membro dispõe de tabela prática e se a jurisprudência da Corte acata a sua mera indicação nas sentenças recorridas.

23.2. Termos iniciais

No que tange aos juros de mora, para estabelecimento do início da fluência deve-se perquirir a natureza da obrigação:

- CONTRATUAL EX PERSONA: CC/02 – Art. 405. Contam-se os juros de mora desde a citação inicial.
- CONTRATUAL EX RE: CC/02 – Art. 397. O inadimplemento da obrigação, positiva e líquida, no seu termo, constitui de pleno direito em mora o devedor.
- EXTRACONTRATUAL: CC/02 – Art. 398. Nas obrigações provenientes de ato ilícito, considera-se o devedor em mora, desde que o praticou.

210. É o caso do TJ/SP, que no concurso realizado em 2022, fez constar no espelho de avaliação a possibilidade de referência à tabela prática nos termos seguintes: "Juros e correção devem ser calculados pela Tabela Prática do TJSP. Embora persista no Superior Tribunal de Justiça acirrada discussão sobre a incidência da taxa SELIC, o caso concreto tem óbice à sua aplicação. A taxa SELIC embute juros e correção monetária. A condenação, porém, fixa termos diferentes para as duas verbas (juros e correção)."

OS JUROS MORATÓRIOS FLUEM A PARTIR DO EVENTO DANOSO, EM CASO DE RESPONSABILIDADE EXTRACONTRATUAL.

(Súmula 54, CORTE ESPECIAL, julgado em 24/09/1992, DJ 01/10/1992, p. 16801)

Continuando no campo dos juros de mora, observe-se que, em se tratando de situação material que enseje incidência da sanção moratória desde a citação, como se viu acima, caso se esteja diante de pluralidade de réus com perfectibilização dos atos em datas diversas, vale como termo inicial a da primeira citação válida, em interpretação conjugada do art. 240 do CPC com o art. 280 do CC[211]. Vale salientar que tal não se confunde com o termo inicial para apresentação de defesa, o qual se inicia a partir da última citação válida, nos termos do art. 231, § 1°, do CPC.

Sobre termo inicial dos juros de mora, ainda, convém rememorar o entendimento do STJ no que tange à ação renovatória de aluguéis, quando a sentença reconhecer que existe diferença entre os valores quitados e os reconhecidos na decisão judicial final. Diz a Corte que, caso a sentença fixe prazo para pagamento da referida diferença, os juros de mora serão computados tão logo transcorra tal lapso sem adimplemento (*mora ex re*). Diversamente, caso o título não estipule data de pagamento, serão devidos apenas após a intimação do devedor e superado o prazo conferido para cumprimento voluntário da sentença (*mora ex persona*)[212].

Ainda sobre o tema, de se ressaltar que o STJ entende que os juros de mora em relação aos honorários advocatícios de sucumbência são devidos a partir do trânsito em julgado do título condenatório. Tal termo inicial persiste ainda que tenha sido proposto recurso intempestivo, assim reconhecido por decisão denegatória de admissibilidade recursal[213]. Por exemplo: acaso haja transcorrido o prazo recursal em 14.10.2022, tendo a parte apresentado recurso de apelação em 16.10.2022, reconhecendo-se a inadmissibilidade em 12.12.2022, com conclusão confirmada em sede de decisão em agravo interno de 17.02.2023, a mora em relação à verba honoraria sucumbencial conta-se desde 14.10.2022.

Nos casos de juros de mora em face da resolução do compromisso de compra e venda imobiliário, se o pacto tiver sido avençado antes da vigência da

211. STJ. REsp n. 1.868.855/RS, relatora Ministra Nancy Andrighi, Terceira Turma, julgado em 22/9/2020, DJe de 28/9/2020.

212. STJ. REsp n. 1.888.401/DF, relator Ministro Marco Aurélio Bellizze, Terceira Turma, julgado em 22/3/2022, DJe de 5/4/2022

213. STJ. REsp n. 1.984.292/DF, relatora Ministra Nancy Andrighi, Terceira Turma, julgado em 29/3/2022, DJe de 1/4/2022

Lei nº 13.786/18, que imprimiu severas modificações na lei de incorporação imobiliária, qual seja, 28/11/2018, serão devidos com o trânsito em julgado[214]. Caso a contratação seja ulterior, aplica-se a regra geral do CC para computá-los retroativamente à citação.

Já no concernente à correção monetária, cumpre destacar o que disposto no art. 1º da Lei nº 6.899/81: em se tratando de dívida líquida e certa, deve ser computada desde o vencimento da obrigação; caso contrário, calcula-se desde o ajuizamento da demanda.

> LEI Nº 6.899/81
>
> Art. 1º – A correção monetária incide sobre qualquer débito resultante de decisão judicial, inclusive sobre custas e honorários advocatícios.
>
> § 1º – Nas execuções de títulos de dívida líquida e certa, a correção será calculada a contar do respectivo vencimento.
>
> § 2º – Nos demais casos, o cálculo far-se-á a partir do ajuizamento da ação.

A jurisprudência do STJ acrescenta, de maneira bem perspicaz, que nas relações de trato sucessivo, deve-se atualizar monetariamente os valores a partir de cada desembolso:

> (...)
>
> 3. Em caso de rescisão de contrato de compra e venda de imóvel, a correção monetária das parcelas pagas, para efeito de restituição, incide a partir de cada desembolso.
>
> (...)
>
> (EDcl no AgInt no REsp 1813490/SP, Rel. Ministra NANCY ANDRIGHI, TERCEIRA TURMA, julgado em 14/10/2019, DJe 16/10/2019)

Em caso de ato ilícito, dispõe a Súmula nº 43 do STJ que a incidência da correção monetária observará a data do efetivo prejuízo:

> INCIDE CORREÇÃO MONETARIA SOBRE DIVIDA POR ATO ILICITO A PARTIR DA DATA DO EFETIVO PREJUIZO.
>
> (Súmula 43, CORTE ESPECIAL, julgado em 14/05/1992, DJ 20/05/1992, p. 7074)

Por sua vez, nas hipóteses de indenização por danos morais, a atualização se dará desde o efetivo arbitramento, em conformidade com a Súmula nº 362 do STJ:

---

214. STJ. REsp n. 1.740.911/DF, relator Ministro Moura Ribeiro, relatora para acórdão Ministra Maria Isabel Gallotti, Segunda Seção, julgado em 14/8/2019, DJe de 22/8/2019.)

A correção monetária do valor da indenização do dano moral incide desde a data do arbitramento.

(Súmula 362, CORTE ESPECIAL, julgado em 15/10/2008, DJe 03/11/2008)

Confira-se as sugestões trazidas abaixo de redação do dispositivo quando houver estabelecimento de obrigação de pagar, logicamente acrescida de consectários moratórios. Algumas delas trabalham, inclusive, a questão da taxa SELIC e lapsos de incidência isolada de juros de mora e correção monetária, evitando o *bis in idem*:

Ex1.:

"Ante o exposto, julgo procedente o pedido autoral para, com supedâneo no art. 487, I, do CPC/15 e resolvendo o mérito da ação, condenar a requerida a pagar ao autor a quantia de R$ 5.000,00, acrescidos de juros de mora e atualizados monetariamente, desde o vencimento, pela incidência única da Taxa SELIC, na forma do art. 1º, § 1º, da Lei nº 6.899/81 e do art. 397 do CC/02."

Ex2.:

"Ante o exposto, julgo procedente o pedido autoral para, com supedâneo no art. 487, I, do CPC/15 e resolvendo o mérito da ação, condenar a requerida restituir ao autor as prestações mensalmente desembolsadas, atualizados monetariamente pelo INPC desde a data de cada desembolso até a citação inicial, seguindo jurisprudência consolidada do STJ e o art. 405 do CC/02, e, desde então, corrigidas e aplicados de juros de mora pela incidência única da Taxa SELIC."

Ex3.:

"Ante o exposto, julgo procedente o pedido autoral para, com supedâneo no art. 487, I, do CPC/15 e resolvendo o mérito da ação, condenar a requerida indenizar o autor, a título de danos morais, à monta de R$ 5.000,00, com incidência de juros moratórios desde o evento danoso, conforme art. 398 do CC/02 e Súmula nº 54 do STJ, até a data deste arbitramento, e corrigidos e aplicados de juros de mora, doravante, pela incidência única da Taxa SELIC, em observância à Súmula nº 362 do STJ."

Abaixo, tabelas sintetizadoras dos termos iniciais e respectivos fundamentos de juros de mora e correção monetária com a suma do que se viu até então para facilitar o entendimento e a memorização por parte do leitor:

JUROS DE MORA – SELIC/1%		
RESPONSABILIDADE	**TERMO INICIAL**	**FUNDAMENTO**
Contratual	CITAÇÃO	Art. 405 do CC/02
Extracontratual	PREJUÍZO/EVENTO	Art. 398 do CC/02 Súmula nº 54 do STJ
Dívida líquida vencida	VENCIMENTO	Art. 397 do CC/02

CORREÇÃO MONETÁRIA – SELIC/INPC		
RESPONSABILIDADE	**TERMO INICIAL**	**FUNDAMENTO**
Contratual	AJUIZAMENTO (REGRA) DESEMBOLSO (TRATO SUCESSIVO) PREJUÍZO/EVENTO (ATO ILÍCITO)	Art. 1º, § 2º, da Lei nº 6.899/81 Jurisprudência do STJ Súmula nº 43 do STJ
Extracontratual	PREJUÍZO/EVENTO	Súmula nº 43 do STJ
Dívida líquida vencida	VENCIMENTO	Art. 1º, § 1º, da Lei nº 6.899/81 Art. 397 do CC/02

DANOS MORAIS		
NATUREZA	**TERMO INICIAL**	**FUNDAMENTO**
JUROS DE MORA	CITAÇÃO (CONTRATUAL) PREJUÍZO/EVENTO (EXTRACONTRATUAL)	Art. 405 do CC/02 Art. 398 do CC/02 e Súmula nº 54 do STJ
CORREÇÃO MONETÁRIA	ARBITRAMENTO	Súmula nº 362 do STJ

O STJ, todavia, nada obstante as regras acima dispostas, não raro decide de maneira distinta em situações peculiares, sendo importante o leitor estar antenado com os entendimentos mais recentes manifestados em súmulas e julgados relevantes, divulgados em informativos de jurisprudência, jurisprudência em teses e notícias no sítio oficial da Corte[215-216-217].

23.3. Juros e correção monetária contra a Fazenda Pública

Os índices de juros de mora e de atualização em face da Fazenda Pública em relação às condenações em gerais observavam ao que disposto no art. 1º-F da Lei 9.494/97, com a redação dada pela Lei nº 11.960/2009, mas confrontado com a inconstitucionalidade parcial reconhecida pelo STF na ADI nº 4.357 e com a interpretação dada pelo STJ no REsp 1.270.439.

Segue tabela elucidativa dos patamares outrora reconhecidos:

JUROS E CORREÇÃO MONETÁRIA CONTRA A FAZENDA PÚBLICA		
CONDENAÇÕES EM MATÉRIA NÃO TRIBUTÁRIA (Ex.: Responsabilidade)	Correção Monetária	IPCA-E
	Juros de Mora	Poupança
CONDENAÇÕES EM MATÉRIA TRIBUTÁRIA	Correção Monetária	Taxa SELIC
	Juros de Mora	

Ocorre que, em 8 de dezembro de 2021, fora promulgada a Emenda Constitucional nº 113/2021 na qual, em seu art. 3º, o constituinte derivado estatuiu a taxa SELIC como índice de atualização (1), remuneração (2) e mora (3) das condenações impostas à Fazenda Pública, *independentemente da natureza da verba principal*:

> Art. 3º Nas discussões e nas condenações que envolvam a Fazenda Pública, independentemente de sua natureza e para fins de atualização monetária, de remuneração do capital e de compensação da mora, inclusive do precatório, haverá a incidência, uma única vez, até o efetivo pagamento, do índice da taxa referencial do Sistema Especial de Liquidação e de Custódia (Selic), acumulado mensalmente.

---

215. Os juros de mora na indenização do seguro DPVAT fluem a partir da citação. (Súmula n. 426/STJ)
216. Nos compromissos de compra e venda de unidades imobiliárias anteriores à Lei n. 13.786/2018, em que é pleiteada a resolução do contrato por iniciativa do promitente comprador de forma diversa da cláusula penal convencionada, os juros de mora incidem a partir do trânsito em julgado da decisão (REsp 1.740.911-DF, Rel. Min. Moura Ribeiro, Rel. Acd. Min. Maria Isabel Gallotti, Segunda Seção, por maioria, julgado em 14/08/2019, DJe 22/08/2019 (Tema 1002).
217. Jurisprudência em Teses nº 62 do STJ: 20) Os juros moratórios decorrentes de dívidas representadas em cheque devem ser fixados a partir da data da primeira apresentação do título para pagamento, independentemente da cobrança ter sido buscada por meio de ação monitória.

Segue exemplo de redação de trecho de dispositivo no qual se lida com situação de transição entre os índices anteriormente reconhecidos e o estabelecido pelo constituinte derivado. Pela sua extensão peculiar, retirou-se o excerto de dentro do núcleo do dispositivo para evitar que se alongue em demasia e, como já visto, cause perplexidade em sua compreensão pelo jurisdicionado:

Ex.:

> Os valores devem ser corrigidos pelo INPC desde a data em que os pagamentos deveriam ter sido efetuados e acrescidos de juros de mora no percentual estabelecido para a remuneração da caderneta de poupança desde a citação nos termos do art. 1º-F da Lei nº 9.494/97 (Tema nº 905 do STJ), observada, contudo, a incidência do art. 3º da Emenda Constitucional nº 113/2021, a partir de sua publicação, em 09/12/2021, segundo a qual, para fins de atualização monetária e juros, haverá a incidência, uma única vez, até o efetivo pagamento, do índice da taxa referencial do Sistema Especial de Liquidação e de Custódia (SELIC), acumulado mensalmente.

24. CUSTAS, DESPESAS E HONORÁRIOS DE SUCUMBÊNCIA

Ainda como pedido implícito, decorrente da derrota processual, cabe a imputação de condenação do vencido em custas, despesas processuais e honorários de advogado, nos termos dos arts. 82, § 2º, e 85, ambos do CPC.

> **Art. 82.** (...)
>
> (...)
>
> § 2º A sentença condenará o vencido a pagar ao vencedor as despesas que antecipou.
>
> **Art. 85.** A sentença condenará o vencido a pagar honorários ao advogado do vencedor.

24.1. Custas processuais e taxa judiciária

O regramento das custas processuais observa a organização judiciária local, sendo prevista em lei estadual, em regra, salvo exceções peculiares, motivo pelo qual o julgador deve ter ciência de qual diploma rege as despesas judiciais no âmbito do Estado em que judica. No que concerne a concursos públicos, entendo que, em se tratando de bancas profissionais (ex.: CEBRASPE, FCC, VUNESP), é prescindível de debruçar sobre a lei local. Lado outro, em se cuidando de banca própria, cabe pesquisar se, em certames anteriores, tal conhecimento fora exigido, devendo, na dúvida, o candidato fazer a leitura do ato respectivo.

Constate, todavia, que algumas leis federais e até a mesmo a Constituição Federal[218] apresentam isenção da taxa judiciária, cujo conhecimento é necessário em qualquer hipótese. Uma pegadinha que costuma cair desde a etapa preambular do certame de magistratura e se estende até a prova oral é a questão das custas em mandado de segurança. O legislador isentou tão somente, como se verá, os honorários de sucumbência advocatícios, não o adiantamento das custas, o que as torna exigíveis do impetrante, salvo concessão de benefício de gratuidade judiciária demonstrado. Contudo, a lei local pode conferir a isenção, como é o caso do Estado do Ceará (Lei Estadual nº 16.132/16)[219].

Outra situação contraintuitiva é a do Instituto Nacional do Seguro Social – INSS. De acordo com a Lei nº 6.830/80, a Fazenda Pública é isenta das despesas processuais, conceito no qual o INSS, como autarquia federal, se insere[220]. Ocorre que ao dispositivo deve ser dada leitura que o compatibilize com a Constituição Federal. Dada a natureza tributária das custas processuais, como taxa, e em atenção ao princípio federativo, a CF/88 vedou, salvo as que ela mesma previu, a concessão de isenções heterônomas, ou seja, aquelas dadas por um ente federativo em prejuízo de outro, para que não houvesse comprometimento orçamentário deste último[221]. Assim é que, tendo a isenção da taxa judiciária perpetrada em lei federal tem validade no âmbito da Justiça Federal, mas não no que toca à Justiça Estadual, uma vez que tal representaria isenção heterônoma vedada constitucionalmente[222].

---

218. Art. 5º. (...)

LXXIII – qualquer cidadão é parte legítima para propor ação popular que vise a anular ato lesivo ao patrimônio público ou de entidade de que o Estado participe, à moralidade administrativa, ao meio ambiente e ao patrimônio histórico e cultural, ficando o autor, salvo comprovada má-fé, isento de custas judiciais e do ônus da sucumbência;

219. Art. 5º São isentos do pagamento de despesas processuais: (...)

V – os processos, incidentes e recursos em ação popular, habeas data, habeas corpus, mandado de injunção e mandado de segurança individual ou coletivo, bem como os processos administrativos de competência dos órgãos judiciários, as ações civis públicas e nas ações coletivas de que trata o Código de Defesa do Consumidor, ressalvada a hipótese de litigância de má-fé;

220. Art. 39 – A Fazenda Pública não está sujeita ao pagamento de custas e emolumentos. A prática dos atos judiciais de seu interesse independerá de preparo ou de prévio depósito.

Parágrafo Único – Se vencida, a Fazenda Pública ressarcirá o valor das despesas feitas pela parte contrária.

221. Art. 151. É vedado à União:

(...)

III – instituir isenções de tributos da competência dos Estados, do Distrito Federal ou dos Municípios.

222. O INSS não goza de isenção do pagamento de custas e emolumentos, nas ações acidentárias e de benefícios, propostas na Justiça Estadual.

(TERCEIRA SEÇÃO, julgado em 11/12/1996, DJ 16/12/1996, p. 51122)

Isenção importante, notadamente para fins de eficiência da prestação jurisdicional, é a disposta no art. 87 do Código de Defesa do Consumidor[223], quando exime tanto o adiantamento como a própria condenação em custas, salvo comprovada má-fé, nas ações coletivas, como uma forma de prestigiar e estimular essas espécies de demanda, tendo em vista o seu potencial de diminuir a entrada processual de ações individuais, embora essa ainda não seja a nossa cultura na praxe. Vide que a isenção se dará na demanda propriamente coletiva, tendo sede nos casos de substituição processual, não mera representação, quando há um número restrito de representados, sob pena de burla ao propósito legal da isenção[224]. Equivalente disposição consta do art. 88 do Estatuto da Pessoa Idosa[225].

Seguindo no assunto, o Supremo Tribunal Federal entendeu constitucional lei do Estado do Rio de Janeiro que recrudesceu o valor das custas judiciárias para causas complexas e de elevado vulto, desde que resguardada a proporcionalidade e a correspondência com o serviço público prestado, mesmo que não haja absoluta exatidão, condição inerente ao reconhecimento da natureza jurídica tributária de taxa. No mesmo julgado, reconheceu inconstitucional, por invasão à competência constitucional exclusiva da União para dispor sobre direito processual, nos termos do art. 22, I, da CF/88, rito específico para postulação de gratuidade judiciária e sancionamento mais rigoroso do litigante de má-fé, em regramento que não atentou ao que dispõe o CPC e não se limitou a estabelecer procedimentos em matéria processual, que, aí sim, competiria concorrentemente ao Estado legislar (art. 24, XI, da CF/88)[226].

Ressalve-se a hipótese em que, reputando insuficiente o montante das custas exordialmente recolhidas, seja por lapso na própria quitação da taxa judiciária, seja por correção do valor da causa atribuído originalmente para outro em grau superior, o juiz determinar a complementação e a parte, em vez de o fazer, resolve desistir da ação, quando não será mais exigível a integração tributária proposta[227]. A mesma postura se adota em caso em que a parte, intimada por

223. Art. 87. Nas ações coletivas de que trata este código não haverá adiantamento de custas, emolumentos, honorários periciais e quaisquer outras despesas, nem condenação da associação autora, salvo comprovada má-fé, em honorários de advogados, custas e despesas processuais.

224. STJ. 3ª Turma. REsp 1637366-SP, Rel. Min. Marco Aurélio Bellizze, julgado em 05/10/2021 (Info 713).

225. Art. 88. Nas ações de que trata este Capítulo, não haverá adiantamento de custas, emolumentos, honorários periciais e quaisquer outras despesas.

Jurisprudência em Teses nº 100 do STJ: 2) O art. 88 do Estatuto do Idoso, que prevê a possibilidade de pagamento das custas processuais ao final do processo, aplica-se somente às ações referentes a interesses difusos, coletivos e individuais indisponíveis ou homogêneos.

226. STF. Plenário. ADI 7063/RJ, Rel. Min. Edson Fachin, julgado em 3/6/2022 (Info 1057).

227. STJ. REsp n. 2.016.021/MG, relatora Ministra Nancy Andrighi, relator para acórdão Ministro Marco Aurélio Bellizze, Terceira Turma, julgado em 8/11/2022, DJe de 24/11/2022.

seu representante processual, em vez de desistir expressamente, silencia, caso em que reconhece o STJ que, prescindindo de intimação pessoal da parte, se determinará o cancelamento da distribuição da demanda, sem imposição de quaisquer ônus, ainda que erroneamente o juízo já tenha determinado a citação da contraparte[228].

Outrossim, não há que se confundir entre custas judiciais e taxa judiciária, ambas integrantes do conceito de despesas processuais[229], mormente para fins de aplicação da benesse do art. 90, § 3º, do CPC[230].

É que as custas judiciárias são uma contraprestação por serviços específicos de serventuários da justiça, como oficial de justiça, por exemplo. Lado outro, a taxa judiciária é tributo devido ao Estado pela prestação do serviço de natureza jurisdicional àqueles que não são pobres na forma da lei.

Como disciplina do Código Tributário Nacional no art. 111, II, a outorga de isenção se interpreta literalmente[231]. Destarte, quando o art. 90, § 3º, do CPC dispõe que a isenção decorrente da avença ulterior à deflagração da demanda, mas antes da sentença, se dá sobre as "custas remanescentes", em aplicação ao dispositivo tributário, é de se reconhecer que não abrange a taxa judiciária remanescente, quando a lei estadual a previr. Nesse sentido, a didática ementa do STJ:

> PROCESSUAL CIVIL. RECURSO ESPECIAL. EXECUÇÃO DE TÍTULO EXTRAJUDICIAL. TRANSAÇÃO ANTES DA SENTENÇA. APLICABILIDADE DO ART. 90, § 3º, do CPC/2015. TAXA JUDICIÁRIA QUE NÃO SE ENQUADRA COMO CUSTAS REMANESCENTES. OBRIGAÇÃO DE RECOLHIMENTO.
>
> 1. O propósito recursal é dizer sobre a aplicabilidade do disposto no art. 90, § 3º, do CPC/2015 à execução de título extrajudicial extinta em razão de acordo celebrado previamente à prolação da sentença.
>
> 2. A ausência de decisão acerca dos dispositivos legais indicados como violados faz incidir o óbice da Súmula 282/STF. Ademais, a alegada violação a dispositivo constitucional não pode ser apreciada na via estreita do recurso especial.

---

228. STJ. 3ª Turma. REsp 1906378/MG, Rel. Min. Nancy Andrighi, julgado em 11/05/2021 (Info 696).
229. Art. 84. As despesas abrangem as custas dos atos do processo, a indenização de viagem, a remuneração do assistente técnico e a diária de testemunha.
230. § 3º Se a transação ocorrer antes da sentença, as partes ficam dispensadas do pagamento das custas processuais remanescentes, se houver.
231. Art. 111. Interpreta-se literalmente a legislação tributária que disponha sobre:
   I – suspensão ou exclusão do crédito tributário;
   II – outorga de isenção;

3. O art. 90, § 3º, do CPC/2015 está localizado na parte geral do Diploma Processual, o que, por si só, evidencia ser aplicável não só ao processo de conhecimento, como também ao processo de execução.

Caso fosse a intenção do legislador restringir sua aplicação ao processo de conhecimento, teria tido a cautela de inseri-lo no capítulo que trata especificamente dessa espécie procedimental ou, ao menos, teria feito alguma referência expressa nesse sentido, o que não se verifica. Assim, se as partes celebrarem acordo antes da sentença, seja no processo de conhecimento ou no de execução, ficarão dispensadas do pagamento das custas remanescentes.

4. Despesas processuais é gênero do qual são espécies as custas judiciais, a taxa judiciária e os emolumentos. As custas judiciais têm natureza tributária e visam a remunerar os serviços praticados pelos serventuários em juízo. A taxa judiciária, a seu turno, também é um tributo, mas é devida ao Estado em contraprestação aos atos processuais.

5. O art. art. 90 (sic), § 3º, do CPC/2015 é expresso ao referir custas remanescentes. Assim, se a legislação estadual prever o recolhimento da taxa judiciária ao final do processo – como ocorre no processo de execução no Estado de São Paulo –, as partes não estarão desobrigadas de recolhê-la, haja vista que não se confunde com as custas processuais e, portanto, não se enquadra nas custas remanescentes.

6. A ausência de comprovação de similitude fática entre o aresto recorrido e os acórdãos paradigmas inviabiliza a análise do dissídio jurisprudencial.

7. Recurso especial parcialmente conhecido e desprovido.

(REsp n. 1.880.944/SP, relatora Ministra Nancy Andrighi, Terceira Turma, julgado em 23/3/2021, DJe de 26/3/2021.)

Ainda sobre a discussão da natureza jurídica das custas e da taxa judiciária, considerando que se amoldam ao conceito tributário de taxa, insculpido no art. 77 do CTN[232], a Corte Superior definiu que não cabe a intenção de aproveitamento da obrigação quitada em uma relação processual para outra, porquanto houvera efetiva prestação de serviços de natureza jurisdicional em ambas, por mais que sumária em uma delas, como contraprestação tributária[233].

232. Art. 77. As taxas cobradas pela União, pelos Estados, pelo Distrito Federal ou pelos Municípios, no âmbito de suas respectivas atribuições, têm como fato gerador o exercício regular do poder de polícia, ou a utilização, efetiva ou potencial, de serviço público específico e divisível, prestado ao contribuinte ou posto à sua disposição.

233. Processo civil. Duplo ajuizamento. Custas processuais devidas nos dois processos, independentemente da citação da parte contrária.

Conhecimento e desprovimento do Recurso Especial.

1. Ajuizamento da petição inicial forma relação jurídica processual linear. A citação tem o condão de triangularizá-la com produção de efeitos para o polo passivo da demanda.

Outra situação curiosa que se vislumbra na praxe forense é a seguinte. O art. 90, § 2º, do CPC disciplina que "*havendo transação e nada tendo as partes disposto quanto às despesas, estas serão divididas igualmente*". Como forma de tentar se esquivar da taxa judiciária imposta, buscam alguns litigantes inserir nas transações cláusula que atribui à parte autora, que é beneficiária da justiça gratuita, "eventuais despesas processuais pendentes". Isto é, o devedor está apenas a tentar minimizar seu prejuízo, em detrimento do Erário, porquanto, como se viu, o beneficiário da justiça gratuita tem sua obrigação tributária suspensa por força de lei (quando não isenta, como é o caso, por exemplo, da Lei Estadual nº 16.132/16 do Estado do Ceará).

O juiz não deve chancelar tal postura, em aplicação ao art. 123 do Código Tributário Nacional, segundo o qual, "*salvo disposições de lei em contrário, as convenções particulares, relativas à responsabilidade pelo pagamento de tributos, não podem ser opostas à Fazenda Pública, para modificar a definição legal do sujeito passivo das obrigações tributárias correspondentes*". Não pode o Poder Judiciário coadunar com tal escancarada hipótese de evasão fiscal, ainda que sob o argumento de que as partes assim dispuseram, conforme autorização contida no § 2º do art. 90 do CPC acima destacado.

É que soa até mesmo absurdo admitir que a parte possa assumir a responsabilidade pelas despesas processuais, quando, ao fim e ao cabo, é ciente de que goza de benefício de gratuidade judiciária que implica na suspensão/isenção daquelas. O aval estatal do órgão jurisdicional a este comportamento tem o condão de esvaziar as obrigações tributárias correspondentes às taxas judiciárias, em detrimento do próprio Poder Judiciário que é o destinatário do numerário para o seu aparelhamento e para angariar recursos a viabilizar o aprimoramento da prestação jurisdicional eficiente e em tempo razoável[234].

---

2. As custas judiciais têm natureza jurídica taxa. Portanto, as custas representam um tributo. A aparente confusão ocorre por algumas legislações estaduais utilizarem o termo genérico "custas", outro, porém, empregarem duas rubricas: custas e taxa judiciária.

3. As custas podem ser cobradas pelo serviço público efetivamente prestado ou colocado à disposição do contribuinte. Ao se ajuizar determinada demanda, dá-se início ao processo. O encerramento desse processo exige a prestação do serviço público judicial, ainda que não se analise o mérito da causa.

4. Com o ajuizamento de novos embargos à execução fiscal, novas custas judiciais devem ser recolhidas.

5. Recurso conhecido e desprovido.

(REsp n. 1.893.966/SP, relator Ministro Og Fernandes, Segunda Turma, julgado em 8/6/2021, DJe de 17/6/2021.)

234. CF/88: Art. 98. (...)

§ 2º As custas e emolumentos serão destinados exclusivamente ao custeio dos serviços afetos às atividades específicas da Justiça.

Ainda, caracterizaria curiosa "isenção heterônoma" pelo particular, na medida em que o único prejudicado é o Estado, já que o devedor não precisaria mais pagar e o beneficiário da justiça gratuita que assumiu o encargo também não.

Em pesquisa, consigne-se que o Tribunal de Justiça do Estado do Rio de Janeiro editou Enunciado Administrativo nº 31 e tem sólida jurisprudência reprimindo tal comportamento, em exemplo a ser seguido[235].

24.2. Honorários advocatícios de sucumbência

24.2.1. Regime Jurídico

Vale destacar, já de início, que o regime jurídico aplicável no que tange aos honorários advocatícios sucumbenciais remonta ao momento da prolação da sentença, título executivo no primeiro grau, de maneira que, acaso sentenciada a demanda na vigência do CPC/73, impõe-se o seu regramento, ainda que contra ela seja interposto recurso, oportunidade em que, ainda que já sob a vigência do CPC/15 nesta etapa, a modulação da verba sucumbencial atentará aos ditames da legislação revogada, inclusive quando houver inversão da imputação em decorrência de acolhimento total ou parcial do pleito recursal. É o entendimento do STJ[236-237].

Todavia, situação que pode ainda se revelar na praxe ou no teste de sentença cível, caso a sentença dada sob a égide do CPC/73 venha a ser anulada (e não meramente reformada), carecendo da produção de outra, esta na vigência do CPC/15, o novel regramento há de ser observado no título condenatório superveniente.

---

235. Enunciado Administrativo nº 31: "O Juízo competente poderá negar homologação a acordo em que as partes disponham de modo a lesar o Fundo Especial do Tribunal de Justiça, como no caso de, sendo uma delas beneficiária da gratuidade, estabelecerem que o pagamento de taxa judiciária, custas e demais despesas do processo sejam encargo daquela que goza do benefício."

Apelação cível. Ação cautelar. Sentença que homologou o acordo firmado pelas partes. Homologação parcial. Ausência de homologação da cláusula relativa às custas. Cláusula que transfere para os autores o pagamento das custas. Parte autora beneficiária da gratuidade de justiça. Lesão ao fundo especial. Violação aos artigos 123 do CTN e 161 do CTE. Acerto da sentença. Recurso a que se nega provimento.

(TJ-RJ – APL: 00264152620158190087, Relator: Des(a). WAGNER CINELLI DE PAULA FREITAS, Data de Julgamento: 09/09/2021, DÉCIMA SÉTIMA CÂMARA CÍVEL, Data de Publicação: 13/09/2021)

236. STJ. EDcl no AgInt no AREsp n. 674.270/SP, relator Ministro Raul Araújo, Quarta Turma, julgado em 8/11/2022, DJe de 2/12/2022.

237. Jurisprudência em Teses nº 128: "1) O marco temporal para a aplicação das normas do Código de Processo Civil de 2015, a respeito da fixação e da distribuição dos honorários de sucumbência, é a data da prolação de sentença/acórdão que as impõe."

24.2.2. Cabimento

Em conformidade com o § 1º do art. 85, os honorários advocatícios são devidos, para além da demanda principal em procedimento comum, na reconvenção, no cumprimento de sentença, provisório ou definitivo, na execução, resistida ou não, e nos recursos interpostos, cumulativamente.

> § 1º São devidos honorários advocatícios na reconvenção, no cumprimento de sentença, provisório ou definitivo, na execução, resistida ou não, e nos recursos interpostos, cumulativamente.

Perceba-se, portanto, que, pela redação do art. 85, § 1º, do CPC, o legislador positivou o entendimento ampliador da doutrina e da jurisprudência sobre o cabimento de honorários advocatícios de sucumbência. Em verdade, a ampla regra é a sua imposição sucumbencial, até como maneira de desestimular resistências temerárias, não sendo cabível apenas quando a própria lei assim o disser.

Os honorários advocatícios são devidos, pois, em regra, em todos os procedimentos, salvo quando a lei expressamente os isentar[238]. Uma das previsões mais notórias de isenção da verba honorária, por se tratar de ação constitucional, é a do mandado de segurança, com vistas a que tal possibilidade de ônus processual venha a se revelar um obstáculo ao manejo da demanda tão sensível, constante do art. 25 da Lei de Mandado de Segurança[239-240]. Inclusive, na ADI nº 4296, a que fizemos alusão quando da análise da tutela provisória de urgência

---

238. Lei nº 9.099/90 (Lei dos Juizados Especiais)

Art. 55. A sentença de primeiro grau não condenará o vencido em custas e honorários de advogado, ressalvados os casos de litigância de má-fé. Em segundo grau, o recorrente, vencido, pagará as custas e honorários de advogado, que serão fixados entre dez por cento e vinte por cento do valor de condenação ou, não havendo condenação, do valor corrigido da causa.

Lei nº 8.249/92 (Lei de Improbidade Administrativa)

Art. 23-B. (...)

§ 2º Haverá condenação em honorários sucumbenciais em caso de improcedência da ação de improbidade se comprovada má-fé.

Lei nº 7.347/65 (Lei de Ação Civil Pública)

Art. 18. Nas ações de que trata esta lei, não haverá adiantamento de custas, emolumentos, honorários periciais e quaisquer outras despesas, nem condenação da associação autora, salvo comprovada má-fé, em honorários de advogado, custas e despesas processuais.

239. Lei nº 12.016/09 (Lei de Mandado de Segurança)

Art. 25. Não cabem, no processo de mandado de segurança, a interposição de embargos infringentes e a condenação ao pagamento dos honorários advocatícios, sem prejuízo da aplicação de sanções no caso de litigância de má-fé.

240. Súmula 512-STF: Não cabe condenação em honorários de advogado na ação de mandado de segurança.

em sentença em tópico precedente, proposta pelo Conselho Federal da Ordem dos Advogados do Brasil, o STF reconheceu a constitucionalidade da norma constante do artigo citado[241]. Como extensão da interpretação, consigne-se que, nos casos de isenção de honorários advocatícios de sucumbência de procedimentos especiais específicos, não se restringe-se à etapa de conhecimento, mas também o serão no que toca à fase recursal e ao cumprimento de sentença[242].

Note-se, em regra, caso a sentença seja prolatada antes da citação do réu, nos casos de indeferimento da petição inicial e de improcedência liminar do pedido, não há que se falar em imputação de honorários advocatícios de sucumbência, considerando-se a não angularização da relação processual. Todavia, caso no interregno entre o protocolo da petição e a decisão judicial terminativa a contraparte tenha toma ciência da pendência da ação e espontaneamente nela intervindo com apresentação de defesa, seja peremptória ou meritória, passa a se justificar a imposição da verba honorária sucumbencial[243].

Em semelhante sentido, cabe a imposição de honorários advocatícios sucumbenciais ao desistente quando formulado o pedido após a citação, ainda que não tenha sido apresentada a defesa, estando dentro do prazo para tanto, uma vez que, malgrado a peça em si ainda não tenha sido apresentada, é de se presumir que réu citado já tenha providenciado a contratação de advogado e este, a seu turno, tenha dado início à elaboração da defesa técnica[244]. A exceção fica por conta da expressa regra legal em sentido adverso, quando a desistência for motivada pela superveniência de precedente obrigatório, previsto no art. 927 do CPC, com fixação de tese oposta à veiculada pelo autor, nos termos do art. 1.040, § 2°, do CPC[245].

Desperta a atenção a conclusão do STJ no âmbito do REsp 2.028.685-SP[246], quando, aplicando os conceitos processuais de jurisdição contenciosa e de

241. STF. Plenário. ADI 4296/DF, Rel. Min. Marco Aurélio, redator do acórdão Min. Alexandre de Moraes julgado em 9/6/2021 (Info 1021).

242. STJ. 1ª Turma. AgInt no REsp 1968010-DF, Rel. Min. Manoel Erhardt (Desembargador convocado do TRF da 5ª Região), julgado em 09/05/2022 (Info 753).

243. STJ. AgInt nos EDcl na Rcl n. 41.569/DF, relator Ministro Ricardo Villas Bôas Cueva, Segunda Seção, julgado em 9/2/2022, DJe de 15/2/2022.

244. STJ. REsp n. 1.819.876/SP, relator Ministro Ricardo Villas Bôas Cueva, Terceira Turma, julgado em 5/10/2021, DJe de 8/10/2021.

245. § 2º Se a desistência ocorrer antes de oferecida contestação, a parte ficará isenta do pagamento de custas e de honorários de sucumbência.

246. (...)

2. O propósito recursal é definir (I) se, em procedimento de jurisdição voluntária, são devidos honorários advocatícios de sucumbência, quando a parte ré concorda com a pretensão autoral, mas apresenta pedido autônomo; e (II) se há deficiência na fundamentação do acórdão recorrido.

(...)

jurisdição voluntária, aponta que, neste último caso, por se cuidar a judicialização de uma imposição legal por opção legislativa, dada a sensibilidade do objeto jurídico que se pretende obter, e não propriamente de uma pretensão resistida por outrem, *a priori*, não há falar em imputação de honorários advocatícios sucumbenciais. Apenas quando, para além da jurisdição de curso obrigatório, sobressair alguma litigiosidade entre o pretendente e a outra parte ou um terceiro, notadamente diante do manejo de defesa reconvencional, com resistência propriamente à pretensão veiculada e veiculação de pedido autônomo, é que se pode e deve cogitar de se condenar na verba honorários de derrota em prol do exitoso.

---

6. Não há ofensa ao art. 489 do CPC/2015, quando o Tribunal de origem examina de forma fundamentada, a questão submetida à apreciação judicial na medida necessária para o deslinde da controvérsia, ainda que em sentido contrário à pretensão da parte. Precedentes.

7. O vetor primordial que orienta a imposição ao pagamento de verba honorária sucumbencial é o fato da derrota na demanda, cujo pressuposto é a existência de litigiosidade, a qual, em regra, não há em procedimento de jurisdição voluntária.

8. Segundo a jurisprudência desta Corte, mesmo em procedimentos de jurisdição voluntária, a existência de litigiosidade excepciona a regra de não cabimento de condenação em honorários advocatícios.

9. Não obstante, não é qualquer atitude da parte no processo que caracteriza litigiosidade, sendo necessário, para tanto, haver inequívoca resistência à pretensão deduzida na inicial.

10. O pedido autônomo não caracteriza resistência à pretensão autoral, justamente por ser pretensão distinta que não influencia no julgamento dos pedidos formulados pelo autor. Assim, não forma litígio na ação principal e, por conseguinte, não enseja condenação a pagar honorários sucumbenciais.

11. No entanto, se o pedido autônomo for admitido como reconvenção e houver resistência à pretensão reconvencional, mediante resposta pela parte contrária, o julgamento dessa pretensão resultará em sucumbência de uma das partes e a consequente condenação do vencido a pagar honorários ao advogado do vencedor.

12. Portanto, em procedimento de jurisdição voluntária, quando a parte ré concorda com o pedido formulado na inicial, mas formula pedido autônomo: (I) se o Juiz não admitir o pedido autônomo como reconvenção e julgar apenas a pretensão autoral, não serão devidos honorários de sucumbência; (II) por outro lado, se o Juiz admitir o pedido autônomo como reconvenção e julgar ambas as pretensões, serão devidos honorários de sucumbência apenas na reconvenção e desde que configurado litígio quanto à pretensão reconvencional.

13. Hipótese em que (I) os réus recorrentes, em petição de habilitação nos autos, concordaram expressamente com o pedido de alienação dos imóveis, mas requereram determinação para que os autores recorridos prestassem contas da administração dos bens; e (II) o Juiz julgou apenas a pretensão autoral, determinando a alienação dos imóveis, mas condenou os recorrentes a pagar honorários sucumbenciais.

14. Recurso especial conhecido e parcialmente provido, para afastar a condenação dos recorrentes a pagar honorários advocatícios de sucumbência.

(REsp n. 2.028.685/SP, relatora Ministra Nancy Andrighi, Terceira Turma, julgado em 22/11/2022, DJe de 24/11/2022.)

A jurisprudência do STJ também entendeu incabível imputação em honorários advocatícios, à míngua de previsão legal, no incidente de desconsideração da personalidade jurídica[247].

Outra exceção notável no que concerne à isenção de despesas processuais é no caso de ação cautelar e caução prévia a execução fiscal, porquanto se considera mero incidente processual, semelhante ao que se dá com a tutela cautelar antecedente de que cuida o art. 305 do CPC[248].

Também não se há falar em condenação em honorários advocatícios no procedimento especial da ação civil pública, salvo quando evidenciada nos autos a má-fé do proponente. Tal impeditivo decorre do art. 18 da LACP, bem assim do art. 87 do CDC, este último que compõe o microssistema processual de tutela coletiva.

Note-se que, pela dicção legal, diz-se que a parte autora não será condenada, nada dispondo quando o inverso se der, ou seja, quando a parte requerida for sucumbente.

Ocorre que, mesmo à míngua de impeditivo legal, a jurisprudência entende que deve se reconhecer a aplicação do princípio da simetria, pondo-se as partes em situação de equivalência jurídica, de maneira que, tanto quanto, descabe imputação de despesas sucumbenciais ao promovido perdedor da demanda[249].

Contudo, o STJ houve por bem manter uma exceção à regra da inimputabilidade de honorários advocatícios de sucumbência ao réu, consistente no caso em que a ação civil pública tiver sido deflagrada por associação ou fundação privada, como maneira de estímulo positivo à fiscalização e judicialização dos direitos protegidos por essa peculiar e especial demanda coletiva às entidades

---

247. (...)

1. Não é cabível a condenação em honorários advocatícios em incidente processual, ressalvados os casos excepcionais.

Precedentes.

2. Tratando-se de incidente de desconsideração da personalidade jurídica, o descabimento da condenação nos ônus sucumbenciais decorre da ausência de previsão legal excepcional, sendo irrelevante se apurar quem deu causa ou foi sucumbente no julgamento final do incidente.

3. Recurso especial provido.

(REsp 1845536/SC, Rel. Ministra NANCY ANDRIGHI, Rel. p/ Acórdão Ministro MARCO AURÉLIO BELLIZZE, TERCEIRA TURMA, julgado em 26/05/2020, DJe 09/06/2020)

248. STJ. AREsp n. 1.521.312/MS, relator Ministro Gurgel de Faria, Primeira Turma, julgado em 9/6/2020, DJe de 1/7/2020.

249. Jurisprudência em Teses nº 25: 1) Por critério de simetria, não é cabível a condenação da parte vencida ao pagamento de honorários advocatícios em favor do Ministério Público nos autos de ação civil pública, salvo comprovada má-fé.

da sociedade civil organizada. Nestes casos, invocar-se-ia a norma do art. 85, § 3°, do CPC[250].

24.2.3. Princípio da sucumbência x princípio da causalidade

A fixação das verbas sucumbenciais deve obedecer, de acordo com o CPC, o princípio da sucumbência, ou seja, a derrota processual, como regra. Tal interpretação decorre da própria etimologia das expressões empregadas no art. 85, *caput*, do CPC ("vencido", "vencedor").

Entretanto, de maneira bem incipiente, acompanhando a gama de hipóteses jurisprudenciais de imputação de honorários advocatícios com base na causalidade processual que se conferirá a seguir, o legislador embutiu no CPC/15 uma previsão interessante. Pelo que dispõe o § 10 do art. 85, em caso de perda de objeto, os honorários serão devidos por **quem deu causa ao processo,**

250. (...)

3- O propósito recursal consiste em dizer se, ante o princípio da simetria, o réu, em ação civil pública ajuizada por associação privada, pode ser condenado a arcar com as custas e com os honorários advocatícios.

4- Esta Corte Superior perfilha o entendimento de que não cabe a condenação em honorários advocatícios do requerido em ação civil pública, quando inexistente má-fé, assim como ocorre com a parte autora, por força da norma contida no artigo 18 da Lei nº 7.345/1985, estendo à União o entendimento outrora fixado em favor do Ministério Público (EAREsp 962.250/SP).

5- Não obstante, é possível verificar que a hipótese em epígrafe possui uma particularidade: diferentemente de a ação civil pública ter sido ajuizada pela União ou pelo Ministério Público, aqui foi proposta por associação privada, de modo que é imprescindível verificar se o princípio da simetria na condenação das custas e dos honorários advocatícios também se estende a tais entidades.

6- Para solucionar o caso em apreço, o argumento de acesso à justiça se afigura de primaz importância. Isso porque a legitimação da justiça está subordinada ao efetivo poder de o indivíduo dela se avizinhar. Dessa maneira, para se atingir a efetiva composição dos litígios, faz-se mister, preludiarmente, permitir o acesso, sem embaraço, ao Poder Judiciário. Exprime-se, nesse sentido, a noção de acesso à justiça.

7- Não é suficiente a mera possibilidade de propositura da demanda para fixarem-se as balizas do acesso à justiça. Torna-se relevante garantir o acesso material à ordem jurídica justa.

8- Evidentemente, não se aplica às ações civil públicas propostas por associações e fundações privadas o princípio da primazia na condenação do réu nas custas e nos honorários advocatícios, pois, do contrário, barrado estaria, de fato, um dos objetivos mais nobres e festejados da Lei 7.347/1985, qual seja viabilizar e ampliar o acesso à justiça para a sociedade civil organizada (REsp 1.796.436/RJ, SEGUNDA TURMA, DJe 18/6/2019) 9- Soma-se a isso a agravante de que não seria razoável, sob o enfoque ético e político, equiparar ou tratar como simétricos grandes grupos econômicos/instituições do Estado com organizações não governamentais (de moradores, de consumidores, de pessoas com necessidades ambientais, de idosos, ambientais, entre outras).

10- Recurso especial não provido.

(REsp n. 1.974.436/RJ, relatora Ministra Nancy Andrighi, Terceira Turma, julgado em 22/3/2022, DJe de 25/3/2022.)

expressamente adotando o princípio da causalidade na estipulação da remuneração processual do causídico.

Nessa lógica, a jurisprudência, destacadamente a do STJ, trabalha também com o princípio da causalidade como critério válido para imputação destes encargos quando o critério da sucumbência não for suficiente ou for injusto.

> (...)
>
> 2. O entendimento consolidado no âmbito deste Tribunal Superior é no sentido de que a decisão que estabelece a obrigação de suportar as despesas do processo – inclusos os honorários advocatícios – deve pautar-se pelos princípios da sucumbência e da causalidade. (...)
>
> (AgInt no AREsp n. 1.974.334/MG, relator Ministro Moura Ribeiro, Terceira Turma, julgado em 13/3/2023, DJe de 15/3/2023.)

Era o caso, por exemplo, do reconhecimento do advento da prescrição intercorrente executória, quando, por adoção ao princípio da causalidade, se entendia que os honorários advocatícios deveriam ser imputados ao devedor ainda assim[251]. Com efeito, por força do princípio da causalidade, o reconhecimento da prescrição intercorrente no processo executório ou na fase executória da demanda, conforme o caso, nos termos do art. 921, § 5°, do CPC implicava em atribuição das verbas sucumbenciais ao próprio executado, porquanto a resolução do litígio não decorre de qualquer êxito seu na controvérsia, mas da mera intercorrência de que se superou o prazo para tentativa de satisfação regular da obrigação sem que se tivesse logrado êxito.

Ocorre que a Lei n° 14.195/21 imprimiu modificação no referido § 5°, a fim de acrescer em sua parte final a isenção de ônus para ambas as partes.

> § 5º O juiz, depois de ouvidas as partes, no prazo de 15 (quinze) dias, poderá, de ofício, reconhecer a prescrição no curso do processo e extingui-lo, sem ônus para as partes.

---

251. (...)

5. A decretação da prescrição intercorrente não afasta o princípio da causalidade em desfavor do devedor, nem atrai a sucumbência para a parte exequente. Precedentes.

6. Manutenção da decisão que conheceu e deu provimento ao recurso especial para reconhecer a prescrição intercorrente da pretensão executória e, por conseguinte, extinguir a execução, com atribuição de custas, despesas processuais e honorários advocatícios à devedora.

7. Agravo interno não provido.

(AgInt no REsp n. 2.021.673/MG, relatora Ministra Nancy Andrighi, Terceira Turma, julgado em 20/3/2023, DJe de 22/3/2023.)

Destarte, está-se diante de um dos raros casos em que o desfecho processual, por força de norma jurídica positivada, não implicará em sucumbência a qualquer dos litigantes. Outro exemplo é o da extinção da execução de título extrajudicial em razão de renegociação de dívida insculpida em cédula de crédito rural, nos termos do art. 12 da Lei nº 13.340/16[252].

O STJ entende que a alteração legislativa, por ter natureza híbrida material-processual, se aplica imediatamente aos processos em curso não sentenciados, ainda que a pretensão tenha se deflagrado sob a égide da redação anterior[253].

Outro exemplo importante e recorrente de aplicação do princípio da causalidade, em vez da sucumbência, é o da súmula nº 303 do STJ. O entendimento fora gestado frente as situações em que o possuidor detentor de escritura pública não submetida a registro tinha o seu bem imóvel restrito por dívida do anterior proprietário, de quem adquiriu o patrimônio, quando ingressava com embargos de terceiros e obtinha sucesso, em aplicação ao entendimento sumulado nº 84 da mesma Corte. Nesse caso, embora exitoso na pretensão liberatória, há de se reconhecer que, em verdade, a constrição indevida decorreu de sua

---

252. Art. 12. Para os fins do disposto nos arts. 1º a 3º desta Lei, os honorários advocatícios e as despesas com custas processuais são de responsabilidade de cada parte e a falta de seu pagamento não obsta a liquidação ou repactuação da dívida, conforme o caso.

253. (...)

2. O propósito recursal consiste em definir se, após a alteração do art. 921, §5º, do CPC/15, promovida pela Lei nº 14.195/2021, o reconhecimento da prescrição intercorrente e a consequente extinção do processo obstam a condenação da parte que deu causa à ação ao pagamento de honorários sucumbenciais.

3. A jurisprudência desta Corte pacificou-se em relação à aplicação do princípio da causalidade para o arbitramento de honorários advocatícios quando da extinção do processo em razão do reconhecimento da prescrição intercorrente (art. 85, §10º, do CPC/15).

4. Todavia, após a alteração promovida pela Lei nº 14.195/2021, publicada em 26/8/2021, faz-se necessário rever tal posicionamento, uma vez que o §5º do art. 921 do CPC/15 dispõe expressamente que não serão imputados quaisquer ônus às partes quando reconhecida referida prescrição.

5. Nas hipóteses em que extinto o processo com resolução do mérito, em razão do reconhecimento da prescrição intercorrente, é de ser reconhecida a ausência de ônus às partes, a importar condenação nenhuma em custas e honorários sucumbenciais.

6. A legislação que versa sobre honorários advocatícios possui natureza híbrida (material-processual), de modo que o marco temporal para a aplicação das novas regras sucumbenciais deve ser a data de prolação da sentença (ou ato jurisdicional equivalente, quando diante de processo de competência originária de Tribunal).

7. Hipótese em que a sentença extinguiu o processo em 4/10/2021, ante o reconhecimento da prescrição intercorrente, e o executado/recorrente foi condenado ao pagamento de honorários sucumbenciais, quando do julgamento da apelação do exequente/recorrido.

8. Recurso especial conhecido e provido para afastar a condenação em honorários advocatícios.

(REsp n. 2.025.303/DF, relatora Ministra Nancy Andrighi, Terceira Turma, julgado em 8/11/2022, DJe de 11/11/2022.)

própria displicência em apresentar o título transmissivo a registro na serventia extrajudicial, de maneira a publicizar a aquisição de sua propriedade, motivo pelo qual, processualmente, reconhece-se deu causa à deflagração da demanda e deve ser responsável pelas respectivas despesas.

> Em embargos de terceiro, quem deu causa à constrição indevida deve arcar com os honorários advocatícios.
>
> (Súmula 303, CORTE ESPECIAL, julgado em 03/11/2004, DJ 22/11/2004, p. 411)

De igual forma, em deferência ao princípio da causalidade, reconhece-se que a desistência do credor da execução exclusivamente e motivadamente em virtude da não localização de patrimônio expropriável do executado não impõe a quitação de honorários advocatícios ao desistente, não se subsumindo a hipótese no âmbito do art. 90, *caput*, do CPC. Como se sabe, a pendência de demanda processual requer investimento de recursos pelo exequente que nem sempre são cobertos ou suportados pelo devedor, de maneira que está no âmbito de gestão do credor escolher entre a persistência nos atos executórios ou a desistência da ação, não podendo, em nenhum caso, ser instado a arcar com despesas e honorários em prol da parte executada[254].

Persistindo nos casos de atribuição de honorários advocatícios sucumbenciais por força de causalidade, nesta senda sob a perspectiva da perda do objeto, incumbe apresentar a divergência pretoriana superior quando, no âmbito de execução fiscal, a quitação da dívida de revelar após o ajuizamento, mas antes da citação. Nesses casos o STJ possui decisões pela imputação ou não, e o mais intrigante, ambas fundadas expressamente na noção de causalidade[255-256]. Já em

254. STJ. 4ª Turma. REsp 1675741-PR, Rel. Min. Luis Felipe Salomão, julgado em 11/06/2019 (Info 653).

255. (...)

1. Na origem, trata-se de Execução Fiscal objetivando a cobrança de débitos tributários municipais, integralmente quitados na esfera administrativa após o ajuizamento da demanda, mas antes da citação do devedor. Após requerimento da própria exequente, o feito foi extinto, nos termos do art. 924, inc. II, c/c o art. 925, ambos do CPC/2015, sem arbitramento de honorários advocatícios, sob o fundamento de que a aplicação da regra da causalidade demandaria a citação válida, o que foi mantido pelo Tribunal Estadual. 2. São devidos honorários advocatícios ao ente público, nos casos em que a execução fiscal tenha sido extinta em decorrência do pagamento extrajudicial do crédito tributário, ainda que efetuado antes da citação do contribuinte.

3. Isso, porque o pagamento extrajudicial do débito fiscal equivale ao reconhecimento da dívida executada e do pedido da execução, e, em homenagem ao princípio da causalidade, leva o executado a arcar com o adimplemento integral dos honorários advocatícios, por ter dado causa ao ajuizamento da ação, consoante previsto nos arts. 85, §§1°, 2° e 10 c/c art. 90 do CPC/2015. 4. Desta feita, ainda que ausente a triangulação da relação jurídica, o simples ajuizamento da execução implicou despesas para a Fazenda exequente, que provocou o Judiciário para cobrança de valores a ela devidos, após a lavratura do auto de infração por conta do inadimplemento do contribuinte. Logo, a Fazenda exequente não

cenário de superveniente falecimento de parte autora de demanda judicial que propugna deferimento de medicamentos em face de entes públicos, entende o STJ que deve, em atenção à causalidade, serem estes responsabilizados pelas verbas sucumbenciais[257].

24.2.4. Sucumbência e cumulação imprópria de pedidos

Questão interessante é identificar se existe ou não sucumbência nos casos de cumulação imprópria de pedidos.

Como dispõe o art. 327, *caput* e § 1º, do CPC, é lícita a cumulação de pedidos, ainda que não haja conexão entre eles, formulados contra o mesmo réu num mesmo processo, desde que compatíveis entre si, que o juízo seja competente materialmente para apreciar todos eles e seja possível se valer do mesmo procedimento.

---

pode ser prejudicada pelo exercício de um direito legítimo, qual seja, a propositura da execução fiscal para cobrança de débito fiscal líquido e certo, sendo impositiva a aplicação do ônus de sucumbência ao executado que confessou, reconheceu e pagou o débito.

Precedentes: AgInt no REsp 1.927.753/PE, Rel. Ministro HERMAN BENJAMIN, SEGUNDA TURMA, julgado em 14/6/2021, DJe 1º/7/2021; AgInt no AgInt no REsp 1.425.138/PR, Rel. Ministro SÉRGIO KUKINA, PRIMEIRA TURMA, julgado em 13/8/2019, DJe 16/8/2019; AgInt no REsp 1.848.573/PE, Rel. Ministro MAURO CAMPBELL MARQUES, SEGUNDA TURMA, julgado em 1º/6/2020, DJe 5/6/2020. 5. Recurso Especial do MUNICÍPIO DE CAMARAGIBE/PE provido, para determinar o retorno dos autos ao Tribunal de origem, a fim de que proceda ao arbitramento dos honorários advocatícios, nos termos do art. 85 do CPC/2015.

(REsp n. 1.931.060/PE, relator Ministro Manoel Erhardt (Desembargador Convocado do TRF5), Primeira Turma, julgado em 14/9/2021, DJe de 23/9/2021.)

256. (...)

1. O Município de Jaboatão dos Guararapes – PE pretende a condenação da parte executada em honorários em decorrência do pagamento do débito em momento posterior ao ajuizamento e anterior à citação, por aplicação dos §§ 1º e 10 do art. 85 do CPC.

2. Existência de precedentes antagônicos desta Segunda Turma acerca do tema em discussão. Necessidade de uniformização. Precedentes do STJ.

3 A interpretação dos parágrafos deve ser lida em consonância com o caput do art. 85, juntamente com os arts. 312 e 318, todos do CPC.

4. De acordo com a doutrina de Frederico Augusto Leopoldino Koehler, a condenação em honorários deve observar o princípio da causalidade em complementariedade ao princípio da sucumbência (Comentários ao art. 85. In: ALVIM, Angélica Arruda; ASSIS, Araken de; ALVIM, Eduardo Arruda; LEITE, George Salomão. (Coords.) Comentários ao Código de Processo Civil. 2ª ed., São Paulo: Saraiva, 2016, p. 155).

5. O art. 85, § 1º, do CPC, ao afirmar que os honorários são devidos para a execução resistida ou não resistida, quer dizer, em verdade – e conforme se depreende da leitura do caput do mesmo dispositivo –, que, quando existe a formação da relação jurídica processual entre exequente e executado, independentemente de apresentação de defesa em autor próprios ou apartados, existe a incidência honorários advocatícios.

A cumulação própria de pedidos, em síntese, se subclassifica em simples, quando o autor formula mais de um pedido e intenciona todos eles cumulativamente, ou sucessiva, quando um ou mais pedidos só puderem ser apreciados se acolhido um primeiro pedido prejudicial.

Já na cumulação imprópria de pedidos, o autor elabora mais de um pedido, mas não pretende todos eles. Na cumulação subsidiária, o autor apresenta um pedido principal e, para o caso de não acolhimento deste, pugna um pedido secundário. Na cumulação alternativa, diferentemente, o autor postula mais de um pedido, mais se mostra indiferente em relação a concessão de quaisquer deles.

Tal distinção é essencial para fins de sucumbência. É que, no caso de cumulação subsidiária, se o juiz acolher apenas o pedido subsidiário, há sucumbência, ainda que parcial, já que o pedido principal não fora acolhido.

Já no caso de cumulação alternativa, e aí está a conclusão importante, o acolhimento de quaisquer dos pedidos não importa em sucumbência, dada a indiferença do autor acerca de sua preferência. Destarte, nesse caso, a procedência processual, com a concessão de um dos pedidos alternativos, não acarreta imposição de ônus sucumbenciais ao exitoso.

> (...)
>
> 2. Sobre a questão processual levantada, a saber: se o acolhimento integral do pedido subsidiário é ou não capaz de ensejar o pagamento dos honorários de sucumbência aos advogados da parte autora, registra-se que, nos

---

6. Não cabimento de condenação em honorários da parte executada para pagamento do débito executado em momento posterior ao ajuizamento e anterior à citação, em decorrência da leitura complementar dos princípios da sucumbência e da causalidade, e porque antes da citação não houve a triangularização da demanda.
7. Evidentemente, a causalidade impede também que a Fazenda Pública seja condenada em honorários pelo pagamento anterior à citação e após o ajuizamento, uma vez que, no momento da propositura da demanda, o débito inscrito estava ativo. Nesse caso, portanto, tem-se uma hipótese de ausência de responsabilidade pelo pagamento de honorários.
8. Registre-se, por fim, tratar o caso concreto de execução fiscal ajuizada pela Fazenda Pública Municipal, na qual não há previsão de encargos da dívida ativa de forma automática, hipótese diversa da Fazenda Pública Federal, em que o art. 1º do Decreto-lei 1025/69 prevê a cobrança de 20% (vinte por cento) sobre o valor do crédito, montante esse que substitui a condenação em honorários de sucumbência.
9. Recurso especial a que se nega provimento.

(REsp n. 1.927.469/PE, relator Ministro Og Fernandes, Segunda Turma, julgado em 10/8/2021, DJe de 13/9/2021.)

257. Jurisprudência em Teses nº 169 do STJ: 9) Extinta a demanda que objetivava o fornecimento de medicamentos, sem resolução do mérito, em decorrência do falecimento da parte autora, deve o ente estatal responder pelo pagamento das verbas sucumbenciais, em razão do princípio da causalidade.

casos em que há ordem hierárquica na cumulação de pedidos realizada, é possível o reconhecimento da mútua sucumbência, uma vez que, rejeitado o pedido principal e acolhido o subsidiário, a parte autora terá obtido vantagem apenas parcial com o resultado do processo. Hipótese diversa se dá quando a parte autora formula pedidos alternativos, ocasião em que o acolhimento de qualquer deles importa procedência integral do pedido.

3. De acordo com o acórdão regional, a parte agravante formulou pedido subsidiário, e não alternativo, porque o segundo pedido só deveria ser apreciado caso fosse indeferido o primeiro, que era o principal.

(...)

(AgInt no AREsp n. 1.657.150/SP, relator Ministro Manoel Erhardt (Desembargador Convocado do TRF5), Primeira Turma, julgado em 27/9/2021, DJe de 29/9/2021.)

24.2.5. *Percentual e base de cálculo de honorários advocatícios de sucumbência*

O patamar de honorários advocatícios de sucumbência, como regra, nos termos do art. 85, § 2º, do CPC[258], deve girar em torno de 10 a 20% sobre:

1) valor da condenação;

2) valor do proveito econômico obtido;

3) valor atualizado da causa.

Tem-se que se trata de uma ordem sequencial preferencial, apenas fixando-se com base no patamar subsequente quando não for possível a adoção do anterior. Isto é, apenas se vale da base proveito econômico se não houver condenação; e se vale do valor da causa quando não se verificar condenação ou proveito econômico.

Cheque que, em regra, vencedor o réu, os honorários advocatícios terão como base de cálculo o valor atualizado da causa, já que não há, no mais das vezes, condenação em seu favor ou mesmo proveito econômico.

Nessa esteira, o STJ esclareceu que, nos casos em que houver condenação, a base de cálculo da verba honorária sucumbencial deve ser tida como o somatório do reflexo econômico integralmente obtido. Destarte, mesmo nas obrigações de

258. § 2º Os honorários serão fixados entre o mínimo de dez e o máximo de vinte por cento sobre o valor da condenação, do proveito econômico obtido ou, não sendo possível mensurá-lo, sobre o valor atualizado da causa, atendidos:

(...)

fazer cumuladas com obrigação de pagar quantia certa, há de se verificar o valor economicamente auferível da primeira, somar com a segunda, para então se aplicar o percentual imputado de honorários advocatícios de derrota. É o caso clássico, por exemplo, das demandas em face de plano de saúde que pretendem não apenas a imposição da realização de tratamento médico administrativamente recusado, como reparação por abalo moral advindo dessa negativa[259].

Conquanto a interpretação de que a base de cálculo dos honorários advocatícios de sucumbência deve atentar à ordem estabelecida no dispositivo legal de regência acima indicado, impende destacar que, caso não se tenha observado o comando legal lido sob a ótica jurisprudencial, é impositivo que a parte a quem prejudica a decisão judicial recorra quanto ao ponto, uma vez que, acaso transitada em julgado, não há como se retificar o título definitivo[260].

Sobre base de cálculo de honorários advocatícios de sucumbência, saliento algumas hipóteses especiais para cômputo do valor da condenação. O primeiro exemplo ora apresentado tem extração legal, qual seja, art. 85, § 9º, do CPC[261], em que se terá como parâmetro para incidência do percentual honorário, nos casos de indenização por ato ilícito, quando se estipular pensionamento mensal, o somatório das parcelas vencidas acrescidas de doze mensalidades vincendas[262].

---

259. (...)

1. A obrigação de fazer que determina o custeio de tratamento médico por parte das operadoras de planos de saúde pode ser economicamente aferida, utilizando-se como parâmetro o valor da cobertura indevidamente negada. Precedentes.

2. Nas sentenças que reconheçam o direito à cobertura de tratamento médico e ao recebimento de indenização por danos morais, os honorários advocatícios sucumbenciais incidem sobre as condenações ao pagamento de quantia certa e à obrigação de fazer.

3. Embargos de divergência providos.

(EAREsp n. 198.124/RS, relator Ministro Ricardo Villas Bôas Cueva, Segunda Seção, julgado em 27/4/2022, DJe de 11/5/2022.)

260. (...)

2. A base de cálculo da verba honorária é insuscetível de modificação na execução ou na fase de cumprimento da sentença, sob pena de ofensa à coisa julgada. Precedentes.

3. No caso dos autos, a determinação contida no acórdão rescindendo de que o cálculo da verba honorária abrangesse, além do valor da condenação (correspondente à repetição do indébito), outra parcela, de conteúdo declaratório (consistente no reconhecimento de quitação de dívida), além de ofender o comando expresso do § 3º do artigo 20 do CPC/1973, também violou a coisa julgada formada com o trânsito em julgado da referida sentença exequenda.

4. Ação rescisória procedente.

(AR n. 5.869/MS, relator Ministro Ricardo Villas Bôas Cueva, Segunda Seção, julgado em 30/11/2021, DJe de 4/2/2022.)

261. § 9º Na ação de indenização por ato ilícito contra pessoa, o percentual de honorários incidirá sobre a soma das prestações vencidas acrescida de 12 (doze) prestações vincendas.

262. Tal conhecimento fora exigido na prova da FGV – TJ/PR – 2022: "8.4. No mencionado arbitramento, além da condenação por danos materiais emergentes, estéticos e morais, deve ser incluída na base

Um segundo caso tem origem jurisprudencial. Dita a súmula nº 111 do STJ que "*os honorários advocatícios, nas ações previdenciárias, não incidem sobre as prestações vencidas após a sentença*". Embora se note alguma celeuma doutrinária acerca da superação ou não do entendimento com a vigência do CPC/15, o STJ reafirmou a validade da súmula mesmo ante a nova codificação processual, em sede de recurso repetitivo no Tema 1105[263], como uma forma de evitar o proposital indevido alongamento da etapa executória pelo credor, representado pelo seu advogado, com a intenção maliciosa de elevar a base de cálculo dos consequentes honorários.

Vale salientar que, para além dos dez a vinte por cento estatuídos como lindes da fixação da verba honorária no CPC, existem percentuais distintos previstos em outros dispositivos que trazem regramentos sobre situações/procedimentos específicos, como é o caso dos honorários advocatícios em face da Fazenda Pública, que se verá adiante, do incidente de correção de legitimado passivo[264], do mandado liminar monitório[265] e da ação de desapropriação[266-267], exemplificativamente.

Especificamente sobre o incidente de correção do legitimado passivo é salutar desenvolver um esclarecimento.

---

de cálculo, no que tange à pensão, "a soma das prestações vencidas acrescida de 12 (doze) prestações vincendas", em conformidade com o § 9º do art. 85 do CPC (0,00 a 0,50)."

263. Continua eficaz e aplicável o conteúdo da Súmula 111/STJ (com a redação modificada em 2006), mesmo após a vigência do CPC/2015, no que tange à fixação de honorários advocatícios. STJ. 1ª Seção. REsp 1.880.529-SP, Rel. Min. Sérgio Kukina, julgado em 8/3/2023 (Recurso Repetitivo - Tema 1105) (Info 766).

264. Art. 338. Alegando o réu, na contestação, ser parte ilegítima ou não ser o responsável pelo prejuízo invocado, o juiz facultará ao autor, em 15 (quinze) dias, a alteração da petição inicial para substituição do réu.

Parágrafo único. Realizada a substituição, o autor reembolsará as despesas e pagará os honorários ao procurador do réu excluído, que serão fixados entre três e cinco por cento do valor da causa ou, sendo este irrisório, nos termos do art. 85, § 8º .

265. Art. 701. Sendo evidente o direito do autor, o juiz deferirá a expedição de mandado de pagamento, de entrega de coisa ou para execução de obrigação de fazer ou de não fazer, concedendo ao réu prazo de 15 (quinze) dias para o cumprimento e o pagamento de honorários advocatícios de cinco por cento do valor atribuído à causa.

266. Art. 27. (...)

§ 1º A sentença que fixar o valor da indenização quando este for superior ao preço oferecido condenará o desapropriante a pagar honorários do advogado, que serão fixados entre meio e cinco por cento do valor da diferença, observado o disposto no § 4º do art. 20 do Código de Processo Civil.

267. Jurisprudência em Teses nº 49 do STJ: 11) O pedido de desistência na ação expropriatória afasta a limitação dos honorários estabelecida no art. 27, § 1º, do Decreto-Lei n. 3.365/41.

12) São aplicáveis às desapropriações indiretas os limites percentuais de honorários advocatícios constantes do art. 27, § 1º, do Decreto-Lei n. 3.365/1941.

O incidente está previsto nos arts. 338 e 339 do CPC[268], superando o revogado caso de intervenção de terceiros outrora nominado de "nomeação à autoria". Em síntese, o incidente se desenvolve quando o réu ou um dos réus atribui a outrem a legitimidade passiva para responder aos termos da pretensão deduzida. Acaso, instado, o autor anua com a indicação, promova a citação do apontado legitimado e pugne pela exclusão do originário, disporá da sanção premial de redução dos honorários advocatícios de sucumbência em relação a este, que serão estabelecidos entre 3 a 5% sobre o valor da causa, salvo se este for irrisório, quando será arbitrado por equidade.

Todavia, como adiantado, cuida-se de uma sanção positiva que atende ao autor que, voluntariamente, ciente da indicação, adere para imediatamente corrigir o polo passivo da relação processual. Caso não seja este o cenário, não há que se aplicar o regramento, ainda que sob um ideal de analogia, sob pena de comprometer o propósito legislativo. Assim é que, *v. g.*, os honorários advocatícios observarão a regra geral em caso de, havendo litisconsórcio passivo, o magistrado exclua um deles por ilegitimidade processual, não por provocação da parte contrária, mas por aferição conceitual do instituto. É a compreensão escorreita exposta em julgado STJ[269], sem prejuízo de se verificar a existência de posicionamento em sentido contrário na própria Corte[270].

---

268. Art. 338. Alegando o réu, na contestação, ser parte ilegítima ou não ser o responsável pelo prejuízo invocado, o juiz facultará ao autor, em 15 (quinze) dias, a alteração da petição inicial para substituição do réu.

Parágrafo único. Realizada a substituição, o autor reembolsará as despesas e pagará os honorários ao procurador do réu excluído, que serão fixados entre três e cinco por cento do valor da causa ou, sendo este irrisório, nos termos do art. 85, § 8º .

Art. 339. Quando alegar sua ilegitimidade, incumbe ao réu indicar o sujeito passivo da relação jurídica discutida sempre que tiver conhecimento, sob pena de arcar com as despesas processuais e de indenizar o autor pelos prejuízos decorrentes da falta de indicação.

§ 1º O autor, ao aceitar a indicação, procederá, no prazo de 15 (quinze) dias, à alteração da petição inicial para a substituição do réu, observando-se, ainda, o parágrafo único do art. 338 .

§ 2º No prazo de 15 (quinze) dias, o autor pode optar por alterar a petição inicial para incluir, como litisconsorte passivo, o sujeito indicado pelo réu.

269. (...)

2. O propósito recursal consiste em dizer, para além da negativa de prestação jurisdicional, se é adequada, na hipótese dos autos, a fixação dos honorários advocatícios em 3% do valor da execução, em razão da extinção do processo quanto a um dos co-executados, declarado parte ilegítima.

3. Devidamente analisada e discutida a questão controvertida, e fundamentado suficientemente o acórdão recorrido, de modo a esgotar a prestação jurisdicional, não há que se falar em violação do art. 489 do CPC/15.

4. A incidência da previsão do art. 338 do CPC/15 é exclusiva da hipótese em que há a extinção do processo em relação ao réu originário, com a inauguração de um novo processo, por iniciativa do autor, em relação a um novo réu, de modo que, ausentes essas circunstâncias específicas, descabe cogitar da fixação de honorários mencionada no parágrafo único do art. 338 do CPC/15.

É preciso atenção especial sobre o patamar de honorários contra a Fazenda Pública, haja vista novidade no CPC/15. De acordo com o § 3º do art. 85, a fixação da verba honorária de ação proposta contra o Erário deve ser escalonada em harmonia com o valor da condenação, do proveito econômico obtido ou, subsidiariamente, sobre o valor atualizado da causa, em percentuais gradativos conforme a grandeza da base de cálculo, em previsão, inclusive, reputada inconstitucional por autorizada doutrina em face da ofensa à isonomia frente aos particulares.

> § 3º Nas causas em que a Fazenda Pública for parte, a fixação dos honorários observará os critérios estabelecidos nos incisos I a IV do § 2º e os seguintes percentuais:
>
> I – mínimo de dez e máximo de vinte por cento sobre o valor da condenação ou do proveito econômico obtido até 200 (duzentos) salários-mínimos;
>
> II – mínimo de oito e máximo de dez por cento sobre o valor da condenação ou do proveito econômico obtido acima de 200 (duzentos) salários-mínimos até 2.000 (dois mil) salários-mínimos;
>
> III – mínimo de cinco e máximo de oito por cento sobre o valor da condenação ou do proveito econômico obtido acima de 2.000 (dois mil) salários-mínimos até 20.000 (vinte mil) salários-mínimos;
>
> IV – mínimo de três e máximo de cinco por cento sobre o valor da condenação ou do proveito econômico obtido acima de 20.000 (vinte mil) salários-mínimos até 100.000 (cem mil) salários-mínimos;
>
> V – mínimo de um e máximo de três por cento sobre o valor da condenação ou do proveito econômico obtido acima de 100.000 (cem mil) salários-mínimos.
>
> (...)
>
> § 5º Quando, conforme o caso, a condenação contra a Fazenda Pública ou o benefício econômico obtido pelo vencedor ou o valor da causa for superior ao valor previsto no inciso I do § 3º, a fixação do percentual de honorários deve observar a faixa inicial e, naquilo que a exceder, a faixa subsequente, e assim sucessivamente.

---

5. Hipótese dos autos em que foi acolhida a preliminar de ilegitimidade passiva de um dos dois executados, prosseguindo o processo, no entanto, em face do outro, sem "substituição" da parte ré. Aplicabilidade da regra geral de fixação dos honorários advocatícios, nos moldes do art. 85, § 2º, do CPC/15.

6. Recurso especial conhecido e provido.

(REsp n. 1.895.919/PR, relatora Ministra Nancy Andrighi, Terceira Turma, julgado em 1/6/2021, DJe de 8/6/2021.)

270. REsp n. 1.935.852/GO, relator Ministro Paulo de Tarso Sanseverino, Terceira Turma, julgado em 4/10/2022, DJe de 10/11/2022.

Assim, *v. g.*, se a condenação à Fazenda Pública atingir a quantia de 2.500 salários-mínimos, sobre 200 s.m. incidirá 10-20%; sobre 2.000 s.m. incidirá 8-10%; e sobre 300 s.m. incidirá 5-8%.

Para fins de praxe forense, é possível localizar nos sites de pesquisa diversas calculadoras que se prestam a fazer o cálculo escalonado de honorários de sucumbência contra a Fazenda Pública, sendo imprescindível que o leitor às teste e identifique com qual melhor se adapta[271].

Dentro dos percentuais estabelecidos, deve o decisor ponderar o arbitramento da verba honorária de acordo com os critérios eleitos nos incisos do § 2º do art. 85. Em provas de concurso, em não havendo nada destoante do usual, recomenda-se a escolha do percentual base. É que, para sair do mínimo, deve o magistrado justificar-se, o que exige esforço argumentativo especial.

> § 2º Os honorários serão fixados entre o mínimo de dez e o máximo de vinte por cento sobre o valor da condenação, do proveito econômico obtido ou, não sendo possível mensurá-lo, sobre o valor atualizado da causa, atendidos:
>
> I – o grau de zelo do profissional;
>
> II – o lugar de prestação do serviço;
>
> III – a natureza e a importância da causa;
>
> IV – o trabalho realizado pelo advogado e o tempo exigido para o seu serviço.

A despeito da pronta fixação de honorários advocatícios de sucumbência ser a regra geral do sistema, com esteio nos percentuais indicados no art. 85, §§ 2º e 3º, do CPC, e valendo-se das bases de cálculos elencadas no § 2º, ou com fulcro no art. 85, § 8º, do CPC, nas estritas hipóteses em que cabível, por arbitramento, de se destacar que, caso se esteja perante sentença ilíquida, deverá se postergar a sua quantificação para o momento da liquidação do julgado, oportunidade em que o juiz da liquidação, aí sim, adotará os parâmetros dos dispositivos acima citados, após liquidada a dívida, inclusive considerando as etapas recursais eventualmente percorridas, nos termos do art. 85, § 4º, II, do CPC[272].

---

271. Exemplo de calculadora para cálculos completos, incluindo principal, juros de mora, correção monetária e honorários advocatícios escalonados é a da Justiça Federal do Rio Grande do Sul. Disponível em: https://www.jfrs.jus.br/projefweb/. Acesso em: 03/04/2023. Já no portal do Tribunal Regional Federal da 4ª Região é possível fazer download de planilha de Excel que se presta a cumprir o propósito de liquidar os honorários sucumbências contra a Fazenda Pública. Disponível em: https://www.trf4.jus.br/trf4/controlador.php?acao=pagina_visualizar&id_pagina=3654. Acesso em: 03/04/2023.

272. § 4º Em qualquer das hipóteses do § 3º :
I – os percentuais previstos nos incisos I a V devem ser aplicados desde logo, quando for líquida a sentença;

Destarte, excepcionalmente, em caso de sentença ilíquida contra a Fazenda Pública, o juiz do conhecimento deve se restringir a indicar que, ante tal circunstância, o arbitramento dos honorários sucumbenciais se dará após a liquidação prévia necessária, respeitados os parâmetros do art. 85, § 3°, do CPC[273].

24.2.6. Honorários sucumbenciais por equidade

Como regra excepcional, em não sendo possível estabelecer-se o numerário em termos percentuais, prevê o § 8º os honorários equitativos, arbitrados em quantia fixa se inestimável ou irrisório o proveito econômico ou o valor da causa for muito baixo:

> § 8º Nas causas em que for inestimável ou irrisório o proveito econômico ou, ainda, quando o valor da causa for muito baixo, o juiz fixará o valor dos honorários por apreciação equitativa, observando o disposto nos incisos do § 2º.

De acordo com o STJ, contudo, tal forma é apenas válida se realmente não se puder fixar a verba de modo ordinário, conforme critérios balizadores dos §§ 2º e 3º.

É que se passou a aplicar entendimento de que, se o valor da causa fosse muito alto, poderia o julgador aplicar a fixação equitativa a fim de evitar o enriquecimento sem causa do advogado. A jurisprudência do STJ, entretanto, rechaçou tal interpretação, dispondo que, nestes casos, a utilização do valor da causa como base de cálculo é impositiva e refoge ao âmbito de opção do julgador por força de lei. Vale colacionar o julgado pois, conquanto extensa a ementa, bem didática quanto à forma de seleção dos honorários advocatícios:

> (...)
>
> 1. O novo Código de Processo Civil – CPC/2015 promoveu expressivas mudanças na disciplina da fixação dos honorários advocatícios sucumbenciais na sentença de condenação do vencido.
>
> 2. Dentre as alterações, reduziu, visivelmente, a subjetividade do julgador, restringindo as hipóteses nas quais cabe a fixação dos honorários de sucumbência por equidade, pois: a) enquanto, no CPC/1973, a atribuição equitativa era possível: (a.I) nas causas de pequeno valor; (a. II) nas de valor inestimável; (a. III) naquelas em que não houvesse condenação ou fosse vencida a Fazenda Pública; e (a. IV) nas execuções, embargadas ou não (art. 20, § 4º);

II – não sendo líquida a sentença, a definição do percentual, nos termos previstos nos incisos I a V, somente ocorrerá quando liquidado o julgado;

273. STJ. EDcl no REsp n. 1.785.364/CE, relator Ministro Herman Benjamin, Segunda Turma, julgado em 6/4/2021, DJe de 1/7/2021.

b) no CPC/2015 tais hipóteses são restritas às causas: (b.I) em que o proveito econômico for inestimável ou irrisório ou, ainda, quando (b. II) o valor da causa for muito baixo (art. 85, § 8º).

3. Com isso, o CPC/2015 tornou mais objetivo o processo de determinação da verba sucumbencial, introduzindo, na conjugação dos §§ 2º e 8º do art. 85, ordem decrescente de preferência de critérios (ordem de vocação) para fixação da base de cálculo dos honorários, na qual a subsunção do caso concreto a uma das hipóteses legais prévias impede o avanço para outra categoria.

4. Tem-se, então, a seguinte ordem de preferência: (I) primeiro, quando houver condenação, devem ser fixados entre 10% e 20% sobre o montante desta (art. 85, § 2º); (II) segundo, não havendo condenação, serão também fixados entre 10% e 20%, das seguintes bases de cálculo: (II. a) sobre o proveito econômico obtido pelo vencedor (art. 85, § 2º); ou (II. b) não sendo possível mensurar o proveito econômico obtido, sobre o valor atualizado da causa (art. 85, § 2º); por fim, (III) havendo ou não condenação, nas causas em que for inestimável ou irrisório o proveito econômico ou em que o valor da causa for muito baixo, deverão, só então, ser fixados por apreciação equitativa (art. 85, § 8º).

5. A expressiva redação legal impõe concluir: (5.1) que o § 2º do referido art. 85 veicula a regra geral, de aplicação obrigatória, de que os honorários advocatícios sucumbenciais devem ser fixados no patamar de dez a vinte por cento, subsequentemente calculados sobre o valor: (I) da condenação; ou (II) do proveito econômico obtido; ou (III) do valor atualizado da causa; (5.2) que o § 8º do art. 85 transmite regra excepcional, de aplicação subsidiária, em que se permite a fixação dos honorários sucumbenciais por equidade, para as hipóteses em que, havendo ou não condenação: (I) o proveito econômico obtido pelo vencedor for inestimável ou irrisório; ou (II) o valor da causa for muito baixo.

6. Primeiro recurso especial provido para fixar os honorários advocatícios sucumbenciais em 10% (dez por cento) sobre o proveito econômico obtido. Segundo recurso especial desprovido.

(REsp n. 1.746.072/PR, relatora Ministra Nancy Andrighi, relator para acórdão Ministro Raul Araújo, Segunda Seção, julgado em 13/2/2019, DJe de 29/3/2019.)

No REsp 1.906.618/SP, que gerou o Tema 1076 do STJ, se definiu tese segundo a qual "*a fixação dos honorários por apreciação equitativa não é permitida quando os valores da condenação ou da causa, ou o proveito econômico da demanda, forem elevados*", sedimentando a orientação de modo vinculante aos juízes e tribunais pátrios.

Como se não bastasse, a pressão para superar o entendimento acerca da aplicação analógica fora tamanha que se conseguira até mesmo inserir um novo parágrafo no art. 85 do CPC com a Lei nº 14.365/22, com a mesma previsão:

> § 6º-A. Quando o valor da condenação ou do proveito econômico obtido ou o valor atualizado da causa for líquido ou liquidável, para fins de fixação dos honorários advocatícios, nos termos dos §§ 2º e 3º, é proibida a apreciação equitativa, salvo nas hipóteses expressamente previstas no § 8º deste artigo. (Incluído pela Lei nº 14.365, de 2022).

Esta concepção desperta a necessidade de o julgador, outrossim, fiscalizar com mais afinco a regularidade do valor da causa, nos termos dos arts. 291 e 292 do CPC, admitindo tal norma, inclusive, a retificação de ofício pelo magistrado em seu § 3°, como já se teve oportunidade de detidamente esclarecer.

Caso interessante que autoriza a adoção excepcional da fixação equitativa de honorários sucumbenciais, nos termos do § 8°, é o de desistência de execução fiscal pelo ente público exequente, diante da existência de ação autônoma de impugnação do crédito tributário pendente de apreciação recursal, conforme entendimento do STJ. Isso porque, no entendimento da Corte, a extinção da execução fiscal sem resolução de mérito não acarreta extinção do crédito tributário correspectivo, de maneira que não há falar em condenação ou proveito econômico propriamente dito. Destarte, fica autorizado o julgador a se valer da fórmula subsidiária à regra geral do art. 85, §§ 2° e 3°, do CPC[274], estabelecendo-se a imputação por equidade.

Outro exemplo jurisprudencial se dá na ação em que se busca, exclusivamente, a concessão de medicamentos pelo Poder Público, por se considerar que, nestes casos, o proveito econômico é inestimável[275].

Ademais, ainda em decorrência da influência da advocacia no legislador, a Lei nº 14.365/22 trouxe outra inclusão do § 8º-A, com vistas a balizar o arbitramento dos honorários advocatícios pelo magistrado, quando for o caso de fixação equitativa, indicando que deverá se atentar aos valores recomendados pelo Conselho Seccional da Ordem dos Advogados do Brasil a título de honorários advocatícios ou o limite mínimo de 10% (dez por cento) estabelecido no § 2º deste artigo, aplicando-se o que for maior.

---

274. STJ. REsp n. 1.776.512/SP, relator Ministro Gurgel de Faria, Primeira Turma, julgado em 12/5/2020, DJe de 22/5/2020.

275. Jurisprudência em Teses nº 169 do STJ: 8) Nas ações em que se busca o fornecimento de medicamentos de forma gratuita, os honorários sucumbenciais podem ser arbitrados por apreciação equitativa, tendo em vista que o proveito econômico, em regra, é inestimável.

Destarte, doravante, ao menos em uma leitura literal do regramento, o julgador deverá sopesar entre a aplicação do § 8º, com observância da tabela da OAB, e a regra geral do § 2º, aplicando o que se revelar superior. A disposição é absolutamente polêmica e está gerando debates acalorados na doutrina, mormente entre juristas da magistratura e da advocacia. Como o dispositivo é recente, cabe dar um prazo para acompanhar a sua interpretação e aplicação pela jurisprudência, a fim de se verificar qual a compreensão que prevalecerá.

Para fins de prática forense, esclarece-se que a tabela da OAB é disponibilizada em periodicidade anual por cada Seccional, podendo conter valores sugeridos distintos entre uma e outra, havendo de ser consultada no sítio oficial da *internet* de cada uma (para facilitar, pode-se digitar em sítios de pesquisa pelas expressões "tabela da OAB" seguida da sigla do Estado da Federação respectivo.

Ainda, consigne-se que a jurisprudência veda a estipulação de honorários de advogado em salários-mínimos, nos termos da Súmula nº 201 do STJ[276].

Sugestões colocadas abaixo sobre redação do trecho do dispositivo contendo as verbas de sucumbência:

Ex1.:

> "Imputo ao autor as custas e despesas do processo, além de honorários advocatícios sucumbenciais à ordem de dez por cento sobre o valor da condenação, tudo conforme art. 85, § 2º, do CPC/15."

Ex2.:

> "Imputo ao autor as custas e despesas do processo, além de honorários de sucumbência à ordem de R$ 3.000,00, na forma do art. 85, § 8º, do CPC/15, em vista do baixo valor dado à causa".

Fica o destaque que se o autor tiver arcado com custas e despesas processuais antecipadas e sucumbente for o réu, a determinação deverá ser para ressarcir o autor de seus dispêndios.

276. OS HONORÁRIOS ADVOCATÍCIOS NÃO PODEM SER FIXADOS EM SALÁRIOS-MÍNIMOS. (Súmula 201, CORTE ESPECIAL, julgado em 17/12/1997, DJ 02/02/1998, p. 180)

Ex.:

"Condeno o réu a ressarcir ao autor as custas e despesas processuais por este arcadas, além de imputar àquele os honorários de sucumbência em dez por cento sobre o valor do proveito econômico obtido, conforme art. 85, § 2º, do CPC/15."

24.2.7. Sucumbência recíproca

Em havendo sucumbência recíproca, ou seja, procedência parcial dos pedidos, devem as partes, ambas, ser condenadas proporcionalmente nas verbas sucumbenciais, de acordo com a derrota de cada um. É o que comanda o art. 86, *caput*, do CPC:

> **Art. 86.** Se cada litigante for, em parte, vencedor e vencido, serão proporcionalmente distribuídas entre eles as despesas.

Na sucumbência recíproca, pois, cabe ao juiz distribuir os encargos sucumbenciais de parte a parte de maneira proporcional ao êxito de cada um frente a sucumbência do outro, atentando aos parâmetros dispostos no art. 85, § 2º, do CPC.

No ponto, se discute se a definição da derrota processual de cada parte se dará pelo proveito econômico ou pela quantidade de pedidos veiculados. Prevalece em jurisprudência a adoção deste último critério, embora a opinião pessoal deste autor seja a de que o parâmetro deveria ser o primeiro.

> AGRAVO INTERNO NOS EMBARGOS DE DECLARAÇÃO NO AGRAVO EM RECURSO ESPECIAL. CIVIL E PROCESSUAL CIVIL. ENTREGA DE IMÓVEL. ATRASO. DANOS MORAIS. INEXISTÊNCIA. SUCUMBÊNCIA RECÍPROCA. CARACTERIZAÇÃO.
>
> 1. Recurso especial interposto contra acórdão publicado na vigência do Código de Processo Civil de 2015 (Enunciados Administrativos nºs 2 e 3/STJ).
>
> 2. A distribuição dos ônus sucumbenciais, quando verificada a existência de sucumbência recíproca, deve ser pautada pelo exame do número de pedidos formulados e da proporcionalidade do decaimento de cada uma das partes em relação a cada um desses pleitos. Precedente.
>
> 3. O Superior Tribunal de Justiça consolidou o entendimento de que o mero descumprimento contratual, caso em que a promitente vendedora deixa de entregar o imóvel no prazo contratual injustificadamente, não acarreta, por si só, danos morais.
>
> 4. Agravo interno não provido.

> (AgInt nos EDcl no AREsp n. 1.936.051/RJ, relator Ministro Ricardo Villas Bôas Cueva, Terceira Turma, julgado em 5/12/2022, DJe de 9/12/2022.)

Ademais, consigne-se que, em caso de sucumbência recíproca, cada parte será responsável pela remuneração, não do seu próprio advogado, como usualmente se entendia outrora, mas do advogado da contraparte. Tal leitura é ainda mais relevante nos casos de sucumbência não equivalente (quando um é mais exitoso no processo) e nos de gratuidade judiciária. Exemplo é quando o juiz, em aplicação à proporção de sucumbência, reconhece que o autor, maior vencedor, arcará com trinta por cento dos honorários advocatícios fixados, ao passo que o réu, maior vencido, suportará setenta por cento da verba honorária sucumbencial. Neste caso, o autor deve trinta por cento do montante ao advogado do réu, enquanto o réu pagará setenta por cento do numerário apurado ao advogado do autor[277].

Também de modo inédito, superando-se a Súmula nº 306 do STJ, criou o legislador a incompensabilidade dos honorários de advogado em caso de sucumbência recíproca, dada a titularidade do numerário em prol do causídico:

> § 14. Os honorários constituem direito do advogado e têm natureza alimentar, com os mesmos privilégios dos créditos oriundos da legislação do trabalho, sendo vedada a compensação em caso de sucumbência parcial.

---

277. (...)

2. A sucumbência recíproca, por si só, não afasta a condenação em honorários advocatícios de sucumbência, tampouco impede a sua majoração em sede recursal com base no art. 85, § 11, do Código de Processo Civil de 2015.

3. Isso porque, em relação aos honorários de sucumbência, o caput do art. 85 do CPC de 2015 dispõe que "[a] sentença condenará o vencido a pagar honorários ao advogado do vencedor".

4. A relação jurídica se estabelece entre a parte litigante e o causídico do ex adverso, diferentemente do que ocorre nos honorários advocatícios convencionais – ou contratuais –, em que a relação jurídica se estabelece entre a parte e o patrono que constitui.

5. Acaso se adote o entendimento de que, havendo sucumbência recíproca, cada parte se responsabiliza pela remuneração do seu respectivo patrono também no que tange aos honorários de sucumbência, o deferimento de gratuidade de justiça ensejaria conflito de interesses entre o advogado e a parte beneficiária por ele representada, criando situação paradoxal de um causídico defender um benefício ao seu cliente que, de forma reflexa, o prejudicaria.

6. Ademais, nas hipóteses tais como a presente, em que a sucumbência recíproca não é igualitária, a prevalência do entendimento de que cada uma das partes arcará com os honorários sucumbenciais do próprio causídico que constituiu poderia dar ensejo à situação de o advogado da parte que sucumbiu mais no processo receber uma parcela maior dos honorários de sucumbência, ou de a parte litigante que menos sucumbiu na demanda pagar uma parcela maior dos honorários de sucumbência.

(...)

(AgInt no AREsp n. 1.495.369/MS, relator Ministro Luis Felipe Salomão, Quarta Turma, julgado em 1/9/2020, DJe de 16/10/2020.)

> SUPERADA A SÚMULA Nº 306 DO STJ:
>
> Os honorários advocatícios devem ser compensados quando houver sucumbência recíproca, assegurado o direito autônomo do advogado à execução do saldo sem excluir a legitimidade da própria parte.
>
> (Súmula 306, CORTE ESPECIAL, julgado em 03/11/2004, DJ 22/11/2004, p. 411)

A não compensabilidade dos honorários advocatícios em caso de sucumbência recíproca fora reforçado pelo STJ, que reafirmou que o obrigado pela verba é a parte contrária, e vice-versa. Isso porque, para além da novel vedação legal, instituída pelo CPC/15, a regra anterior apresentava severas crises lógico-jurídicas, como a questão da sucumbência não equivalente e da parte beneficiaria da justiça gratuita[278]. Todavia, rememore-se que durante a vigência do CPC/73 a súmula nº 306 do STJ era plenamente aplicável, como já se expôs.

É de se verificar que, sob a égide do CPC/1973, o deferimento da gratuidade da justiça não constituía óbice à compensação de honorários advocatícios no caso de sucumbência recíproca. É a tese 10 da Jurisprudência em Teses nº 150 do STJ.

Ademais, ainda como consectário da titularidade da verba honorária do causídico, o STJ assume que eventuais transações envidadas após a prolação da sentença não podem versar sobre os honorários advocatícios processuais, salvo quando o próprio causídico beneficiário for o signatário da avença ou com ela expressamente concordar. Caso contrário, se as partes transacionarem, inclusive sobre os honorários já reconhecidos, sem participação dos profissionais que atuaram no processo até o julgamento, a cláusula não terá validade em face deles, servindo a sentença primeira como título judicial executável em face do devedor reconhecido naquela oportunidade.[279]

Por força de entendimento sumulado do STJ, a condenação em danos morais, mas em montante menor que o pretendido, não implica sucumbência recíproca, nada obstante o não acatamento doutrinário das conclusões emanadas do texto.

> Na ação de indenização por dano moral, a condenação em montante inferior ao postulado na inicial não implica sucumbência recíproca.
>
> (Súmula 326, CORTE ESPECIAL, julgado em 22/05/2006, DJ 07/06/2006, p. 240).

---

278. AgInt no AREsp n. 1.495.369/MS, relator Ministro Luis Felipe Salomão, Quarta Turma, julgado em 1/9/2020, DJe de 16/10/2020.
279. STJ. 3ª Turma. REsp 1851329-RJ, Rel. Min. Nancy Andrighi, julgado em 22/09/2020

É que a súmula fora editada ainda sob a égide do CPC/73, quando a jurisprudência do STJ admitia a postulação genérica de indenização por danos morais, ou mesmo permitia a quantificação meramente estimativa da parte, sem que houvesse vinculação do juízo. Destarte, em consequência, o reconhecimento de reparação indenizatória por abalo moral em patamar inferior ao estimado pela parte, na concepção da Corte Superior, dada a prevalência da subjetividade na sua seleção, não implicaria em sucumbência recíproca.

Tal entendimento fora posto em xeque quando da edição do CPC/15, diante da redação inédita do art. 292, V, do CPC, que exige a quantificação do pedido de danos morais, bem assim o seu reflexo no valor dado à causa. Diante de sua dicção, parcela da doutrina passou a entender que a súmula nº 326 do STJ estaria superada, sendo aplicável a sucumbência recíproca àquele que pleiteou danos morais em quantia superior àquela que foi reconhecida pelo juízo.

Nessa linha de enfrentamento, o STJ houve por bem reputar, mais recentemente, que os fundamentos conducentes à edição da súmula mantém-se hígidos[280], motivo por que se recomenda a invocação da previsão tanto na praxe, mas com maior evidência em certames de magistratura.

---

280. (...)

2. Segundo o enunciado n. 326 da Súmula de Jurisprudência do STJ, "[n]a ação de indenização por dano moral, a condenação em montante inferior ao postulado na inicial não implica sucumbência recíproca", orientação que não conflita com o art. 292, V, do CPC/2015, subsistindo na vigência da atual lei processual civil.

2.1. Na espécie, os recorridos ajuizaram demanda reparatória contra a recorrente, pleiteando indenização por danos morais e à imagem no importe de R$ 2 milhões, com julgamento de procedência dos pedidos, arbitrando-se indenização no valor total equivalente a R$ 50 mil.

2.2. Em que pese a discrepância entre o valor indicado no pedido e o quantum arbitrado na condenação, não há falar em sucumbência dos autores da demanda, vencedores em seu pedido indenizatório. Incide a orientação que emana da Súmula n. 326/STJ.

3. O valor sugerido pela parte autora para a indenização por danos morais traduz mero indicativo referencial, apenas servindo para que o julgador pondere a informação como mais um elemento para a árdua tarefa de arbitrar o valor da condenação.

4. Na perspectiva da sucumbência, o acolhimento do pedido inicial – este entendido como sendo a pretensão reparatória stricto sensu, e não o valor indicado como referência –, com o reconhecimento do dever de indenizar, é o bastante para que ao réu seja atribuída a responsabilidade pelo pagamento das despesas processuais e honorários advocatícios, decerto que vencido na demanda, portanto sucumbente.

5. Recurso especial a que se nega provimento.

(REsp n. 1.837.386/SP, relator Ministro Antonio Carlos Ferreira, Quarta Turma, julgado em 16/8/2022, DJe de 23/8/2022.)

Todavia, em se cuidando de sucumbência recíproca, mas se tratando de decaimento mínimo, não se estabelecerá proporção, mas se imputará integralmente a responsabilidade pela verba sucumbencial ao derrotado preponderante:

> **Art. 86.** (...)
>
> Parágrafo único. Se um litigante sucumbir em parte mínima do pedido, o outro responderá, por inteiro, pelas despesas e pelos honorários.

A identificação do decaimento mínimo ou não, ante o critério balizador da sucumbência recíproca em conformidade com a quantidade de pedidos, método de aferição preferido pelo STJ, é problemática e subjetiva, causando transtorno notadamente em provas de concursos públicos. A título ilustrativo, colaciono trecho do espelho de resposta do TJ/PR de 2029, pelo CEBRASPE, em que, curiosamente, fora abordada a sucumbência recíproca, admitindo tanto a proporcionalização da imputação quanto o decaimento mínimo, em interessante ampliação do espelho de correção:

> "Em razão da sucumbência recíproca (o pedido de indenização pelo dano moral coletivo foi rejeitado), devem os réus ser condenados em 90% das custas e despesas processuais, ou pode ser reconhecida sucumbência mínima do Ministério Público, o que é mais adequado."

De maneira assemelhada, no concurso CEBRASPE – TJ/MA – 2022, no padrão consta o modelo ideal de partilhamento da sucumbência, porém com a observação ulterior de que outras frações podem ser consideradas escorreitas[281], desde que haja fundamentação adequada e esteja em harmonia com o resultado da demanda.

A seguir, redação sugerida para fins de sentença cível sobre sucumbência recíproca:

281. "Em razão da sucumbência recíproca, mas não proporcional, condeno a ré ao pagamento de 50% (cinquenta por cento) das custas processuais (art. 86 do CPC), bem como dos honorários advocatícios do patrono da parte autora, os quais arbitro no patamar de 10% (dez por cento) sobre o valor atualizado da condenação (art. 85, § 2.º, do CPC), observando-se os valores a serem restituídos como base de cálculo.

Condeno a parte autora, de igual forma, ao pagamento de 50% (cinquenta por cento) das custas e despesas processuais, bem como dos honorários sucumbenciais ao patrono da ré, os quais arbitro no patamar de 10% (dez por cento) sobre o proveito econômico obtido pelo réu, ficando a cobrança suspensa, em observância ao art. 98, § 3.º, do CPC.

Obs. 1: admite-se, também, a distribuição do ônus de forma diversa, desde que devidamente fundamentada e coerente com o dispositivo da sentença."

Ex1.:

> "Dada a sucumbência recíproca identificada, imputo às partes o rateio entre si das custas e despesas processuais. Outrossim, arbitro os honorários sucumbenciais em dez por cento sobre o valor atualizado da causa, conforme art. 85, § 2º, do CPC/15, a serem arcados metade pelo autor ao patrono do réu e metade pelo réu ao representante processual do autor."

Ex2.:

> "Sendo o caso de pedidos autorais cumulados e tendo decaído em parte mínima deles, resolvo imputar ao réu, de modo integral, as custas, despesas processuais e honorários advocatícios sucumbenciais, estes à ordem de dez por cento sobre o valor da condenação, tudo conforme art. 85, § 2º, do CPC/15."

24.2.8. Sucumbência de litisconsortes

Noutro ponto, se múltiplos os litisconsortes sucumbentes, deve se estabelecer os ônus de sucumbência na proporção da derrota processual de cada um de modo expresso, em regra.

Em se omitindo na sentença a individualização necessária, a responsabilidade será solidária. Em provas de sentença, há o candidato de estipular expressamente o ônus de cada sucumbente, mas preferencialmente de maneira equivalente, salvo se saltar aos olhos a superioridade da perda de um frente ao outro.

> **Art. 87.** Concorrendo diversos autores ou diversos réus, os vencidos respondem proporcionalmente pelas despesas e pelos honorários.
>
> § 1º A sentença deverá distribuir entre os litisconsortes, de forma expressa, a responsabilidade proporcional pelo pagamento das verbas previstas no caput.
>
> § 2º Se a distribuição de que trata o § 1º não for feita, os vencidos responderão solidariamente pelas despesas e pelos honorários.

A fixação solidária expressa, lado outro, tem sede caso a obrigação principal reconhecida no dispositivo contiver a mesma natureza, como é o caso do art. 18 do CDC.

Cumpre alertar que a solidariedade advinda da imposição expressa de honorários sucumbenciais de maneira solidária ou no caso de omissão acima apresentado faz com que, tanto num como noutro caso, seja aplicável o quanto disposto no art. 275 do CC, podendo o credor exigir a integralidade da verba de quaisquer dos devedores solidários. A regra vale, e aqui está o ponto auge, inclusive quando um dos codevedores solidários tiver em seu favor reconhecida a gratuidade judiciária, suspendendo-se sua responsabilidade pelo prazo de cinco anos, sendo a totalidade exigível do outro codevedor que não tivera tal benefício, cabendo a este, em caso de quitação, sub-rogando-se na posição do credor, a cobrança ulterior daquele, mas respeitado o efeito suspensivo outrora atribuído.[282]

Sugere-se redigir o ponto da seguinte maneira:

Ex.:

> "Imputo aos autores, solidariamente, de modo proporcional e equivalente aos três, as custas e despesas processuais, sem prejuízo da condenação em honorários advocatícios em dez por cento sobre o valor atribuído à causa, conforme art. 85, § 2º, do CPC/15".

24.2.9. Sucumbência e gratuidade judiciária

Se o sucumbente for beneficiário da justiça gratuita, deve ser condenado aos honorários de sucumbência, não havendo que se falar em isenção, mas deverá a imputação remanescer suspensa pelo prazo de cinco anos, findo o qual sem melhora na condição econômica do devedor, será extinta. Note, pois, que não é caso de isenção, mas condenação-suspensão.

> **Art. 98.** (...)
>
> § 3º Vencido o beneficiário, as obrigações decorrentes de sua sucumbência ficarão sob condição suspensiva de exigibilidade e somente poderão ser executadas se, nos 5 (cinco) anos subsequentes ao trânsito em julgado da decisão que as certificou, o credor demonstrar que deixou de existir a situação de insuficiência de recursos que justificou a concessão de gratuidade, extinguindo-se, passado esse prazo, tais obrigações do beneficiário.

282. STJ. REsp n. 2.005.691/RS, relator Ministro Marco Aurélio Bellizze, Terceira Turma, julgado em 27/9/2022, DJe de 29/9/2022.

Propõe-se a seguinte redação:

Ex.:

> "Imputo ao autor as custas e despesas do processo, bem assim honorários advocatícios sucumbenciais em dez por cento sobre o valor da causa atualizado, a teor do art. 85, § 2º, do CPC/15, porém suspendo tais condenações em virtude da gratuidade judiciária deferida pelo prazo de cinco anos, em atenção ao art. 98, § 3º, do CPC/15, após o qual, não adquirida capacidade econômica, extinguir-se-ão as obrigações."

24.2.10. Sucumbência e Defensoria Pública

Por fim, menciona-se entendimento sumulado bastante criticado segundo o qual, por haver confusão, tecnicamente falando[283], seria incabível a condenação do ente público a quitar honorários advocatícios de sucumbência à Defensoria Pública relacionada ao mesmo ente.

> Os honorários advocatícios não são devidos à Defensoria Pública quando ela atua contra a pessoa jurídica de direito público à qual pertença.
>
> (Súmula 421, CORTE ESPECIAL, julgado em 03/03/2010, DJe 11/03/2010)

Embora a crítica e a longevidade da súmula, fora recentemente confirmado o entendimento pela Corte Superior[284].

283. CC/02

Art. 381. Extingue-se a obrigação, desde que na mesma pessoa se confundam as qualidades de credor e devedor.

284. (...)

1. A Corte Especial do Superior Tribunal de Justiça, no julgamento do REsp 1.199.715/RJ, submetido ao rito do art. 543-C do CPC, da relatoria do Ministro Arnaldo Esteves Lima, julgado em 16.2.2011, firmou não serem devidos honorários advocatícios à Defensoria Pública quando ela atua contra pessoa jurídica de direito público à qual pertença ou que integre a mesma Fazenda Pública.

2. "Não se pode falar em violação a coisa julgada quando há confusão entre as pessoas da mesma Fazenda Pública, por se tratar de crédito extinto na sua origem." (AgInt no REsp 1.546.228/AL, Rel. Ministro Napoleão Nunes Maia Filho, Primeira Turma, DJe 27.3.2017).

3. Agravo Interno não provido.

(AgInt no REsp n. 2.020.240/MG, relator Ministro Herman Benjamin, Segunda Turma, julgado em 6/3/2023, DJe de 27/3/2023.)

25. OUTRAS PROVIDÊNCIAS ESPECIAIS

25.1. Expedientes específicos

Rememore-se que, em caso de obrigação de fazer/não fazer/entregar coisa, o dispositivo sentencial já deve conter o comando de cumprimento, daí porque, muito provavelmente, será pertinente a realização de algum expediente intimatório.

Outrossim, como também já brevemente adiantado, é comum que, em ações constitutivas, haja ensejo para a elaboração de expedientes em decorrência do que contido no dispositivo, como o caso da Ação de Usucapião – art. 167, I, 28, da Lei nº 6.015/73, ou da Ação de Divórcio – art. 29, § 1º, a, da Lei nº 6.015/73.

25.2. Tutela provisória de urgência ou evidência

É o caso, neste momento, de apenas reafirmar a tutela provisória já concedida ao longo da tramitação processual, dispor sobre a tratada na própria sentença ou, e aí é de salutar relevância mormente em prova de sentença cível de certame de magistratura, de revogar a tutela provisória concedida outrora pelo resultado contrário da demanda[285].

Ex1.:

> "Frente ao resultado favorável do pedido e entendendo subsistentes seus pressupostos, reafirmo os termos da tutela provisória de urgência concedida às fls."

Ex2.:

> "Considerando o que adiantado na fundamentação alhures exposta, defiro a tutela provisória de urgência, para o fim de determinar que a parte promovida se abstenha de inserir o nome do promovente em cadastros de inadimplência, sob pena de aplicação de multa diária por descumprimento à monta de R$ 250,00, arbitrado o teto em R$ 10.000,00, sem prejuízo de elevação do patamar ou adoção de outra técnica indutiva, coercitiva ou mandamental conducente ao implemento da presente medida, tudo conforme art. 297, parágrafo único, c/c arts. 536 e 537 do CPC/15."

285. Enunciado FPPC 140. (art. 296) A decisão que julga improcedente o pedido final gera a perda de eficácia da tutela antecipada. (Grupo: Tutela Antecipada)

No ponto, quando o caso de estabelecimento de astreintes, com esteio no art. 536, § 1º e art. 537 do CPC, para as obrigações de fazer, não fazer e/ou entregar coisa, recomenda-se fortemente prudência na fixação de multa cominatória para cumprimento da ordem judicial em sede de tutela provisória. Deve se harmonizar com a natureza da obrigação estabelecida, observando as seguintes finalidades intrínsecas:

1. impulsionar a vontade do devedor em cumprir a obrigação;
2. evitar enriquecimento sem causa do beneficiário.

Perceba que, na concepção da jurisprudência do STJ, a astreinte não acarreta preclusão e não faz coisa julgada, devendo, por consequência, ser reduzida caso se revele excessiva no caso concreto.

> (...)
>
> 2. O valor das astreintes, previstas no art. 461, caput e §§ 1º a 6º, do Código de Processo Civil de 1973, correspondente aos arts. 497, caput, 499, 500, 536, caput e § 1º, e 537, § 1º, do Código de Processo Civil de 2015, pode ser revisto a qualquer tempo (CPC/1973, art. 461, § 6º; CPC/2015, art. 537, § 1º), pois é estabelecido sob a cláusula rebus sic stantibus, e não enseja preclusão ou formação de coisa julgada.
>
> 3. Assim, sempre que o valor acumulado da multa devida à parte destinatária tornar-se irrisório ou exorbitante ou desnecessário, poderá o órgão julgador modificá-lo, até mesmo de ofício, adequando-o a patamar condizente com a finalidade da medida no caso concreto, ainda que sobre a quantia estabelecida já tenha havido explícita manifestação, mesmo que o feito esteja em fase de execução ou cumprimento de sentença.
>
> 4. Embargos de divergência conhecidos e providos, para reduzir o valor total das astreintes, restabelecendo-o conforme fixado pelo d. Juízo singular.
>
> (EAREsp n. 650.536/RJ, relator Ministro Raul Araújo, Corte Especial, julgado em 7/4/2021, DJe de 3/8/2021.)

Destarte, é possível que se depare com cenário de reajuste da multa cominatória em sentença, inclusive sua redução, ainda que de ofício.

Ademais, observar o entendimento pretoriano pelo qual, sob a égide do CPC/73, descabia imposição de sanção pecuniária indutiva para obrigação de pagar[286]. Consigne-se que, entretanto, diante da novel previsão do art. 139, IV,

286. STJ. REsp n. 1.747.877/GO, relator Ministro Sérgio Kukina, Primeira Turma, julgado em 20/9/2022, DJe de 26/9/2022.

parte final, do CPC[287], a compreensão majoritária em doutrina é a de que, a partir da vigência desta codificação, a aplicação de astreinte passou a ser possível nas obrigações pecuniárias. A questão ainda não subiu à Corte Superior após a vigência do novo dispositivo.

Atentar, outrossim, para a responsabilidade objetiva emanada da tutela provisória concedida, ensejando reparação de danos nos mesmos autos, se possível, quando revogada em sentença, expressa ou implicitamente.

> **Art. 302.** Independentemente da reparação por dano processual, a parte responde pelo prejuízo que a efetivação da tutela de urgência causar à parte adversa, se:
>
> I – a sentença lhe for desfavorável;
>
> II – obtida liminarmente a tutela em caráter antecedente, não fornecer os meios necessários para a citação do requerido no prazo de 5 (cinco) dias;
>
> III – ocorrer a cessação da eficácia da medida em qualquer hipótese legal;
>
> IV – o juiz acolher a alegação de decadência ou prescrição da pretensão do autor.
>
> Parágrafo único. A indenização será liquidada nos autos em que a medida tiver sido concedida, sempre que possível.

Nesse sentido, a jurisprudência reafirma a compreensão do texto legal segundo o qual a reparação do prejuízo advindo da reversão da tutela provisória de urgência, antecipada ou cautelar, se dá de maneira objetiva, isto é, sem aferição de dolo e culpa do beneficiário da medida, preferencialmente nos mesmos autos, através de liquidação de sentença se preciso for[288-289]. É certo que se diz

---

287. IV – determinar todas as medidas indutivas, coercitivas, mandamentais ou sub-rogatórias necessárias para assegurar o cumprimento de ordem judicial, inclusive nas ações que tenham por objeto prestação pecuniária;

288. (...)

2. A obrigação de indenizar o dano causado pela execução de tutela antecipada posteriormente revogada é consequência natural da improcedência do pedido, dispensando-se, nessa medida, pronunciamento judicial que a imponha de forma expressa.

3. Nos termos da jurisprudência desta Corte, os danos causados a partir da execução de tutela antecipada suscitam responsabilidade processual objetiva e devem ser integralmente reparados (art. 944 do CC/02) após apurados em procedimento de liquidação levado a efeito nos próprios autos.

4. Recurso especial provido.

(REsp n. 1.780.410/SP, relator Ministro Paulo de Tarso Sanseverino, relator para acórdão Ministro Moura Ribeiro, Terceira Turma, julgado em 23/2/2021, DJe de 13/4/2021.)

289. Enunciado FPPC 499. (art. 302, III, parágrafo único; art. 309, III) Efetivada a tutela de urgência e, posteriormente, sendo o processo extinto sem resolução do mérito e sem estabilização da tutela, será possível fase de liquidação para fins de responsabilização civil do requerente da medida e apuração de danos. (Grupo: Tutela de urgência e tutela de evidência)

que a responsabilidade é reconhecida *ex lege*, independentemente de reconhecimento judicial. Todavia, para respeitar a melhor técnica de sentença, é importante que o julgador, em estando diante de caso em que a decisão será prolatada em sentido contrário àquela que subsidiou, outrora, a concessão da medida liminar, aponha tal imposição expressamente no ato.

Ex.:

> Em virtude do resultado do julgamento, revogo a tutela provisória de urgência antecipatória de fls. XXX, ao tempo em que reconheço a responsabilidade objetiva do beneficiário pelos prejuízos experimentados pela contraparte, em atenção ao art. 302 do CPC, cabendo apuração ulterior, nos mesmos autos, por provocação do prejudicado, em liquidação pelo procedimento comum, nos termos do art. 509, I, do CPC.

25.3. Reexame necessário

Em condenações desfavoráveis à Fazenda Pública, na sentença, imperiosa, em regra, a remessa dos autos à instância recursal para confirmação, ainda que não haja recurso voluntário. Afigura-se como condição de eficácia da sentença[290]. É a regra ampla, da qual se sucedem, contudo, uma gama de exceções.

> **Art. 496.** Está sujeita ao duplo grau de jurisdição, não produzindo efeito senão depois de confirmada pelo tribunal, a sentença:
>
> I – proferida contra a União, os Estados, o Distrito Federal, os Municípios e suas respectivas autarquias e fundações de direito público;
>
> II – que julgar procedentes, no todo ou em parte, os embargos à execução fiscal.

Abaixo, exemplos de redação do trecho que, como se pode ver, é bastante singela, mas suficiente, não podendo ser esquecida:

Ex1.:

> "Vencida a Fazenda Pública e não estando presentes as hipóteses dos §§ 3º e 4º do art. 496 do CPC/15, imperiosa a remessa necessária, nos termos do art. 496, I, do mesmo código."

290. É o que se infere da longínqua Súmula 423-STF: "Não transita em julgado a sentença por haver omitido o recurso "ex-oficio", que se considera interposto "ex-lege"". A ressalva é de que o entendimento sumular se vale de premissas superadas tanto pela lei como pela doutrina, considerando-se não se falar mais em "recurso de ofício", tampouco de interposição "ex lege", mas de condição legal de eficácia da sentença da qual depende o reconhecimento do trânsito em julgado.

Ex2.:

> "Sentença sujeita a reexame necessário, na forma do art. 496, I, do CPC/15."

Numa das exceções de cunho legal, é prescindível a remessa necessária quando "baixo" valor da condenação, devendo o patamar de dispensa ser observado em conformidade com o grau federativo do respectivo ente:

> § 3º Não se aplica o disposto neste artigo quando a condenação ou o proveito econômico obtido na causa for de valor certo e líquido inferior a:
>
> I – 1.000 (mil) salários-mínimos para a União e as respectivas autarquias e fundações de direito público;
>
> II – 500 (quinhentos) salários-mínimos para os Estados, o Distrito Federal, as respectivas autarquias e fundações de direito público e os Municípios que constituam capitais dos Estados;
>
> III – 100 (cem) salários-mínimos para todos os demais Municípios e respectivas autarquias e fundações de direito público.

Da mesma forma, se a sentença for consoante com precedentes vinculantes, também é dispensado o reexame necessário. Isso porque, conforme art. 927 do CPC, os precedentes obrigatórios vinculam juízes e tribunais, de maneira que não há sentido em remeter os autos ao tribunal caso o juiz tenha seguido a linha esposada no entendimento imposto, porquanto aquele está obrigado tanto quanto este:

> § 4º Também não se aplica o disposto neste artigo quando a sentença estiver fundada em:
>
> I – súmula de tribunal superior;
>
> II – acórdão proferido pelo Supremo Tribunal Federal ou pelo Superior Tribunal de Justiça em julgamento de recursos repetitivos;
>
> III – entendimento firmado em incidente de resolução de demandas repetitivas ou de assunção de competência;
>
> IV – entendimento coincidente com orientação vinculante firmada no âmbito administrativo do próprio ente público, consolidada em manifestação, parecer ou súmula administrativa.

Veja exemplos de redação de trecho específico quando é de se dispensar a remessa necessária com bases nestas hipóteses acima explicitadas:

Ex1.:

> "Feito não sujeito à remessa necessária, uma vez que a condenação não supera o valor certo e líquido de 100 (cem) salários-mínimos (art. 496, § 2º, III do CPC)".

Ex2.:

> "Sentença não sujeita a reexame necessário, na forma do art. 496, § 4º, II, do CPC/15, uma vez que a tese exitosa resta ancorada em precedente vinculante, adotado sob a sistemática dos recursos repetitivos, no âmbito do Superior Tribunal de Justiça."

No caso da ação especial de mandado de segurança, regido pela Lei nº 12.016/09, a concessão da segurança implica remessa necessária, por força de disposição especial constante do diploma específico deste procedimento constitucional.

> **Art. 14.** Da sentença, denegando ou concedendo o mandado, cabe apelação.
>
> § 1º Concedida a segurança, a sentença estará sujeita obrigatoriamente ao duplo grau de jurisdição.
>
> (...)

Se a condenação do ente público for ilíquida, o reexame necessário se impõe, salvo quando se funde em precedentes vinculantes, amoldando-se na exceção do § 4º do art. 496 do CPC.

> A dispensa de reexame necessário, quando o valor da condenação ou do direito controvertido for inferior a sessenta salários-mínimos, não se aplica a sentenças ilíquidas.
>
> (Súmula 490, CORTE ESPECIAL, julgado em 28/06/2012, DJe 01/08/2012)

Vale salientar o entendimento restritivo adotado mais recentemente pelo mesmo STJ, editor da súmula nº 490, pelo qual, nos casos de benefícios previdenciários, malgrado ilíquida a condenação, se for possível aferir, com base em elementos de cálculo e a natureza da obrigação imposta, que, em nenhuma hipótese, o valor superará o teto, dispensa-se o reexame necessário. É o caso, por exemplo, da condenação em auxílio-doença por doze meses passados, identificado em perícia que o segurado já recobrou a capacidade laborativa no momento da análise. Ainda que se considere o teto de benefícios da autarquia previdenciária e se o multiplique por doze, com os consectários de mora, não se alcançará nem de longe a barreira de mil salários-mínimos[291].

---

291. (...)

1. Com o julgamento do REsp. 1.735.097/RS, a Primeira Turma do STJ, guiada pelo voto condutor do Min. GURGEL DE FARIAS, pacificou o entendimento de que a orientação da Súmula 490/STJ não se aplica às sentenças ilíquidas nos feitos de natureza previdenciária, a partir dos novos parâmetros definidos no art. 496, § 3º, I do CPC/2015, que dispensa o duplo grau obrigatório às sentenças contra

Noutro ponto, destaque-se que a ação popular prevê uma espécie de reexame invertido: quando se reconhecer a carência da ação ou a improcedência, deve o juiz remeter os autos ao grau recursal. A jurisprudência do STJ, em aplicação analógica, com esteio no microssistema de resolução de demandas coletivas, aplica o reexame invertido na ação civil pública e na ação de improbidade administrativa.

> **Art. 19** da Lei nº 4.717/65: "A sentença que concluir pela carência ou pela improcedência da ação está sujeita ao duplo grau de jurisdição, não produzindo efeito senão depois de confirmada pelo tribunal; da que julgar a ação procedente caberá apelação, com efeito suspensivo". – EREsp 1.220.667-MG: "A sentença que concluir pela carência ou pela improcedência de ação de improbidade administrativa está sujeita ao reexame necessário, com base na aplicação subsidiária do art. 475 do CPC/73 e por aplicação analógica da primeira parte do art. 19 da Lei n. 4.717/65.".

Não se aplica, contudo, por analogia, a remessa necessária invertida no caso de tutela de direitos individuais homogêneos, uma vez que essa espécie não condiz propriamente com tutela coletiva, tecnicamente, sendo mais instrumento eficiente de gestão processual[292].

---

a União e suas autarquias cujo valor da condenação ou do proveito econômico seja inferior a mil salários mínimos.

2. Não obstante a aparente iliquidez das condenações em causas dessa natureza, a sentença que defere benefício previdenciário é espécie absolutamente mensurável, podendo o valor ser aferido por simples cálculos aritméticos, os quais são expressamente previstos na lei de regência.

3. Ainda que o benefício previdenciário seja concedido com base no teto máximo, observada a prescrição quinquenal, com os acréscimos de juros, correção monetária e demais despesas de sucumbência, não se vislumbra, em regra, como uma condenação na esfera previdenciária venha a alcançar os mil salários mínimos (REsp. 1.735.097/RS, Rel. Min. GURGEL DE FARIA, DJe 11.10.2019).

4. Julgados de ambas as Turmas que compõem a Primeira Seção deste Superior Tribunal de Justiça no mesmo sentido.

5. Agravo interno da autarquia federal a que se nega provimento.

(AgInt no REsp n. 1.797.160/MS, rel. Min. , Primeira Turma, julgado em 9/8/2021, DJe de 16/8/2021.)

292. (...)

3. O fundamento da remessa ou reexame necessário consiste em uma precaução com litígios que envolvam bens jurídicos relevantes, de forma a impor o duplo grau de jurisdição independentemente da vontade das partes.

4. Ações coletivas que versam direitos individuais homogêneos integram subsistema processual com um conjunto de regras, modos e instrumento próprios, por tutelarem situação jurídica heterogênea em relação aos direitos transindividuais.

5. Limites à aplicação analógica do instituto da remessa necessária, pois a coletivização dos direitos individuais homogêneos tem um sentido meramente instrumental, com a finalidade de permitir uma tutela mais efetiva em juízo, não se deve admitir, portanto, o cabimento da remessa necessária, tal como prevista no art. 19 da Lei 4.717/65.

6. Recurso especial conhecido e provido.

Para encerrar o item, aludo ao entendimento doutrinário segundo o qual, da sentença contrária à Fazenda Pública em embargos à execução por ela propostos, não haveria remessa necessária obrigatória, haja vista que, neste caso, o ato judicial estaria apenas a endossar título executivo, documento que a legislação empresta presunção de veracidade[293].

25.4. Liquidação de sentença

Nas excepcionais hipóteses de condenação em obrigação ilíquida, na forma do art. 491 do CPC, deve o decisor consignar que a sentença está sujeita a liquidação, preferencialmente já estabelecendo se por arbitramento ou se pelo procedimento comum, fazendo alusão à previsão específica do art. 509 do CPC.

> **Art. 509.** Quando a sentença condenar ao pagamento de quantia ilíquida, proceder-se-á à sua liquidação, a requerimento do credor ou do devedor:
>
> I – por arbitramento, quando determinado pela sentença, convencionado pelas partes ou exigido pela natureza do objeto da liquidação;
>
> II – pelo procedimento comum, quando houver necessidade de alegar e provar fato novo.

Entretanto, sendo possível a liquidação por meros cálculos aritméticos, deverá o credor já iniciar o cumprimento de sentença, apresentando a respectiva conta, atendendo ao que dispõe o art. 524 do CPC, devendo o juiz, na sentença, especificar tal circunstância. Isto é, em dependendo a liquidação do julgado apenas de cálculos ulteriores, deverá consignar a prescindibilidade da etapa prévia de liquidação, sujeitando o cumprimento da sentença tão somente à apresentação das respectivas contas.

> § 2º Quando a apuração do valor depender apenas de cálculo aritmético, o credor poderá promover, desde logo, o cumprimento da sentença.

Segue o exemplo sugerido de redação textual:

Ex.1:

> "Diante da impossibilidade de se fixar, desde logo, todos os atributos da condenação, remeto as partes à liquidação de sentença, na forma do art. 509, I, do CPC/15."

(REsp n. 1.374.232/ES, relatora Ministra Nancy Andrighi, Terceira Turma, julgado em 26/9/2017, DJe de 2/10/2017.)

293. II Jornada de Direito Processual Civil – Enunciado 158: A sentença de rejeição dos embargos à execução opostos pela Fazenda Pública não está sujeita à remessa necessária.

Ex.2:

> "Embora ilíquida a condenação, consigne-se que a liquidação independe de etapa prévia, carecendo tão somente de cálculos aritméticos que deverão ser apresentados já em sede de cumprimento de sentença, na forma do art. 509, § 2º, do CPC, atendidos os parâmetros do art. 524 do mesmo código."

26. REGIME DE CUMPRIMENTO DA SENTENÇA

Como item opcional, se for o caso de condenação em obrigação de pagar, pode o juiz adiantar o regime de sujeição do cumprimento de sentença – art. 523 do CPC.

Ex.:

> "Sentença sujeita ao regime jurídico do art. 523 do CPC/15."

Outro comando final que pode ser adotado, em causas específicas é a determinação da execução invertida, mas tal deve ser vista com cautela pelos candidatos em concursos públicos, cabendo o estudo da posição do examinador ou da banca sobre este aspecto.

Todavia, na praxe forense, se o leitor anuir com suas razões fundantes, revela-se instrumento de eficiência e celeridade processual.

A execução invertida tem previsão legal no art. 526 do CPC, porém, a rigor, pela leitura da norma positivada, depende de iniciativa do devedor, podendo este, querendo, antes de deflagrado o cumprimento de sentença, apresentar memória de cálculo e depositar à disposição do juízo em instituição bancária oficial o respectivo valor, intimando-se o credor para anuência.

A controvérsia, pois, não reside no instituto, mas na iniciativa. Por lei, o devedor espontaneamente se apresenta para quitar. Todavia, não é raro, notadamente em causas contra a Fazenda Pública, a determinação oficiosa do juízo para que a devedora apresente suas contas, não havendo se falar em depósito em virtude do regramento processual especial do pagamento por requisição do Poder Judiciário por Requisição de Pequeno Valor ou Precatório.

Sobre o tema, o Supremo Tribunal Federal entende que é válida e constitucional a determinação do juízo para a execução invertida, cabendo ao ente público devedor a sua apresentação no prazo razoável concedido, sugerindo-se trinta dias, em analogia ao prazo do art. 535 do CPC (prazo de embargos do devedor pela Fazenda Pública)[294].

Convém notar que, na praxe forense, é bem comum a pronta aceitação pela parte credora, salvo equívoco substancial que acarrete diminuição acentuada do valor devido, uma vez que tal postura agiliza sobremaneira a satisfação da obrigação através do regime próprio, já que se rui a complexidade do procedimento com a necessidade de mera homologação de cálculos pelo juízo e expedição de ordem de pagamento, na forma constitucional e legal.

Lado outro, noutra oportunidade, a Corte Constitucional reconheceu a inconstitucionalidade de lei estadual que, contrariando a lógica do Código de Processo Civil e da Constituição Federal, impunha a incumbência de requerer o cumprimento de obrigação de pagar contra a Fazenda Pública pela parte interessada/credora diretamente ao ente devedor após a emissão do requisitório de pequeno valor – RPV – pelo juízo, acostando a documentação respectiva, com suspensão do prazo para pagamento enquanto não se adotasse a providência[295].

294. ARGUIÇÃO DE DESCUMPRIMENTO DE PRECEITO FUNDAMENTAL – ADEQUAÇÃO. Cumpre ao Supremo, ante o objetivo da ação nobre que é a de descumprimento de preceito fundamental, o implemento de visão interpretativa generosa, contribuindo para a eficácia do Direito, a racionalização dos trabalhos judiciários, alfim, a manutenção da paz social. JUIZADOS ESPECIAIS – EXECUÇÃO – CÁLCULOS. A interpretação teleológico-sistemática da ordem jurídica, calcada na Constituição Federal como documento maior da República, conduz a placitar-se a óptica segundo a qual incumbe ao órgão da Administração Pública acionado, à pessoa jurídica de direito público, apresentar os cálculos indispensáveis à solução rápida e definitiva da controvérsia, prevalecendo o interesse primário – da sociedade – e não o secundário – o econômico da Fazenda Pública. Os interesses secundários não são atendíveis senão quando coincidirem com os primários, únicos que podem ser perseguidos por quem axiomaticamente os encara e representa – Celso Antônio Bandeira de Mello – Curso de Direito Administrativo 2010, página 23.

(ADPF 219, Relator(a): MARCO AURÉLIO, Tribunal Pleno, julgado em 20/05/2021, PROCESSO ELETRÔNICO DJe-200 DIVULG 06-10-2021 PUBLIC 07-10-2021)

295. Ação direta de inconstitucionalidade. 2. Lei estadual n. 14.757, de 16 de novembro de 2015, do Estado do Rio Grande do Sul. Pagamento de requisições de pequeno valor. 3. Redefinição do limite do RPV. Possibilidade. 4. Norma estadual que estipula dever do credor de encaminhar ordem de pagamento de obrigação de pequeno valor diretamente ao órgão público devedor. Impossibilidade. 5. Violação da competência privativa da União para legislar sobre Direito Processual. Precedentes. 6. Ação direta de inconstitucionalidade julgada parcialmente procedente para (a) declarar a inconstitucionalidade do caput e do parágrafo único do art. 6º da Lei estadual n. 14.757/2015, do Estado do Rio Grande do Sul; bem como (b) dar interpretação conforme à Constituição aos incisos do mesmo art. 6º, para limitar sua aplicação aos processos judiciais de competência da justiça estadual. Assim, os incisos do mencionado art. 6º não deverão ser aplicados aos processos julgados no exercício da competência federal delegada, os quais devem ser regidos pela Resolução do CJF.

(ADI 5421, Relator(a): GILMAR MENDES, Tribunal Pleno, julgado em 17/12/2022, PROCESSO ELETRÔNICO DJe-012 DIVULG 24-01-2023 PUBLIC 25-01-2023)

27. FINALIZAÇÃO

Finalmente, ao encerramento da sentença, deve o julgador providenciar o seu fechamento:

Ex.:

> "Publique-se. Registre-se. Intimem-se. OU P. R. I.
>
> Com o trânsito em julgado, arquivem-se os autos, mediante a prévia adoção das cautelas de estilo.
>
> Local, data."

Para a praxe forense, obviamente, deverá o redator indicar a comarca/seção/subseção no qual emitida a sentença, acompanhada da respectiva data. Caso o julgador/assessor esteja trabalhando com processo eletrônico, há a opção de, em vez de se apontar a data específica da emissão do ato, remeter à data da assinatura eletrônica.

Ex.:

> "Santa Quitéria/CE, data do sistema."

Em caso de concursos públicos, manter a fórmula genérica "local, data" ou, caso o enunciado indique a comarca/seção/subseção e a data, apô-los especificamente, o que demonstra que o candidato está atento a todos os detalhes do enunciado. Ainda, deve o candidato "assinar" genericamente, tal como proposto abaixo ou como o enunciado da prova expressamente apontar, sob pena de eliminação, conforme cláusula comum vista nos editais afora por representar identificação vedada.

Ex.:

> "Local, data.
>
> Assinatura do Juiz Substituto."

Nessa lógica, confira-se a advertência categórica comumente vislumbrada nas provas de sentença cível de magistratura constante das disposições que antecedem ao enunciado do caso concreto, alertando para a desclassificação do candidato que se identificar no bojo do texto definitivo de resposta:

> "No Caderno de Texto Definitivo, identifique-se apenas no cabeçalho da primeira página, pois não será avaliado texto que tenha qualquer assinatura ou marca identificadora fora do local apropriado. Caso queira assinar seu texto, utilize apenas o nome Juiz de Direito Substituto, pois, nos espaços destinados à transcrição do texto definitivo, a detecção de outro nome/assinatura, bem como de marca ou qualquer outro sinal identificador acarretará a anulação da sua prova."

Já o enunciado do caso exposto no CEBRASPE – TJMA – 2022 dispõe, especificamente, tanto como o candidato deve expressamente assinar ("Juiz de Direito Substituto"), bem assim qual data deve ser aposta no fechamento, requisitos que devem ser necessariamente observadas pelo atento candidato:

> "Considerando os fatos acima relatados, redija a sentença, na condição de juiz de direito substituto competente para dar solução ao caso. Analise toda a matéria de direito processual e material pertinente para o julgamento, e embase suas explanações na doutrina, na jurisprudência e na legislação, indicando eventuais artigos de lei pertinentes, fundamentando suas conclusões. Não assine nem mencione qualquer elemento que identifique a prova. Para assinar a sentença, utilize apenas a expressão "Juiz de Direito Substituto" e date-a com a data de aplicação da prova. Dispense o relatório e não crie fatos novos."

Ressalte-se que deve o candidato, em cada teste, mesmo que de mesma banca da qual fizera outra prova de sentença cível, orientar-se de como providenciar o fechamento, considerando-se que é possível que haja variação entre um certame e outro, não podendo haver acomodação nesse ponto, ao mesmo tempo simplista e tão sensível já que pode redundar em exclusão[296].

Por último, menciono a curiosa orientação do concurso VUNESP – TJAC – 2019, que indica nome fictício, o cargo e a unidade judiciária que devem constar da parte de autenticação:

> "Ao final, deverá assinar como Antônio José, Juiz de Direito da Vara Cível da Capital."

Insisto, pois, NUNCA assine seu nome, rubrique ou se identifique de qualquer modo, sob pena de eliminação do certame.

---

296. Constate que no concurso CEBRASPE – TJ/AM – 2016, diferentemente do que se deu no reproduzido trecho da prova CEBRASPE – TJ/MA – 2022, a expressão de assinatura era "Juiz Substituto", e não "Juiz de Direito Substituto" como este propunha: "No caderno de texto definitivo, identifique-se apenas no cabeçalho da primeira página, pois não será avaliado texto que tenha qualquer assinatura ou marca identificadora fora do local apropriado. Caso queira assinar seu texto, utilize apenas o nome Juiz Substituto. Ao texto que contenha outra forma de identificação será atribuída nota zero, correspondente à identificação do candidato em local indevido".

Se houver intervenção do Ministério Público como fiscal da ordem jurídica ou da Defensoria Pública como *custus vulnerabilis*, o juiz deverá abrir vista a estas instituições, devendo a expressão ser aposta após o comando de intimação.

Ex.:

> "Publique-se. Registre-se. Intimem-se. Vista ao Ministério Público.
>
> Com o trânsito em julgado, arquivem-se os autos, mediante a prévia adoção das cautelas de estilo.
>
> Local, data."

28. CONCLUSÃO

Eram estas as considerações pertinentes sobre a redação da sentença cível. Importante o estudo da técnica do ato e a repetição constante de seu treinamento, a fim de tornar intuitiva a sua resolução. Isto é, quanto maior a quantidade de redação de sentenças, mais natural a forma sairá. Isso é importante para que o foco seja, tanto quanto possível, o direito material, observada a vastidão de temas que pode ser objeto de uma sentença cível na praxe forense e em prova de concurso público (direito constitucional, administrativo, civil, consumidor, tributário, empresarial etc.).

Assim, quanto mais firme e sedimentado o conhecimento da forma de sentença, menos com ela se precisa se preocupar, posto se perceber uma automatização necessária em relação aos seus requisitos técnicos, e isso advém de prática incessante. Também se recomenda a leitura de várias sentenças para melhor assimilação, buscando, nos casos de pretendentes ao cargo de juiz, dar prioridade àquelas que realizadas em concursos anteriores do tribunal para o qual está prestando provas ou da banca, se se tratar de profissional (ex.: CEBRASPE; FCC; VUNESP).

Espero que a obra tenha auxiliado quanto à melhor técnica teórica e redacional da sentença cível, pondo-me sempre a disposição para eventuais esclarecimentos adicionais, críticas, sugestões e elogios através dos canais já informados na apresentação.

A seguir, a fim de facilitar a assimilação do conteúdo, apresento nos anexos: i) a prova de sentença cível do concurso para juiz substituto do Tribunal de Justiça do Estado do Ceará, aplicada em 2018, com a minha resposta real na prova, que resultou na aplicação de nota 8,03 após recursos, e o respectivo espelho de avaliação; ii) enunciados de outras provas de sentença cível em concursos de magistratura com os respectivos espelhos de avaliação; iii) casos simulados propostos com as respectivas redações sugeridas para fins de concursos públicos; iv) sentenças cíveis referentes a casos reais que foram por mim aplicadas na praxe forense; e e) enunciados sumulares do Supremo Tribunal Federal e do Superior Tribunal de Justiça, enunciados do Fórum Permanente de Processualistas – FPPC, enunciados das Jornadas de Direito Processual Civil do Conselho da Justiça Federal e jurisprudências em teses do Superior Tribunal de Justiça, selecionados apenas aqueles aplicáveis a sentenças cíveis.

ANEXOS

ANEXO I

PROVA DE SENTENÇA CÍVEL CESPE TJCE/2018

Abaixo, disponibilizo, a quem tiver interesse e curiosidade, enunciado do caso de sentença cível para o concurso do TJCE/2018, no qual tive a grata satisfação de estar aprovado, bem assim a resposta de minha autoria dada para o exame, seguido de padrão de respostas disponibilizado pela própria banca examinadora e espelho de correção da banca CESPE/CEBRASPE (no espelho consta a nota 7,54, ofertada antes da elevação para 8,03 obtida após interposição do recurso).

Advirto que não se trata de resposta padrão, de modelo a ser seguido, longe disso. Se percebe que foram cometidos alguns equívocos jurídicos e técnicos que poderiam e deveriam ter sido evitados, mormente diante dos conhecimentos especiais de sentença cível adquiridos após exaustivo estudo para ultimar a presente obra e da experiência adquirida nesses anos de prática judicante.

Exemplificativamente, o afastamento da aplicação do Código de Defesa do Consumidor fora realizado em momento tecnicamente inadequado, como se verá, constando do último parágrafo da fundamentação. Tal se deu por lapso, havendo percepção da pertinência da abordagem já quando superado o momento próprio, daí a importância do *brainstorm* inicial. Outrossim, as súmulas indicadas não retratam conteúdo que era pretendido expor, referindo-se a matérias alheias à capitalização de juros, postura que deve ser evitada.

Todavia, não se ignora que uma resposta real, mesmo imperfeita, em caso de sentença cível, a qual foi objeto de avaliação da banca especializada e teve uma nota que pode ser considerada boa (a 26ª maior entre as 286 que foram objeto de correção), tem o condão de auxiliar na preparação para essa etapa tão sensível.

Assim, realizada a advertência de que não se cuida de padrão, a experiência de leitura é válida.

CESPE | CEBRASPE – TJ/CE – APLICAÇÃO: 2018

- **PROVA ESCRITA P3**
- **PRÁTICA DE SENTENÇA – SENTENÇA CÍVEL**
- Nesta prova, faça o que se pede, usando, caso deseje, os espaços para rascunho indicados no presente caderno. Em seguida, transcreva o texto para o CADERNO DE TEXTO DEFINITIVO DA PROVA ESCRITA P3 – PRÁTICA DE SENTENÇA – SENTENÇA CÍVEL, nos locais apropriados, pois não serão avaliados fragmentos de texto escritos em locais indevidos.
- Qualquer fragmento de texto que ultrapassar a extensão máxima de linhas disponibilizadas será desconsiderado.
- No Caderno de Texto Definitivo, identifique-se apenas no cabeçalho da primeira página, pois não será avaliado texto que tenha qualquer assinatura ou marca identificadora fora do local apropriado. Caso queira assinar seu texto, utilize apenas o nome Juiz de Direito Substituto, pois, nos espaços destinados à transcrição do texto definitivo, a detecção de outro nome/assinatura, bem como de marca ou qualquer outro sinal identificador acarretará a anulação da sua prova.
- Na avaliação da sentença cível, ao domínio do conteúdo serão atribuídos até 10,00 pontos, dos quais até 0,50 ponto será atribuído ao quesito apresentação (legibilidade, respeito às margens e indicação de parágrafos) e estrutura textual (organização das ideias em texto estruturado).

A empresa Alimentos & Derivados Ltda. buscava adquirir, em 2015, maquinário para aumento de sua produção mercantil. Para isso, formalizou contrato de cédula de crédito bancário com determinada instituição financeira, com a qual não detinha relação negocial anterior. O empréstimo foi concluído e houve a correspondente autorização e liberação do crédito contratado. Ficou ajustado que a obrigação seria liquidada em 24 parcelas mensais e sucessivas, nelas incluídos os juros capitalizados e os encargos, conforme previsto nas cláusulas contratuais.

Maria, sócia da empresa à época da contratação do referido empréstimo, participou na condição de avalista, porém omitiu, no ato da assinatura do contrato, o fato de ser casada. Posteriormente, em função de incompatibilidades com os demais sócios, Maria se retirou do quadro societário da empresa. As prestações advindas da cédula bancária deixaram de ser adimplidas, caracterizando-se, assim, a mora. Em razão dessa inadimplência, a instituição financeira ingressou com uma ação executiva, de n.º 0001/2017, cujo trâmite se deu por meio físico. A empresa Alimentos & Derivados Ltda. e Maria, de forma conjunta, opuseram embargos à execução, cuja inicial foi apreciada pelo magistrado titular da vara competente. O banco inscreveu os nomes da empresa Alimentos & Derivados Ltda. e de Maria nos cadastros de proteção ao crédito. A distribuição dos embargos se deu por dependência ao processo executivo.

RELATÓRIO

A empresa Alimentos & Derivados Ltda. e Maria, partes qualificadas nos autos, opuseram embargos à execução. Em sua inicial, as embargantes pugnam pela nulidade do processo executivo, sob o fundamento de que o título que o embasou é ilegal, pois ficou evidenciada a prática do anatocismo. Nesse ponto, elas aduzem que a capitalização de juros é considerada uma prática ilegal que coloca o usuário em posição de extrema desvantagem, tratando-se de uma medida flagrantemente abusiva, estando, pois, ausentes os requisitos da liquidez e da certeza.

Suscitam, preliminarmente, a ilegitimidade passiva da segunda embargante, Maria, uma vez que havia sido firmado termo de aval sem a anuência expressa de seu cônjuge, além de ela não mais ser sócia da empresa Alimentos & Derivados Ltda., razões pelas quais o aval operado não deveria produzir efeitos.

No mérito, manifestaram-se nos seguintes termos: a) fora cobrada indevidamente uma tarifa de cadastro, no valor de R$ 400,00 (quatrocentos reais); b) exigem a reparação por danos morais no importe de R$ 10.000,00 (dez mil reais), para cada uma das embargantes, uma vez que os seus nomes foram negativados; e c) os valores cobrados são altos e desproporcionais, configurando-se excesso na cobrança.

Em conclusão, solicitaram a suspensão liminar da execução e o acolhimento dos pedidos, assim como que fosse declarado nulo o título executivo, com a consequente extinção do feito executório. Pedem, subsidiariamente, a readequação dos valores com a exclusão dos juros capitalizados e dos encargos indevidamente cobrados.

Juntaram à inicial as respectivas procurações e o ato constitutivo da empresa Alimentos & Derivados Ltda., além do comprovante de recolhimento das custas processuais e a cópia do processo executivo.

A decisão interlocutória (de fls. XX) determinou liminarmente a suspensão do processo executivo até o julgamento final desses embargos.

Citada, a instituição financeira embargada deixou transcorrer o prazo para resposta.

As embargantes, em petição, solicitaram o reconhecimento dos efeitos da revelia.

Instadas a especificarem provas, as partes não se pronunciaram.

Vieram os autos conclusos. Decido.

Considerando exclusivamente os dados do caso proposto e do relatório apresentado, profira, na condição de juiz de direito substituto, sentença cível devidamente fundamentada e embasada na legislação pátria, na doutrina e na jurisprudência prevalente dos tribunais superiores. Analise toda a matéria pertinente ao julgamento e fundamente suas conclusões de forma adequada. Não elabore novo relatório, nem acrescente fatos novos.

RESPOSTA DO AUTOR: NOTA 8,03

SENTENÇA

1. RELATÓRIO

(Dispensado pelo enunciado)

É o que cumpre relatar, passo a decidir.

2. FUNDAMENTAÇÃO

Inicialmente, verifica-se que é caso de reconhecimento de revelia, na forma do art. 344 do CPC/15, ante a não apresentação de defesa formal nos autos, reconhecendo-se, por consequência, ao efeito respectivos, quais sejam, presunção de veracidade dos fatos e ausência de intimação pessoal dos ulteriores atos. Destaco, contudo, que o efeito material da revelia é relativo à matéria fática, não significando, necessariamente, acolhimento da tese jurídica veiculada.

Ainda neste momento prefacial, relevante reconhecer a rejeição liminar parcial dos embargos à execução ora manejados, em conformidade com o art. 917, § 4°, II, do CPC, diante da não especificação da quantia excedente e declaração do montante reconhecido como devido, acostando a essencial planilha demonstrativa de cálculo, nos termos do art. 917, § 3° do CPC. Ademais, noto que esta parcela do pedido tem nítido caráter revisional de contrato bancário, razão pela qual, outrossim, lhe competiria cumprir a determinação do art. 330, § 2°, do CPC. Destarte, deixo de conhecer do pedido de avaliação de excesso de execução, rejeitando-o liminarmente nesse ponto.

Realizado este decote, percebe-se que é caso de julgamento imediato do pedido remanescente, a teor do art. 920, II, do CPC, sem prejuízo da autorização emanada do art. 355, I e II, do CPC, por considerar que a prova repousante nos autos é suficiente à apreciação meritória da demanda, bem como que a revelia assim recomenda. Além disso, consigne-se que as partes foram oportunamente instadas à especificação probatória, tendo remanescido silentes, operando-se, pois, preclusão processualmente temporal.

Preliminarmente, os embargos sustentam a ilegitimidade passiva da Maria. Legitimidade processual é a pertinência subjetiva para a demanda. No caso, Maria figura como avalista em título de crédito, razão por que tem legitimidade, em abstrato, para responder à cobrança. Adota-se a teoria da asserção, segundo a qual as condições da ação são verificadas, estritamente, conforme a narrativa fática exposta na petição inicial. Ademais, os contornos acerca da validade e da subsistência do aval prestado devem ser apreciados em sede meritória. Em conclusão, rejeito a preliminar arguida.

Superada a preliminar aventada e verificado os pressupostos processuais e requisitos de admissibilidade da demanda, alcanço o mérito.

Cuida-se de embargos à execução nas quais os promoventes argumentam, em suma, que a exigência de encargos contratuais ilegais torna nulo o título executivo extrajudicial representativo de contrato subjacente ou, alternativamente, exige readequação da cobrança excessiva. Requestam, sucessivamente, indenização por danos morais decorrentes da inscrição em cadastros de inadimplência do nome dos embargantes.

O regime jurídico aplicável é o da Lei nº 10.931/04, sem prejuízo da invocação de outros diplomas correlatos da seara cível, notadamente, o Código Civil de 2002, em aplicação da teoria do diálogo das fontes.

Nota-se, por relevante, que os embargantes não controvertem a existência do contrato, tampouco seu conteúdo. A controvérsia cinge-se em avaliar a legalidade dos encargos atacados, quais sejam, capitalização de juros e tarifa de cadastro, bem assim a regularidade da obrigação de aval assumida por Maria, além do dano moral.

Não assiste razão aos embargantes.

Maria deve ser corresponsabilizada pelo débito contraído por Alimentos & Derivados LTDA. em razão do aval ofertado na cédula de crédito bancário. Não socorre, a uma, a escusa de ineficácia da obrigação em razão da ocorrência de assentimento do esposo da avalista. Isso porque se tem compreendido que a outorga uxória de aval em título de crédito, por razão de segurança jurídica, em virtude da autonomia do documento e da circulação no mercado, deve restringir-se aos títulos de crédito ditos nominados, tratados pelo arts. 887 a 926 do CC/02, dada a redação do art. 1.647, II, do CC/02.

O aval é relevante instituto obrigacional acessório de natureza cambiária tendo, pois, o Superior Tribunal de Justiça definido que a autorização marital é despiciente em avais prestados em títulos de créditos nominados regidos por lei especiais. Em corroboração, verifica-se que nem mesmo consta dos fólios a certidão de casamento de Maria, documento imprescindível à sua tese.

Noutro ponto, insta salientar que o mero desligamento de Maria, ex-sócia de outra embargante, dos quadros sociais do devedor principal é elemento a afastar a responsabilidade assumida, uma vez que o aval é obrigação acessória, mas autônoma, subsistindo até mesmo em caso de extinção da obrigação principal ou do reconhecimento de qualquer vicio extrínseco dela.

A tarifa de cadastro refutada é legal. É que existe resolução do Banco Central, autarquia federal responsável pela regulação das atividades financeiras no país, que autoriza a exigência de cobrança de encargos de cadastro, desde que não tenha havido anterior relacionamento entre as partes contratantes e que o valor exigido seja proporcional à tarefa de cadastramento e pesquisas de crédito. O que não mais se admite são a tarifa de abertura de crédito – TAC e a tarifa de emissão de carnê – TEC, porquanto deixou de existir o necessário lastro jurídico-legal por imprevisão em ato normativo do órgão regulador. Por conseguinte, o encargo ora tratado é legítimo, diante de sua previsão no instrumento contratual e do substrato normativo respectivos, havendo entendimento sumulado do STJ neste sentido.

Não obstante a exclusão de apreciação do excesso de cobrança alegado, conforme se procedeu, observa-se que alhures, ainda que haja apreciação meritória da capitalização de juros contestada, melhor sorte não goza o pedido autoral.

A Medida Provisória nº 2.172-32/02, em seu art. 4º, I, passou a admitir a exigência de capitalização de juros com periodicidade inferior à anual, ato legislativo que teve sua constitucionalidade reconhecida pelo Supremo Tribunal Federal. Destarte, desde então, compreende-se que a vedação de capitalização de juros em período menor que o mensal, de que trata o art. 59 do CC/02, não afeta os contratos de mútuo pactuados junto a instituição financeira.

Portanto, havendo previsão no contrato de empréstimo bancário de capitalização de juros e, periodicidade inferior à anual, o encargo é valido e exigível. Tal entendimento está sedimento nos enunciados de súmula nº 283 e nº 472 do STJ.

Destaca-se, em acréscimo, que a cédula de crédito bancário é título executivo extrajudicial tratado nos arts. 26 a 45 da Lei nº 10.931/04, havendo no art. 28, § 1º, I, faculdade para pactuação de juros capitalizados e da respectiva periodicidade, sem ressalva de coibição temporal.

Logo, por verificar a integral legitimidade da cobrança, conclui-se que a adoção das medidas autorizadas em lei com vistas a compelir o devedor a adimplir o valor é valida. Nessa senda, o dano moral, que pode ser definido como a ofensa à dignidade ou a direitos da personalidade, inexistiu, não se amoldando na redação dos arts. 186, 187 e 927 por ausência de ato ilícito (CC/02). Prejudicando o pedido.

Ressalto que não reconheci a incidência das normas consumerista da Lei nº 8.078/90 (Código de Defesa do Consumidor) por, malgrado adotar a teoria finalista mitigada, não haver elementos nos autos que permitam aferir concreta vulnerabilidade da pessoa jurídica contraente do negócio bancário.

3. DISPOSITIVO

Ante o exposto, com esteio no art. 917, § 4º, II, do CPC/15, rejeito liminarmente os embargos à execução, mas parcialmente, no que tange ao excesso de execução, e, com fundamento no art. 487, I, do CPC, com resolução de mérito, julgo improcedentes os demais pedidos realizados.

Imputo aos embargantes as custas do processo, já recolhidas, bem assim as demais despesas processuais. Deixo de condená-las em honorários advocatícios em face da não manifestação da contraparte nos autos, fato gerador desta verba sucumbencial.

Em conformidade com o que disposto no art. 919, § 2°, do CPC, com o trânsito em julgado desta, retiro a eficácia suspensiva da execução principal. Transitada em julgado, ainda, proceda-se ao arquivamento desta. Translade-se cópia desta sentença ao feito principal.

Sentença registrada. Publique-se. Intimem-se.

Local, data

Assinatura do Juiz Substituto.

PADRÃO DE RESPOSTAS:

DO JULGAMENTO ANTECIPADO

O feito comporta julgamento no estado em que se encontra, sendo desnecessária a produção de outras provas, nos termos do art. 355, inciso I, do Código de Processo Civil, ou à luz do art. 920, II, do CPC.

Se, nas alegações finais, as partes se mantiveram inertes ou não requereram nenhuma diligência, conclui-se, então, que consentiram com o julgamento imediato do feito (Raimundo Silvino da Costa Neto e Rodrigo Cordeiro de Souza Rodrigues. Sentença cível. 2.ª ed. São Paulo: Ed. Método, 2016, p. 53).

DA NÃO CARACTERIZAÇÃO DOS EFEITOS DA REVELIA

Com efeito, partindo-se do pressuposto de que a parte embargada não apresentou nenhum tipo de resposta, estaria, a princípio, configurado o instituto da revelia. Contudo, vale destacar que esse fenômeno só tem incidência sobre os pressupostos fáticos e não acarreta a automática procedência da pretensão.

Ademais, o STJ firmou o entendimento de que a ausência de impugnação dos embargos do devedor não implica revelia, visto que, no processo de execução, o direito do credor encontra-se consubstanciado no próprio título, que se reveste da presunção de veracidade, cabendo ao embargante-executado o ônus quanto à desconstituição de sua eficácia (AgRg no AREsp 578.740/MS, Quarta Turma, Rel. Min. Luis Felipe Salomão). Logo, o STJ reiteradamente infere que:

> Esta Corte firmou o entendimento de que a ausência de impugnação dos Embargos à Execução não implica revelia, uma vez que, na fase executória, o direito do credor encontra-se consubstanciado no próprio título, que se reveste da presunção de veracidade, cabendo ao embargante-executado o ônus quanto à desconstituição de sua eficácia. Precedentes: AgRg no REsp. 1.447.289/SP, Rel. Min. SIDNEI BENETI, DJe 2.9.2014; AgRg noAg 1.229.821/PR, Rel. Min. PAULO DE TARSO SANSEVERINO, DJe 9.4.2012; AgRg no REsp.1.162.868/SP, Rel. Min. HUMBERTO MARTINS, DJe 19.2.2010.

DA NULIDADE DA EXECUÇÃO

Com referência à alegação de nulidade do feito executório, vale destacar que a análise dos pressupostos da execução (liquidez e certeza) constitui uma verdadeira questão de mérito, razão pela qual será avaliada em campo próprio, ao ser examinada toda a conjuntura do caso proposto. Aqui, também urge observar que, a rigor, no ato de recebimento da execução, foi feita uma análise dos seus requisitos, de modo que existe, portanto, uma presunção da sua observância.

***Obs.**: há que se considerar, em parte, os recursos que pleiteiam a total abordagem da nulidade da execução apenas no enfrentamento do mérito. Deste modo, caso a fundamentação apresentada no mérito seja condizente, o candidato será pontuado, devendo, entretanto, ser penalizado (obter pontuação menor) em relação ao candidato que traz a matéria de forma preliminar e no mérito.*

DA PRELIMINAR DE ILEGITIMIDADE PASSIVA

No que diz respeito à preliminar aventada quanto à ilegitimidade passiva da segunda embargante (Maria), é preciso reconhecer a incidência da teoria da asserção, que, por sua vez, estabelece que os pressupostos e as condições da ação devam ser analisados à luz dos elementos fornecidos pelas partes.

Assim, a procedência ou não dos pedidos formulados contra ela constitui questão de mérito a ser apreciada sob o crivo do contraditório e da ampla defesa, embasada em cognição mais aprofundada.

E, mesmo que houvesse o enfrentamento direto dessa questão preliminar, em conformidade com o Código Civil, a decretação de invalidade desse aval só poderia ser demandada pelo cônjuge prejudicado (art. 1.650). Portanto, não poderiam as próprias embargantes questionar esse aval.

Destarte, rejeito a preliminar aventada.

***Obs. 1:** não será prejudicado o candidato que utilizar a expressão "afastar" a preliminar, como se apura em alguns dos julgados do TJCE.*

Obs. 2: o candidato, ao apreciar essa preliminar, poderá refutá-la com base na teoria da asserção ou mesmo rechaçá-la afirmando que a ré Maria é parte legítima, na medida em que reconhece que integrou e avalizou o título de crédito ora impugnado, devendo, assim, responder por tal ato.

DO EXCESSO NA EXECUÇÃO

Nos termos do art. 917, parágrafo terceiro, do Código de Processo Civil, impõe-se ao embargante o dever de apontar especificamente o valor tido como devido, no caso de alegação de excesso de execução.

Vê-se que, com a inicial, não foi juntado o demonstrativo discriminado e atualizado dos cálculos que as embargantes compreenderiam como adequados, concluindo-se, dessa forma, que não se desincumbiram do seu ônus processual.

Portanto, a apreciação dos embargos à execução prosseguirá apenas no que diz respeito aos seus demais fundamentos, restando prejudicada a alegação do excesso de execução (art. 917, parágrafo quarto, II, CPC).

DO MÉRITO

VALIDADE E LEGITIMIDADE DO AVAL

Inicialmente, cabe reconhecer que, em regra, o aval prestado sem a devida outorga uxória não possui validade (art. 1.647, II, do Código Civil). Contudo, tal regra comporta temperamentos à luz da boa-fé objetiva.

No caso dos autos, a avalista (segunda embargante) omitiu seu estado civil ao conceder a garantia, descumprindo, pois, o dever de informação essencial para que o credor pudesse ou não concordar com o aval. Nessa condição, não se pode menosprezar a máxima de que "a ninguém é dado se valer de sua própria torpeza", reconhecendo-se a validez do aval.

O que poderia ser feito nessa situação é a preservação da meação do cônjuge que não anuiu à contratação da referida garantia, com relação a eventuais constrições sobre o patrimônio do casal, em consonância com o princípio da conservação dos negócios jurídicos.

O aval é ato cambiário pelo qual o avalista se compromete a adimplir obrigação estampada em título de crédito, consubstanciando-se, pois, em garantia pessoal à satisfação do crédito. Essa garantia havia se aperfeiçoado com a assinatura do termo pela garantidora, havendo, por consequência, a vinculação da responsabilidade pelo pagamento desse título, não se alterando o aval pelo fato de a sócia não mais compor a sociedade empresarial beneficiada pelo contrato de cédula bancária, permanecendo o instrumento hígido, produzindo todos os seus efeitos. O avalista, por expressa disposição legal, equipara-se ao devedor principal (art. 899, Código Civil).

Assim, deveria ser abordado que: 1º) em regra, o aval prestado sem a devida outorga uxória não possui validade (art. 1.647, II, do Código Civil); no entanto, a segunda embargante omitiu seu estado civil, sendo vedado esse comportamento contraditório (*venire* contra *factum proprium*), conforme reconhece a jurisprudência; 2º) a retirada da sócia em nada altera o aval, tratando-se este de uma garantia pessoal para a satisfação do crédito e que já houvera se aperfeiçoado; e 3º) o avalista se equipara ao devedor principal (art. 899 do Código Civil).

***Obs.**: o STJ firmou posicionamento no sentido de que o art. 1.647 do CC (necessidade de outorga uxória) não teria aplicabilidade quanto aos títulos de créditos típicos, como é o caso proposto, fundamentado em um contrato de cédula de crédito bancária (Lei n. 10.931/2004). Dentro desse contexto, interessante transcrever o julgado em estudo (REsp 1.526.560/MG):*

> *RECURSO ESPECIAL. DIREITO CAMBIÁRIO. AVAL. OUTORGA UXÓRIA OU MARITAL. INTERPRETAÇÃO DO ART. 1647, INCISO III, DO CCB, À LUZ DO ART. 903 DO MESMO ÉDITO E,AINDA, EM FACE DA NATUREZA SECULAR DO INSTITUTO CAMBIÁRIO DO AVAL. REVISÃO DO ENTENDIMENTO DESTE RELATOR. 1. O Código Civil de 2002 estatuiu, em seu art. 1647, inciso III, como requisito de validade da fiança e do aval, institutos bastante diversos, em que pese ontologicamente constituam garantias pessoais, o consentimento por parte do cônjuge do garantidor. 2. Essa norma exige uma interpretação razoável sob pena de descaracterização do aval como típico instituto cambiário. 3. A interpretação mais adequada com o referido instituto cambiário, voltado a fomentar a garantia do pagamento dos títulos de crédito, à segurança do comércio jurídico e, assim, ao fomento da circulação de riquezas, é no sentido de limitar a incidência da regra do art. 1647, inciso III, do CCB aos avais prestados aos títulos inominados regrados pelo Código Civil, excluindo-se os títulos nominados regidos por leis especiais. 4. Precedente específico da Colenda 4ª Turma. 5. Alteração do entendimento deste relator e desta Terceira Turma.*

Assim, encontra-se assente no STJ o entendimento sobre a validade do aval e a desnecessidade de outorga uxória, com a ressalva aqui feita, de modo que o candidato também tenha que mencionar expressamente que, por se tratar de título de crédito nominado ou típico, não haveria a necessidade de autorização do cônjuge para a formalização do aval. Diante dessas considerações, acolhendo os recursos interpostos pelos candidatos, reformula-se o espelho para determinar que seja integralizada ao padrão de resposta "a dispensa da outorga do cônjuge pelo fato de se cuidar de título executivo típico", exigindo-se da resposta a indicação expressa desse posicionamento do STJ.

POSSIBILIDADE DA CAPITALIZAÇÃO DE JUROS

Também não se vislumbra nenhuma ilegalidade no tocante à capitalização de juros.

Em Recurso Repetitivo (REsp 973.827/RS), o STJ pacificou o entendimento de ser permitida a capitalização de juros (anatocismo) com periodicidade inferior a um ano em contratos celebrados após 31/3/2000, data da publicação da Medida Provisória n.º 1.963-17/2000, reeditada sob o n.º 2.170-36/2001, desde que expressamente pactuada. Há mesmo uma súmula editada nesse sentido (Súmula n.º 539 do STJ).

No caso específico da cédula de crédito, existe previsão na lei que a regulamenta, admitindo-se textualmente a possibilidade da capitalização de juros, incidência de encargos e pactuação da sua periodicidade (art. 28, §1º, I, da Lei n.º 10.931/2004).

Portanto, na hipótese de cédula de crédito bancário, já vigorava a compreensão acerca da possibilidade da capitalização dos juros, independentemente do entendimento do STJ.

É necessário, ainda, frisar que consta nos autos o indicativo de que essa capitalização de juros estava prevista em cláusula contratual.

Obs.: a depender da coerência da fundamentação apresentada pelo candidato, pontuar aquele candidato que apresenta fundamentação pautada no entendimento do STF.

LEGALIDADE NA COBRANÇA DA TARIFA DE CADASTRO

Quanto à suposta abusividade pela cobrança da tarifa de cadastro, no montante de R$ 400,00, a jurisprudência tem compreendido que é legítima, não sendo ilegal essa exigência, que tem a finalidade de remunerar o serviço de pesquisa em serviços de proteção ao crédito, bases de dados e informações cadastrais, podendo ser cobrada no início do relacionamento entre o consumidor e a instituição financeira.

Segundo o exposto nos autos, essa é a primeira relação negocial entre as partes, tornando-se forçoso reconhecer, desse modo, que é válida a exigência dessa tarifa de cadastro.

Sobre a tarifa de cadastro, decidiu o Superior Tribunal de Justiça que "permanece válida a Tarifa de Cadastro expressamente tipificada em ato normativo padronizador da autoridade monetária, a qual somente pode ser cobrada no início do relacionamento entre o consumidor e a instituição financeira." (REsp 1.251.331/RS, Segunda Seção, Rel(a). Min(a). Maria Isabel Gallotti).

Urge, ainda, consignar que, segundo informação dos autos, essa é a primeira relação negocial entre as partes, tornando se forçoso reconhecer que é válida a cobrança dessa tarifa.

Acrescente-se que a possibilidade da cobrança dessa taxa no início da relação contratual já é fruto de súmula do STJ "566 – Nos contratos bancários posteriores ao início da vigência da Resolução-CMN n. 3.518/2007, em 30/4/2008, pode ser cobrada a tarifa de cadastro no início do relacionamento entre o consumidor e a instituição financeira".

Diante de todas essas considerações, observa-se que as razões expendidas pelas embargantes são insubsistentes, revelando-se legítima a cobrança operada na execução ora questionada.

NÃO CONFIGURAÇÃO DE DANOS MORAIS

Vê-se, portanto, que as inscrições negativas nos órgãos de proteção ao crédito se deram com base em crédito constituído legalmente, razão pela qual se conclui que o banco agiu dentro do seu exercício regular de direito, não havendo dano moral a ser reparado, em função da inexistência de ato ilícito perpetrado pela instituição financeira.

***Obs.**: quanto à existência de danos morais, também será levado em consideração o argumento de também existir no STJ o entendimento que a via dos embargos seria de cognição restrita, portanto, as hipóteses previstas no art. 917 do CPC. Logo, baseados em corrente doutrinária e jurisprudencial consistentes, será considerado, também, como fundamento hábil e correto para a rejeição do pedido de danos morais a necessidade de propositura de ação própria para determinado pleito (REsp 1638535/RJ), com o não conhecimento desse pedido em razão da inadequação da via eleita (art. 485 do CPC).*

DISPOSITIVO

CONCLUSÃO PELA IMPROCEDÊNCIA E JULGAMENTO COM RESOLUÇÃO DE MÉRITO

Ante o exposto, JULGO IMPROCEDENTES os pedidos deduzidos nos embargos à execução, resolvendo o mérito, nos termos do art. 487, I, do CPC.

***Obs.**: Também será considerado correto o dispositivo que extingue sem resolução de mérito o pedido específico dos danos morais, em decorrência da inadequação da via eleita (art. 485, VI, do CPC), conforme já explicado em tópico próprio, bem aquele que requerer a extinção sem resolução de mérito o pedido de reconhecimento do excesso de execução (com base no art. 917, § 4, inciso II, do CPC), julgando improcedentes os demais pedidos.*

REVOGAÇÃO DA MEDIDA LIMINAR DE SUSPENSÃO DA EXECUÇÃO E TRASLADO DA CÓPIA DA SENTENÇA

Com base nos fundamentos anteriormente expostos, revogo a liminar concedida e determino a retomada do trâmite do feito executório em referência.

Obs.: *O pedido de revogação da medida liminar e a determinação do traslado da sentença são comandos que devem vir expressamente consignados no dispositivo e sopesados em uma prova de sentença, na qual é avaliado todo o preparo e conhecimento hábeis dos candidatos. Em todas as sentenças que analisam os embargos à execução, a depender da sua conclusão, devem ser adotadas, de maneira textual e objetiva, tais providências, como, aliás, se vê continuamente na prática. Além disso, o CPC, de maneira expressa, preconiza que, alteradas as circunstâncias, a decisão relativa aos efeitos dos embargos pode ser revogada ou modificada (art. 919, § 2º).*

CONDENAÇÃO DAS EMBARGANTES NOS ENCARGOS SUCUMBENCIAIS, SEM HONORÁRIOS ADVOCATÍCIOS, E FECHAMENTO DA SENTENÇA (BAIXA NA DISTRIBUIÇÃO, P.R.I.)

Em razão da sua sucumbência, condeno as embargantes a arcarem com custas e despesas processuais.

Considerando que a parte embargada não se manifestou nos presentes autos, deixo de condenar as embargantes em honorários advocatícios.

Traslade-se cópia dessa sentença para os autos do Processo Executivo n.º 0001/2017.

Oportunamente, dê-se baixa na distribuição, com a adoção das providências de estilo.

Obs.: *não há como fixar honorários advocatícios em favor da parte contrária, notadamente porque se trata de um caso julgado com revelia. Isto porque, partindo-se do pressuposto que não houve atuação dos advogados da parte embargada, não se revelaria factível qualquer condenação em honorários advocatícios. Aqui, cumpre transcrever julgado do STJ sobre o tema:*

> PROCESSUAL CIVIL. HONORÁRIOS ADVOCATÍCIOS. REVELIA. VERBA INDEVIDA. CPC, ART. 20.LEI N. 8.906/94, ART. 22. I. Os honorários advocatícios, sob a égide da Lei n. 8.906/94, art. 22, pertencem ao advogado da parte vitoriosa, como ressarcimento pelo seu trabalho, que é aferido, quando da sua fixação pelo juiz, de acordo com o grau do zelo demonstrado e a complexidade do trabalho desenvolvido, consoante o disposto no art. 20 do CPC. II. Destarte, se a parte ré, citada, não comparece nos autos em qualquer ato processual, deixando de contratar profissional para defendê-la, a sucumbência em tal verba perde a sua razão de ser, representando, em caso de vitória, mesmo assim, da revel, enriquecimento sem causa, desfigurando-se a natureza da honorária, que tem finalidade própria. III. Recurso conhecido e provido, para excluir a condenação em honorários advocatícios. (REsp 281435/PA).

Destarte, o caso em discussão se trata dos embargos à execução – e não da execução propriamente dita, na qual, por presunção lógica, já foram fixados os honorários devidos. Não se discute acerca da possibilidade de serem fixados honorários advocatícios nos embargos à execução (art. 85, § 13, do CPC: as verbas de sucumbência arbitradas em embargos à execução rejeitados ou julgados improcedentes e em fase de cumprimento de sentença serão acrescidas no valor do débito principal, para todos os efeitos legais"), todavia, o enunciado da questão é clarividente a respeito da ausência de qualquer manifestação pelos advogados da parte embargada, razão pela qual a fixação de honorários em seu favor caracterizaria verdadeiro enriquecimento sem causa, como já exposto anteriormente.

Ademais, a aplicação do art. 827, § 2º, do CPC (majoração dos honorários na execução) pressupõe, por razões óbvias, a legítima atuação do causídico também nos embargos, o que não se deu em função de sua revelia. De todo modo, mesmo que fosse adotado esse argumento literal, o dispositivo legal é autoexplicativo ao dizer que eventual majoração ou alteração dar-se-ia nos autos da própria execução – e não nos embargos.

P.R.I.

Juiz de Direito Substituto

ESPELHO PROVISÓRIO (ANTES DA INTERPOSIÇÃO DE RECURSO QUE MAJOROU A NOTA PARA 8,03)[1]:

- **Espelho Provisório**
- **TJ/CE Juiz_2018**
- **TJ_CE_18_JUIZ – CONCURSO PÚBLICO PARA PROVIMENTO DE VAGAS PARA O CARGO DE JUIZ SUBSTITUTO DO TRIBUNAL DE JUSTIÇA DO ESTADO DO CEARÁ**
- **ESPELHO DA AVALIAÇÃO DA PROVA ESCRITA DISCURSIVA P3**
- Nome: PAULO HENRIQUE LIMA SOARES Inscrição: 10002292
- Juiz Substituto do Tribunal de Justiça do Estado do Ceará

SENTENÇA CÍVEL		
ASPECTOS MACROESTRUTURAIS		
Quesitos Avaliados	Faixa de valor	Nota
1 Apresentação (legibilidade, respeito às margens e indicação de parágrafos) e estrutura textual (organização das ideias em texto estruturado)	0,00 a 0,50	0,50
2 Desenvolvimento do tema		
2.1 Do julgamento antecipado	0,00 a 0,50	0,38
2.2 Da não caracterização dos efeitos da revelia	0,00 a 0,50	0,13
2.3 Da nulidade da execução	0,00 a 0,50	0,13
2.4 Da preliminar de ilegitimidade passiva	0,00 a 0,50	0,44
2.5 Do excesso na execução	0,00 a 1,00	0,75
2.6 Mérito		
2.6.1 Validade e legitimidade do aval	0,00 a 1,00	0,88
2.6.2 Possibilidade da capitalização de juros	0,00 a 1,00	0,88
2.6.3 Legalidade na cobrança da tarifa de cadastro	0,00 a 1,00	0,75
2.6.4 Não configuração de danos morais	0,00 a 0,50	0,31
2.7 Dispositivo		
2.7.1 Conclusão pela improcedência e julgamento com resolução de mérito	0,00 a 1,00	0,63
2.7.2 Revogação da medida liminar de suspensão da execução e traslado da cópia da sentença	0,00 a 1,00	0,88
2.7.3 Condenação das embargantes nos encargos sucumbenciais, sem honorários advocatícios, e fechamento da sentença (baixa na distribuição; P.R.I.)	0,00 a 1,00	0,88
RESULTADO		
NOTA DEFINITIVA DA SENTENÇA CÍVEL:		**7,54**

1. O espelho referente à nota definitiva não fora disponibilizado pela banca examinadora.

ANEXO II

PROVAS DE SENTENÇAS CÍVEIS DIVERSAS COM ESPELHO DE AVALIAÇÃO

Neste anexo, apresentamos provas de sentença cível aplicadas por diversas bancas examinadoras, profissionais e próprias, de concursos públicos, com enunciado e espelhos ou padrões de resposta oficiais, a depender do que fora disponibilizado publicamente.

O contato prévio do candidato de certames de magistratura com testes reais anteriores é uma experiência essencial, com vistas a apreender como se tem exigido que seja redigida a resposta, tecnicamente falando, além de ser possível, através da leitura de vários exemplos, inclusive, as matérias que costumeiramente são mais exigidas, dando preferência e guinado os estudos por aquelas identificadas como tais.

A ressalva fica por conta da autoria dos padrões apresentados a seguir. Todos foram extraídos e reproduzidos fielmente tal como disponibilizados pelas bancas respectivas, de maneira que este autor não se responsabiliza por eventuais dissonâncias ou opiniões divergentes da doutrina e da jurisprudência em relação à conclusão adotada pelos examinadores.

CESPE | CEBRASPE – TJ/AM – APLICAÇÃO: 2016

- **PROVA ESCRITA P3**
- **PRÁTICA DE SENTENÇA – SENTENÇA CÍVEL**
- Nesta prova, faça o que se pede, utilizando, caso deseje, os espaços para rascunho indicados no presente caderno. Em seguida, transcreva o texto para o CADERNO DE TEXTO DEFINITIVO DA SEGUNDA PROVA ESCRITA – SENTENÇA CÍVEL, nos locais apropriados, pois não será avaliado fragmento de texto escrito em local indevido.
- Qualquer fragmento de texto que ultrapassar a extensão máxima de linhas disponibilizadas será desconsiderado.
- No caderno de texto definitivo, identifique-se apenas no cabeçalho da primeira página, pois não será avaliado texto que tenha qualquer assinatura ou marca identificadora fora do local apropriado. Caso queira assinar seu texto, utilize apenas o nome Juiz Substituto. Ao texto que contenha outra forma de identificação será atribuída nota zero, correspondente à identificação do candidato em local indevido.
- Na avaliação da sentença, ao domínio do conteúdo serão atribuídos até 10,00 pontos, dos quais até 1,00 ponto será atribuído ao quesito capacidade de expressão na modalidade escrita e uso das normas de registro formal culto da língua portuguesa.

▼ RELATÓRIO

Cuida-se de ação de divórcio cumulada com pedidos de partilha de bens, definição de guarda dos menores, regularização de visitas e alimentos para a autora, proposta por A.S.R.N. contra J.P.N. Relata a parte requerente que foi casada com o requerido por quinze anos, sob o regime da comunhão parcial de bens, tendo do casamento advindo três filhos: P.R.N., G.R.N. e B.R.N., atualmente todos menores incapazes. Acrescenta que, antes do início do relacionamento, o requerido já era sócio-proprietário de uma empresa de informática e que, durante a relação conjugal, o casal adquiriu quatro imóveis: uma casa, atual residência do casal, dois apartamentos, uma fazenda e três veículos, patrimônio avaliado em R$ 8.500.000. Diz que, durante toda a vida conjugal, trabalhou, tendo contribuído com seus esforços para a construção do patrimônio comum, mas que, orientada pelo cônjuge da necessidade de proteger os bens, aceitou que ele colocasse todo o patrimônio adquirido durante a união em nome da empresa de informática. Afirma que está enferma, o que a obrigou a se aposentar por invalidez, e que, por tal razão, houve considerável perda em seus rendimentos. Acrescenta que, em razão do divórcio, terá diminuição do padrão de vida, razão por que pede alimentos ao requerido, o qual tem plenas condições de prestá-los. Afirma que o casal já está separado de fato, que, há um ano, o requerido abandonou o lar comum, tendo deixado os filhos sob sua guarda fática, e que ela vem dedicando aos filhos todos os cuidados psicológicos e afetivos. Diz que adotou o sobrenome do requerido e que pretende mantê-lo. Informa que já foram deferidos alimentos para os filhos comuns, em ação própria, tendo ficado estabelecido o valor de R$ 9.000 para cada um. Ao final, requer a decretação do divórcio; a manutenção do nome de casada; a guarda dos filhos menores; a fixação de alimentos em seu favor no valor mensal de R$ 8.000, quantia que já vem sendo paga pelo requerido desde que ele saiu de casa; a regulamentação de visitas de forma livre, já que os filhos atualmente estão com quinze, treze e doze anos de idade; e a desconsideração inversa da personalidade jurídica da empresa do requerido, a fim de que os bens do casal, atualmente em nome da referida empresa, sejam partilhados entre os cônjuges e que seja estabelecido, a seu favor, o direito real de habitação sobre o imóvel de residência da família.

A inicial foi instruída com as certidões de casamento e de nascimento dos filhos do casal; com cópia das matrículas dos imóveis elencados na inicial e documentos dos veículos, com indicação de que todos estão em nome da empresa e foram adquiridos durante a sociedade conjugal; com comprovantes de transferências bancárias realizadas pela autora para a conta da empresa de informática em datas próximas às datas em que os imóveis foram adquiridos; com comprovante de rendimentos da autora no valor mensal de R$ 5.400; e com cópias das declarações de imposto de renda do requerido, para demonstrar que sua renda mensal gira em torno de R$ 90.000.

Citado, o requerido apresentou contestação na qual alega que efetivamente deixou o lar comum há aproximadamente um ano e que não há possibilidade de que o relacionamento seja reatado. Concorda com o divórcio, mas alega não possuir bens a partilhar, já que aqueles indicados pela requerente são de propriedade da empresa de informática, adquirida por ele antes do casamento. Refuta a possibilidade de aplicação da desconsideração da personalidade jurídica ao argumento de que o art. 50 do Código Civil permite responsabilizar apenas o patrimônio do sócio por obrigações da sociedade, mas não o inverso. Requer que a autora volte a usar o nome de solteira, por entender que o divórcio dissolve o casamento e, por conseguinte, deve desfazer todos os vínculos entre os ex-cônjuges. Ademais, diz que não se vislumbram, no caso, as hipóteses previstas no art. 1.578 do Código Civil. Requer a guarda compartilhada dos filhos menores e que eles estabeleçam moradia alternada na casa dos pais, morando quinze dias na casa de cada um. Diz que a autora não faz jus a alimentos, pois ela trabalha e tem condições de se manter. Acrescenta que só vem contribuindo com os R$ 8.000 mensais para que sejam pagas as contas para manutenção do imóvel, que já suportou tal ônus por um ano e que, com o divórcio, não há mais razão para tanto. Em acréscimo, diz não concordar com a fixação do direito real de habitação em favor da requerente, pois pretende alienar o imóvel para saldar dívidas da empresa. Requer, ao final, a decretação do divórcio, sem bens a partilhar, com o retorno da autora ao nome de solteira; a fixação de guarda compartilhada com residência alternada; que sejam julgados improcedentes os pedidos de desconsideração inversa da personalidade jurídica e de direito real de habitação.

Realizada audiência de conciliação, não foi possível qualquer acordo. Na sequência, foi realizado estudo psicossocial do caso, e os profissionais, após oitiva dos menores, das partes e de pessoas envolvidas no contexto familiar, em laudo fundamentado, concluíram que os filhos menores do casal estão sendo atendidos satisfatoriamente em suas necessidades, que atualmente residem com a mãe, mas têm livre acesso ao genitor. Acrescentaram que a alternância quinzenal de residência pode prejudicar a rotina dos menores e implicará sobrecarga contrária à preservação de suas identidades e aos seus interesses. Com vistas dos autos, as partes disseram não pretender produzir outras provas em audiência. O Ministério Público apresentou seu parecer final, juntado às fls. 321/330. Vieram os autos conclusos para sentença.

Em face do caso hipotético relatado e considerando a legislação em vigor na data da publicação do edital, na condição de juiz de direito, profira a sentença cabível, dando solução ao caso. Analise toda a matéria de direito processual e material pertinente para o julgamento e fundamente suas explanações. Dispense a narrativa dos fatos e não crie fatos novos.

PADRÃO DE RESPOSTAS:

OBSERVAÇÃO DO AUTOR: Atentar que, quando da aplicação da prova, o Código de Processo Civil de 2015 havia entrado em vigor há pouco tempo (março/18), de maneira que o examinador preferiu não fazer menção expressa em seu padrão de resposta a qualquer dispositivo do CPC, salvo no que toca às verbas de sucumbência, quando se valeu do CPC/73, haja vista que o edital do concurso continha previsão de que seriam exigidas as leis tal como em vigor na data de seu lançamento.[2]

2. Adaptando o trecho atinente aos honorários advocatícios sucumbenciais à égide do CPC/15, para fins ilustrativos e pedagógicos, mas mantendo a originalidade do texto elaborado pelo examinador na maior medida possível, se proporia a redação a seguir:

Condeno a parte requerida ao pagamento das despesas processuais e dos honorários advocatícios fixados em 10% do valor da condenação, em razão da sucumbência mínima da parte autora, nos termos do paragrafo único do art. 86 c/c o art. 85, § 2º, do CPC.

(Ou)

Diante da sucumbência recíproca, mas em graus diversos, condeno a parte ré ao pagamento de 80%, e a autora ao pagamento de 20%, do valor das despesas processuais e dos honorários advocatícios fixados em 10% do valor da condenação, em prol dos causídicos das respectivas partes adversas, nos termos do art. 86, caput, e art. 85, § 2º, do CPC, vedada a compensação da verba honorária nos termos do § 14 do mesmo art. 85 *(ou outro percentual no qual fique clara a sucumbência prevalente da parte ré).*

DECIDO.

As partes são legítimas, o pedido é possível e há interesse em agir. Houve adequada intervenção do Ministério Público nos autos. Presentes as condições da ação e não havendo questões preliminares a serem apreciadas, passo diretamente à análise do mérito.

Não há controvérsia acerca do pedido de divórcio, já que tanto a autora quanto o requerido concordam com a dissolução do casamento. Resta, então, analisar as consequências advindas do decreto de dissolução da sociedade conjugal.

Quanto ao pedido de partilha, verifico que efetivamente todos os bens elencados na inicial encontram-se registrados em nome da empresa, que é de propriedade exclusiva do requerido, já que, conforme reconhecido pela própria autora, adquirida antes da sociedade conjugal. Assim, num primeiro momento, não haveria bens a partilhar.

Ocorre que a documentação juntada pela autora demonstra que os bens por ela mencionados, quais sejam, três casas, dois apartamentos, uma fazenda e três carros, na realidade, foram adquiridos pelo casal e colocados em nome da empresa.

Com efeito, vários extratos bancários foram juntados aos autos para comprovar que, em datas próximas às aquisições dos bens indicados, a autora transferiu consideráveis quantias para a empresa, o que indica que os bens estavam sendo adquiridos para o casal e não para a pessoa jurídica.

Nesse caso, fica evidenciado que o requerido valeu-se da pessoa jurídica por ele controlada para subtrair do outro cônjuge direitos oriundos da sociedade conjugal, em evidente prejuízo à requerida.

A desconsideração da personalidade jurídica está prevista no artigo 50 do Código Civil de 2002 e é aplicada nos casos de abuso de personalidade, em que ocorre desvio de finalidade ou confusão patrimonial. Em situações tais, o magistrado pode decidir que os efeitos de determinadas relações de obrigações sejam estendidos aos bens particulares dos administradores ou sócios da pessoa jurídica.

A desconsideração inversa, por sua vez, ocorre quando, em vez de responsabilizar o controlador por dívidas da sociedade, o juiz desconsidera a autonomia patrimonial da pessoa jurídica para responsabilizá-la por obrigação do sócio. Busca-se, com isso, evitar que o sócio use a pessoa jurídica para burlar o outro cônjuge na meação.

Certo é que a desconsideração inversa, embora não prevista expressamente em lei[3], tem ampla aplicação no direito de família e compatibiliza-se com a vedação ao abuso de direito, sendo aplicável ao caso em apreço em que evidenciado o esvaziamento do patrimônio do casal e integralização ao patrimônio da pessoa jurídica.

Nesta situação e diante da prova documental juntada aos autos, tenho que é possível afastar momentaneamente o manto fictício que separa os patrimônios do sócio e da sociedade para, levantando-se o véu da pessoa jurídica, buscar o patrimônio que, na verdade, pertence ao casal.

Sendo assim, reconheço a confusão patrimonial entre sócio e sociedade, bem como a existência do abuso de direito por parte do requerido, para fins de atingir os bens elencados na inicial e considerá-los como adquiridos na constância da sociedade conjugal, procedendo à sua partilha, na proporção de 50% (cinquenta por cento) para cada cônjuge, nos termos do regime de bens adotado quando do casamento.

Quanto ao pedido de reconhecimento do direito real de habitação, tenho que não se vislumbram, na hipótese, os requisitos necessários para o seu deferimento. É que esse direito decorre da vontade das partes ou da lei. No primeiro caso, as partes, por contrato ou testamento, estabelecem o direito real temporário de alguém ocupar gratuitamente coisa alheia, para sua morada e de sua família. Já no segundo caso, é a lei que estabelece tal direito. Pois bem, o Código Civil, em seu artigo 1831, prevê o direito real de habitação, relativamente ao imóvel destinado à residência da família, ao cônjuge sobrevivente, qualquer que seja o regime de bens. Não há igual previsão para a hipótese de divórcio, de modo que não há como deferir o pedido da autora neste particular.

No que se refere ao pedido de alimentos em favor da autora, verifico que ela juntou aos autos comprovante de rendimentos, no valor mensal de R$ 5.400,00 (cinco mil e quatrocentos reais). É certo que, a considerar o patrimônio do casal e os rendimentos do requerido, essa quantia não será suficiente para manter o padrão de vida antes mantido pelo casal e os alimentos prestam-se também a manter padrão de vida. Mas, por outro lado, é certo que a meação que coube à autora, em razão da partilha ora reconhecida, lhe permitirá auferir rendimentos compatíveis com o padrão de vida a que estava acostumada.

Há que se ponderar, entretanto, que, por diversos fatores como o desenrolar dos procedimentos para partilha final e efetiva administração dos bens pela requerente, esta não obterá deles rendimentos imediatos, o que justifica a fixação

---

3. Atualmente, é sabido que a desconsideração inversa tem previsão no § 2º do art. 133 do CPC: "§ 2º Aplica-se o disposto neste Capítulo à hipótese de desconsideração inversa da personalidade jurídica."

temporária de alimentos para que a autora possa viver de modo compatível com sua condição social, nos termos do artigo 1.694 do Código Civil.

Com efeito, estabelece o artigo citado: "Podem os parentes, os cônjuges ou companheiros pedir uns aos outros os alimentos de que necessitem para viver de modo compatível com a sua condição social, inclusive para atender às necessidades de sua educação."

Fala-se, em tal situação, em alimentos compensatórios, que visam atenuar ou corrigir o desequilíbrio financeiro ou abrupta alteração do padrão de vida decorrente do divórcio.

Perceba-se que, conforme alegado pela autora e confirmado pelo réu, este já vem pagando para aquela a quantia mensal de R$ 8.000,00 (oito mil reais), o que significa que reconhece, ainda que tacitamente, que a requerente não tem condições atuais para suportar as despesas para manutenção do padrão social que tinha quando do casamento.

Nesse diapasão, o montante correspondente a R$ 8.000,00 (oito mil reais), a título de alimentos pelo prazo de 06 (seis) meses, é justo e necessário para atenuar o desequilíbrio econômico-financeiro decorrente da dissolução da sociedade conjugal e, ao mesmo tempo, está dentro das possibilidades do réu, o qual, conforme documentos juntados aos autos, possui renda mensal em torno de R$ 90.000,00 (noventa mil reais). *(PODERÃO SER FIXADOS OUTROS VALORES, DESDE QUE FUNDAMENTADOS NA CAPACIDADE ECONÔMICA DA PARTE ALIMENTANTE E NA NECESSIDADE DE MANUTENÇÃO DO PADRÃO DE VIDA DA PARTE ALIMENTADA)*

PODERÁ SER JULGADO IMPROCEDENTE O PEDIDO DE ALIMENTOS COM FUNDAMENTO NA FALTA DE PREENCHIMENTO DO BINÔMIO NECESSIDADE/POSSIBILIDADE E/OU COM BASE NA FALTA DE PROVAS QUANTO À EFETIVA NECESSIDADE: "No que se refere ao pedido de alimentos em favor da autora, verifico que ela juntou aos autos comprovante de rendimentos, no valor mensal de R$ 5.400,00. Muito embora alegue que necessita de tais alimentos para manter o padrão de vida anteriormente existente, não se desincumbiu do ônus que lhe competia, na medida em que não demonstrou sua efetiva necessidade, de modo que, em se considerando que possui meios próprios de rendimentos, tenho por incabíveis os alimentos na hipótese".

Não vislumbro, no caso dos autos, razão para que a autora volte a usar o nome de solteira, porquanto ela manifestou o desejo de continuar a usar o nome de casada e não se vislumbra nenhuma das hipóteses previstas no artigo 1.578 do CC. Assim, a requerente permanecerá com o nome de casada.

Quanto ao pedido de guarda, é preciso deixar claro que a guarda compartilhada não deve ser confundida com a alternância de residências, de modo que é possível estabelecer guarda compartilhada com residência em apenas um dos lares e consequente regulamentação das visitas.

É sabido que a guarda compartilhada pressupõe a divisão de responsabilidades dos genitores que possuam o poder familiar, no tocante às decisões sobre a rotina diária dos filhos: escola, plano de saúde, cursos extracurriculares, quem se responsabilizará para levar e/ou buscar na escola, curso de inglês, natação, etc. Nesse sentido, o artigo 1.583, §1° do Código Civil estabelece: "Compreende-se por (...) guarda compartilhada a responsabilização conjunta e o exercício de direitos e deveres do pai e da mãe que não vivam sob o mesmo teto, concernentes ao poder familiar dos filhos comuns".

No caso dos autos, não há nada que indique não ser aconselhável a guarda compartilhada, sendo este o modelo a ser estabelecido, em regra, quando da falta de acordo entre os genitores. Esta é a exegese extraída a partir da leitura do artigo 1.584, §2º: "Quando não houver acordo entre a mãe e o pai quanto à guarda do filho, será aplicada, sempre que possível, a guarda compartilhada."

Ademais, a guarda compartilhada busca a plena proteção do melhor interesse dos filhos, pois reflete, com muito mais acuidade, a realidade da organização social atual que caminha para o fim das rígidas divisões de papéis sociais definidas pelo gênero dos pais.

A guarda compartilhada deve ser tida, então, como regra que somente deve ser afastada em casos de comprovada incapacidade dos pais de decidirem em conjunto os interesses dos filhos.

No caso dos autos, não há nenhum elemento de prova que afaste a possibilidade de guarda compartilhada.

É importante ressaltar, entretanto, que o compartilhamento de responsabilidades não implica na alternância de residências, sendo certo que a denominada guarda alternada sequer encontra previsão em nosso ordenamento jurídico.

Nesse contexto, é preciso levar em conta o laudo psicossocial que concluiu que a alternância de moradia implica em evidente prejuízo à rotina dos menores, sendo necessária, então, a fixação de uma residência, ou seja, o núcleo essencial à formação de suas identidades e desenvolvimento sadio, onde eles poderão desenvolver suas atividades diárias, sem prejuízo do contato constante com o outro genitor.

No caso dos autos, verifico que desde a separação fática do casal, os menores permaneceram sob a guarda fática da genitora, não havendo motivo para alterar essa situação, já que conforme conclusão do psicossocial, os menores estão sendo atendidos satisfatoriamente em suas necessidades. Como se tratam de menores com idades entre 12 e 15 anos, ou seja, já adolescentes, que possuem livre acesso entre uma casa e outra, entendo que as visitas podem ser livres, conforme sugerido pela própria requerente.

Dessa forma, a guarda deverá ser compartilhada, com lar de referência materno, e as visitas serão livres.

DISPOSITIVO

Por todo o exposto, **JULGO PARCIALMENTE PROCEDENTES** os pedidos da autora para:

1) **DECRETAR A DISSOLUÇÃO DA SOCIEDADE CONJUGAL PELO DIVÓRCIO**, podendo a autora permanecer com o nome de casada;

2) **DESCONSIDERAR**, de forma inversa, a personalidade jurídica da empresa de informática a fim de atingir-lhe os bens indicados na inicial, quais sejam três casas, dois apartamentos, uma fazenda e três veículos, todos devidamente identificados nos docs de fls. , e, em consequência, **PARTILHÁ-LOS** na proporção de 50% (cinquenta por cento) para cada cônjuge;

3) **CONDENAR** o requerido ao pagamento de alimentos em favor da autora, no valor mensal de R$ 8.000,00 (oito mil reais), pelo período de 06 (seis) meses, mediante depósito na conta da autora até o dia 5 de cada mês;

   (PARA A HIPÓTESE DE TER SIDO CONSIDERADO O NÃO CABIMENTO DOS ALIMENTOS, ESTA PARTE SERÁ SUPRIMIDA).

4) **DEFERIR**, em favor dos pais, a guarda compartilhada dos filhos comuns, ficando estabelecido o lar materno como referência e o direito livre de visitas do genitor.

Condeno a parte requerida ao pagamento das despesas processuais e dos honorários advocatícios fixados em 10% do valor da condenação, em razão da sucumbência mínima da parte autora, nos termos do parágrafo único do art. 21 c/c o art. 20, § 3.º, do CPC.

(Ou)

Diante da sucumbência recíproca, mas em graus diversos, condeno a parte ré ao pagamento de 80%, e a autora ao pagamento de 20%, do valor das despesas processuais e dos honorários advocatícios fixados em 10% do valor da condenação, a serem devidamente compensados até o limite ora fixado, nos termos do art. 20, § 3.º, e art. 21 do CPC *(ou outro percentual no qual fique clara a sucumbência prevalente da parte ré).*

(OU CONDENAÇÃO EM VALORES DESPROPORCIONAIS, DE ACORDO COM A SUCUMBÊNCIA DAS PARTES).

CESPE | CEBRASPE – TJ/BA – APLICAÇÃO: 2019

- **PROVA ESCRITA P3**
- **PRÁTICA DE SENTENÇA – SENTENÇA CÍVEL**
- Nesta prova, faça o que se pede, usando, caso deseje, os espaços para rascunho indicados no presente caderno. Em seguida, transcreva o texto para o CADERNO DE TEXTO DEFINITIVO DA PROVA ESCRITA P3 – SENTENÇA CÍVEL, nos locais apropriados, pois não serão avaliados fragmentos de texto escritos em locais indevidos.
- Qualquer fragmento de texto que ultrapassar a extensão máxima de linhas disponibilizadas será desconsiderado. Também será desconsiderado o texto que não for escrito na(s) folha(s) de texto definitivo correspondente(s).
- No Caderno de Texto Definitivo, identifique-se apenas no cabeçalho da primeira página, pois não será avaliado texto que tenha qualquer assinatura ou marca identificadora fora do local apropriado. Caso queira assinar o texto de sua sentença cível, utilize apenas o nome Juiz de direito substituto. Ao texto que contenha outra forma de assinatura será atribuída nota zero, correspondente à identificação de candidato em local indevido.
- Na avaliação da sentença cível, ao domínio do conteúdo serão atribuídos até 10,00 pontos, dos quais até 0,50 ponto será atribuído ao quesito apresentação (legibilidade, respeito às margens e indicação de parágrafos) e estrutura textual (organização das ideias em texto estruturado).

SENTENÇA CÍVEL

Daniel, de 25 anos de idade, solteiro e desempregado, conduzia automóvel de propriedade de Carla, de 42 anos de idade, solteira e servidora pública, quando atropelou Pedro, de 10 anos de idade, que morreu no local do acidente. Os pais da vítima, Marcos e Diana, ambos com 30 anos de idade e casados, ajuizaram, em desfavor de Daniel e de Carla, ação de reparação por danos causados ao filho do casal.

Os autores da ação alegaram que: (i) a causa do acidente foi a conduta imprudente de Daniel, que dirigia em alta velocidade na via quando atropelou Pedro, que faleceu em decorrência da colisão, conforme laudo anexado aos autos; (ii) Daniel não parou o veículo para prestar socorro à vítima, como comprova um arquivo de vídeo anexado aos autos; (iii) o réu não tinha carteira de habilitação e, mesmo assim, Carla emprestou o veículo para ele conduzi-lo. Por essas razões, requereram a condenação de ambos ao pagamento de danos morais e de pensão mensal.

Em defesa, o réu alegou que: (i) o atropelamento se deu por negligência dos pais do menino, já que o acidente só aconteceu porque Pedro tentou atravessar a rua enquanto brincava sozinho e desvigiado em frente de sua casa; (ii) inexistia nos autos prova pericial que constatasse a velocidade excessiva do veículo que ele dirigia. Concluiu, então, que os pedidos autorais deveriam ser julgados totalmente improcedentes, em razão da culpa exclusiva dos pais da criança, autores da ação, ou que a indenização fosse fixada considerando-se a culpa concorrente dos pais.

Por sua vez, a ré alegou sua ilegitimidade passiva, sob o fundamento de que não havia nexo de causalidade entre a sua conduta de emprestar o veículo e a morte do menor, mesmo que ela soubesse que Daniel não possuía habilitação, e que o atropelamento ocorreu por culpa exclusiva dos pais do menino. Ao final, pediu a sua exclusão da lide e a improcedência do pedido, em razão da culpa exclusiva apontada, e, subsidiariamente, que a fixação dos danos considerasse a culpa concorrente dos pais.

Os réus não arrolaram testemunhas. A testemunha arrolada pelos autores declarou que Pedro brincava com outra criança e, ao atravessar a rua para buscar uma bola, foi atropelado por um veículo em alta velocidade, não tendo o motorista parado para prestar socorro à vítima. Afirmou, ainda, que a rua era tranquila e que era habitual a presença de crianças brincando nas calçadas.

O laudo da perícia realizada no veículo atestou que houve colisão entre o automóvel e um corpo flácido, possivelmente humano. Concluída a instrução probatória, foram os autos conclusos para sentença.

Considerando os fatos acima relatados, redija a sentença cível, dando solução ao caso. Analise toda a matéria de direito processual e material pertinente para o julgamento, fundamente suas explanações, dispense a narrativa dos fatos e não crie fatos novos.

PADRÃO DE RESPOSTAS:

2.1 Preliminar. Legitimidade passiva. Proprietária do veículo

A legitimidade *ad causam* consiste na pertinência subjetiva da demanda, devendo ser aferida conforme a narrativa contida na inicial, nos termos da Teoria da Asserção.

Nos termos da jurisprudência do Superior Tribunal de Justiça (AgInt no REsp 1651138/MG, Rel. Ministro Ricardo Villas Bôas Cueva, Terceira Turma, julgado em 23/10/2018, DJe 26/10/2018), as condições da ação, aí incluída a legitimidade para a causa, devem ser aferidas com base na Teoria da Asserção, isto é, à luz das afirmações deduzidas na petição inicial.

Com efeito, a processualística civil brasileira se filiou à Teoria da Asserção, pela qual as condições da ação devem ser examinadas à luz dos fatos narrados e não dos provados. Contudo, isso não afasta a necessidade de se avaliar, em sede de preliminar, ou seja, sem se aferir ainda sobre a presença de prova das afirmações, se existe pertinência subjetiva do polo passivo em face do pedido formulado.

No caso proposto, os autores formularam pretensão contra pessoa que não dirigia o veículo nem estava presente no momento do acidente. Pessoa que alegou, na preliminar da contestação, a ausência de nexo de causalidade entre a conduta de emprestar o veículo e a morte do menor. Portanto, sua legitimidade *ad causam* não pode ser justificada apenas por uma situação de fato (fatos asseridos na inicial), mas, também, pela condição jurídica da ré, pelo tratamento jurídico que o ordenamento confere à pessoa na situação narrada na inicial.

Não há como o julgador afastar a preliminar de ilegitimidade passiva fundando-se, exclusivamente, na Teoria da Asserção. Assim, é preciso explicar juridicamente por que uma pessoa, em tese, responde civilmente pelo resultado do acidente, sem estar sequer presente, por ostentar a qualidade de proprietária da coisa.

A legitimidade passiva *ad causam* da segunda ré decorre de sua eventual responsabilidade civil, por ser, conforme deduzido na petição inicial, proprietária do veículo e tê-lo supostamente emprestado a terceiro não habilitado que causou o acidente, sendo tal responsabilidade, em tese, solidária e independente de comprovação da culpa, na esteira da jurisprudência do STJ.

Destarte, rejeito a preliminar aventada.

Quesito 2.1 [valor: 1,00 ponto]

0 – Não abordou nenhum aspecto OU indicou a parte como ilegítima. [0,00 ponto]

1 – Indicou a legitimidade passiva da ré por ser proprietária do veículo que causou o acidente, MAS não tratou da Teoria da Asserção. [0,50 ponto]

2 – Indicou a legitimidade passiva da ré por ser proprietária do veículo que causou o acidente E tratou da Teoria da Asserção, explicando-a, E fundamentou a responsabilidade civil do proprietário pelo fato da coisa. [1,00 ponto]

2.2 Do Mérito

2.2.1 Culpa concorrente dos pais inexistente. Ônus da prova dos réus

Não há que se falar em culpa concorrente dos pais do menor falecido. A causa determinante do acidente foi a conduta imprudente do motorista, que, de fato, adentrou a via em alta velocidade, atingindo o filho menor dos autores. A ausência dos pais no momento do trágico acidente não é suficiente para configurar a culpa deles. A responsabilidade civil é afastada na medida em que o menor, tal como seus pais e diferentemente dos réus, agiu no exercício regular do direito, sem ferir as normas de regência. A testemunha que estava presente no local narrou que o motorista de fato estava em alta velocidade e que era comum que crianças brincassem naquela rua, que costuma ser calma.

Veja-se, ademais, que os réus não se desincumbiram do ônus da prova do alegado, posto que não lograram êxito em demonstrar a ausência do dever de vigilância dos pais, conforme impõe o art. 336 do CPC: "Incumbe ao réu alegar, na contestação, toda a matéria de defesa, expondo as razões de fato e de direito com que impugna o pedido do autor e especificando as provas que pretende produzir."

Assim, conclui-se pela inexistência de culpa concorrente dos pais do menor e se afasta a possibilidade de redução do valor da indenização com esse fundamento.

Quesito 2.2.1 [valor: 1,00 ponto]

0 – Não abordou nenhum dos aspectos OU indicou haver culpa concorrente dos pais. [0,00 ponto]

1 – Indicou não haver culpa concorrente dos pais, MAS não explicou o motivo: apenas os réus agiram ilicitamente, pois, enquanto o motorista foi imprudente e a proprietária inconsequente, a vítima e seus pais estavam no exercício regular do direito E NEM tratou do ônus da prova dos réus E NEM fez referência à prova testemunhal. [0,25 ponto]

2 – Indicou não haver culpa concorrente dos pais E explicou o motivo: apenas os réus agiram ilicitamente, pois, enquanto o motorista foi imprudente e a proprietária inconsequente, a vítima e seus pais estavam no exercício regular do direito. MAS NÃO tratou do ônus da prova dos réus E NEM fez referência à prova testemunhal. [0,75 ponto]

3 – Indicou não haver culpa concorrente dos pais E explicou o motivo: apenas os réus agiram ilicitamente, pois, enquanto o motorista foi imprudente e a proprietária inconsequente, a vítima e seus pais estavam no exercício regular do direito, E tratou do ônus da prova dos réus E fez referência à prova testemunhal. [1,00 ponto]

2.2.2 Dever de indenizar. Arts. 186 e 927 do Código Civil

Ficou demonstrado o nexo de causalidade entre a conduta do réu e a morte do filho dos autores da ação. Nos termos do que estabelecem os arts. 186 e 927 do Código Civil, respectivamente, "aquele que, por ação ou omissão voluntária, negligência ou imprudência, violar direito e causar dano a outrem, ainda que exclusivamente moral, comete ato ilícito" e, consequentemente, "aquele que, por ato ilícito, causar dano a outrem, fica obrigado a repará-lo".

O conjunto probatório demonstra que, apesar de não ter sido efetivada a prova pericial para estabelecer como se deu o evento e determinar a velocidade real do veículo, até mesmo porque o réu fugiu sem sequer prestar socorro à vítima, foi violado o dever de cautela imposto ao motorista de veículo, uma vez que a prática de dirigir em alta velocidade em rua onde há transeuntes, especialmente crianças, pode causar atropelamentos que vitimem fatalmente pessoas, como ocorreu no presente caso.

Assim, a causa do acidente foi a conduta imprudente do réu, que ingressou em alta velocidade na via e atingiu o filho dos autores, o que configura ato ilícito cujos danos decorrentes devem ser ressarcidos.

Quesito 2.2.2 [valor: 1,50 ponto]

0 – Não abordou nenhum aspecto OU indicou a inexistência do dever de indenizar. [0,00 ponto]

1 – Indicou a existência de nexo de causalidade entre a conduta do motorista e a morte do menor, MAS não apresentou a fundamentação cível da indenização (arts. 186 e 927) E não citou a violação do dever de cautela do motorista NEM abordou o fato de que a ausência de prova pericial não afasta a culpa do réu. [0,25 ponto]

2 – Indicou a existência de nexo de causalidade entre a conduta do motorista e a morte do menor E apresentou a fundamentação cível da indenização (arts. 186 e 927), MAS não citou a violação do dever de cautela do motorista NEM abordou o fato de que a ausência de prova pericial não afasta a culpa do réu. [0,75 ponto]

3 – Indicou a existência de nexo de causalidade entre a conduta do motorista e a morte do menor E apresentou a fundamentação cível da indenização (arts. 186 e 927), MAS não citou a violação do dever de cautela do motorista OU não abordou o fato de que a ausência de prova pericial não afasta a culpa do réu. [1,00 ponto]

4 – Indicou a existência de nexo de causalidade entre a conduta do motorista e a morte do menor E apresentou a fundamentação cível da indenização (arts. 186 e 927) E citou a violação do dever de cautela do motorista E abordou o fato de que a ausência de prova pericial não afasta a culpa do réu. [1,50 ponto]

Quesito 2.2.3 Responsabilidade da proprietária do veículo

Quanto à ré, não há que se falar em necessidade de comprovação da sua culpa, porquanto a responsabilidade entre a proprietária do veículo e o terceiro condutor a quem emprestara o automóvel e que causou o acidente é solidária e prescinde de demonstração de culpa da ré no evento danoso. De fato, a proprietária do veículo responde objetiva e solidariamente pelos atos culposos do terceiro que conduzia o automóvel emprestado e que provocou o acidente de trânsito, uma vez que, tendo a ré feito a escolha impertinente de emprestar o carro a motorista que não possuía carteira de habilitação, o uso indevido do veículo atraiu a responsabilidade por eventuais danos causados a terceiros.

Nesse sentido, segue jurisprudência do STJ:

> AGRAVO REGIMENTAL. RECURSO ESPECIAL. ACIDENTE DE VEÍCULO. RESPONSABILIDADE CIVIL. SOLIDARIEDADE. PROPRIETÁRIO DO VEÍCULO. PENSIONAMENTO. TERMO FINAL. DECISÃO AGRAVADA MANTIDA. 1. Em matéria de acidente automobilístico, o proprietário do veículo responde objetiva e solidariamente pelos

atos culposos de terceiro que o conduz e que provoca o acidente, pouco importando que o motorista não seja seu empregado ou preposto, ou que o transporte seja gratuito ou oneroso, uma vez que sendo o automóvel um veículo perigoso, o seu mau uso cria a responsabilidade pelos danos causados a terceiros. Provada a responsabilidade do condutor, o proprietário do veículo fica solidariamente responsável pela reparação do dano, como criador do risco para os seus semelhantes. Recurso especial provido. (REsp 577902/DF, Rel. Ministro Antônio de Pádua Ribeiro, Rel. p/ Acórdão Ministra Nancy Andrighi, Terceira Turma, julgado em 13/6/2006, DJ 28/08/2006, p. 279) 2. O estabelecimento do termo final do pensionamento deve considerar a longevidade provável de vítima fatal, para efeito de fixação do tempo de pensionamento, deve ser apurada em consonância com a tabela de sobrevida adotada pela Previdência Social, de acordo com cálculos elaborados pelo IBGE. (REsp 268265/SP, Rel. Ministro Aldir Passarinho Junior, Quarta Turma, julgado em 4/4/2002, DJ 17/6/2002, p. 268 RNDJ vol. 31, p. 129) 3. Agravo regimental não provido. (AgRg no REsp 1401180/SP, Rel. Ministro Luis Felipe Salomão, Quarta Turma, julgado em 9/10/2018, DJe 15/10/2018)

Quesito 2.2.3 [valor: 1,50 ponto]

0 – Não abordou nenhum dos aspectos OU indicou que a proprietária do veículo não tem responsabilidade. [0,00 ponto]

1 – Indicou que a proprietária tem responsabilidade, MAS não indicou que a sua responsabilização não exige a comprovação de sua culpa E que essa responsabilidade é solidária E objetiva. [0,25 ponto]

2 – Indicou que a proprietária tem responsabilidade E indicou que a sua responsabilização não exige a comprovação de sua culpa, MAS não indicou que essa responsabilidade é solidária E objetiva. [0,75 ponto]

3 – Indicou que a proprietária tem responsabilidade E que a sua responsabilização não exige a comprovação de sua culpa, MAS indicou essa responsabilidade APENAS como solidária OU objetiva. [1,25 ponto]

4 – Indicou que a proprietária tem responsabilidade, E que a sua responsabilização não exige a comprovação de sua culpa E que essa responsabilidade é solidária E objetiva. [1,50 ponto]

2.2.4 Valor da indenização. Razoabilidade. Proporcionalidade. Parâmetros STJ. Indenização mensal pela morte do menor.

Haja vista a existência da responsabilidade dos réus que enseja o dever de indenizar, a fixação da indenização por danos morais deve levar em conta os princípios da razoabilidade e da proporcionalidade.

Como se sabe, o dano moral advém de dor, angústia, sofrimento, sensações experimentadas singularmente por cada pessoa, envolvendo elevado grau de subjetivismo. Em se tratando de morte, presume-se a dor decorrente da perda do ente querido. A jurisprudência do Superior Tribunal de Justiça considera válida a adoção do critério bifásico para o arbitramento equitativo da indenização. Na primeira fase, haja vista o interesse jurídico lesado e os precedentes oriundos de casos semelhantes, estabelece-se um valor básico para a indenização. Na segunda fase, ponderam-se as circunstâncias em concreto, com vistas aos princípios da razoabilidade e da proporcionalidade, ao caráter compensatório da indenização, à natureza da ofensa e à gravidade do ilícito, de forma que o valor se mostre suficiente para restaurar aos pais da vítima o bem-estar, sem acarretar seu enriquecimento sem causa.

Nesse sentido, segue jurisprudência do STJ:

> RECURSO ESPECIAL. RESPONSABILIDADE CIVIL. MORTE DE MENOR POR AFOGAMENTO. RESPONSABILIDADE DO CLUBE PELA FALHA NO SERVIÇO. DANO MORAL. QUANTUM INDENIZATÓRIO. CRITÉRIOS DE ARBITRAMENTO EQUITATIVO. MÉTODO BIFÁSICO. NÚCLEO FAMILIAR SUJEITO DO DANO. NECESSIDADE DE INDIVIDUALIZAÇÃO DA INDENIZAÇÃO. PENSÃO MENSAL DEVIDA. 1. O clube recreativo que possui em sua estrutura piscinas e lagoas é responsável pelo afogamento e óbito de criança em suas dependências, quando comprovada falha na prestação do serviço, configurada pela não adoção de medidas preventivas adequadas ao risco de sua fruição: segurança dos banhistas, salva-vidas, boias para a indicação da parte funda da rasa do lago, profissional médico, aparelho de respiração artificial. 2. O Superior Tribunal de Justiça, quando requisitado a se manifestar sobre o arbitramento de valores devidos pelo sofrimento de dano moral, deve interferir somente diante de situações especialíssimas, para aferir a razoabilidade do quantum determinado para amenizar o abalo ocasionado pela ofensa. 3. O método bifásico, como parâmetro para a aferição da indenização por danos morais, atende às exigências de um arbitramento equitativo, pois, além de minimizar eventuais arbitrariedades, evitando a adoção de critérios unicamente subjetivos pelo julgador, afasta a tarifação do dano. Traz um ponto de equilíbrio, pois se alcançará uma razoável correspondência entre o valor da indenização e o interesse jurídico lesado, além do fato de estabelecer montante que melhor corresponda às peculiaridades do caso. 4. Na primeira fase, o valor básico ou inicial da indenização é arbitrado tendo-se em conta o interesse

> jurídico lesado, em conformidade com os precedentes jurisprudenciais acerca da matéria (grupo de casos). 5. Na segunda fase, ajusta-se o valor às peculiaridades do caso, com base nas suas circunstâncias (gravidade do fato em si, culpabilidade do agente, culpa concorrente da vítima, condição econômica das partes), procedendo-se à fixação definitiva da indenização, por meio de arbitramento equitativo pelo juiz. 6. Ainda na segunda fase de fixação, tendo em vista tratar-se de um núcleo familiar como titular da indenização, há que se ponderar acerca da individualização do dano, uma vez que um evento danoso capaz de abalar o núcleo familiar deve ser individualmente considerado em relação a cada um de seus membros. (EREsp 1127913/RS, Rel. Ministro Napoleão Nunes Maia Filho, Corte Especial, DJe 5/8/2014) 7. Conforme a jurisprudência do STJ, a indenização pela morte de filho menor, que não exercia atividade remunerada, deve ser fixada na forma de pensão mensal de 2/3 do salário mínimo até 25 (vinte e cinco) anos, e a partir daí, reduzida para 1/3 do salário até a idade em que a vítima completaria 65 (sessenta e cinco) anos. 8. Recurso especial parcialmente provido. (REsp 1332366/MS, Rel. Ministro Luis Felipe Salomão, Quarta Turma, julgado em 10/11/2016, DJe 7/12/2016)
>
> No caso, o valor da indenização por danos morais, arbitrado em R$ 100.000,00 (cem mil reais), nem é exorbitante nem desproporcional aos danos sofridos pela agravada, tendo em vista a morte de seu filho recém-nascido por infecção hospitalar. 6. Agravo interno não provido. (AgInt no AREsp 747.320/DF, Rel. Ministro Lázaro Guimarães (Desembargador convocado do TRF 5.ª Região), Quarta Turma, julgado em 14/08/2018, DJe 22/8/2018)

Assim, no presente caso, considerando-se que, em um primeiro momento, o interesse jurídico lesado foi o bem maior da vida, a indenização deve ser arbitrada no patamar de R$ 75.000,00 (setenta e cinco mil reais), haja vista, ainda, a realidade econômica da parte ré.

Em um segundo momento, em razão da negligência do motorista que transitava em alta velocidade, o fato de ele não ter carteira de habilitação, e por ser a vítima uma criança, essa monta deve ser majorada, também à luz dos princípios da razoabilidade e da proporcionalidade, para o total de R$ 100.000,00 (cem mil reais), que devem ser pagos para ambos os autores da ação.

Quanto à pensão por morte, é possível afirmar que o direito à pensão por morte de filho menor, especificamente, exige que, além do reconhecimento da responsabilidade civil e do dever de indenizar, a que se referem os arts. 186 e

927 do Código Civil, esteja configurado, também, o componente econômico, seja decorrente da presunção de pertinência que favorece a classe trabalhadora, definida pelo STJ, seja através de alguma situação excepcional do caso concreto que o justifique. Destarte, o posicionamento do STJ sobre a matéria e que, no caso proposto, não é devido o pensionamento, pois os autores não argumentaram nem provaram serem pertencentes à classe trabalhadora, nem alegaram ou provaram algum fato excepcional do caso concreto que justificasse o pagamento da pensão a eles. Assim, a parte autora não alega nem produz qualquer prova da presença do componente econômico que justificaria a condenação dos réus no pagamento de pensão por morte de filho menor, motivo pelo qual, mostra-se descabido o pedido.

Quesito 2.2.4 [valor: 1,50 ponto]

0 – Não abordou nenhum dos aspectos OU não arbitrou indenização por danos morais E concedeu pensão por morte. [0,00 ponto]

1 – Determinou pagamento de indenização por danos morais MAS não com base nos princípios da razoabilidade e da proporcionalidade e os parâmetros aceitos pelo STJ. [0,50 ponto]

2 – Determinou apenas o pagamento de indenização por danos morais com base nos princípios da razoabilidade e da proporcionalidade, E mencionou os parâmetros aceitos pelo STJ, PORÉM concedeu a pensão mensal por morte. [1,00 ponto]

3 – Determinou o pagamento de indenização por danos morais com base nos princípios da razoabilidade e da proporcionalidade, E mencionou os parâmetros aceitos pelo STJ, E negou a pensão mensal por morte de filho menor, MAS NÃO indicou a ausência de alegação e prova do componente econômico que justificaria a condenação dos réus no pagamento, na forma da jurisprudência do STJ. [1,25 ponto]

4 – Determinou o pagamento de indenização por danos morais com base nos princípios da razoabilidade e da proporcionalidade, E mencionou os parâmetros aceitos pelo STJ, E negou a pensão mensal por morte de filho menor, indicando a ausência de alegação e prova do componente econômico que justificaria a condenação dos réus no pagamento, na forma da jurisprudência do STJ. [1,50 ponto]

2.3 Dispositivo

Ante o exposto, rejeito a preliminar de ilegitimidade passiva ad causam da segunda ré e, no mérito, julgo procedentes em parte os pedidos dos autores da ação, com apreciação de mérito, nos termos do art. 487, I, do CPC, para:

a) condenar os réus ao pagamento aos autores de R$100.000,00 (cem mil reais) [ou em monta próxima à indicada], a título de danos morais, corrigidos monetariamente a partir do arbitramento (Súmula 362 do STJ) e acrescidos de juros de mora nos termos do art. 406 do Código Civil, a contar do evento danoso (Súmula n.º 54 do STJ); e

b) tendo ambas as partes sucumbido de forma equânime, as custas e os honorários, estes fixados em 15% sobre o valor da condenação, nos termos do art. 85, § 2.º, do CPC, são recíprocos, devendo ser arcados pro rata.

Publique-se. Registre-se. Intime-se.

Local e data.

Obs.: não será apenado o candidato que deixar de colocar no dispositivo a rejeição da preliminar de ilegitimidade passiva ad causam da segunda ré.

Quesito 2.3 [valor: 3,00 pontos]

0 – Não abordou nenhum dos aspectos OU não elaborou o dispositivo da sentença OU julgou a ação improcedente. [0,00 ponto]

1 – Julgou parcialmente procedentes os pedidos dos autores da ação, MAS não detalhou os pedidos E não finalizou a sentença com determinação de "Publique-se. Registre-se. Intimem-se", local e data. [0,50 ponto]

2 – Julgou parcialmente procedentes os pedidos dos autores da ação, MAS, entre os pedidos, detalhou somente um dos pedidos de forma parcial E não finalizou a sentença com determinação de "Publique-se. Registre-se. Intimem-se", local e data. [0,75 ponto]

3 – Julgou parcialmente procedentes os pedidos dos autores da ação, MAS, entre os pedidos, detalhou somente um dos pedidos de forma integral E não finalizou a sentença com determinação de "Publique-se. Registre-se. Intimem-se", local e data. [1,25 ponto]

4 – Julgou integralmente procedentes os pedidos dos autores, E extinguiu o processo com resolução de mérito, MAS detalhou somente a condenação dos réus ao pagamento do dano moral, partindo do método bifásico, em monta próxima à indicada, com a incidência da Súmula n.º 54 do STJ, MAS não condenou os réus ao pagamento das custas e despesas processuais e dos honorários advocatícios à luz do art. 85, § 2.º, do CPC E NEM finalizou a sentença com determinação de "Publique-se. Registre-se. Intimem-se", local e data OU deixou de abordar integralmente dois dos pontos anteriores. [2,25 pontos]

5- Julgou parcialmente procedentes os pedidos dos autores, E condenou os réus ao pagamento do dano moral, em monta próxima à indicada, com a incidência das Súmulas n.º 54, E condenou ambas as partes ao pagamento das custas e despesas processuais e dos honorários advocatícios, à luz do 85, § 2.º, do CPC, pro rata, MAS não finalizou a sentença com determinação de "Publique-se. Registre-se. Intimem-se", local e data OU deixou de abordar integralmente um dos pontos anteriores [2,75 pontos]

6 – Julgou parcialmente procedentes os pedidos dos autores, E condenou os réus ao pagamento do dano moral, em monta próxima à indicada, com a incidência das Súmulas n.º 54 e n.º 362 do STJ, E condenou ambas as partes ao pagamento das custas e despesas processuais e dos honorários advocatícios, à luz do 85, § 2.º, do CPC, pro rata, E finalizou a sentença com determinação de "Publique-se. Registre-se. Intimem-se", local e data. [3,00 pontos]

CESPE | CEBRASPE – TJ/PR – APLICAÇÃO: 2019

- **PROVA ESCRITA P3**
- **PRÁTICA DE SENTENÇA – SENTENÇA CÍVEL**
- Nesta prova, faça o que se pede, usando, caso deseje, os espaços para rascunho indicados no presente caderno. Em seguida, transcreva o texto para o CADERNO DE TEXTO DEFINITIVO DA PROVA PRÁTICA DE SENTENÇA P3 – SENTENÇA CÍVEL, nos locais apropriados, pois não serão avaliados fragmentos de texto escritos em locais indevidos.
- Qualquer fragmento de texto que ultrapassar a extensão máxima de linhas disponibilizadas será desconsiderado.
- No Caderno de Texto Definitivo, identifique-se apenas no cabeçalho da primeira página, pois não será avaliado texto que tenha qualquer assinatura ou marca identificadora fora do local apropriado. Caso queira assinar o texto de sua sentença cível, utilize apenas o nome Juiz substituto. Ao texto que contenha outra forma de assinatura será atribuída nota zero, correspondente à identificação de candidato em local indevido.

SENTENÇA CÍVEL[4]

O prefeito do município de Pasárgada, João da Silva, durante seu último mandato – segunda gestão, ocorrida nos anos de 2009 a 2012 —, tornou pública, em 1.º/1/2012, a abertura de processo licitatório, na modalidade tomada de preço, do tipo menor preço, para a construção de uma estrada rural com a extensão de 30 km, com o objetivo de ligar o centro da cidade à área rural de Pompeia. Entre os itens previstos no edital de licitação, constava a obrigatoriedade de o contratado possuir sede no município e estar constituído por mais de 20 anos. Homologada a licitação, sagrou-se vencedora a empresa Vulcan Construções Ltda., que firmou o contrato público no valor de R$ 1.000.000, tendo se comprometido a dar início às obras em 1.º/3/2012.

Durante a execução das obras, tomou-se conhecimento, por meio de denúncia dos próprios munícipes, de que o sócio administrador da empresa Vulcan Construções Ltda., Lucius Petrus Mérvio, era irmão do secretário de obras do município, César Túlio Mérvio, que até mesmo integrou a comissão de licitação. Foi descoberto, ainda, que a realização da obra pública visava beneficiar o prefeito de Pasárgada, visto que a estrada que estava sendo construída chegaria diretamente a uma de suas fazendas.

Nesse cenário, foi aberto, pelo Ministério Público local, um inquérito civil em razão das denúncias recebidas, tendo sido constados indícios de irregularidade na licitação. Assim, o parquet propôs a consequente ação civil pública por ato de improbidade administrativa.

---

4. Relevar, quando da leitura deste caso, os dispositivos revogados e alterados, na medida em que o caso proposto foi exigido em momento anterior à edição da Lei nº 14.230/21, que imprimiu severas modificações na redação anterior da Lei nº 8.429/92.

A referida ação foi proposta em 1.º/7/2017 em desfavor de João da Silva, César Túlio Mérvio, Lucius Petrus Mérvio, Vulcan Construções Ltda. e Antônio Gomes, procurador do município, e continha os seguintes pedidos:

i) a decretação, por medida liminar, da indisponibilidade de bens dos requeridos, solidariamente, com o objetivo de assegurar a reparação de eventual dano aos cofres públicos, no caso de futura condenação;

ii a declaração da nulidade do processo de licitação de tomada de preços e de todos os atos dele decorrentes, tais como: os contratos, as ordens de pagamento e os próprios pagamentos;

iii a condenação dos requeridos, solidariamente, à devolução do valor pago indevidamente pelo município de Pasárgada e ao ressarcimento dos demais prejuízos causados ao erário, acrescidos de correção monetária e juros legais;

iv) a condenação dos requeridos, com base no art. 10, inciso VIII, às sanções previstas no art. 12, inciso II, ambos da Lei n.º 8.429/1992;

v) a condenação dos requeridos ao pagamento de danos morais coletivos.

Foi deferido o pedido liminar, que determinou a indisponibilidade dos bens, ante a presença dos requisitos do *fumus boni iuris* e do *periculum in mora*. Na mesma decisão, foi determinada a notificação dos requeridos para apresentar manifestação acerca da petição inicial antes do seu recebimento, nos termos do art. 17, § 7.º da Lei n.º 8.429/1992.

Todos os requeridos apresentaram defesa, refutando as alegações do Ministério Público local.

Posteriormente, sobreveio decisão interlocutória, que recebeu a inicial e determinou a notificação do município de Pasárgada para integrar a lide, com fundamento no art. 17, § 3.º da Lei n.º 8.429/1992 , e a citação dos requeridos.

Apesar de devidamente notificado, o município de Pasárgada manteve-se inerte.

Em sede de contestação, especificamente, o prefeito à época dos fatos, João da Silva, alegou preliminar de ilegitimidade passiva, com base no argumento de que, por ser ele agente político, não estaria sujeito à Lei de Improbidade Administrativa. Afirmou, ainda, a ocorrência da prescrição. Quanto ao mérito, asseverou que não teve interesse em ser privilegiado com a construção de uma estrada rural que dava à sua fazenda, porque, na realidade, a construção atendia aos interesses do município. Aduziu que não tinha conhecimento do vínculo de parentesco entre o sócio da empresa vencedora da licitação e o secretário de obras. Asseverou a inexistência de dolo ou de erro grosseiro, que justificasse a sua responsabilização, de acordo com o art. 22 e o art. 28 da Lei de Introdução às Normas do Direito Brasileiro.

Por sua vez, o secretário de obras, César Túlio Mérvio, aduziu que fora escolhido pelo procurador do município para integrar a comissão de licitação e que era do procurador a obrigação de analisar o vínculo de parentesco dele com o sócio da empresa vencedora. Alegou, ainda, que não teve intenção de privilegiar seu irmão, proprietário da empresa, porque o procedimento licitatório havia sido legal e que todos os requisitos necessários foram observados.

Já Antônio Gomes, o procurador do município, afirmou que a praxe da municipalidade era a de que os contratos de licitação fossem geridos pelo prefeito municipal e que cabia ao procurador somente a análise dos requisitos da licitação para garantir a lisura do certame. Assim, seu parecer jurídico, por ser meramente opinativo, não lhe geraria responsabilização. Aduziu que, ao emitir o referido parecer, não havia identificado nenhuma irregularidade, até porque os fatos foram descobertos quando já tinha sido dado início às obras.

Lucius Petrus Mérvio e sua empresa Vulcan Construções Ltda. alegaram, em preliminar, a ilegitimidade passiva, mormente porque não se enquadrariam na categoria de agentes públicos e, por esse motivo, não estariam sujeitos à disciplina da Lei de Improbidade Administrativa. No mérito, aduziram que Lucius não tinha relação próxima com o secretário de obras, ainda que fossem irmãos, e que, por isso, não havia nenhum vício na licitação. Afirmaram, ainda, que não tinham conhecimento de que a estrada rural beneficiaria o prefeito à época.

Assim, com os fundamentos apresentados, os réus requereram a improcedência dos pedidos deduzidos na ação proposta pelo Ministério Público local.

Na decisão de saneamento do processo, foi deferida a produção de prova testemunhal requerida pelo Ministério Público e pelos réus. Na audiência de instrução e julgamento, foram arroladas e ouvidas as seguintes testemunhas.

Pelo Ministério Público:

- Jacinta de Souza – técnica administrativa da prefeitura, disse que, na prefeitura, todos sabiam da intenção do prefeito de construir uma estrada rural que chegasse à fazenda dele e que ele até tinha feito várias exigências ao secretário de obras de como deveria ser a obra. E, por isso, concluiu a servidora, o secretário de obras achou melhor direcionar a licitação para a empresa do seu irmão, porque, assim, conseguiria cumprir as determinações feitas pelo prefeito.
- Orfeu da Costa – servidor da procuradoria local, afirmou o mesmo que Jacinta de Souza e acrescentou que Antônio Gomes não fazia parte do esquema fraudulento, porque apenas elaborou um parecer jurídico opinativo. Afirmou, ainda, que Antônio sequer sabia da relação de parentesco entre o sócio da empresa vencedora e o secretário de obras.

Por João da Silva, então prefeito do município de Pasárgada:

- Cleusa Castro da Silva – esposa do prefeito, disse que seu marido é um ótimo gestor municipal e que nunca faria algo ilícito porque é um homem correto. Afirmou que vão à fazenda somente aos fins de semana e que nem precisariam da estrada rural que iria ser construída porque, com a caminhonete, conseguiriam transitar tranquilamente pela estrada de chão.

Pelos demais réus, não foram arroladas testemunhas.

Ao final da instrução processual, foi procedida a oitiva dos requeridos, que refutaram as alegações do Ministério Público.

As partes apresentaram alegações finais, oportunidade em que o Ministério Público requereu a absolvição do réu Antônio Gomes e a condenação dos demais requeridos às sanções descritas na inicial. Os réus, por sua vez, pleitearam a absolvição.

Os autos foram conclusos para sentença.

Considerando os fatos relatados anteriormente, redija sentença cível, dando solução ao caso. Analise toda a matéria de direito processual e material pertinente ao julgamento, fundamentando suas explanações. Dispense o relatório e não acrescente fatos novos.

PADRÃO DE RESPOSTAS:

Objeto da avaliação: Apresentação (legibilidade, respeito às margens, parágrafos), estrutura do texto, organização das ideias e domínio da Língua Portuguesa.

Conceito:

- Bom: 0,0 (nota mantida)
- Regular: – 0,05 (deduz 5% do valor da questão)
- Deficiente: – 0,10 (deduz 10% do valor da questão)

1. A solução do caso deverá ser lançada em forma de sentença, com os elementos indicados no Código de Processo Civil (artigo 203, §1º, e artigo 489), com ou sem resolução do mérito (artigo 485 e artigo 487), conforme entenda-se devido.

2. O texto, como um todo, deve ser apresentado de forma bem estruturada, com introdução, desenvolvimento e conclusão em cada tópico, com objetividade e clareza, de fácil leitura (grafia), sem rasuras, respeitando margens, parágrafos e linhas disponibilizadas no caderno de provas, observando as regras de gramática (acentuação, grafia e pontuação), respeitando a terminologia técnica e jurídica. Na apresentação serão consideradas ainda estrutura do texto, organização das ideias e domínio da língua portuguesa, além da ordem estrutural dos tópicos ou capítulos da sentença.

Avaliação insatisfatória resultará na dedução de até 10% do valor da questão.

3. Dispensado o relatório.

4. FUNDAMENTAÇÃO. O candidato deverá apresentar os fundamentos, a motivação em que analisará as questões de fato e de direito (artigo 489, inciso II, CPC), observando, tanto quanto possível, os requisitos indicados no § 1º e § 2º, do mesmo dispositivo. É vedado ao candidato criar fatos ou hipóteses não contempladas no enunciado da questão.

5. PRELIMINARES. O candidato deverá iniciar pela análise das questões preliminares de ilegitimidade passiva. Os réus JOÃO DA SILVA (ex-Prefeito), LUCIUS PETRUS MÉRVIO (sócio administrador da empresa) e VULCAN CONSTRUÇÕES LTDA. alegaram em preliminar as suas ilegitimidades passivas. Tais alegações devem ser refutadas com base no artigo 2º e 3º da Lei de Improbidade Administrativa e entendimento dos Tribunais Superiores sobre o tema.

a) – Em relação ao ex-Prefeito JOÃO DA SILVA: O candidato deverá citar que existe, segundo entendimento dos tribunais superiores, um regime de dupla responsabilização dos prefeitos, pelos crimes de responsabilidade na forma do Decreto-Lei 201/67, e pela Lei de improbidade administrativa – Lei 8.429/1992. É exigida ainda do candidato a citação expressa do artigo 2º da Lei de Improbidade Administrativa, explicando que os agentes políticos se enquadram no conceito de agente público daquele dispositivo e, por isso, submetem-se às punições por ato de improbidade administrativa.

b) – Quanto aos réus LUCIUS PETRUS MÉRVIO (sócio administrador da empresa) e VULCAN CONSTRUÇÕES LTDA.: O candidato deverá mencionar que, apesar de não serem agentes públicos, também são alcançados pela norma de extensão prevista no artigo 3º, da Lei 8429/1992.

Assim, as preliminares de ilegitimidade passiva devem ser rejeitadas.

Pontuação: 0,0 a 0,5

6. PREJUDICIAL DE MÉRITO. PRESCRIÇÃO: JOÃO DA SILVA (ex-Prefeito) alegou prescrição na sua contestação. Essa tese deverá ser rejeitada, pois, segundo o artigo 23, inciso I, da Lei 8429/1992 as ações de responsabilidade por ato de improbidade administrativa podem ser propostas em até cinco anos após o término do exercício de mandato, de cargo em comissão ou de função de confiança. E, considerando que no caso em tela o término do mandato do prefeito ocorreu no ano final de 2012 e a ação foi proposta em julho de 2017, não há o que se falar na ocorrência da prescrição porque o prazo quinquenal não transcorreu. O candidato também deverá se referir ao entendimento vinculante do Supremo Tribunal Federal (RE 852.475) pela imprescritibilidade das ações de ressarcimento por dano ao erário, decorrente de atos dolosos de improbidade administrativa. Assim, a prejudicial de prescrição deverá ser rejeitada.

Pontuação: 0,0 a 0,5

7. MÉRITO. Analisadas as questões prejudiciais e preliminares, o candidato deverá passar à análise do mérito em si, quanto aos fatos e a pretensão trazida na petição inicial.

De maneira introdutória, o candidato deverá fazer uma análise dos dispositivos violados pelos réus, passando pelo artigo 37 da Constituição Federal que dispõe sobre os princípios que norteiam a Administração Pública, seguindo para a Lei de Improbidade Administrativa (Lei 8492/1992), que regulamentou o disposto no artigo 37, § 4º, da Constituição Federal, objetivando impor sanções aos agentes públicos que, por ação ou omissão, incorram em atos ímprobos, notadamente: a. Atos de Improbidade Administrativa que Importam Enriquecimento Ilícito (artigo 9º); b. Atos de Improbidade Administrativa que Causam Prejuízo ao Erário (artigo 10); c. Atos de Improbidade

Administrativa Decorrentes de Concessão ou Aplicação Indevida de Benefício Financeiro ou Tributário (artigo 10-A) e; d. Atos de Improbidade Administrativa que Atentam Contra os Princípios da Administração Pública (artigo 11). E, ainda deverá discorrer sobre a Lei das Licitações (Lei 8.666/93)[5] e princípios que regem a matéria.

Em seguida, o candidato deverá fundamentar o enquadramento das condutas dos réus JOÃO DA SILVA, CÉSAR TÚLIO MÉRVIO, LUCIUS PETRUS MÉRVIO e VULCAN CONSTRUÇÕES LTDA. com base nos documentos apresentados pelo Ministério Público na inicial e nos depoimentos testemunhais que demonstraram a ocorrência do ato ímprobo doloso, restando comprovado este em todos os seus elementos – sujeito passivo, sujeito ativo, ato danoso e elemento subjetivo (dolo) –, porquanto teriam fraudado processo licitatório visando direcioná-lo a fim de atingir a consecução de objetivo ilícito almejado pelo então prefeito João da Silva, restando configurado o ato de improbidade descrito no artigo 10, inciso VIII (1ª parte) da LIA. Cumpre ao candidato fundamentar que houve dano ao erário no presente caso, uma vez que foi pago o valor de R$ 1.000.000,00 (um milhão de reais) à empresa vencedora em licitação viciada por direcionamento, e que a construção da estrada rural era para atender interesse não condizente com o público.

Deverá enquadrar o réu ANTÔNIO GOMES (Procurador do Município) no mesmo dispositivo legal, em face do cometimento de erro grosseiro (equivalente à culpa grave conforme interpretação atual da LINDB), por ter aprovado o edital de licitação contendo duas exigências manifestamente ilegais que apontavam claramente o direcionamento do certame (ter a empresa sede no Município, e estar constituída há mais de 20 anos).

Quanto ao pedido de indenização dos danos morais coletivos: deverá ser rejeitado de forma fundamentada. O Ministério Público formulou o pedido de indenização do dano moral coletivo, contudo não restou comprovado nos autos o excepcional abalo moral aos munícipes ou sofrimento coletivo intenso. Isso porque não basta a ocorrência de ato de improbidade administrativa para configurar semelhante dano, exigindo-se que o ato provoque significativa repercussão no meio social, sendo insuficientes as alegações de insatisfação da coletividade com a atividade administrativa (tudo considerando o enunciado da questão).

Pontuação:

a) Enquadramento das condutas dos réus: 0,0 a 1,00

b) Mérito propriamente dito: 0,0 a 2,50

c) Danos morais coletivos: 0,0 a 1,00

8. DISPOSITIVO. A sentença, neste item, deve apontar a solução do caso concreto, dispondo:

8.1. Julgar com fulcro no artigo 487, inciso I, do CPC parcialmente procedentes os pedidos iniciais, para o fim de:

a. Declarar a nulidade da licitação e do contrato, ressalvando os pagamentos por serviços efetivamente prestados.

5. Vale destacar que a lei em tela fora revogada ulteriormente à cobrança do caso pela Lei nº 14.133/21 (Lei de Licitações e Contratos), promulgada em 1º de abril de 2021, mas postergada a sua vigência, contudo, para 31 de dezembro de 2023, nos termos do art. 193, II, a, desta.

b. Julgar improcedente/rejeitar o pedido de indenização por danos morais coletivos.

c. Condenar os réus JOÃO DA SILVA, CÉSAR TÚLIO MÉRVIO, ANTONIO GOMES, LUCIUS PETRUS MÉRVIO e VULCAN CONSTRUÇÕES LTDA. pela prática do ato ímprobo descrito no artigo 10, VIII, da LIA, sujeitando-os às penas previstas no artigo 12, II, da mesma lei.

d. Deve ser confirmada a liminar de indisponibilidade de bens.

Pontuação: 0,0 a 2,00

9. PENALIDADES. Quanto às penalidades a serem aplicadas, devem obedecer aos critérios de razoabilidade e proporcionalidade, podendo ser cumuladas ou não, e a fixação deverá condizer com o grau de reprovabilidade da conduta, exemplaridade da pena aplicada, consecução dos interesses públicos e ao elemento volitivo do agente. O candidato deve individualizar cada penalidade, com motivação adequada à conduta e participação de cada réu no ato de improbidade.

As penas deverão ser fixadas dentre aquelas previstas no inciso II do artigo 12 da LIA, devendo o ressarcimento do dano ao erário ser imposto de forma solidária aos réus.

No caso de aplicação da suspensão dos direitos políticos, deve ser motivada.

A pena de perda da função pública não é considerada adequada ao caso, pois o enunciado da questão aponta que o prefeito JOÃO DA SILVA não possui cargo e sim mandato já encerrado, estando afastado da administração pública, o mesmo se denotando do Secretário CÉSAR TULIO MÉRVIO, considerando o enunciado da questão (que não dispõe em sentido contrário).

Também não cabe aos réus particulares nem ao procurador do Município, pois este agiu apenas com culpa.

A multa civil é adequada e deve ser pessoal, com fundamentação distinta conforme a participação e funções que cada um dos réus desenvolveu para a consecução do ato ímprobo.

A proibição de contratar ou com o Poder Público ou receber benefícios ou incentivos fiscais ou creditícios, direta ou indiretamente, ainda que por intermédio de pessoa jurídica da qual seja sócio majoritário, só é considerada adequada para a empresa VULCAN CONSTRUÇÕES LTDA e seu sócio LUCIUS PETRUS MÉRVIO, pois os demais réus não contratam com a Administração.

Cumpre observar, ainda, que não consta do enunciado que qualquer dos réus tenha valores acrescidos ilicitamente ao seu patrimônio.

Pontuação: 0,0 a 2,00

10. SUCUMBÊNCIA. Em razão da sucumbência recíproca (o pedido de indenização pelo dano moral coletivo foi rejeitado), devem os réus ser condenados em 90% das custas e despesas processuais, ou pode ser reconhecida sucumbência mínima do Ministério Público, o que é mais adequado. Não cabe condenação em honorários advocatícios sucumbenciais, em razão de que o autor da ação é o Ministério Público, em face do que dispõe o artigo 128, § 5º, inciso II, alínea a, da Constituição Federal e da aplicação, por simetria de tratamento, das disposições do artigo 18 da Lei 7.347/1985, não se podendo fazer incidir, na espécie, o disposto no parágrafo único do artigo 13 da referida Lei.

Pontuação: 0,0 a 0,5

CESPE | CEBRASPE – TJ/MA – APLICAÇÃO: 2022

- **PROVA ESCRITA P3**
- **PRÁTICA DE SENTENÇA – SENTENÇA CÍVEL**
- Nesta prova, faça o que se pede, usando, caso deseje, o espaço para rascunho indicado no presente caderno. Em seguida, transcreva o texto para o CADERNO DE TEXTOS DEFINITIVOS DA PROVA ESCRITA – PRÁTICA DE SENTENÇA P3 – SENTENÇA CÍVEL, no local apropriado, pois não serão avaliados fragmentos de texto escritos em local indevido.
- Qualquer fragmento de texto além da extensão máxima de linhas disponibilizadas será desconsiderado.
- No Caderno de Textos Definitivos, a presença de qualquer marca identificadora no espaço destinado à transcrição dos textos definitivos acarretará a anulação da sua prova escrita.
- Na sentença, ao domínio do conteúdo serão atribuídos até 8,00 pontos, dos quais até 0,40 ponto será atribuído ao quesito apresentação (legibilidade, respeito às margens e indicação de parágrafos) e estrutura textual (organização das ideias em texto estruturado).

SENTENÇA CÍVEL

João adquiriu, por meio de contrato de promessa de compra e venda com a Construtora Sol Nascente S.A., em 30/11/2018, unidade imobiliária na planta, referente ao empreendimento Le Tower, localizado na rua Pintarroxo, quadra 8, Calhau, São Luís – MA, no valor de R$ 200.000,00, com previsão de entrega em 1.º/4/2021, já incluído o prazo de tolerância de 180 dias. Apesar de o promitente comprador estar adimplente com suas obrigações contratuais, a promitente vendedora não cumpriu o avençado, entregando as chaves do imóvel somente em 10/1/2022.

Diante disso, João Ricardo ajuizou ação ordinária em que pleiteou os seguintes pedidos: i) desfazimento do contrato com a devolução dos valores pagos integralmente à construtora; ii) nulidade de cláusula contratual que prevê a prorrogação indeterminada do prazo de entrega do imóvel; iii) pagamento de multa contratual de 1% sobre o valor do imóvel por mês de mora; iv) lucros cessantes correspondentes ao preço de mercado do aluguel da unidade compromissada durante o período em que o apartamento deveria ter sido entregue até a data da rescisão contratual; v) indenização, a título de danos materiais, referente à valorização do imóvel no período compreendido entre a data da assinatura do contrato e a data prometida para a efetiva entrega do imóvel; vii) danos morais no valor de R$ 20.000,00. Ao final, requereu a gratuidade da justiça e a aplicação do Código de Defesa do Consumidor (CDC). A inicial foi acompanhada de cópia dos boletos pagos e dos respectivos comprovantes, do contrato celebrado entre as partes, da pesquisa de preço que indicou a valorização de R$ 60.000,00 do imóvel entre a data de assinatura do contrato e a data prevista para a sua entrega, bem como da declaração de isenção do imposto de renda.

O juízo deixou para apreciar o pedido de gratuidade na sentença. Designada audiência de conciliação, não houve acordo entre as partes.

Em contestação, a construtora, preliminarmente, alegou ser indevida a gratuidade da justiça, uma vez que é necessária a comprovação da hipossuficiência, o que não foi feito no processo, ao passo que refutou também a aplicação das regras consumeristas ao caso, já que o contrato em questão é regido por normas próprias. Em seguida, asseverou que o referido atraso não poderia dar ensejo a rescisão, tendo em vista que havia previsão contratual de prorrogação automática do prazo de entrega do imóvel na hipótese de caso fortuito e força maior, como ocorreu na situação dos autos, em que houve, durante o período da obra, escassez de mão de obra, aumento das chuvas e acentuada burocracia cartorária, impactando o curso normal do contrato. Nesse ponto, requereu que, na eventualidade de ser deferida a resolução contratual, houvesse a retenção de 25% do valor pago pelo autor, a título de ressarcimento de despesas administrativas, conforme previsão contratual.

Ademais, a empresa ré defendeu a impossibilidade de aplicação da multa requerida, uma vez que ela fora estipulada no contrato apenas para o caso de mora do adquirente, e não da construtora. Ao final, refutou o pagamento de lucros cessantes, da indenização pela valorização do imóvel, assim como dos danos morais.

Instadas a especificar provas, as partes apenas rogaram pelo julgamento do feito. Autos conclusos para sentença.

Considerando os fatos acima relatados, redija a sentença, na condição de juiz de direito substituto competente para dar solução ao caso. Analise toda a matéria de direito processual e material pertinente para o julgamento, e embase suas explanações na doutrina, na jurisprudência e na legislação, indicando eventuais artigos de lei pertinentes, fundamentando suas conclusões. Não assine nem mencione qualquer elemento que identifique a prova. Para assinar a sentença, utilize apenas a expressão "Juiz de Direito Substituto" e date-a com a data de aplicação da prova. Dispense o relatório e não crie fatos novos.

PADRÃO DE RESPOSTAS:

Espera-se do(a) candidato(a) resposta compatível com o apresentado neste padrão de resposta, não se descartando possibilidades de respostas que se coadunem com a apresentada a seguir.

2.1 Gratuidade da justiça e Julgamento antecipado

Quanto à gratuidade da justiça, vale registrar que, em conformidade com os arts. 98, caput, e 99, § 3.º, do CPC, para a concessão da assistência judiciária, em regra, basta a afirmação da parte no sentido de não dispor de condições para pagar as custas processuais sem prejuízo próprio e de sua família, presumindo-se pobre, até prova em contrário, quem alegar essa circunstância.

Tal presunção, porém, pode ser afastada mediante prova em sentido contrário, produzida pela parte adversa ou por meio de apuração iniciada de ofício pelo juiz, se presentes os motivos que a recomendem. No caso dos autos, a ré não logrou trazer elementos idôneos a infirmar o pedido da gratuidade do autor. Dessa forma, diante da declaração de hipossuficiência firmada pelo demandante, corroborada pelo comprovante de isenção do imposto de renda, deve ser deferida a gratuidade judiciária ao autor, no teor do art. 98, § 1.º, do CPC.

Nesse sentido é a jurisprudência pátria (STJ, AgInt no REsp 1639167/SP, Rel. ministro Raul Araújo, Quarta Turma, julgado em 4/5/2017, DJe 18/5/2017).

O presente processo comporta julgamento antecipado do mérito, uma vez que não há necessidade de produção de outras provas (art. 355, I, do CPC). Se, nas alegações finais, as partes se mantiveram inertes ou não requereram nenhuma diligência, conclui-se, então, que consentiram com o julgamento imediato do feito (Raimundo Silvino da Costa Neto e Rodrigo Cordeiro de Souza Rodrigues. Sentença cível. 2.ª ed. São Paulo: Ed. Método, 2016, p. 53).

2.2 A Aplicação das regras consumeristas / Nulidade da cláusula que permite prorrogação automática do prazo de entrega

Na hipótese dos autos, restou configurada a relação de consumo, na qual o promissário comprador figura como consumidor (art. 2.º do CDC) do produto imobiliário (§ 1.º do art. 3.º do CDC) e a construtora, como fornecedora, responsável pela comercialização dos bens e serviços (art. 3.º do CDC).

Segundo o STJ, aos contratos de incorporação imobiliária, embora regidos por princípios e normas que lhes são próprios (Lei n.º 4.591/1964), também se aplica a legislação consumerista sempre que a unidade imobiliária for destinada a uso próprio do adquirente ou de sua família (REsp: 1582318 RJ 2015/0145249-7, Relator: ministro Ricardo Villas Bôas Cueva, data de julgamento: 12/9/2017, T3 – Terceira Turma, data de publicação: DJe 21/9/2017).

Registre-se que, em razão de o contrato em questão ter sido assinado em novembro de 2018, não se aplicam a esse negócio jurídico os novos dispositivos da Lei n.º 4.591/1964, incluídos em dezembro de 2018, pela Lei n.º 13.786/2018, devido à vedação constitucional à retroatividade da lei. – Nesse sentido é o entendimento do STJ: "(...) não se pode cogitar a aplicação simples e direta da nova

Lei n.º 13.786/2018 para solução de casos anteriores ao advento do mencionado diploma legal (retroatividade da lei, com consequente modificação jurisprudencial, com ou sem modulação)". (STJ – REsp: 1498484 DF 2014/0306634-9, Relator: ministro Luis Felipe Salomão, data de julgamento: 22/5/2019, S2 – Segunda Seção, data de publicação: DJe 25/6/2019).

A compra de um imóvel "na planta" com prazo e preço certos possibilita ao adquirente planejar sua vida econômica e social, pois é sabido de antemão quando haverá a entrega das chaves, devendo ser observado, portanto, pelo incorporador e pelo construtor, com a maior fidelidade possível, o cronograma de execução da obra, sob pena de se indenizar os prejuízos causados ao adquirente ou ao compromissário pela não conclusão da edificação ou pelo retardo injustificado na conclusão da obra (arts. 43, II, da Lei n.º 4.591/1964, e 927 do Código Civil).

No contrato de promessa de compra e venda de imóvel em construção, além do período previsto para o término do empreendimento, há, comumente, cláusula de prorrogação excepcional do prazo de entrega da unidade ou de conclusão da obra, que varia entre 90 (noventa) e 180 (cento e oitenta) dias: a cláusula de tolerância, constituindo previsão que atenua os fatores de imprevisibilidade que afetam negativamente a construção civil, a onerar excessivamente seus atores, tais como intempéries, chuvas, escassez de insumos, greves, falta de mão de obra, crise no setor, entre outros contratempos.

Nesse sentido, considera-se abusiva cláusula de tolerância nos contratos de promessa de compra e venda de imóvel em construção, cujo prazo máximo de prorrogação ultrapasse 180 dias, como ocorreu no caso dos autos, sendo nula, portanto, de pleno direito, a teor do art. 51, IV, da Lei n.º 8.078/90 (STJ, REsp 1582318-RJ, rel. min. Ricardo Villas Bôas Cueva, 3.ª Turma, julgado em 12/9/2017).

2.3 Rescisão contratual e inexistência de caso fortuito ou força maior / devolução integral das quantias pagas

A demora na entrega do imóvel é ponto incontroverso, pois a própria ré, nas razões de sua defesa, admitiu o atraso, mas não comprovou a existência de evento imprevisível que desse causa à mora operada na entrega do imóvel adquirido.

Na hipótese, a ocorrência de caso fortuito ou força maior se daria apenas com eventos alheios à atividade da construtora, como no caso de guerra, mudanças climáticas imprevisíveis, inundações etc., e não apenas problemas de mão de obra, burocracia do poder público, chuvas ocasionais, uma vez que estes são eventos não só previsíveis como esperados e inerentes aos riscos da atividade empresarial desenvolvida.

A teoria do risco do negócio ou da atividade é a base da responsabilidade objetiva do CDC, a qual se harmoniza com o sistema de produção e consumo em massa, protegendo a parte mais frágil da relação jurídica.

Já o desfazimento contratual se opera pela simples vontade da parte, o que ocorreu no caso em comento por meio da propositura desta demanda judicial.

Assim, demonstrada a culpa da promitente vendedora na resolução do contrato de compra e venda de imóvel (atraso), devem ser restituídos todos os valores pagos pelo promitente comprador, sem retenção de qualquer natureza, ainda que prevista expressamente.

Sobre a matéria, cite-se o Enunciado da Súmula 543, do STJ, oriundo do Julgamento do Tema n.º 577:

> "Súmula 543 – Na hipótese de resolução de contrato de promessa de compra e venda de imóvel submetido ao Código de Defesa do Consumidor, deve ocorrer a imediata restituição das parcelas pagas pelo promitente comprador – integralmente, em caso de culpa exclusiva do promitente vendedor/construtor, ou parcialmente, caso tenha sido o comprador quem deu causa ao desfazimento."

In casu, a parte autora se manteve realizando os pagamentos das prestações relativas à aquisição do imóvel durante toda a obra, conforme documentos juntados à inicial.

Portanto, tanto deverá se operar a resolução do contrato quanto a restituição dos valores já pagos pelo autor à ré.

2.4 Inversão da cláusula penal e impossibilidade de cumulação com os lucros cessantes

A demora na entrega do imóvel na data previamente acordada resulta na rescisão do contrato de compra e venda e, em consequência, no dever de reparação pela não fruição do imóvel durante o tempo em que a construtora permaneceu em mora.

Sobre o tema, o STJ, em recursos repetitivos (Tema nº 971), decidiu que é possível a inversão, contra a construtora, da cláusula penal estipulada exclusivamente para o consumidor, nos casos de inadimplemento da construtora/incorporadora, pelo atraso na entrega.

Dessa forma, no caso dos autos, é devida a multa moratória de 1% sobre o valor do imóvel por mês de atraso.

Por outro lado, é cediço que a natureza da cláusula penal moratória é eminentemente reparatória (indenizatória), possuindo ela, também, reflexamente, uma função dissuasória (ou seja, de desestímulo ao descumprimento).

Assim, como a cláusula penal moratória já serve para indenizar/ressarcir os prejuízos que a parte sofreu devido ao adimplemento tardio da obrigação, sendo, em regra, estabelecida em valor equivalente ao locativo, não se pode fazer a sua cumulação com lucros cessantes (que também consiste em uma forma de ressarcimento), sob pena de *bis in idem*.

Diante desse cenário, conforme entendimento pacificado no STJ (Tema nº 970), havendo cláusula penal no sentido de prefixar, em patamar razoável, a indenização, não cabe a sua cumulação com lucros cessantes.

À vista do exposto, indefiro os lucros cessantes.

2.5 Indenização referente à valorização do imóvel e aos danos morais

De acordo com o art. 43, II, da Lei n.º 4.591/1964, o incorporador deve responder civilmente pela execução da incorporação, devendo indenizar os adquirentes dos prejuízos que a estes advierem do fato de não se concluir a edificação ou de se retardar injustificadamente a conclusão das obras.

Contudo, eventual valorização do imóvel não se enquadra no conceito de perdas e danos. Não representa uma diminuição do patrimônio do adquirente, nem significa a perda de um ganho que se devesse legitimamente esperar.

A frustração da expectativa de lucro pela suposta valorização não decorre de ato compulsório imposto pelo vendedor, mas da opção pela resolução antecipada do contrato livremente exercida pelo adquirente. Em outras palavras, o comprador deixou de experimentar esse lucro da valorização do imóvel porque escolheu o desfazimento do contrato. (STJ. Terceira Turma. REsp 1750585-RJ, Rel. min. Ricardo Villas Bôas Cueva, julgado em 1.º/6/2021).

Assim, o pedido da referida indenização deve ser indeferido.

Quanto aos danos morais, cumpre registrar que o enunciado da questão é claro ao indicar o prazo contratual de conclusão da obra, 1/04/2022, o qual já incluiria o prazo de tolerância, e a data em que houve a efetiva entrega do imóvel, 10/1/2022.

A partir de um simples cálculo aritmético entre esses marcos temporais, observa-se que houve uma demora total de 15 (quinze) meses e 9 (nove) dias, dos quais, 6 (seis) meses estariam dentro do prazo de tolerância, sendo que apenas os demais 9 (nove) meses e 9 (nove) dias excedentes poderiam ser considerados como um atraso ilícito. Tal lapso de tempo, contudo, não é considerado pela jurisprudência do STJ como suficiente – sem que haja a prova de uma significativa e anormal situação que repercuta na esfera de dignidade do comprador, o que não ocorreu nos autos –, para gerar danos morais indenizáveis. (STJ. Terceira Turma. REsp 1654843/SP, rel. min. Ricardo Villas Bôas Cueva, julgado em 27/2/2018; STJ. Terceira Turma. AgInt no REsp 1693221/SP, rel. min. Nancy Andrighi, julgado em 20/3/2018; STJ. Terceira Turma. AgInt-REsp 1.870.773, rel. min. Paulo de Tarso Sansenverino, julgado em 26/3/2021; STJ. Terceira Turma. AgInt-REsp 1.913.570, rel.min. Ricardo Villas Boas Cueva, julgado em 15/6/2021).

Considerando que, na hipótese, o autor não logrou êxito em comprovar a ocorrência de uma violação atípica a seu direito da personalidade, os danos morais não devem ser acolhidos.

2.6 Conclusão pela procedência parcial e julgamento com resolução de mérito/distribuição dos ônus de sucumbência

Isto posto, julgo parcialmente procedente o pedido, com resolução de mérito, nos termos do art. 487, I, do CPC, para declarar rescindido, na presente data, o contrato firmado entre as partes, bem como condenar a ré: i) à restituição dos valores integralmente pagos pelo autor, provenientes do contrato de promessa de compra e venda juntado aos autos, com juros de mora de 1% ao mês e correção monetária pela tabela prática adotada pelo tribunal, a contar do trânsito em julgado dessa decisão e do desembolso, respectivamente; ii) ao pagamento da multa de 1% sobre o valor do imóvel por mês de atraso, até a data da entrega do imóvel.

Em razão da sucumbência recíproca, mas não proporcional, condeno a ré ao pagamento de 50% (cinquenta por cento) das custas processuais (art. 86 do CPC), bem como dos honorários advocatícios do patrono da parte autora, os quais arbitro no patamar de 10% (dez por cento) sobre o valor atualizado da condenação (art. 85, § 2.º, do CPC), observando-se os valores a serem restituídos como base de cálculo.

Condeno a parte autora, de igual forma, ao pagamento de 50% (cinquenta por cento) das custas e despesas processuais, bem como dos honorários sucumbenciais ao patrono da ré, os quais arbitro no patamar de 10% (dez por cento) sobre o proveito econômico obtido pelo réu, ficando a cobrança suspensa, em observância ao art. 98, § 3.º, do CPC.

Obs. *1: admite-se, também, a distribuição do ônus de forma diversa, desde que devidamente fundamentada e coerente com o dispositivo da sentença.*

Publique-se. Registre-se. Intimem-se.

Local, data.

Juiz de Direito Substituto

***Obs. 2:** é aceitável colocar São Luís/MA no local (junto à data).*

***Obs. 3:** deve ser aceita a indicação do INPC, por refletir a recomposição de perdas inflacionárias.*

***Obs. 4:** será tida como correta a aplicação da taxa SELIC, desde que não cumulada com correção monetária, cujo termo inicial será a partir do trânsito em julgado da sentença.*

QUESITOS AVALIADOS

2.1 Gratuidade da justiça e julgamento antecipado

0 – Não concedeu a gratuidade da justiça nem abordou o julgamento antecipado

1 – Concedeu a gratuidade da justiça OU abordou o julgamento antecipado.

2 – Concedeu a gratuidade da justiça, sem apontar o fundamento legal (arts. 98 e 99, § 3.º, do CPC) E abordou o julgamento antecipado.

3 – Concedeu a gratuidade da justiça, apontando o fundamento legal (arts. 98 e 99, § 3.º, do CPC) E abordou o julgamento antecipado.

2.2 Aplicação das regras consumeristas / Nulidade da cláusula contratual de prorrogação automática do prazo de entrega

0 – Não aplicou as regras do CDC ao caso E não reconheceu a nulidade da cláusula que permite prorrogação automática do prazo de entrega.

1 – Aplicou as regras do CDC ao caso OU reconheceu a nulidade da cláusula que permite prorrogação automática do prazo de entrega.

2 – Aplicou as regras do CDC ao caso E reconheceu a nulidade da cláusula que permite prorrogação automática do prazo de entrega, mas NÃO indicou o fundamento legal (art. 51, IV, do CDC) nem o entendimento jurisprudencial.

3 – Aplicou as regras do CDC ao caso E reconheceu a nulidade da cláusula que permite prorrogação automática do prazo de entrega E indicou o fundamento legal (art. 51, IV, do CDC) OU o entendimento jurisprudencial.

4 – Aplicou as regras do CDC ao caso E reconheceu a nulidade da cláusula que permite prorrogação automática do prazo de entrega E indicou o fundamento legal (art. 51, IV, do CDC) E o entendimento jurisprudencial.

2.3 Rescisão contratual e a inexistência de caso fortuito ou força maior / Devolução integral das quantias pagas pelo autor

0 – Rejeitou a rescisão contratual OU não afastou a existência de caso fortuito ou força maior E não reconheceu o direito à devolução integral das quantias pagas.

1 – Reconheceu a rescisão contratual E afastou a existência de caso fortuito ou força maior, com base na teoria do risco OU reconheceu o direito à devolução integral das quantias pagas.

2 – Reconheceu a rescisão contratual E afastou a existência de caso fortuito ou força maior, com base na teoria do risco, E reconheceu o direito à devolução integral das quantias pagas, mas NÃO mencionou o entendimento constante em súmula ou no Tema Repetitivo 577, ambos do STJ.

3 – Reconheceu a rescisão contratual E afastou a existência de caso fortuito ou força maior, com base na teoria do risco, E reconheceu o direito à devolução integral das quantias pagas com menção ao entendimento constante em súmula ou no Tema Repetitivo 577, ambos do STJ.

2.4 Inversão da cláusula penal e a impossibilidade de cumulação com os lucros cessantes

0 – Não aplicou a cláusula penal em favor do autor OU inverteu a cláusula penal em favor do autor E indicou a possibilidade de cumulação com os lucros cessantes.

1 – Inverteu a cláusula penal em favor do autor E indicou a impossibilidade de cumulação com os lucros cessantes, mas NÃO mencionou o entendimento dos tribunais superiores sobre o tema.

2 – Inverteu a cláusula penal em favor do autor E indicou a impossibilidade de cumulação com os lucros cessantes E mencionou o entendimento dos tribunais superiores sobre o tema.

2.5 Indenização referente à valorização do imóvel e aos danos morais

0 – Acolheu o pedido de indenização pela valorização do imóvel E o pedido de danos morais

1 – Não acolheu o pedido de indenização pela valorização do imóvel OU não acolheu o pedido de danos morais.

2 – Não acolheu o pedido de indenização pela valorização do imóvel E não acolheu o pedido de danos morais, MAS não mencionou o entendimento dos tribunais superiores sobre o tema.

3 – Não acolheu o pedido de indenização pela valorização do imóvel, como também não acolheu o pedido de danos morais, mencionando o entendimento dos tribunais superiores sobre o tema.

2.6 Conclusão pela parcial procedência e julgamento com resolução de mérito / distribuição dos ônus de sucumbência.

0 – Não abordou nenhum dos aspectos OU Julgou extinto o processo sem resolução de mérito OU julgou improcedente/totalmente procedente o pedido, com resolução de mérito, E NÃO distribuiu corretamente os ônus de sucumbência E NÃO finalizou a sentença com determinação de "Publique-se. Registre-se. Intimem-se", local e data.

1 – Não abordou nenhum dos aspectos OU Julgou extinto o processo sem resolução de mérito OU julgou improcedente/totalmente procedente o pedido, com resolução de mérito, E distribuiu corretamente os ônus de sucumbência OU finalizou a sentença com determinação de "Publique-se. Registre-se. Intimem-se", local e data.

2– Julgou extinto o processo OU julgou improcedente/totalmente procedente o pedido, com resolução de mérito E distribuiu corretamente os ônus de sucumbência E finalizou a sentença com determinação de "Publique-se. Registre-se. Intimem-se", local e data.

3 – Julgou parcialmente procedente o pedido, com resolução de mérito, E distribuiu corretamente os ônus de sucumbência OU finalizou a sentença com determinação de "Publique-se. Registre-se. Intimem-se", local e data.

4 – Julgou parcialmente procedente o pedido, com resolução de mérito, E distribuiu corretamente os ônus de sucumbência E finalizou a sentença com determinação de "Publique-se. Registre-se. Intimem-se", local e data.

CESPE | CEBRASPE – TJ/PA – APLICAÇÃO: 2020

- **PROVA ESCRITA P3**
- **PRÁTICA DE SENTENÇA – SENTENÇA CÍVEL**
- Nesta prova, faça o que se pede, usando, caso deseje, os espaços para rascunho indicados no presente caderno. Em seguida, transcreva o texto para o CADERNO DE TEXTO DEFINITIVO DA PROVA ESCRITA P3 – SENTENÇA CÍVEL, nos locais apropriados, pois não serão avaliados fragmentos de texto escritos em locais indevidos.
- Qualquer fragmento de texto que ultrapassar a extensão máxima de linhas disponibilizadas será desconsiderado. Também será desconsiderado o texto que não for escrito na(s) folha(s) de texto definitivo correspondente(s).
- No Caderno de Texto Definitivo, identifique-se apenas no cabeçalho da primeira página, pois não será avaliado texto que tenha qualquer assinatura ou marca identificadora fora do local apropriado. Caso queira assinar o texto de sua sentença cível, utilize apenas o nome Juiz de direito substituto. Ao texto que contenha outra forma de assinatura será atribuída nota zero, correspondente à identificação do candidato em local indevido.
- Na avaliação da sentença criminal, ao domínio do conteúdo serão atribuídos até 10,00 pontos, dos quais até 0,50 ponto será atribuído ao quesito apresentação (legibilidade, respeito às margens e indicação de parágrafos) e estrutura textual (organização das ideias em texto estruturado).

SENTENÇA CÍVEL

A empresa GAMA Serviços Ltda. ajuizou, por meio de advogado constituído, ação submetida ao procedimento comum, em desfavor do Banco BETA S.A., com o objetivo de condená-lo ao pagamento de indenização por danos morais, no montante de R$ 100 mil.

Para tanto, alega ter sofrido dano moral em decorrência do cumprimento de mandado de busca e apreensão de veículo objeto de litígio, expedido em razão de requerimento do banco, bem como da presença de representante do réu na ocasião, o que abalou a reputação da empresa. Para a autora, a indenização é devida na medida em que o comparecimento de representante do réu tornou arbitrário o ato, do qual deveria participar apenas o oficial de justiça.

Além disso, como o ato ocorrera em horário comercial, ou seja, no pleno funcionamento das atividades da empresa, os funcionários e clientes presenciaram o representante do banco dizendo “estou aqui para pegar o que é meu”.

Na ação, a empresa pede a aplicação de multa ao réu por litigância de má-fé, alegando que ele procedera de modo temerário ao enviar representante para comparecer ao cumprimento do referido mandado.

Em contestação, o réu pugnou pela improcedência do pedido da autora, alegando que a realização de busca e apreensão se deu por ordem judicial, em razão de descumprimento de obrigação de entregar o veículo, e que, ainda que possa ter sido constrangedora, não seria apta a gerar dano moral apenas por ter sido efetivada com acompanhamento de representante do réu e na presença de funcionários e clientes.

Em audiência de instrução e julgamento, as duas testemunhas arroladas pela parte autora confirmaram que representante do réu esteve no momento da execução do mandado de busca e apreensão e que ele realmente havia proferido a citada frase à autora diante dos presentes na ocasião.

Considerando os fatos acima relatados, redija a sentença, dando solução ao caso. Analise toda a matéria de direito processual e material pertinente para o julgamento, fundamente suas explanações, dispense o relatório e não crie fatos novos.

PADRÃO DE RESPOSTA DA BANCA:

DO MÉRITO

REPARAÇÃO DE DANOS. ATO ILÍCITO. REQUISITOS

A reparação de danos, de acordo com o sistema jurídico pátrio, tem como fundamento a ocorrência de ato ilícito, com amparo no art. 186 do Código Civil, ou de ato-fato indenizatório, com base no art. 927, parágrafo único, do Código Civil.

A hipótese trazida a exame se amolda à ocorrência de ato ilícito, sendo certo que o pedido indenizatório encontra amparo no art. 186, em composição com o art. 927, caput, ambos do Código Civil.

Os arts. 186 e 927, *caput*, disciplinam o dever de indenizar a partir de ação ou omissão voluntária, negligência ou imprudência que causar dano a outrem, devendo-se, nessa hipótese, verificar a ocorrência de nexo causal entre o evento lesivo e a conduta do causador do dano.

No âmbito do ilícito civil, prevalece a teoria da causalidade adequada (art. 403 do Código Civil), segundo a qual somente se considera existente o nexo causal caracterizador da responsabilidade civil quando a conduta do agente for determinante à ocorrência do dano.

> Código Civil
>
> Art. 186. Aquele que, por ação ou omissão voluntária, negligência ou imprudência, violar direito e causar dano a outrem, ainda que exclusivamente moral, comete ato ilícito.

> (...)
>
> Art. 403. Ainda que a inexecução resulte de dolo do devedor, as perdas e danos só incluem os prejuízos efetivos e os lucros cessantes por efeito dela direto e imediato, sem prejuízo do disposto na lei processual.
>
> (...)
>
> Art. 927. Aquele que, por ato ilícito (arts. 186 e 187), causar dano a outrem, fica obrigado a repará-lo.

DANOS MORAIS. PESSOA JURÍDICA. HONRA OBJETIVA. COMPROVAÇÃO

Embora a mera existência de ato ilícito, em caráter isolado, não seja suficiente para gerar automaticamente a obrigação de indenizar eventuais danos morais, geralmente o dano moral é reconhecido, em tese, sem a necessidade de demonstração das consequências da conduta ilícita, o que não é o caso dos autos, principalmente por envolver pessoa jurídica.

No caso do dano moral, há ofensa a direito da personalidade, o que abrange a dignidade da pessoa humana, seu íntimo, sua honra, sua reputação, seus sentimentos de afeto, conforme art. 12 do Código Civil.

Contudo, em se tratando de pessoa jurídica, a extensão dos direitos da personalidade não é ampla e irrestrita, como decorre da própria dicção legal do art. 52 do Código Civil: "Aplica-se às pessoas jurídicas, no que couber, a proteção dos direitos da personalidade".

A pessoa jurídica, assim como a pessoa física, será considerada vítima de lesão de natureza moral desde que a ofensa atinja a sua honra objetiva, ou seja, desde que a violação atinja a sua reputação, de modo a macular o seu nome, sua credibilidade perante a sociedade onde atua, segundo entendimento firmado pelo colendo STJ na Súmula n.º 227.

Portanto, para que seja caracterizado o dano moral à pessoa jurídica, é imprescindível a comprovação dos danos causados a sua imagem e a seu bom nome comercial.

Dessa forma, a indenização por dano moral à pessoa jurídica apenas merece deferimento diante de provas concretas que evidenciem que a sua honra objetiva tenha sofrido graves danos, posto que, ao contrário do que ocorre com a pessoa humana, não se pode presumir o dano moral em prol da pessoa jurídica.

> (...) 3. Com base em todas essas ponderações e mais uma vez adotando a teoria da causalidade adequada (Código Civil/2002, art. 403) — segundo a qual somente se considera existente o nexo causal a caracterizar a responsabilidade civil quando a conduta do agente for determinante à ocorrência do dano —, concluo que

o rompimento do contrato de financiamento decorreu do inadimplemento recíproco dos contratantes, já que ambos, tanto por ações como por omissões, deram causa à impossibilidade de cumprimento da finalidade a que se destinava a avença. (REsp 1615977/DF, Rel. Ministro MARCO AURÉLIO BELLIZZE, TERCEIRA TURMA, julgado em 27/9/2016, DJe 7/10/2016)

(...) 5. A Súmula 227 do STJ enuncia que a pessoa jurídica, assim como a pessoa física, é capaz de sofrer lesão de natureza moral, sendo necessário, em tais casos, que a ofensa atinja a sua honra objetiva, ou seja, que a violação atinja a sua reputação ou o seu nome no meio comercial em que atue. (REsp 1726984/SP, Rel. Ministro HERMAN BENJAMIN, SEGUNDA TURMA, julgado em 8/5/2018, DJe 19/11/2018)

AGRAVO REGIMENTAL NO AGRAVO EM RECURSO ESPECIAL. CONTRATO DE DISTRIBUIÇÃO. ROMPIMENTO. UNILATERAL. DANOS MORAIS. HONRA OBJETIVA. OFENSA. NÃO OCORRÊNCIA. SÚMULA N.º 7/STJ.

1. A possibilidade de a pessoa jurídica sofrer dano moral depende da demonstração de abalo à sua honra objetiva. Precedentes.

2. Na hipótese dos autos, o Tribunal de origem entendeu inexistir prova de que a recorrente, com a rescisão unilateral do contrato de distribuição, sofreu abalo na sua boa fama junto aos clientes. Rever esse entendimento para acolher a alegação de que é devido o pagamento de danos morais dependeria de reexame de fatos e provas, o que atrai a incidência da Súmula n.º 7/STJ. 3. Agravo regimental não provido. (AgRg no AREsp 454.848/RS, Rel. Ministro RICARDO VILLAS BÔAS CUEVA, TERCEIRA TURMA, julgado em 1º/4/2019, DJe 10/4/2019)

Quando se trata de pessoa jurídica, o tema da ofensa à honra propõe uma distinção inicial: a honra subjetiva, inerente à pessoa física, que está no psiquismo de cada um e pode ser ofendida com atos que atinjam a sua dignidade, respeito próprio, autoestima etc., causadores de dor, humilhação, vexame; a honra objetiva, externa ao sujeito, que consiste no respeito, admiração, apreço, consideração que os outros dispensam à pessoa. Por isso se diz ser a injúria um ataque à honra subjetiva, à dignidade da pessoa, enquanto que a difamação é ofensa à reputação que o ofendido goza no âmbito social onde vive. A pessoa jurídica, criação da ordem legal, não tem capacidade de sentir emoção e dor, estando por isso desprovida de honra subjetiva e imune à injúria. Pode padecer, porém, de ataque à honra objetiva, pois goza de uma reputação junto a terceiros, passível de ficar abalada por atos que afetam o seu bom nome

> no mundo civil ou comercial onde atua. (STJ, 4.ª TURMA, REsp 60.033-2-MG, rel. min. Ruy Rosado de Aguiar, julgado em 9/8/1995, DJ 27/11/1995)
>
> Súmula STJ n.º 227 – A pessoa jurídica pode sofrer dano moral.
>
> Código Civil
>
> Art. 927. Aquele que, por ato ilícito (arts. 186 e 187), causar dano a outrem, fica obrigado a repará-lo.
>
> Parágrafo único. Haverá obrigação de reparar o dano, independentemente de culpa, nos casos especificados em lei, ou quando a atividade normalmente desenvolvida pelo autor do dano implicar, por sua natureza, risco para os direitos de outrem.

ÔNUS DA PROVA

As provas coligidas aos autos não demonstram que a honra objetiva da autora (pessoa jurídica) tenha sido abalada, pois não há indicação de que houve conduta capaz de macular o seu nome ou a sua credibilidade perante a sociedade.

A autora não demonstrou que a efetivação da busca e apreensão foi capaz de macular o nome ou a credibilidade dela perante a sociedade, limitando-se a relatar o constrangimento sofrido, bem como a discussão havida entre os representantes das pessoas jurídicas. As testemunhas apenas confirmaram que o oficial de justiça compareceu na companhia de representante do réu, o qual falou à autora que estava lá para "pegar" o que era seu.

De acordo com o inciso I do art. 373 do Código de Processo Civil (CPC), incumbe ao autor o dever de provar os fatos constitutivos de seu direito, ônus do qual a autora não se desincumbiu.

> Código de Processo Civil
>
> Art. 373. O ônus da prova incumbe:
>
> I – ao autor, quanto ao fato constitutivo de seu direito;

LEGITIMIDADE DA BUSCA E APREENSÃO

Convém destacar que a mera presença de representante do réu na realização de busca e apreensão diante de funcionários e clientes não é apta a gerar abalo à honra objetiva da autora.

De fato, o réu tinha legítima pretensão à utilização da medida, que foi emanada de autoridade judicial competente.

Como se vê, no caso dos autos, a autora não demonstrou conduta capaz de macular seu nome ou sua credibilidade perante a sociedade em virtude da efetivação da busca e apreensão, limitando-se a relatar o constrangimento sofrido.

> Código de Processo Civil
>
> Art. 538. Não cumprida a obrigação de entregar coisa no prazo estabelecido na sentença, será expedido mandado de busca e apreensão ou de imissão na posse em favor do credor, conforme se tratar de coisa móvel ou imóvel.

AUSÊNCIA DE LITIGÂNCIA DE MÁ-FÉ

A expedição de mandado de busca e apreensão é medida disposta no CPC para os casos de descumprimento de obrigação de entregar coisa no prazo estabelecido na sentença, de forma que não houve procedimento temerário, não havendo que falar, assim, em condenação por litigância de má-fé.

> Código de Processo Civil
>
> Art. 79. Responde por perdas e danos aquele que litigar de má-fé como autor, réu ou interveniente.
>
> Art. 80. Considera-se litigante de má-fé aquele que:
>
> (...)
>
> V – proceder de modo temerário em qualquer incidente ou ato do processo;

DISPOSITIVO

Ante o exposto, julgo improcedente o pedido, extinguindo o processo com resolução de mérito, nos termos do inciso I do art. 487 do CPC, e condeno a autora ao pagamento de honorários advocatícios no percentual de (10% a 20%) do valor da causa, nos termos dos §§ 2.º e 6.º do art. 85 do CPC ("Art. 85. A sentença condenará o vencido a pagar honorários ao advogado do vencedor. § 1.º São devidos honorários advocatícios na reconvenção, no cumprimento de sentença, provisório ou definitivo, na execução, resistida ou não, e nos recursos interpostos, cumulativamente. § 2.º Os honorários serão fixados entre o mínimo de dez e o máximo de vinte por cento sobre o valor da condenação, do proveito econômico obtido ou, não sendo possível mensurá-lo, sobre o valor atualizado da causa, atendidos: I – o grau de zelo do profissional; II – o lugar de prestação do serviço; III – a natureza e a importância da causa; IV – o trabalho realizado pelo advogado e o tempo exigido para o seu serviço. (...) § 6.º Os limites e critérios previstos nos §§ 2.º e 3.º aplicam-se independentemente de qual seja o conteúdo da decisão, inclusive aos casos de improcedência ou de sentença sem resolução de mérito. (...) Art. 487. Haverá resolução de mérito quando o juiz: I – acolher ou rejeitar o pedido formulado na ação ou na reconvenção;").

P.R.I.

local, data

assinatura

QUESITOS AVALIADOS

Quesito 2.1.1

0 – Não abordou o tema no âmbito do direito civil.

1 – Limitou-se a indicar que a reparação de danos tem como fundamento apenas a ocorrência de ato ilícito, com amparo no art. 186 do Código Civil.

2 – Afirmou apenas que a reparação de danos tem como fundamento a ocorrência de ato ilícito, com amparo no art. 186 do Código Civil, ou de ato-fato indenizatório, com base no art. 927, parágrafo único, do Código Civil.

3 – Afirmou apenas que a reparação de danos tem como fundamento a ocorrência de ato ilícito, com amparo no art. 186 do Código Civil, ou de ato-fato indenizatório, com base no art. 927, parágrafo único, do Código Civil, e que é necessário verificar a ocorrência de nexo causal entre o evento lesivo e a conduta do causador do dano.

4 – Afirmou que a reparação de danos tem como fundamento a ocorrência de ato ilícito, com amparo no art. 186 do Código Civil, ou de ato-fato indenizatório, com base no art. 927, parágrafo único, do Código Civil e que é necessário verificar a ocorrência de nexo causal entre o evento lesivo e a conduta do causador do dano, mas apenas mencionou que prevalece a teoria da causalidade adequada (art. 403 do Código Civil), sem explicá-la.

5 – Afirmou que a reparação de danos tem como fundamento a ocorrência de ato ilícito, com amparo no art. 186 do Código Civil, ou de ato-fato indenizatório, com base no art. 927, parágrafo único, do Código Civil, que é necessário verificar a ocorrência de nexo causal entre o evento lesivo e a conduta do causador do dano e que prevalece a teoria da causalidade adequada (art. 403 do Código Civil), explicando-a.

Quesito 2.1.2

0 – Não discorreu sobre o dano moral ou afirmou que pessoa jurídica não é passível de sofrer lesão moral.

1 – Limitou-se a indicar que a pessoa jurídica, assim como a pessoa física, é passível de sofrer lesão de natureza moral.

2 – Afirmou que a pessoa jurídica, assim como a pessoa física, é passível de sofrer lesão de natureza moral, mas indicou apenas a necessidade de que a ofensa atinja a honra objetiva, sem especificar esse conceito.

3 – Afirmou que a pessoa jurídica, assim como a pessoa física, é passível de sofrer lesão de natureza moral e indicou a necessidade de que a ofensa atinja a honra objetiva, explicando esse conceito, mas sem tratar da imagem e (ou) do bom nome comercial.

4 – Afirmou que a pessoa jurídica, assim como a pessoa física, é passível de sofrer lesão de natureza moral, e indicou a necessidade de que a ofensa atinja a honra objetiva, explicando esse conceito, sobretudo quanto à imagem e ao bom nome comercial, mas não abordou a inexistência de presunção de dano moral em prol de pessoa jurídica.

5 – Afirmou que a pessoa jurídica, assim como a pessoa física, é passível de sofrer lesão de natureza moral, indicou a necessidade de que a ofensa atinja a honra objetiva, explicando esse conceito, sobretudo quanto à imagem e ao bom nome comercial, e abordou a inexistência de presunção de dano moral em prol de pessoa jurídica, mas não discorreu sobre a extensão dos direitos da personalidade.

6 – Afirmou que a pessoa jurídica, assim como a pessoa física, é passível de sofrer lesão de natureza moral, indicou a necessidade de que a ofensa atinja a honra objetiva, explicando esse conceito, sobretudo quanto à imagem e ao bom nome comercial, abordou a inexistência de presunção de dano moral em prol de pessoa jurídica e indicou que a extensão dos direitos da personalidade não é ampla e irrestrita.

Quesito 2.1.3

0 – Não discorreu sobre o ônus da prova.

1 – Limitou-se a indicar que incumbe ao autor da ação indenizatória o dever de provar os fatos constitutivos de seu direito, sem abordar os aspectos do caso narrado ou identificando que, no caso narrado, a medida de busca e apreensão foi capaz de macular o nome e(ou) a credibilidade da empresa perante a sociedade.

2 – Afirmou, com o devido fundamento, que incumbe ao autor da ação indenizatória o dever de provar os fatos constitutivos de seu direito e que a autora não demonstrou que a medida de busca e apreensão foi capaz de macular seu nome ou sua credibilidade perante a sociedade, mas não indicou o mero relato do constrangimento sofrido.

3 – Afirmou, com o devido fundamento, que incumbe ao autor o dever de provar os fatos constitutivos de seu direito e que a autora não demonstrou que a medida de busca e apreensão foi capaz de macular seu nome ou sua credibilidade perante a sociedade, indicando o mero relato do constrangimento sofrido.

Quesito 2.1.4

0 – Não indicou a legitimidade da busca e apreensão ou afirmou que a medida foi ilegítima.

1 – Limitou-se a indicar que o réu tinha legítima pretensão à utilização da medida de busca e apreensão.

2 – Afirmou que o réu tinha legítima pretensão à utilização da medida de busca e apreensão, indicando que esta foi emanada de autoridade judicial competente, mas não discorreu que a realização de busca e apreensão não é apta a gerar abalo à honra objetiva da autora.

3 – Afirmou que o réu tinha legítima pretensão à utilização da medida de busca e apreensão, indicando que esta foi emanada de autoridade judicial competente, bem como discorreu que a realização de busca e apreensão não é apta a gerar abalo à honra objetiva da autora.

Quesito 2.1.5

0 – Não abordou a litigância de má-fé ou afirmou que houve litigância de má-fé.

1 – Limitou-se a indicar que responde por perdas e danos aquele que litigar de má-fé como autor, réu ou interveniente.

2 – Indicou que responde por perdas e danos aquele que litigar de má-fé como autor, réu ou interveniente, e afirmou que o réu não procedeu de modo temerário, mas não apresentou justificativa.

3 – Indicou que responde por perdas e danos aquele que litigar de má-fé como autor, réu ou interveniente, e afirmou que o réu não procedeu de modo temerário, mas abordou na justificativa apenas o aspecto relativo à presença do representante do banco no ato de busca e apreensão ou o aspecto da pertinência da expedição de mandado de busca e apreensão no caso.

4 – Indicou que responde por perdas e danos aquele que litigar de má-fé como autor, réu ou interveniente, e afirmou que o réu não procedeu de modo temerário,

abordando na justificativa tanto a questão da presença do representante do banco no ato de busca e apreensão quanto da pertinência da expedição de mandado de busca e apreensão no caso.

Quesito 2.2

0 – Não redigiu o dispositivo ou julgou procedente o pedido.

1 – Limitou-se a redigir que julga improcedente o pedido.

2 – Registrou que julga improcedente o pedido e que extingue o processo com resolução de mérito, mas não condena a autora. Caso o candidato julgue procedente, ou parcialmente procedente o pedido, fará jus à pontuação referente à extinção do processo com resolução de mérito.

3 – Registrou que julga improcedente o pedido, que extingue o processo com resolução de mérito e que condena a autora ao pagamento de honorários advocatícios, mas indica percentual dissonante com o disposto dos §§ 2.º e 6.º do art. 85 do CPC.

4 – Registrou que julga improcedente o pedido, que extingue o processo com resolução de mérito e que condena a autora ao pagamento de honorários advocatícios no percentual previsto no CPC (10% a 20% do valor da causa), mas não insere o fechamento da sentença. Caso o candidato julgue procedente, ou parcialmente procedente o pedido, fará jus à pontuação referente à extinção do processo com resolução de mérito e ao fechamento.

5 – Registrou que julga improcedente o pedido, que extingue o processo com resolução de mérito e que condena a autora ao pagamento de honorários advocatícios no percentual previsto no CPC (10% a 20% do valor da causa), mas inseriu fechamento com apenas um dos elementos obrigatórios (PRI, local, data ou assinatura). Caso o candidato julgue procedente, ou parcialmente procedente o pedido, fará jus à pontuação referente à extinção do processo com resolução de mérito e ao fechamento, com apenas um dos elementos obrigatórios (PRI, local, data ou assinatura).

6 – Registrou que julga improcedente o pedido, que extingue o processo com resolução de mérito e que condena a autora ao pagamento de honorários advocatícios no percentual previsto no CPC (10% a 20% do valor da causa), mas inseriu fechamento com apenas dois dos elementos obrigatórios (PRI, local, data e(ou) assinatura). Caso o candidato julgue procedente, ou parcialmente procedente o pedido, fará jus à pontuação referente à extinção do processo com resolução de mérito e ao fechamento, com apenas dois dos elementos obrigatórios (PRI, local, data ou assinatura).

7 – Registrou que julga improcedente o pedido, que extingue o processo com resolução de mérito e que condena a autora ao pagamento de honorários advocatícios no percentual previsto no CPC (10% a 20% do valor da causa), mas inseriu fechamento com apenas três dos elementos obrigatórios (PRI, local, data e(ou) assinatura). Caso o candidato julgue procedente, ou parcialmente procedente o pedido, fará jus à pontuação referente à extinção do processo com resolução de mérito e ao fechamento, com apenas três dos elementos obrigatórios (PRI, local, data ou assinatura).

8 – Registrou que julga improcedente o pedido, que extingue o processo com resolução de mérito e que condena a autora ao pagamento de honorários advocatícios no percentual previsto no CPC (10% a 20% do valor da causa), e inseriu fechamento completo, com PRI, local, data e assinatura. Caso o candidato julgue procedente, ou parcialmente procedente o pedido, fará jus à pontuação referente à extinção do processo com resolução de mérito e ao fechamento completo.

FUNDAÇÃO CARLOS CHAGAS / FCC – TJ/GO – APLICAÇÃO: 2021

- **PROVA DE SENTENÇA CÍVEL**

RELATÓRIO

MAICOJORDA KOBIBRAIAN DA SILVA, brasileira, solteira, advogada, e ESTEFENCURY LEBRONJAME DA SILVA, brasileira, menor com 12 anos de idade, representada pela primeira autora (sua mãe), residentes à Rua Goiás, Lote 12, Casa 4, nesta cidade, aviaram, perante a Vara Única desta Comarca de São Domingos, no dia 29/06/2020, a presente ação ordinária de reparação de danos com pedido de antecipação dos efeitos da tutela, em desfavor de SADIGÃO BRAZIL FOODS S.A. e MERCADINHO DA ESQUINA LTDA., pessoas jurídicas de direito privado interno, devidamente qualificadas nos autos, alegando, em suma:

Ter a primeira autora, em data de 02/01/2020, adquirido da segunda requerida, em seu estabelecimento na cidade de Goiânia, um pack contendo três potes de molho madeira da marca "Puro e Natural", fabricado pela primeira requerida, que são disponibilizados em embalagens foscas e herméticas, em cuja qualidade acreditava, em virtude de utilização anterior, ainda, em virtude da constante publicidade em massa, na qual era o produto apresentado como produzido no mais rígido controle de qualidade e higiene, com ingredientes totalmente naturais e saudáveis.

Na manhã seguinte, saiu para assistir a aulas, não sem antes preparar o almoço da segunda autora, sua filha, deixando no interior do micro-ondas: arroz, feijão, salada de tomate e alface, bife, que foi regado com o molho madeira acima mencionado.

Retornando para casa, ao final da tarde (aquele era um sábado e teve aulas o dia todo), foi preparar a sua própria refeição, ao que, após fritar alguns bifes, ao tentar temperá-los com o mesmo molho, sentiu determinada dificuldade para sacá-lo da embalagem, para seu completo espanto, ao forçar um pouco mais a embalagem, dela saiu um batráquio, conhecido como "perereca", causando-lhe total repugnância.

Relata haver adormecido, após comer um sanduíche, sendo despertada às 04h30min da manhã, por sua filha, segunda autora, que apresentava um quadro de febre, vômitos, diarreia e fortes dores abdominais, sendo levada à urgência pediátrica do Hospital São Nicolau, situado em Goiânia, onde moravam à época, diagnosticada com infecção alimentar, com imediata internação, que perduraria por apenas 5 dias.

Passando a menor a apresentar um quadro de tosse e dores de garganta, se constatou, por exame PCR, estava ela padecendo de Covid 19, contraída no próprio hospital. Ainda não vacinada, a segunda autora teve quadro grave da doença, permanecendo por 12 dias na UTI, até receber alta, seguindo o tratamento em casa, com sessões de fisioterapia respiratória, que devem prosseguir por prazo indeterminado, esclarecendo que se mudaram para São Domingos, para propiciar melhores condições de tratamento à menor.

Em virtude do ocorrido, pedem a condenação solidária dos réus.

Em relação à primeira autora: danos materiais: a) no importe de R$ 2.500,00 (dois mil e quinhentos reais), em relação aos remédios que comprou, para tratar de sua filha, vez que as despesas hospitalares foram cobertas por plano de saúde; b) R$ 1.000,00 (um mil reais), por ter perdido dois meses de cursinho preparatório para concurso, pelos quais havia pago antecipadamente e não pode frequentar; c) R$ 12,50 (doze reais e cinquenta centavos), relativos ao valor do produto que veio com vício de qualidade; danos morais: R$ 50.000,00 (cinquenta mil reais), por ter, ao adquirir produto contendo corpo estranho, a sua saúde exposta a perigo; danos por desvio produtivo do consumidor, no importe de R$ 10.000,00 (dez mil reais), por haver perdido o seu tempo com a doença da filha, sem que os requeridos a indenizassem; danos por perda de oportunidade, tendo em vista que, em razão da doença da filha, deixou de fazer o concurso para ingresso na Magistratura, que estava previsto para o dia 10/01/2020, para o qual estava se preparando intensivamente desde 2017, com grandes chances de ser aprovada.

Para a segunda autora, pedem: danos morais, no importe de R$ 300.000,00 (trezentos mil reais), por ter sofrido consequências físicas em virtude da ingestão de produto defeituoso e por ter contraído a Covid-19, ficando hospitalizada em virtude da conduta dos autores; danos estéticos, em valor nunca inferior a R$ 50.000,00 (cinquenta mil reais), por ter ficado com diversas manchas roxas pelo corpo, em virtude das injeções, ainda, por ter perdido 06 kg (seis quilogramas) durante todo o tratamento, obrigada a se submeter a fisioterapias respiratórias, para não ficar com sequelas pulmonares.

Pedem que todos os valores fixados sejam acrescidos de juros remuneratórios e moratórios, bem como da correção monetária, contados da data do evento.

Juntam os documentos de fls., demonstrando estar a primeira autora em curso preparatório para concurso e o pagamento respectivo; estar a autora inscrita no Concurso para Ingresso na Magistratura e a sua eliminação, por ausência a uma das etapas; notas fiscais de aquisição de remédios e das embalagens de molho madeira; prontuário médico da menor e a recomendação para que siga em tratamento, fotos de segunda autora, com destaque para manchas arroxeadas nos braços e barriga.

Requerida e deferida a assistência judiciária em favor de ambas as autoras, bem assim liminar para obrigar as duas rés a arcarem solidariamente com as despesas de fisioterapia da segunda autora, até o final do processo, sob pena de multa diária, sendo cumprida apenas pela primeira ré, embora ambas tenham sido intimadas.

Citada, a primeira requerida apresenta contestação, alegando, preliminarmente: 1 – a incompetência do Juízo, pois a ação deveria ser proposta no foro de domiciliado do réu (São Paulo), ou ainda em Goiânia, onde os fatos aconteceram e moravam as autoras quando da ocorrência, (só se mudando para São Domingos três meses após); 2 – a decadência de pleitear indenização por danos materiais, nos termos do artigo 26, do Código de Defesa do Consumidor, pois apresentado o pedido mais de 30 dias após a aquisição; 3 – a sua ilegitimidade para figurar no polo passivo da ação, posto que, se algum dano houve, não seria de sua responsabilidade, mas de quem vendeu o produto, e não o deve ter armazenado adequadamente; 4 – a impossibilidade de formação de litisconsórcio ativo entre as autoras, pois os pedidos e a causa *petendi* são diversos, além do que seria necessária a nomeação de um curador à segunda autora, face à sua menoridade, estando a primeira autora (sua mãe e representante legal) envolvida em nome próprio na ação; 5 – a necessidade de trazer ao polo passivo do processo a empresa ATACADISTA ANÁPOLIS LTDA., para quem os produtos foram inicialmente vendidos, que seria responsável por eventual contaminação dos produtos. Em relação ao mérito, afirma que não pode ser responsabilizada, pois não colocou o produto no mercado, cuidando-se de bonificação dada a seus revendedores, que, por sua vez, faziam promoção de "pague um e leve três", em razão do que apenas um frasco era pago, os demais saiam de graça, o que impede a caracterização da relação de consumo. Responsabilidade de terceiro, que seria o revendedor, e da própria consumidora, tendo em vista que, mesmo encontrado algum corpo estranho no produto, não seria ele capaz de gerar algum dano, que a infecção alimentar experimentada pela segunda autora decorreu do fato de haver ingerido alimentos preparados muito tempo antes da ingestão, ocasionando a proliferação de bactérias nocivas à saúde. Diz não ter causado qualquer dano à primeira autora, que não chegou nem mesmo a ingerir o produto que, caluniosamente, diz ter feito mal para a sua filha; que não se deve falar em desvio produtivo ou perda de alguma chance, posto que a primeira autora a procurou administrativamente, via Serviço de Atendimento ao Consumidor, apenas para solicitar pagamento imediato de R$ 300.000,00 (trezentos mil reais), a título de indenização, o que foi negado, que deixou de fazer o concurso por medo de ser reprovada, pois não estava bem preparada. Sendo, da mesma forma, indevidos os danos materiais, os quais, aliás, são improvados.

Ainda, quanto à segunda autora, não poder ser responsabilizado por sua doença gastrointestinal, e muito menos por haver contraído a Covid-19, posto se tratar de uma pandemia; a inexistência de danos estéticos, vez que a eventual sequela será limitada ao pulmão, pedindo a revogação da liminar concedida, pugnando pela improcedência da ação, em caso de eventual procedência, que os valores indenizatórios não ultrapassem o importe de R$ 5.000,00 (cinco mil reais), que só podem sofrer acréscimo de correção monetária, e não de juros, a partir do trânsito em julgado da sentença.

Apresenta, ainda, PEDIDO CONTRAPOSTO, através do qual pretende, da primeira autora, indenização por danos morais, tendo em vista que fez publicações diversas em suas redes sociais, denegrindo a imagem da empresa, chegando a qualificá-la como "fábrica de venenos" e "engarrafadora de sapos", causando abalo à sua imagem perante os consumidores, pedindo indenização no importe de R$ 100.000,00 (cem mil reais).

Junta documentos, inclusive *prints* de publicações na internet.

Regularmente citada, a segunda requerida permaneceu inerte, não apresentando contestação no prazo legal, tornando-se revel.

Após a réplica à contestação, realizou-se a audiência, na qual foi recusada a proposta de acordo. Colhidos depoimentos de duas testemunhas arroladas pela primeira autora, que se limitaram a afirmar que a mesma ficou extremamente abalada com a doença da filha, que frequentava cursinho preparatório para concursos por aproximadamente 3 meses, estando empolgada com a possibilidade de se tornar magistrada.

Em alegações finais, as partes reafirmam as teses desposadas nas peças constantes dos autos. Intimado, o representante do Ministério Público manifestou não ter interesse nos autos.

▼ PADRÃO DE RESPOSTA DA BANCA:

PRELIMINARES

Afasta preliminar – Competência São Domingos – foro consumidor (art. 101, I, CDC);

Acolhe decadência parcial (art. 18 CDC) – vício do produto;

Afasta preliminar – Legitimidade passiva – solidariedade fornecedores (art. 18 CDC) vício do produto;

Teoria da Asserção – Legitimidade passiva – fabricante (art. 12 CDC) – defeito do produto – Ilegitimidade – comerciante (art. 13 CDC);

Afasta preliminar – Litisconsórcio ativo possível (art. 13 CPC);

Não necessita curador;

Afasta a preliminar – Denunciação à lide – impossibilidade (art. 88 CPC) Regresso – ação própria;

REVELIA/prejudicial mérito: Efeitos materiais da revelia – não se aplicam ao comerciante (art. 345, II CPC);

Prejudicial de Mérito – Acolher a decadência parcial – apenas quanto ao valor do produto (R$ 12,50) – art. 487, II do CPC.

MÉRITO

Fundamento (requisitos da responsabilidade objetiva) – conduta – dano – nexo de causalidade;

Fundamento – ausência das excludentes;

Fundamento – Art. 12 – fato do produto (defeito);

Fundamento – art. 18 – vício do produto;

Vítima mãe (consumidora) – destinatária final

Vítima filha (art. 17 – consumidora por equiparação)

Para a mãe procedência danos materiais e emergentes (valores dos remédios + mensalidades do cursinho) – Para a mãe procedência danos morais *in re ipsa* – repugnância – (valor pode variar) Improcedência danos por desvio produtivo – indevidos – não se amolda à teoria. Improcedência danos por perda de oportunidade.

Para a filha procedência danos morais – teoria das causas determinantes – valor superior ao da mãe. Improcedência danos estéticos – fundamentação. não cabimento juros remuneratórios (apenas juros de moratórios e correção monetária)

Pedido Contraposto – Inadequação – necessidade de reconvenção.

DISPOSITIVO

Reconhece a decadência e extingue parcialmente (art. 487, II CPC). Julga extinto ou improcedente em relação a segunda ré (comerciante)

Condenação apenas da primeira ré (fabricante)

Julga procedente pedido mãe – condenar danos materiais.

Julga procedente pedido mãe – condenar danos morais.

Julga improcedente os demais pedidos mãe – desvio produtivo e perda da oportunidade.

Julga procedente pedido da filha – condenar danos morais.

Julga improcedente os demais pedidos filha – dano estético.

Manutenção do pedido liminar – análise.

Juros de mora danos materiais.

Correção Monetária danos materiais.

Juros de mora danos morais.

Correção monetária danos morais.

Sucumbência custas e honorários advocatícios.

ESTRUTURA DE SENTENÇA E LINGUAGEM

Estrutura da sentença: preliminares – mérito (tópicos/capítulos) – dispositivo.

Utilização do idioma oficial e capacidade de exposição (apresentação do texto quanto legibilidade, margens, parágrafos), erros ortográficos graves, exposição confusa/clara das ideias, objetividade, linguagem direta/apropriada)

FUNDAÇÃO CARLOS CHAGAS / FCC – TJ/AL – APLICAÇÃO: 2021

- **PROVA DE SENTENÇA CÍVEL**

Após um acidente envolvendo um caminhão da empresa Rodomuito que transportava óleo diesel da Petroquímica, adquirido o óleo e contratado o transporte pela rede de combustíveis Whitebull, houve derramamento do combustível contaminando severamente a Praia do Francês.

Em litisconsórcio ativo foi ajuizada demanda indenizatória pela Associação dos Surfistas Alagoanos, constituída regularmente há oito meses, e pela empresa Great Beach, locadora de equipamentos para atividades aquáticas, alegando danos emergentes e lucros cessantes materiais, pela drástica diminuição do contingente de turistas, pelos três meses em que durou a poluição, mais três meses em que os turistas deixaram de frequentar a região, por medo de que ainda estivesse poluída.

Por fim, requerem compensação por danos morais, reflexo direto das notícias sobre a má qualidade da praia após o acidente.

A ação foi movida contra a Petroquímica e contra a empresa de transportes Rodomuito.

Petroquímica alega ilegitimidade passiva, porque com a entrega do óleo à transportadora, a tradição já havia acontecido e o óleo derramado não mais lhe pertencia. No mérito, imputa toda a responsabilidade à transportadora e a seu preposto, que dirigia o caminhão. Rodomuito, em contestação, aponta ilegitimidade passiva (*sic*) da Associação dos Surfistas Alagoanos e requer a improcedência da ação por não comprovado o ato ilícito e ausentes provas dos danos materiais e morais alegados.

Ambas as rés denunciaram da lide o Estado de Alagoas, pela falta de ação imediata e de providências para contenção do óleo antes que chegasse à praia, o que foi indeferido por ocasião do saneador, por envolver matéria nova, não exposta na causa de pedir e sem relação com o pedido inicial.

Produzidas as provas pertinentes, só aí houve intimação do Ministério Público que opinou pela parcial procedência da demanda.

Em alegações finais, a ré Petroquímica suscitou nulidade absoluta por ausência de intervenção do Ministério Público desde a propositura da ação.

Diante destes argumentos, das autoras e das rés, profira sentença que abranja todo o alegado, preliminarmente e no mérito, inclusive reexaminando a questão do indeferimento da intervenção de terceiro antes havido. Dispensado o relatório.

(Elabore sua resposta definitiva em até 150 linhas)

PADRÃO DE RESPOSTA DA BANCA:

Resposta:

a. Pela teoria da asserção, adotada pelo E. STJ, a legitimidade e o interesse processual definem-se da narrativa formulada na inicial, cabendo ao julgador realizar um juízo hipotético de veracidade das alegações iniciais. A luz desta teoria bastaria a alegação de que a Petroquímica concorreu com os danos, entretanto a tradição do óleo diesel à empresa Rodomuito exonera a Petroquímica de responsabilidade (492, CC) e a torna parte ilegítima à lide. A ilegitimidade (ativa, na verdade, não passiva, como constou por mero erro material; quem eventualmente se confundir não será prejudicado) da Associação dos Surfistas será rejeitada pois a pertinência subjetiva da associação tem respaldo legal nos artigos 5º, V, da Lei nº 7.347/85 e 5º, XXII, da CF. Não obstante seja requisito a constituição há mais de um ano da Associação (art. 5º, V, da Lei nº 7.347/85 e 82, IV, do CDC) é possível sua mitigação conforme artigo 82, §1º do CDC e entendimento do E.STJ.

b. A defesa do meio ambiente compõe o rol de atribuições do MP (127, caput, e 129, § 1º, CF), devendo atuar como fiscal da ordem jurídica nos processos que envolvam interesse social (art. 178, 1, CPC). Ainda que tardia a intimação do *custos legis*, o órgão do MP opinou pela parcial procedência da ação afastando qualquer nulidade (art. 279, § 2º, CPC); razão pela qual a nulidade absoluta é rejeitada.

c. O indeferimento da denunciação à lide será mantido por inexistir lei ou contrato que obrigue o Estado a indenizar pelos danos ambientais (art. 125, II, CPC), além de trazer eventualmente novos fundamentos, pois é subjetiva a responsabilidade omissiva do Estado. Ainda que a pessoa jurídica de direito público possa ser considerada poluidora (art. 3º, IV, Lei nº 6.938/81) o ato ilícito que ensejou os danos, derramamento de óleo, foi praticado pela transportadora. Ademais não houve omissão no dever de fiscalização do Estado que concretizou ou agravou os danos causados que justifique sua responsabilidade civil (Edição 30, Jurisprudência em Teses, STJ).

d. A responsabilidade civil, subjetiva, decorre de conduta que cause danos a outrem (art. 186 e 927 do Código Civil) desde que comprovados o ato ilícito, o nexo causal e os danos. Ocorre que em matéria ambiental adota-se a responsabilidade objetiva amparada na teoria do risco integral (art. 225, § 3º, CF e 14, § 1º da Lei nº 6.938/81), independentemente da culpa e provado o nexo causal entre conduta e dano. Os lucros cessantes e danos emergentes são espécies de danos materiais com previsão no artigo 402 do Código Civil; o primeiro representa os valores que efetivamente deixou-se de ganhar enquanto o segundo corresponde ao prejuízo direto. Os danos materiais não são devidos à Associação dos Surfistas Alagoanos por ser uma organização sem fins lucrativos (art. 53, CC). Já em relação à empresa Great Beach, os danos materiais comportarão duas respostas: são devidos os danos emergentes correspondentes aos três meses em que houve interdição da praia e lucros cessantes nos três meses seguintes em que diminuída a frequência de turistas, nos termos do artigo 373, 1, CPC; ou são indevidos pois os autores não se desincumbiram de provar os fatos constitutivos de seu direito nos termos do artigo 373, 1, CPC.

e. Os danos morais são procedentes. A tutela dos danos morais estende-se à pessoa jurídica, conforme a vetusta Súmula 227 do E. STJ, portanto Empresa Great Beach será indenizada pelo derramamento de óleo, em face dos danos havidos à sua imagem. Em relação à Associação de Surfistas Alagoanos, o dano moral é *in re ipsa* pela lesão à imagem da Associação diante da repercussão negativa dos fatos. Em interpretação extensiva, admissível a defesa dos danos morais em face do sofrimento e angústia aos associados, enquanto pessoas físicas, somente. Defensável o não cabimento à Great Beach, se com o raciocínio com a não afronta à sua honra objetiva.

f. Distribuir a sucumbência na proporcionalidade da sucumbência de cada parte; inclusive em relação à extinção do feito em relação à Petroquímica. Aplicam-se as Súmulas 54 e 43 do STJ para os juros (da data do evento danoso) e para a correção monetária (fluindo do efetivo prejuízo) dos danos materiais. Quanto aos danos morais, tanto nos juros como na correção monetária, aplica-se a Súmula 362 do STJ (fluindo do arbitramento). A razão é tratar-se de responsabilidade extracontratual.

FUNDAÇÃO GETÚLIO VARGAS / FGV – TJ/AP – APLICAÇÃO: 2022

- **PROVA DE SENTENÇA CÍVEL**

Leia o relatório abaixo com atenção e profira sentença, apreciando todos os pedidos formulados. Limite-se à fundamentação e à parte dispositiva, ficando dispensado o relatório.

Enfrente todas as questões explícita e implicitamente propostas, mencionando, na fundamentação, todos os dispositivos legais pertinentes.

Gustavo propôs ação de indenização por danos materiais e morais em face de Ricardo e da empresa de aplicativo de transporte de passageiros 77 Plus, alegando, em síntese, que, na condição de usuário do serviço de transporte da empresa ré, se encontrava no veículo dirigido pelo réu Ricardo, que, conduzindo de forma imprudente, em velocidade incompatível com o local, perdeu o controle do veículo, saiu de sua faixa de direção e se envolveu em acidente com outro automóvel.

Alegou que, em consequência do acidente, sofreu fraturas e um corte profundo e extenso no rosto, o que lhe deixou com uma grande cicatriz permanente. Disse que teve gastos médicos variados, incluindo internações e cirurgias para fixação das fraturas e diminuição do dano estético, além de medicamentos e tratamentos subsequentes.

Pediu, ao final, a condenação de ambos os réus ao pagamento de indenizações correspondentes a: (a) despesas médicas no valor total de R$ 70.000,00; (b) indenização por dano moral de R$ 100.000,00; c) indenização por dano estético de R$ 100.000,00.

Pediu, por fim, a condenação dos réus ao pagamento das despesas processuais e honorários advocatícios de 20% sobre o valor da condenação.

Ricardo apresentou contestação, impugnando especificadamente os fatos alegados por Gustavo. Alegou que não pode ser responsabilizado, porque o evento foi culpa exclusiva de terceiro, o condutor do outro veículo, que, dirigindo com imprudência, invadiu a contramão, adentrando a faixa de direção do réu, causando o acidente.

Argumentou, em caráter eventual, que, no caso, não cabe cumular indenizações por danos morais e estéticos, porque ambos têm a mesma causa e a mesma natureza. Acrescentou que, de todo modo, as referidas verbas são excessivas, pois estão em desacordo com os valores encontrados na jurisprudência para casos semelhantes.

Ricardo denunciou a lide à seguradora Blue Marine, pedindo que fosse ela condenada a pagar, regressivamente, os valores indenizatórios, caso seja vencido na ação principal.

Pediu a condenação da litisdenunciada ao pagamento das despesas processuais e de honorários advocatícios de 20% sobre o valor da condenação.

A segunda ré, 77 Plus, apresentou contestação, arguindo, preliminarmente, sua ilegitimidade para figurar no polo passivo da relação processual, argumentando que, na qualidade de empresa de aplicativo de transporte, se limita a intermediar a relação, via aplicativo de celular, entre os usuários do aplicativo e os motoristas de veículos cadastrados no serviço, não sendo responsável pelos danos causados pelos referidos motoristas, com os quais não mantém relação de trabalho.

Argumentou (e comprovou devidamente) que o contrato de prestação de serviço de transporte contém cláusula expressa que exclui a sua responsabilidade civil em caso de acidentes.

No mérito, alegou que, de todo modo, não poderia ser responsabilizada porque a culpa pelo evento lesivo foi de terceiro, o motorista do outro veículo envolvido no acidente. Impugnou, também, as verbas pleiteadas, por excessivas.

A seguradora Blue Marine contestou o pedido formulado pelo autor Gustavo, alegando que a culpa pelo evento foi exclusivamente do motorista do outro veículo. Impugnou os valores pleiteados. Argumentou, por fim, que, em caso de procedência da demanda, sua responsabilidade está limitada aos danos materiais, pois a apólice (como devidamente comprovado) contém cláusula que prevê a exclusão da responsabilidade da seguradora por danos morais.

O autor, Gustavo, apresentou réplica às contestações.

Ao final da instrução, a parte autora comprovou o dano físico sofrido, na extensão alegada, assim como os valores pagos a título de despesas médicas.

As provas produzidas não demonstraram com certeza de quem foi a culpa pelo evento lesivo, se do réu Ricardo ou do motorista do outro veículo.

- Valor: 10 pontos

PADRÃO DE RESPOSTA DA BANCA:

Itens – Valor máximo para o item

Rejeição da preliminar – 1.00;

Procedência da demanda principal.

Quanto ao mérito, deve ser julgada procedente a demanda principal. A cláusula do contrato de prestação do serviço de transporte que exclui a responsabilidade civil da empresa é nula, nos termos do Art. 51, caput, I e VI, e § 1º, II, do CDC, devendo responder solidariamente, na forma do art. 7º, parágrafo único, do CDC – 2.50;

A responsabilidade civil do motorista e da empresa de aplicativos e da empresa é de natureza objetiva, razão pela qual independe da comprovação de culpa do motorista, com fundamento no Art. 14, § 1º, II, do CDC – 1.00;

A doutrina e a jurisprudência há muito já sedimentaram o entendimento de que o dano moral é cumulável com o dano estético. Ainda que possam compartilhar a mesma natureza, de dano imaterial (embora o dano estético, em caráter excepcional, possa ter um aspecto patrimonial), ambos têm causas distintas. Não se pode confundir a dor e o padecimento decorrentes da lesão física e dos procedimentos médicos e cirúrgicos realizados com o dano estético resultante. São danos distintos, ainda que decorrentes de um evento comum – 1.00;

Procedência da listisdenunciação – 1.00;

A litisdenunciada deve ser condenada a indenizar o réu litisdenunciante a pagar apenas a indenização do dano material, diante da cláusula de exclusão do pagamento dos danos morais, válida, conforme sedimentado pela Súmula 402 do STJ – 1.00;

Como a litisdenunciada não apresentou resistência à denunciação, não deve ser condenada ao pagamento das verbas de sucumbência ao litisdenunciante, conforme sedimentado na jurisprudência – 1.00;

Correção da linguagem – 1.00;

Abordagem geral: capacidade de exposição e utilização correta da Língua Portuguesa – 0.50;

Nota máxima para a Sentença 1 – 10.

BANCA PRÓPRIA – TJ/SP – APLICAÇÃO: 2022

- **PROVA DE SENTENÇA CÍVEL**

Maria, seu filho menor, José, e Francisco ajuizaram, em 20 de fevereiro de 2020, ação indenizatória de procedimento comum em face de Carlos, da transportadora Rápida e da Mundial Leasing.

A demanda foi proposta na Comarca de Araraquara, sede da Rápida.

Alegam na inicial, em síntese, que, no dia 15 de janeiro de 2014, durante a madrugada, ocorreu sério acidente na Rodovia Presidente Dutra, que causou a morte de Antônio e de seu filho menor, Fernando.

A vítima fatal, Antônio, diretor financeiro de grande companhia, era companheiro da autora Maria, pai do autor Francisco e padrasto do autor menor José.

Francisco era filho consanguíneo de Antônio, de um relacionamento havido na adolescência deste, maior de idade (30 anos) e irmão unilateral da vítima Fernando. Não tinha contato algum com o pai e com o irmão unilateral, pois havia rompido com o genitor após ter desviado dinheiro deste. Aproximou-se socialmente de Maria e de José somente após o acidente.

José, menor com quinze anos de idade, era enteado da vítima fatal Antônio, que provia integralmente o seu sustento e com ele mantinha relação de socioafetividade, embora sem perfilhação formal. A vítima fatal Fernando, de dez anos de idade, era filho da autora Maria e do falecido Antônio, irmão unilateral dos autores José e Francisco.

Além disso, a própria autora Maria, gerente financeira de grande companhia, sofreu sérias lesões corporais. Ficou totalmente incapacitada para o trabalho pelo prazo de seis meses, afastada de seu emprego. Teve redução permanente da capacidade laborativa em 30%. Submeteu-se a diversas cirurgias, que lhe deixaram cicatrizes deformantes. Deverá, ainda, submeter-se, futuramente, à cirurgia reparadora.

O acidente foi causado pelo corréu Carlos, que integrava cooperativa de motoristas que, por seu turno, mantinha contrato de prestação de serviços com a transportadora Rápida. Carlos se encontrava embriagado ao volante de um caminhão da transportadora Rápida. Perdeu a direção, atravessou o canteiro central e provocou colisão frontal com o veículo no qual viajavam as vítimas. O caminhão era objeto de leasing financeiro da Mundial Leasing.

Foi instaurado inquérito policial em 20 de janeiro de 2014. O motorista Carlos foi denunciado em 20 de janeiro de 2015 e condenado na esfera penal, com trânsito em julgado da sentença em 20 de janeiro de 2018. A inicial veio instruída com prova emprestada da ação penal, em especial laudos técnicos elaborados pela perícia científica, atestando a embriaguez de Carlos e a dinâmica do acidente. Segundo a perícia, o caminhão se encontrava em perfeito estado de conservação. Há prova documental da dependência econômica e da relação socioafetiva do autor José em relação à vítima fatal Antônio.

Pede, a inicial, a condenação solidária dos corréus ao pagamento de indenização composta das seguintes verbas:

A – Maria pede indenização por danos materiais e morais em razão das lesões corporais que sofreu. Postula indenização integral das despesas médico/hospitalares, inclusive as cobertas e reembolsadas pelo plano de saúde do casal, apuráveis em liquidação, ao argumento de que não pode o ofensor beneficiar-se de seguro alheio, para o qual não contribuiu com o pagamento do prêmio. Pede indenização pelo período em que ficou afastada do trabalho, sem dedução da indenização previdenciária.

Pede indenização vitalícia proporcional à redução permanente da capacidade laborativa, sem dedução da indenização previdenciária, a ser paga de uma só vez pelos corréus, na forma do art. 950, parágrafo único do Código Civil. Pede indenização por danos morais e estéticos cumulados pelo padecimento com as lesões corporais e existência de cicatrizes deformantes, no valor total de R$ 150 mil;

B – Maria pede indenização por danos materiais em razão da morte do filho menor Fernando, correspondentes ao salário provável que poderia a vítima auferir como aprendiz, com termo inicial na data em que completaria 16 anos e termo final na data em que completaria de 25 anos. A partir daí, data provável do casamento de Fernando, metade do valor que possivelmente ganharia, até a morte da autora ou a data em que Fernando completaria 80 anos, o que primeiro ocorrer;

C – Maria e José pedem indenização por danos materiais em razão da morte, respectivamente, do companheiro e padrasto Antônio. Pedem reembolso das despesas com funeral e compra de jazigo. Pedem indenização correspondente ao salário de Antônio, incluídos bônus e vantagens, até a data em que este completaria 80 anos, levando em conta a idade que contava no momento da morte, de sua condição social e do Estado da Federação em que residia, segundo tabela do IBGE. Pedem indenização pela perda de uma chance de melhoria salarial em razão de prováveis promoções futuras que teria a vítima fatal Antônio. Pedem a concessão de direito de acrescer, ou de reversão, para que a pensão devida ao enteado, quando este atingir 24 anos, reverta integralmente em favor da companheira viúva Maria;

D – Maria, José e Francisco pedem indenização por danos morais pela perda de entes queridos, no valor de R$ 300 mil reais em favor de cada um;

E – Pedem que os juros de mora e a correção monetária sejam contados a partir do evento e que as despesas já havidas sejam atualizadas a contar de cada desembolso. Pedem que os juros de mora, na forma do art. 406 do Código Civil, sejam de 1% ao mês, cumulativos com a correção monetária contada de acordo com a Tabela prática do TJSP.

Os corréus contestaram a ação e alegaram o seguinte:

A – o corréu Carlos alegou falta de interesse de agir, pois os autores já dispõem de título executivo judicial, por força de sentença penal condenatória, razão pela qual não podem ajuizar ação de conhecimento;

B – o corréu Carlos alegou que a demanda deveria ser proposta na Comarca de São José dos Campos, local do acidente, ou na Comarca de Santos, onde é domiciliado;

C – o corréu Carlos alegou, ainda, que a sentença penal condenatória já fixou a indenização devida no valor de R$ 150 mil, na forma do art. 387, IV do Código de Processo Penal, considerando os prejuízos sofridos pelos ofendidos. Não cabe a fixação de nova indenização, para evitar duplicidade, ou, na pior das hipóteses, deve ocorrer abatimento do valor já fixado;

D – a corré Rápida alegou ilegitimidade passiva, pois não era empregadora ou comitente do motorista e corréu Carlos, uma vez que somente contratou a prestação de serviços de uma cooperativa à qual o causador do acidente era cooperado;

E – a corré Rápida alegou e comprovou que a vítima fatal Antônio dirigia com a carteira de habilitação vencida, razão pela qual não poderia estar conduzindo veículo automotor no local do evento e concorreu para o acidente, de modo que a indenização dos danos materiais e morais deve ser reduzida à metade, na forma do artigo 945 do Código Civil;

F – a corré Rápida alegou prescrição da pretensão indenizatória, porque já consumado o prazo trienal entre a data do acidente e o ajuizamento da ação. Afirmou que contra si não existe causa suspensiva ou impeditiva da prescrição, uma vez que não foi parte na ação penal;

G – a corré Rápida alega que é norma da transportadora, da qual têm ciência escrita todos os motoristas prestadores de serviços, que estão proibidos de ingerir bebida alcoólica e de trafegar em estradas após as 22:00 horas, razão pela qual o acidente ocorreu em desobediência a regras da empresa, sem culpa *in eligendo* ou *in vigilando;*

H – a corré Rápida impugna a juntada de prova emprestada da ação penal, da qual não participou e teve ciência somente ao ser citada nesta ação indenizatória;

J – a corré Mundial alegou que não podia integrar a lide pelo fato de ser mera arrendadora financeira. Alegou que a demanda deveria ter sido proposta na Comarca de Cotia, onde são domiciliados os autores;

I – os corréus alegam que Francisco é parte ilegítima para propor a demanda;

K – o corréu Carlos impugna os pedidos indenizatórios quanto aos seguintes itens:

I – deve ser abatido da indenização o valor comprovadamente pago a título de seguro obrigatório (DPVAT);

II – devem ser abatidos da indenização os valores pagos diretamente aos hospitais, médicos e funerária, ou reembolsados pelo seguro saúde, sob pena de duplicidade e de enriquecimento sem causa dos autores;

III – devem ser abatidos da indenização os valores pagos a título de pensão previdenciária por afastamento temporário e incapacidade parcial laboral permanente de Maria e da pensão previdenciária por morte de Antônio, sob pena de duplicidade e de enriquecimento sem causa dos autores;

IV – não pode ser indenizada a intervenção cirúrgica reparatória futura de Maria, embora já constatada sua necessidade, pois o dano ainda não se consumou;

V – a pensão pela redução da capacidade laborativa de Maria não pode ser paga de uma só vez, na forma do art. 950 do Código Civil, mas mediante constituição de capital, ou inclusão em folha de pagamento da Rápida;

VI – a pensão pela redução da capacidade laborativa de Maria não é vitalícia, mas limitada à idade provável de 75 anos;

VII – não podem ser cumulados pedidos de danos estéticos e danos morais decorrentes da mesma lesão corporal sofrida por Maria, pois o sofrimento é uno;

VIII – não pode ser fixada indenização por danos materiais e pensão em razão da morte do menor Fernando, pois em famílias abastadas, como ocorre no caso concreto, filhos não contribuem para o sustento dos pais;

IX – a indenização em razão da morte de Antônio tem limite na idade provável de 75 anos, não se podendo levar em conta circunstâncias pessoais e a situação financeira ou social da vítima;

X – Maria exerce profissão remunerada e não era dependente econômica de seu companheiro Antônio, de modo que não pode receber indenização pela morte deste a título de alimentos, como prevê o art. 948 do Código Civil; caso a indenização seja fixada, deverá cessar com o casamento ou união estável futura de Maria;

XI – repelida a tese anterior, a indenização em razão da morte de Antônio deve sofrer abatimento de 1/3 parte, pois se presume que a vítima fatal gastaria 1/3 de seus rendimentos com despesas próprias;

XII – não há perda de chance indenizável, uma vez que suposta promoção da vítima Antônio é fato hipotético e não aferível de modo objetivo ou mediante probabilidade;

XIII – não cabe direito de acrescer em favor da companheira viúva, uma vez que ela exerce profissão rentável;

XIV – não cabe pensão nem dano moral em favor do enteado José pela morte do padrasto, uma vez que o parentesco socioafetivo não foi objeto de perfilhação por Antônio em vida, nem objeto de ação autônoma de investigação de paternidade post mortem;

XV – não cabe indenização de dano moral em favor de Francisco, pois não tinha vínculo afetivo com as vítimas;

XVI – o valor dos danos morais deve ser reduzido, levando em conta, inclusive, a culpa concorrente da vítima Antônio por não se encontrar habilitado no momento do acidente. A atualização monetária e os juros moratórios devem incidir somente a partir da condenação que fixa os danos morais, não do evento;

XVII – os danos materiais devem ser corrigidos a partir do ajuizamento da ação e os juros moratórios incidem a partir da citação, por se tratar de crédito ilíquido;

XVIII – os juros moratórios devem ser contados pela taxa SELIC, que já embute a correção monetária e não pode com ela ser cumulada, segundo o critério do art. 406 do Código Civil.

Houve réplica dos autores, rebatendo todas as teses postas nas contestações.

Alegaram que as corrés Mundial e Rápida devem sofrer as penas de reconhecimento do pedido quanto às matérias que não impugnaram.

Instados a especificar provas, justificando sua pertinência, os autores pediram o julgamento antecipado da lide. Os corréus Carlos e Mundial alegaram desinteresse na produção de provas, cujo ônus é dos autores. A corré Rápida permaneceu inerte.

Nesta fase processual, O Banco X pede para ingressar como assistente da autora Maria, da qual é credor por força de contrato de mútuo consignado, inadimplido. Intimadas as partes sobre o pedido, permaneceram inertes.

Os autores ingressaram com pedido de tutela de urgência para bloquear bens da corré Rápida, que estava alienando seus ativos para encerramento das atividades. A corré Rápida se manifestou, alegando ter o direito de dissolver a sociedade e que não havia decisão judicial condenatória a impedir a alienação de seus bens.

É o relatório.

Profira sentença no caso acima, dispensado o relatório e enfrentando de modo sequencial e fundamentado todos os argumentos das partes.

O candidato não deverá assinar nem se identificar como o prolator da sentença, mencionando somente o cargo de juiz substituto.

PADRÃO RESPOSTAS DA BANCA:

Abordagem esperada:

1. Comporta a lide julgamento antecipado, diante do desinteresse das partes na produção de provas. As provas relativas aos fatos e aos danos se encontram demonstradas por documentos juntados aos autos.

2. O pedido de assistência formulado pelo Banco X deve ser rejeitado, por ausência de interesse jurídico. O interesse do credor de uma das partes é meramente econômico. O resultado do processo não altera a existência ou a inexistência do crédito do Banco X, somente facilita a sua cobrança.

É irrelevante a ausência de impugnação das partes, uma vez que o caso é de rejeição liminar do pedido.

3. A preliminar de ausência de interesse jurídico deve ser rejeitada, porque a sentença penal condenatória somente poderia ser executada na parte líquida ou liquidada na parte ilíquida em face do corréu Carlos.

Os demais corréus não participaram da ação penal, razão pela qual inexiste coisa julgada ou título executivo judicial em face deles. Há necessidade, utilidade e adequação do ajuizamento de processo de conhecimento.

4. As duas preliminares de incompetência relativa devem ser rejeitadas, porque o art. 53, V confere mera faculdade em benefício do credor, que pode optar por propor a ação no foro de seu domicílio, no foro do local do acidente, ou, ainda, no foro do domicílio de qualquer dos corréus, à sua livre escolha.

5. Preliminares de ilegitimidade ativa e passiva.

A preliminar de ilegitimidade ativa de Francisco deve ser rejeitada pela teoria da asserção, porque a existência ou inexistência de vínculo afetivo de parente consanguíneo é matéria de mérito, pois exige a análise de fatos e de provas.

A preliminar de ilegitimidade passiva da corré Rápida deve ser rejeitada pela teoria da asserção, uma vez que o vínculo negocial com o motorista e corréu Carlos exige a análise de fatos e de provas. Saber se o motorista é preposto em sentido amplo da transportadora, em relação jurídica mediada por cooperativa de trabalho, não pode ser afastada diretamente pelos fatos narrados na inicial.

A preliminar de ilegitimidade passiva da corré Mundial leasing deve ser acolhida, pois se deduz da própria narrativa da inicial. A relação jurídica é de mero leasing financeiro, que se distingue do leasing operacional. Não se confundem as relações jurídicas de leasing financeiro e de locação de veículos, esta última objeto de entendimento sumulado pelo Supremo Tribunal Federal. A propriedade formal do veículo em nome da credora tem a função estrita de garantia do recebimento do crédito, em situação próxima à do credor fiduciário. Não se aplica, portanto, a responsabilidade objetiva pelo fato da coisa, uma vez que a companhia de leasing não tem a guarda fática ou jurídica, nem a direção intelectual, que se define como poder de dar ordens ou o poder de comando relativamente ao motorista do veículo.

6. A preliminar de mérito da prescrição do prazo trienal da pretensão reparação de danos por ilícito aquiliano deve ser rejeitada. Em relação ao autor absolutamente incapaz não corre o prazo prescricional. Em relação aos demais autores o prazo prescricional passou a correr da data do fato, mas foi suspenso, por força do disposto no art. 200 do Código Civil, na data da instauração do inquérito policial. Somente voltou

a fluir na data do trânsito em julgado da sentença penal condenatória. O entendimento sedimentado do STJ é no sentido de que a causa suspensiva se estende a todos os coobrigados a indenizar o dano, ainda que não tenham sido acusados na ação penal. A razão de ser da norma é a faculdade de a vítima do ilícito civil aguardar a sentença criminal, em razão do princípio da relativa independência entre a jurisdição penal e civil, previsto no art. 935 do Código Civil.

7. No mérito, não se aplicam os efeitos da revelia em relação aos corréus que não impugnaram todos os pedidos formulados na inicial, por força do que dispõe o art. 345, I do Código de Processo Civil. As teses defensivas de um dos litisconsortes passivos aproveitam os demais.

A prova emprestada da ação penal pode ser utilizada na ação cível, por força do que dispõe o art. 372 do Código de Processo Civil e sua interpretação atual pelo Superior Tribunal de Justiça. Embora exista divergência doutrinária, a jurisprudência admite a utilização da prova emprestada ainda que inexista identidade de partes nas duas demandas, desde que observado o princípio do contraditório na demanda de destino, na qual possam os corréus insurgir-se e refutá-la.

8. A responsabilidade do corréu Carlos é de natureza subjetiva e se encontra demonstrada pelas provas dos autos, pois dirigia embriagado, perdeu a direção e colheu veículo que transitava em sentido contrário.

A responsabilidade da corré Rápida é objetiva e indireta, com fundamento nos artigos 932, III e 933 do Código Civil. Irrelevante se falar em culpa in vigilando ou in eligendo. O motorista Carlos é preposto em sentido amplo. Não mais se confere ao trabalho ou atividade subordinada interpretação literal, mas sim funcional. A relação de preposição recebe significação ampliativa, sem implicar em estreita subordinação ao comitente. Basta uma relação que pode ser temporária, ainda que não caracterizada por vigilância profunda do titular da atividade, em proveito do qual se realiza o ato ilícito. Contenta-se a jurisprudência com situação na qual, sob qualquer rótulo e qualificação jurídica, uma pessoa atue a pedido e por conta de outra, a qual, por ser titular da atividade em que se verifica o ato ilícito, é o sujeito que se encontra em situação de controlar as condições de risco inerentes a essa atividade.

Não há culpa concorrente do falecido motorista Antônio. O fato de se encontrar com a carteira de habilitação vencida não tem nexo de causalidade com o acidente.

9. Danos indenizáveis sofridos por Maria:

(i) danos materiais com medicamentos e hospital, desde que não reembolsados pela operadora do plano de saúde. Os gastos reembolsados não podem ser pedidos porque não houve dano material, por ausência de prejuízo. Impertinente se falar em enriquecimento sem causa, o que discute é a ausência de dano.

(ii) cirurgia reparadora a ser realizada, porque o dano já se encontra consumado e é certo. Ainda que se entenda como dano futuro, cabe indenização quando decorrência certa de um dano presente.

(iii) período de afastamento do trabalho de acordo com os rendimentos de Maria, sem abatimento da pensão previdenciária, paga pelo INSS a título distinto e com causa diversa, segundo entendimento do Superior Tribunal de Justiça.

(iv) déficit laboral permanente de Maria proporcional a 1/3 de seus rendimentos líquidos, em caráter vitalício, sem abatimento da pensão previdenciária. Não se fixa termo final por expectativa provável de vida de vítima viva.

(v) danos morais e danos estéticos, cumuláveis entre si, pois violam interesses jurídicos tutelados distintos. Devem ser fixados em separado pelo método bifásico utilizado pelo Superior Tribunal de Justiça.

10. Não há danos materiais sofridos pela morte do filho menor Fernando. A presunção de que o filho menor contribuiria para o sustento da família, segundo entendimento consolidado do Superior Tribunal de Justiça, se circunscreve às famílias de baixa renda, o que não é o caso dos autos.

11. Danos materiais pela morte de Antônio:

(i) pensão pela morte de Antônio, correspondente a 2/3 de seu salário líquido, computadas vantagens e bônus habituais, pois integravam seus rendimentos, rateada entre os beneficiários. O termo final será a expectativa de vida de 80 anos de Antônio, pois se leva em conta circunstâncias pessoais e objetivas da vítima, aferíveis segundo tabela do IBGE. Presume-se que Antônio gastaria 1/3 de seus rendimentos com despesas próprias.

(ii) José faz jus a 1/3 dos rendimentos líquidos de Antônio, com termo inicial da data do evento danoso e com termo final no dia que completará 24 anos. A socioafetividade independe de perfilhação formal, pode ser reconhecida incidentalmente e se encontra provada nos autos, assim como a dependência econômica.

(iii) Maria faz jus a 1/3 dos rendimentos líquidos de Antonio. A união estável se encontra provada por documentos e independe de ação própria autônoma para ser reconhecida. A dependência econômica é irrelevante, pois os alimentos não têm origem no direito de família, mas sim no ato ilícito. Casamento ou união estável futuras colocam termo final à pensão, diante do nascimento de um novo núcleo familiar. Há direito de acrescer em favor de Maria quando a pensão do filho Fernando vier a ser extinta.

(iv) Não se indeniza a chance de promoção da vítima Antônio. Nem toda chance é indenizável. Somente se indeniza se a chance perdida tiver algum valor, do qual a vítima se privou, dentro de um critério de razoabilidade e plausibilidade. Só há indenização se houver a probabilidade de que seria realizada e a certeza de que a vantagem perdida resultou em prejuízo.

12. Os danos morais pelas mortes de Antônio e de Fernando são devidos em favor dos autores Maria e José. Maria perdeu o companheiro e um filho. José perdeu o pai socioafetivo e o irmão. A perda de entes queridos viola direito da personalidade e gera danos morais *in re ipsa*. Os valores devem ser fixados pelo método bifásico, levando em conta as funções compensatória e preventiva.

O autor Francisco não faz jus à indenização por danos morais. Não via o pai e o irmão há uma década e se encontrava rompido com a família, pois se apropriara indevidamente de fundos. Somente se aproximou do núcleo familiar após o acidente. Não se indeniza a perda de parente consanguíneo com o qual não se mantem qualquer vínculo social ou afetivo. Impróprio falar-se em chance perdida de uma eventual reaproximação.

13. O valor recebido pelos coautores a título de DVAT deve ser abatido dos danos materiais, segundo entendimento sumulado do Superior Tribunal de Justiça.

O valor da condenação de 150 mil fixado em desfavor do corréu Carlos na sentença penal somente será abatido quando houver o efetivo pagamento, para evitar a duplicidade de indenizações.

A correção monetária dos danos materiais tem termo inicial nas datas dos respectivos desembolsos. A correção monetária dos danos morais tem termo inicial na data da sentença, pois fixada em valores contemporâneos, segundo entendimento sumulado do Superior Tribunal de Justiça.

Os juros de mora têm termo inicial na data do acidente, pois se trata de responsabilidade civil aquiliana, nos termos de entendimento sumulado pelo Superior Tribunal de Justiça.

Juros e correção devem ser calculados pela Tabela Prática do TJSP. Embora persista no Superior Tribunal de Justiça acirrada discussão sobre a incidência da taxa SELIC, o caso concreto tem óbice à sua aplicação. A taxa SELIC embute juros e correção monetária. A condenação, porém, fixa termos diferentes para as duas verbas (juros e correção).

Não há direito subjetivo dos autores ao pagamento imediato da totalidade das pensões por incapacidade e por morte. Isso porque a pensão por incapacidade é vitalícia e a morte da vítima Maria é termo incerto. A pensão por morte de Antônio é a termo certo, mas se subordina à vida de Maria e a esta não se casar. Poderão os autores exigir a formação de capital em conta judicial, cujos frutos correspondam ao valor das pensões, ou a inserção em folha de pagamento.

É caso de concessão de tutela provisória de urgência, diante da comprovação de que a corré Rápida promove a dissolução parcial, com venda de ativos que servem de garantia legal ao recebimento do crédito.

14. A parte dispositiva da sentença será elaborada de acordo com os critérios acima fixados.

Quanto aos honorários advocatícios:

(i) foi extinto o processo sem resolução de mérito em face da corré Mundial Leasing. Os coautores Maria e José pagarão honorários advocatícios de 10% sobre o valor dos pedidos formulados na inicial.

(ii) Francisco pediu somente danos morais e foi vencido em relação a todos os corréus. Pagará honorários advocatícios mínimos de 10% sobre o valor do pedido.

(iii) os autores Maria e José foram vencidos em parte dos pedidos formulados na inicial em face dos corréus Carlos e Rápida. Pagarão honorários advocatícios mínimos de 10% sobre o valor dos pedidos rejeitados.

(iv) os corréus Carlos e Rápida foram vencidos em diversos pedidos formulados pelos autores Maria e José. Pagarão honorários mínimos de 10% sobre o valor da condenação.

(v) as custas processuais serão rateadas proporcionalmente entre as partes, de acordo com os decaimentos ou acolhimento dos pedidos.

Critérios de pontuação:

Itens 1 a 5 do espelho: peso até 1,5;
item 06 do espelho: peso até 1,0;
itens 7 e 8 do espelho: peso até 1,0;
item 9 do espelho: peso até 1,0;
item 10 do espelho: peso até 1,0;
item 11 do espelho: peso até 2,0;
item 12 do espelho: peso até 1,0;
itens 13 e 14 do espelho: peso até 1,5.

BANCA PRÓPRIA – TJ/SP – APLICAÇÃO: 2019

- **PROVA DE SENTENÇA CÍVEL**

João X move ação reivindicatória contra Antônio Y, cujo objeto é um prédio rústico de 30 ha, que se acha na posse do réu, e do qual fora proprietário Pedro K, já falecido, pedindo, também, indenização pelos frutos naturais e civis percebidos, desde a invasão, e dos que o forem no curso do processo.

Juntou procuração, certidão de óbito de Pedro K, seu testamento público, cujo cumprimento foi devidamente ordenado, certidão de objeto e pé dos autos do inventário e matrícula do imóvel reivindicado, em que Pedro K figura no registro como dele proprietário.

Afirma o autor que é herdeiro testamentário de Pedro K, sendo a sua deixa correspondente a 25% da herança, dentro, portanto, do disponível do testador, que deixou três filhos, os quais divergem entre si, motivo pelo qual foi nomeado inventariante dativo, mas o inventário não terminou.

Prossegue dizendo que o réu se encontra na posse de referido imóvel há cerca de quatro anos, sem exibir qualquer título que o legitime, explorando-o economicamente e recusando-se a desocupá-lo.

Citado em 16.4.2018 (segunda-feira), e o mandado cumprido juntado no dia seguinte, o réu contestou em 09.5.2018 (quarta-feira), arguindo em preliminar que o autor, sendo casado, conforme se qualificou na procuração, necessitava de autorização de seu cônjuge para mover essa ação, esclarecendo, igualmente, que ele, réu, é divorciado; além disso, já fora demandado pelo espólio de Pedro K, representado por Roberto K, à época inventariante, em ação de reintegração de posse, julgada improcedente, porque não configurado esbulho, pois o imóvel se encontrava abandonado quando nele adentrou e, sendo idêntica a finalidade de ambas as ações, a pretensão deduzida encontra óbice na coisa julgada, ou, ao menos, o autor sofre os efeitos da eficácia natural daquela sentença; também, atualmente, no inventário, há inventariante dativo a quem toca a representação do espólio, cabendo-lhe promover a intimação dos herdeiros, acerca de ação ajuizada, conforme os artigos 618, I, e 75, § 1º, do CPC, ou seja, a legitimidade é do espólio e não de eventual herdeiro testamentário.

Argui, também, falta de interesse processual, porque, não tendo sido concluído o inventário, ao autor ainda não foi atribuído o imóvel na partilha, devendo, pelo menos, ocorrer a suspensão do processo na forma do artigo 313, V, "a", do CPC, quando, então, se poderia confirmar a atribuição total ou parcial do imóvel ao autor.

No mérito, o réu suscitou que é possuidor de boa-fé, porque desconhecia obstáculo que o impede de adquirir aquele imóvel encontrado em estado de abandono (art. 1201 do CC), dele não podendo ser desalojado, eis que não cumpria sua função social, tendo, também, o titular perdido a propriedade por abandono, porque naquele estado se encontrava o imóvel havia três anos, entendendo, por isso, não ser injusta a sua posse, e que a procedência da ação reivindicatória exige que o possuidor injustamente detenha a coisa, invocando os artigos 1228, § 1º, e 1275, III, do CC.

Comprovou documentalmente que explora o imóvel com fins econômicos, onde existem árvores frutíferas em parte dele, e a outra parte arrenda, recebendo R$ 500,00 mensalmente, pagos no último dia de cada mês, e que, após a citação, colheu os frutos pendentes, tencionando também colher os que sobrevierem, tanto os naturais como os civis.

Intimado a se manifestar sobre a contestação, o autor juntou certidão de casamento, tendo o matrimônio se realizado seis meses após a esposa viuvar de suas primeiras núpcias, alegou que o primeiro marido tinha vida modesta, não deixando bens, e que a esposa era inexperiente em negócios e não se dispunha a participar de um litígio do qual nenhum proveito lhe adviria, em razão do regime de bens do seu atual casamento.

Não se manifestou sobre as consequências legais ou a qualificação jurídica dos demais fatos alegados pelo réu, reconhecendo serem verdadeiros, exceto o abandono do imóvel, porque consta dos bens a serem partilhados, confiando na máxima *iura novit curia*.

Intimado o réu dos novos documentos juntados, nada alegou.

As partes desistiram expressamente da produção de outras provas.

É o relatório.

Elabore sentença, enfrentando todos os argumentos das partes, expondo os fundamentos que alicerçarem sua conclusão. Fica dispensado o relatório.

PADRÃO DE RESPOSTA DA BANCA:

- Resposta:

Abordagem esperada:

1 – Desacolher as preliminares de:

a) ilegitimidade ativa, em razão da qualidade de herdeiro;

b) necessidade de autorização do cônjuge para o autor propor a ação, em virtude do regime de separação obrigatória de bens;

c) coisa julgada, porque a outra ação era de reintegração de posse e entre ela e a ação reivindicatória não há identidade dos três elementos da ação;

d) prejudicialidade entre inventário e reivindicatória, não sendo cabível a suspensão desta.

2 – Fundamentos:

a) o espólio não é o único legitimado para propor a ação, sendo, também, legitimado o herdeiro testamentário, em virtude do disposto nos artigos 1314, 1784, 1791 e parágrafo único do Código Civil;

b) na ação reivindicatória não se cogita da boa-fé do possuidor, salvo no tocante ao direito de percepção dos frutos;

c) para efeitos de ação reivindicatória, posse injusta é aquela destituída de causa jurídica, diversamente do que se entende em matéria possessória (que não seja, na origem, violenta, clandestina ou precária). A posse do réu é injusta;

d) inocorrência de abandono, que, se ocorrente, também não beneficiaria o réu, mas a União;

e) tem o autor direito à restituição ou indenização dos frutos, desde que cessada a boa-fé, ou seja, na data da citação na ação reivindicatória. Quanto aos frutos pendentes ou colhidos por antecipação devem ser indenizados com a dedução das despesas e os demais, após a citação, responderá o réu por todos os frutos também deduzidas as despesas. Os frutos naturais reputam-se percebidos logo que colhidos e os civis, dia por dia.

3 – Dispositivo:

a) procedente o pedido reivindicatório, concedendo-se prazo para desocupação voluntária e, não ocorrendo, coercitivamente;

b) parcialmente procedente quanto à indenização dos frutos. Os pedidos são parcialmente procedentes.

4 – Fixação dos ônus sucumbenciais, sem compensação de honorários.

BANCA PRÓPRIA – TJ/SP – Aplicação: 2017

• PROVA DE SENTENÇA CÍVEL

Após sentir-se mal, José da Silva, 45 anos de idade, físico nuclear, com título de doutorado pela Universidade de Harvard, é internado em hospital particular, em 9 de outubro de 2005, com dores abdominais.

Passa por atendimento médico e é submetido a cirurgia de estômago no dia seguinte, tendo os custos sido integralmente cobertos pelo plano de saúde. Obtém alta em 15 de outubro de 2005 e retoma suas atividades sociais e profissionais.

Em janeiro de 2010, José da Silva rescinde o contrato com a administradora do plano de saúde. Em março de 2011, após sentir dores na região abdominal, realiza exames clínicos e descobre a existência de uma agulha cirúrgica no interior de seu estômago, deixada provavelmente durante a intervenção ocorrida em 10 de outubro de 2005, já que foi a única a que se submeteu durante toda sua vida. Por conta disso, submete-se a cirurgia particular, não coberta por plano de saúde, em 10 de abril de 2011, para retirada da agulha.

Depois de longo período de convalescença, durante o qual ficou afastado do trabalho e recebeu auxílio-doença pago pelo INSS, propõe, em 10 de agosto de 2014, ação de indenização por danos materiais e morais contra o médico que realizou a cirurgia em 10 de outubro de 2005 e também contra o plano de saúde e o hospital particular no qual ocorreu o ato cirúrgico.

O autor da ação obtém o deferimento do pedido de justiça gratuita por decisão judicial não impugnada. Alega o autor que houve falha nos serviços prestados pelo médico, pelo plano de saúde e pelo hospital na cirurgia realizada em 10 de outubro de 2005, motivo pelo qual todos eles são responsáveis pela reparação dos danos. Instruindo a petição inicial com documentação pertinente, pede a condenação dos réus ao pagamento de indenização por danos materiais correspondentes às despesas no valor total de R$ 500.000,00 (quinhentos mil reais) com a cirurgia realizada em 10 de abril de 2011 e aos salários mensais de R$ 10.000,00 (dez mil reais) que deixou de receber durante o período de convalescença (maio de 2011 a julho de 2012).

Com fundamento na "teoria da perda de uma chance", e alegando que em fevereiro de 2011 havia iniciado participação em processo seletivo para concorrer a posto de trabalho na NASA, Estados Unidos, no qual receberia, durante 1 (um) ano, a partir de setembro de 2012, salário mensal equivalente a R$ 30.000,00 (trinta mil reais), pede a condenação dos réus também ao pagamento da quantia de R$ 360.000,00 (trezentos e sessenta mil reais), correspondente ao total dos salários durante o período, uma vez que ficou impossibilitado de continuar participando do processo seletivo.

Por fim, pede a condenação dos réus ao pagamento de indenização por danos morais no valor de R$ 500.000,00 (quinhentos mil reais). Os réus, cada qual representado por um advogado, apresentam contestações arguindo preliminares de ilegitimidade passiva do plano de saúde e do hospital particular.

No mérito, alegam que a pretensão do autor foi atingida pela prescrição, cujo termo inicial é a data da primeira cirurgia, 10 de outubro de 2005, ou a data da segunda cirurgia, 10 de abril de 2011. Ainda no mérito, alegam que não houve erro médico ou falha na prestação do serviço. Afirmam também que não é exigível a indenização por danos materiais, que o pedido de indenização fundado na "teoria da perda de uma chance" não comporta acolhimento, que eventual indenização a ser paga deverá sofrer dedução da quantia recebida pelo autor do INSS a título de auxílio-doença durante o período de afastamento do trabalho, e que não é exigível também a indenização por danos morais, além de ser excessivo o valor a tal título pleiteado pelo autor.

O juízo de primeiro grau profere decisão de saneamento, contra a qual não houve interposição de recurso, observando que há necessidade de se obterem provas para se examinarem as preliminares de ilegitimidade passiva e para se dirimir a controvérsia referente à prescrição, e que, portanto, tais matérias serão apreciadas na sentença.

Na fase de instrução, é produzida prova pericial na qual se conclui que a agulha foi deixada no estômago do autor durante a cirurgia ocorrida em 10 de outubro de 2005.

Dispensado o relatório, mas obedecendo-se aos demais requisitos do artigo 489 do Código de Processo Civil, proferir sentença com base nos dados aqui fornecidos, levando em conta as alegações formuladas na petição inicial e nas contestações, bem como as provas trazidas ao processo.

Deverá ser observado também que: 1) o contrato do plano de saúde cujos serviços foram utilizados pelo autor na cirurgia realizada em 10 de outubro de 2005 previa cobertura para todos os procedimentos médicos e hospitalares, sem a necessidade de o paciente efetuar os pagamentos e depois pedir reembolso; 2) o médico não era integrante do corpo clínico do hospital particular no qual foi realizada a cirurgia em 10 de outubro de 2005; 3) o hospital era integrante da rede credenciada do plano de saúde por ocasião da cirurgia; e 4) o médico integrava a rede de profissionais credenciados pelo plano de saúde e foi livremente escolhido pelo autor.

PADRÃO RESPOSTAS DA BANCA:

1. A preliminar de ilegitimidade passiva do plano de saúde e do hospital deve ser rejeitada.

A resposta deve fazer alusão aos artigos 17, 337, inciso XI e 485, inciso VI, todos do Código de Processo Civil, examinando a natureza da relação jurídica existente entre o autor da ação e os réus, bem como a participação de cada um destes.

2. A prescrição (5 anos) deve ser rejeitada.

A resposta deve fazer distinção entre os prazos do artigo 206, § 3º, inciso V, do Código Civil (3 anos) e do artigo 27 do Código de Defesa do Consumidor (5 anos), e também abordar o princípio da "actio nata" (artigo 189 do Código Civil), mencionando o momento em que o autor da ação tomou conhecimento da violação a seu direito.

3. A ação deve ser julgada parcialmente procedente em relação ao médico e ao plano de saúde (responsabilidade concorrente e solidária), e improcedente em relação ao hospital (o médico não pertence ao corpo clínico do hospital e não há alegação ou notícia de falha na prestação do serviço dentro da atividade típica do hospital). A resposta deve mencionar que o caso comporta análise pelas regras do Código Civil e do Código de Defesa do Consumidor e deve abordar as modalidades de responsabilidade do médico (subjetiva) e do plano de saúde e do hospital (objetiva). Quanto ao médico, discorrer acerca da conduta culposa prevista nos artigos 951 do Código Civil e 14, § 4º, do Código de Defesa do Consumidor (imprudência, imperícia ou negligência) e observar que a obrigação a ele adstrita é de meio e não de resultado. Quanto ao plano de saúde, discorrer acerca da relação contratual mantida com o autor e com o hospital, da qualidade do serviço prestado e de sua responsabilização decorrente do erro médico. Observar também que o Código de Defesa do Consumidor se aplica aos contratos de planos de saúde (Súmula 469 do Superior Tribunal de Justiça)[6]. Quanto ao hospital, examinar a relação jurídica com o autor e com o plano de saúde, a qualidade do serviço prestado e sua responsabilização decorrente do erro médico. Abordar a circunstância de o médico não ser integrante do corpo clínico e distinguir, para o caso concreto, as atividades típicas do hospital.

4. Devem ser acolhidos o pedido de indenização por danos emergentes e lucros cessantes, condenando-se o médico e o plano de saúde a ressarcir as quantias correspondentes às despesas com a cirurgia realizada em 10 de abril de 2011 (R$ 500.000,00) e ao total do salário mensal de R$ 10.000,00 (dez mil reais) que o autor deixou de receber durante o período de convalescença (maio de 2011 a julho de 2012). A quantia de R$ 500.000,00 deve ser atualizada desde o desembolso e acrescida de juros a partir da citação. As parcelas referentes à indenização por lucros cessantes devem ser atualizadas desde cada mês vencido e acrescidas de juros a partir da citação. Deve ser acolhido também o pedido de indenização por danos morais, mas com arbitramento em torno de R$ 50.000,00 (cinquenta mil reais), considerando a jurisprudência dominante. Atualização a partir do arbitramento (Súmula 362 do Superior Tribunal de Justiça) e juros a partir da citação. A resposta deve abordar o conceito de dano moral "in re ipsa" e fundamentar o critério de quantificação da indenização.

5. Deve ser rejeitado o pedido fundado na "teoria da perda de uma chance" por se tratar de dano hipotético.

6. As quantias recebidas pelo autor a título de benefício previdenciário (auxílio-doença) não são dedutíveis do valor da indenização por danos materiais emergentes ou por lucros cessantes, já que as verbas têm origens diversas.

7. A ação é parcialmente procedente em relação ao médico e ao plano de saúde, ficando estes, porém, condenados ao pagamento dos encargos de sucumbência por ter o autor sido derrotado em parte mínima. O autor deve ser condenado ao pagamento dos encargos de sucumbência em relação ao hospital. A redação deve obedecer ao padrão culto da língua portuguesa, sem erros de ortografia ou concordância, com raciocínio lógico e linguagem clara e objetiva.

6. Atente-se que a súmula nº 469 do STJ fora cancelada pela Corte Superior, dada a necessidade de aperfeiçoamento de sua redação, tendo o Pretório editado a Súmula nº 608 com o seguinte teor: "Aplica-se o Código de Defesa do Consumidor aos contratos de plano de saúde, salvo os administrados por entidades de autogestão".

VUNESP – TJ/AC – APLICAÇÃO: 2019

- **PROVA DE SENTENÇA CÍVEL**

Eduardo Silva ingressou com ação contra Brasil Empreendimentos Ltda., afirmando que as partes celebraram compromisso de compra e venda em 10.12.2017, tendo por objeto a unidade autônoma descrita na inicial, pelo valor de R$ 200.000,00, conforme previsão do quadro resumo, porém, a despeito dos pagamentos já efetuados, consistentes em sinal e prestações mensais, desistiu do negócio jurídico, almejando a resolução do contrato. Alega que o contrato é de adesão e possui cláusulas nulas, especialmente a cláusula penal, que prevê a perda de 35% dos valores pagos. Afirma também que não houve imissão na posse até o momento, tampouco expedição do "Habite-se". Requer a devolução de todos os valores pagos, de uma só vez, atualizados monetariamente, incluindo-se as despesas condominiais e IPTU, além de indenização por danos morais, pelos constrangimentos suportados.

Determinou-se a citação da ré, deferindo-se ao autor os benefícios da assistência judiciária gratuita, com base na declaração por ele firmada quanto à hipossuficiência financeira.

Citada, a ré contestou, arguindo, preliminarmente, carência de ação, por ausência de interesse processual, em razão da natureza irrevogável do compromisso. Ainda em sede preliminar, requereu a revogação dos benefícios da assistência judiciária gratuita, invocando sua capacidade financeira. No mérito, insurgiu-se contra todos os pedidos, discorrendo sobre a incidência da cláusula penal, que não é abusiva, e a previsão contratual sobre as despesas condominiais e tributárias.

Ao final, postulou a improcedência dos pedidos.

Houve réplica e as partes pugnaram pelo julgamento antecipado do feito.

Deverá o candidato elaborar a sentença, de acordo com os artigos 489, 490 e 491 do CPC, vedada sua identificação.

Ao final, deverá assinar como Antônio José, Juiz de Direito da Vara Cível da Capital.

PADRÃO RESPOSTAS DA BANCA:

Resposta esperada e fundamentação

O candidato deveria elaborar sentença, afastando a matéria preliminar e, no mérito, decidir sobre a resolução do compromisso de compra e venda, analisando as consequências para as partes, especialmente: a) se o contrato é regido pelo Código de Defesa do Consumidor; b) se a cláusula penal é abusiva e comporta adequação, e, em caso positivo, indicar o percentual; c) se é válida a previsão contratual sobre o pagamento das despesas condominiais e IPTU desde a assinatura do contrato e antes da expedição do “Habite-se” e imissão na posse; d) decidir sobre a aplicação da Lei nº 4.591/64 e a jurisprudência sobre o tema, especialmente no tocante ao percentual da cláusula penal; e) se há dano moral a indenizar.

Os pedidos deveriam ser julgados parcialmente procedentes para: a) afastar a matéria preliminar; b) declarar resolvido o compromisso de compra e venda celebrado entre as partes; c) afastar a cláusula penal, para determinar a devolução dos valores pagos, com fixação do percentual de decaimento (15% a 25% sobre as prestações pagas); d) determinar a devolução das despesas condominiais e IPTU, pois não houve imissão na posse, discorrendo sobre o início da responsabilidade condominial; e) rechaçar o pedido indenizatório, porque não houve lesão a bem personalíssimo, apenas divergências contratuais, com a respectiva fundamentação; f) fixar o critério para apuração do quantum que será devolvido, em atenção ao artigo 509, § 2º, do CPC; g) fixar o termo inicial para correção monetária (desde os respectivos desembolsos) e juros moratórios (desde a citação); h) arbitrar honorários advocatícios.

Esperava-se que o candidato apreciasse a relação de consumo existente entre as partes, nos termos dos artigos 3º, “caput”, e § 2º, 51, incisos I, IV, e XV, e 53, do CDC, a possibilidade de denúncia unilateral do contrato e a boa-fé que deve nortear todas as relações jurídicas, a jurisprudência (especialmente STJ) sobre as incorporações imobiliárias à luz da Lei nº 4.591/64 e se aplicáveis as alterações trazidas pela Lei nº 13.786/2018, justificando-se o percentual adotado para a cláusula penal, a redução da cláusula penal, o termo inicial das despesas condominiais/IPTU, discorrendo brevemente sobre posse e propriedade, indicasse o texto legal sobre os temas em discussão, além de arbitrar os critérios para apuração do cálculo e incidência de juros de correção monetária.

Quanto aos honorários advocatícios, embora parcialmente procedentes os pedidos, esperava-se que o candidato aplicasse a sucumbência mínima do autor, em atenção ao artigo 86, parágrafo único, do CPC, pois praticamente todos os pedidos do autor foram acolhidos, muito embora seja aceitável a sucumbência recíproca. Quanto à matéria preliminar, no tocante à assistência judiciária gratuita, esperava-se que o candidato apreciasse a preliminar em atenção ao artigo 99, § 2º e § 3º, do CPC, afastando-a integralmente.

Grade de correção:

Nº da Parte	Nome da Parte	Fundamento	Pontuação máxima
N1	Relatório	Atender aos artigos 489, 490 e 491 do CPC – deve indicar as partes e os respectivos pleitos, isto é, síntese da inicial e da contestação. Não houve dispensa de relatório, observando que o artigo 489, inciso I, do CPC o menciona expressamente.	**1**
N2	Preliminar	a) justificar julgamento antecipado do pedido; b) afastamento da matéria preliminar.	**2**
N3	Texto legal	c) menção ao texto legal e seus dispositivos (CDC); d) fundamentação sobre rescisão contratual, sobre declaração de nulidade de cláusulas e sobre adequação da cláusula penal.	**2**
N4	Fundamento	e) fundamentação que afasta cobrança de condomínio e IPTU; f) fundamentação de quais valores serão ressarcidos (entre 15% e 25% dos valores pagos e despesas condominiais/IPTU); g) fundamentação sobre improcedência do pedido indenizatório.	**3**
N5	Dispositivo	Conclusão da fundamentação. Procedência parcial dos pedidos, indicação do fundamento legal (artigo 487, inciso I, CPC), indicação dos pedidos que foram acolhidos, forma de apuração do cálculo (artigo 509, § 2º, do CPC) e os critérios para sua atualização monetária, com indicação dos respectivos fundamentos legais, e fixação dos honorários advocatícios.	**2**
N6	Descontos		**- 1**
TOTAL			**10,0**

Observações:

Deficiências em relação ao raciocínio jurídico, objetividade, clareza, ortografia, gramática são deméritos que geram descontos na nota final.

Utilização de dados ou hipóteses conflitantes = pontuação zero referente ao critério correspondente.

Foram considerados o conhecimento do candidato sobre o tema, o domínio da técnica jurídica, a aplicação e enquadramento da legislação ao caso, a utilização correta do idioma oficial e a sua capacidade de exposição.

Rasuras e letra ilegível reverteram em prejuízo do candidato.

Não foram considerados trechos de prova que se identificavam como meras reproduções, no todo ou em parte, de textos de lei ou atos normativos.

VUNESP – TJ/MT – APLICAÇÃO: 2019

- **PROVA DE SENTENÇA CÍVEL**

ANNA LAURA ingressou com AÇÃO DE INDENIZAÇÃO POR COBRANÇA INDEVIDA COM REPETIÇÃO DE INDÉBITO em face das empresas VMR BRASIL CONSULTORIA DE IMÓVEIS S/A e SATI ASSESSORIA IMOBILIÁRIA LTDA., pessoas jurídicas de direito privado.

A autora adquiriu um imóvel na planta, sendo atendida por corretor de imóveis da VMR, no stand de vendas, onde teve acesso à maquete e à apresentação do apartamento modelo decorado. No ato efetuou o Pedido de Reserva que acabaria futuramente culminando no fechamento do Contrato de Compromisso de Venda e Compra.

Entretanto, no momento da assinatura do referido Contrato de Venda e Compra, a autora foi surpreendida. Isso porque as Requeridas condicionaram a realização do negócio ao pagamento de cobrança de um "Serviço de Assessoria Técnico Imobiliária (SATI)", o que correspondeu a 0,88% do valor do bem adquirido, totalizando valor de R$ 3.722,00 (três mil setecentos e vinte e dois reais). Não obstante as indagações da autora quanto à legalidade da cobrança da taxa de um serviço que sequer havia sido prestado efetivamente, o corretor informou que a contratação do suposto serviço (SATI) seria condição *sine qua non* à concretização da compra do imóvel e que sem esse pagamento a venda não ocorreria, sendo a referida unidade disponibilizada a outros interessados.

Pressionada e com receio de não conseguir garantir a sua unidade, mesmo indignada por ter que arcar com tal serviço que sequer havia sido prestado, a autora emitiu em favor da Ré SATI ASSESSORIA IMOBILIÁRIA LTDA. dois cheques (o de no 000473 e o de no 00474) no valor de R$ 1.861,00 (um mil, oitocentos e sessenta e um reais) cada, totalizando o valor de R$ R$ 3.722,00 (três mil setecentos e vinte e dois reais) a título da indigitada e ilegal taxa SATI.

A própria Ré, SATI ASSESSORIA IMOBILIÁRIA LTDA., assumiu ter recebido os referidos cheques a esse título, nos termos da declaração ora anexa. Assim, a autora ingressou com a demanda sob o fundamento de que houve uma falsa assistência realizada por advogados e consultores indicados pelas imobiliárias e empresas de incorporação e vendas. Além disso, houve a denominada "venda casada", ao passo que em nenhum momento foi facultado à autora a possibilidade de contratar outros profissionais. Pelo contrário, tratou-se de cobrança imposta à realização do negócio.

A ação foi proposta no domicílio da autora, por tratar-se de ação que discute relação de consumo, de acordo com o disposto no art. 101 do Código de Defesa do Consumidor: "Art. 101. Na ação de responsabilidade civil do fornecedor de produtos e serviços, sem prejuízo do disposto nos Capítulos I e II deste título, serão observadas as seguintes normas: I – a ação pode ser proposta no domicílio do autor."

Outros fundamentos de direito constam da inicial como o arts. 2º, 3º e 6º, inciso III, 39, inciso I, art. 42, parágrafo único, todos do Código de Defesa do Consumidor, arts. 186 e 940 do Código Civil.

Foi requerida, a inversão do ônus da prova, a aplicação do Código de Defesa do Consumidor e a TOTAL PROCEDÊNCIA da ação, reconhecendo-se a prática abusiva de venda casada, declarando-se a inexigibilidade do pagamento da SATI e consequentemente condenando-se as Requeridas a restituírem em dobro o valor cobrado indevidamente, perfazendo a quantia de R$ 7.444,00 (sete mil quatrocentos e quarenta e quatro reais), devidamente corrigidos e acrescidos de juros e correção monetária desde a data do desembolso até a data da efetiva devolução, bem ainda ao pagamento de custas processuais, honorários advocatícios e demais cominações legais.

Dá-se à causa o valor de R$ 7.444,00 (sete mil quatrocentos e quarenta e quatro reais).

Em contestação foi arguida a ilegitimidade da ré VMR BRASIL CONSULTORIA DE IMÓVEIS S/A, pois não cobrou ou recebeu o valor questionado, sendo que apenas pertence ao mesmo grupo econômico. Alegou, ainda a legalidade da cobrança, vez que necessária a assessoria técnica da empresa para aquisição do imóvel.

Em contestação, a ré SATI Ltda., preliminarmente, arguiu a incompetência relativa do juízo, pois a ação foi proposta no domicílio da autora. Alegou, no mérito, a legalidade da cobrança. Ainda, indicou a autonomia da vontade como pressuposto contratual e que a autora, no momento da contratação, sequer questionou o fato.

Houve réplica e as partes não requereram provas a produzir.

Com base nessas informações, elabore a sentença civil, nos termos do CPC, observando as exigências processuais e a aplicação de súmulas e entendimento jurisprudencial dominante nos Tribunais Superiores, pertinentes ao caso. Como a prova não deve ser identificada pelo candidato, a sentença deve ser assinada pelo Dr. Hiperião Gaia, Juiz de Direito.

PADRÃO DE RESPOSTA DA BANCA:

Sentença

Vistos estes autos nº 0000000000, de ação ordinária de indenização por cobrança indevida de serviço de assessoria, com repetição de indébito, proposta por ANNA LAURA em face das sociedades empresárias VMR – BRASIL CONSULTORIA DE IMÓVEIS S.A. e SATI –ASSESSORIA IMOBILIÁRIA LTDA.

Alega a autora, em síntese, que prometeu comprar uma unidade autônoma em edifício por construir (ainda na planta), sendo atendida na ocasião dessa avença por corretor de imóveis da corré VMR, presente no stand de vendas; e, na assinatura do Compromisso de Compra e Venda, foi surpreendida com a cobrança de um "Serviço de Assessoria Técnico Imobiliária (SATI)", o qual correspondeu a 0,88% do valor do bem compromissado, totalizando R$ 3.722,00. Mas, com receio de perder o negócio, viu-se forçada a efetuar o pagamento indevido.

Em contestação, preliminarmente, arguiu-se a incompetência relativa do juízo, pois a ação foi interposta no domicílio da autora. Arguiu-se, também, a ilegitimidade passiva da ré VMR – Brasil Consultoria de Imóveis S.A., porque esta não cobrou ou recebeu o valor questionado, sendo que apenas pertence ao mesmo grupo econômico da outra corré. Alegou, em sequência, a legalidade da cobrança, uma vez que é necessária a assessoria técnica da empresa para aquisição do imóvel. Ademais, sustentou a autonomia da vontade como pressuposto contratual e que, no momento da celebração da avença, a autora não questionou sequer tal exigência.

Sobreveio réplica da autora, rebatendo as duas questões preliminares.

Feito o relatório, passo a conhecer do pedido, porque não há necessidade de produção de outras provas (CPC, arts. 355, I, 370, parte final, e 139, II, combinados; CDC, art. 6º, VIII).

Inicialmente, rejeito a preliminar de incompetência do juízo, porquanto no caso em tela deve ter-se em conta domicílio da autora, como dispõem os arts. 6º, VIII, 51, XV, e 101, I, combinados, todos do Código de Defesa do Consumidor (cf. STJ, 3ª T., REsp 488.274/MG, rel. Min. Nancy Andrighi, RSTJ, 178/268).

Por outro lado, reconheço a ilegitimidade passiva da corré VMR – Brasil Consultoria de Imóveis S.A. nesta relação processual, posto que a cobrança de serviço de assessoria objeto do litígio beneficiou tão somente a corré SATI –Assessoria Imobiliária Ltda.

Em consequência, declaro extinto o processo em relação àquela parte, sem resolução de mérito, com fundamento nos arts. 17, 203, § 1º, e 485, VI, todos do Código de Processo Civil. Ressalvo, porém, que tal ilegitimidade de parte (ora reconhecida) não impossibilitará que, se for o caso, venha a ter seu patrimônio atingido, por pertencer ao mesmo grupo econômico, na hipótese de a corré SATI não possuir bens que suportem a execução (CDC, art. 28, caput e § 2º; STJ, 4ª T., REsp 1.021.987/RN, rel. Min. Fernando Gonçalves, DJe, 09/02/2009).

Como muito bem demonstrou a autora, a celebração de contrato de prestação de serviço técnico imobiliário, atrelado a contrato de compromisso de venda e compra de imóvel, por grandes construtoras, nada mais é do que uma "venda casada", nula de pleno direito, por colocar o consumidor em desvantagem exagerada em face do fornecedor (CDC, art. 51, IV; CC, art. 422). Para o festejado Arruda Alvim, "No inciso IV, procura-se atribuir equilíbrio a contrato que envolva relação de consumo, destituído desse equilíbrio, pois se dispõe serem nulas de pleno direito as cláusulas que estabeleçam obrigações iníquas, abusivas, ou que coloquem o consumidor em desvantagem exagerada, assim como aquelas incompatíveis com a boa-fé e a equidade" (c. Código de Consumidor Comentado, 1ª ed., RT, 1991, pág. 114, *in fine*). Com efeito, o colendo Superior Tribunal de Justiça vem reconhecendo a "1.2. Abusividade da cobrança pelo promitente-vendedor do serviço de assessoria técnico-imobiliária (SATI), ou atividade congênere, vinculado à celebração de promessa de compra e venda de imóvel" (cf. p. ex. 2ª Seção, REsp 1.599.511/SP, rel. Min. Paulo de Tarso Sanseverino, DJe, 06/09/2016; 3ª T., AgInt -REsp 1.583.412/SP, rel. Min. Ricardo Villas Bôas Cueva, DJe, 28/03/2017; 4ª T., AgInt - AREsp 903.601/SP, rel. Min. Luís Felipe Salomão, DJe, 21/09/2018).

Ressalto que o serviço que seria de assessoria técnico-imobiliária, tal como se vê de fl. 59 da contestação, é, tão só, o serviço de ampla informação a que possui direito o consumidor quando da celebração do contrato principal, até porque se trata a corré SATI -Assessoria Imobiliária Ltda. de empresa escolhida pela própria construtora, promitente vendedora do imóvel, para esclarecer os pretensos adquirentes acerca do contrato que será celebrado, inexistindo, por óbvio, atuação, visando a defesa do consumidor, contra os interesses daquela que a escolhe. Ou seja, tal como sempre acontece e é de conhecimento comum a qualquer pessoa, para celebração do compromisso de venda e compra de bem imóvel, deve o adquirente celebrar outro, secundário, de prestação de serviços de assessoria, o qual, nada mais é do que a transferência de obrigação da remuneração da pessoa jurídica que faz a venda/assessoria pela construtora em detrimento do consumidor, sendo, portanto, nula de pleno direito a contratação, por ser, tal como denominou a autora, verdadeira "venda casada".

Nessa esteira, impera o art. 186 do Código Civil que dita: "Art. 186. Aquele que, por ação ou omissão voluntária, negligência ou imprudência, violar direito e causar dano a outrem, ainda que exclusivamente moral, comete ato ilícito.".

Considerando tal situação, é caso de restituição em dobro do valor indevido, por entender presentes os requisitos do art. 42, parágrafo único, do Código de Defesa do Consumidor. Sem dúvida, "I - Admite-se a repetição do indébito de valores pagos em virtude de cláusulas ilegais, em razão do princípio que veda o enriquecimento injustificado do credor (cf. STJ, 4ª T., REsp 453.782/RS, rel. Min. Aldir Passarinho, DJ, 24/02/2003, pág. 246).

Imperiosa também a lição do art. 940 do Código Civil. Subsistem as demais cláusulas do compromisso de venda e compra objeto desta demanda, em respeito ao princípio da autonomia da vontade das partes (CC, art. 421).

Ante o exposto e por tudo mais que dos autos consta, (i) rejeitada a preliminar de incompetência do Juízo e (ii) extinto o processo, sem resolução do mérito, em relação à corré VMR -Brasil Consultoria de Imóveis S.A., (iii) julgo procedente, em parte, o pedido para condenar a corré SATI –Assessoria Imobiliária Ltda. ao pagamento de R$ 7.444,00, a ser corrigido pela tabela do Tribunal de Justiça, desde a data do desembolso, acrescido de juros de mora de 1% ao mês desde a citação.

Arcará a corré vencida integralmente com as custas e despesas processuais, mais honorários advocatícios no valor de R$ 1.000,00, com fundamento no art. 85, § 8º, do Código de Processo Civil.

Publique-se, registre-se e intimem-se.

Local e Data

Dr. Hiperião Gaia

Juiz de Direito

Observações: Utilização de dados ou hipóteses conflitantes = pontuação zero referente ao critério correspondente. Foram considerados o conhecimento do candidato sobre o tema, o domínio da técnica jurídica, a aplicação e enquadramento da legislação ao caso, a utilização correta do idioma oficial e a sua capacidade de exposição. Rasuras e letra ilegível reverteram em prejuízo do candidato. Não foram considerados trechos de prova que se identificavam como meras reproduções, no todo ou em parte, de textos de lei ou atos normativos.

BANCA PRÓPRIA – TJ/RJ – APLICAÇÃO: 2021

- **PROVA DE SENTENÇA CÍVEL**
- **PROVA DISCURSIVA – 2ª ETAPA**
- Você recebeu seu caderno de respostas e esta prova.
- Preencha com atenção seus dados na capa desta prova e do caderno de respostas.
- Quando for permitido abrir sua prova, verifique se está tudo completo ou se apresenta imperfeições. Caso haja algum problema, informe ao Juiz Fiscal da sala.
- Leia cuidadosamente cada questão e transcreva sua resposta no caderno de respostas entregue, com caneta de tinta azul ou preta.
- Todas as respostas deverão ser fundamentadas nos respectivos espaços do caderno de respostas.
- A duração da prova é de 5 (cinco) horas, incluso o tempo para o preenchimento do caderno de respostas, salvo em caso de candidato a quem tenha sido deferido atendimento especial para realização da prova.
- Somente será permitida a saída definitiva da sala e do prédio após transcorrida 1 (uma) hora do início da prova, entregando ao Juiz Fiscal o caderno de respostas e esta prova.
- O candidato somente poderá levar sua prova no decurso de 2 (duas) horas anteriores ao horário determinado para o seu término.
- Até que você saia do prédio, todas as proibições e orientações, publicadas no Edital nº 22/2021, continuam válidas.
- AGUARDE A ORDEM DO JUIZ FISCAL PARA ABRIR ESTE CADERNO.
- BOA SORTE!

SENTENÇA CÍVEL

Na comarca de Bom Jesus de Itabapoana, em sede de execução de título extrajudicial para efeito de cobrança de crédito advindo de contrato de locação residencial com garantia fidejussória, o exequente Fabiano indicou à penhora o imóvel de propriedade do fiador Luís Antônio; o qual, apesar de citado, permanece revel no processo.

Levado o imóvel à hasta pública, não tendo sido oferecidos outros lanços, o exequente Fabiano ofereceu o lance equivalente a 60% do valor de avaliação para efeito de sua arrematação. Três dias depois da data do leilão, Fabiano depositou à disposição do juízo da execução o valor de seu lance, descontado o valor do seu crédito.

Logo após o leilão judicial e antes da formalização do auto de arrematação, Maria Clara, hipossuficiente e assistida pela Defensoria Pública, ajuizou ação de embargos de terceiro, a qual foi distribuída por dependência aos autos da execução.

Na sua petição inicial, a embargante, na qualidade de ex-companheira do executado, afirma que tanto a penhora do imóvel registrado em nome de Luís Antônio, como a sua alienação judicial não podem subsistir, pelos seguintes fundamentos.

Primeiro, porque a fiança locatícia é nula, uma vez que, à época da constituição da garantia fidejussória, era companheira de Luís Antônio e que não fora chamada a manifestar sua concordância com a fiança dada no contrato de locação, não existindo a sua assinatura no referido instrumento. Aponta que essa matéria encontra-se, inclusive, regida por enunciado de súmula da jurisprudência de Tribunal Superior. No mínimo, por eventualidade, aponta que deve ser resguardada a sua meação.

Segundo, porque o imóvel penhorado é utilizado para fins de residência e não deve ser alcançado pelo ato de constrição judicial, diante da mais recente posição jurisprudencial do Supremo Tribunal Federal em relação à garantia constitucional do direito à moradia, insculpido no artigo 6° da CF/88[7].

Terceiro, porque eventualmente afastadas as alegações anteriores, há manifesto excesso de execução nos cálculos apresentados pelo exequente, valendo-se da ausência de resistência do executado revel.

Por último, que não poderia, à evidência, o exequente Fabiano, sem outros pretendentes na hasta pública, oferecer lance inferior à avaliação, sob pena de flagrante ofensa à regra do artigo 876 do CPC.

Citado para a ação de embargos de terceiro, Fabiano apresentou contestação veiculando as seguintes teses defensivas:

> a) Existência de vício formal na petição inicial, tendo sido atribuído à causa o valor de R$40.000,00 (valor atual do crédito exequendo), quando deveria ter sido indicado o valor do imóvel penhorado (avaliado em R$700.000,00), cujo gravame se pretende desconstituir;
>
> b) Descabimento de litisconsórcio passivo necessário na ação de embargos de terceiro com o executado Luís Antônio, uma vez que o imóvel foi indicado à penhora pelo próprio exequente;
>
> c) Impertinência das alegações de impenhorabilidade do imóvel, de excesso de execução e de nulidade da arrematação por meio da via

7. Elucido que o examinador quis se referir ao atual caput do art. 6º da CF/88, tendo em vista que o parágrafo único fora inserido através da Emenda Constitucional nº 114/21, em momento ulteiror à elaboração do teste.

específica dos embargos de terceiro, os quais não seriam apropriados a tanto;

c) Validade do contrato de fiança locatícia, uma vez que o fiador Luís Antônio omitiu propositalmente a sua condição de companheiro, não sendo possível saber, à época, da existência da união estável;

d) A penhorabilidade do imóvel residencial do fiador, por força da disciplina legal aplicável.

Luís Antônio, citado, não apresentou defesa em sede de embargos de terceiro.

Maria Clara, por sua vez, manifestou-se no sentido da intempestividade da contestação apresentada por Fabiano, ao fundamento de que este computou o seu prazo para resposta a partir da última citação (*in casu*, de Luís Antônio); quando deveria contar individualmente o seu prazo para a resposta nos embargos desde a sua citação. No mais, sustenta a procedência de sua pretensão deduzida em sede de embargos de terceiro, corroborando todos os seus fundamentos, além da farta documentação apresentada *ab initio* dando conta de que existiu por vários anos a união estável com Luís Antônio e que o imóvel penhorado foi adquirido na constância do relacionamento familiar.

Após as manifestações das partes, na atividade de saneamento, o Juízo cível verificou que não havia mais provas a serem produzidas pelas mesmas e que considerava suficientemente demonstrados os fatos alegados pelas partes por meio das provas documentais apresentadas, inclusive no tocante à existência da união estável e ao período de sua duração.

Logo a seguir, a União Federal peticionou nos autos, por intermédio da sua Advocacia pública, informando que interveio nos autos do processo de execução para apresentar seu crédito fiscal diante de Luís Antônio, a título de IRPF, no valor de R$20.000,00, e que solicitou o declínio da competência para a Justiça Federal, sendo que, segundo sustenta, os embargos de terceiro, como processo acessório, também devem ser julgados na esfera federal.

Aberta a oportunidade para contraditório, não houve qualquer manifestação. Assim, os autos foram encaminhados à conclusão para prolação de sentença.

Profira sentença, dispensado o relatório, enfrentando todas as questões apresentadas no problema acima proposto.

Atenção para NÃO colocar o nome do Juiz sentenciante.

PADRÃO DE RESPOSTAS DA BANCA:

Pontos fundamentais:

- Ordem adequada na solução das questões processuais, conduzindo à perfeita estrutura da sentença.

- Redação clara e escorreita. Emprego correto dos termos jurídicos.

- Fundamentação precisa, adequada e completa na solução de cada questão apresentada.

I. Estrutura e apresentação da sentença.

Enfrentamento ordenado e lógico das questões preliminares. Impropriedade do exame de questões preliminares no juízo de mérito da causa. Julgamento antecipado do mérito pressupõe a presença das condições para o regular exercício do direito de ação e os requisitos de validade processual (juízo preliminar), ou seja, o prévio enfrentamento de todas as questões preliminares suscitadas.

a) Competência do juízo da execução. Enfrentamento da questão atinente à habilitação de crédito tributário no juízo da execução. Incidente de concurso de preferências (arts. 908 e 909 do CPC). Credores habilitados que assumem a condição de parte no incidente de natureza cognitiva. Competência funcional do juízo em que ocorreu a alienação judicial. Fundamentação adequada para não haver o declínio de competência para a Justiça Federal, nos termos do artigo 109, I da CF/88. Súmula 244 do TFR. Súmula 270 do STJ.

b) Tempestividade da contestação nos embargos de terceiro. Procedimento aplicável (art. 231, § 1º do CPC). Distinção com a defesa no processo de execução por meio de embargos à execução. Inaplicabilidade da regra do art. 915, § 1º do CPC. Revelia do executado/embargado. Inocorrência do efeito previsto no artigo 344 do CPC (presunção de veracidade dos fatos narrados na inicial).

c) Regularidade formal da petição inicial. Valor da causa. Finalidade dos embargos de terceiro: livrar o bem do ato de constrição judicial praticado na execução. Valor da causa: valor do bem atingido, mas sempre limitado ao valor da execução. Precedentes do STJ. Se o valor da execução for inferior ao valor do bem penhorado, aquele deve ser o valor da causa nos embargos de terceiro. Fundamentação.

d) Litisconsórcio passivo necessário. Insuficiência da regra do artigo 677, § 4º do CPC para resolver a questão. Bem imóvel indicado apenas pelo exequente. Discussão travada nos embargos de terceiro que envolve potencial prejuízo à esfera jurídica do executado, com o reconhecimento do direito à meação e ao levantamento da importância depositada pela ex-companheira embargante. Necessidade da participação do executado na relação processual. Hipótese de litisconsórcio necessário pela natureza da relação jurídica envolvida no processo, na forma do art. 114 do CPC.

e) Análise do cabimento dos embargos de terceiro quanto aos seus fundamentos. Necessidade de enfrentamento, com base na boa ordem processual, da preliminar atinente ao cabimento dos embargos de terceiro (adequação / interesse) diante de seus fundamentos. Cabimento dos embargos de terceiro para desconstituir o gravame judicial, no tocante às alegações de impenhorabilidade do imóvel ou de nulidade de sua alienação judicial. Descabimento dos embargos de terceiro para discutir eventual excesso de execução. Precedentes do STJ.

II. Mérito. Solução das questões atinentes ao *meritum causae*.

a) Impenhorabilidade do imóvel residencial do fiador locatício. Confronto da regra do artigo 3°, VII da Lei 8.009/90 com o artigo 6° da CF/88[8]. Discussão atual no âmbito do STF (RE 1.307.334), em sede de repercussão geral. Recentes precedentes do STF dando primazia ao direito social à moradia. Distinguish. Locação não residencial. Subsistência do entendimento consolidado no Tema 295 do STF e na Súmula 549 do STJ para as locações residenciais.

b) Nulidade ou ineficácia parcial da fiança prestada sem autorização da companheira. Evolução no tratamento da disciplina jurídica da união estável em relação ao casamento. Posição do STF. Preservação de algumas diferenças por razões formais. Necessidade de outorga uxória (art. 1.647, III do Código Civil). Súmula 332 do STJ. Inaplicabilidade às relações de união estável para fins de preservação da segurança das relações jurídicas. Boa-fé dos contratantes. Precedentes do STJ. Validade da fiança locatícia. Ineficácia parcial em relação ao companheiro preterido. Preservação do direito à meação, que se projeta sobre o valor alcançado com a avaliação do imóvel (art. 843 do CPC).

c) Validade da arrematação. Distinção entre arrematação e adjudicação. Disciplinas distintas. Inaplicabilidade do art. 876 do CPC no caso em exame. Possibilidade do exequente participar da hasta pública como único licitante. Limite: lanço cujo valor não seja vil (art. 891 do CPC). Valor alcançado no leilão que preserva a meação do companheiro preterido (art. 843, § 2° do CPC).

d) Dispositivo da sentença. Resposta à pretensão da embargante (juízo de mérito). Julgamento de procedência parcial para garantir à autora o seu direito à meação, que se projeta sobre o valor alcançado com a alienação judicial do imóvel e depositado à disposição do juízo da execução.

e) Distribuição dos ônus de sucumbência. Resistência do exequente/embargado à pretensão autoral, sustentando, inclusive, o descabimento da ação de embargos de terceiro. Sucumbência parcial. Distribuição das despesas processuais entre as partes (embargante x embargados). Honorários advocatícios de sucumbência em favor dos patronos da embargante e do exequente/embargado. Base de cálculo: proveito econômico.

8. Elucido que o examinador quis se referir ao atual caput do art. 6º da CF/88, tendo em vista que o parágrafo único fora inserido através da Emenda Constitucional nº 114/21, em momento ulteiror à elaboração do teste.

BANCA PRÓPRIA – TRF 2ª REGIÃO – APLICAÇÃO: 2018

- **PROVA DE SENTENÇA CÍVEL**

"RELATÓRIO

A União Federal, mediante provocação da República Federal da Alemanha, conforme os termos da Convenção de Haia sobre Aspectos Civis do Sequestro Internacional de Crianças, promulgada no Brasil pelo Decreto nº 3.413, de 14 de abril de 2000 (especialmente seu art. 3º), e tendo em vista circunstâncias desde logo amplamente demonstradas, propôs a presente Ação no mês de maio de 2017, com pedido de antecipação de tutela contra C.F.P., brasileira, solteira, RG XXXX, residente no âmbito desta Jurisdição (Vitória, Estado do Espírito Santo), mãe do menor J.L.K.K., até então tido como duplo nacional teuto-brasileiro, a quem imputa a responsabilidade de reter ilegalmente no país a pessoa do próprio filho, havido da união conjugal de fato com o nacional alemão M.C.K., residente naquele país, Passaporte nº YYYY, admitido na causa como Assistente ativo.

O caso revela a pretensão de natureza cautelar e mandamental, posto que satisfativa, consistente em estabelecer a busca e apreensão do menor J.L.K.K., de nacionalidade alemã (conforme será adiante pontuado), nascido em 11 de março de 2013 em Würzburg/Baviera, Alemanha, para fins de restituição ao Estado Alemão, país em que mantinha residência habitual (fls. 72/73), desde o nascimento, tudo conforme prevê a Convenção sobre Aspectos Civis do Sequestro Internacional de Crianças, promulgada pelo Decreto nº 3.413, de 14 de abril de 2000, em face de ato ilegal de retenção do mesmo em território nacional por parte de sua genitora, ora Requerida, C.F.P.

No tema causa de pedir, expôs a União, em síntese, ter a Secretaria Especial dos Direitos Humanos da Presidência da República, responsável, no Brasil, enquanto Autoridade Central Administrativa Federal (ACAF), pelo cumprimento da referida Convenção, recebido – em outubro de 2016 – de sua congênere alemã uma solicitação de cooperação jurídica internacional direta em matéria civil no sentido de restituir àquele país o menor J.L.K.K., retido ilegalmente no território brasileiro, consoante exposto.

Relata que o menor, tido da união – iniciada em 2011 – de sua genitora, brasileira, com o Sr. M. C. K., alemão, ora Assistente, estava sob a guarda compartilhada de ambos, mediante os termos de declaração conjunta (fls. 78/80), firmada nos moldes do § 1.626, do Código Civil Alemão (fls. 74/75), em tudo prevalente à espécie.

Baseado em relato do pai como que ratificado, em termos, pela própria Requerida desde os primeiros momentos em que, pelo seu patrocínio, foi chamada a responder a essa exigência legal tanto na via administrativa (fls. 116/132) como na judicial (fls. 202/211 e ss, além das diversas manifestações defendentes produzidas na causa), diz a União Federal que, a pedido da própria Requerida para "visitar parentes no Brasil" (fl. 98), firmou M.C.K. (genitor), em 30 de maio de 2016, uma declaração em que autorizava viagem ao Brasil do filho menor em companhia da genitora e com estadia prevista, por ambos, para o período compreendido entre 02 de junho a 01 de julho de 2016 (fls. 60/62), mas que foi estendida, sucessiva e unilateralmente, por decisão da Requerida, portanto à completa revelia do genitor; essa atitude de resistência ao que fora legalmente estatuído sob o Regime Jurídico do Estado Alemão caracterizaria a retenção indevida do menor à luz da referida Convenção de Haia; primeiramente, a Requerida postergou a volta do próprio filho para 06 de agosto de 2016, depois para 29 de agosto de 2016, dia em que, marcado para o retorno dos três (o genitor já se encontrava no Brasil apreensivo com a situação), foi tomado de assalto, duas horas antes do embargue de regresso, pelo elemento surpresa consistente na dicção e no fato de que a volta simplesmente não seria levada a efeito, haja vista que a Requerida, ao admiti-lo enfim, teria decidido permanecer definitivamente no país em companhia do seu filho, cuja guarda, então, era de tipo compartilhado nos termos do Direito alemão, efetivamente exercida por ambos. Desde então o genitor não teria visto o menor, salvo pelo que se evidencia dos autos em face do encaminhamento da presente Ação e como decorrência do litígio estabelecido.

Ressalta a Requerente que, tendo em vista as alegações antes descritas, a grave ilicitude do ato da Requerida, enquanto genitora do menor vislumbrado, retendo-o indevidamente em território nacional, não se encontra afastada em função de expediente processual que haja proposto junto à Justiça do Estado do Espírito Santo, em sede de Ação de Guarda de Menores (fls. 101, 135/139). Sucede que, sobre tratar-se de Jurisdição material e absolutamente inadequada (incompetente) para o descortino da matéria de fundo (direito de guarda), uma ponderosa decisão do Tribunal de Justiça do Estado do Espírito Santo, em sede de recurso de Agravo de Instrumento, cassou, oportunamente, a liminar pela qual se deferiu, sem figura jurídica, a guarda provisória de J.L.K.K. à sua genitora, assim também declarou a incompetência da Justiça brasileira para processar e julgar demanda relativa à guarda do menor sob questão, aplicando, por fim, "efeito expansivo objetivo para extinguir o processo originário, sem resolução do mérito" (fls. 184/189).

Além do mais, há também uma decisão provisória do Tribunal da Comarca de Würzburg/Alemanha (Departamento de Matéria de Família), proferida no Processo nº ZZZZ, em 14 de novembro de 2016, concessiva da guarda provisória exclusiva do menor em favor de seu pai, M. C. K., ora Assistente, tendo sido considerado que a atual situação de retenção indevida do seu filho, cuja residência habitual é mesmo a referida cidade alemã, implica em graves violações à ordem legal estabelecida, pois: "Com o seu comportamento arbitrário, a requerida violou o direito paternal do pai (guarda paternal, direito de trato), agindo ilicitamente.[sic]" É o que consta de tradução juramentada de documento oficial alemão trazido aos autos, sendo que ali também se divisa que na mesma ocasião o Tribunal da Comarca de Würzburg recomenda que a Requerida volte à Alemanha para submeter-se aos termos do processo de seu interesse, tome a defesa regular que lhe cabe, inclusive com apoio de Assistência Judiciária gratuita provida pelo Estado e se permita ao bem da criança que ali será submetida a um acompanhamento psicológico próprio que deverá resultar em um laudo específico, o qual, ademais, apoiará a futura decisão da Corte Alemã sobre a guarda do menor em exame (fls. 154/159).

Tampouco aproveita, como disserta a Requerente, que o menor se encontra, na atualidade, matriculado em estabelecimento de ensino brasileiro e integrado ao novo ambiente ao qual fora implicado pela ação ilícita de sua própria mãe, ora em debate.

Instruiu a Petição Inicial com farta documentação, dentre cujos documentos se destaca a cópia do Processo Administrativo instaurado no âmbito da Secretaria Especial dos Direitos Humanos da Presidência da República (Autoridade Central brasileira) que dá ensejo a esta propositura e cumpre o dever nacional de cooperar diretamente com os Estados contratantes da Convenção de Haia na causa do retorno de crianças em situação de “seqüestro” ou de retenção indevida aos países nos quais possuam residência habitual.

À fl. 191, dos autos, consta decisão pela qual se determinou a tramitação do presente feito em Segredo de Justiça com fundamento no inciso II, do art. 189, e vistas ao Ministério Público Federal, por força do art. 178, II, ambos do CPC, para pronunciar-se sobre o pedido de liminar. Instado, o Parquet Federal ofereceu Parecer (fls. 192/199), pelo qual, após emitir entendimento no sentido da competência da Justiça Federal para processar e julgar o presente feito, opinou pelo indeferimento da antecipação dos efeitos da tutela jurisdicional sob o fundamento de ausência dos seus requisitos. No tocante à falta de prova inequívoca da verossimilhança do alegado, entendeu ser exígua sua demonstração nos autos, porque incapaz de corroborar a afirmativa da parte autora no sentido de que o menor, no Brasil, passou “a viver em ambiente menos propício ao desenvolvimento ideal de sua integridade física e mental”. No tocante ao perigo da demora, entende que “o afastamento abrupto da mãe com quem sempre conviveu desde o seu nascimento trará indubitavelmente grave prejuízo ao menor, seja porque não há garantias efetivas de que o menor voltaria ao convívio de sua genitora”.

Petição atravessada da União (fls. 200/201), noticia que a Autoridade Central brasileira indicou o Sr. AAAA, Agente Consular-Geral oficial junto ao Consulado Geral da Alemanha no Rio de Janeiro/RJ, como autoridade responsável para a recepção institucional do menor J. L. K. K. Outrossim, ratifica o pedido em toda sua extensão e aproveita para requerer a indicação de psicóloga habilitada para acompanhá-lo durante a efetivação da medida a exsurgir do então eventual veredicto antecipatório dos efeitos da tutela jurisdicional invocada.

Por outro lado, tomando ciência, por vias informais, da presente propositura, a Requerida fez chegar a este Juízo, por meio do seu patrocínio (art. 104 do CPC), um Memorial em 10 (dez) laudas pelo qual – como se Contestação fosse – discorre sobre seu entendimento acerca da matéria, impugna, embora sem controverter substantivamente, os fatos e o direito suscitados na Ação, e junta ampla documentação a seu respeito (fls. 202/211 [Memorial], 212/258 [documentos]). Acrescentou, ainda, que foi vítima de violência doméstica durante a convivência, mas sem apresentar provas sobre tal alegação. Determinei que, ao contrário do que a parte havia manifestado a este Magistrado, o tal Memorial ficasse constando dos autos para todos os efeitos legais (fl. 202).

Na sequência, firme no entendimento acerca da verossimilhança do pedido e dos demais pressupostos para a admissão e expedição da antecipação dos efeitos da tutela jurisdicional invocada (art. 300, do CPC), não sendo o caso de irreversibilidade lógica, e da absoluta importância da causa que situa interesse menorista e de Estado na Ordem Jurídica Internacional, houve deferimento da tutela de urgência (fls. 259/279).

Conforme os atos da busca e apreensão fossem se efetivando para a entrega de pessoa ao Estado Alemão, mediante as salvaguardas e cuidados especialmente estabelecidos (na antecipatória) para esse fim, incluindo a designação de profissional de Psicologia Clínica para acompanhar o iter da diligência e cuidar para que o mínimo de constrangimento pudesse resultar à pessoa do menor objetivado, diante das circunstâncias, eis que o patrocínio da Requerida teve indeferida a pretensão de ter vista dos autos fora da Secretaria, facultando-se vista em Juízo e fazer cópias dos autos, tudo em função do regime de tratamento processual a que se acha esta causa submetida (fl. 287).

Depois disso, já efetivado o veredicto (fls. 368/369, 370/380v), a Requerida, então, pede que este Juízo interceda junto à Repartição Migratória para que lhe fosse prontamente expedido ou revalidado o seu Passaporte com igual finalidade. Este Juízo assim procedeu (fls. 291/292).

Houve, entrementes, decisão suspensiva dos efeitos da antecipação de tutela adrede concedida, manejada inicialmente, no Plantão Judiciário, pela manifestação da Presidência do TRF/2ª Região (fls. 312/359), imediatamente cumprida (fls. 360/365), e depois por ato da Quinta Turma do mesmo Tribunal (fls. 396/398), tudo em sede do Agravo de Instrumento, igualmente cumprida por este Juízo. Debalde restou, outrossim, o pedido de reconsideração formulado pela União Federal naquela mesma Corte (fls. 457/464).

Antes disso, a Psicóloga Clínica BBBB, chamada a acompanhar a diligência de busca e apreensão do menor em apreço, produziu o amplo e esclarecedor Relatório Psicológico de fls. 299/302, dos autos (resultado final do trabalho psicológico empreendido com muito sucesso), tendo-se determinado que se antecipasse o valor de seus honorários, consoante requerido (fl. 304). No Laudo, afirmou-se que o menor encontrava-se adaptado ao Brasil.

Em não restando inteiramente conformada com a suspensão da eficácia da tutela antecipada em pleno curso, o patrocínio da Requerida se inicia a exigir atitudes radicais de parte deste Juízo, inclusive, conforme se supõe, contra a Autoridade Consular que antes recebeu a criança na condição de representante do Estado Alemão (fls. 382/383).

Requerimento de ingresso de parte de M.C.K. como Assistente da União Federal (fls. 434/436). Ao deferir o pedido (art. 119 do CPC), no mesmo ato mantive a decisão agravada, ante os seus próprios termos e fundamentos, enquanto determinei diligenciar junto ao Ofício do Registro Civil do 1º Distrito da Capital (Cartório Porto Virgínio), haja vista a infidelidade de premissas e fatos com os quais vem se defendendo a Requerida, o encaminhamento de cópia do processado judicial ou administrativo que deu ensejo ao mencionado registro local em favor do menor J.L.K.K.(fls. 437/438). O material chegou em seguida e foi acostado aos autos, ex officio, conforme os termos do art. 370, do CPC (fls. 443/451).

Em reforço, despachei às fls. 466/469, dos autos, lavrando-se o termo correspectivo (fls. 478/479), além de mandar que se comunicassem os acontecimentos às autoridades interessadas no assunto (fls. 481/485).

Novamente, o patrocínio pede vista dos autos fora de Cartório e isso lhe é indeferido (fls. 489).

Apresenta Contestação (fls. 497/531) e junta diversos documentos (fls. 532/577). No conteúdo, renova os termos do que vem insistindo desde antes – na seara administrativa quanto judicial sobre condições de vida entre a Requerida e o Assistente na Alemanha. Tampouco insinua que o Assistente terá sido um pai agressivo em relação à pessoa do próprio filho, nem que lhe tenha faltado para com as suas necessidades enquanto da vida em comum. Sua tese de mérito, na verdade, bem diversa do objeto substancial da controvérsia, portanto fora da incidência do Princípio da Eventualidade exposto no art. 341, do CPC, conforme era necessário impugnar ponto por ponto do que se houve imputado à sua pessoa (Requerida), é fazer acreditar, nos limites da lide em causa, que o menor deve permanecer no Brasil, ainda que para cá tenha sido retido ilegalmente, haja vista sua integração local. Pede a produção de provas, inclusive testemunhais para audição mediante expedição de Cartas Rogatórias. Antes, suscita preliminares e elas dizem respeito a suposto cerceamento do direito de defesa da Requerida devido aos indeferimentos de prazos para oferecer resposta [1], impossibilidade jurídica do pedido em razão da inconstitucionalidade de extradição de criança brasileira [2] e suspensividade do presente feito em razão de Ação de Guarda que vinha sendo esgrimida no Juízo do Estado da 1ª Vara de Família da Capital [3]. Em todos os momentos e para todos os fins, o patrocínio se refere ao menor como sendo de nacionalidade brasileira e aponta, para isso, a “certidão brasileira de nascimento do menor” que faz juntar (fls. 533).

O Juiz Federal Substituto entendeu por bem decidir pela renovação do prazo de defesa ao patrocínio da Requerida, decretando, assim, a superação de pelo menos um dos articulados preliminares dispostos na Contestação, conquanto também tenha autorizado vista fora do Cartório (fls. 592/593).

Insistindo na “Certidão Brasileira de Nascimento” do menor, o patrocínio da Requerida se dispõe a juntar uma via com selos de autenticação do documento mencionado e descreve Acordo de Visitação firmado entre os pais do mesmo (fls.

598/602). Foi tudo o quanto se propusera juntar a Requerida, após ter-lhe sido determinada a reabertura do prazo para contestar, ante o argumento de cerceamento de sua defesa, que afinal não permitiu à mesma incrementar o viés defendente de sua atitude na causa em comentário.

Réplicas da União Federal (fls. 605/615) e do Assistente (fls. 672/677).

Parecer do MPF pela rejeição das preliminares e por realização de diligência técnica e outras providências (fls. 621/628).

Suscitada Exceção de Suspeição deste Magistrado por parte da Requerida, suspenso o feito principal (fls. 630). Em anexo a esta sentença e dela passando a fazer parte integrante, uma via da resposta oferecida ao mencionado Incidente por parte deste Magistrado.

De novo reclamando o Assistente de falha no cumprimento de seus direitos provisórios de visita, conforme estatuído pela decisão suspensiva do TRF/2ª Região (fls. 631/634), foi o expediente encaminhado, incontinenti, àquela Corte para os devidos fins. Chega a comunicação de que a Exceção foi rejeitada por unanimidade (fls. 637/645). A Requerida rechaçou a ocorrência sobre descumprimento de cláusulas provisórias de visitação em favor daquele (fls. 666/667).

Retomada a presidência do feito, decidi em fls. 646/647, dos autos, pela designação de audiência prévia a fim de ajustar a visita e instar às partes a que conciliem no melhor sentido da Convenção de Haia (art. 10) e da legislação processual vigente (art. 139, inc. V, do CPC).

Na sequência, as partes apresentam um termo de ajuste (fls. 657/658), sendo certo que ratifiquei a designação da audiência já então aprazada. Nela foi constituído Curador Especial ao menor (art. 72, inc. I, do CPC) – na pessoa do Defensor Público da União –, observando-se o insucesso da proposta de conciliação formulada pelo Juízo (fls. 663/664), tendo a Requerida, ademais, deixado de participar de uma segunda oportunidade para isso (fls. 668/670).

Uma nova data foi fixada e, no ato, manifestou-se o Curador Especial, para quem a nacionalidade do menor em foco é exclusivamente alemã, devendo a matéria ser subsumida ao regime da Convenção de Haia e a nenhum outro diploma normativo. Ao mesmo tempo, por cautela, acompanha o MPF no pedido de produção de prova pericial consistente em exame psicossocial na pessoa do menor. Também a advogada do Assistente ofereceu réplica, rechaçando, por negação, os argumentos coligidos pela Requerida, enquanto a Representante do MPF insistiu que o menor dispõe de dupla nacionalidade, em razão do art. 12, al. "c", da Constituição Federal (fls. 668/670).

Determinei a regularização no registro da Distribuição para fazer constar o *nomem iuris* adequado da Ação, conforme a natureza da lide (fls. 671).

O patrocínio da Requerida, ao final, apresenta substabelecimento em favor de outro advogado (fls. 679/680).

Desse modo, configurada, inteiramente, a relação processual suscitada na presente propositura (*actio trium personarum*), consoante a determinação suspensiva dos efeitos da antecipação da tutela, que havia sido concedida por este Juízo, e também instrumental, da Superior Instância (fls. 585/590), estabelecido o contraditório formal, produzidas provas de parte a parte, e atendidas as demais formalidades legais, vieram os autos conclusos para sentença."

Diante dos dados constantes do relatório da sentença cível, elabore as partes da fundamentação e do dispositivo da sentença, abordando todos os itens identificados nas principais peças dos autos de modo a solucionar o litígio. (máximo de 10 laudas)

PADRÃO DE RESPOSTAS DA BANCA:

ESPELHO DA PROVA DE SENTENÇA DE NATUREZA CIVIL

Aspecto 1 – Questão preliminar de cerceamento do direito de defesa – Valor total = 0,5 ponto.

1.1. Hipótese de rejeição da preliminar arguida por dois fundamentos principais: a) houve apresentação de contestação em época oportuna (tempestividade), não sendo incorreto o indeferimento de vista dos autos fora de Secretaria até em razão dos expedientes utilizados desde o chamamento da Ré para integrar a lide; b) se houvesse algum tipo de cerceamento de defesa, a questão foi superada em razão da decisão do juiz federal substituto que autorizou a renovação do prazo de defesa ao advogado da Ré.

Durante toda a tramitação do feito, restou evidenciado que houve uma série de manobras adotadas pela Ré para o fim de impedir a efetividade da jurisdição, como se verificou nas medidas empregadas após a concessão da tutela de urgência, por exemplo, para o fim de conseguir suspender os efeitos da decisão proferida pelo magistrado.

Havia, pois, razão para o indeferimento de requerimento de autorização de retirada dos autos de Secretaria. Assim, não houve cerceamento de defesa.

1.2. Critérios de pontuação: 0,25 para cada fundamento de rejeição da preliminar. À rejeição da preliminar sem menção aos fundamentos acima não será atribuída qualquer pontuação.

Aspecto 2 – Questão "preliminar" de impossibilidade jurídica do pedido – Valor total = 1,0 ponto.

2.1. De acordo com a disciplina do novo CPC, a impossibilidade jurídica do pedido deixou de ser uma das condições para o exercício do direito de ação. Desse modo, a hipótese é de rejeição da preliminar arguida pois não se trata de hipótese de questão preliminar. De todo modo, na resposta não há como ser acolhida a alegação referente à extradição de criança e, consequentemente, o pedido de restituição da criança ao Estado de sua residência habitual não se consubstancia em pedido de extradição.

A Convenção sobre os Aspectos Civis do Sequestro Internacional de Crianças, internalizada no Brasil pelo Decreto nº 3.413, de 14 de abril de 2000, não tem qualquer conotação relacionada à repressão de condutas consideradas ilícitos penais, tanto assim é que foi concebida na Conferência da Haia de Direito Internacional Privado. O propósito da referida Convenção é, especialmente, buscar a cooperação entre os Estados Partes para impedir que uma criança seja transferida ou retida ilicitamente em um Estado contratante diverso do Estado de sua residência habitual.

Daí a preocupação dos vários Estados que se tornaram Partes da Convenção da Haia no sentido de criar mecanismos e providências ágeis para a solução célere das hipóteses de sequestro internacional de crianças. Assim, dispensa-se o emprego de técnicas mais demoradas de cooperação jurídica internacional – tais como as cartas rogatórias e a homologação de sentença estrangeira – para a utilização de vias e providências mais céleres e efetivas de cooperação internacional.

Não há como se cogitar de "extradição" de uma criança que foi retida no Brasil por sua mãe, até em razão dela sequer poder praticar qualquer crime, de acordo com o ordenamento jurídico brasileiro.

2.2. Critérios de pontuação: A resposta deve abranger os três aspectos acima referidos. Assim, 0,4 para a menção de que não se trata mais de preliminar no sistema do CPC de 2015 o tema da impossibilidade jurídica do pedido; 0,3 para a referência sobre a Convenção tratar de aspectos civis do sequestro; e 0,3 para a menção à circunstância de que a criança não pode cometer crime e, por isso, não caberia sua extradição. À rejeição da preliminar sem menção às fundamentações acima não será atribuída qualquer pontuação.

A Comissão Examinadora também considerou pertinente a sentença que incluiu a análise da questão indagada no mérito da sentença, empregando os mesmos critérios de avaliação, tal como acima indicados.

Aspecto 3 – Questão preliminar da suspensão do processo em razão da ação de guarda na Justiça Estadual – Valor total = 1,5 ponto.

3.1. Hipótese de rejeição da preliminar em razão de três fundamentos: a) a regra do art. 16, da Convenção, não autoriza que o juiz do Estado Requerido possa tomar qualquer decisão sobre o fundo do direito de guarda, já que o juiz natural para as questões envolvendo a criança é o juiz do Estado da residência habitual da criança; b) o STJ, em vários precedentes em julgamentos de conflitos de competência, já decidiu que competente para a ação de busca e apreensão é a Justiça Federal e que, se na pendência da ação em que se busca o retorno da criança ao Estado da sua residência habitual, for ajuizada ação de guarda na Justiça Estadual, esta, a princípio, poderá ser suspensa até a decisão final sobre o retorno na ação que tramita na Justiça Federal; c) no caso concreto ora em julgamento, houve provimento do agravo de instrumento pelo Tribunal de Justiça com a extinção do processo sem resolução do mérito relativamente à ação de guarda.

Daí não ser caso de acolher a preliminar arguida com base nos três fundamentos.

O grupo de pesquisa no âmbito da Escola da Magistratura Regional Federal da 2ª Região (EMARF) aprovou a respeito o Enunciado nº 13: "A decisão proferida no juízo estadual sobre guarda não impede a decisão do juízo federal sobre eventual retorno da criança."

3.2. Critérios de pontuação: para cada um dos fundamentos de rejeição da preliminar é atribuível até 0,5. Logo, quem indicou e justificou os três fundamentos, terá o total de 1,5. A Comissão Examinadora considerou que a referência ao art. 17 e não ao art.

16 da Convenção, no primeiro dos fundamentos, poderá acarretar a pontuação de 0,25. À rejeição da preliminar sem menção às fundamentações acima não será atribuída qualquer pontuação.

Aspecto 4 – Mérito do julgamento – Valor total = 5,0 pontos.

4.1. Devido às informações constantes do relatório da sentença, o candidato obrigatoriamente deveria ter abordado os vários pontos abaixo destacados, levando em consideração tratar-se de caso relacionado à aplicação das normas da Convenção sobre Aspectos Civis do Sequestro Internacional de Crianças. No caso houve solicitação de cooperação jurídica internacional da autoridade central alemã e, por isso, a União, representada por sua Advocacia Geral, ingressou com a ação de busca, apreensão e retorno da criança ao Estado de sua residência habitual.

4.2. Primeiro ponto: o candidato deveria ter analisado que a hipótese foi de retenção ilícita da criança no Brasil, e não de transferência ilícita, devido à circunstância de a ré haver trazido o filho para o Brasil com autorização do pai da criança, e estando em território brasileiro com passagem aérea marcada para o retorno para a Alemanha, a mãe resolve reter a criança. O início da contagem do prazo de 1ano se deu em 29/08/2016, sendo que em outubro de 2016 já foi solicitado pedido de cooperação internacional pela autoridade central alemã. Destaque-se, ainda, que naquela época havia guarda compartilhada da criança em favor dos pais e, com a retenção ilícita da criança no Brasil houve violação ao direito de guarda do pai (Convenção, art. 3º) eis que havia declaração conjunta dos pais sobre a guarda compartilhada à luz do § 1626, do BGB (Código Civil alemão), conforme consta do quarto parágrafo da 1ª folha do enunciado da questão.

O grupo de pesquisa no âmbito da Escola da Magistratura Regional Federal da 2ª Região (EMARF) aprovou a respeito o Enunciado nº 28: "O início da contagem do prazo para configuração da retenção indevida da criança, por parte de um dos genitores ou responsáveis, coincide com o término da autorização expressa ou tácita do outro."

Tal ponto é avaliado em até 0,75.

4.3. O segundo ponto da fundamentação de mérito na sentença diz respeito à questão da residência habitual da criança na Alemanha, sendo irrelevante sua nacionalidade. Para fins de aplicação das normas da Convenção da Haia, o importante é que a criança tenha residência habitual em um Estado Parte da Convenção, e que tenha sido transferida ou retida em outro Estado Parte da Convenção. Logo, a circunstância de, no caso concreto, a criança ter dupla nacionalidade ou apenas a nacionalidade alemã, é irrelevante para fins de aplicação das normas da Convenção.

Tal ponto é avaliado em até 0,75.

4.4. O terceiro ponto a ser destacado na análise de mérito da causa é o óbice ao retorno previsto no art.13, "b", da Convenção da Haia, no que concerne ao fato do retorno da criança poder colocá-la em situação intolerável.

Este terceiro ponto comporta três compreensões que a Comissão Examinadora admitiu como válidas para fins de pontuação e de encaminhamento da solução da causa. Na hipótese, a ré havia alegado ter sido vítima de violência doméstica durante a convivência com o pai do seu filho na Alemanha (conforme consta do quinto parágrafo da 2ª folha do enunciado da questão); contudo, no enunciado é feita a observação de que ela não apresentou provas sobre tal alegação.

O grupo de pesquisa no âmbito da Escola da Magistratura Regional Federal da 2ª Região (EMARF) aprovou a respeito o Enunciado nº 37: "Os fatos que configuram óbices ao retorno da criança precisam ser comprovados para que possam ser efetivamente reconhecidos pelo juízo para impedir o retorno."

De todo modo, em tese, três são as possibilidades relativas à incidência do art.13, "b", da Convenção: a) não é caso de óbice quando não houvesse também violência à criança; b) é caso do óbice quando houver violência apenas contra a mãe, o que gera situação intolerável à criança; c) somente será caso de reconhecimento do óbice ao retorno, quando houver indicação de que o Estado Requerente da cooperação internacional para o retorno da criança for o Estado que não tenha condições de prevenir e/ou reprimir os casos de violência doméstica contra a mulher.

A Comissão Examinadora considerou que, à luz dos dados do enunciado da questão, inclusive quanto à falta de prova sobre a alegação de que havia práticas de violência doméstica na Alemanha, o caso concreto não comportava a aplicação da regra do art.13, "b", da Convenção.

Tal ponto é avaliado em até 1,5.

4.5. O quarto ponto a ser abordado na fundamentação quanto ao mérito da causa é a questão relativa à incidência, ou não, do óbice previsto no art.13, "a", da Convenção da Haia, ou seja, se o genitor abandonado não exercia efetivamente o direito de guarda na época da retenção ilícita da criança no território brasileiro.

Com base nos elementos constantes do relatório da sentença, houve violação do direito de guarda que efetivamente era exercido pelo assistente da União Federal na demanda judicial. Tal conclusão decorre da informação de que o pai havia autorizado a viagem do filho ao Brasil (último parágrafo da 1ª folha do enunciado) e, posteriormente, veio ao território brasileiro para acompanhar a viagem do filho para a Alemanha.

Logo, na análise do mérito, tal ponto deveria ser analisado na perspectiva de que o pai efetivamente exercia o direito de guarda e que, portanto, houve violação a tal direito.

Tal ponto é avaliado em até 0,5.

4.6. O quinto ponto a ser tratado na fundamentação da sentença quanto ao mérito é a questão referente à incidência, ou não, do óbice ao retorno previsto no art. 12, da Convenção, ou seja, quando se verificar que a criança se encontra integrada (adaptada) ao meio social no local onde ela foi retida/transferida (Estado Requerido).

No caso concreto, o candidato deveria rejeitar tal alegação sob o fundamento de que não houve o decurso de prazo de um ano entre a data da retenção ilícita e a solicitação de cooperação para o retorno da criança. Ou seja: como as medidas referentes ao retorno foram adotadas com a celeridade e rapidez previstas na Convenção, não havia motivo para a aplicação do óbice ao retorno previsto no art. 12, da Convenção.

O grupo de pesquisa no âmbito da Escola da Magistratura Regional Federal da 2ª Região (EMARF) aprovou a respeito o Enunciado nº 31: "O prazo de um ano do artigo 12 conta-se da remoção ou retenção ilícitas até o início dos procedimentos administrativos e judiciais."

Neste aspecto, cumpre salientar que era desnecessária a produção de perícia psicológica em razão do critério ser objetivo, além do que a criança ainda era muito nova, a reforçar a ideia de que não era caso de óbice ao retorno em razão de tal fundamento.

Tal aspecto é avaliado em até 1,5. Todavia, caso o candidato aceite a alegação com base em precedentes do STJ, a Comissão poderá conceder até 0,5 pontos à resposta.

Aspecto 5 – Dispositivo da sentença – Valor total = 2,0 pontos.

A Comissão Examinadora, à luz dos dados apresentados no enunciado da questão, considera que a sentença deve ser de procedência do pedido, em razão da impossibilidade de acolhimento do óbice previsto no art.13,"b", da Convenção (item 4.4. deste espelho), pela ausência de provas.

a) Julgamento de procedência do pedido para determinar o imediato retorno da criança à República Federal da Alemanha, por se tratar de hipótese de retenção ilícita, e não haver qualquer óbice ao retorno, nos termos do art. 487, I, do CPC/2015.

- Esta parte é avaliada em até 1,0 ponto.

b) Desse modo, a ré é condenada nas despesas processuais e honorários advocatícios em favor da autora e do assistente à luz do art. 85, §§§ 2°, 4°, III e 8°, e art. 47, ambos do CPC/2015.

- Este ponto é avaliado em até 0,5.

c) Além disso, a ré é condenada a pagar todas as despesas relativas ao efetivo retorno da criança, à luz do art. 26, da Convenção, e que sejam adotadas providências que permitam a participação da ré na discussão sobre a guarda no Estado da residência habitual, se for o caso, conforme Enunciado nº 40, do grupo de pesquisa sobre a Convenção da Haia: "Na hipótese de retorno da criança, se for o caso, deve o juízo definir, na forma de condição suspensiva, as providências sobre o retorno, de modo a garantir que seja observada a finalidade da Convenção, quando da discussão sobre a guarda no Estado de residência habitual. Exemplos dessas providências são o acompanhamento da criança pelo genitor que está no Brasil, o pagamento de despesas com a viagem deste genitor e de honorários de seu advogado no exterior, e a emissão de seu visto pelo Estado da residência habitual."

Deve haver determinação de expedição de comunicação do resultado do julgamento ao Ministro de Estado da Secretaria Especial de Direitos Humanos da Presidência da República e à representação diplomática/consular da República da Alemanha.

- Este ponto é avaliado em até 0,5.

Aspecto 6 – Aspectos estruturais (perda ou acréscimo de até 2,0 pontos).

A avaliação pela Comissão Examinadora também abrangeu aspectos que podem majorar ou diminuir a nota do candidato em até 2,0 pontos.

6.1. Caso o candidato tenha analisado o tema da legitimidade ativa da União e também da legitimidade do genitor abandonado (art. 29, da Convenção) – inclusive como assistente da Autora –, pode haver acréscimo em até 0,4 ponto.

6.2. Se o tema da nacionalidade originária da criança foi analisado, pois ele nasceu na Alemanha sem que sua mãe brasileira estivesse a serviço do governo brasileiro no território alemão, pode haver acréscimo de 0,4 ponto.

6.3. Caso a questão da natureza jurídica do processo (tutela exauriente ou tutela cautelar apenas) tenha sido analisada na resposta, já que o processo já é satisfativo, pode haver acréscimo de até 0,4 ponto.

6.4. Também se o candidato analisou o tema do consentimento da criança para não retornar ao Estado da sua residência habitual como não podendo ser considerado (até pela pouca idade e imaturidade da criança), pode haver acréscimo de até 0,4 ponto.

6.5. Ademais, se o candidato analisou a questão da competência da Justiça Federal para a demanda, referindo-se ao artigo 109, incisos I e (ou) III da CF, pode haver acréscimo de até 0,4 ponto.

O grupo de pesquisa no âmbito da Escola da Magistratura Regional Federal da 2ª Região (EMARF) aprovou a respeito o Enunciado nº 43: "A Justiça Federal é competente para decidir sobre o retorno da criança tanto na hipótese da ação proposta pela União, representada pela Advocacia Geral da União, como de ação proposta pelo genitor abandonado, nos termos do artigo 29."

6.6. Caso o candidato tenha mencionado a Resolução n. 257/2018, do CNJ, que prevê que o processo que poderá ser suspenso é aquele relativo à ação de guarda na Justiça Estadual, e não aquele que tramita perante a Justiça Federal (art. 5º, parágrafo único, da referida Resolução), pode haver acréscimo de 0,4 ponto.

6.7. A questão do emprego da língua portuguesa pode gerar perda de 0,1 ponto por erro crasso (crase, concordância, regência verbal, falta de aspas ou de sublinhado em palavras latinas ou estrangeiras, entre outros).

6.8. Pode haver perda de 0,2 por falta de coerência e coesão, como por exemplo, haver analisado alguma preliminar após os temas de mérito.

FUNDAÇÃO GETÚLIO VARGAS – TJ/PR – APLICAÇÃO: 2022

- **PROVA PRÁTICA – SENTENÇA DE NATUREZA CÍVEL**
- **SENTENÇA DE NATUREZA CÍVEL**
- **Máximo: 180 linhas**

Na data de 02/02/2015 (segunda-feira), por volta das 14 horas, LEONARDO AUGUSTO DOS SANTOS, nascido em 01/02/2000, estava soltando pipa com dois vizinhos num terreno baldio localizado nas proximidades da linha do trem, no Jardim Interlagos, na cidade de Londrina, quando, ao passar pelos trilhos, ficou com uma perna presa pela calça no parafuso do dormente da linha e acabou sendo atingido por uma composição férrea da empresa RUMO MALHA SUL S/A, o que resultou na amputação de sua perna direita.

Em decorrência desses fatos, em 03/03/2020, LEONARDO AUGUSTO DOS SANTOS ajuizou ação de reparação de danos em face de RUMO MALHA SUL S/A, sustentando que:

a) como o trem só passava à noite, as crianças do bairro brincavam diariamente no campinho situado a cerca de 50 metros da passagem de nível destituída de cancela e, na época, não havia no local isolamento da linha férrea, com cercas ou barreiras, bem como estavam sem manutenção tanto o entorno da linha férrea como os trilhos, o que possibilitou que o autor ficasse preso pela calça num parafuso fixado parcialmente para fora do dormente;

b) o maquinista se aproximou sem acionar sinal sonoro e não parou, mesmo tendo avistado o autor, que se encontrava caído sobre um dos trilhos, tentando se soltar;

c) a empresa ré não prestou socorro e também não deu qualquer assistência após o ocorrido, tanto que o autor foi atendido no local pelo Siate, que o encaminhou ao Hospital Universitário de Londrina, onde ficou hospitalizado por 20 dias, conforme prontuário juntado;

d) sofreu diversas escoriações e teve a perna direita amputada abaixo do joelho, razão pela qual não pode mais fazer as coisas de que gostava, como correr e jogar futebol, e por ter a capacidade de trabalho reduzida, ficou impedido de conseguir empregos que proporcionariam a ele melhores salários.

Ainda pugnou pela procedência da ação, com o deferimento do pedido de assistência judiciária e a final condenação da ré ao pagamento de indenização:

a) por danos materiais, consistente no ressarcimento do custo da prótese adquirida em 04/04/2019, no valor de R$ 6.888,00, conforme recibo juntado;

b) por danos estéticos, no valor de R$ 50.000,00, porque teve a perna direita amputada abaixo do joelho, conforme fotografias e relatório médico juntados;

c) por danos morais, no valor de R$ 50.000,00, considerando todo o sofrimento que teve e tem ao não poder mais fazer o que gostava e ainda sentir dor na perna, como também porque, após permanecer hospitalizado por 20 dias, precisou aprender a andar com a prótese e fazer fisioterapia, fazendo com que atrasasse um ano para terminar o segundo grau;

d) pela limitação de capacidade laborativa, pensão mensal vitalícia, com inclusão de 13º salário e férias proporcionais, no valor de um salário mínimo, desde que alcançou a maioridade civil, devendo as prestações vencidas serem pagas de uma só vez, com incidência de correção monetária e juros de 1% ao mês desde cada vencimento, e a constituição de capital garantidor das prestações vincendas;

e) por lucros cessantes, consistente no que deixou de auferir por não ter mais acesso a empregos que proporcionariam salários melhores, em razão de sua limitação física;

f) com a incidência de juros de mora desde a data do acidente;

g) e a condenação da ré em verbas de sucumbência.

Ao receber a petição inicial, o magistrado concedeu ao autor o benefício da assistência judiciária, determinou a citação da ré e designou a audiência de conciliação. Na audiência prevista no art. 334 do CPC, as partes compareceram acompanhadas por seus advogados, porém, como restou sem êxito a tentativa de conciliação, a ré de plano ofereceu contestação, na qual alegou:

a) a ilegitimidade passiva, porque inobstante seja pessoa jurídica de direito privado concessionária de serviços de transporte ferroviário de cargas na malha sul, é do município a responsabilidade de manutenção da via férrea no perímetro urbano;

b) a prescrição da ação de reparação de danos, com base no art. 206, § 3º, V, do CC;

c) a ausência de ato ilícito indenizável, porque não incorreu em conduta culposa, tendo em vista que a composição férrea, constituída por uma locomotiva e dois vagões excepcionalmente deslocados para reparos, estava sem carga e em baixa velocidade, e o maquinista, como tinha campo de visão limitado, não tinha condições de avistar o autor com antecedência a fim de acionar os freios de emergência e conseguir parar;

d) que o acidente resultou da culpa exclusiva do autor que atravessou a linha férrea em lugar inapropriado ou, no pior cenário, deve ser reconhecida a culpa concorrente, com redução de todas as verbas indenizatórias;

e) que, embora comprovado que o autor teve parte da perna amputada, isso não autoriza a cumulação de indenizações por danos estético e moral, não estando este configurado, Juiz Substituto tanto que a demanda somente veio a ser proposta anos após o acidente, o que deve ser considerado no arbitramento de eventual indenização;

f) ser indevido o pensionamento, porque o autor não está impossibilitado de trabalhar e tal pedido deve ser feito ao INSS, a quem cabe apurar o grau da alegada incapacidade, defendendo, subsidiariamente, o pagamento não vitalício, mas sim até ele completar 75 anos, considerando a expectativa de vida, com a dispensa da constituição de capital garantidor, pois a ré é uma empresa sólida financeiramente, ou a respectiva substituição pela inclusão dele em sua folha de pagamento;

g) não caber lucros cessantes por prejuízo presumido;

h) que os juros de mora, em eventual condenação, devem incidir da data da sentença, com base nos arts. 405 e 407 do CC.

A ré instruiu a contestação com o seguinte Relatório de Investigação de Acidentes, elaborado pela empresa que presta serviços de segurança da ferrovia:

> **"Histórico:**
>
> Leonardo Augusto dos Santos, de 15 anos de idade, estava próximo da via férrea e foi colhido pelo trem que trafegava na altura do KM 206 + 900, nas proximidades do Jardim Interlagos, em Londrina – PR.
>
> Populares procuraram dar conhecimento ao Siate, que esteve no local prestando os primeiros socorros ao adolescente que foi encaminhado ao Hospital Universitário de Londrina, para atendimento médico.
>
> O acidente ocorreu na parte frontal do trem e o maquinista, sem campo de visão, nada de anormal constatou, prosseguindo até o Pátio I onde permaneceria para reparo, ficando sabendo do fato no dia seguinte.
>
> **Providência:**
>
> Após a passagem do trem, populares constataram o adolescente na linha do trem, com ferimentos graves, procuraram comunicar ao Siate, que esteve no local prestando os primeiros socorros e, em seguida, o encaminhou ao Hospital Universitário de Londrina.
>
> **Consequência:**
>
> Ferimentos graves ao adolescente Leonardo Augusto dos Santos, que teve a perna direita amputada na região abaixo do joelho.
>
> **Verificações:**
>
> a) O acidente ocorreu no Km 206 + 900, em trecho de perímetro urbano da cidade de Londrina – PR, que, em termos de bairros, fica nas imediações do Jardim Interlagos, sendo o trecho de pequeno aterro, com leve curva;
>
> b) Equipe do Siate, formada por integrantes da Polícia Militar de Londrina, esteve no local prestando os primeiros socorros ao menos e, em seguida, encaminhando o adolescente ao Hospital Universitário de Londrina.

c) O adolescente Leonardo então teve a perna direita amputada pelo trem, logo abaixo do joelho.

d) O maquinista José Francisco Silva, ao ser ouvido, declarou que no trajeto entre a Estação de Londrina e o Pátio I, no perímetro urbano de Londrina, trafegou conforme o Regulamento, não avistou ninguém próximo da linha férrea e só ficou sabendo do acidente envolvendo um adolescente com o trem que conduzia no dia seguinte.

Observações:

a) No Hospital Universitário de Londrina, conforme esclarecimento da própria mãe, foi submetido a uma cirurgia na perna direita, que foi amputada na parte inferior ao joelho, e ficou na UTI por 3 dias, permanecendo no hospital (em 09/02/2015).

b) O adolescente Leonardo tinha se mudado há um mês para uma residência localizada a uns 200 metros da linha férrea.

Repercussão: o fato foi divulgado por emissoras de Rádio e TV desta cidade de Londrina.

Conclusão:

Com base na documentação examinada em anexo e verificações procedidas, podemos concluir que o maquinista efetuou os procedimentos regularmente e, assim, fica à disposição do órgão competente a julgar de quem é a culpa do acidente...".

Impugnada a contestação, o magistrado deferiu a produção de prova oral, postergando para a sentença a análise da preliminar de ilegitimidade e da prejudicial de prescrição.

Na audiência de instrução e julgamento realizada em 02/03/2021, o autor prestou depoimento pessoal e foram ouvidos um vizinho que estava com ele no dia do acidente, além do policial militar da equipe do Siate e outra testemunha arrolada pela ré.

O autor declarou que: "não fazia um mês que eu me mudei, com minha mãe, para a casa da minha tia naquele conjunto habitacional, localizada uns 150 metros do campinho onde a criançada brincava; o campinho era tipo um lote perto da faixa da linha do trem que soube que só passava de vez em quando à noite, e havia um cruzamento com a rua uns 50 metros depois, mas não tinha cancela; depois de almoçar fui ali com dois vizinhos soltar pipa; a minha pipa caiu do outro lado da linha e fui pegar, mas ao voltar minha calça ficou engatada num parafuso que estava preso no dormente com uma parte pra fora e por isso caí; a calça rasgou e aí ela ficou mais presa; nisso o Pedro e o Vitor que estavam uns 15 metros de mim gritaram que estava vindo o trem; não deu para ver o trem se aproximar porque o trilho fazia uma curva e estava cheio de capim alto em volta, e depois tinha umas árvores, mas no que eles falaram, gritei por socorro; eu ouvi eles gritando mas não vi o que eles fizeram porque fiquei tentando me soltar; foi muito rápido e o trem passou pela minha perna, daí eu apaguei; o trem não acionou buzina ou alarme e estava bem rápido, mas não sei dizer a velocidade; depois me disseram que ocorreram mudanças, com a construção de cerca e o campinho foi desativado; não vi essas alterações porque antes de um ano após o acidente me mudei dali; fiquei no hospital quase um mês e depois passei a usar prótese que minha mãe conseguia pelo SUS; a prótese que uso hoje é melhor que as outras, que me machucavam, mas essa eu tive que comprar e pra isso precisei fazer um empréstimo com meu patrão, e falta ainda dois anos pra pagar; eu trabalho como caixa num mercadinho no Jardim Araxá, porque não consigo ficar muito tempo em pé e já foi difícil de conseguir esse emprego; sou registrado na carteira e recebo um salário, mas todo mês eu pago pra ele 200 reais...".

A testemunha Pedro Miguel Martins declarou que: "estava com Leonardo e Vitor no dia do acidente, soltando pipa; eu tinha 13 anos na época e sempre brincava ali no campinho, mas acho que era a primeira vez do Leonardo, porque ele tinha acabado de se mudar; o trem só passava à noite, mas naquele dia ele veio de repente, mas não dava pra ver porque tinha um matagal e depois umas árvores que impediam de ver ele antes da curva; quando ouvi o barulho do trem, vi que o Leonardo, que tinha ido buscar a pipa dele que tinha caído do outro lado do trilho, estava voltando e nisso ele caiu; daí comecei a gritar pra ele sair dali que o trem estava vindo; ele estava com a calça presa, mas isso eu só soube depois porque na hora eu e o Vitor gritamos pelo maquinista que estava com a cabeça virada pro outro lado; o maquinista chegou a olhar pra mim quando o trem estava em cima do Leonardo; o trem passou em cima do Leonardo e cortou a perna dele; a gente ainda teve que desprender a parte da calça dele que estava presa no parafuso do trilho; o trem não parou e não deu nenhum sinal sonoro; o Leonardo desmaiou e foi levado para o hospital pelo Siate; depois o Leonardo se mudou, mas a tia dele ainda mora lá; um tempo depois do acidente foi cercado um trecho do trilho, que fica mais próximo das casas, e colocado uma cancela no cruzamento, e também foi gente lá conversar com os moradores, falar sobre segurança, essas coisas, mas chegou a ter um outro acidente depois, envolvendo um carro; hoje tem sinalização de que não é para atravessar o trilho e, quando o trem se aproxima, o vigia que fica na cancela aciona o alarme sonoro...".

A testemunha Silvio Brotas declarou que: "fazia parte da equipe do Siate e se deslocaram para atender a ocorrência; a vítima atingida em uma das pernas pelo trem ainda estava caída junto ao trilho; era um rapaz que recuperava e perdia a consciência; só me lembro que na hora alguns moradores que estavam ali disseram que o trem não passava naquele horário e que a ferrovia estava sem manutenção; não havia placa para não atravessar o trilho e uns 40 a 60 metros dali tinha uma passagem de nível só com aquela sinalização de pare, olhe e escute ...".

A testemunha Natal Molina declarou: "sou funcionário da empresa que presta serviços de segurança à ré; a atuação da empresa é de forma preventiva e posterior a eventual acidente; a empresa faz o mapeamento das áreas perigosas e também campanhas de conscientização de perigo, de acordo com a região; soube do acidente e uns dias depois foi analisar o local; em ambos os lados da ferrovia várias casas estavam em construção e já havia muitos moradores com crianças; como a área estava em crescimento, sugeri a realização de campanhas e a limpeza na faixa da ferrovia, com manutenção mais regulares; sabe que foram tomadas essas providências mas não sabe se essas sugestões constaram na sindicância que foi realizada, não sabendo qual foi o resultado da sindicância...".

Após as inquirições, o magistrado declarou encerrada a instrução e as partes ofereceram alegações finais remissivas às manifestações anteriores.

Considerando a narrativa fática-processual exposta, redija a sentença cível, dando a solução ao caso, com a análise das questões postas pelas partes e das matérias de fato e de direito pertinentes ao julgamento, fundamentando adequadamente. Dispense o relatório e não acrescente fatos novos.

PADRÃO DE RESPOSTAS DA BANCA:

ESPELHO DA PROVA PRÁTICA DA SENTENÇA DE NATUREZA CÍVEL

Diante da narrativa fática-processual exposta no enunciado da prova prática, cabia ao candidato redigir a sentença cível – nota entre 0,00 (zero) a 10,00 (dez) –, dando a solução ao caso, em análise das questões postas pelas partes, das matérias de fato e de direito pertinentes ao julgamento e da prova produzida, dispensado o relatório e sem o acréscimo de fatos novos, notadamente com a observância dos elementos indicados nos incisos II (fundamentos) e III (dispositivo) do artigo 489 do Código de Processo Civil, além do disposto nos seus parágrafos 1º a 3º, conforme o presente espelho.

Aspecto 1 – preliminar de ilegitimidade passiva (entre 0,00 a 0,50)

Cabe a rejeição da preliminar de ilegitimidade passiva, pois considerando a Teoria da Asserção e a versão fática enunciada na petição inicial, em 02/02/2015 o autor LEONARDO AUGUSTO DOS SANTOS foi atingido por uma composição férrea da ré RUMO MALHA SUL S/A, que explora a ferrovia, tendo ela admitido na contestação ser concessionária de serviços de transporte ferroviário de cargas na malha sul. Neste cenário, emerge a legitimidade da ré para, levando em conta o seu vínculo com o Poder Público e o disposto na Constituição Federal (arts. 21, XII, d, 37, §6º e 175), na Lei 8.987/1995 (art. 25) e no Código Civil (art. 43), figurar no polo passivo da demanda em que o autor busca indenização por danos materiais (emergentes, lucros cessantes e pensão vitalícia), estéticos e morais, tratando-se de questão respeitante ao mérito a alegada responsabilidade municipal de manutenção da via férrea no perímetro urbano.

Critério de pontuação – para obtenção da nota integral, a rejeição da preliminar deve conter tal fundamentação, com alusão a mais de um dos dispositivos legais referidos.

Aspecto 2 – prejudicial de prescrição (entre 0,00 a 1,00)

2.1. Hipótese de não acolhimento da prejudicial de prescrição, que foi suscitada pela ré com base em prazo trienal respeitante à pretensão de reparação civil. Isso porque o prazo aplicável é o quinquenal previsto no art. 1º-C da Lei 9.494/1997, que em razão de sua especialidade se sobrepõe ao regramento do art. 206, § 3º, V, do Código Civil.

2.2. Como o evento danoso ocorreu em 02/02/2015, quando o autor tinha 15 anos, o prazo prescricional quinquenal passou a fluir apenas em 01/02/2016, data em que ele completou 16 anos, em atenção ao art. 198, I, do Código Civil, de modo que a sua pretensão indenizatória não se encontra fulminada pela prescrição, visto que a ação foi proposta em 03/03/2020, antes do decurso de 5 anos.

Justificativa do ponto 2.1. – julgados do STJ sobre a aplicação do referido prazo quinquenal em demandas indenizatórias propostas em desfavor de pessoas jurídicas de direito privado prestadoras de serviços públicos (ex.: transporte ferroviário – AREsp 1.171.317/SP, DJe 22/11/2019; REsp 1.083.686/RJ, DJe 29/08/2017; transporte rodoviário – AgInt no Resp 1.714.766/SE, DJe 27/08/2018; Resp 1.645.883/SP, DJe 02/05/2017; REsp 1.567.490/RJ, Dje 30/09/2016; Resp 1.277.724/PR, DJe 10/06/2015).
Critério de pontuação – receberá pontuação parcial a rejeição da prejudicial, com lastro em prazo quinquenal disposto em outra legislação.

Aspecto 3 – mérito, com exame da responsabilidade (entre 0,00 a 2,00)

3.1. Quanto ao mérito, faz-se pertinente inicialmente estabelecer o regime jurídico aplicável à ré, proprietária da composição férrea que atropelou o autor na linha férrea, lhe ocasionando a parcial amputação da perna direita, fatos estes incontroversos; daí a menção de que, conquanto não haja uniformidade doutrinária em relação à responsabilidade civil do Estado por atos omissivos – se objetiva, conforme o § 6º do art. 37 da CF e a teoria do risco administrativo, ou subjetiva –, a questão envolvendo atropelamento de pedestre em linha férrea foi submetida pelo STJ à sistemática dos recursos repetitivos em dois julgamentos no ano de 2012, sendo consolidado o posicionamento de responsabilização subjetiva da concessionária (0,00 a 0,40).

Justificativa – o Eminente Ministro Luis Felipe Salomão, relator dos dois recursos repetitivos (REsp 1.210.064/SP, DJe 31/08/2012; REsp 1.172.421/SP, DJe 19/09/2012), após destacar em seus votos que "não tem aplicação a teoria da responsabilidade objetiva do Estado", reconheceu ser "imprescindível a configuração da culpa do prestador do serviço público, máxime tendo em vista que a responsabilidade objetiva deve resultar de expressa previsão legal, nos termos do art. 927, parágrafo único, do CC", concluindo que "para configuração do dever de reparação da concessionária em decorrência de atropelamento de transeunte em via férrea, devem ser comprovados o fato administrativo, o dano, o nexo direto de causalidade e a culpa". A propósito, consta na ementa do REsp 1.172.421/SP: "A responsabilidade civil do Estado ou de delegatário de serviço público, no caso de conduta omissiva, só se concretiza quando presentes estiverem os elementos que caracterizam a culpa, a qual se origina, na espécie, do descumprimento do dever legal atribuído ao Poder Público de impedir a consumação do dano. Nesse segmento, para configuração do dever de reparação da concessionária em decorrência de atropelamento de transeunte em via férrea, devem ser comprovados o fato administrativo, o dano, o nexo direto de causalidade e a culpa"; "A culpa da prestadora do serviço de transporte ferroviário configura-se, no caso de atropelamento de transeunte na via férrea, quando existente omissão ou negligência do dever de vedação física das faixas de domínio da ferrovia – com muros e cercas – bem como da sinalização e da fiscalização dessas medidas garantidoras da segurança na circulação da população".

3.2. Nesses julgamentos, a Segunda Seção do STJ reconheceu a culpa da prestadora do serviço pelo atropelamento de pedestre em linha férrea quando há omissão ou negligência no dever de vedação física das faixas de domínio da ferrovia com muros e cercas, bem como de sinalização e fiscalização dessas medidas garantidoras da segurança na circulação da população, sedimentando, ainda, que a despeito de situações fáticas variadas no tocante ao descumprimento do dever de segurança e vigilância contínua das ferrovias, a responsabilização da concessionária é uma constante, passível de ser elidida quando comprovada a culpa exclusiva da vítima (Tema 517, REsp 1.210.064/SP), ou mitigada em caso de concorrência de culpas (Tema 518, REsp 1.172.421/SP) (0,00 a 0,30).

3.3. Fixadas tais premissas e seguindo na análise das versões postas pelas partes e das provas produzidas, é de se concluir pela comprovação do fato administrativo, do dano, do nexo causal e da culpa da ré, com o afastamento das teses de culpa exclusiva ou concorrente do autor, considerando, em suma, que: a) o atropelamento ocorreu em área urbana e residencial, por volta das 14 horas, quando o trem usualmente só trafegava ali no período noturno; b) no local do acidente não havia qualquer espécie de barreira física que impedisse o acesso das pessoas até a linha férrea, assim como placas indicando o perigo e sinalizando para não travessia dos trilhos, sendo comum o trânsito de pedestres e a movimentação de crianças e adolescentes, inclusive com a proximidade do "campinho" em que estes corriqueiramente brincavam; c) a linha férrea e a margem dos trilhos estavam sem manutenção, tanto que o lamentável fato de um parafuso estar fixado parcialmente no dormente foi o bastante para prender uma das pernas do autor pela calça ao trilho, impedindo que ele saísse a tempo dali antes da aproximação do trem, cuja visualização restou prejudicada pela vegetação – "matagal" e árvores – e pelo não acionamento de qualquer sinal sonoro; d) como a ré, por concessão da União, presta serviços de transporte ferroviário de cargas e faz uso da linha férrea, é responsável por sua manutenção – daí não há que se falar em responsabilidade do município – e pela adoção de medidas visando tanto a segurança dos transeuntes, com a instalação de placas, cercas e cancela na passagem de nível, como a prevenção de acidentes, com a realização de campanhas para conscientização dos moradores sobre o risco inerente à convivência com a ferrovia; e) sabedora desse perigo, a ré não tomou tais providências para impedir a convolação do risco em dano concreto, incorrendo em culpa com tal negligência, seja ao não desempenhar com eficiência os serviços necessários para cercar e fiscalizar, de forma eficaz, a linha férrea que opera, a fim de impedir que no local do evento houvesse a circulação de pessoas, seja ao não realizar a manutenção periódica nos trilhos e ao longo das faixas da ferrovia, de forma que, como suas condutas omissivas foram determinantes à ocorrência do atropelamento do autor, deve responder pelos danos oriundos deste ato ilícito (art. 927 do Código Civil), em observância ao princípio da reparação integral e ao disposto no art. 944 do Código Civil, conforme exame nos tópicos subsequentes (0,00 a 1,30).

Critério de pontuação – receberá pontuação parcial tanto a apreciação do mérito sob o enfoque da responsabilidade objetiva, como o eventual reconhecimento de culpa concorrente do autor, vertente que também repercutirá na avaliação dos demais pontos, em face do regramento do art. 945 do Código Civil.

Aspecto 4 – danos materiais emergentes (entre 0,00 a 0,40)

No tocante aos danos materiais concernentes ao custo da prótese, como a respectiva despesa está comprovada pelo recibo juntado e não foi objeto de impugnação específica, a ré deve responder pelo ressarcimento ao autor no valor de R$ 6.888,00, acrescido de correção monetária a contar do desembolso em 04/04/2019, data da configuração do efetivo prejuízo e a partir da qual também incidem os juros de mora de 1% ao mês (arts. 395 e 398 do Código Civil e Súm. 43 do STJ), ante a natureza destes, e não do acidente ocorrido há mais de 4 anos da propositura da demanda, sob pena de ganho indevido, nem da citação/sentença (arts. 405 e 407 do Código Civil), por se tratar de verba líquida e responsabilidade extracontratual.

Aspecto 5 – danos estéticos e danos morais (entre 0,00 a 1,20)

5.1. No que tange aos danos estético (afeta o externo) e moral (relacionado ao foro íntimo), são cumuláveis pois passíveis de apuração independente, mesmo que oriundos do mesmo fato, o que foi reconhecido pelo STJ com a edição da Súm. 387 (0,00 a 0,20).

5.2. As provas documental e oral demonstram que, em razão do acidente, o autor foi submetido a cirurgia, ficou hospitalizado por 20 dias, não recebeu qualquer assistência da ré (fato alegado e não impugnado) e, em tenra idade, passou a conviver definitivamente com a deformidade física resultante da amputação parcial de sua perna direita, de modo que além da dor/aflição e do sofrimento físico-psíquico decorrentes das lesões, do tratamento e da adaptação à nova condição física e ao uso da prótese, todo o seu cotidiano (estudo e lazer) e suas relações pessoais foram alterados (0,00 a 0,30).

5.3. Assim, a amputação parcial do membro inferior gerou ao autor danos estéticos e morais a serem indenizados pela ré, sendo cediço que o quantum compensatório deve ser arbitrado pelo magistrado com moderação e razoabilidade/proporcionalidade, e conforme o método bifásico preconizado pelo STJ, levando em conta a gravidade e a repercussão da ofensa, a posição social do ofendido (autor litiga sob o pálio da assistência judiciária), a situação econômica do ofensor (ré enunciou ser sólida financeiramente) e a natureza punitivapedagógica das indenizações, sem ensejar enriquecimento sem causa (0,00 a 0,30).

5.4. Ademais, "A jurisprudência do STJ é remansosa no sentido de que 'A demora na busca da reparação do dano moral é fator influente na fixação do quantum indenizatório, a fazer obrigatória a consideração do tempo decorrido entre o fato danoso e a propositura da ação' (EREsp nº 526.299/PR, Corte Especial, Rel. Ministro Hamilton Carvalhido, DJe 5/2/2009)" (AgInt no Resp 1.871.764/PR, Dje 03/03/2021). Porém, diversamente do que foi alegado na contestação, na espécie não houve excessiva delonga na propositura da demanda cerca de 2 anos após o autor ter alcançado a maioridade, de modo a provocar reflexo na fixação do quantum indenizatório (0,00 a 0,10).

5.5. Desse modo, cabe a fixação das indenizações por danos estéticos e danos morais, sem exceder os valores postulados na petição inicial (até R$ 50.000,00 para cada indenização), com a incidência de correção monetária a contar do arbitramento (Súm. 362 do STJ), e juros de mora de 1% ao mês a partir do acidente ocorrido em 02/02/2015 (Súm. 54 do STJ), e não da citação preconizada no art. 405 do Código Civil, por se tratar de ilícito puro, não havendo relação contratual entre autor e ré (0,00 a 0,30).

Aspecto 6 – pensão mensal (entre 0,00 a 1,20)

6.1. Diante do disposto no art. 950 do Código Civil e do que consta no processo, afigura-se devida a pensão mensal, porque o autor sofreu a amputação da perna direita abaixo do joelho e tal sequela irreversível resulta em patente redução parcial e permanente de sua capacidade de trabalho, pois mesmo que possa desenvolver uma gama de profissões, inegável a dificuldade no exercício de funções que importem em deslocamento e esforço físico, ainda que faça uso de prótese, aspecto inclusive enaltecido no respectivo depoimento prestado em juízo; ademais, o pensionamento deve ser vitalício, eis que não se trata de pensão fixada por morte de familiar para ser considerada a expectativa de vida, mas por diminuição definitiva da capacidade própria do autor para o trabalho, sendo possível a sua cumulação com o eventual recebimento de benefício do INSS, porquanto tais remunerações possuem naturezas distintas: enquanto a primeira decorre de ato ilícito, a segunda possui natureza previdenciária (0,00 a 0,50).

6.2. O termo inicial da pensão mensal deve ser a maioridade civil (01/02/2018), como requerido na petição inicial (art. 492 do CPC), sem a inclusão de décimo terceiro salário e gratificação de férias, tendo em vista que o autor não trabalhava na época do acidente, conforme o entendimento do STJ (0,00 a 0,10).

Justificativa – julgados do STJ sobre as verbas acessórias: REsp 1.732.398/RJ, DJe 14/06/2018; EDcl no REsp 1.123.704-SP, DJe de 24/03/2015; AgRg no Ag 1.239.557/RJ, DJe de 17/10/2012; REsp 664.223/RJ, DJe de 01/07/2010.

6.3. Em relação às prestações vencidas, prospera o pedido do autor de pagamento de uma só vez, dado seu caráter alimentar; além disso, "por ser uma prestação de trato sucessivo, os juros moratórios não devem iniciar a partir do ato ilícito – por não ser uma quantia singular – tampouco da citação – por não ser ilíquida – mas devem ser contabilizados a partir do vencimento de cada prestação, que ocorre mensalmente" (REsp 1.270.983/SP, DJe 5/4/2016), assim como a correção monetária, tendo por base o salário mínimo vigente em cada vencimento e observada a respectiva progressão oficial (art. 397 do Código Civil) (0,00 a 0,20).

6.4. Contudo, não prospera a pretensão de pensionamento mensal no valor de um salário mínimo, pois o autor não está totalmente incapacitado e a pensão deve corresponder à depreciação sofrida, ou seja, à proporção da redução de sua capacidade laborativa. Logo, o percentual de perda da função do membro inferior atingido deverá ser apurado por perícia médica em sede de liquidação de sentença (art. 509 do CPC), de modo a ser oportunamente fixado tal grau de redução sobre o salário mínimo nacional, propiciando a realização de cálculo dos valores devidos, em consonância com as diretrizes estabelecidas (art. 491 do CPC) (0,00 a 0,20).

6.5. No que toca à constituição de capital garantidor, não merece acolhimento a dispensa postulada pela ré, tendo em vista que "Em ação de indenização, procedente o pedido, é necessária a constituição de capital ou caução fidejussória para a garantia de pagamento da pensão, independentemente da situação financeira do demandado" (Súm. 313 do STJ). Todavia, o subsidiário pedido de sua substituição pela inclusão do autor na folha de pagamento da ré, que se trata de pessoa jurídica de direito privado de grande porte e com solidez financeira, tanto que atua como concessionária de serviços de transporte ferroviários, é acolhido, por ter embasamento no art. 533, § 2º do CPC, e se mostrar adequado para atender as necessidades do credor (0,00 a 0,20).

Aspecto 7 – lucros cessantes (entre 0,00 a 0,40)

Por fim, são indevidos os lucros cessantes requeridos pelo autor, consistentes no que ele supostamente "deixou de auferir por não ter mais acesso a empregos que proporcionariam salários melhores, em razão de sua limitação física". Isso porque, além da compensação pela parcial redução na capacidade laborativa decorrer no pensionamento mensal vitalício, o autor não trabalhava na época do acidente e os lucros cessantes não podem ser confundidos com ganho imaginário e simplesmente hipotético, como pretendido na espécie, cuidando-se de um juízo de probabilidade objetiva e não de mera possibilidade.

Aspecto 8 – dispositivo (entre 0,00 a 3,15)

8.1. Ante o exposto e considerando que no dispositivo "o juiz resolverá as questões principais que as partes lhe submeteram", nele deverá constar: a rejeição da preliminar de ilegitimidade passiva e da prejudicial de prescrição, e o julgamento de parcial procedência dos pedidos para, com resolução do mérito e na forma do art. 487, I, do CPC, condenar a ré a indenizar o autor mediante o pagamento: a) por danos materiais emergentes, do valor de R$ 6.888,00, com correção monetária e juros de mora a partir do desembolso em 04/04/2019 (data do prejuízo); b) por danos estéticos, do valor de até R$ 50.000,00, e por danos morais, do valor de até R$ 50.000,00, acrescidos de correção monetária a contar do arbitramento, e juros de mora a partir de 02/02/2015; c) de pensão mensal vitalícia, em percentual sobre o salário mínimo nacional correspondente ao grau de redução parcial da capacidade laborativa do autor a ser apurado em liquidação por arbitramento, com termo inicial a partir de 01/02/2018 e pagamento: c1) das prestações vencidas de uma única vez, acrescidas de correção monetária e juros de mora de 1% ao mês incidentes a partir do vencimento de cada parcela, de acordo com o salário mínimo vigente em cada vencimento e observada a respectiva progressão oficial; e c2) das prestações vincendas com a inclusão do autor na folha de pagamento da ré (art. 533, § 2º do CPC), em substituição da constituição de capital garantidor (0,00 a 1,50).

8.2. Com esse resultado, cabe a distribuição proporcional do ônus de sucumbência, em atenção ao caput do art. 86 do CPC, uma vez que o decaimento do autor não foi mínimo porquanto não teve êxito no tocante ao pedido de lucros cessantes e ao valor da pensão mensal, com inclusão de 13º salário e gratificação de férias, ressalvando-se o disposto na Súmula 326 do STJ: "Na ação de indenização por dano moral, a condenação em montante inferior ao postulado na inicial não implica sucumbência recíproca" (0,00 a 0,30).

8.3. Daí a condenação das partes, o autor entre 10% a 20% e a ré no percentual restante, ao pagamento de despesas processuais e honorários advocatícios; o arbitramento dos honorários em desfavor da Ré recai sobre a condenação, na forma prevista pelo § 2º do art. 85 do CPC, sopesando a complexidade da causa e a duração do processo com a realização de instrução, bem como o zelo dos advogados e os trabalhos por eles realizados (0,00 a 0,70).

8.4. No mencionado arbitramento, além da condenação por danos materiais emergentes, estéticos e morais, deve ser incluída na base de cálculo, no que tange à pensão, "a soma das prestações vencidas acrescida de 12 (doze) prestações vincendas", em conformidade com o § 9º do art. 85 do CPC (0,00 a 0,50).

8.5. Como o autor é beneficiário da assistência judiciária, a exigibilidade de sua condenação nas verbas de sucumbência fica suspensa, em atenção ao disposto no art. 98, §§ 2º e 3º, do CPC (0,00 a 0,15).

Aspecto 9 – estrutura da sentença (entre 0,00 a 0,15)

Avaliação de coerência/coesão na análise das questões, iniciando com a preliminar de ilegitimidade passiva, seguida da prejudicial de prescrição, para posterior enfrentamento do mérito.

Aspecto 10 – conforme previsto no edital do concurso:

"14.1.2 Na avaliação das provas, estando correta a resposta, considerar-se-á: conteúdo e desenvolvimento pertinentes ao tema, capacidade de exposição e utilização correta da Língua Portuguesa"; "14.1.2.1 No tópico referente à utilização correta da Língua Portuguesa, poderá ser descontado até no máximo 10% (dez por cento) do valor total da nota".

ANEXO III

CASOS SIMULADOS CONCEBIDOS PELO AUTOR

Este anexo contém dez casos simulados de sentença cível de concursos públicos, propostos pelo autor, que redigiu o enunciado e a sugerida resposta, tal como poderia ser redigida no próprio certame de magistratura na concepção do escritor. Não se trata de padrões propriamente, na medida em que omitimos números de súmula, números de julgados, referências doutrinárias, entre outros dados que o candidato não dispõe na hora da prova.

Nesse sentido, as únicas referências envidadas ao longo das sugestões são de textos legais, uma vez que é permitido que os candidatos em segunda fase de concurso de magistratura façam consultas à legislação não anotada, como já fora explicitado na primeira parte deste trabalho, restringindo-se a adotar as fórmulas também ali sugeridas de menção a jurisprudência.

Ademais, importante destacar que, em matéria de sentenças, não há uma única forma correta de redação, mas modelos preferenciais que, em maior ou menor medida, se adaptam à individualidade de cada um. Destarte, a omissão ou o acréscimo de argumentos, ou mesmo a inversão da ordem de abordagem dos pontos e das questões emanadas, por parte do leitor nas propostas a seguir não implica em erronia necessariamente, havendo de se verificar a pertinência com o caso apresentado pelo enunciado, não tendo este autor qualquer pretensão de exaurir a exatidão da resposta.

Por fim, recomenda-se que o leitor aproveite os enunciados sugeridos para treinar a confecção de suas próprias respostas, e depois compare com o texto sugerido redigido por este autor, concordando ou discordando com as divergências detectadas.

ENUNCIADO DO CASO 1:

Leia o relatório abaixo com atenção, presumindo a veracidade de todas as alegações feitas. Limite-se à fundamentação e à parte dispositiva. Enfrente todas as questões explícita e implicitamente propostas, mencionando na fundamentação todos os artigos eventualmente pertinentes, cuja correta citação será levada em consideração pela banca. AS QUESTÕES JURÍDICAS SUSCITADAS DEVERÃO SER SOLUCIONADAS, AINDA QUE O CANDIDATO DECIDA EXTINGUIR O PROCESSO SEM RESOLUÇÃO DO MÉRITO OU VENHA A ACOLHER EVENTUAIS PRELIMINARES OU PREJUDICIAIS.

Cuida-se de ação indenizatória proposta por Jurema em face da empresa de transporte coletivo Via Oiumbu e do Município de Rio de Janeiro.

Narra que, em 17.02.2018, estava sentada na calçada de sua residência, vendo seu filho, Gabriel, de 13 anos de idade, brincar de bila com outras crianças da região. Ocorre que, em certo momento, a bila de Gabriel dirigiu-se à via tendo ido este ao seu encontro.

Quando já de posse da bila e voltando à calçada, um ônibus da empresa ré apareceu repentinamente na via perpendicular e fez a curva em alta velocidade e sem acionar a seta de direção, atropelando Gabriel.

Socorrido, já chegou sem vida ao hospital, dando-se seu sepultamento no dia seguinte. Aduz que o motorista fugiu do local.

Requereu indenização por danos materiais, consistentes em pensionamento mensal e despesas de funeral, além de danos morais, estes em R$ 500.000,00.

Juntou cópia da perícia do acidente, a qual evidenciou a dinâmica dos fatos, mas inconclusiva quanto a culpa, boletim de ocorrência, comprovante de cadastro em programas de benefícios para pessoas de baixa renda e declaração de óbito.

Citadas a rés, a empresa arguiu falta de interesse de agir, diante da ausência de prova da culpa da promovida no evento. No mérito, aduziu que a responsabilidade pelo ocorrido seria da autora, por permitir que seu filho atravessasse a via sem supervisão. Dispôs, ainda, que não se estava em faixa de pedestre ou semáforo. Esclareceu que o motorista não permaneceu no local em virtude da animosidade dos vizinhos, os quais atearam fogo no veículo. Pugnou, logo, pela improcedência dos pleitos autorais.

Apresentou, na mesma peça, reconvenção, com pedido de tutela provisória.

Indica que Jurema passou a publicar em sua própria página e na oficial da empresa nas redes sociais ofensas diretas e incisivas, relativas ao ocorrido. Criou, ainda, o perfil "VIA OIUMBU ASSASSINA", com uma imagem montada do logo da empresa vermelho como se ensanguentado.

Solicitou, em sua contrademanda, a exclusão imediata do perfil "VIA URBANA ASSASSINA", e, em mérito, requereu indenização por danos materiais, pela perda do ônibus, em R$ 200.000,00, narrando que a autora teria incitado o incêndio perpetrado, e danos morais, em R$ 50.000,00 pelas ofensas.

Juntou cópia da integralidade da página da web, a qual já contava com 160 mil seguidores, repleta de postagens sobre o ocorrido, em linguagem agressiva, todas com vários comentários de pessoas diversas em repúdio à empresa. Também juntou cópia da tabela FIPE para demonstrar o valor de mercado do veículo.

Ainda, denunciou a lide a seguradora Catita, em virtude do contrato de seguro mantido junto à empresa viária, o qual cobre, inclusive, sinistros em face de terceiros.

A municipalidade, mesmo regularmente citada, quedou-se inerte.

Em réplica, a parte autora reafirmou a tese manifestada na petição inicial.

Na contestação à reconvenção, a reconvinda arguiu sua ilegitimidade passiva no que tange ao dano material e improcedência do dano moral, uma vez que apenas estava exercendo seu livre direito de se manifestar, com sede constitucional.

A seguradora compareceu aos autos após citação, contestando a denunciação da lide por dispor que a apólice contratada não contém cobertura expressa de danos morais, pelo que indevida.

Em saneamento, a análise das preliminares fora relegada à sentença.

Designou-se audiência de instrução para coleta da prova oral. As duas testemunhas da autora, um vizinho e um passageiro do ônibus, disseram em juízo que o veículo trafegava muito provavelmente em velocidade superior à adequada para a via. A passageira destacou que, momentos antes, em outra curva brusca, um dos passageiros gritou: "*vai devagar que você tá levando é gente!*". O vizinho disse que não houvera sinalização da manobra. Ressaltou, ainda, que a autora é empregada doméstica e se encontra sem trabalho em virtude de mudança de seus antigos empregadores.

O motorista de ônibus, como ouvinte, apontou que dirigia um pouco apressado, pois estava atrasado na rota, mas nunca desatendera o limite de velocidade e que sinalizara a curva. O secretário municipal dissera em juízo que recebera em seu gabinete uma carta firmada por mais de cem pessoas solicitando o término da concessão de transporte coletivo com a empresa.

Alegações finais escritas, remissivas aos fatos e pedidos já elencados pelas partes em suas anteriores manifestações.

SUGESTÃO DE RESPOSTA DO CASO 1:

Vistos.

I - RELATÓRIO

(dispensado pelo enunciado)

É o relatório, passo a fundamentar e decidir.

II - FUNDAMENTAÇÃO

Rege processualmente o feito o Código de Processo Civil.

Reconheço a revelia da municipalidade do Rio de Janeiro, na forma do art. 344, mas descabe a imposição de seu efeito material - presunção de veracidade dos fatos autorais - conforme art. 345, II, do CPC.

Com efeito, não sem críticas, prevalece a posição segundo a qual não incide efeito material da revelia, ou seja, não se presumem os fatos como verdadeiros diante de uma omissão defensiva de ente público. É a posição do Superior Tribunal de Justiça.

Superada a questão prévia, passa-se a ventilar as preliminares.

De início, há argumento de falta de interesse de agir pela concessionária.

O interesse processual "é a observância do trinômio necessidade, adequação e utilidade da prestação jurisdicional". A necessidade há de ser aferida com fundamento na imprescindibilidade da intervenção jurisdicional para a garantia do direito/interesse pretendido; a adequação é lida como a postulação de providência em modo condizente com o que almejado; e utilidade implica em representação de um acréscimo patrimonial ou um ganho pessoal.

No ponto, postulou a parte ré reconhecimento de ausência de interesse processual por falta de demonstração de culpa. Ocorre que tal matéria, conforme teoria da asserção, confunde-se com o mérito. É certo, perquirir sobre a ocorrência ou não de culpa é elemento que deve ser verificado em mérito, não se estando perante a teoria concreta do direito de ação.

Por conseguinte, a preliminar deve ser refutada.

Ex officio, é de se constatar a ilegitimidade passiva *ad causam* da municipalidade.

Legitimidade, na lição clássica, é a pertinência subjetiva da ação, ou seja, é a verificação de que autor e réu da relação jurídica processual se identificam como os titulares da relação de direito material subjacente ali debatida.

A jurisprudência tem entendido que, em causas propostas em face de concessionária de serviços públicos, há ilegitimidade passiva, em regra, do ente público. Isso porque o regramento material conduz a uma responsabilidade meramente subsidiária do Poder Público frente a danos provocados por permissionários de serviços públicos, dentre os quais se localizam as concessionárias de transporte coletivo.

Tal interpretação decorre do art. 25 da Lei nº 8.987/95.

Nessa tônica, não verificada, aprioristicamente, hipótese que enseje responsabilidade subsidiária, é caso de reconhecer, oficiosamente, ilegitimidade do município do Rio de Janeiro.

Destarte, com esteio no art. 485, VI, do CPC, promovo a exclusão do município do Rio de Janeiro da lide, extinguindo-a, em relação a ele, sem resolução de seu mérito.

Bem firmados os pressupostos processuais e vislumbrada legitimidade processual da Via Oimbu e o interesse de agir, sigo ao exame de mérito.

A causa demanda apreciação das normas atinentes a responsabilidade civil constantes na Constituição Federal e no Código Civil/02.

Cuida-se de ação de responsabilidade civil em face de concessionária de serviço público em razão de evento que causou o óbito de um adolescente, proposta por sua genitora, na qual requer ressarcimento de despesas de funeral, pensionamento mensal e imputação de danos morais, com reconvenção daquela em face desta por perda do veículo, por criação de perfil em mídias sociais visando denegrir a fama da empresa e condenação em danos morais, além de denunciação da lide à seguradora também por parte daquela.

Rege o art. 37, § 6º, da CF/88, a responsabilidade objetiva do Estado, fundada na teoria do risco administrativo. Através dela, socializa-se os prejuízos particulares sofridos na atuação da administração pública no interesse de todos, inexigindo-se a demonstração do elemento anímico – dolo/culpa –, mas admitindo-se isenção se se verificar caso fortuito, força maior ou culpa exclusiva da vítima ou de terceiros.

Outrossim, segundo a redação dos arts. 186 e 927 do Código Civil, aplicados ao caso em espeque em diálogo das fontes, *"aquele que, por ação ou omissão voluntária, negligência ou imprudência, violar direito e causar dano a outrem, ainda que exclusivamente moral, comete ato ilícito"*, e *"aquele que, por ato ilícito (arts. 186 e 187), causar dano a outrem, fica obrigado a repará-lo"*.

A responsabilidade aquiliana (extracontratual), quando subjetiva, está fundada em quatro vetores, quais sejam, conduta ilícita, dano, nexo de causalidade e dolo/culpa. Quando objetiva, como antedito, inexige dolo ou culpa.

Em relação à conduta, relevante reconhecer que o condutor do coletivo assumiu o atropelamento, rejeitando apenas a transgressão a normas de trânsito, ao passo que o promovido proprietário tem sua legitimidade extraída da responsabilidade objetiva advinda de sua titularidade sobre o bem, na forma do art. 932, III, do CC.

Ademais, conforme jurisprudência do Superior Tribunal de Justiça, no que concerne a eventos de trânsito, considera-se o titular do bem, ainda que fora das relações empregatícias, como responsável solidário pelos danos advindos de seu veículo em face de terceiros, ainda que não o conduzisse no instante do ocorrido.

Nos autos, há demonstração da conduta, do dano e do nexo de causalidade entre um e outro.

Pretende a demandada apresentar versão que imputa à vítima (ou a seus pais) a responsabilidade pelo acontecimento indesejado. Sem razão, contudo.

Da prova coletada nos autos se infere que o motorista do coletivo imprimia velocidade excessiva, conforme testemunho de passageiro, tendo sido tal objeto de reclamação outras vezes no mesmo percurso. Ainda, segundo a outra testemunha, o veículo empregou manobra brusca, sem sinalização, oportunidade em que colheu a criança na via.

Por consequência, no que tange à causa do evento, a autora demonstrou os fatos constitutivos de seu direito, ao passo que a ré não logrou êxito na evidenciação de fatos extintivos, modificativos ou impeditivos do direito autoral, tudo na forma do art. 373 do CPC.

Apurada a responsabilidade, segue-se aos danos experimentados passíveis de reparação ou ressarcimento.

O art. 948 do CC/02 rege, especificamente em relação aos danos advindos de "homicídio" que o causador deve ser obrigado às despesas de tratamento e funeral, além de pensionamento mensal para sustento daqueles que dependiam do morto.

O pleito de pagamento de despesas de funeral deve ser acolhido, ainda que à míngua de provas neste sentido. Com efeito, nada obstante ausência de provas, tendo a parte postulado, de modo genérico, na peça exordial, sendo óbvio que do óbito provocado deva ter advindo funeral, era prescindível a demonstração efetiva do dispêndio a fim de recobrar as respectivas quantias. É a compreensão do STJ.

Portanto, nada obstante, em regra, o dano material não prescinda de prova, o STJ preconiza que, sendo as despesas de funeral consectário lógico do óbito, de maneira inevitável, excepcionalmente de admite adoção de parâmetro previdenciário para estabelecer a quantia devida.

Já para deferimento do pensionamento mensal, há de se observar a dependência econômica daquele que o pede. Nessa medida, deve o magistrado ater-se aos elementos coligidos aos autos para apontar a ocorrência ou não de hipossuficiência econômica daquele que vindica o pensionamento, além da demonstração do laço que sustenta a expectativa de auxílio pecuniário futuro daquele que viera a óbito.

No que tange à morte abrupta de filho, basta se revele genitores de baixa renda, haja vista a obrigatoriedade legal de alimentos familiares em caso de premente necessidade. É o entendimento do STJ.

O patamar indenizatório há de se fixar em dois terços da remuneração comprovadamente percebida periodicamente pela vítima, entre os quatorze e os vinte e cinco anos, reduzindo-se a um terço dos vinte e cinco à data da expectativa de vida, diante da presunção de que, nesta idade, constituiria núcleo familiar próprio que consumiria mais de seus proventos. Em sua ausência, deve-se ter por base de cálculo o valor do salário-mínimo.

Na hipótese do enunciado, o falecido dispunha de apenas treze anos, não laborando ainda, de modo que deve ser calculado o pensionamento postulado com esteio no salário-mínimo nacional a partir do instante em que atingiria quatorze anos.

Ademais, a quitação das parcelas deve dar-se em periodicidade mensal até a data em que a vítima completaria a idade constante da tabela de expectativa de vida extraída do IBGE em vigor no período do acontecimento.

No sentido das disposições *supra* enumeradas, a jurisprudência do Superior Tribunal de Justiça.

Em suma, a título de indenização por danos materiais, Jurema faz jus a pensionamento mensal, à razão de 2/3 do salário-mínimo desde a data em que o filho completaria quatorze anos até os vinte e cinco, e dali até a expectativa de vida estimada pelo IBGE em 1/3, respeitado o momento do óbito da beneficiária, se anterior.

Noutro ponto, o dano moral atribuído à pessoa física é aquele que abala sua ordem interna, íntima, psicológica, causando transtornos psíquicos no prejudicado, ou aquele que afeta a dignidade da pessoa humana, cujo abalo é presumível, *in re ipsa*.

In casu, é cediço que o óbito de filho é fato indubitavelmente causador de abalo moral, não carecendo de qualquer demonstração adicional. Trata-se, pois, de dano moral *in re ipsa*. Nessa toada, vem decidindo o Superior Tribunal de Justiça.

Conclui-se, pois, que a indenização cabível deve respeitar a gravidade do fato, a magnitude do prejuízo, a medida de responsabilidade dos envolvidos e a situação econômica das partes.

Não se descura, ainda, do caráter pedagógico-punitivo da indenização, reconhecido pela jurisprudência pátria e confirmado pelo STJ.

Destarte, tomados os parâmetros acima estabelecidos, adotado o critério bifásico de fixação do dano moral, é de ser fixada a indenização no patamar de R$ 200.000,00 (duzentos mil reais) em favor da promovente.

Findada a análise da demanda autoral, segue-se ao pleito reconvencional.

Reconvenção é a modalidade de ação proposta pelo réu em face do autor, havendo conexão deste seu pedido com pedido formulado pelo autor ou com fundamento da defesa, tudo conforme art. 343 do CPC.

A reconvenção merece ser julgada procedente, mas em parte.

Valendo-se do que já explicitado sobre responsabilidade e danos materiais, de se perceber que o veículo fora incendiado por terceiros, não havendo conduta imputável à reconvinda neste sentido. Com efeito, não há lastro probatório suficiente a vincular eventual postura da autora em relação à destruição do coletivo, tendo sido esta conduta adotada por populares sem qualquer indício de estímulo ou participação daquela.

Rompido o dever de prova de fato constitutivo do direito da reconvinte, exposto no art. 373, I, do CPC. O pedido indenizatório por danos materiais é de ser julgado improcedente.

De se avaliar, doravante, o pedido de obrigação de fazer/não fazer, consistente na retirada das postagens e da página com conteúdo agressivo em face da concessionária de serviços públicos.

Pontuo que a Constituição Federal erige à condição de direito fundamental a inviolabilidade à honra e à imagem das pessoas, assegurando direito indenizatório de cunho material e moral decorrentes de sua violação (CRFB/88, art. 5º, X).

Outrossim, os arts. 11 e 12 do CC/02 garantem o direito à personalidade como intransmissíveis e irrenunciáveis, bem como garantindo a reclamação por perdas e danos decorrentes de sua lesão.

Ademais, o art. 953 do CC/02 indica que "*a indenização por injúria, difamação ou calúnia consistirá na reparação do dano que delas resulte ao ofendido*". Ressalto, ainda, que na forma do art. 52 do CC, "*aplica-se às pessoas jurídicas, no que couber, a proteção dos direitos da personalidade*".

A pessoa jurídica, nada obstante não disponha de honra subjetiva, deve ter proteção social em sua honra assim dita objetiva. Devem ser respeitados sua fama e bom nome a fim de manter sua credibilidade no seio social.

Não descuro que a Carta Magna protege o direito à liberdade de expressão e informação pública, também a título de direito fundamental, nos termos dos incisos IV e XIV do art. 5º, outrora mencionado.

Entrementes, diante do embate de direitos constitucionais conflitantes, substancial a realização de valoração ponderativa entre as posições a fim de alcançar a solução que dê especial concretude à vontade do constituinte, em adoção do princípio da máxima efetividade das normas constitucionais.

Em linha assemelhada, a jurisprudência do Superior Tribunal de Justiça bem explicita a imprescindibilidade do manejamento da técnica da ponderação em caso de conflito aparente de direitos cunhados pelo constituinte.

Nessa ordem de ideias, invocando outra conclusão pretoriana, há de se perquirir, em cada caso apresentado, a observância dos seguintes requisitos quanto ao conteúdo da publicação: *i)* verossimilhança da informação; *ii)* observância dos direitos da personalidade, dentre os quais os direitos à preservação da imagem e da honra; e *iii)* ausência de propósito difamatório, calunioso ou injurioso da emissão opinativa (*animus injuriandi vel diffamandi*).

No caso em apreço, malgrado verdadeiro que a empresa reconvinte pode ser responsabilizada pelo óbito do filho da reconvinda, tal episódio fora fruto da irresponsabilidade de um então funcionário; as palavras escolhidas para redigir o texto tem notório e evidente caráter ofensivo, atingindo a honra e a imagem da reconvinte perante o seio social; e sobressai nítido o dolo de difamar, caluniar e injuriar o reconvinte.

Nos autos consta prova documental consistente na extração da integralidade da página da *web* criada pela reconvinda, com edição de imagem com vistas a denotar assassinato associado ao *logo* da empresa, bem assim com o nome "VIA OIMBU ASSASSINA", com vários seguidores e comentários ofensivos. Há prova testemunhal do secretário do município no sentido de que recebera carta firmada por mais de cem pessoas a fim de convencer ao encerramento contratual antecipado de concessão de serviços à reconvinte ante os fatos apontados.

Destarte, é forçoso se concluir que a divulgação negativa perpetrada pela reconvinda tem o condão de abalar sua honra objetiva, não sendo crível se admita que um fato isolado provoque a ruína de uma atividade empresarial.

Assim, sopesando os direitos contrapostos, há de prevalecer a higidez empresarial da reconvinte, preservando-se o exercício da atividade, os direitos de seus credores, os empregos de seus trabalhadores etc.

Logo, deve ser excluída a página da internet criada com o exclusivo propósito de denegrir sua imagem em razão do evento isolado debatido na ação principal. Aliás, interessa mesmo à reconvinda que a saúde financeira da empresa remanesça, haja vista que disso depende a exigibilidade de seu pensionamento mensal, conforme concluído alhures.

Por conseguinte, é de se concluir ter existido ofensa moral ao demandante ocasionadora de dano reparável por ato ilícito da parte adversa. Isto porque, conforme aduz, o art. 186 c/c art. 927 do CC, ambos amparados pelo art. 5º, X, da CF/88, aquele que pratica ato ilícito, ainda que exclusivamente moral, deve ser instado a indenizar a vítima.

No caso do enunciado, inegável que as ofensas perpetradas implicaram agressão à imagem pública da concessionária, pelas quais indenizável.

Nessa linha, sopesando as condições financeiras das partes, a reprovabilidade da conduta, o comportamento do reclamado, as consequências nocivas dos atos e o caráter coercitivo e pedagógico da indenização, e obediente aos princípios da proporcionalidade e razoabilidade e, em especial, dos parâmetros comumente adotados em situações análogas, há de ter-se por suficiente e necessário a quantia a ser imposta de R$ 10.000,00 (dez mil reais).

Deve ser deferida a tutela provisória de urgência em sentença.

É sabido que, com a entrada em vigor do Novo Código de Processo Civil, a antiga tutela antecipada passou a ser denominada de tutela de urgência, uma das espécies de tutela provisória, cujos requisitos para concessão encontram-se encartados no artigo 300 do CPC/2015.

Exige-se, por consequência, para admissibilidade do pleito de tutela antecipada provisória de urgência a cumulação de dois requisitos, nominadamente: probabilidade do direito e perigo de dano ou risco ao resultado útil do processo.

Por consequência das conclusões alcançadas, e percebendo que o pedido de tutela provisória ainda não fora apreciado, deve-se deferi-lo, no sentido de que seja excluído o perfil "VIA OIUMBU ASSASSINA" e impedida a reconvinda de iniciar outro correlato, diante da certeza jurídica alcançada nesta sentença, bem como do inegável risco de demora processual que pode advir do alongamento da celeuma em eventual recurso em prejuízo da parte promovente, haja vista o inegável efeito deletério que a página pode perpetrar na imagem da pessoa jurídica, prejudicando o exercício de sua atividade, atendidos, destarte, os requisitos do art. 300 do CPC/15. Outrossim, não se pode falar em irreversibilidade, haja vista que, caso revertidas as conclusões alcançadas através do manejamento recursal, as publicações poderão ser livremente retomadas e o endereço eletrônico reinserido.

Para tanto, é de se intimar a autora reconvinda para que exclua, em cinco dias, o perfil destacado, sob pena de implementação coercitiva.

Enfim, um terceiro incidente tem vez.

É que a demandada VIA OIMBU denunciou da lide à seguradora CATITA, na forma do art. 125 do CPC.

Cabível a denunciação da lide no caso em vista da existência de contrato entre a ré e a seguradora que prevê como risco sinistro imposto a terceiro, amoldando-se à regra do inciso II.

Consigne-se que é possível compreender seja aplicado o Código de Defesa do Consumidor ao caso do enunciado, nos termos do art. 22 da lei consumerista. No ponto, a criança vitimada figuraria como consumidor *by stander*, ou seja, por equiparação, diante do sofrimento de acidente de consumo que lhe ceifou a vida.

Se assim for, pelo teor do art. 88 do CDC, é vedada a denunciação da lide. Nada obstante a redação restrinja a hipótese a acidente de consumo de responsabilidade do comerciante, a jurisprudência do STJ conferiu interpretação ampliativa ao texto para abranger outras previsões de acidente de consumo dos arts. 12 e 14 do CDC.

Na lide, ainda que se adote tal linha de intelecção, perceba-se que, em réplica, a autora não se opusera à denunciação da lide, bem assim que, a essa altura, em sede de sentença, já tendo sido providenciada a tramitação procedimental do incidente, afigura-se vantajoso para a autora a inclusão de mais um garante obrigado pela condenação tanto por tanto.

O STJ já acolhera a possibilidade da denunciação em lide consumerista, em não havendo oposição do consumidor.

Logo, de rigor acolher e considerar a denunciação da lide.

Quanto a esta, verifica-se que a controvérsia reside no fato de que não haveria obrigação contratual para responder por danos morais, segundo contestação da denunciada.

Ocorre que a compreensão é distinta. Reconhece-se, *a priori,* que a indenização contratualmente assumida pela seguradora engloba danos morais, ressalvada a existência de cláusula expressa e especial em sentido adverso. É o que firmou o STJ em entendimento sumulado.

Nesta medida, a denunciação da lide deve ser tida por procedente, impondo à seguradora o dever de ressarcir o prejuízo, ante o contrato entabulado entre as partes, observado o limite da apólice, se houver, não excluída a quantia referente à indenização por danos morais.

III - DISPOSITIVO

Em face do exposto, julgo o feito parcialmente sem resolução de mérito, na forma do art. 485, VI, do CPC, excluindo a municipalidade do Rio de Janeiro por ilegitimidade passiva; e, na outra parte, com fundamento no art. 487, I, do CPC, julgo procedente o pedido autoral, condenando a parte promovida a indenizar a autora em: i) indenização por danos materiais de dois terços de um salário-mínimo mensal desde o mês em que o adolescente completaria quatorze anos até a data do trânsito em julgado da demanda, corrigidos monetariamente e aplicados juros de mora ambos exclusivamente pela incidência única da taxa SELIC a partir do vencimento de cada prestação; ii) pensionamento mensal em dois terços do salário-mínimo a serem quitados até o dia dez dos meses subsequentes ao trânsito em julgado até os vinte e cinco anos e, desde então, em um terço do salário-mínimo até a data estimada de expectativa de vida divulgada pelo IBGE, tendo por base o período do óbito, salvo se a beneficiária deixar de existir em momento anterior; iii) indenização por danos morais no valor de R$ 200.000,00, acrescido de juros de mora em um por cento desde o evento danoso até este arbitramento e aplicação única da taxa SELIC até a quitação da verba; e iv) ressarcimento com despesas de funeral, pelo valor previdenciariamente estabelecido, com juros de mora e correção monetária, ambos pela taxa SELIC, a incidir desde o efetivo desembolso.

Diante do decaimento mínimo, na forma da Súmula nº 326 do STJ, condeno a parte promovida nas custas judiciais, bem assim na verba honorária, do montante de dez por cento sobre o valor da condenação, com fundamento no art. 85, § 2º, do CPC/15, consistente no apurado global da indenização material vencida, de doze parcelas vincendas e da reparação por danos morais.

Outrossim, no que concerne ao pleito reconvencional, extingo o feito, com resolução de mérito, nos termos do art. 487, I, do CPC, julgando parcialmente procedente os pedidos, condenando a reconvinda na obrigação de fazer consistente na exclusão do perfil "VIA OIUMBU ASSASSINA"; e a indenizar por reparação moral a parte reconvinte na quantia de R$ 10.000,00 (dez mil reais), acrescidos de juros de mora de 1% (um por cento) ao mês, a partir do evento danoso até este arbitramento e, doravante, aplicação da taxa SELIC.

Pela sucumbência recíproca, condeno ambas as partes nas custas da reconvenção, bem como honorários de advogado, os quais arbitro em dez por cento do valor da condenação, com fundamento no art. 85, § 2º, do CPC/15, rateados em metade para cada qual, vedada a compensação, a teor do § 14 do mesmo dispositivo.

Enfim, julgo procedente, extinguindo o feito com resolução de mérito, na forma do art. 487, I, do CPC, no tangente à denunciação da lide, condenando a denunciada a ressarcir, em regresso, a denunciante por aquilo que despender por força da condenação da ação originária, respeitado os limites estabelecidos na apólice.

Sobre tal, as custas e honorários de sucumbência ficam estabelecidos em dez por cento sobre o proveito econômico atinente aos danos morais da ação originária, conforme art. 85, § 2º, do CPC, em prol do autor, ponto controverso levantado pela denunciada.

Cumpra-se a tutela provisória de urgência estabelecida, impondo-se multa diária de R$ 500,00, limitada ao teto provisório de R$ 30.000,00, como meio para implemento da medida, sem prejuízo de adoção doutros meios caso persista renitência.

Publique-se. Registre-se. Intime-se.

Sentença sujeita ao regime do art. 523 do CPC/15.

Após o trânsito em julgado, arquivem-se com as cautelas de praxe.

Local, data.
Assinatura do Juiz Substituto.

ENUNCIADO DO CASO 2:

Leia o relatório abaixo com atenção, presumindo a veracidade de todas as alegações feitas. Limite-se à fundamentação e à parte dispositiva. Enfrente todas as questões explícita e implicitamente propostas, mencionando na fundamentação todos os artigos eventualmente pertinentes, cuja correta citação será levada em consideração pela banca. AS QUESTÕES JURÍDICAS SUSCITADAS DEVERÃO SER SOLUCIONADAS, AINDA QUE O CANDIDATO DECIDA EXTINGUIR O PROCESSO SEM RESOLUÇÃO DO MÉRITO OU VENHA A ACOLHER EVENTUAIS PRELIMINARES OU PREJUDICIAIS.

Trata-se de ação indenizatória c/c repetição de indébito manejada por Francisco em face do Município de Rio das Ostras, interposta em 17.05.2008.

Narra o autor que, em virtude do Decreto Municipal nº 54/2002, fora criada a unidade de conservação Monumento Natural dos Costões Rochosos. Ocorre que, segundo conta, um terreno de sua propriedade acabou por ser abrangido pela área instituída para preservação.

Por esta razão, afirma que o Poder Público, indevidamente e sem a respectiva indenização, lhe retirara toda a utilidade do imóvel, promovendo, portanto, verdadeira desapropriação indireta, motivo pelo qual faria jus à reparação pela perda da propriedade, conforme determinação constitucional.

Ademais, questiona a exigência de Imposto sobre Propriedade Predial e Territorial Urbana – IPTU sobre o bem discutido. Com efeito, aduz que a imposição das restrições ambientais ceifou toda a fruição do imóvel, retirando o fato gerador do tributo municipal.

Requereu, pois, indenização por desapropriação indireta, à monta de R$ 200.000,00, referente ao valor de mercado do bem. Cumulativamente, pugnou pela repetição de indébito do IPTU pago desde a edição do ato normativo criador da unidade de conservação.

Citada, a municipalidade apresentou contestação no prazo legal, discutindo a possibilidade de cumulação de pedidos neste caso, haja vista a discrepância de matérias e de procedimentos, solicitando inépcia da inicial. Requereu prescrição dos pedidos. Em mérito, sustentou que o autor não faz jus a indenização, uma vez que se cuida de limitação administrativa não indenizável, e que não há hipótese de afastamento do fato gerador do IPTU, porquanto é incontroversa a existência de propriedade sobre bem imóvel situado em zona de expansão municipal.

Na réplica, o autor reforçou os pleitos exordiais, sem acrescer fatos ou documentos novos.

Em saneador, o juízo remeteu o exame das matérias preliminares e prejudiciais ao mérito da ação e determinou a realização de perícia de avaliação do bem.

No laudo, o *expert* do juízo reconheceu que a limitação exposta, pela sua amplitude, de fato, esvaziou a fruição do bem, restando o proprietário impedido de proceder a qualquer espécie de exploração nele. Asseverou, em complemento, que o bem se localiza em região de expansão municipal, conforme legislação local.

Intimadas as partes, o município pediu inspeção judicial, enquanto o autor silenciou.

Conclusos os autos para sentença.

SUGESTÃO DE RESPOSTA DO CASO 2:

Vistos.

I - RELATÓRIO

(dispensado pelo enunciado)

É o relatório, passo a fundamentar e decidir.

II - FUNDAMENTAÇÃO

Rege o rito do processo em trâmite as disposições do Código de Processo Civil, sem prejuízo de aplicação doutras legislações especiais de modo pontual.

Inicialmente, há de se solver, como questão prévia, o pedido de prova complementar postulado pela municipalidade, consistente na inspeção judicial no local.

De se notar que, em matéria probatória, o juiz é o destinatário precípuo das provas. O sistema probatório vigente enaltece o livre convencimento motivado, sendo raras e muito pontuais as hipóteses que admitem prova tarifada. Por esse sistema, cabe ao juiz avaliar as provas produzidas nos autos a fim de assimilar a controvérsia fática inaugurada pelas partes, devendo, contudo, bem justificar a opção feita.

Em razão disso, em conformidade com o art. 370, parágrafo único, CPC, o magistrado pode indeferir as provas meramente protelatórias ou inúteis, sem que tal implique violação ao princípio da ampla defesa, desde que o faça, na mesma medida, justificadamente.

A inspeção judicial é o meio de prova através do qual se convence que o juiz deverá ter acesso imediato e pessoal ao objeto da prova. Está prevista nos arts. 481 e ss. do CPC.

No caso dos autos, a prova complementar há de ser indeferida, ante a sua franca inutilidade para a solução da controvérsia. De nada adianta o comparecimento pessoal do magistrado na propriedade do autor para o deslinde da questão. Há nos autos a perícia técnica, produzida por terceiro imparcial, de confiança do juízo, que exauriu a matéria fática, concluindo pelo esgotamento da utilidade do bem em virtude da imposição ambiental.

O requerente da prova sequer a justifica a fim de esclarecer qual a finalidade de sua produção, mas apenas a vindica genérica e descontextualizadamente, quando já há nos autos prova suficiente para convencer o juízo. É a jurisprudência do Superior Tribunal de Justiça.

Em consequência, rejeito a prova, com esteio no art. 370, parágrafo único, do CPC, por considerá-la inútil ao propósito, bem assim por já estar o processo maduro para julgamento, diante do arcabouço probatório já produzido.

Cuida-se de caso em que se demanda a análise da postulação indenizatória por afirmada desapropriação indireta decorrente da criação de unidade de conservação em espaço territorial que abrangia a propriedade do autor, bem assim repetição de indébito dos IPTU's exigidos e quitados pelo titular após o implemento da proteção ambiental.

Materialmente, resolverão a demanda a Constituição Federal, o Código Civil, o Código Tributário Nacional, além de legislações de cunho administrativo e ambiental esparsas.

Antes de se alcançar o mérito, analiso a preliminar sustentada.

De fato, a inépcia da inicial é causa extintiva do feito, sem resolução de seu mérito, devendo resultar em seu indeferimento, conforme art. 485, I, do CPC. Está prevista no art. 330 da codificação processual.

Contudo, não figura entre as causas de inépcia da inicial a cumulação de pedidos, ainda que indevida, razão pela qual o argumento de defesa não merece prosperar.

Ainda que se ignore essa atecnicidade da defesa, não é caso de cumulação indevida de pedidos.

Com efeito, a legislação processual admite a cumulação de pedidos, estabelecendo alguns requisitos: i) compatibilidade recíproca; ii) competência abrangente; e iii) adequação procedimental. Todos estão arrolados no bojo ao art. 327, § 1º, do CPC.

No ponto, se reconhece que a desapropriação propriamente dita goza de rito próprio, constante do Decreto-Lei nº 3.365/41. Contudo, tal não deve obstaculizar o acatamento da cumulação formulada de pedidos no caso dos autos.

É que, a uma, cuida-se de pedido indenizatório decorrente de desapropriação indireta, cujo rito não se amolda ao predisposto na legislação específica. É que na desapropriação ordinária, ante a resistência do particular, o Poder Público interessado ajuíza demanda judicial a fim de fazer valer seu direito expropriatório constitucional. Diversamente, a desapropriação dita indireta tem uma lógica toda diferenciada. Nesta, o Poder Público, extrajudicialmente, se apropriara do imóvel, ingressando o particular a fim de perseguir seu direito indenizatório em juízo. Daí porque esta tramita sob o rito comum, invocando-se as regras especiais apenas no que cabível. É posição do STJ.

A duas, ainda que houvesse rito especial para qualquer dos pedidos cumulados, o próprio art. 327, § 2º, do CPC, admite a cumulação se houver a opção pelo rito comum para a tramitação de todos eles, resguardadas as adaptações peculiares com aquele não incompatíveis.

Por conseguinte, também não é caso de reconhecer a preliminar.

Inexistem outras matérias preliminares arguidas ou cognoscíveis de ofício percebidas, motivo pelo qual, presentes os pressupostos processuais, sendo as partes legítimas e havendo interesse processual, enxergados estes sob a ótica da teoria da asserção, sigo à análise de mérito.

Todavia, antes de alcançar o mérito propriamente dito, é instante de versar sobre a prejudicial de mérito sustentada.

A prescrição é instituto de Direito Civil, própria das pretensões a prestações, no qual, por segurança jurídica, decorrido certo lapso temporal, impede-se a exigência judicial de seu cumprimento. É o que rege o art. 189 do Código Civil.

No caso dos autos, há dois regimes prescricionais a serem ventilados: i) prescrição da indenização pela reclamada desapropriação indireta; e ii) prescrição da repetição de indébito.

Sobre o primeiro aspecto, importante, antes, perpassar sobre a natureza da postulação, a fim de que se possa identificar com acerto o prazo prescricional.

É que, conforme conteúdo do pedido, afirma o autor que a gestação de unidade de conservação redundou em desapropriação indireta. Há súmula do STJ que estabelecia o prazo prescricional da desapropriação indireta.

Ocorre que, nada obstante o entendimento sumulado, ainda vige a sua *ratio*, mas não a sua literalidade. É que o prazo fora pensado em harmonia com o prazo da usucapião extraordinária. Assim, superada a posse *ad usucapionem* por parte do Poder Público, por óbvio, perde a parte o direito de reclamar pela indenização respectiva.

Daí porque a estipulação sumular de vinte anos, em texto aprovado nos idos de 1994, quando vigente o CC/16. No CC/02, o prazo para a usucapião extraordinária fora reduzido para quinze anos, em regra, e se o possuidor houver empregado finalidade útil ao bem este será reduzido a dez anos. Por consequência, haja vista que a desapropriação indireta pressupõe utilização pelo Poder Público do bem em finalidade que atenda interesse público, diz-se que o seu prazo é de dez anos.

Por conseguinte, em se reconhecendo que a atitude da municipalidade implicou desapropriação indireta, há de se reconhecer prazo decenal de prescrição.

Entretanto, há uma outra vertente. É que, em se cuidando de unidade de conservação em propriedade privada, quando esta é admitida conceitualmente, não se entende haver expropriação pelo Poder Público, mas imposição de limitações administrativas.

Limitações administrativas não implicam em perda da propriedade, mas em utilização condicionada à obediência à legislação que imponha restrições. Em regra, não são objeto de indenização, uma vez que integram o dever a todos imposto de atender aos ditames legais para o exercício social de direitos, inclusive de propriedade. Todavia, excepcionalmente, se houver excessiva restrição ao direito, que ataque pontualmente indivíduos bem identificados, é possível reclamar reparação.

Nada obstante o entendimento doutrinário esposado, a jurisprudência do STJ é sedimentada no sentido de que a previsão de unidade de conservação não implica desapropriação indireta, salvo quando a lei de regência não permitir a própria existência de propriedade privada na espécie criada.

As unidades de conservação da natureza estão tratadas pela Lei nº 9.985/2000, havendo a indicação de suas espécies e de suas características peculiares. As unidades são precipuamente de duas espécies: proteção integral e uso sustentável. Na primeira, admite-se, em regra, apenas o uso indireto dos recursos ecológicos, a passo que, na segunda, é previsto o uso sustentável, ainda que direto, mas com a moderação que a sustentabilidade ecológica demanda.

As unidades de conservação de proteção integral estão elencadas no art. 8º do instrumento normativo. Identifica-se que o monumento natural, criado no âmbito territorial da propriedade do autor, é unidade de proteção integral, com resguardo mais rígido da natureza, vedando o uso direto dos recursos ecológicos. Está disciplinada no art. 12.

Consigne-se que a unidade de conservação monumento natural admite, aprioristicamente, propriedade particular. Contudo, o próprio legislador ressalva que, caso haja exaurimento da finalidade dominial, deve o Poder Público providenciar a desapropriação.

Todavia, ainda assim, conforme visto, entende-se que não se cuida a demanda ajuizada pelo particular em face do Poder Público pela restrição oriunda do nascedouro de unidade de conservação de desapropriação indireta, mas mera ação ressarcitória decorrente do dever de indenizar por limitações administrativas que esgotam a titularidade privada.

E tal constatação é salutar para fins de apuração de prazo prescricional. É que, diversamente do que exposto para a desapropriação indireta, cujo prazo, repita-se, é decenal, a prescrição para reclamar indenização por limitações administrativas absolutas não tem caráter real, mas pessoal, ensejando lustro prescricional quinquenal, a teor do art. 10, parágrafo único, do Decreto-Lei nº 3.365/41, já mencionado, e art. 1º do Decreto- Lei nº 20.910/32. É este o entendimento adotado pelo STJ.

No caso dos autos, a criação da unidade de conservação Monumento Natural dos Costões Rochosos, pelo Decreto Municipal nº 54 se deu nos idos de 2002, enquanto o ajuizamento da demanda apenas ocorreu em 17.05.2008, mais de cinco anos após o nascimento da pretensão, restando, em conclusão, o direito indenizatório fulminado pelo decurso do lapso prescricional quinquenal. É como se manifesta a jurisprudência do Tribunal de Justiça do Estado do Rio de Janeiro.

Resta analisar a prescrição em virtude do pleito tributário.

No âmbito do Direito Tributário, a prescrição tem leves distinções conceituais da prescrição comum. É que, como regra, já se viu que a prescrição acarreta perda do direito à pretensão, ou seja, ao direito de exigir em juízo.

A prescrição tributária, contudo, extingue o próprio crédito tributário.

O prazo prescricional da repetição de indébito é de cinco anos, contado do pagamento, conforme arts. 165 e 168 do Código Tributário Nacional, respectivamente. É a interpretação do STJ conferida aos dispositivos mencionados. Também é o entendimento manifestado em súmula do TJRJ.

No caso em espeque, inevitável reconhecer-se a prescrição referente aos tributos adimplidos em período anterior a maio de 2003, ou seja, referente ao ano-calendário 2002.

Perpetrados decotes no mérito em virtude do acolhimento de prejudiciais de prescrição, remanesce a controvérsia a ser decidida no que tange à repetição de indébito do Imposto sobre Propriedade Predial e Territorial Urbana - IPTU nos anos posteriores a 2003 em virtude da edição do Decreto Municipal nº 54/2002, o qual embutiu a propriedade objeto do tributo em unidade de conservação de proteção integral.

Nessa questão, assiste razão ao autor.

O IPTU, como todo tributo, é objeto de distribuição constitucional de competência, tendo sido atribuída aos municípios, a teor do disposto no art. 156, I, da Constituição Federal.

A competência fora discriminada pelo Código Tributário Nacional - CTN, recepcionado pela Constituição Federal de 1988, a ele superveniente, com status normativo de lei complementar, nos termos do art. 32.

Assim, afigura-se como base de cálculo do tributo a titularidade, o domínio útil ou a posse de bem imóvel localizado em zona urbana municipal. Nessa medida, o próprio § 1º do art. 32 do CTN dispõe como se identificar zona urbana: definição em lei local, mas desde que haja pelo menos dois dos melhoramentos elencados nas alíneas.

Todavia, ainda é possível incidir IPTU caso a região, mesmo não contendo quaisquer dos melhoramentos, tenha sido declarada pelo Poder Público municipal como de expansão municipal, a teor do § 2º do mesmo dispositivo. É a compreensão do STJ, espelhada em entendimento sumulado.

Portanto, *a priori*, tendo o laudo pericial atestado estar o imóvel inserto em área de expansão municipal, pertinente a exigência do tributo pelo exercício de direitos reais sobre o bem.

Entretanto, há de se ponderar a restrição imposta, bem assim a constituição de unidade de conservação, a fim de se perquirir o cabimento do tributo.

A uma, a jurisprudência do STJ e do TJRJ tem entendido que a criação de unidade de conservação que imponha esvaziamento da fruição de todos os atributos do direito de propriedade implica em não incidência do tributo, considerando inexistente o próprio fato gerador.

A duas, o art. 49 da Lei nº 9.985/2000, já aludida como gestora das unidades de conservação da natureza, impõe que os imóveis inseridos no âmbito de um espaço de proteção integral são tidos como de zona rural para os fins legais, pelo que, em tese, incidiria Imposto Territorial Rural – ITR, de competência da União, e não mais IPTU.

Como visto, a unidade monumento natural classifica-se como de proteção integral, motivo pelo qual é injustificável a exigência de IPTU, vez que a área adquiriu viés rural. Além disso, diante das restrições impostas, ainda que assim não fosse, excluir-se-ia o fato gerador do tributo municipal em razão da impossibilidade de exercício útil de algum dos poderes inerentes à dominialidade.

III – DISPOSITIVO

Ante o que exposto, extingo o feito, com resolução de mérito, parcialmente, com esteio no art. 487, II, do CPC, reconhecendo a prescrição da indenização pretendida e da repetição do indébito referente ao período que anteceder cinco anos do ajuizamento da demanda. Na parte remanescente, extingo o feito, com resolução do mérito, na forma do art. 487, I, do CPC, pela procedência da parcela não prescrita da repetição de indébito pretendida, com correção monetária exclusiva desde cada desembolso até a citação e juros de mora desde o trânsito em julgado, conforme art. 167, parágrafo único, do CTN.

Pela sucumbência recíproca, condeno ambas as partes nas custas e despesas do processo, bem como honorários de advogado, os quais se sujeitam à regra especial do art. 85, § 3º, do CPC/15, rateados em metade para cada qual, vedada a compensação, a teor do § 14 do mesmo dispositivo.

Sentença sujeita a liquidação pelo procedimento comum, na forma do art. 509, II, do CPC, bem assim a reexame necessário, dada a sua iliquidez, em conformidade com art. 496 do CPC e de entendimento sumulado do STJ.

Após o trânsito em julgado, arquivem-se com as cautelas de praxe.

Local, data.
Assinatura do Juiz Substituto.

ENUNCIADO DO CASO 3:

Jubileu trafegava em sua motocicleta, em 20.09.2013, em Santarém/PA, quando, por descuido, invadiu uma via preferencial e fora colhido lateralmente por um veículo automotor.

Fora levado em ambulância ao hospital local, onde foram identificadas múltiplas fraturas. Passou por procedimento cirúrgico que perdurou quatro horas. Finalizada a cirurgia, após dois dias recebeu alta hospitalar, a fim de dar continuidade ao tratamento em repouso na sua residência.

Por ser segurado do INSS, em 26.01.2014, deu entrada no auxílio-doença, tendo o laudo pericial sido emitido favorável no sentido de que o autor fazia jus ao benefício pelo prazo de doze meses, sujeito a reavaliação em seu termo.

Após o fim do prazo de doze meses, ainda sentindo dificuldade extrema e dor em sua mobilidade, dirigiu-se novamente à autarquia previdenciária, em 24.01.2015, tendo o médico-perito constatado invalidez permanente para suas atividades habituais, recomendando a aposentadoria por invalidez do autor, sendo tal acatado pelo INSS.

Em 14.10.2017, alertado por conhecidos de que faria jus à indenização por seguro DPVAT, fez solicitação administrativa de indenização à Seguradora Pimpão, consorciada. Esta recusara o pagamento, diante da longevidade do acidente.

Em 15.01.2018, ajuizou demanda em face da Seguradora Pimpão, consorciada, na Comarca de Belém/PA, requerendo o pagamento de R$ 13.500,00 de indenização, acrescido de correção monetária desde a data da Lei nº 11.482/07, a qual inseriu o referido valor.

Juntou prontuários médicos, boletim de ocorrência, laudo do INSS, documento de identidade e comprovante de residência de Santarém/PA.

Citada para contestação, a Seguradora Pimpão arguiu incompetência do juízo, por não ser Comarca de Belém/PA nem o domicílio do autor nem o local do ocorrido; e sustentou sua ilegitimidade passiva, afirmando que deveria ser a demanda proposta em face da Seguradora Líder.

Como prejudicial de mérito, requereu a seguradora o reconhecimento da prescrição ânua, a contar desde a data do fato, havendo perda do direito de pretender em juízo desde 20.09.2014.

Enfim, em mérito, a seguradora afirmou que o autor não demonstrou, com sua peça exordial, a ocorrência de invalidez permanente, uma vez que o laudo pericial do INSS não é suficiente para tanto. Ademais, diz que a correção monetária deve considerar a data do ajuizamento da demanda.

Ultimada a etapa postulatória, o juiz designou perícia para verificação da invalidez do autor. No laudo, destacou que houve perda funcional de um dos membros inferiores, em grau médio, e perda da mobilidade de um dos ombros completa.

Intimadas as partes sobre o resultado do exame, a seguradora deixou transcorrer o prazo em branco.

Por sua vez, o autor insistiu na percepção da indenização de R$ 13.500,00, dada a inconstitucionalidade da medida provisória convertida em lei que inaugurou o critério proporcional na fixação da quantia.

Conclusos os autos, profira a decisão cabível, dispensando o relatório.

SUGESTÃO DE RESPOSTA DO CASO 3:

Vistos.

I – RELATÓRIO

(dispensado pelo enunciado)

É o relatório, passo a fundamentar e decidir.

II – FUNDAMENTAÇÃO

Regem o rito as normas do Código de Processo Civil.

Cuida-se de ação de cobrança de indenização referente a seguro DPVAT, proposta por Jubileu em face da Seguradora Pimpão, pretendendo a parte a quantia de R$ 13.500,00 acrescida de correção monetária desde a edição da Lei nº 11.482/07.

A questão jurídica de fundo há de ser solvida com base nas disposições da Lei nº 6.194/74.

Preliminarmente, é de se reconhecer a competência concorrente do juízo da Comarca de Belém/PA para apreciar a demanda.

A codificação processual aduz, no art. 53, V, do CPC, que a competência territorial para ações acidentárias envolvendo veículos é do local do domicílio do autor ou do local do fato.

Todavia, impende esclarecer que esta competência fora fixada na lei de modo a favorecer o promovente, remanescendo, contudo, sempre possível àquele a quem a regra mais interessa abdicar da prerrogativa que lhe é conferida e promover o ajuizamento da querela no domicílio do demandado, regra na forma do art. 46 do CPC.

Com efeito, em sendo benefício legal introduzido em seu favor, não se pode impor ao promovente acatá-lo, se ainda assim entender mais conveniente aos seus interesses particulares a invocação da norma geral e a promoção da demanda no foro do domicílio do promovido. Nessa linha de entendimento o Superior Tribunal de Justiça, manifestado através de súmula de jurisprudência.

Também fora levantada pela ré preliminar de ilegitimidade passiva.

Legitimidade, na lição clássica, é a pertinência subjetiva da ação, ou seja, é a verificação de que autor e réu da relação jurídica processual se identificam como os titulares da relação de direito material subjacente ali debatida.

O art. 7º da Lei nº 6.194/74 aduz que há um consórcio de seguradoras responsáveis pela quitação das indenizações decorrentes de acidentes envolvendo veículos automotores.

Com base neste artigo, a jurisprudência entende que o vitimado pelo acidente pode escolher quaisquer das empresas que integrem o consórcio do seguro DPVAT, não havendo que se cogitar de ilegitimidade passiva quando a seguradora integrar esse grupo. É a linha esposada pelo STJ.

Nessa lógica, estando a Seguradora Pimpão no rol das consorciadas, deve ser afastada a tese de que tão somente a seguradora Líder deveria responder à demanda.

Delineadas as preliminares, parte-se ao exame meritório.

Antes, porém, cabe avaliar a respectiva prejudicial.

Em sede de prejudicial de mérito, observo que o direito pleiteado não fora atingido pelo lapso prescricional extintivo. A prescrição em casos como os tais resta estabelecida no art. 206, § 3º, IX, do CC/02, sendo de três anos, conforme prescreve a Súmula nº 405 do STJ.

O lapso inaugural para contabilização do prazo prescricional, conforme princípio da *"actio nata"*, conta-se da data do inequívoco conhecimento da invalidez, que se dará apenas por laudo médico, salvo quando restar evidente da própria aparência externa da lesão ou quando se constatar ciência prévia na fase instrutória, tudo nos termos da Súmula nº 573 do STJ.

Por conseguinte, não se verificou a extinção da pretensão.

É que, conquanto o acidente tenha ocorrido em 20.09.2013 e o ajuizamento da demanda tenha se dado tão somente em 14.10.2017, mais de quatro anos entre um marco e outro, o termo inicial da prescrição apenas se deu em 24.01.2015, com o conhecimento efetivo de que sua lesão era irreversível, constituindo invalidez permanente.

Suplantada a prejudicial meritória, cuida-se do mérito propriamente dito.

O seguro DPVAT indeniza danos pessoais causados por veículos de via terrestre (morte, invalidez permanente e despesas de assistência médica e suplementares). Seu pagamento é obrigatório e as empresas seguradoras respondem objetivamente, cabendo tão somente a prova do acidente, do dano decorrente e seu nexo causal, independentemente da existência de culpa.

A parte promovente pleiteia o recebimento de verba indenizatória a título de seguro DPVAT, por invalidez permanente provocada por acidente automobilístico. A indenização deve ser calculada segundo a exegese da Lei nº 6.194/74, com as alterações advindas da Lei nº 11.945/09, que exige a prova da invalidez, podendo o pagamento indenizatório corresponder a até R$ 13.500,00, na seguinte proporção: a) se a invalidez permanente for total, percebe o montante integral, ou seja, R$ 13.500,00 (art. 3º, II, Lei nº 6.194/74); b) se a invalidez permanente for parcial completa, observar-se-á a proporcionalidade da tabela incluída pela Lei nº 11.945/09, que introduziu os percentuais de 70%, 50%, 25% ou 10% sobre R$ 13.500,00, a depender da gravidade da lesão (art. 3º, § 1º, I, da Lei nº 6.194/74); c) por sua vez, se a invalidez for permanente parcial incompleta, faz-se inicialmente a adequação na tabela incluída pela Lei nº 11.945/09, conforme visto no item antecedente, para, em seguida, sobre o resultado alcançado, aplicar a redução proporcional à gravidade concreta da lesão, que corresponderá a 75%, 50%, 25% ou 10% (art. 3º, § 1º, II, da Lei nº 6.194/74).

No que tange ao critério da proporcionalidade, previsto na Lei nº 6.194/74, alterada pela Lei Federal nº 11.945/09, ADI's abordaram a constitucionalidade das alterações promovidas na lei regente do seguro DPVAT, donde se concluiu que, tanto as alterações produzidas pelas Leis Federais nº 11.482/2007 e nº 11.945/09, não seriam inconstitucionais.

Os referidos julgamentos afirmaram que os requisitos de relevância e urgência previstos no art. 62 da CF/88, exigidos para a edição de uma medida provisória, não teriam sido flagrantemente banalizados, o que impediria uma análise desses elementos pelo Poder Judiciário, visto que apenas uma manifesta violação desses pressupostos autorizaria uma intervenção por parte deste poder.

Quanto ao aspecto da inconstitucionalidade material, destacou-se que não haveria, no caso, ofensa ao princípio da dignidade da pessoa humana, visto que não se estaria precificando partes do corpo humano, mas tão somente estabelecendo uma relação de proporcionalidade e razoabilidade entre o grau da lesão sofrida e a indenização devida por parte dos entes de seguro, o que não feriria o ordenamento jurídico constitucional.

Tal é o mesmo entendimento esposado pelo STJ, conforme se infere de súmula de sua jurisprudência.

Desse modo, resta superado o argumento de que a proporcionalidade estabelecida pelas diversas legislações em relação ao grau da lesão e a indenização seria inconstitucional, compreendendo como constitucional, legal e razoável a tabela anexa à Lei Federal nº 11.945/09.

De outra banda, não se sustenta o argumento de falta de provas levantado pela seguradora ré. É que, nestas espécies de demanda, prescinde-se de prova pré-constituído de invalidez permanente, sendo possível e até recomendável a realização de exame pericial no transcurso do processo.

Em sendo assim, afigura-se essencial a prova pericial a fim de se perquirir sobre o direito reclamado em ação desta estirpe.

Nesse contexto, a prova pericial fora realizada, concluindo o exame pericial que a parte promovente apresenta perda funcional de um dos membros inferiores, em grau médio, e perda da mobilidade de um dos ombros completa.

Logo, no que tange à debilidade imposta ao membro inferior, a invalidez é permanente, mas parcial e incompleta. Com efeito, o valor da indenização deve seguir a tabela gradativa anexa à lei, consoante visto alhures, com porcentagem de redução ditada pela Lei nº 11.945/2009, que alterou a Lei nº 6.194/74.

Na hipótese dos autos, utilizando-se a tabela de graduação da incapacidade e comprometimento funcional constante na lei, chega-se ao percentual de 70% = Perda funcional completa de um dos membros inferiores. De outro giro, deve incidir sobre esse número o percentual de incapacidade atestado pelo perito (médio = 50%).

Destarte, sobre o valor da perda parcial anatômica, aplica-se o percentual do inciso I da referida lei, com a redução proporcional da indenização, segundo percentuais fixados no inciso II.

Assim, a indenização é alcançada matematicamente com dois cálculos: aplica-se inicialmente o percentual legal respectivo ao membro afetado, segundo a tabela supramencionada, in casu, 70% = Perda funcional completa de um dos membros inferiores sobre o valor máximo da indenização cabível (70% X R$ 13.500,00), totalizando o valor de R$ 9.450,00; e sobre este valor deduz-se a redução para 50% = médio (50% X R$ 9.450,00), perfazendo o valor de R$ 4.725,00.

Em somatório, deve-se considerar a lesão no ombro em sua valia respectiva. Quanto a esta, coloca-se apenas o primeiro cálculo, uma vez que reconhecida a debilidade total no membro. Portanto, aplica-se o percentual de 25% = Perda completa da mobilidade de um dos ombros sobre o teto indenizatório (25% X R$ 13.500,00), alcançando a quantia de R$ 3.375,00.

Portanto, o laudo médico apontou invalidez apenas parcial, permanente e incompleta, em um dos membros, e completa em relação a outro, o que deve ser tomado em consideração para dimensionamento da indenização e computado em seu todo.

Em relação à correção monetária, nenhuma das partes tem razão.

Não obstante se reconheça que a carência de correção dos valores fixados nos idos de 2009 proporcione prejuízo aos acidentados beneficiários do seguro social estabelecido por lei, o Poder Judiciário não pode ultrapassar as atribuições constitucionais que lhe são conferidas a fim de, usurpando o Poder Legislativo, criar normas jurídicas até então inexistentes no ordenamento jurídico nacional.

Destarte, o pedido veiculado não conta com supedâneo legislativo, sendo, ademais, rechaçado por súmula e julgado em recurso repetitivo do Superior Tribunal de Justiça, razão pela qual cabível a improcedência do pleito.

Nesses casos, a correção monetária conta-se desde o evento danoso, a teor de súmula do STJ.

III - DISPOSITIVO

Ante o exposto, o pedido deve ser julgado parcialmente procedente, com resolução de seu mérito, com espeque no art. 487, I, do CPC/15, a fim de condenar a seguradora promovida a pagar em favor da parte promovente o valor de R$ 8.100,00, corrigidos monetariamente desde o evento danoso e com juros de mora desde a citação, em atendimento a súmulas do STJ.

Custas compartilhadas e honorários advocatícios sucumbenciais reciprocamente devidos, consoante art. 86 do CPC/15, arbitrados em dez por cento sobre o valor da causa, atribuídos à proporção de 60% em prol do causídico do autor e 40% ao do réu, na forma do art. 85, § 2º, do CPC/15, mas suspensos para a parte autora, face a gratuidade deferida, conforme art. 98, § 3º, do CPC/15.

Publique-se. Registre-se. Intime-se.

Após o trânsito em julgado, arquivem-se com as cautelas de praxe.

Local, data.
Assinatura do Juiz Substituto.

ENUNCIADO DO CASO 4:

Jenivaldo, com dezoito anos de idade, conduzia o veículo automotor de seu pai no dia 26.02.2017 pelas ruas de Belém/PA quando atingiu uma viatura da SEMOB – Superintendência Executiva de Mobilidade Urbana de Belém que vinha na contramão de direção, em colisão frontal.

Logo após a batida, Jenivaldo deixou o veículo cambaleante, em tentativa de fuga, oportunidade em que os dois agentes que estavam na viatura o contiveram. Chegados agentes do DETRAN/PARÁ para as providências de praxe, solicitaram realização de bafômetro, o qual fora recusado por Jenivaldo.

Jenivaldo e os dois agentes da SEMOB foram encaminhados à Delegacia de Polícia da Região para prestar esclarecimentos sobre a suposta prática do crime de direção de veículo automotor com a capacidade psicomotora afetada por substância alcoólica por parte do primeiro.

Jenivaldo optou pelo direito constitucional ao silêncio. Os dois agentes aduziram que Jenivaldo estava com sinais claríssimos de embriaguez, como andar cambalente, bafo etílico, olhos avermelhados, dificuldade de raciocínio, entre outras características.

Jenivaldo não dispunha de antecedentes criminais e fora liberado pela autoridade policial.

Do acidente resultou perda total de ambos os veículos.

Em 1º.04.2017, Jovenildo, pai de Jenivaldo, dera entrada no pedido de indenização de seu seguro de veículos, a fim de ver-se indenizado do valor do bem perdido. Em 30.05.2017, após sucessão de solicitações de documentação complementar, a seguradora rejeitou o pedido.

Em 15.03.2018, Jovenildo ajuizou demanda de cobrança do valor de R$ 50.000,00, conforme tabela FIPE do bem no dia do acidente. Juntou cópia do boletim de ocorrência relativo ao acidente, de página do site da FIPE com o valor do bem e da negativa administrativa.

Citada para audiência de conciliação, a ela compareceu, oportunidade em que as partes não entraram em acordo.

Por contestação, a seguradora arguiu, em prejudicial de mérito, prescrição, posto decorrido mais de um ano do fatídico acidente. Em mérito, aduziu que o contrato havia sido rescindido, antes do acidente, em virtude do não pagamento da integralidade das parcelas do prêmio. Outrossim, destacou que o motorista estava embriagado no momento do acidente, constando do contrato cláusula que exime a seguradora de indenizar nestes casos.

Na réplica, o autor dissera estar surpreso com o cancelamento, já que não teria recebido qualquer comunicado, considerando que as parcelas eram quitadas por débito em conta. Argumentara, ainda, que a cláusula que isenta de responsabilidade em caso de embriaguez era abusiva e que não teve culpa no ocorrido.

Em saneador, as partes foram instadas à produção probatória.

O autor se dissera satisfeito com o arcabouço probatório produzido, requerendo o julgamento antecipado do mérito.

Por sua vez, a ré solicitara produção de prova emprestada, a ser extraída do juízo criminal da ação penal inaugurada para investigar a conduta do promovente, onde produzida prova pericial e testemunhal.

Deferido o pleito, oficiara-se o juiz criminal, que remeteu cópia do laudo pericial e das atas de oitiva das testemunhas, os dois agentes da SEMOB.

Pelo laudo pericial, está disposto que Jenivaldo invadira, sem motivo aparente, a contramão de direção, atingindo a viatura conduzida. Os testemunhos dos agentes ratificaram o que dito à autoridade quando do registro da ocorrência perante a autoridade policial.

Intimado o requerente, sustentou nulidade da prova emprestada, uma vez que entre as demandas não há identidade de partes, já que aquela tramita em face de seu filho Jenivaldo, e seu acatamento implicaria em vício de contraditório. Ademais, destacou que não se pode acolher o depoimento dos agentes da SEMOB, que tem interesse em sugerir a situação de alcoolemia de seu filho Jenivaldo para que sejam isentados de qualquer responsabilidade pelo evento. Requereu, enfim, suspensão da demanda cível para aguardar o resultado da sentença criminal.

Conclusos os autos, dispensado o relatório, confeccione a sentença, considerando verdadeiros todos os fatos dispostos no enunciado.

SUGESTÃO DE RESPOSTA DO CASO 4:

Vistos.

I - RELATÓRIO

(dispensado pelo enunciado)

É o relatório, passo a fundamentar e decidir.

II - FUNDAMENTAÇÃO

Regem o rito as normas do Código de Processo Civil.

No caso, não é hipótese de acolhimento da suspensão reclamada.

Com efeito, a suspensão do processo para apuração de fato criminoso na seara própria está prevista no art. 315 do CPC/15.

O dispositivo traz o que se convencionou nominar de prejudicialidade externa, quando o resultado do mérito de uma demanda se sujeita à conclusão alcançada em outra. Observe-se, contudo, que o legislador utilizou o verbo "pode" em vez de "deve", havendo de ser prestigiada a interpretação pela facultatividade da suspensão.

Conquanto haja vozes que patrocinam a tese da obrigatoriedade da suspensão nesses casos de ações criminais em curso correlatas à causa cível, ao magistrado não se pode retirar a possibilidade de verificar a conveniência/oportunidade na suspensão do feito civil para aguardar o desenrolar do criminal. Tal interpretação, aliás, decorre do princípio da independência das instâncias cível e criminal, tratada pelo art. 935 do CC.

O Superior Tribunal de Justiça tem jurisprudência neste sentido, tomada ainda sob a égide do CPC/73, mas em relação a regra e lógica repetida no CPC/15.

No caso do enunciado, a conclusão é pela impertinência da suspensão pretendida. É que, como se verifica, em verdade os autos estão maduros para prolação de sentença, afigurando-se contraproducente proceder-se a uma suspensão nesta etapa processual.

Superada essa questão prévia, e inexistentes preliminares arguidas ou de ofício percebidas, estando presentes a legitimidade e o interesse processual, além de configurados os pressupostos processuais, segue-se ao exame da prejudicial de mérito.

A prescrição, na lição de Agnelo Amorim Filho, é aquela que atinge as pretensões condenatórias. Está afeta à segurança jurídica das relações privadas interpessoais.

Em relação aos pactos de seguro, na forma do art. 206, § 1°, II, b, o lustro prescricional é de um ano a partir do fato gerador da pretensão.

Nessa medida, constata-se que o acidente se deu em 26.02.2017, ao passo que o ajuizamento da demanda ocorrera em 15.03.2018.

Ocorre que, na forma do art. 199, I, do CC, não corre a prescrição enquanto pendente causa suspensiva. Nessa linha, entendimento sumulado do STJ dispõe que o prazo prescricional se suspende entre a solicitação administrativa de pagamento direcionada à seguradora e a ciência da respectiva recusa.

Pelo enunciado, a parte postulou indenização em 01.04.2017, percebendo resposta negativa em 30.05.2017. Destarte, diz-se que, durante esse período, não se computara prazo prescricional, paralisado na data do pedido e retornado desde a negativa.

Por consequência, em 15.03.2018, não havia se exaurido o prazo ânuo para ajuizamento da demanda de cobrança securitária.

Assim, refutada a prejudicial aventada, alcança-se o mérito propriamente dito.

Não há razão na tese defensiva de rescisão do pacto securitário.

É sabido que, na forma do art. 397 do CC/02, o inadimplemento de obrigação positiva e líquida, com termo certo de vencimento, nele, constitui em mora de pleno direito o devedor.

Todavia, o legislador, em situações especiais, mesmo tendo a obrigação de satisfazer no vencimento estabelecido, dada a gravidade das consequências da mora, exige um ato de comunicação pessoal do devedor. É o caso do contrato de seguro.

Estabelece o art. 763 do CC/02 que há direito à purgação em contratos de seguro. A doutrina e jurisprudência interpretam o dispositivo como exigível constituição pessoal de mora, haja vista a possibilidade de purgação, própria desta espécie.

Logo, o mero inadimplemento de parcela do prêmio ajustado, por si só, não rescinde de imediato o contrato, ainda que haja cláusula expressa nesse sentido, por se revelar nula, na forma do art. 51, IV, do CDC. É o entendimento consolidado no âmbito do STJ, que sedimentou referido entendimento em súmula da corte.

No caso do enunciado, não houvera notificação da seguradora sobre o inadimplemento de algumas parcelas do prêmio de seguro de dano, tendo esta falhado em seu ônus probatório estabelecido no art. 373, I, do CPC, razão pela qual não se tem por dissolvido o ajuste.

Portanto, diante do descumprimento legal de notificar a mora, não se tem válida a rescisão contratual argumentada.

Resta verificar as consequências da embriaguez para o contrato de seguro de dano.

Pelo art. 768 do CC, resta previsto que "*o segurado perderá o direito à garantia se agravar intencionalmente o risco objeto do contrato*".

Nos casos de embriaguez ao volante, a jurisprudência do Superior Tribunal de Justiça, tem reconhecido que há, como regra, exclusão do dever de indenizar, salvo demonstração inequívoca por parte do autor que o sinistro ocorreria independentemente do estado do condutor.

É publicamente cediço que o álcool, em maior ou menor grau, a depender da quantidade ingerida, é hábil a alterar a capacidade de percepção da realidade, de controle dos atos reflexos naturais ao ser humano e da aptidão motora em si. Por esta razão, ofende a legítima expectativa de segurança social depositada nos indivíduos a condução de veículo automotor após ingestão de bebida alcoólica, considerado o indubitável potencial lesivo que este tem na questão viária.

Constatada a embriaguez do condutor do bem automóvel sinistrado, pois, há uma inversão do *onus probandi* quanto à inevitabilidade do ocorrido. Ou seja, há uma presunção relativa de agravamento do risco, passível de prova em sentido adverso a qual, contudo, deverá ser produzida pelo segurado.

Anote-se que a condução por terceiro embriagado não é capaz de promover afastamento da cláusula de não indenizar. O proprietário do veículo e titular do seguro deve responder por culpa *in eligendo* ou *in vigilando*. Isto é, deve cuidar sobre aqueles para os quais franqueia a direção de seu veículo, impedindo tenha acesso pessoa alcoolizada.

No caso em epígrafe, a contratação do seguro e o sinistro são fatos incontroversos, na forma do art. 374, II e III, do CPC/15. A discussão reside acerca da cobertura indenizatória, haja vista que o promovente a deseja, ao passo que o promovido aduz que ocorreu hipótese de exclusão contratual, em virtude de afirmado quadro de embriaguez da parte promovente.

Da prova documental coligida aos autos assumo que assiste razão à seguradora-ré em sua escusa. Com efeito, o arcabouço probatório repousante do feito evidencia que o autor conduzia o veículo sinistrado em estado de embriaguez, bem assim que tal fora decisivo para a ocorrência do sinistro.

Não tem sede o argumento de nulidade da prova emprestada.

É previsão que prestigia a economia processual através da importação de prova validamente produzida em outro juízo, sem que seja necessária reprodução dispendiosa desnecessária. Está prevista no CPC no art. 372.

O STJ tem compreensão de que o contraditório a ser garantido é o diferido, após a realocação da prova na nova relação processual, razão pela qual dispensa tenha sido produzida em outra relação cujas partes sejam idênticas.

Na oportunidade, o contraditório fora ofertado, tendo-se intimado a parte autora para se manifestar sobre a prova emprestada quando colacionada aos autos. Esta exercera contraditório efetivo, alegando, para além da impossibilidade do empréstimo, que não mereceria valor diante da qualidade daqueles que testemunharam.

É de se concluir, logo, pela legitimidade da prova emprestada.

Há, nesta, perícia a demonstrar a dinâmica do acidente, no sentido de que o autor invadira contramão de direção para atingir o veículo público. Outrossim, harmoniza-se com tal o testemunho dos agentes públicos que estavam no bem colhido.

Não merece prosperar a tese de defesa segundo a qual se deve desconsiderar a versão dos agentes, visto estariam a se eximir de responsabilidade pelo evento. Isto porque: (1) os agentes públicos gozam de fé pública, em tese; (2) a versão narrada pelos agentes compatibiliza-se com a emanada da prova pericial produzida; e (3) o autor não fora capaz de apresentar qualquer indício mínimo de quebra de veracidade das afirmações das testemunhas.

Ao revés, o autor nem sequer produzira prova do que afirmou.

De tudo se infere que o autor, embriagado, causara o acidente, havendo nexo entre sua conduta e o dano experimentado, havendo de incidir a excludente de responsabilidade contratual.

III - DISPOSITIVO

Ante o exposto, julgo o pedido improcedente, com resolução do mérito, na forma do art. 487, I, do CPC.

Custas e honorários de advogado sucumbenciais a cargo, em sua integralidade, ao autor, estabelecidos no patamar de dez por cento sobre o valor atualizado da causa, tudo conforme art. 85, § 2º, do CPC.

Publique-se. Registre-se. Intime-se.

Após o trânsito em julgado, arquivem-se com as cautelas de praxe.

Local, data.

Assinatura.

Juiz Substituto.

ENUNCIADO DO CASO 5:

Vistos.

THAISLENNE propõe **AÇÃO DE REPARAÇÃO DE DANOS MORAIS** contra **AMANDA**, alegando que trabalhou na função de copeira, sendo registrada como empregada doméstica, na residência da requerida; que iniciou seu trabalho na residência da requerida em 1 de novembro de 2013; que embora tenha sido registrada como funcionária de **PAULO HENRIQUE**, que reside em outro local, a requerente laborou por todo o período na residência da requerida. Alude que em meados de dezembro/2014, sofreu um acidente de trabalho quando estava servindo os convidados em uma festa na residência da requerida, sofrendo um corte muito profundo em seu dedo anular; que após o referido acidente de trabalho, mesmo machucada, voltou a trabalhar por alguns dias na residência da requerida, porém, com o agravamento do corte, da lesão, a autora foi obrigada a se afastar, e posteriormente obteve os benefícios de Auxílio Doença por Acidente de Trabalho (espécie-91); que dispensada sem justa causa e sem receber as devidas verbas rescisórias, não conseguiu obter a baixa da sua carteira de trabalho. Do corte remanescera notável cicatriz.

Sustenta que a requerida, para tentar se eximir das responsabilidades trabalhistas e cíveis, acusou de forma inconsequente a autora de ter cometido o crime de furto, conforme boletim de ocorrência n.º 1/2015 feito pela requerida; que tendo sido instaurado o inquérito policial e a ação penal n.º 0000000-00.2015.8.12.0000, que tramitou pela 1ª Vara Criminal de Campo Grande, a autora foi absolvida, com fundamento no artigo 386, VII, por não existirem provas suficientes para a condenação, tendo a sentença transitado em julgado em 04/12/2017.

Assevera que com sua absolvição, nasce o direito de ser ressarcida pelos danos morais que lhe foram causados. Requer a procedência da ação, condenando a requerida ao pagamento de indenização por danos morais, no valor de R$ 70.000,00 (setenta mil reais), por danos estéticos, no mesmo valor, verbas laborais de rescisão imotivada, além das verbas de sucumbência.

Juntou cópia da sentença penal condenatória, na qual narra que havia a ré aberto um brechó virtual com roupas que foram reconhecidas pela ex-patroa como de sua propriedade; e, pelo menos, em relação a dois tapetes, referidos pela amiga desta, remanesceu dúvida fundada de que poderiam ter sido subtraídos ilicitamente por parte da ex-empregada. Concluiu o sentenciante criminal que houve dubiedade na prova colhida nos autos, o que à evidência não poderia embasar uma condenação na esfera penal, que exige juízo de certeza, mas não haveria demonstração de que a ré tenha agido temerária e muito menos dolosamente para prejudicar a autora.

A requerida ofereceu contestação, alegando, preliminarmente, ilegitimidade passiva, vez que o contrato laboral fora firmado com **PAULO HENRIQUE,** e, em mérito, que o simples fato de ter a autora respondido a processo penal não enseja transtorno suscetível de indenização, visto que a requerida estava exercendo o regular exercício do seu direito quando informou às autoridades competentes sobre o furto ao seu patrimônio; que não há ilicitude na conduta da requerida. Ademais, indica que o corte decorrera de imprudência sua no manuseio de cristais. Pleiteou pela improcedência da ação.

Na mesma oportunidade, em reconvenção, a ré-reconviente pleiteia reparação por danos materiais, referentes ao valor dos cristais danificados pela autora-reconvinda. Não apresentou qualquer documento.

A autora apresentou réplica, reiterando seus argumentos. Contestação da autora que refuta a alegação da requerida, destacando a ausência de culpa no evento e de provas da elevada valia do bem danificado, razão por que deveria o pedido reconvencional ser julgado improcedente.

Intimada para replicar, a reconvinte silenciou.

Instadas as partes à produção de provas, quedaram-se silentes.

Conclusos os autos, profira a decisão cabível, dispensando o relatório.

SUGESTÃO DE RESPOSTA DO CASO 5:

Vistos.

I - RELATÓRIO

(dispensado pelo enunciado)

É o relatório, passo a fundamentar e decidir.

II - FUNDAMENTAÇÃO

Rege o rito do processo em trâmite as disposições do Código de Processo Civil, sem prejuízo de aplicação doutras legislações especiais de modo pontual.

A hipótese autoriza julgamento conjunto de ações. É que a ré interpôs, concomitantemente com sua defesa, reconvenção, nos termos do art. 343 do CPC.

A reconvenção consiste em espécie de ação incidente, a qual exige decisão conjunta com a ação principal pela mesma sentença.

No caso, indubitável haver estrita correlação (conexão) do pedido reconvencional - ressarcimento por danos oriundos de danificação de material - e do pedido principal de indenização por danos estéticos. Valeu-se aqui da expressão correlação, em vez de conexão, conforme redação legal, uma vez que a conexão de que trata o art. 343 do CPC em nada se assemelha à conexão do art. 55 do CPC. Aqui basta a correlação, a afinidade.

É certo que, como se verá, a reconvenção não será apreciada, por questão de competência material. Todavia, por ora, verifica-se atendido o requisito legal para a aceitabilidade do pedido.

Diante da ausência de predisposição das partes na produção de outras provas, promovo o julgamento antecipado do mérito da demanda, em atenção ao art. 355, I, do CPC, providência lastreada no princípio da eficiência.

Cuida-se de caso que requer o estudo sobre indenização por danos morais decorrentes de *notitia criminis* formulada por ex-empregadora em face de sua doméstica e danos estéticos advindos de acidente de trabalho. Na mesma demanda, requesta a autora, ainda, verbas laborais rescisórias. Na reconvenção, a ex-patroa veicula pleito ressarcitório pelo material danificado no fatídico acidente que provocou o corte na promovente, arguindo displicência no manuseio.

A solução da demanda perpassa pela análise constitucional de competência das justiças e pela compreensão do ato ilícito, concretizada no âmbito do Código Civil.

Segue-se à avaliação das preliminares.

No ponto, *ex officio*, compete ao juiz conhecer da competência para processar e julgar os pedidos formulados.

A competência especializada da Justiça do Trabalho é absoluta, como cediço, para decidir sobre verbas rescisórias da relação trabalhista, em atenção ao art. 114, I, da CF/88.

Destarte, sem maior complexidade, deve-se abster de considerar o pedido de imputação em verbas rescisórias laborais, ante a competência material absoluta da justiça respectiva, a teor da vontade do constituinte.

Porém, ainda há mais.

A Emenda Constitucional nº 45/2004 realizou uma alteração substancial na competência da Justiça do Trabalho, acrescendo várias matérias antes não atinentes ao seu espectro de competência.

Um dos temas que passou à abordagem da justiça laboral foi a análise dos pleitos de danos morais e/ou patrimoniais advindos das relações trabalhistas.

É bem verdade que os danos estéticos têm concepção distinta de acordo com o entendimento doutrinário prevalecente. Compreende-se por danos estéticos aqueles que representam como resultado um "enfeiamento" físico ocasionado no corpo de um indivíduo, por força de cicatriz ou decepamento de membro.

Sobre a autonomia de tais espécies de danos, além de gozarem de natureza peculiar, conforme adiantado pela compreensão majoritária da doutrina, o Superior Tribunal de Justiça também tem entendimento pela sua individualidade, tanto que editou súmula neste sentido.

Ainda assim, mesmo diante de sua natureza própria, e não tendo sido mencionado pelo art. 114, VI, da CF/88, na redação dada pela EC nº 45/04, a interpretação que se confere ao dispositivo é ampliativa, devendo a competência da Justiça do Trabalho conhecer de demandas que envolvem danos originados na relação de trabalho. Nessa lógica, também as controvérsias que se relacionam com danos estéticos advindos de acidentes do trabalho são de competência da justiça obreira. Nesse sentido, a jurisprudência do Superior Tribunal de Justiça. Na mesma tônica, o Tribunal Superior do Trabalho.

Por conseguinte, deve-se abster, outrossim, de julgar o pedido de danos estéticos vindicados na exordial, vez que se deram em contexto de relação de trabalho, sendo de competência da justiça especializada respectiva.

Mesma sorte destina o pedido reconvencional.

O pedido da ré-reconvinte também se amolda na dicção do art. 114, VI, da CF/88, porquanto pretende reparação por danos patrimoniais supostamente advindos da relação laboral.

É que, nos termos do entendimento prevalecente, o dispositivo não distingue se a ação é interposta pelo ex-empregador ou pelo ex-empregado, bastando a origem como relação de trabalho para que caiba a competência à Justiça do Trabalho. Tal conclusão já fora adotada no âmbito do STJ.

Então, também o pedido reconvencional não deve ser objeto de apreciação, por carecer de competência o juízo estadual para avaliá-lo.

Enfim, em suma, os pleitos de condenação em verbas rescisórias e em danos estéticos provocados pela autora não devem ser objeto de apreciação, bem assim a reconvenção manejada pela ré, todos em razão da competência absoluta para conhecimento da justiça laboral.

Aplica-se, à analogia, o art. 45, §§ 1º e 2º, do CPC, não remetendo o feito por remanescer pedido cognoscível cuja competência é da seara estadual – danos morais por acusação criminal falsa.

Solvida a questão da competência, vistoria-se a preliminar de ilegitimidade de parte.

Legitimidade, na lição clássica, é a pertinência subjetiva da ação, ou seja, é a verificação de que autor e réu da relação jurídica processual se identificam como os titulares da relação de direito material subjacente ali debatida.

Não obstante a adoção da teoria eclética da ação, doutrina e jurisprudência majoritárias acolhem a teoria da asserção para identificação do instante processual e da forma de análise das condições da ação. Para os adeptos desta, afere-se a legitimidade e o interesse processual assumindo-se verdadeira a versão tratada pelo autor em sua petição inicial. Caso se verifique que a versão é inverídica ou que a parte não tenha o direito que postule, tal conclusão seria tomada por decisão meritória. A jurisprudência do Superior Tribunal de Justiça sustenta a referida teoria.

No ponto, a preliminar é de ser afastada. Nada obstante, formalmente, a relação de emprego fosse mantida com outrem, infere-se que a realidade fática revela que, no cotidiano, quem fazia as vezes de empregadora era a ré.

Ademais, ainda que assim não fosse, o fato que lastreara a causa de pedir fora a acusação criminal que ensejou a persecução penal, esta de autoria incontroversa da demandada, razão pela qual figura como parte legítima na relação processual que visa discutir a licitude e danosidade do comportamento adotado.

Superadas as preliminares, alcança-se o mérito.

Não assiste razão à autora na sua pretensão.

Remanesce como ponto controverso a existência ou não de ato ilícito ensejador de abalo moral indenizável por parte da requerida em prejuízo da requerente. Incontroversa a apresentação de notícia-crime de possível furto por parte da ingressante, de autoria da ré, às autoridades policiais responsáveis.

O art. 186 dispõe que "*aquele que, por ação ou omissão voluntária, negligência ou imprudência, violar direito e causar dano a outrem, ainda que exclusivamente moral, comete ato ilícito*". A seu turno, rege o art. 187: "*também comete ato ilícito o titular de um direito que, ao exercê-lo, excede manifestamente os limites impostos pelo seu fim econômico ou social, pela boa-fé ou pelos bons costumes*".

Ainda, convém colacionar a redação do art. 188, que ressalva o não cometimento de atos ilícitos quando da prática de dadas condutas: "*Não constituem atos ilícitos os praticados em legítima defesa ou no exercício regular de um direito reconhecido*".

É de se convir que a ré agiu em exercício de um direito reconhecido, qual seja, comunicar às autoridades policiais a possível ocorrência de uma infração penal.

A uma, não se identificou que a requerida tenha promovido a notícia-crime com o intuito deliberado de prejudicar ou infligir ofensa à parte autora, mas porque tinha a convicção pessoal de que esta poderia ter subtraído seus bens para fruir de seu proveito econômico.

Havia crença pela ré de que, de fato, a autora buscava alienar em brechó bens de sua propriedade, subtraídos de sua residência, havendo certo lastro, ou seja, não se cuidando de pensamento manifestamente infundado.

A duas, qualquer do povo pode comparecer à autoridade policial para comunicar a possível ocorrência de um delito, oportunidade em que esta procederá a uma análise da notícia e decidir se instaura ou não a competente investigação policial de acordo com o que narrado e com os elementos disponibilizados, se existentes.

Note que a ação penal para perseguir a prática do crime de furto tem natureza pública incondicionada, ou seja, não depende da vontade do particular. Após a comunicação deste, cabe à autoridade policial a realização de atos investigativos, ao Ministério Público avaliar a viabilidade da acusação e ao magistrado, se o caso, absolver sumariamente. Portanto, a persecução penal, à exceção da notícia-crime, é toda composta por atos estatais, não dependendo de provocação ou impulso do particular.

A três, se extrai da decisão do juízo criminal que a absolvição adviera da ausência de provas para a imputação.

Com efeito, a absolvição da autora no juízo criminal se dera calcada no que disposto no art. 386, VII, do CPP. É que, dada a gravidade da intervenção penal, a condenação não prescinde de prova robusta e certa no sentido da materialidade e autoria da infração penal, de sorte que não apenas a certeza da inexistência de autoria redunda em absolvição (IV), mas também a existência de dúvida sobre ela (IV, VI).

Sobre o tema, aliás, incide o princípio do *in dubio pro reo.*

Assim, veja-se que nem se está certificado que a autora não cometeu o delito noticiado pela ré à polícia, apenas não se logrou vindicar a certeza formal da sua prática para fins de condenação criminal.

Em conclusão, não há se falar em ato ilícito por parte da autora, vez que exercera regularmente seu direito de noticiar às autoridades responsáveis a possível ocorrência de uma infração penal, cuja ação penal respectiva tem natureza pública incondicionada e tendo a ré, ademais, sido absolvida não por constatação de inexistência de autoria, mas por dúvida advinda da ausência de provas suficientes ao alcance de qualquer conclusão fática para fins criminais.

III - DISPOSITIVO

Ante o exposto, é caso de extinção do feito, com esteio no art. 487, I, do CPC, julgando improcedente o pedido autoral de indenização por danos morais.

Imputo à autora as custas e honorários advocatícios de sucumbência, estes à ordem de dez por cento sobre o valor atualizado da causa, com fundamento no art. 85, § 2º, do CPC.

Não é caso de se cominar sucumbência à reconvinte pelo reconhecimento da incompetência do juízo estadual, cabendo às partes redirecionarem a pretensão ao juízo laboral competente, com fundamento no já citado art. 45, §§ 1º e 2º, do CPC.

Após o trânsito em julgado, arquivem-se com as cautelas de praxe.

Local, data.

Assinatura do Juiz Substituto.

ENUNCIADO DO CASO 6:

Vistos.

CLARA e **GABRIELA**, representadas por *Virgínia*, a primeira, e *Carol*, a segunda, **JOSÉ e MARIA**, ajuizaram a presente ação de indenização por danos materiais e morais em face de **CAMBINHÃO TRANSPORTES**, **RENAN** e **PEDRO**.

Alegam as autoras, em apertada síntese, que são filhas (as primeiras) e genitores (os segundos) de *Leonardo da Silva Sauro*, morto em acidente de veículos ocorrido no dia 12/10/2015, por volta de 02h30min na Rodovia MS 352, causado por imprudência e imperícia do preposto dos réus (o corréu **RENAN**) que, ao trafegar com seu veículo, acabou por invadir a contramão de direção e não respeitar o sinal de parada obrigatória, por onde trafegava a vítima fatal, obstruindo a passagem desta e vindo a causar-lhe o óbito. Sustentam ter suportado danos materiais e morais, reclamando reparação. Acostaram documentos.

Requerem, então, pensionamento mensal de R$ 2.000,00, observados os consectários trabalhistas como férias e décimo terceiro salário, despesas com funeral, além de indenização por danos morais em R$ 500.000,00.

Citado regularmente, o réu **PEDRO** alegou preliminar de ilegitimidade passiva, pois sustenta ser mero procurador da correquerida empresa de transportes. No mérito, afirma que sua responsabilidade é concorrente e foi determinada em grande parte pela vítima. Contesta os danos materiais e morais.

CAMBINHÃO TRANSPORTES, em resposta, afirmou que não foi o seu preposto quem deu causa principal ao acidente de trânsito, mas a culpa foi da vítima fatal, ao menos de forma concorrente, pois houvera ingerido grande quantidade de álcool, o que lhe prejudicou a possibilidade de evitar o choque. Transitava, outrossim, em velocidade incompatível com a via e ainda não efetuou qualquer frenagem, em virtude do estado de embriaguez que se encontrava. Contesta os danos materiais e morais. Requereu, outrossim, reconhecimento da gratuidade judiciária, apresentando demonstração de que, nada obstante a subsistência da pessoa jurídica, encerrara suas atividades.

Através da petição de fls. X, requereu o chamamento ao processo da empresa **ENERGÉTICA,** que contratara o transporte de cana-de-açúcar frente a **CAMBINHÃO TRANSPORTES**.

RENAN, contestou a ação onde alegou, em síntese, que trafegava pelo local dos fatos, parou o veículo, "bateu os pneus", olhou a rodovia e fez a travessia, pela contramão de direção, por conta da impossibilidade de fazê-lo da forma adequada, em razão da existência de "bueiros". A colisão ocorreu, contudo, em razão do estado de embriaguez da vítima, causa determinante do acidente.

Houve réplica e manifestação sobre o chamamento ao processo.

O Ministério Público se manifestou às fls. X e o Juízo decidiu às fls. X, determinando a citação da empresa chamada.

A requerida **ENERGÉTICA** contestou a ação alegando, em síntese, a impossibilidade de figurar no processo, porquanto há expressa cláusula contratual de isenção de sua responsabilidade por conta de eventuais danos causados pelo transporte em relação a terceiros. Quanto ao mérito, aduziu, em síntese, que o caminhão envolvido no acidente é demasiadamente grande, de fácil visão, não constatado pelo fato do condutor do veículo vítima estar sob influência de álcool. O sítio de colisão, prossegue, é posterior ao cruzamento, bem como a velocidade permitida era de 40 Km/h. Afirma, então, a responsabilidade da vítima pelo evento fatal. Contesta os danos materiais, haja vista a não demonstração de relação empregatícia pelo vitimado, e morais.

Expediu-se ofícios à Polícia Rodoviária Estadual do MS para encaminhamento de laudo oficial pericial de dinâmica de acidente, tendo o órgão remetido o documento. Nele, apurou-se a responsabilidade do motorista do caminhão pelo evento, também havendo o destaque de que a vítima fatal apresentava alto volume de teor etílico no sangue.

Instadas as partes a manifestarem-se, os requeridos suplicaram pela repetição da prova pericial em contraditório judicial, bem assim realização de prova oral.

Conclusos os autos, profira a decisão cabível, dispensando o relatório.

SUGESTÃO DE RESPOSTA DO CASO 6:

Vistos.

I – RELATÓRIO

(dispensado pelo enunciado)

É o relatório, passo a fundamentar e decidir.

II – FUNDAMENTAÇÃO

O rito processual adotado é o do Código de Processo Civil.

Inicialmente, cabe a solução das questões pendentes de apreciação prévia.

É de se iniciar a abordagem pelas questões prévias pendentes de apreciação: 1) pedido de prova complementar pendente; e 2) pedido de gratuidade judiciária da transportadora CAMBINHÃO TRANSPORTES.

Quanto à prova reclamada, nos termos do art. 464 do CPC, a prova pericial consiste em exame, vistoria ou avaliação. O § 1º deste mesmo dispositivo apresenta os casos em que a prova pericial será indeferida.

Outrossim, remanesce como regra para o acolhimento de produção probatória a utilidade/proveito do meio requestado, podendo o magistrado, com esteio no art. 370, parágrafo único, do CPC, indeferir, por decisão fundamentada, as diligências inúteis ou meramente protelatórias.

No caso em análise, a prova deve ser indeferida uma vez que inútil. É que já consta dos autos análise técnica realizada por órgão público estadual responsável pela fiscalização de trânsito no qual se atesta para a responsabilidade do condutor do caminhão para a ocorrência do evento. Os réus não apresentaram qualquer elemento que pudesse infirmar o resultado da prova documentada a exigir e/ou recomendar nova análise técnica em contraditório judicial.

Como sabido, a prova pericial é complexa e dispendiosa, de modo que deve ser reservada para os casos de premente necessidade para esclarecimento dos fatos debatidos no processo. Na hipótese em evidência, o desejo por mera repetição, sem adequada fundamentação de que a conclusão poderia e deveria ser outra não merece guarida.

Da mesma maneira, a prova oral há de ser indeferida.

Dita o art. 443, I, do CPC, que a prova testemunhal é evitada se os fatos já estiverem provados por confissão ou documento.

No caso do enunciado, tanto já há documento com força probante considerável que elucida a dinâmica dos fatos, afastando desde logo a necessidade de outra prova, como o motorista requerido, de certa forma, admite a veracidade do que disposto no documento oficial estatal quando sustenta em defesa que "*trafegava pelo local dos fatos, parou o veículo, 'bateu os pneus', olhou a rodovia e fez a travessia, pela contramão de direção, por conta da impossibilidade de fazê-lo da forma adequada, em razão da existência de 'bueiros'.*"

Logo, dada a presunção de fé pública conferida ao documento oficial produzido pela Polícia Rodoviária Estadual do MS, não refutada por qualquer elemento razoável argumentado pelas demais partes, não há eficiência na realização de outras provas.

Noutro ponto, a gratuidade judiciária há de ser deferida à transportadora contestante.

É que, a teor do art. 98 do CPC, "*a pessoa natural* ***ou jurídica****, brasileira ou estrangeira, com insuficiência de recursos para pagar as custas, as despesas processuais e os honorários advocatícios tem direito à gratuidade da justiça, na forma da lei.*"

O dispositivo deve ser lido em conjunto com o enunciado da súmula de jurisprudência do Superior Tribunal de Justiça nº 481.

Assim, é cabível o benefício da gratuidade judiciária à pessoa jurídica, mas tal não é objeto de presunção, como autoriza o art. 99, § 3º, em relação à pessoa natural, sendo imprescindível cabal demonstração da justeza da benesse.

No caso de enunciado, a ré demonstrara que encerrara suas atividades, o que bem demonstra a condição de hipossuficiente econômica, haja vista que, como cediço, atividades empresariais em inatividade, em regra, não gozam de receita. Acrescente-se que os autores não impugnaram a solicitação em réplica.

Por conseguinte, de rigor o deferimento do benefício da justiça gratuita à pessoa jurídica dele postulante.

É caso, portanto, de julgamento antecipado do mérito, na forma do art. 355, I, do CPC, uma vez que, para solução da controvérsia, a prova repousante dos autos já se revela suficiente.

Cuida-se de ação de responsabilidade civil em face de transportadora em razão de evento que causou o óbito de uma pessoa, proposta por suas filhas e seus genitores, na qual requer ressarcimento de despesas de funeral, pensionamento mensal e imputação de danos morais.

A demanda, materialmente, há de ser solvida, preponderamente, pelas regras atinentes a responsabilidade civil, constantes do Código Civil e da Constituição Federal.

Há matéria preliminar ventilada que, por lógica, há de ser apreciada primeiramente.

Fora argumentado por PEDRO sua ilegitimidade passiva.

Legitimidade, na lição clássica, é a pertinência subjetiva da ação, ou seja, é a verificação de que autor e réu da relação jurídica processual se identificam como os titulares da relação de direito material subjacente ali debatida.

Não obstante a adoção da teoria eclética da ação, doutrina e jurisprudência majoritárias acolhem a teoria da asserção para identificação do instante processual e da forma de análise das condições da ação. Para os adeptos desta, afere-se a legitimidade e o interesse processual assumindo-se verdadeira a versão tratada pelo autor em sua petição inicial. Caso se verifique que a versão é inverídica ou que a parte não tenha o direito que postule, tal conclusão seria tomada por decisão meritória. A jurisprudência do Superior Tribunal de Justiça sustenta a referida teoria.

No ponto, e aí está a questão, a preliminar é de ser acolhida. Conquanto se reconheça que a adoção da teoria da asserção confere uma abrangência mais ampla para a legitimidade processual, remetendo ao mérito considerável parte dos casos, está-se diante de inevitável reconhecimento de ilegitimidade e exclusão do requerido.

Com efeito, não se evidencia qualquer ação pessoal do requerido no que tange ao ocorrido que tenha proporcionado ou contribuído para o resultado que adveio. O outro réu, motorista do caminhão, potencialmente cometera ato ilícito na condução do veículo de titularidade da pessoa jurídica também promovida, atuando em prol da atividade empresarial desta.

Assim, figurando o representante da pessoa jurídica unicamente nesta condição, não há participação de sua parte, pessoalmente, na relação jurídica de direito material subjacente, tornando-se imperiosa a sua exclusão, com supedâneo no art. 17 e no art. 485, VI, do CPC.

Bem firmados os pressupostos processuais e vislumbrada legitimidade processual dos requeridos subsistentes e o interesse de agir, sigo ao exame de mérito.

Assiste razão, em parte, aos autores, em maior medida aos primeiros que aos segundos.

A ocorrência do evento e os seus personagens são incontroversos. A controvérsia cinge-se à responsabilidade pela sua ocorrência e sobre os danos dele advindos.

Segundo a redação dos arts. 186 e 927 do Código Civil, aplicados ao caso em espeque em diálogo das fontes, *"aquele que, por ação ou omissão voluntária, negligência ou imprudência, violar direito e causar dano a outrem, ainda que exclusivamente moral, comete ato ilícito"*, e *"aquele que, por ato ilícito (arts. 186 e 187), causar dano a outrem, fica obrigado a repará-lo"*.

A responsabilidade aquiliana (extracontratual), quando subjetiva, está fundada em quatro vetores, quais sejam, conduta ilícita, dano, nexo de causalidade e dolo/culpa. Quando objetiva, como antedito, inexige dolo ou culpa.

Ato ilícito é a ação humana, comissiva ou omissiva, que não encontra amparo no ordenamento jurídico ou por ele seja vedada. É a conduta que se contrapõe, em alguma medida, ao comportamento esperado pelo ordenamento jurídico. Dano é o prejuízo havido em interesse ou patrimônio do indivíduo. Nexo de causalidade é o liame que vincula a conduta ao resultado danoso, é a relação de causa e efeito. Por fim, dolo ou culpa é o elemento volitivo da ação ou omissão.

Em relação à conduta, relevante reconhecer que o condutor do caminhão assumiu a invasão à contramão de direção para desviar dos "bueiros", quando deveria verificar a possibilidade de o fazer através da constatação que não vinha veículo na via, bem assim o documento pericial oficial assim assevera.

Ademais, o promovido proprietário tem sua legitimidade extraída da responsabilidade objetiva advinda de sua titularidade sobre o bem e sobre a relação empregatícia mantida com o causador direto do sinistro, na forma do art. 932, III, do CC.

Ainda, conforme jurisprudência do Superior Tribunal de Justiça, no que concerne a eventos de trânsito, considera-se o titular do bem, ainda que fora das relações empregatícias, como responsável solidário pelos danos advindos de seu veículo em face de terceiros, ainda que não o conduzisse no instante do ocorrido.

Outrossim, a responsabilidade da chamada ao processo – ENERGÉTICA – advém do interesse econômico que permeou o contrato de transporte, em atenção ao art. 931 do CC, pelo qual "*os empresários individuais e as empresas respondem independentemente de culpa pelos danos causados pelos produtos postos em circulação*". Invoca-se, então, nos contratos de transporte contraídos entre pessoas jurídicas em exercício de atividades empresariais, a teoria do risco-proveito, visando socializar os lucros em caso de advento de prejuízo a outrem. É o entendimento do STJ.

Nos autos, há demonstração da conduta, do dano e do nexo de causalidade entre um e outro.

Pretendem as demandadas apresentar versão que imputa à vítima a responsabilidade pelo acontecimento indesejado. Sem razão, contudo.

A mera circunstância da embriaguez do condutor não implica responsabilidade ou corresponsabilidade pelo evento quando não contribuir de qualquer modo para a ocorrência do acontecimento. É preciso que tal seja capaz de influenciar no resultado advindo. É o entendimento do STJ, que se alinhou à teoria a culpa da legalidade, atribuindo presunção relativa de culpa àquele que infringe norma jurídica, a qual, contudo, pode ser oposta por prova em contrário.

As provas coligidas conduzem à responsabilidade das rés, vez que não há evidência de velocidade excessiva, como alegam, e se verificou que, embora com teor alcoólico em sangue superior ao permitido, não houve contribuição de tal circunstância para o acontecimento, sendo a causa toda decorrente da manobra irregular do condutor do caminhão, que seguiu inadvertidamente à contramão de direção, o que proporcionou o abalroamento frontal que culminou no óbito.

Por consequência, no que tange à causa do evento, as autoras demonstraram os fatos constitutivos de seu direito, ao passo que as rés não lograram êxito na evidenciação de fatos extintivos, modificativos ou impeditivos do direito autoral, tudo na forma do art. 373 do CPC.

Apurada a responsabilidade, segue-se aos danos experimentados passíveis de reparação ou ressarcimento.

Os danos proporcionados podem se revelar em materiais, pessoais, sociais e morais. No caso em espeque, argumenta o promovente a ocorrência de danos materiais e morais, razão pela qual passo a dispor sobre estes.

Danos materiais são aqueles advindos de prejuízo estritamente patrimonial.

Danos morais, por sua vez, são aqueles que proporcionam consequências físico-psíquicas negativas no agravado, ou que lhe ofendem a dignidade de sua pessoa, em caso de pessoas físicas; ou os que causam abalo na honra objetiva, em se tratando de pessoa jurídica.

O art. 948 do CC/02 rege, especificamente em relação aos danos advindos de "homicídio".

O pleito de pagamento de despesas de funeral deve ser acolhido, ainda que à míngua de provas neste sentido. Com efeito, nada obstante ausência de provas, tendo a parte postulado, de modo genérico, na peça exordial, sendo óbvio que do óbito provocado deva ter advindo funeral, era prescindível a demonstração efetiva do dispêndio a fim de recobrar as respectivas quantias. É a compreensão do STJ.

Portanto, nada obstante, em regra, o dano material não prescinda de prova, o STJ preconiza que, sendo as despesas de funeral consectário lógico do óbito, de maneira inevitável, excepcionalmente se admite adoção de parâmetro previdenciário para estabelecer a quantia devida.

Já para deferimento do pensionamento mensal, há de se observar a dependência econômica daquele que o pede. Nessa medida, deve o magistrado ater-se aos elementos coligidos aos autos para apontar a ocorrência ou não de hipossuficiência econômica daquele que vindica o pensionamento, além da demonstração do laço que sustenta a expectativa de auxílio pecuniário futuro daquele que viera a óbito.

No que tange à morte abrupta de filho, basta se revele genitores de baixa renda, haja vista a obrigatoriedade legal de alimentos familiares em caso de premente necessidade. É o entendimento do STJ.

Todavia, no caso, não há a demonstração da baixa renda familiar ou da dependência econômica dos genitores autores, o que deve conduzir ao indeferimento do pedido em relação a eles.

Solução distinta é de ser dada em relação aos filhos haja vista que a menoridade implica presunção de dependência econômica a justificar o pensionamento. Veja-se que, embora o enunciado não indique expressamente tratarem-se de menores, anuncia sua representação pelas genitoras. Outrossim, não há controvérsia sobre o ponto. A dependência econômica, assim, se presume até os vinte e cinco anos, sendo devida a pensão mensal até tal termo.

O patamar indenizatório há de se fixar no valor da remuneração comprovadamente percebida periodicamente pela vítima, ou, à falta de sua demonstração, deve-se ter por base de cálculo o valor do salário-mínimo, teto base para remuneração nacional.

Na hipótese em trato, não sobressai prova de renda do falecido a determinar o valor almejado pelas partes, no que se conclui devido o salário-mínimo.

Em suma, a título de indenização por danos materiais, CLARA e GABRIELA fazem jus ao pensionamento mensal, à monta de um salário-mínimo a ser repartido entre elas, até o momento em que completem vinte e cinco anos, quando então se o interromperá.

Reserva-se o direito de acrescer daquele que completará o termo por último. Ou seja, receberão a verba cada qual em metade enquanto ambas gozarem de menos de vinte e cinco anos. Após o atingimento da idade limite da primeira das beneficiárias, sua metade acrescerá à outra, que então a perceberá integralmente até que também alcance o termo.

Inexiste, entretanto, direito à percepção de consectários próprios da seara trabalhista no pensionamento, como décimo terceiro salário e férias, quando não houver demonstração cabal de vínculo empregatício quando em vida. É que o pensionamento decorre de obrigação civil, descabendo inclusão de encargos de natureza laboral em não havendo demonstração de prévia relação de emprego. É o entendimento do STJ.

Noutro ponto, o dano moral atribuído à pessoa física é aquele que abala sua ordem interna, íntima, psicológica, causando transtornos psíquicos no prejudicado, ou aquele que afeta a dignidade da pessoa humana, cujo abalo é presumível, *in re ipsa*.

In casu, é cediço que o óbito do pai (para as primeiras)/filho (para os segundos) é fato indubitavelmente causador de abalo moral, não carecendo de qualquer demonstração adicional. Trata-se, pois, de dano moral *in re ipsa*. Nessa toada, vem decidindo o Superior Tribunal de Justiça.

Conclui-se, pois, que a indenização cabível deve respeitar a gravidade do fato, a magnitude do prejuízo, a medida de responsabilidade dos envolvidos e a situação econômica das partes.

Não se descura, ainda, do caráter pedagógico-punitivo da indenização, reconhecido pela jurisprudência pátria e confirmado pelo STJ.

Destarte, tomados os parâmetros acima estabelecidos, adotado o critério de fixação do dano moral, é de ser fixada a indenização no patamar de R$ 100.000,00 (cem mil reais) em favor de cada promovente.

III - CONCLUSÃO

Ante o exposto, com fundamento no art. 485, VI, do CPC, excluo PEDRO do polo passivo da demanda, por ilegitimidade; e com esteio no art. 487, I, do CPC, julgo parcialmente procedente os pedidos autorais, condenando as partes promovidas a: i) indenizar as autoras CLARA e GABRIEL em pensionamento mensal de um salário-mínimo mensal desde a data do evento danoso até o dia de aniversário de vinte e cinco anos, dividindo-se equitativamente os valores e resguardado o direito de acrescer, corrigidos monetariamente e aplicados juros de mora ambos exclusivamente pela incidência única da taxa SELIC a partir do vencimento de cada prestação pretérita; ii) a reparar em prol de todas as autoras os danos morais no valor de R$ 100.000,00 para cada uma, acrescidos de juros de mora em um por cento desde o evento danoso até este arbitramento e aplicação única da taxa SELIC até a quitação da verba; e iii) ressarcimento com despesas de funeral, pelo valor previdenciariamente estabelecido, com juros de mora e correção monetária, ambos pela taxa SELIC, a incidir desde o efetivo desembolso, a ser acertado em liquidação de sentença, na forma do art. 509, I, do CPC.

Imputo às autoras a responsabilidade pelas despesas processuais e honorários advocatícios do réu excluído PEDRO, na forma do art. 85, § 2º, do CPC, em dez por cento sobre o valor dado à causa, atualizado.

Em relação às primeiras autoras, diante do decaimento mínimo, na forma da Súmula nº 326 do STJ, atribuo proporcional e equitativa condenação das partes promovidas na metade das custas judiciais, bem assim metade da verba honorária, arbitrada dez por cento sobre o valor da condenação, com fundamento no art. 85, § 2º, do CPC/15.

No que concerne às segundas junto aos réus remanescentes, observo sucumbência recíproca, condenando-se as partes nas custas remanescentes, bem como a metade de honorários de advogado, também arbitrados em dez por cento do valor da condenação, com fundamento no art. 85, § 2º, do CPC/15, rateados estes em metade para cada polo, solidariamente devidos, vedada a compensação, a teor do § 14 do mesmo dispositivo.

Publique-se. Registre-se. Intime-se.

Sentença sujeita ao regime do art. 523 do CPC/15.

Após o trânsito em julgado, arquivem-se com as cautelas de praxe.

Local, data.
Assinatura do Juiz Substituto.

ENUNCIADO DO CASO 7:

Cuida-se de ação ordinária com pedido de rescisão de contrato de compra e venda de veículo automotor, devolução integral dos valores expendidos na aquisição do bem, corrigidos monetariamente desde o desembolso cumulada com pedido indenizatório por danos morais interposta por JUVENAL em face da montadora XW e da concessionária CARCAÇA. A demanda fora ajuizada em 29.10.2018.

Narra o autor que adquirira o veículo 0 km na segunda ré, o qual é fabricado, por sua vez, pela primeira, em 17.05.2016. Sucede que, após quatro meses do recebimento do bem, começou a apresentar problemas de câmbio, tendo conduzido seu veículo dez vezes à segunda ré para solução do defeito no prazo de dois anos que antecederam o ajuizamento da ação, sem que tenha se obtido êxito.

Requer a devolução dos R$ 50.000,00 pagos no bem, corrigido monetariamente desde 17.05.2016, sem prejuízo de indenização por danos morais no montante de R$ 50.000,00 pelo abalo psíquico sofrido.

Apresentou nota fiscal de aquisição e os boletins das visitas à concessionária para reparo, nelas constando que o bem tinha até baixa quilometragem.

Antes da citação, a montadora XW compareceu espontaneamente ao feito, dando-se por citada da demanda e requerendo a não designação de audiência de conciliação, dado que a resolução da questão dependeria de perícia no bem.

Em despacho inicial, o magistrado designou a audiência preliminar, determinando a intimação da primeira ré e a citação da segunda ré para comparecimento.

No dia do ato, compareceram o autor, acompanhado de seu representante processual e a segunda ré, por seu preposto e seu causídico. Não houve solução consensual do conflito no ato.

No prazo de contestação, ambas apresentaram defesa. A primeira ré não apresentou preliminares. Argumentou ocorrência de decadência, posto que as comunicações sucessivas de arguido defeito foram todas direcionadas à segunda ré, nunca a si. No mérito, sustenta inexistência de vício, afirmando haver má utilização do equipamento, motivo por que não faz jus a autora a quaisquer das espécies reparatórias vindicadas. Insiste na produção da prova pericial.

A segunda ré requereu reconhecimento de ilegitimidade passiva, uma vez que o vício é de responsabilidade da montadora. Em mérito, arguiu ausência de responsabilidade e de danos morais. Subsidiariamente, requer minoração da quantia indenizatória reclamada, de danos morais e de danos materiais, estes em razão do uso do bem. Solicitou denunciação da lide à fabricante específica da peça de câmbio.

Em réplica, o autor requestou o afastamento das teses de defesa e a aplicação da multa por ausência não justificada à audiência preliminar em desfavor da primeira ré.

Constou, a seguir, certidão cartorária que identificou que a intimação para audiência preliminar não observara o pedido de intimação exclusiva ali formulado em nome de outro causídico.

Dispensando o relatório, produza a sentença compatível com o caso, atentando à estruturação da sentença e ao uso escorreito da linguagem.

SUGESTÃO DE RESPOSTA DO CASO 7:

Vistos.

I – RELATÓRIO

(dispensado pelo enunciado)

É o relatório, passo a fundamentar e decidir.

II – FUNDAMENTAÇÃO

O rito processual adotado é o do Código de Processo Civil.

Inicialmente, cabe a solução das questões pendentes de apreciação prévia.

Com efeito, há pedido de prova pericial pendente nos autos. Nos termos do art. 464 do CPC, a prova pericial consiste em exame, vistoria ou avaliação. O § 1º deste mesmo dispositivo apresenta os casos em que a prova pericial será indeferida.

Outrossim, remanesce como regra para o acolhimento de produção probatória a utilidade/proveito do meio requestado, podendo o magistrado, com esteio no art. 370, parágrafo único, do CPC, indeferir, por decisão fundamentada, as diligências inúteis ou meramente protelatórias.

No caso dos autos, a prova deve ser indeferida uma vez que meramente protelatória. Não há falar na necessidade de provar mau uso, refugindo à lógica, de um veículo com quatro meses de utilização, em peça sabidamente que deveria ser de longa duração.

É possível valer-se, ainda, do que disposto no art. 374, I, do CPC, o qual dispensa prova de fatos notórios. A toda evidência, um câmbio danificado com quatro meses de uso, com sucessivas idas e vindas à concessionária para solução, todas sem sucesso, não decorre de manuseio equivocado pelo motorista, mas de vício intrínseco advindo de fábrica.

Noutro ponto, a aplicação da multa por ato atentatório à dignidade da justiça deve ser evitada.

É que, malgrado imperioso o comparecimento das partes à sessão conciliatória preliminar designada, nos termos do art. 334 do CPC, implicando sua ausência penalização pecuniária, há de haver intimação/citação regular para tanto. Vide o que disposto no art. 334, § 8º, do CPC.

Entretanto, no caso em trato, evidencia-se que houve comparecimento espontâneo precoce de uma das partes, dispensando, é certo, o ato citatório. Todavia, nesta peça, fora postulada a intimação exclusiva da parte em nome de um de seus patrocinantes, não sendo tal observada quando da emissão dos expedientes pertinentes para realização da audiência de conciliação, em desacordo com o que regula o art. 272, § 5º, do CPC. Tal postura é corroborada pela jurisprudência do Superior Tribunal de Justiça.

In casu, conquanto a ausência ao ato, houvera vício na intimação, sendo imperioso o afastamento da sanção.

Enfim, é de se rejeitar a denunciação da lide arguida.

A denunciação da lide é hipótese de intervenção de terceiro, prevista no art. 125 do CPC.

É importante mecanismo de economia processual, na medida em que se traz aos mesmos autos uma outra relação jurídica, instaurada pelo denunciante em desfavor do denunciado.

Ocorre que, como há esse acréscimo no objeto da lide, que tem o condão de causar uma maior complexidade processual, o legislador vedou a denunciação da lide no âmbito das relações consumeristas, na forma do art. 88 do Código de Defesa do Consumidor.

Nada obstante a literalidade da lei, a jurisprudência do STJ dá interpretação extensiva ao texto para proibir a denunciação em se tratando de fato do produto de um modo geral e a fato do serviço.

Por esta razão, a denunciação da lide deve ser objeto de rejeição.

É caso, portanto, de julgamento antecipado do mérito, na forma do art. 355, I, do CPC, uma vez que, para solução da controvérsia, a prova repousante dos autos já se revela suficiente.

Cuida-se de ação judicial na qual a parte autora reclama das rés indenização por danos materiais e morais resultantes de vício no produto adquirido.

Resolve a presente demanda as normas do Código de Defesa do Consumidor, consubstanciado na Lei nº 8.078/90, uma vez que os polos da relação preenchem os conceitos de consumidor e fornecedor insculpidos nos arts. 2º e 3º da referida legislação. Sem prejuízo, cabe aplicação do Código Civil em diálogo de fontes.

Há matérias preliminares ventiladas que, por lógica, hão de ser apreciadas primeiramente.

De início, perpassa-se pela ilegitimidade passiva arguida pela concessionária CARCAÇA.

Legitimidade, na lição clássica, é a pertinência subjetiva da ação, ou seja, é a verificação de que autor e réu da relação jurídica processual se identificam como os titulares da relação de direito material subjacente ali debatida.

Não obstante a adoção da teoria eclética da ação, doutrina e jurisprudência majoritárias acolhem a teoria da asserção para identificação do instante processual e da forma de análise das condições da ação. Para os adeptos desta, afere-se a legitimidade e o interesse processual assumindo-se verdadeira a versão tratada pelo autor em sua petição inicial. Caso se verifique que a versão é inverídica ou que a parte não tenha o direito que postule, tal conclusão seria tomada por decisão meritória. A jurisprudência do Superior Tribunal de Justiça sustenta a referida teoria.

Neste diapasão, o argumento de ilegitimidade passiva não merece êxito. Isto porque o art. 18 do CDC estabelece responsabilidade solidária entre os integrantes da cadeia de fornecedores pelos vícios apresentados pelos produtos comercializados, o que não afasta do eventual prejudicado ulterior direito de cobrança regressiva em desfavor do outro fornecedor causador do dano.

A ideia do legislador é facilitar o direito indenizatório do consumidor, facultando-o a exigir de quaisquer dos integrantes da cadeia de fornecedores a reparação por vício no produto, uma vez que se presume que o fornecedor que arcar com o custo tem maiores condições técnicas e financeiras de buscar ressarcimento contra o fornecedor causador do dano, desde que todos integrantes, direta ou indiretamente, da mesma relação negocial.

Nesse sentido, é tranquilo em jurisprudência, inclusive do Tribunal Superior, que há responsabilidade solidária por vício no produto entre fabricante, comerciante e assistente técnico, por exemplo, sendo admissível que o consumidor prejudicado busque reparação perante quaisquer deles, ou em face de todos conjuntamente.

Não há falar, pois, em ilegitimidade passiva da ré.

Presentes estão, pois, os pressupostos processuais de existência e validade do processo, bem assim as partes são legítimas e há interesse processual na solução da controvérsia. Dessa forma, sigo ao exame de mérito.

De modo prévio, contudo, há de se perpassar pela prejudicial de mérito da decadência aduzida pelo réu. No mesmo sentir é a jurisprudência do STJ.

Vale dizer que a suspensão do prazo decadencial se dá em face de todos os fornecedores que integram a cadeia de consumo, ainda que formulada perante apenas um deles, haja vista a adiantada solidariedade existente entre eles.

É que, na forma do art. 207 do Código Civil, não se aplicam à decadência, as normas que impedem, suspendem ou interrompem a prescrição, salvo disposição legal em contrário. É de se perceber que se está, justamente, perante caso de regência em sentido adverso, admitindo a suspensão do transcurso do lustro decadencial.

Nessa medida, invoca-se analogicamente o que dito no art. 204, § 1º, *in fine*, do CC, suspendendo-se em face de todos a decadência mesmo quando efetuada em face de um dos devedores solidários.

Portanto, rui a tese de decadência arguida.

Superada a prejudicial, passo ao exame meritório propriamente dito.

Parcial razão assiste ao autor.

A controvérsia fática repousante nos autos é sobre a existência de vício no produto a acarretar responsabilidade das demandadas pelos danos afirmadamente experimentados pelo autor.

Estabelece o Código do Defesa do Consumidor, no ponto, que os fornecedores de produtos de consumo duráveis ou não duráveis respondem solidariamente pelos vícios de qualidade ou quantidade que os tornem impróprios ou inadequados ao consumo a que se destinam ou lhes diminuam o valor, assim como por aqueles decorrentes da disparidade, com as indicações constantes do recipiente, da embalagem, rotulagem ou mensagem publicitária, respeitadas as variações decorrentes de sua natureza, podendo o consumidor exigir a substituição das partes viciadas.

Outrossim, aponta que não sendo o vício sanado no prazo máximo de trinta dias, pode o consumidor exigir, alternativamente e à sua escolha: i) a substituição do produto por outro da mesma espécie, em perfeitas condições de uso; ii) a restituição imediata da quantia paga, monetariamente atualizada, sem prejuízo de eventuais perdas e danos; e iii) o abatimento proporcional do preço.

No caso, o vício no produto adquirido, não fora solucionado temporaneamente pela promovida, em desatenção ao art. 18, § 1º, do CDC.

Como já aludido, é evidente que há vício no produto que, a partir do quarto mês de uso, passou a apresentar recorrentes problemas que inviabilizam sua regular utilização, tendo sido o veículo conduzido dez vezes à concessionária para solução.

É bem verdade que o prazo legal para reparo em trinta dias, embora norma erigida à condição de ordem pública pelo art. 1º da mencionada lei, pode ser flexibilizado a depender das circunstâncias que permeiam os fatos, desde que respeitada a razoabilidade e a proporcionalidade da demora, mas garantidos os direitos dos consumidores.

Não é o caso em evidência. Não demonstraram as promovidas qualquer justificativa que permitisse aferir a necessidade de demora superior a trinta dias para reparo integral do veículo, tampouco a de sucessivos encaminhamentos à assistência técnica. De outro giro, não fora as promovidas capazes de demonstrar que minoraram os agravos oriundos da indisponibilidade de uso do bem pela promovente adquirente.

Portanto, insta salientar que o direito da promovente surgiu com a superação do prazo para correção do vício por parte das promovidas, na forma da legislação consumerista e da jurisprudência acima colacionada.

Desta forma, tem a autora direito potestativo às escolhas do art. 18 do CDC, acima reproduzidas. Percebe-se que a parte optou pelo integral ressarcimento dos valores despendidos.

Sem razão integral, contudo.

É que, conquanto o vício impeça a regular fruição, não se pode dizer que não houvera fruição alguma. Com efeito, não demonstrou a parte que o vício obstaculizou, em absoluto, a utilização do veículo para seu transporte. Assim, a restituição do montante despendido acrescido de correção monetária implicaria enriquecimento sem causa por parte do promovente, motivo pelo qual deve a reparação observar o patamar instituído pela tabela FIPE, considerado neste ato.

Quanto ao mais, o veículo está em posse do promovente, motivo pelo qual determino que, após a quantificação do valor devido e efetiva percepção da quantia, o promovente deverá disponibilizar o bem para a promovida, ficando a cargo desta a sua retirada do endereço domiciliar daquele, ou outro local que se mostre mais conveniente a ambas as partes.

Noutro ponto, por conseguinte, concluo ter existido ofensa moral à parte promovente ocasionadora de dano reparável por ato ilícito da parte adversa. Isto porque, conforme aduz, o art. 186 c/c art. 927 do CC, ambos amparados pelo art. 5º, X, da CF/88, aquele que pratica ato ilícito, ainda que exclusivamente moral, deve ser instado a indenizar a vítima.

É certo que, embora compreenda que a mera apresentação de vícios em produto adquirido, bem como o simples descumprimento do dever de reparação do bem no trintídio legal, não configuram, *per si*, dano moral, a situação exposta é mais grave, na medida em que o consumidor fora obrigado a encaminhar o bem por dez vezes à assistência técnica, em saga iniciada quatro meses após a aquisição, privando a promovente da utilização regular do bem por considerável espaço de tempo. Em face dessas circunstâncias fáticas, tenho que há manifesto agravo psíquico à promovente, passível de reparação pecuniária. Nesse sentido o STJ.

Não se descura, ademais, do caráter pedagógico-punitivo que deve nortear o reconhecimento e arbitramento do dano moral, dada a necessidade de compelir os fornecedores a cumprirem a legislação consumerista, evitando comportamentos gravosos aos seus consumidores.

Nessa linha, a indenização deverá sopesar as condições financeiras das partes, a reprovabilidade da conduta, o comportamento do reclamado e o caráter coercitivo e pedagógico da indenização, e obediente aos princípios da proporcionalidade e razoabilidade e, em especial, dos parâmetros comumente adotados por este Juízo em situações análogas. Entendo como suficiente e necessário a imputação na quantia de R$ 10.000,00.

III - DISPOSITIVO

Em face do exposto, e com fundamento no art. 487, I, do CPC, julgo o pedido parcialmente procedente para: i) condenar as promovidas ao pagamento, em sede de danos materiais, do valor da tabela FIPE do bem, na data deste ato, a ser apurado em liquidação pelo procedimento comum, na forma do art. 509, II, do CPC/15; e ii) condenar as promovidas ao pagamento, a título de danos morais, no montante de R$ 10.000,00, corrigidos monetariamente pelo INPC a partir da data da sentença e acrescidos de juros, calculados a partir da citação, em um por cento ao mês.

Como consectário lógico, determino que, após devidamente indenizado, na forma do dispositivo, o promovente deve disponibilizar o bem para recolhimento por parte da promovida em seu endereço domiciliar ou outro local que se mostre mais conveniente a ambas as partes, mediante recibo.

Condeno as promovidas, outrossim, ao pagamento por inteiro de custas do processo, bem como honorários de advogado, os arbitrando em dez por cento do valor da condenação, com fundamento no art. 85, § 2º, c/c art. 86, parágrafo único, do CPC/15, considerando decaimento mínimo, e o teor da Súmula nº 326 do STJ.

Após o trânsito em julgado, arquivem-se com as cautelas de praxe.

Local, data.

Assinatura do Juiz Substituto.

ENUNCIADO DO CASO 8:

Trata-se de ação de rescisão contratual c/c restituição de quantias pagas com pedido de tutela provisória de urgência em caráter liminar ajuizada por PHZINHO e BB em face de JW – EMPREENDIMENTO IMOBILIÁRIO SPE LTDA e JACQUELÉQUELÉ INTERMEDIAÇÕES DE VENDAS DE IMÓVEIS LTDA, todos qualificados, alegando, em resumo, em 2015, que firmaram "Instrumento Particular de Promessa de Venda e Compra de Imóvel e Outras Avenças" com as requeridas, tendo como objeto a aquisição do apartamento 105, medindo 105,36 m², no primeiro andar, classificado como tipo 1, de frente para Rua Leonel Ferreira Vianna, do empreendimento denominado "NAIQUIS", para pagamento a prazo.

Aduzem que o preço do imóvel pactuado em contrato é de R$ 471.669,91, com pagamento parcelado, conforme cláusula 4 e seguintes do quadro resumo do instrumento particular de promessa de compra e venda, tendo pago, até o momento, às rés a quantia de R$ 41.848,20.

Ocorre que a unidade oferecida e contratada é diferente da unidade que as requeridas querem entregar, pois não se trata da unidade de frente para a Rua Leonel Ferreira Vianna com a Rua Luiz Octávio da Silva Whitaker, indicada na planta pelo Tipo 5 e não pelo Tipo 1. Diante do ocorrido, sustentam que deixaram de pagar as parcelas subsequentes ao episódio, ou seja, a partir de dezembro de 2017, mas por culpa exclusiva das rés que venderam uma unidade, mas querem entregar outra.

Informam que não têm interesse na continuação do negócio, razão pela qual notificaram as rés judicialmente da pretensa rescisão contratual, processo n.º 1005938-66.2018.8.02.0001, que tramitou perante a 4.ª Vara Cível desta Comarca, para a devolução integral do valor pago, qual seja, R$ 41.848,20, corrigido nos mesmos critérios do contrato, mais a multa contratual de 20% contida na cláusula 5.2.1.1, alínea "b.1" e mais 20% de honorários advocatícios contido na cláusula 5.2.1.1, alínea "b.4", multas estas utilizadas em favor das rés, além de indenização por danos morais pela conduta ilícita adotada pelas fornecedoras, pedidos estes aqui repetidos em mérito.

Juntaram procuração e contrato às fls. 27/61.

Por decisão de fls. 62/63 foi determinada a emenda da inicial para retificação do valor da causa, bem como o recolhimento das custas iniciais.

Por sentença de fls. 67/68 foi julgado extinto o presente feito, nos termos dos artigos 290, 321, parágrafo único, e 485, I e IV, todos do Código de Processo Civil, ante o não recolhimento das custas iniciais. Opostos embargos de declaração, esses foram acolhidos para deferir aos autores o prazo improrrogável de 48 horas para recolhimento das custas iniciais (fl. 73), o que foi atendido às fls. 76/79.

Por decisão de fls. 80/82 foi deferida a tutela de urgência para decretar a suspensão da exigibilidade das parcelas vencidas e vincendas referentes ao contrato cuja extinção se pleiteia, bem como que as rés se abstivessem de incluir o nome dos autores nos órgãos de proteção ao crédito e assumissem as despesas do imóvel, colocando o imóvel à disposição da parte ré para negociação.

As rés apresentaram contestação às fls. 89/126 suscitando, preliminarmente, falta de interesse processual/agir, pois a requerida JACQUELÉQUELÉ INTERMEDIAÇÕES DE VENDAS DE IMÓVEIS LTDA é tão somente a imobiliária e celebrou o contrato de comissão de corretagem, sendo a ré JW – EMPREENDIMENTO IMOBILIÁRIO SPE LTDA a única parte legítima para o pedido de rescisão contratual. Sustentaram, ainda, em preliminar, a ilegitimidade passiva da ré JW – EMPREENDIMENTO IMOBILIÁRIO SPE LTDA no que diz respeito à comissão de corretagem e da inexistência de seu pagamento total pelos autores.

No mérito, esclareceram, inicialmente, que a unidade adquirida pelos autores é a de n.º 105, a qual tem como número final o 5 e, portanto, não está localizada de frente para a Rua Leonel Ferreira Vianna, em conformidade com os documentos juntados (planta assinada – doc. 6 – e recebida por e-mail pelos autores, Memorial de Incorporação registrado no 2.º CRI local – doc. 8 – e com cláusula 1.4.1). Esclareceram, ainda, que o Tipo 1 refere-se tão somente a metragem da unidade, pois no empreendimento há dois tipos de metragem, quais sejam: a) Tipo 1 com 105,36 m^2; b) Tipo 2 com 88,22 m^2.

No mais, aduziram que, diversamente do alegado pelos autores, o valor pago das parcelas contratuais não corresponde a quantia de R$ 41.848,20, mas apenas ao valor de R$ 18.326,66, consoante extrato. Embora os autores não tenham pago o valor total da comissão de corretagem de R$ 23.521,51, a qual deveria ser paga parceladamente, de acordo com contrato de comissão e extrato anexo, pretendem a devolução da integralidade. Além disso, afirma que o instrumento previa que a comissão de corretagem, na quantia acima disposta, era integralmente devida pelo consumidor ao corretor, firmando-se pacto adjeto específico.

Não se opõem à rescisão contratual, porém entendem que deve ser devolvido apenas 76% do valor pago pelos autores, de acordo com a cláusula contratual 5.2.1.1 (impõe uma dedução de grande parte do valor pago a título de indenização e ressarcimento pelas despesas que incorreu com a venda, título de multa e honorários advocatícios), depositando judicialmente o valor de R$ 14.991,78. Tal disposição estaria em consonância com o novel art. 67-A, §1º, da Lei nº 4.591/64.

Requereram a improcedência da ação, afora imputação de penalidade por litigância de má-fé, por estarem as autoras alterando a verdade dos fatos.

Em reconvenção, as requeridas pleitearam o pagamento, pelos autores, das taxas condominiais e IPTU referente ao período em que fornecido o "habite-se" até a intimação da tutela antecipada rescisória da avença.

Juntaram documentos às fls. 153/305: procurações, atos constitutivos, planta onde se infere que o apartamento final 5 do primeiro pavimento não possui frente para a Rua Leonel Ferreira Viana, esquina com a Avenida Luiz Octávio da Silva Whitaker, contrato de corretagem e planilha de saldo financeiro.

Réplica às fls. 311/335. Aduziram os autores ilegalidade da transmissão da corretagem, considerando que a empresa respectiva agiu no interesse da construtora. No mais, reiterou as afirmações e teses adiantadas na exordial.

Instadas as partes à produção probatória, requestaram os autores inspeção judicial, a fim de que o juiz comparecesse ao local do empreendimento e pudesse constatar que a sua localização não era defronte à rua. As requeridas requereram a oitiva do corretor para tratar sobre as nuances do pacto de corretagem.

Autos conclusos.

Valendo este enunciado como relatório, profira decisão adequada, trabalhando com os fatos, os argumentos, os fundamentos jurídicos respectivos e citando todos os dispositivos e entendimentos jurisprudenciais pertinentes.

SUGESTÃO DE RESPOSTA DO CASO 8:

Vistos.

I - RELATÓRIO.

Dispensado pelo enunciado.

II - FUNDAMENTAÇÃO.

Rege o rito as disposições de procedimento comum contidas no Código de Processo Civil.

É caso de julgamento conjunto de ações, observando-se que, para além da demanda originária, os requeridos manejaram reconvenção a qual deverá ser solvida por esta mesma sentença.

A título de questões prévias, há de ser aferida, exordialmente, a pretensão probatória veiculada por ambas as partes.

É que a autora pretendeu realização de inspeção judicial para constatação da localização do imóvel, ao passo que as requeridas intencionam prova oral para explicitar as nuances do pacto de corretagem.

Devem ser inacolhidas as postulações probatórias.

Nos termos do art. 370, parágrafo único, do CPC, o juiz, em seu poder de polícia processual, deverá controlar a utilidade da prova pretendida para o processo, ponderando a pertinência diante dos fatos alegados e do contexto procedimental, indeferindo provas inúteis.

A inspeção judicial é meio de prova típico que tem sede nos arts. 481 e ss do CPC. Especificamente o art. 483 informa qual a finalidade da inspeção judicial, suas hipóteses ensejadoras.

No caso em evidência, a inspeção judicial se revela despicienda, na medida em que a análise comparativa do contrato com os memoriais e plantas do empreendimento permitem a conclusão sobre a observância ou não do que fora ajustado por parte das requeridas, solvendo o questionamento autoral, independentemente de presença física do juiz ao local.

De outra banda, a prova oral requestada pelas rés igualmente não tem sede jurídica. O art. 443 do CPC indica os casos em que não se produzirá a prova testemunhal.

Na hipótese dos autos, as nuances do contrato de corretagem, para além dos aspectos normativos – que prescindem de esclarecimento testemunhal, por óbvio – hão de se extrair do contrato em tablado.

Destarte, é de se rejeitar a extensão probatória pugnada pelas partes, seguindo na análise da demanda, com adentramento nas preliminares de mérito arguidas.

Cuida-se a demanda de resolução de contrato de compra e venda na qual as partes autoras imputam às requeridas desatendimento aos ditames contratuais, com seleção de unidade distinta da avençada para entrega, razão pela qual intencionam o rompimento do ajuste, com cominação de sanções contratuais aos réus, restituição da integralidade da quantia paga, bem assim danos morais pelo abalo psicológico advindo do acontecido.

Sustentaram as requeridas ilegitimidade passiva e falta de interesse de agir no que tange à comissão de corretagem.

Legitimidade, na lição clássica, é a pertinência subjetiva da ação, ou seja, é a verificação de que autor e réu da relação jurídica processual se identificam como os titulares da relação de direito material subjacente ali debatida.

Não obstante a adoção da teoria eclética da ação, doutrina e jurisprudência majoritárias acolhem a teoria da asserção para identificação do instante processual e da forma de análise das condições da ação. Para os adeptos desta, afere-se a legitimidade e o interesse processual assumindo-se verdadeira a versão tratada pelo autor em sua petição inicial. Caso se verifique que a versão é inverídica ou que a parte não tenha o direito que postule, tal conclusão seria tomada por decisão meritória. A jurisprudência do Superior Tribunal de Justiça sustenta a referida teoria.

O interesse processual, a seu turno, é a observância do trinômio necessidade, adequação e utilidade da prestação jurisdicional.

Necessidade é a imprescindibilidade da intervenção jurisdicional para garantir a posição jurídica pretendida. Adequação é a escolha do meio pertinente para se conquistar a posição jurídica. Utilidade é a caracterização da posição almejada como incremento de seu patrimônio jurídico.

É que a aferição do interesse processual, tanto quanto a legitimidade, parte do pressuposto abstrato de que a parte tem razão em suas afirmações fáticas e jurídicas, relegando a confirmação ou não da existência do direito pleiteado à etapa de julgamento meritório.

No caso, a solução perpassa pela dicção do art. 7º, parágrafo único, do CDC, que estabeleceu solidariedade entre os integrantes da cadeia de consumo para responder perante o consumidor afirmadamente lesado. Assim, aprioristicamente, não há se falar em definição e isenção de responsabilidades perante o consumidor, devendo todos responderem pela ofensa, cabendo, se o caso, aquele que tiver de indenizar exercer direito de regresso em face do efetivo causador do dano.

Assim, entende-se que os fornecedores incorporadora e corretora respondem solidariamente pelos prejuízos experimentados pelos adquirentes, por integrarem a mesma cadeia de consumo. No mesmo sentir, aludo à jurisprudência sedimentada do STJ.

É de se reconhecer, por consectário, o preenchimento da legitimidade e do interesse processuais, bem assim dos pressupostos de admissibilidade da demanda.

Alcança-se, pois, o mérito. Este há de ser solvido antecipadamente por independer doutras provas, a teor do que rege o art. 355, I, do CPC.

Parcial razão assiste ao autor em sua demanda originária.

Inicialmente, esclareço que à demanda serão aplicadas as disposições do Código de Defesa do Consumidor, considerando que as partes dos polos da relação se amoldam aos conceitos de consumidor, do art. 2º do diploma, e de fornecedor, aliás como já se antecipou, do art. 3º, sem prejuízo de utilização das normas advindas do Código Civil em diálogo de fontes.

A controvérsia cinge-se em perquirir se, de fato, houve descumprimento contratual pelas requeridas e, então, definir as consequências respectivas na dissolução do pacto.

As normas civilista e consumerista conduzem à ideia de que, observadas as limitações advindas dos instrumentos protetivos concernentes à não abusividade e boa-fé, os contratos firmados devem nortear as obrigações reciprocamente estabelecidas.

No caso dos autos, a autora alega que a requerida intenciona lhe entregar unidade distinta da que contratada.

Todavia, à luz dos documentos apresentados nos autos, notadamente o contrato firmado entre as partes, onde há destaque de aquisição da unidade nº 105, e do memorial descritivo e planta do empreendimento, que bem especificam a localização dos apartamentos, observo que os autores confundiram a coluna com o tipo de planta, o que define a metragem da unidade, não sua posição.

Assim é que, conforme consta da avença, os autores adquiriram a unidade de nº 105, do tipo 1. Apenas as unidades da coluna 1 (final 1), fazem frente para a rua, não as de final 5. Destarte, infere-se que a intercorrência adviera de confusão particular dos autores sobre o objeto contratual. Todavia, claramente se observa que as unidades de final 5, dentre as quais a contratada pelos promoventes, não se situam defronte ao passeio público, embora sejam do tipo 1, com metragem de 105m², aproximadamente.

Por consequência, não se identifica culpa das requeridas na dissolução da avença.

Tendo essa premissa firmada, passa-se à aferição das consequências respectivas sobre o contrato dissolvido.

A Corte Superior alcançara a conclusão, a ser seguida pelos juízes e tribunais, segundo a qual é válida a atribuição da comissão de corretagem ao consumidor, desde que tenha sido objeto de destaque na avença acerca deste encargo.

No caso em epígrafe, observa-se que o pacto de comissão de corretagem fora firmado em separado pelos autores com o corretor, o que revela absoluta ciência de que lhe fora transmitido o dever de suportar a verba, em prestígio ao entendimento acima esposado.

Ainda, note-se que tal verba é irrestituível, por disposição do art. 725 do CC.

No caso, pois, à míngua de culpa do corretor ou da incorporadora, não se há falar em qualquer espécie de restituição do montante pago para tal finalidade, excutindo-se-o, em absoluto, do percentual de restituição dos valores adimplidos.

Destarte, no ponto, à luz do entendimento repetitivo retromencionado, bem como da contratação em paralelo da comissão de corretagem, o pedido de restituição não há de proceder.

Sigo, então, decotada a verba de corretagem, que não merece restituição, à análise do montante de retenção pretendido pela requerida.

Nesse assunto, importante salientar que a matéria é regida por súmula do Superior Tribunal de Justiça, a qual, outrossim, é de atenção impositiva, a teor do art. 927, IV, do CPC/15.

Destarte, inconteste que, em caso de desfazimento de contrato de promessa de compra e venda, algum valor será volvido ao promissário comprador, por mais que se venha a detectar culpa sua no distrato. Na hipótese em epígrafe, percebo que, como se anteviu, não se pode aferir culpa dos promitentes vendedores quanto à resolução contratual, de modo que se deve dar o tratamento da rescisão imotivada, com restituição parcial do montante pago, havendo de se decotar apenas uma parcela atinente a prejuízos experimentados pelo promitente vendedor.

Tal entendimento é extraído do art. 53, *caput*, do Código de Defesa do Consumidor, aplicável na espécie.

No que tange à devolução das parcelas pagas, é de entender abusiva qualquer cláusula contratual negativa de restituição dos valores pagos ou que imponha desconto substancial e irrazoável, por ofender o art. 51, II e IV da Lei nº 8.078/90 (CDC).

Com efeito, considerando que o bem sobre o qual houvera desistência contratual poderá ser novamente comercializado, por vezes em valores superiores aos expendidos no contrato extinto, face a normal valorização patrimonial do imóvel, deve o promitente vendedor, então, ser ressarcido apenas pelos prejuízos estritamente oriundos da quebra contratual, de modo a não importar em enriquecimento sem causa.

Nesse diapasão, nos casos em que haja pagamento de sinal ou mesmo valores parciais objetivando a aquisição de imóvel, deverá a promitente vendedora em caso de rescisão contratual restituir ao comprador desistente o que efetivamente investido, facultado ao prejudicado a retenção de parcela a fim de suportar a satisfação de despesas de administração, publicidade, tributárias, entre outras. Não pode o promitente vendedor, que não deu causa à rescisão, suportar os prejuízos diretamente oriundos do desfazimento do negócio.

Todavia, como uma via de mão dupla, não compete ao promitente vendedor enriquecer sem causa com a retenção de vultosos percentuais adimplidos, superiores aos prejuízos sofridos com a não continuidade da relação – art. 884 do CC/02.

Nessa linha, jurisprudencialmente tem se admitido percentual de retenção no patamar próximo de dez a vinte e cinco por cento dos valores adiantados, a depender do quanto de prejuízo o inocente na resolução conseguir apresentar ao julgador para consideração do percentual. É a linha seguida no âmbito do STJ.

Por conseguinte, segundo a orientação dominante, o percentual razoável de retenção para fazer frente aos custos administrativas advindos do negócio a serem suportados pelo desistente imotivado deve girar próximo a dez e vinte e cinco por cento do montante adimplido.

Na hipótese dos autos, observando que as partes promovidas não tiveram de investir em corretagem, uma vez que, conforme se apurou alhures, tais encargos foram validamente incumbidos aos promissários compradores, bem como ante a ausência de demonstração específica e especial doutros prejuízos advindos do distrato, é de se reconhecer como razoável e assim fixar o percentual legítimo de dez por cento de retenção, devendo serem restituídos os remanescentes noventa por cento dos valores pagos em prazo condizente.

Vale destacar que a aplicação do novel art. 67-A da Lei de Incorporação Imobiliária é vedada, porquanto o dispositivo não precede ao contrato entabulado.

Com efeito, o mencionado texto destaca que cabe ao promitente vendedor, se contratualmente previsto, reter até vinte e cinco por cento dos valores adiantados no contrato, independentemente de prova de prejuízo.

Todavia, a permissão fora inserida em 2018, pela Lei nº 13.786, posterior ao pacto, não havendo se falar, por segurança jurídica e como consectário do ato jurídico perfeito, em retroatividade da legislação menos favorável ao consumidor. Essa, aliás, fora a conclusão do Pretório Superior.

Por consectário lógico, rui a intenção da percepção de sanções contratuais por desatendimento das obrigações estabelecidas, considerando-se que a apuração direcionou a que os autores desistiram imotivadamente da avença, bem assim a vindicação de danos morais dada a ausência de conduta reprovável das requeridas.

Desta forma, o pedido supradecidido é procedente em parte.

Findada a análise da demanda autoral, segue-se ao pleito reconvencional.

Reconvenção é a modalidade de ação proposta pelo réu em face do autor, havendo conexão deste seu pedido com pedido formulado pelo autor ou com fundamento da defesa, tudo conforme art. 343 do CPC.

A reconvinte pretende sejam condenados os autores a quitar as obrigações condominiais e tributárias atinentes ao imóvel.

Não assiste razão, no ponto.

Com fundamento no art. 47 do CDC, impõe-se conferir interpretação mais favorável ao consumidor, consistente no entendimento de que a atribuição em seu desfavor das despesas condominiais deverá iniciar-se tão somente quando da disponibilização das chaves, e não a partir da instalação do condomínio.

E ainda que nenhuma interpretação pudesse alcançar esta conclusão, haveria a cláusula que acometesse ao consumidor obrigação condominial anterior à entrega das chaves deveria ser compreendida abusiva, haja vista que a este, na condição de promissário comprador que não exerce posse sobre o bem, não lhe podem ser incumbidas taxas de condomínio e IPTU, sob pena de enriquecimento sem causa dos promitente vendedores, efetivos proprietários até a formalização da escritura pública de compra e venda que ultime em definitivo a transferência do imóvel, salvo se a mora para tanto pudesse ser atribuída ao promissário comprador relapso.

Com efeito, à luz do art. 1.336, I, do CC/02, compete aos condôminos contribuir com as despesas do condomínio. É certo que, até o momento em que há a imissão na posse do bem pelo adquirente ou pelo promissário-comprador, a incorporadora/construtora é titular da unidade, devendo responder pelas dívidas inerentes a tal circunstância material. Nessa linha a jurisprudência do Superior Tribunal de Justiça.

Então, reconheço a inexigibilidade das obrigações condominiais e tributárias próprias de propriedade que se pretende impor aos promissários adquirentes, em momento anterior à entrega das chaves.

Concluindo, a reconvenção é improcedente.

Ademais, não há se falar em litigância de má-fé das partes autoras, conforme requestado, por não se vislumbrar qualquer atuação que se amolde nos incisos do art. 80 do CPC a representar postura merecedora de reproche.

III – DISPOSITIVO.

Ante o exposto, com esteio no art. 487, I, do CPC/15 julgo o feito, com resolução de seu mérito, para definir pela procedência parcial do feito, nos termos seguintes: *i)* declarar rescindido o contrato de compra e venda da unidade imobiliária nº 105 do empreendimento NAIQUIS; e *ii)* condenar a requerida à restituição dos valores expendidos pelos promoventes, corrigido monetariamente desde o desembolso, pelo índice contratual, ignorando-se a quantia gasta com comissão de corretagem e admitido o decote de até dez por cento a título de retenção para despesas decorrentes de prejuízos, e aplicados juros de mora desde o trânsito em julgado, adotando-se, então, isoladamente a SELIC a despeito do índice de atualização até então vigente.

Imputo a ambas as partes a responsabilidade pelas despesas processuais, condenando a parte promovida a ressarcir ao promovente a metade das custas adiantadas; bem como reconhecendo a reciprocidade do dever de honorários, vedando-se a compensação, os quais arbitro em dez por cento sobre o valor da causa, que deverão ser suportados por cada parte em benefício do causídico da parte adversa, tudo em conformação com o art. 86, *caput*, e art. 85, §§ 2º e 14, do CPC.

Mantenho os termos da tutela de urgência outrora concedida, suspendendo-se as obrigações de parte a parte, bem assim evitando-se a negativação dos autores pela não quitação das prestações mensais contratuais.

Outrossim, diante da reconvenção apresentada, reconheço, com resolução de mérito, na forma do art. 487, I, do CPC, a improcedência dos pedidos ali veiculados.

Em consequência, comino custas e honorários de advogado sucumbenciais em dez por cento sobre o valor da causa reconvencional, na forma do art. 85, § 2º, do CPC, ao réu-reconvinte.

Considerando-se que a requerida apresentou nos autos, a título de quitação, a quantia de R$ 14.991,78, libero-a em prol das partes autoras, tratando-se de montante incontroverso, cabendo a estes, se o caso, promover o cumprimento de sentença, na forma do art. 523 do CPC no que a pretensão ressarcitória eventualmente exceder a tal montante.

Publique-se. Registre-se. Intime-se.

Decorrido o prazo recursal sem apresentação voluntária de recurso, certifique-se o trânsito em julgado e arquive-se, sem prejuízo de ulterior desarquivamento por provocação de qualquer interessado para dar curso ao cumprimento de sentença.

Local, data.

Assinatura do Juiz Substituto.

ENUNCIADO DO CASO 9:

No dia 04/02/2019, houve oscilação e falha no fornecimento de energia elétrica da cidade de Arapiraca/AL, o que ocasionou danos aos aparelhos eletrônicos da residência de LUÍSE, segurada de AGRA SECURITY.

Elencados os bens danificados no ocorrido, foi elaborado processo de sinistro e, ao final, a seguradora indenizou o segurado no montante de R$3.987,70, já descontado o valor da franquia, conforme apólice e relatório de regulação.

Instada a concessionária de energia elétrica EQUATORIAL a ressarcir à seguradora pela indenização despendida, não houvera resposta, razão pela qual AGRA SECURITY ajuizara ação de cobrança.

A inicial expôs os fatos tal como acima enumerados, apresentando-se, como documentos, cópia da proposta de seguro acompanhada do comprovante de pagamento do prêmio, bem como recibo de quitação da indenização e relatório de ocorrência formulado por seus avaliadores.

Citada para comparecer à audiência de conciliação, todos presentes a esta, não houvera acordo.

A requerida alega, em preliminar de contestação: a falta de documentos essenciais à propositura da ação – apólice, ilegitimidade ativa – que pertenceria ao segurado e prescrição – pelo decurso do prazo superior a um ano desde o fato.

Por seu turno, sustenta ainda a concessionária requerida, meritoriamente, que, no caso em tela, não há nexo de causalidade entre o dano alegado e o serviço de fornecimento de energia elétrica, pois, ao verificar seu sistema de banco de dados, não constatou qualquer ocorrência na rede elétrica, sendo indevido o valor cobrado. Ainda, pontua ter inexistido comunicação do usuário sobre o ocorrido, na forma da regulamentação da agência reguladora específica.

Réplica nos autos, como mero reforço das alegações contidas em petição inicial.

Instadas as partes à produção de provas complementares, a autora ressaltou a sua desnecessidade, ante a demonstração de seu direito pelos documentos já colacionados. A requerida silenciou.

Valendo este enunciado como relatório, profira decisão adequada, trabalhando com os fatos, os argumentos, os fundamentos jurídicos respectivos e citando todos os dispositivos e entendimentos jurisprudenciais pertinentes.

SUGESTÃO DE RESPOSTA DO CASO 9:

Vistos.

I - RELATÓRIO.

Dispensado pelo enunciado.

II - FUNDAMENTAÇÃO.

Rege o rito disposições de procedimento ordinário contidas no Código de Processo Civil.

Inexistem questões prévias propriamente ditas no caso em análise, razão pela qual examina-se as preliminares.

In casu, a primeira delas podemos nominar de preliminar "imprópria". É que não consta do rol do art. 337 do CPC. Consiste na ausência de documento essencial à propositura da demanda sustentada pelo réu. A previsão encontra-se no art. 320 do CPC.

Rege o art. 321 do CPC que, se intimada a parte autora para apresentação de documento essencial à propositura da demanda, esta não providenciar a supressão da falta, o juiz indeferirá a petição inicial. De igual modo, prevê o art. 330, IV, do CPC a falta de documento essencial à propositura da demanda como uma das hipóteses de indeferimento da peça exordial.

Há de se destacar que a doutrina aponta a existência de distinção entre documento essencial à propositura da demanda - sem o qual deve haver terminação precoce sem exame meritório - de documento fundamental o julgamento favorável de mérito - sem o qual haverá apreciação de mérito do pedido, mas pela sua improcedência.

No caso, de fato, não há notícia de juntada da apólice do seguro. Todavia, diversamente, tal não é documento essencial à propositura da demanda. É que, conforme art. 758 do CC/02, não apenas a apólice prova o seguro, mas também o bilhete de prêmio ou, ainda, à falta destes, comprovante de pagamento do prêmio.

Logo, tendo a promovente colacionado cópia da proposta de seguro acompanhada do comprovante de pagamento do prêmio, não se há falar em extinção prematura pela falta da apólice.

Arguiu, outrossim, a ré ilegitimidade ativa da autora.

Legitimidade, na lição clássica, é a pertinência subjetiva da ação, ou seja, é a verificação de que autor e réu da relação jurídica processual se identificam como os titulares da relação de direito material subjacente ali debatida.

Não obstante a adoção da teoria eclética da ação, doutrina e jurisprudência majoritárias acolhem a teoria da asserção para identificação do instante processual e da forma de análise das condições da ação. Para os adeptos desta, afere-se a legitimidade e o interesse processual assumindo-se verdadeira a versão tratada pelo autor em sua petição inicial. Caso se verifique que a versão é inverídica ou que a parte não tenha o direito que postule, tal conclusão seria tomada por decisão meritória.

No caso, em uma análise abstrata, a parte reclama ressarcimento de indenização despendida por si em prol de sua segurada, por força de contrato de seguro, apontando que o dano por esta experimentado teria sido decorrência de culpa por parte da concessionária ré.

Nesse ponto, anuncia o art. 786 do CC que, quitada a indenização, o segurador se sub-roga até o teto do valor indenizado, competindo-lhe as ações e direitos que outrora tinha o segurado junto ao causador do dano.

O entendimento dominante do Superior Tribunal de Justiça é no sentido de que a referida sub-rogação ocorre *de lege lata*, independentemente de qualquer providência outra que não a quitação da indenização contratual. É também o entendimento sumulado do Supremo Tribunal Federal.

É de se reconhecer, por consectário, o preenchimento da legitimidade e do interesse processuais, bem assim dos pressupostos de admissibilidade da demanda.

Antes de adentrar ao mérito, porém, é de perpassar pela prejudicial de prescrição aventada pela reclamada.

É certo que existem disposições que versam sobre o prazo prescricional nas relações securitárias do bojo do CC/02, mais especificamente no art. 206, II.

Todavia, é de ressaltar que o regramento acima disposto se restringe às relações próprias entre segurado e segurador. O prazo prescricional entre o segurado e o causador do dano, diretamente, é o disposto na legislação que rege a relação, que igualmente se aplica ao sub-rogado em relação ao último, quando quitada a indenização.

Assim, por exemplo, se o autor é consumidor que sofrera acidente de consumo, terá o prazo de cinco anos para propor a demanda, à luz do art. 27 do CDC. Da mesma forma, se o consumidor for segurado em face do sinistro de consumo, quando perceber a indenização, trespassará seu direito perante o causador do dano à seguradora, por sub-rogação legal, valendo o mesmo prazo prescricional originário. Não é outra a conclusão adotada pelo STJ.

Ressalva-se ainda, que não se considera contínuo o prazo prescricional, considerando-se iniciado em face do segurado, mas, por atenção à teoria da *actio nata*, tem-se-o por reiniciado com o fato gerador da sub-rogação – pagamento da indenização.

Vale citar a jurisprudência do STJ sobre a teoria da *actio nata*, amplamente adotada pela Corte Superior, através da qual se identifica o termo inicial do lustro prescricional com a ciência da ocorrência do ato lesivo e do dano, não necessariamente a partir desses marcos, objetivamente falando.

Aludo, enfim, a entendimento específico da Corte Superior sobre a matéria especificamente debruçada – termo inicial do prazo prescricional da seguradora sub-rogada.

No caso, é de se verificar que o prazo prescricional que rege a situação é, mesmo, o estabelecido no art. 27 do CDC.

Note-se que o art. 22 do CDC, o instrumento se aplica, inclusive, aos órgãos públicos e respectivos concessionários de sérvio público, razão pela qual o quinquênio do art. 27 incide sobre a relação consumidor-concessionária, sem prejuízo de estender-se ao sub-rogado, conforme já esclarecido alhures.

Alcança-se, pois, o mérito. Este há de ser solvido antecipadamente por independer doutras provas, a teor do que rege o art. 355, I, do CPC.

É lição comezinha em Direito Administrativo que a responsabilidade pelos danos causados pelos agentes do Poder Público, concessionários e/ou permissionários é de natureza objetiva, visando a assunção social das externalidades advindas da prática de atos em prol da coletividade, coibindo-se, portanto, que um indivíduo reste especialmente prejudicado por atuação da Administração Pública no interesse público.

Tal decorre da norma constitucional inserida no art. 37, § 6º, da CF/88.

Assim é que, com base na teoria do risco administrativo, a responsabilização do Estado por ato danoso independe de dolo ou culpa, sendo suficiente ato debatido que cause prejuízo ao administrado. Logo, em se evidenciando o ato, o dano e o nexo de causalidade, estaria caracterizada a responsabilidade estatal, apenas podendo ser infirmada diante de caso fortuito ou força maior e culpa exclusiva de terceiro ou da vítima. Verdade é que, excepcional e pontualmente, adota-se a teoria do risco integral, a qual não exime o causador do dano em qualquer hipótese, estando prevista em território tupiniquim para desastres nucleares ou ataques terroristas, por exemplo.

A Lei nº 8.987/95 exige que os concessionários e permissionários de serviços públicos prestem seus serviços adequadamente, caracterizando o serviço adequado, dentre outros, aquele que confere regularidade e segurança na sua prestação.

No ponto, rememoro, por oportuno, a redação do art. 22 do CDC, já referenciado, que destaca, tanto quanto, que os órgãos públicos, bem assim seus concessionários e permissionários devem prestar serviços adequados, eficientes, seguros e, quanto aos essenciais, contínuos. Ressalta o legislador, ainda, que descumprido total ou parcialmente o dever acima dito, deverão os personagens respectivos serem compelidos a fazê-lo, reparando, ademais, se o caso, os danos perpetrados.

Nessa linha, o entendimento do STJ é no sentido de que as concessionárias de energia elétrica respondem objetivamente pelos danos causados na prestação de seus serviços.

Ocorre que, não se deve ignorar, que os pressupostos para configuração da responsabilidade objetiva, uma vez mais arrolados: ato, dano e nexo de causalidade.

Note-se, assim, que, no caso, deveria o pretendente demonstrar o ato – falha na prestação de serviço com oscilação e falha no fornecimento de energia elétrica; o dano – danificação nos aparelhos indenizados; e o nexo de causalidade – o liame que evidencia que a danificação dos bens adveio estritamente da falha na prestação de serviço de fornecimento de energia elétrica.

Todavia, na hipótese, o nexo de causalidade não fora aprofundado, de modo que não se conseguiria adequadamente vincular o prejuízo experimentado com o serviço prestado. Nesse aspecto, falhou o autor em apresentar os fatos constitutivos de seu direito com maior certeza probatória, na forma do art. 373, I, do CPC, desatendendo, dessa maneira, ônus específico que a lei processual o impõe.

É o entendimento majoritário da jurisprudência pátria.

Ademais, é imprescindível que o consumidor se valha do expediente da comunicação à concessionária do ocorrido, a fim de que esta, contemporaneamente ao evento, possa avaliar o caso por intermédio de seus prepostos. É que o art. 204 da Resolução nº 414/10 da Agência Nacional de Energia Elétrica, de acordo com o poder normativo técnico desta agência reguladora, estatui prazo decadencial para o consumidor noticiar à concessionária a ocorrência de danos supostamente advindos de falhas na prestação de energia elétrica, bem assim o art. 205 rege o procedimento de periciamento administrativo do ocorrido.

Por lógica, a conclusão seguida neste padrão é pela improcedência da demanda, por carência de demonstração de nexo causal entre a conduta afirmada e o dano narrado, ônus do qual deveria ter desincumbido o autor.

III – DISPOSITIVO.

Isto exposto, extingo o feito, com resolução de mérito, nos termos do art. 487, I, do CPC, julgando IMPROCEDENTES os pedidos autorais.

Imputo ao requerente as verbas de sucumbência, ali inclusas custas e honorários advocatícios. Não há motivo para exceder os dez por cento de honorários de advogado, a teor do art. 85, § 2º, do CPC, por não se vislumbrar trabalho excepcional da defesa, tendo como base de cálculo o valor atualizado da causa.

Publique-se. Registre-se. Intime-se.

Após o trânsito em julgado, arquivem-se com as cautelas de praxe.

Local, data.

Assinatura do Juiz Substituto.

ENUNCIADO DO CASO 10:

Trata-se de ação de busca e apreensão de veículo automotor, fundada no Dec.-Lei n. 911/69, em razão do inadimplemento de contrato de mútuo bancário para aquisição de veículo entregue em alienação fiduciária proposta por Banco Patinhas em face de Tadeu.

Narra a petição inicial que o réu adquiriu um veículo SW4, branco perolizado, zero km, dando R$ 120.000,00 (cento e vinte mil reais) de entrada à vista e financiando os R$ 120.000,00 faltantes para integração do preço junto à instituição financeira autora em 48 parcelas.

Ocorre que, após a 45ª parcela, Tadeu se mostrou inadimplente, razão pela qual fora notificado extrajudicialmente por carta com aviso de recebimento para regularizar sua prestação, sob pena de acionamento judicial.

Ante a renitência, a autora ajuizou a presente demanda, postulando pela concessão de liminar de busca e apreensão do bem.

Juntou contrato firmado pelo réu e cópia da notificação e do aviso de recebimento. Daquele, se extrai do quadro resumo, dentre outras obrigações, que os juros mensais eram de 1,37% e os juros anuais de 19,65%; que fora cobrada tarifa de cadastro de R$ 300,00, taxa de avaliação do bem de R$ 800,00 e IOF incluso no financiamento.

Recebida a ação, o juiz deferiu a liminar.

Expedido o mandado de busca e apreensão, o bem fora apreendido e Tadeu fora citado para pagar em cinco dias a integralidade da dívida pendente, sob pena de consolidação na propriedade do veículo à instituição financeira, e para apresentar defesa em quinze dias.

Dentro do prazo de cinco dias, o réu apresentou depósito judicial de valor referente, exclusivamente, à 45ª prestação, afirmando ter purgado a mora e solicitando a devolução do bem. Após, apresentou contestação nos autos aduzindo, preliminarmente, vício procedimental, consistente na invalidade da notificação extrajudicial, porquanto não teria explicitado o valor em atraso, bem assim por não ter a recebido pessoalmente, embora houvesse sido recebida no endereço constante dos autos; em mérito, sustentou ilegal capitalização de juros, nulidade da tarifa de cadastro e da taxa de avaliação do bem, esta em razão de se tratar de carro novo, zero km, de modo que estaria afastada a mora. Impugnou também a exigência de IOF nas prestações do financiamento. Ainda, destacou que, considerado o adimplemento de mais de noventa por cento do contrato, em respeito ao princípio da boa-fé nas relações contratuais, era descabida a medida drástica de apreensão do bem, haja vista o adimplemento substancial da obrigação, devendo a instituição financeira adotar meios outros de cobrança.

Instada à manifestação em contraditório, a autora defendeu a insuficiência do depósito, a regularidade da notificação extrajudicial, a impossibilidade de discussão de cláusulas contratuais no rito especial da busca e apreensão e, subsidiariamente, o afastamento das teses de defesa, notadamente a de nulidade da tarifa de cadastro, uma vez que o réu não mantinha relação com a instituição financeira, com manutenção da liminar alcançada.

Conclusos os autos, profira a sentença como juiz da causa.

SUGESTÃO DE RESPOSTA DO CASO 10:

Vistos.

I - RELATÓRIO

Cuida-se de ação de busca e apreensão de veículo automotor, fundada no Dec.-Lei n. 911/69, em razão do inadimplemento de contrato de mútuo bancário para aquisição de veículo entregue em alienação fiduciária proposta por Banco Patinhas em face de Tadeu.

Narra a petição inicial que o réu adquiriu um veículo SW4, branco perolizado, zero km, dando R$ 120.000,00 (cento e vinte mil reais) de entrada à vista e financiando os R$ 120.000,00 faltantes para integração do preço junto à instituição financeira autora em 48 parcelas.

Ocorre que, após a 45ª parcela, Tadeu se mostrou inadimplente, razão pela qual fora notificado extrajudicialmente por carta com aviso de recebimento para regularizar sua prestação, sob pena de acionamento judicial.

Ante a renitência, a autora ajuizou a presente demanda, postulando pela concessão de liminar de busca e apreensão do bem.

Juntou contrato firmado pelo réu e cópia da notificação e do aviso de recebimento. Daquele, se extrai do quadro resumo, dentre outras obrigações, que os juros mensais eram de 1,37% e os juros anuais de 19,65%; que fora cobrada tarifa de cadastro de R$ 300,00, taxa de avaliação do bem de R$ 800,00 e IOF incluso no financiamento.

Recebida a ação, fora deferida a liminar.

Expedido o mandado de busca e apreensão, o bem fora apreendido e Tadeu fora citado para pagar em cinco dias a integralidade da dívida pendente, sob pena de consolidação na propriedade do veículo à instituição financeira, e para apresentar defesa.

O réu apresentou depósito judicial de valor referente, exclusivamente, à 45ª prestação, afirmando ter purgado a mora e solicitando a devolução do bem.

Após, apresentou contestação nos autos aduzindo, preliminarmente, vício procedimental, consistente na invalidade da notificação extrajudicial, porquanto não teria explicitado o valor em atraso, bem assim por não ter a recebido pessoalmente; em mérito, sustentou ilegal capitalização de juros, nulidade da tarifa de cadastro e da taxa de avaliação do bem, esta em razão de se tratar de carro novo, zero km, de modo que estaria afastada a mora. Impugnou também a exigência de IOF nas prestações do financiamento. Ainda, destacou que, considerado o adimplemento de mais de noventa por cento do contrato, em respeito ao princípio da boa-fé nas relações contratuais, era descabida a medida drástica de apreensão do bem, haja vista o adimplemento substancial da obrigação, devendo a instituição financeira adotar meios outros de cobrança.

Instada à manifestação em contraditório, a autora defendeu a insuficiência do depósito, a regularidade da notificação extrajudicial, a impossibilidade de discussão de cláusulas contratuais no rito especial da busca e apreensão e, subsidiariamente, o afastamento das teses de defesa, notadamente a de nulidade da tarifa de cadastro, uma vez que o réu não mantinha relação com a instituição financeira, com manutenção da liminar alcançada.

Conclusos os autos para prolação de sentença.

É o relatório, passo a fundamentar e decidir.

II - FUNDAMENTAÇÃO

Regem o rito, processual e materialmente, as normas do Decreto-Lei n. 911/69, sem prejuízo da aplicação subsidiária e complementar do Código de Processo Civil e do Código Civil, respectivamente.

Consta dos autos uma questão prévia a ser solucionada, qual seja, restituição do bem pela purgação da mora realizada pelo devedor, consistente na apresentação em juízo exclusivamente da parcela em atraso.

A pretensão deve ser rejeitada.

Com efeito, malgrado o art. 401, I, do CC, preveja a possibilidade de purgação da mora com o pagamento do valor inadimplido, acrescido de outras despesas decorrentes, o Dec.-Lei n. 911/69, legislação especial a reger o caso, exige, ao revés, que a quitação abranja tanto as prestações vencidas como as vincendas, de modo a englobar a integralidade da dívida pendente. É o que dita o art. 3º, § 2º, do ato.

A jurisprudência sedimentada do Superior Tribunal de Justiça sob a sistemática do recurso repetitivo endossa a necessidade de que o valor quitado nos cinco dias após a apreensão do bem seja suficiente, em verdade, para quitar o contrato.

No caso dos autos, contudo, o devedor se restringiu a depositar em juízo o valor atinente a uma prestação - vencida - deixando de apresentar as remanescentes vincendas.

Por consequência, a prestação apresentada revela-se insuficiente aos fins reclamados, por força de lei e de jurisprudência de observância obrigatória.

Preliminarmente, sustenta a defesa nulidade da notificação extrajudicial em razão da omissão do valor em atraso e por não a ter recebido pessoalmente o comunicado de dívida.

Conforme dicção legal do art. 2º, § 2º, do Dec.-Lei n. 911/69, é suficiente para constituir a mora a notificação realizada por carta com aviso de recebimento destinada ao endereço do devedor registrado em contrato, bastando tenha sido recebida no destinatário, ainda que a firma aposta no comprovante de entrega seja alheia à relação. Inexige-se, pois, a recepção pessoal pelo devedor. A jurisprudência do STJ confirma essa interpretação a se conferir ao dispositivo.

Na hipótese, observa-se que a notificação extrajudicial fora recebida no endereço do contrato, razão pela qual se a tem por válida. Rejeito a preliminar.

Ademais, segundo o mesmo STJ, a notificação extrajudicial remetida ao consumidor prescinde da indicação do valor do débito, bastando que seja possível a identificação do contrato. Tal entendimento é refletido em súmula n. 245 da Corte Superior. Logo, não reclamando o devedor que não se pudera identificar o contrato, mas tão somente ausente o valor do débito vencido, não há falar em nulidade da notificação. Esta preliminar também é de ser rejeitada.

Superadas as preliminares, impõe-se a análise do mérito.

É caso de julgamento antecipado do mérito, com fundamento no art. 355, I, do CPC, diante da desnecessidade de produção doutras provas.

Trata-se de ação de busca e apreensão de veículo automotor, regida pelo Dec.-Lei n. 911/69, na qual a parte autora reclama a execução da garantia fiduciária em face do inadimplemento do contrato de financiamento para sua aquisição.

Inexiste controvérsia fática, mas meramente jurídica.

Como prejudicial, alega a instituição financeira que o rito abreviado da busca e apreensão de veículo automotor do Dec.-Lei nº 911/69 não admite estudo sobre a validade de cláusulas contratuais.

Não se sustenta a tese autoral. Conforme entende o STJ, perquirir sobre a adequação das disposições contratuais com o ordenamento jurídico é postura cabível na ação especial de busca e apreensão quando houver alegação pela parte, mormente diante da concepção de que a nulidade de cláusulas contratuais tem o condão de afastar a mora, conforme entendimento sumulado do STJ.

No caso, o devedor sustentou a nulidade de cláusulas contratuais de capitalização de juros, de tarifa de cadastro, de tarifa de avaliação de bem e de inclusão do Imposto sobre Operações Financeiras – IOF no financiamento.

No que tange à capitalização de juros, comumente conhecida como anatocismo, tratando-se de contrato bancário, a MP n. 1.963-17/2000, reeditada como MP n. 2.170-36/2001, passou a prever a possibilidade de capitalização de juros em periodicidade inferior à anual no âmbito dos pactos firmados com instituição financeira, gozando o encargo, pois, de respaldo legal. A conclusão reflete entendimento sumulado do STJ.

Outrossim, conforme entendimento sumulado do STJ, é suficiente para caracterizar a previsão contratual de capitalização de juros a constatação prática de que a taxa de juros anual é superior ao duodécimo da mensal.

Dos autos consta no contrato ajustado, dentre outras obrigações, que os juros mensais eram de 1,37% e os juros anuais de 19,65%.

Infere-se, pois, que o contrato prevê taxa de juros anual expressa superior ao duodécuplo da mensal, amoldando-se ao entendimento do STJ sujeito a observância obrigatória. Assim, sem razão o autor.

Inexiste, tanto quanto, nulidade em relação à tarifa de cadastro. Note que a taxa vedada, conforme entendimento sumulado, é a de abertura de crédito, desde a edição de resolução do Banco Central que alterou a admissibilidade de estipulação de taxas bancárias, passando a dispor sobre aquelas válidas.

Todavia, é admitida a exigência de tarifa de cadastro, no início da relação, para remunerar os serviços prestados pelo banco, como, por exemplo, a pesquisa da situação de adimplência, mas desde que em quantia razoável, não excessiva. É a jurisprudência sumulada do STJ.

A tarifa de cadastro pode ser reconhecida nula, então, quando já houver anterior relacionamento entre o cliente e a entidade, ou quando for imposta em montante desproporcional com o serviço prestado. Nenhum é o caso dos autos.

Conforme restou destacado, não havia relação prévia entre o cliente e o banco, bem assim a quantia de R$ 300,00, à míngua de outros dados, se revela abstratamente condizente para remunerar o serviço da instituição financeira. Em conclusão, não se afigura nula a exigência do encargo.

Outra questão atacada, é o embutimento do IOF no financiamento. Ao realizar empréstimo, está-se diante de hipótese de incidência do IOF, na forma do art. 63 do Código Tributário Nacional, cujo contribuinte é o tomador do empréstimo. Ocorre que, não raras vezes, o pretendente mutuário não tem disponibilidade para arcar com o tributo. Assim, para viabilizar a transação, a instituição financeira inclui no valor do contrato a parcela do IOF, exigindo do tomador sobre ela os mesmos encargos contratuais (ex.: juros). Tal prática não é compreendida como nula se tiver previsão destacada no contrato, conforme decidido pelo STJ em regime de recursos repetitivos.

Do contrato de mútuo juntado, se percebe a existência da previsão expressa no quadro resumo, facilitada a percepção pelo mutuário, razão pela qual não há nulidade no ponto.

Merece guarida parcial a tese de nulidade da tarifa de avaliação do bem. A priori, a referida exigência não goza de vedação, se houver a efetiva prestação do serviço e não se revelar a quantia exigida abusiva. Com efeito, em se cuidando de contratos de empréstimo nos quais se oferta bem em alienação fiduciária, revela-se crível que a instituição financeira adote providências para verificar a valia da garantia que respalda o numerário entregue. Destarte, se realmente houver avaliação do bem e a tarifa se mostrar proporcional à remuneração do avaliador, não há falar em nulidade. É o que dispõe a resolução do BACEN.

O STJ decidiu, sob a sistemática do recurso repetitivo sobre a validade em abstrato da tarifa de avaliação de bem, sem prejuízo da possibilidade de controle da abusividade em concreto, tanto sobre o valor como sobre a efetiva prestação do serviço.

Entretanto, na hipótese dos autos o encargo é abusivo, porquanto de tratava o bem dado em garantia de veículo zero km, desnecessária, pois, a tarefa de avaliar, já que deve ser reconhecido o preço ajustado entre o adquirente e a concessionária alienante. Não há razão, no caso de veículo novo, para se proceder a avaliação pela instituição financeira, havendo de ser reconhecido o valor de venda. Ademais, a instituição financeira não juntou laudo de avaliação para demonstrar a efetiva prestação do serviço. Tal conclusão se extrai do voto do relator do mesmo julgado retro colacionado.

Acrescente-se, ainda, o valor considerável exigido – R$ 800,00 – sem que seja possível aferir sua plausibilidade com o serviço desta natureza.

Assim, nula a tarifa de avaliação de bem no contrato aventado.

Nada obstante a invalidade do encargo, de rigor reconhecer se tratar de cláusula acessória do contrato de mútuo, não tendo o condão de afastar a mora.

À luz da compreensão sedimentada no STJ, a exigência de taxas ilegais em contrato de empréstimo proporciona o afastamento da mora, conforme súmula já referida. Todavia, mais recentemente, o STJ realizou "*distinguishing*" para particularizar que apenas a abusividade de encargos ditos principais é capaz de afastar a mora. De outra banda, a nulidade de encargos acessórios enseja restituição pecuniária ou compensação, se o caso, porém não infirma a mora.

Cuida-se a tarifa de avaliação de encargo acessório ao pacto, não principal, motivo pelo qual sua invalidade não prejudica a mora identificada.

Por fim, importa dispor sobre o adimplemento substancial. Prevê o art. 475 do CC que, em caso de inadimplemento, o credor faz jus à cobrança ou à rescisão contratual.

Todavia, mitigando o direito potestativo do credor, em interpretação do dispositivo supra com fundamento no princípio da boa-fé, previsto no art. 422 do CC, surgiu a tese segundo a qual o adimplemento substancial do contrato, somado à justa expectativa de seu cumprimento e da subsistência de outros meios efetivos e adequados de cobrança, obsta o exercício do poder rescisório do contrato.

Logo, em ajustes de trato sucessivo, o adimplemento regular de boa parcela do que contratado, sendo viável a adoção de outras opções de vindicar o saldo do débito, afasta o direito de rescindir. A jurisprudência do STJ acolhe, tranquilamente, a tese do adimplemento substancial.

Contudo, nos casos de contrato de empréstimo mantido com instituição financeira, considerando o volume dos recursos entregues e a especialidade da legislação de regência, o mesmo STJ compreende incabível reconhecer adimplemento substancial a obstaculizar o exercício da busca e apreensão do bem.

Nessa senda, destaca a Corte Superior que, nestes casos, o bem é dado em garantia de dívida para que o banco possa reaver os valores expendidos, de modo que impedir a execução da tomada e leilão do bem desguarnece em absoluto a avença. Ademais, a tese do adimplemento substancial serviria como estímulo ao inadimplemento mínimo, causando extremo prejuízo social no que tange aos encargos bancários. Isso porque, de alguma maneira, o banco repassa a dívida em sua atividade. Em se percebendo maior risco de não receber os valores disponibilizados, certamente elevará a taxa de juros em tratos desta natureza.

Outrossim, rege de modo específico essa espécie de demanda o Dec.-Lei n. 911/69, o qual prevê que a medida de busca e apreensão do bem alienado fiduciariamente apenas se desfaz com a quitação da integralidade da dívida pendente, opção legítima do legislador para tornar a via mais célere e para que cause reflexos econômicos positivos nos encargos bancários.

Portanto, de se rejeitar a tese de defesa do adimplemento substancial por sua inaplicabilidade às circunstâncias dos autos.

III - DISPOSITIVO

Ante o exposto, julgo o feito, com resolução do mérito, na forma do art. 487, I, do CPC, para declarar consolidada a propriedade da autora sobre o bem móvel descrito na exordial.

Imputo ao réu as custas e despesas processuais arcadas pelo autor, além de honorários advocatícios de sucumbência em dez por cento sobre o valor atualizado da causa, com fundamento no art. 85, § 2º, do CPC.

Expeça-se alvará de liberação das quantias apresentadas em juízo em prol do devedor.

Publique-se. Registre-se. Intime-se.

Após o trânsito em julgado, arquivem-se com as cautelas de praxe.

Local, data.

Assinatura do Juiz Substituto.

ANEXO IV

MODELOS DE SENTENÇAS REAIS

Neste anexo, apresento cópias de sentenças reais, por mim confeccionadas na minha prática judicante, extraídas de casos concretos que a mim me foram apresentados em processos judiciais.

Por isso mesmo, diferentemente do anexo anterior, são reproduzidos diversos textos legais, súmulas, jurisprudências do STF, do STJ e de Cortes Estaduais em sua íntegra, porquanto é a forma predileta de construção da decisão judicial que eu tenho, embora não infensa a críticas por, às vezes, alongar em demasia o texto decisório. O faço, contudo, desta maneira, por entender que é sempre importante demonstrar para o jurisdicionado que a decisão adotada em cada ponto não é arbitrária ou decorrente de mero entendimento individual do juiz, mas extraída de precedente que avaliou caso análogo, evidenciando a imparcialidade do magistrado e a isonomia e segurança jurídica no tratamento das demandas judiciais, em alguma medida.

Importante, ainda, rememorar um alerta. Os modelos foram copiados tal como por mim aplicados em seus respectivos casos, sem nenhuma retificação, alteração e/ou aprimoramento para figurar na presente obra, a fim de que se retrate exclusivamente a realidade. Por conseguinte, é possível que o leitor localize alguma incongruência linguística e/ou gramatical ao longo de seu exame, bem assim que um ou outro ponto sugerido na primeira parte da obra tenha sido omitido.

É que a praxe forense, notadamente em unidades deficitária de recursos humanos e com acúmulo de processos exige do juiz uma atuação de "contenção de danos", de "escolhas trágicas", devendo sempre ponderar entre o melhor aperfeiçoamento das decisões, que exige maior dispêndio temporal, e a maior agilidade na sua prolação para abarcar uma gama maior de causas pendentes de apreciação, atendendo os anseios sociais de uma justiça menos morosa e observando-se as métricas do CNJ, o que acaba por redundar em equívocos técnicos, gramaticais ou mesmo jurídicos na sua confecção, havendo de se resguardar o melhor "custo-benefício" da atuação jurisdicional neste cenário.

Nessa senda, em prestígio ao princípio da eficiência e da razoável duração do processo, não raro é necessário que o magistrado imprima um ritmo mais acelerado para atender causas pendentes de longa data, satisfazendo mais amplamente o jurisdicionado, ainda que venha a, nalguns casos, cometer lapsos, a maioria irrelevante para o direito material objeto do processo e os que forem relevantes ajustados *a posteriori* pelo chamamento do feito à ordem de ofício ou por provocação, ou mesmo através da via recursal.

CASO 1: ACOLHIMENTO DE EXCEÇÃO DE PRÉ-EXECUTIVIDADE EM EXECUÇÃO FISCAL

Vistos.

I - RELATÓRIO

Cuida-se Execução Fiscal proposta por **MUNICÍPIO DE SANTA QUITÉRIA** em face de **XXXXXXXX**, referente aos valores insculpidos na Certidão de Dívida Ativa - CDA que instrui a inicial.

Em id. YYYY, o executado apresenta exceção de pré-executividade arguindo, em síntese e para o que ora importa, que a CDA que instrumentaliza a exordial não atende aos requisitos legais.

Intimado para apresentar manifestação, a Fazenda Pública Municipal alegou que a CDA preenche os requisitos legais, requestando seja dada regular continuidade.

Era o que se tinha a relatar. Decido.

II- FUNDAMENTAÇÃO

De partida, supero as matérias preliminares sumariamente, com esteio no art. 488 do CPC, tendo em vista o resultado do julgamento que adiante se alcançará.

Ademais, em atenção ao princípio da eficiência aplicada ao processo, não resta ao julgador obrigado a versar acerca de todas as teses e argumentos apresentados pelas partes quando houver fundamento identificado que seja capaz de, por si, resolver a pretensão, conforme orientação do Superior Tribunal de Justiça:

> AGRAVO INTERNO NO RECURSO ESPECIAL. DIREITO CIVIL E PROCESSUAL CIVIL. AÇÃO COLETIVA. CONTRATOS BANCÁRIOS. CLÁUSULAS ABUSIVAS. NEGATIVA DE PRESTAÇÃO JURISDICIONAL. NÃO OCORRÊNCIA. JULGAMENTO "ULTRA PETITA". NÃO OCORRÊNCIA. IMPOSSIBILIDADE DE CUMULAÇÃO DE ENCARGOS. REVISÃO DO JULGADO. IMPOSSIBILIDADE. INCIDÊNCIA DO ENUNCIADO N.º 7/STJ.
>
> 1. Todas as matérias foram devidamente enfrentadas pelo Tribunal de origem de forma fundamentada, sem omissões, contradições nem erros de fato, não estando, ademais, o julgador obrigado a rebater, um a um, os argumentos invocados pelas partes, quando encontra motivação satisfatória para dirimir o litígio.

> (...)
>
> 5. Não apresentação de argumentos novos capazes de infirmar os fundamentos que alicerçaram a decisão agravada.
>
> 6. AGRAVO INTERNO CONHECIDO E DESPROVIDO.
>
> (AgInt no REsp n. 1.903.903/MS, relator Ministro Paulo de Tarso Sanseverino, Terceira Turma, julgado em 13/6/2022, DJe de 17/6/2022.)

Superado o ponto, sigo ao exame do ponto fulcral.

A exceção de pré-executividade, não obstante não gozasse de previsão legal, revelou-se, sob a égide do CPC/73, instrumento de defesa excepcional amplamente aceito pela doutrina e jurisprudência, mas de objeto restrito, no qual competia ao executado ventilar matérias de cognição oficiosa pelo magistrado que não demandem dilação probatória.

Nesse sentido, com eficácia vinculante, recurso repetitivo do Superior Tribunal de Justiça, emanado em 2009:

> TRIBUTÁRIO. EXECUÇÃO FISCAL SÓCIO-GERENTE CUJO NOME CONSTA DA CDA.
>
> PRESUNÇÃO DE RESPONSABILIDADE. ILEGITIMIDADE PASSIVA ARGUIDA EM EXCEÇÃO DE PRÉ-EXECUTIVIDADE. INVIABILIDADE. PRECEDENTES.
>
> 1. A exceção de pré-executividade é cabível quando atendidos simultaneamente dois requisitos, um de ordem material e outro de ordem formal, ou seja: (a) é indispensável que a matéria invocada seja suscetível de conhecimento de ofício pelo juiz; e (b) é indispensável que a decisão possa ser tomada sem necessidade de dilação probatória.
>
> (...)
>
> (REsp 1110925/SP, Rel. Ministro TEORI ALBINO ZAVASCKI, PRIMEIRA SEÇÃO, julgado em 22/04/2009, DJe 04/05/2009)

Em igual sentido dispõe a jurisprudência local:

> CIVIL E PROCESSUAL CIVIL. AGRAVO DE INSTRUMENTO. EXCEÇÃO DE PRÉ-EXECUTIVIDADE. DECISÃO AGRAVADA QUE DESACOLHEU A EXCEÇÃO SOB O FUNDAMENTO DE NECESSIDADE DE DILAÇÃO PROBATÓRIA E DE HIPÓTESES QUE FOGEM ÀQUELAS ADMITIDAS PARA A DISCUSSÃO NO FEITO. VIA PROCESSUAL SUPOSTAMENTE INADEQUADA. FUNDAMENTO QUE MERECE GUARIDA. EXCEÇÃO DE PRÉ-EXECUTIVIDADE

QUE APONTOU INEXIGIBILIDADE DO TÍTULO EXECUTIVO. ALEGAÇÃO DE CONDIÇÃO DE ISENTA DA EXECUTADA. REQUISITOS LEGAIS NÃO COMPROVADOS INTEIRAMENTE. NECESSIDADE DE DILAÇÃO PROBATÓRIA. IMPOSSIBILIDADE EM SEDE DESTE INSTITUTO. SÚMULA 393 DO STJ. MANUTENÇÃO DA DECISÃO HOSTILIZADA QUE SE IMPÕE. AGRAVO DE INSTRUMENTO CONHECIDO E DESPROVIDO.

1. A presente discussão tem por cerne a análise da decisão de piso que considerou necessária a dilação probatória para fins de averiguação dos argumentos constantes em exceção de pré-executividade proposta pela agravante, afirmando que aquela não se enquadrava nas hipóteses admitidas para serem discutidas, transpondo seus limites.

2. A agravante pretende obter provimento recursal que desconstitua a decisão do juízo de primeiro grau que desacolheu a exceção de pré-executividade, bem como que seja reformada a decisão de piso, para que seja julgado o mérito da exceção com a respectiva extinção do feito executório, ante a ausência de exigibilidade do título, nos termos da fundamentação apresentada.

3. Ressalte-se que a figura da Exceção de Pré-executividade tem origem e regramento doutrinário e jurisprudencial, não havendo disposição específica em nosso ordenamento jurídico pátrio. A referida exceção é cabível quando existente vício evidenciado de plano, tratando-se de matéria conhecível de ofício e a qualquer tempo, possuindo caráter incidental. Para tanto, se faz necessário que os fundamentos constantes da exceção proposta dispensem a dilação probatória, dotada, portanto, de prova pré-constituída.

4. Desta feita, a exceção de pré-executividade somente compreende a arguição de questões atinentes à liquidez do título executivo, aos pressupostos processuais e às condições da ação executiva. Neste mesmo sentido, a Colenda Corte Superior de Justiça editou o verbete sumular de nº 393, o qual dispõe: "A exceção de pré-executividade é admissível na execução fiscal relativamente às matérias conhecíveis de ofício que não demandem dilação probatória."

5. Olvidou-se a recorrente de que em sede de exceção de pré-executividade, por não haver a possibilidade de dilação probatória, todos os argumentos conhecíveis de plano devem ser comprovados com documentos hábeis e insuscetíveis de

> discussão. Ocorre que, segundo se depreende das Leis Complementares anexas, somente seria possível a conclusão da condição de isenta da autora de parcela da exação, se aquela tivesse comprovado, dentre os requisitos já apontados, ser proprietária de apenas um único imóvel no município, utilizando-o para fins residenciais, conforme Lei Complementar nº 27/2005, o que não se verifica nos autos.
>
> 6. Facilmente se constata que a agravante apenas comprovou ser proprietária do imóvel que reside e que busca isentar-se do pagamento do IPTU, sem contudo, demonstrar não ser proprietária de demais imóveis na circunscrição do Município de Fortaleza, fato que seria mais que suficiente à desconstituição do seu direito e à demonstração da regularidade da execução fiscal proposta.
>
> 7. Dessa forma, como não se verifica possível a produção de provas em sede de exceção de pré-executividade, e considerando fato não comprovado que possui o condão de alterar toda a situação posta em solução, conclui-se pela necessidade de dilação probatória para que as partes tragam aos autos documentos necessários à comprovação de seus fundamentos, óbice intransponível neste instituto tão peculiar.
>
> 8. Agravo de Instrumento conhecido e desprovido. Decisão mantida.
>
> (Relator(a): LISETE DE SOUSA GADELHA; Comarca: Fortaleza; Órgão julgador: 1ª Câmara Cível; Data do julgamento: 24/08/2015; Data de registro: 24/08/2015)

Destarte, pelo que se apurou dos excertos jurisprudenciais *supra* reproduzidos, a exceção de pré-executividade existia no direito pátrio como instituto *extra legem* fundado no direito de petição constitucionalmente assegurado no qual o executado poderia argumentar ao juízo matérias de ordem pública que independam de dilação probatória.

Na vigência do CPC/15, contudo, o legislador resolveu incorporar a exceção de pré-executividade ao texto legal, através do art. 803, parágrafo único, o qual dispõe que:

> Art. 803. É nula a execução se:
>
> I – o título executivo extrajudicial não corresponder a obrigação certa, líquida e exigível;
>
> II – o executado não for regularmente citado;
>
> III – for instaurada antes de se verificar a condição ou de ocorrer o termo.

> Parágrafo único. A nulidade de que cuida este artigo será pronunciada pelo juiz, de ofício ou a requerimento da parte, independentemente de embargos à execução.

Sobre o novel dispositivo, leciona o doutrinador Daniel Neves (Novo CPC Comentado artigo por artigo. 1ª Ed. Salvador: Editora Juspodivm, 2016. p. 1273):

> O parágrafo único do art. 803 do Novo CPC, ao dispor que a nulidade que prevê será pronunciada pelo juiz, de ofício ou a requerimento da parte, independentemente de embargos à execução, consagra a defesa executiva atípica que se convencionou chamar de "exceção de pré-executividade".
>
> O Superior Tribunal de Justiça é tranquilo na admissão da exceção de pré-executividade, desde que a matéria alegada seja conhecível de ofício, o executado tenha prova pré-constituída de sua alegação e não haja necessidade de instrução probatória para o juiz decidir seu pedido de extinção da execução. Esses requisitos estão consagrados na Súmula 393/STJ, que embora faça remissão expressa à execução fiscal é plenamente aplicável também na execução comum.

Além disso, a súmula 393 do STJ trata da matéria no que condiz à Execução Fiscal:

> Súmula 393. A exceção de pré-executividade é admissível na execução fiscal, relativamente às matérias conhecíveis de ofício que não demandem dilação probatória.

No ponto, a parte exequida alega a nulidade das Certidões de Dívida Ativa - CDA's - tendo em vista que não preencheriam os requisitos do art. 202 do CTN e art. 2º, §5º, da Lei nº 6.830/80, uma vez que não mencionam a fundamentação legal e a forma de cálculo utilizada.

O art. 202 do CTN e o art. 2º, § 5º, da Lei de Execução Fiscal, dispõem sobre os requisitos legais para validade da Certidão de Dívida Ativa, veja-se:

> Art. 202. O termo de inscrição da dívida ativa, autenticado pela autoridade competente, indicará obrigatoriamente:
>
> I - o nome do devedor e, sendo caso, o dos co-responsáveis, bem como, sempre que possível, o domicílio ou a residência de um e de outros;
>
> II - a quantia devida e a maneira de calcular os juros de mora acrescidos;
>
> III - a origem e natureza do crédito, mencionada especificamente a disposição da lei em que seja fundado;

> IV – a data em que foi inscrita;
>
> V – sendo caso, o número do processo administrativo de que se originar o crédito.
>
> Parágrafo único. A certidão conterá, além dos requisitos deste artigo, a indicação do livro e da folha da inscrição.
>
> Art. 2º (...)
>
> § 5º – O Termo de Inscrição de Dívida Ativa deverá conter:
>
> I – o nome do devedor, dos co-responsáveis e, sempre que conhecido, o domicílio ou residência de um e de outros;
>
> II – o valor originário da dívida, bem como o termo inicial e a forma de calcular os juros de mora e demais encargos previstos em lei ou contrato;
>
> III – a origem, a natureza e o fundamento legal ou contratual da dívida;
>
> IV – a indicação, se for o caso, de estar a dívida sujeita à atualização monetária, bem como o respectivo fundamento legal e o termo inicial para o cálculo;
>
> V – a data e o número da inscrição, no Registro de Dívida Ativa; e
>
> VI – o número do processo administrativo ou do auto de infração, se neles estiver apurado o valor da dívida.

Sobre o tema, a jurisprudência do STJ firmou-se no sentido de que não é possível corrigir, na CDA – Certidão de Dívida Ativa, vícios do lançamento e/ou da inscrição.

A emenda ou substituição da CDA é admitida somente quando há existência de erro material ou formal, não sendo cabível quando os vícios decorrem do próprio lançamento ou da inscrição. Vejamos:

> PROCESSUAL CIVIL E TRIBUTÁRIO. AGRAVO INTERNO NO RECURSO ESPECIAL. EXECUÇÃO FISCAL. SUBSTITUIÇÃO DA CDA ANTES DA SENTENÇA. ALEGAÇÃO DE INAPLICABILIDADE DA SÚMULA 7/STJ. INVIABILIDADE DE REEXAME FÁTICO-PROBATÓRIO. AGRAVO INTERNO DO MUNICÍPIO DE NOVA IGUAÇU/RJ DESPROVIDO.O acórdão examinou a CDA e foi categórico ao concluir que antes da prolação da sentença extintiva, é possível ao exequente promover a emenda ou a substituição da CDA para correção de erro material ou formal, conforme previsto no artigo 203 do Código Tributário Nacional e no artigo 2º., § 8º. da Lei

> 6.830/80. Todavia, essa autorização legal é limitada à inscrição e à certidão do débito (que é o espelho da inscrição) e visa corrigir erros materiais ou formais, de modo a que satisfaçam os requisitos do artigo 2º., §§ 5º. e 6º. da Lei 6.830/80 e artigo 202 do Código Tributário Nacional. Logo, a autorização de emenda ou substituição não se estende ao lançamento, sendo possível à Fazenda Pública apenas ajustar a inscrição ou a CDA ao lançamento, corrigindo erros materiais ou formais acaso cometidos na inscrição do débito ou na extração da respectiva certidão. Não lhe é permitido, porém, alterar o valor do débito lançado (quantum debeatur) e os fundamentos de fato e de direito que deram origem ao lançamento (fls. 20/21).Ademais, diante da análise já feita e constatado que a autorização de emenda ou substituição não se estende ao lançamento, não sendo permitido alterar o valor do débito lançado e os fundamentos de fato e de direito que deram origem ao lançamento, não há que se falar em substituição da CDA por força da Súmula 392/STJ, onde a Fazenda Pública pode substituir a certidão de dívida ativa até a prolação da sentença de embargos, quando se tratar de correção de erro material ou formal, vedada a modificação do sujeito passivo da execução. Portanto, se não há vício não há que se falar em substituição, entendimento diverso implicaria em análise da CDA, encontrando óbice no Súmula 7/STJ. Agravo Interno do MUNICÍPIO DE NOVA IGUAÇU/RJ a que se nega provimento. (AgInt no REsp 1646084/RJ, Rel. Ministro NAPOLEÃO NUNES MAIA FILHO, PRIMEIRA TURMA, julgado em 17/02/2020, DJe 03/03/2020)

Na espécie, consigne-se que, conquanto a CDA preveja a origem da dívida, esclarecendo tratar-se de dívida tributária de IPTU, fazendo indicação do imóvel objeto do fato gerador respectivo, bem assim do devedor principal, o título está inquinado por ausência doutros requisitos expressos, além de saltitante erronia em outros, de maneira a comprometer a sua higidez e, consequentemente, sua liquidez, certeza e exigibilidade.

Com efeito, as certidões contêm lacunas não preenchidas no que tange ao fundamento legal específico da exação, em cumprimento ao requisito essencial acima disposto e, ao fim, em atendimento ao princípio da legalidade tributária insculpido no art. 150, I, da CF/88.

Ademais, verifica-se que, malgrado haja apontamento dos consectários tributários de mora (INPC para atualização monetária e 1% para juros de mora), o título não esclarece a forma de cálculo, além do que parecem os índices sobejarem o autorizado para tanto, nos termos do Tema 1.062 do Supremo Tribunal Federal:

> Tese
>
> Os estados-membros e o Distrito Federal podem legislar sobre índices de correção monetária e taxas de juros de mora incidentes sobre seus créditos fiscais, limitando-se, porém, aos percentuais estabelecidos pela União para os mesmos fins.

A ausência desses dados demonstra que a obrigação tributária não foi corretamente constituída, além de prejudicar o exercício do direito de defesa do executado e o controle judicial sobre o ato administrativo, o que afasta a presunção de certeza e de liquidez da dívida ativa, pela imprecisão da certidão.

Nesse sentido, a jurisprudência do Superior Tribunal de Justiça e do Tribunal de Justiça do Estado do Ceará, respectivamente:

> PROCESSUAL CIVIL E TRIBUTÁRIO. AGRAVO INTERNO NO RECURSO ESPECIAL.
>
> EXECUÇÃO FISCAL. ART. 8º., § 2º. DA LEI 6.830/1980. SUBSTITUIÇÃO/EMENDA DA CDA. POSSIBILIDADE EM SE TRATANDO DE VÍCIO FORMAL ATÉ A PROLAÇÃO DA SENTENÇA DE EMBARGOS. INCIDÊNCIA DA SÚMULA 392/STJ. AGRAVO INTERNO DO MUNICÍPIO DE JOINVILLE/SC A QUE SE NEGA PROVIMENTO.
>
> 1. Nos termos do que decidido pelo Plenário do STJ, aos recursos interpostos com fundamento no CPC/1973 (relativos a decisões publicadas até 17 de março de 2016) devem ser exigidos os requisitos de admissibilidade na forma nele prevista, com as interpretações dadas até então pela jurisprudência do Superior Tribunal de Justiça (Enunciado Administrativo 2).
>
> 2. A Fazenda Pública pode substituir a certidão de dívida ativa (CDA) até a prolação da sentença de embargos, quando se tratar de correção de erro material ou formal, vedada a modificação do sujeito passivo da execução (Súmula 392/STJ).
>
> 3. A inscrição na dívida ativa somente gera presunção de liquidez e certeza na medida em que contenha todas as exigências legais, entre as quais se encontram o valor originário do débito tributário, bem como o termo inicial e a forma de calcular os juros de mora e demais encargos previstos em lei ou contrato, ex vi do disposto nos artigos 2º, § 5º, II, da Lei 6.830/80, e 202, II, do CTN. (REsp.
>
> 816.069/RS, Rel. Min. LUIZ FUX, DJe 22.9.2008).
>
> 4. Na hipótese dos autos, é incontroverso que o Tribunal Catarinense permitiu que a Fazenda Municipal retificasse o título

executivo, após a prolação da sentença, para fazer constar o termo inicial da incidência dos juros e da correção monetária.

5. Ocorre que, nos termos da jurisprudência desta Corte, a situação narrada, por se referir ao próprio lançamento da dívida, não autoriza sequer a substituição da CDA, não havendo que se falar, portanto, em mera retificação do título executivo, com o fez a Corte local. Precedentes: REsp. 1.814.386/PE, Rel. Min. HERMAN BENJAMIN, DJe 18.10.2019; e AgInt no AREsp. 923.907/RS, Rel. Min. SÉRGIO KUKINA, DJe 6.10.2016.

6. Agravo Interno do MUNICÍPIO DE JOINVILLE/SC a que se nega provimento.

(AgInt no REsp n. 1.594.938/SC, relator Ministro Napoleão Nunes Maia Filho, Primeira Turma, julgado em 22/6/2020, DJe de 25/6/2020.)

REEXAME NECESSÁRIO. DIREITO TRIBUTÁRIO. EXECUÇÃO FISCAL. EXCEÇÃO DE PRÉ-EXECUTIVIDADE. NULIDADE DA CERTIDÃO DE DÍVIDA ATIVA. VÍCIO FORMAL. AUSÊNCIA DE INDICAÇÃO DOS ÍNDICES DE JUROS MORATÓRIOS E CORREÇÃO MONETÁRIA. VIOLAÇÃO AOS ARTIGOS 202, INC. II, DO CTN E 2, § 5, INC. II, DA LEI Nº 6.830/80. REMESSA NECESSÁRIA CONHECIDA E DESPROVIDA. 1. O cerne do presente feito gira em torno da possível nulidade da Certidão de Dívida Ativa por ausência de indicação dos encargos legais aplicáveis à espécie, quais sejam os juros moratórios e a correção monetária. 2. É cabível a Exceção de Pré-executividade na Execução Fiscal, como instrumento de defesa incidental, usado para arguir matérias de ordem pública que poderiam ser conhecidas de ofício pelo juízo competente, desde que não seja necessária a dilação probatória, nos termos da Súmula 393 do Superior Tribunal de Justiça. 3. Da simples leitura das Certidões da Dívida Ativa, percebe-se que o Município de Fortaleza deixou de atender o inciso II do art. 202 do CTN, tornando nulas, por vício formal, as CDA's nº 34971/2004 e 34972/2004, que se omitiram quantos aos encaros legais aplicáveis. 4. Assim, não havendo como determinar o índice para cálculo dos juros moratórios e correção monetária das dívidas executadas, carecem de liquidez os títulos em questão, tornando nulas as inscrições em dívida ativa e a execução fiscal nelas fundamentada. 5. Reexame Necessário conhecido e desprovido. ACÓRDÃO: Vistos, relatados e discutidos estes autos, acorda a 2ª Câmara de Direito Público do Tribunal de Justiça do Estado do Ceará, em, por unanimidade, conhecer da Remessa Necessária, mas para negar-lhe provimento, nos termos do voto do Relator. Fortaleza, data e hora indicadas pelo sistema. Presidente do Órgão Julgador DES. LUIZ EVALDO GONÇALVES LEITE Relator (Remessa Necessária Cível – 0044278-37.2006.8.06.0001, Rel. Desembargador(a) LUIZ EVALDO GONÇALVES LEITE, 2ª Câmara Direito Público, data do julgamento: 11/12/2019, data da publicação: 11/12/2019)

PROCESSO CIVIL E TRIBUTÁRIO. APELAÇÃO. EXECUÇÃO FISCAL. EXCEÇÃO DE PRÉ-EXECUTIVIDADE. NULIDADE DA CDA. AUSÊNCIA DE REQUISITOS LEGAIS. INAPLICABILIDADE DO PRINCÍPIO DA INSTRUMENTALIDADE DAS FORMAS. IMPOSSIBILIDADE DE SUBSTITUIÇÃO DO TÍTULO EXECUTIVO APÓS A DECISÃO DE PRIMEIRA INSTÂNCIA EXTINGUINDO A AÇÃO EXECUTIVA. 1. A CDA deve estar revestida de todos os requisitos necessários de modo a propiciar a defesa do executado. A ausência de qualquer desses elementos implica a nulidade do título que instrumentaliza a execução fiscal. 2. Não constam dos autos dados suficientes que possam suprir a falta dos requisitos legais no título executivo. Os vícios existentes na CDA que instrui a execução comprometem a presunção de certeza e liquidez e ensejam prejuízo à defesa da executada, de forma que não é possível aplicar o princípio da instrumentalidade das formas, impondo que se reconheça a nulidade do título. 3. No momento em que o exequente foi intimado para responder à exceção de pré-executividade, deveria ter aproveitado para substituir a CDA. Entretanto, deixou de fazê-lo, limitando-se a defender que não caberia a exceção de pré-executividade, por demandar dilação probatória. Apresentada a resposta pelo exequente à exceção de pré-executividade, sem reparar os vícios apontados, o juiz de primeiro grau sentenciou extinguindo a ação executiva, não sendo mais possível conferir outra oportunidade após a decisão de primeira instância, visto que operada a preclusão para a substituição da CDA. 4. Recurso de apelação conhecido e improvido. ACÓRDÃO Vistos, relatados e discutidos estes autos, acorda a Segunda Câmara de Direito Público do Tribunal de Justiça do Estado do Ceará, por unanimidade, em conhecer da apelação, negando-lhe provimento, nos termos do voto do Relator, que faz parte desta decisão. Fortaleza, data e hora indicadas pelo sistema. FRANCISCO GLADYSON PONTES Relator (Apelação Cível – 0013408-26.2015.8.06.0055, Rel. Desembargador(a) FRANCISCO GLADYSON PONTES, 2ª Câmara

Direito Público, data do julgamento: 11/03/2020, data da publicação: 11/03/2020)

III - DISPOSITIVO

Ante o exposto, com fulcro no art. 485, IV, do CPC, e nos termos da fundamentação supra, **ACOLHO** a exceção de pré-executividade aposta pela parte executada, **reconhecendo a nulidade das CDA's de id 43978809 a id 43978931,** e determinando, por conseguinte, a extinção do feito sem a resolução de mérito por falta de pressuposto processual, qual seja, título executivo válido lastreador.

Custas isentas por força de Lei Estadual nº 16.132/16.

Condeno o exequente ao pagamento de honorários sucumbenciais R$ 1.000,00 (mil reais), nos termos do art. 85, § 8º, do CPC, tendo em vista que o resultado do julgamento não fulmina o crédito tributário propriamente dito, não havendo proveito econômico imediatamente auferível.

Publique-se. Registre-se. Intimem-se.

Sentença **não** sujeita à remessa necessária, nos termos do art. 496, § 3º, III, do CPC.

Após, o trânsito em julgado, arquive-se.

CASO 2: NULIDADE DE PROCESSO ADMINISTRATIVO QUE APLICOU PENA DE SUSPENSÃO

Vistos.

I - RELATÓRIO

Cuida-se, em apertada síntese, de ação judicial proposta por **XXXX** em face do **MUNICÍPIO DE HIDROLÂNDIA.**

Narra que sofrera sanção disciplinar de suspensão por parte da municipalidade sem que tenha sido observado o adequado processo administrativo, bem assim que foram adotadas motivações políticas.

Em contestação (id. 43700133), a requerida alega que o processo administrativo disciplinar fora regular, e que o Poder Judiciário não poderia se imiscuir no mérito administrativo.

Réplica no id. 43700170.

Deferida a produção de prova oral, no ato da audiência ambas as partes desistiram das oitivas.

É o que importa relatar; decido e julgo.

II - FUNDAMENTAÇÃO

Inexistem preliminares arguidas ou detectadas de ofício.

A controvérsia se ancora em duas questões: i) regularidade do processo administrativo disciplinar que culminou na sanção; e ii) ausência de causa justificadora para imposição da penalidade.

Em virtude de tais argumentos, pede a parte autora o reconhecimento de nulidade da pena aplicada, com seus consequentes efeitos financeiros, bem assim condenação em indenização por danos morais.

A demanda é de ser julgada procedente, mas em parte.

Assiste razão ao requerido no que toca à necessidade de deferência ao mérito administrativo. Com efeito, não cabe ao Poder Judiciário, como regra, no campo da atuação administrativa, substituir-se ao administrador para examinar a legalidade de imposição de sanções disciplinares. É o entendimento do Superior Tribunal de Justiça:

> ADMINISTRATIVO E PROCESSUAL ADMINISTRATIVO DISCIPLINAR. SERVIDOR PÚBLICO. AGENTE DE POLÍCIA FEDERAL. DEMISSÃO. RAZOABILIDADE E PROPORCIONALIDADE. VINCULAÇÃO. REVISÃO DE PROVAS.

> INVIABILIDADE. INADEQUAÇÃO DA VIA MANDAMENTAL. ORDEM DENEGADA.
>
> 1. A demissão é ato vinculado, por isso que, se enquadrada a conduta do servidor dentre aquelas a que a lei comina a penalidade de demissão (art. 132 da Lei n. 8.112/1990), como ocorreu no caso, não cabe ao gestor público aplicar reprimenda diversa, nem mesmo em reverência aos princípios da razoabilidade e da proporcionalidade.
>
> Incidência da Súmula 650/STJ.
>
> 2. Em sede de mandado de segurança impetrado contra sanção administrativa disciplinar, não cabe ao Poder Judiciário sindicar condutas do servidor implicado ou aferir se exerceu atividade incompatível com a condição de agente de Polícia Federal, imiscuindo-se no mérito da atividade administrativa material. A atuação judicial, em casos assim, é limitada à verificação, pelo viés exclusivamente processual administrativo, da legalidade e regularidade do procedimento administrativo disciplinar, mediante o exame da conformidade dos atos administrativos processuais ao ordenamento de regência, no âmbito do qual se situa, e se limita, o ato apontado como coator. Precedentes: AgInt no MS 22.629/DF, Rel. Ministra Regina Helena Costa, Primeira Seção, DJe 19/11/2021; MS 16.611/DF, Rel. Ministro Mauro Campbell Marques, Primeira Seção, DJe 5/2/2020; MS n. 21.721/DF, Rel. Ministro Sérgio Kukina, Primeira Seção, DJe de 18/11/2022.
>
> 3. Ordem denegada.
>
> (MS n. 24.275/DF, relator Ministro Sérgio Kukina, Primeira Seção, julgado em 8/2/2023, DJe de 16/2/2023.)

Lado outro, malgrado não deva adentrar no mérito administrativo, não refoge ao Poder Judiciário a possibilidade de proceder ao controle de legalidade do processo disciplinar respectivo, notadamente a fim de aferir se foram garantidos os direitos fundamentais de ordem constitucional e legal, como bem alinhavado na mesma ementa acima destacada.

Nesses termos, observa-se que o art. 5º, LV, da CF, dispõe que a todos, em processo judicial ou disciplinar, é de se garantir o contraditório e a ampla defesa:

> LV – aos litigantes, em processo judicial ou administrativo, e aos acusados em geral são assegurados o contraditório e ampla defesa, com os meios e recursos a ela inerentes;

Na mesma toada, a Lei Federal nº 8.112/90, que regula o processo administrativo disciplinar dos servidores públicos federais, garante a concessão de ampla defesa:

> Art. 143. A autoridade que tiver ciência de irregularidade no serviço público é obrigada a promover a sua apuração imediata, mediante sindicância ou processo administrativo disciplinar, assegurada ao acusado ampla defesa.

Não é diferente o teor da Lei Municipal nº 754/2013 – Estatuto dos Servidores Públicos Municipais de Hidrolândia, em seu art. 157, o qual, é certo, ainda não estava em vigor ao tempo dos fatos discutidos.

> Art. 157 – A autoridade que tiver ciência de qualquer irregularidade no serviço público é obrigada a denunciá-la ou promover apuração imediata por meios sumários ou mediante processo disciplinar, assegurada ampla defesa do indiciado.

Não fora apresentado, nos autos, a versão vigente do Estatuto quando do enredo discutido – Lei nº 513/07, e não se pode o localizar no sítio eletrônico oficial da municipalidade (https://www.hidrolandia.ce.gov.br/leis.php?pagina=4).

Todavia, na espécie, tal é dispensável diante do que se depreende da cópia do processo administrativo apresentada nos autos no id. 43700151.

Da documentação se observa que, no dia 15/08/2012 se deu o evento disciplinar que deflagrou o processo, tendo comparecido a denunciante no dia 16/08/2012 para noticiar o ocorrido perante a Ouvidoria Municipal para apuração, mesma data em que colhidos os depoimentos das testemunhas. Ainda nesta data, é emitido "comunicado" ao investigado para que comparecesse ao órgão no dia seguinte, 17/08/2022, às 11:00h, tendo aquele recebido o comunicado no mesmo dia em que deveria comparecer, conforme firma aposta no documento. Neste dia, fora ouvido. Após parecer datado de 22/08/2012, fora aplicada a penalidade por ato do gestor máximo municipal em 23/02/2012 de suspensão do servidor pelo prazo de trinta dias.

Na espécie, concluo, em verdade, que fora aplicado ao procedimento sancionador rito sumaríssimo que, escancaradamente, malfadou o princípio da ampla defesa.

Deveras, do que se depreende é que a duração procedimental inteira, desde a peça de denúncia até a aplicação da penalidade, não superou 8 (oito) dias. É certo que a celeridade processual é um objetivo a toda e qualquer pessoa que conduza um processo, seja no âmbito administrativo, seja no âmbito disciplinar. Todavia, como contraponto, atenta-se que, algum alongamento é natural e decorre, justamente, da necessidade de se ofertar contraditório e ampla defesa adequadamente.

É a lição de Fredie Didier Jr.:

> Bem pensadas as coisas, conquistou-se, ao longo da história, um direito à demora na solução dos conflitos. A partir do momento em que se reconhece a existência de um direito fundamental ao devido processo, está-se reconhecendo, implicitamente, o direito de que a solução do caso deve cumprir, necessariamente, uma série de atos obrigatórios, que compõem o conteúdo mínimo desse direito. A exigência do contraditório, os direitos à produção de provas e aos recursos certamente atravancam a celeridade, mas são garantias que não podem ser desconsideradas ou minimizadas. É preciso fazer o alerta, para evitar discursos autoritários, que pregam a celeridade como valor. Os processos da Inquisição poderiam ser rápidos. Não parece, porém, que se sinta saudade deles.

Ademais, vislumbro outras nulidades no procedimento: i) o investigado fora "convidado" através de um comunicado que solicitava sua presença ao órgão para "tratar de assunto de seu interesse e da Administração Pública", não se tendo alertado com antecedência o real teor da convocação, tampouco sendo-lhe remetida, em substituição, cópia da denúncia para que pudesse adequadamente se preparar; ii) o investigado recebera o "comunicado" no dia 17/08/2012, não se sabe a que horas do dia, para comparecer ao órgão na mesma data às 11:00h, não havendo um mínimo de antecedência em prestígio à ampla defesa; iii) no interrogatório, não lhe fora, segundo o que consta documentado, advertido, antes de dar início, o propósito de sua oitiva (possível aplicação de sanção disciplinar); iv) ao fim do ato, não fora oportunizado ao investigado a apresentação de defesa e/ou o esclarecimento de que poderia constituir advogado; e v) quando da aplicação da sanção, não se advertira o penalizado de que poderia recorrer da decisão.

Destarte, pela conjugação dos elementos acima arrolados, imperioso se reconhecer a nulidade do procedimento adotado, diante dos severos vícios à ampla defesa e ao contraditório do sancionado.

Não se desconhece, é certo, o entendimento jurisprudencial dominante segundo o qual, em sindicância, é prescindível a concessão de contraditório e ampla defesa, mas ressalva-se que tal apenas é aplicável quando se visa apurar preliminarmente a suposta infração disciplinar para, num momento seguinte, deflagrar-se um processo administrativo apropriado com ampla defesa e contraditório plenos. Quando a sindicância é utilizada para impor penalidade, ainda que de menor monta, como advertência e suspensão de até trinta dias, deve-se adequar o rito a fim de já garantir ampla defesa e contraditório nela, inevitavelmente, sob pena de comprometer a sua constitucionalidade.

É o entendimento do Superior Tribunal de Justiça:

ADMINISTRATIVO. RECURSO ESPECIAL. SERVIDOR PÚBLICO. CONDENAÇÃO CRIMINAL. APOSENTADORIA. CASSAÇÃO AUTOMÁTICA. IMPOSSIBILIDADE. NECESSIDADE DE REGULAR PROCESSO ADMINISTRATIVO DISCIPLINAR. OBSERVÂNCIA DO CONTRADITÓRIO E DA AMPLA DEFESA. PRECEDENTES. RECURSO ESPECIAL NÃO PROVIDO.

1. O Supremo Tribunal Federal, no julgamento da ADPF 418/DF, afirmou a constitucionalidade do disposto no arts. 127, IV, e 134 da Lei n. 8.112/1990, entendendo cabível a penalidade de cassação da aposentadoria ao servidor que, na atividade, praticou falta grave.

2. Este Tribunal Superior já estabeleceu a impossibilidade da interpretação extensiva do art. 92, I, do Código Penal, inadmitindo a cassação da aposentadoria como efeito da condenação criminal imposta com base nesse dispositivo legal.

3. Entretanto, à luz da orientação da Corte Maior, é possível a imposição da penalidade no regular processo administrativo disciplinar. Precedente.

4. A apuração da irregularidade cometida no serviço público deve ser realizada em procedimento que assegure ao acusado a ampla defesa, seja ela em sindicância ou processo administrativo disciplinar.

Ademais, o art. 153 da Lei n. 8.112/1990 impõe a observância do princípio do contraditório no inquérito.

5. Recurso especial a que se nega provimento.

(REsp n. 1.589.697/MT, relator Ministro Og Fernandes, Segunda Turma, julgado em 9/11/2021, DJe de 17/12/2021.)

ADMINISTRATIVO. AGRAVO REGIMENTAL NO RECURSO ORDINÁRIO EM MANDADO DE SEGURANÇA. SERVIDOR PÚBLICO. PENA DE SUSPENSÃO POR DEZ DIAS. INEXIGÊNCIA DE ABERTURA DE PROCESSO ADMINISTRATIVO DISCIPLINAR. SINDICÂNCIA. DESRESPEITO AO CONTRADITÓRIO E À AMPLA DEFESA. LEI N. 10.098/94. HIERARQUIA IGUAL OU SUPERIOR A DO SINDICADO. NÃO CUMPRIMENTO. NULIDADE. RECONHECIMENTO. AGRAVO REGIMENTAL DESPROVIDO.

- Esta Corte possui orientação jurisprudencial no sentido de que, quando a penalidade a ser aplicada ao servidor se restringir à advertência ou à suspensão inferior a 30 dias, é dispensada

> a abertura de processo administrativo disciplinar - sendo suficiente, nesses casos, a apuração e consequente aplicação de penalidade por sindicância –, no entanto devem ser respeitados os princípios da ampla defesa e do contraditório, o que não ocorreu no caso dos autos.
>
> - Nos termos da Lei Estadual n. 10.098/94, a Sindicância será sempre cometida a servidor de igual ou superior hierarquia a do sindicado, determinação não cumprida no presente procedimento administrativo.
>
> Agravo regimental desprovido.
>
> (AgRg no RMS n. 19.208/RS, relator Ministro Ericson Maranho (Desembargador Convocado do TJ/SP), Sexta Turma, julgado em 12/5/2015, DJe de 25/5/2015.)

Por conseguinte, reputo nulo o processo administrativo disciplinar e, por consequência, a sanção fixada, sendo necessária a restituição das partes ao *status quo ante*, expurgando-se todos os respectivos registros funcionais e fazendo jus o autor à remuneração que lhe foi tolhida ao tempo da aplicação da penalidade (id 43699874).

Noutro ponto, não concluo ter existido ofensa moral ao demandante ocasionadora de dano reparável por ato ilícito da parte adversa. Isto porque, conforme aduz, o art. 186 c/c art. 927 do CC, ambos amparados pelo art. 5º, X, da CF/88, aquele que pratica ato ilícito, ainda que exclusivamente moral, deve ser instado a indenizar a vítima.

Todavia, no que tange ao dano moral, não sendo o caso de seu reconhecimento *in re ipsa*, é imprescindível que o pretendente providencie, pelos meios de prova disponíveis, a necessária demonstração de ocorrência de abalo psíquico ou ofensa grave a direitos da personalidade, atendendo ao ônus probatório de que cuida o art. 373, I, do CPC. Na espécie, o autor não se desincumbiu de tal encargo.

Ademais, pontue-se que a nulidade ora reconhecida decorreu de reconhecimento de vício procedimental na apuração dos fatos narrados, não havendo reconhecimento, por força desta decisão, de que o servidor não cometeu falta funcional.

III - DISPOSITIVO

À luz do exposto e de tudo o mais que dos autos consta, resolvo o mérito da presente demanda na forma prevista no art. 487, I, do Código de Processo Civil, julgando parcialmente procedente o pedido inicial a fim de: i) **DECLARAR** nulo o processo administrativo disciplinar impugnado e, por consequência, a suspensão disciplinar ali aplicada; e ii) **CONDENAR** o **MUNICÍPIO DE HIDROLÂNDIA** a quitar a **XXXXX** a remuneração que lhe foi decotada em virtude da aplicação da sanção.

A parcela devida será acrescida de correção monetária (INPC) e de juros de mora (no percentual estabelecido no art. 1º-F da Lei nº 9.494/97) a partir do desconto remuneratório, observada, contudo, a incidência do art. 3º da Emenda Constitucional nº 113/2021, a partir de sua publicação, em 09/12/2021, segundo a qual, para fins de atualização monetária e juros, haverá a incidência, uma única vez, até o efetivo pagamento, do índice da taxa referencial do Sistema Especial de Liquidação e de Custódia (SELIC), acumulado mensalmente.

Custas isentas por força do art. 5º, I, da Lei Estadual nº 16.132/16.

Fixo honorários advocatícios de sucumbência ao requerido, no patamar de 10% sobre o valor da condenação, após os cálculos necessários, a teor do art. 85, § 3º, I do CPC.

Não há reexame necessário, em razão do valor da condenação (art. 496, § 1º, I, do CPC).

Após o trânsito em julgado, não havendo provocação da parte para iniciar o cumprimento de sentença, arquivem-se com as baixas de estilo.

Registre-se. Publique-se. Intimem-se.

CASO 3: CONCESSÃO DE AUXÍLIO-ACIDENTE DO RGPS

Vistos etc.

I - RELATÓRIO

Cuida-se, em apertada síntese, de ação ordinária de cunho previdenciário na qual XXXX pretende percepção de auxílio-doença com conversão em aposentadoria por invalidez ou, subsidiariamente, auxílio-acidente em virtude de doença ocupacional, em face do **INSTITUTO NACIONAL DO SEGURO SOCIAL**.

Narra a parte autora, sumariamente, que sofre da condição de "coxoatrose não especificada" (CID 10: 16.9), o que o invalida. Portanto, solicitou a concessão de benefício previdenciário à reclamada, de NB XXX.665.009-9, sendo indeferido o requerimento administrativo ao fundamento de inexistência de incapacidade laborativa detectada.

Citada, a autarquia previdenciária ré apresentou a contestação em que repugna os pleitos autorais ante a não verificação de incapacidade ou debilidade a justificar impactos na atividade laboral.

Instada à réplica, a autora silenciou.

É o interessante relatar; fundamento e julgo.

II - FUNDAMENTAÇÃO

Destaco, inicialmente, que a competência para apreciação da causa em liça pertence a este juízo estadual, por força da regra constitucional do art. 109, I, *in fine*, da CRFB, segundo a qual "*aos juízes federais compete processar e julgar: I – as causas em que a União, entidade autárquica ou empresa pública federal forem interessadas na condição de autoras, rés, assistentes ou oponentes,* ***exceto*** *as de falência,* ***as de acidentes de trabalho*** *e as sujeitas à Justiça Eleitoral e à Justiça do Trabalho*" (destaques acrescentados).

Destarte, malgrado a ré seja autarquia federal, a parte final da regra de competência da Justiça Federal excepciona as ações decorrentes de acidente de trabalho, razão pela qual fora editado o verbete sumular de nº 15 do Superior Tribunal de Justiça (*Compete à Justiça Estadual processar e julgar os litígios decorrentes de acidente do trabalho*).

Não foram arguidas preliminares, tampouco identificou-se-as de ofício, motivo pelo qual há de se seguir desde logo ao exame de mérito.

De início, acolho o laudo pericial de fls. 29/31, produzido no âmbito da Justiça Federal, como prova emprestada, nos termos do art. 372 do CPC. Vale salientar que tanto a autora como a requerida sobre ele se manifestaram, a primeira na petição inicial, tenho sido ela mesma que apresentou o documento, e a segunda em contestação, inclusive com extração de um quesito para sustentar sua tese de defesa, motivo pelo qual se verifica que o contraditório fora adequadamente respeitado. Ademais, o exame é recente, não havendo motivo plausível para se dispender recursos com a realização doutro que, provavelmente, alcançaria a mesma conclusão.

Reclama a parte autora, em síntese, concessão de auxílio-doença com conversão em aposentadoria por invalidez, havendo, ainda, pedido subsidiário de auxílio-acidente, correspondente à redução da capacidade laborativa.

O art. 201, I, da Constituição Federal, estabelece o seguinte:

> Art. 201. A previdência social será organizada sob a forma de regime geral, de caráter contributivo e de filiação obrigatória, observados critérios que prescrevem o equilíbrio financeiro e atuarial, e atenderá, nos termos da lei, a:
>
> I – cobertura dos eventos de doença, invalidez, morte e idade avançada.

O art. 59, *caput*, da Lei nº 8.213/91, que trata do benefício previdenciário de auxílio-doença, assim dispõe:

> Art. 59. O auxílio-doença será devido ao segurado que, havendo cumprido, quando for o caso, o período de carência exigido nesta Lei, ficar incapacitado para o seu trabalho ou para a sua atividade habitual por mais de 15 (quinze) dias consecutivos.

O requerente postula a concessão de **benefício de auxílio-doença ou aposentadoria por invalidez** desde a data do requerimento administrativo. Para tanto, é imprescindível demonstração da condição de segurado, em ambos os casos, e incapacidade laborativa total e temporária, no primeiro benefício, ou total e permanente para o segundo.

A **condição de segurado** resta incontroversa nos autos, na forma do art. 374, III, do CPC, uma vez que a autarquia previdenciária não controverteu tal ponto.

Lado outro, a **incapacidade laborativa** total, parcial ou permanente, inexiste, conforme conclusões alcançadas pelo *expert* no item 5 (fls. 30), às quais adiro por não vislumbrar a existência de elementos suficientes que façam duvidar do resultado da avaliação do capacitado profissional da área específica do conhecimento médico.

Por tal motivo, sem maiores delongas, é de se ter por improcedentes os pedidos de concessão de auxílio-doença e de aposentadoria por invalidez.

Passo, pois, a discorrer sobre o pedido subsidiário.

Intenciona a parte, então, secundariamente, a percepção de auxílio-acidente, benefício previdenciário conferido àqueles que restam acometidos de alguma debilidade permanente que cause redução definitiva da capacidade laboral. Nos termos do art. 86 da Lei nº 8.213/91, "*o auxílio-acidente será concedido, como indenização, ao segurado quando, após consolidação das lesões decorrentes de acidente de qualquer natureza, resultarem seqüelas que impliquem redução da capacidade para o trabalho que habitualmente exercia*".

Indica, enfim, o § 1º do dispositivo o valor do benefício, qual seja, 50% (cinquenta por cento) do salário de benefício.

Convém dispor que a doença profissional e a doença do trabalho equiparam-se a acidente de trabalho para os fins legais, nos termos do art. 20 da lei previdenciária:

> Art. 20. Consideram-se acidente do trabalho, nos termos do artigo anterior, as seguintes entidades mórbidas:
>
> I - doença profissional, assim entendida a produzida ou desencadeada pelo exercício do trabalho peculiar a determinada atividade e constante da respectiva relação elaborada pelo Ministério do Trabalho e da Previdência Social;
>
> II - doença do trabalho, assim entendida a adquirida ou desencadeada em função de condições especiais em que o trabalho é realizado e com ele se relacione diretamente, constante da relação mencionada no inciso I.

Passando ao exame do litígio, como se afirmou oportunamente, não há controvérsia, *in casu*, acerca da condição de segurado, razão pela qual abstive-me de me pronunciar acerca de tal ponto.

No caso dos autos, insta notar, de antemão, que, realizado o exame pericial no segurado, o *expert* apontou inequivocamente que as sequelas havidas da doença ocupacional relatada ocasionam transtorno ao exercício regular de atividade profissional, em virtude da debilidade consequente. A conclusão do perito, pois, foi pela existência de redução da capacidade laboral, conforme categórica resposta aos quesitos 13 e 14 constantes do laudo (fls. 31), havendo ainda esclarecimento de que tal afeta a atividade habitual – agricultura:

> 13. Caso tenha sido detectada a existência de doença/deficiência/retardo mental, mas o(a) periciando(a) não esteja incapacitado para o trabalho por ele informado, ele(a) apresenta sequela que limite/reduza sua capacidade laborativa? Em que intensidade?
>
> Sim; 25%. A redução de capacidade levou em consideração o relato de dor em membro inferior direito de moderada a forte intensidade com necessidade recorrente de analgesia simples.

> 14. A referida doença/deficiência/retardo mental foi decorrente de acidente de qualquer natureza ou decorrente de acidente de trabalho (no exercício da atividade laboral ou no caminho para o trabalho) ou se caracteriza como uma doença ocupacional/profissional?
>
> Caracteriza-se como doença ocupacional, uma vez que a biomecânica do trabalho representa fator de risco para essa patologia.

Ademais, não há elementos nos autos que me permitam concluir de modo diferente, motivo pelo qual, com esteio no art. 479 do CPC/15, acolho suas disposições. Impõe-se, então, dobrar-se à conclusão especializada para reconhecer a procedência da demanda previdenciária.

Adoto, por impositivo, em deferência ao art. 927 do CPC, a concepção de que o grau de incapacitância para tal benefício desimporta, conforme conclusões alcançadas pelo Superior Tribunal de Justiça sob a sistemática do recurso repetitivo:

> PREVIDENCIÁRIO. RECURSO ESPECIAL REPRESENTATIVO DA CONTROVÉRSIA. AUXÍLIO-ACIDENTE. LESÃO MÍNIMA. DIREITO AO BENEFÍCIO.
>
> 1. Conforme o disposto no art. 86, caput, da Lei 8.213/91, exige-se, para concessão do auxílio-acidente, a existência de lesão, decorrente de acidente do trabalho, que implique redução da capacidade para o labor habitualmente exercido.
>
> 2. O nível do dano e, em consequência, o grau do maior esforço, não interferem na concessão do benefício, o qual será devido ainda que mínima a lesão.
>
> 3. Recurso especial provido.
>
> (REsp n. 1.109.591/SC, relator Ministro Celso Limongi (Desembargador Convocado do TJ/SP), Terceira Seção, julgado em 25/8/2010, DJe de 8/9/2010.)

Noutro ponto, não havendo benefício acidentário anterior, é de se concluir que o auxílio-acidente em discussão é devido deste a data do requerimento administrativo, em deferência ao entendimento consolidado do Superior Tribunal de Justiça sob a sistemática dos recursos repetitivos:

> PREVIDENCIÁRIO E PROCESSUAL CIVIL. RECURSO ESPECIAL REPRESENTATIVO DE CONTROVÉRSIA DE NATUREZA REPETITIVA. AUXÍLIO-ACIDENTE DECORRENTE DA CESSAÇÃO DO AUXÍLIO-DOENÇA. FIXAÇÃO

DO TERMO INICIAL. PRECEDENTES DO STJ FIRMADOS À LUZ DA EXPRESSA PREVISÃO LEGAL DO ART. 86, § 2º, DA LEI 8.213/91. TESE FIRMADA SOB O RITO DOS RECURSOS ESPECIAIS REPETITIVOS. ART. 1.036 E SEGUINTES DO CPC/2015. RECURSO ESPECIAL CONHECIDO E PROVIDO.

I. Trata-se, na origem, de ação ajuizada pela parte ora recorrente em face do Instituto Nacional do Seguro Social - INSS, objetivando a concessão de auxílio-acidente, que foi precedido de auxílio-doença acidentário. O Juízo de 1º Grau julgou procedente o pedido inicial, para condenar o réu à concessão do auxílio-acidente, a partir do dia seguinte ao da cessação do auxílio-doença, respeitada a prescrição quinquenal de parcelas do benefício. O Tribunal de origem - conquanto reconhecendo que restara provado, inclusive pela prova pericial, a existência de sequelas do acidente, que "reduzem a capacidade funcional e laborativa do autor e demandam um permanente maior esforço", além do nexo causal, "reconhecido tanto por sua empregadora, que emitiu CAT, como pela autarquia ao conceder-lhe auxílio-doença por acidente do trabalho" - deu parcial provimento à Apelação do INSS e à Remessa Oficial e alterou o termo inicial do benefício para a data da citação.

II. A controvérsia em apreciação cinge-se à fixação do termo inicial do auxílio-acidente, decorrente da cessação do auxílio-doença, na forma dos arts. 23 e 86, § 2º, da Lei 8.213/91.

III. O art. 86, caput, da Lei 8.213/91, em sua redação atual, prevê a concessão do auxílio-acidente como indenização ao segurado, quando, "após consolidação das lesões decorrentes de acidente de qualquer natureza, resultarem sequelas que impliquem redução da capacidade para o trabalho que habitualmente exercia".

IV. Por sua vez, o art. 86, § 2º, da Lei 8.213/91 determina que "o auxílio-acidente será devido a partir do dia seguinte ao da cessação do auxílio-doença, independentemente de qualquer remuneração ou rendimento auferido pelo acidentado, vedada sua acumulação com qualquer aposentadoria".

V. Assim, tratando-se da concessão de auxílio-acidente precedido do auxílio-doença, a Lei 8.213/91 traz expressa disposição quanto ao seu termo inicial, que deverá corresponder ao dia seguinte ao da cessação do respectivo auxílio-doença, pouco importando a causa do acidente, na forma do art. 86, caput e § 2º, da Lei 8.213/91, sendo despiciendo, nessa medida, para essa específica hipótese legal, investigar o dia do acidente, à luz do art. 23 da Lei 8.213/91.

VI. O entendimento do STJ – que ora se ratifica – é firme no sentido de que o auxílio-acidente será devido a partir do dia seguinte ao da cessação do auxílio-doença, mas, inexistente a prévia concessão de tal benefício, o termo inicial deverá corresponder à data do requerimento administrativo. Inexistentes o auxílio-doença e o requerimento administrativo, o auxílio-acidente tomará por termo inicial a data da citação. Nesse sentido: STJ, REsp 1.838.756/SP, Rel. Ministro HERMAN BENJAMIN, SEGUNDA TURMA, DJe de 22/11/2019;

AgInt no REsp 1.408.081/SC, Rel. Ministro NAPOLEÃO NUNES MAIA FILHO, PRIMEIRA TURMA, DJe de 03/08/2017; AgInt no AREsp 939.423/SP, Rel. Ministra DIVA MALERBI (Desembargadora Federal Convocada do TRF/3ª Região), SEGUNDA TURMA, DJe de 30/08/2016; EDcl no AgRg no REsp 1.360.649/SP, Rel. Ministro BENEDITO GONÇALVES, PRIMEIRA TURMA, DJe de 11/05/2015; AgRg no REsp 1.521.928/MG, Rel. Ministro HUMBERTO MARTINS, SEGUNDA TURMA, DJe de 19/06/2015; AgRg no AREsp 342.654/SP, Rel. Ministro MAURO CAMPBELL MARQUES, SEGUNDA TURMA, DJe de 26/08/2014; REsp 1.388.809/SP, Rel. Ministra ELIANA CALMON, SEGUNDA TURMA, DJe de 06/09/2013.

VII. Prevalece no STJ a compreensão de que o laudo pericial, embora constitua importante elemento de convencimento do julgador, não é, como regra, parâmetro para fixar o termo inicial de benefício previdenciário. Adotando tal orientação: STJ, REsp 1.831.866/SP, Rel. Ministro HERMAN BENJAMIN, SEGUNDA TURMA, DJe de 11/10/2019;

REsp 1.559.324/SP, Rel. Ministro NAPOLEÃO NUNES MAIA FILHO, PRIMEIRA TURMA, DJe de 04/02/2019.

VIII. Tese jurídica firmada: "O termo inicial do auxílio-acidente deve recair no dia seguinte ao da cessação do auxílio-doença que lhe deu origem, conforme determina o art. 86, § 2º, da Lei 8.213/91, observando-se, se for o caso, a prescrição quinquenal de parcelas do benefício."

IX. Recurso Especial conhecido e provido, para, em consonância com a tese ora firmada, restabelecer a sentença.

X. Recurso julgado sob a sistemática dos recursos especiais representativos de controvérsia (art. 1.036 e seguintes do CPC/2005 e art. 256-N e seguintes do RISTJ).

(REsp n. 1.729.555/SP, relatora Ministra Assusete Magalhães, Primeira Seção, julgado em 9/6/2021, DJe de 1/7/2021.)

III - DISPOSITIVO

Em face do exposto, e com fundamento no art. 487, I, do CPC, julgo **IMPROCEDENTE** o pedido principal, ao passo que julgo **PROCEDENTE** o pedido subsidiário, com exame de mérito, para determinar que o requerido conceda auxílio-acidente, nos termos do art. 86 e ss da Lei nº 8.213/91 a **XXXX**, bem assim a quitar as verbas vencidas referentes a tal benefício previdenciário desde a data do requerimento administrativo (DER) dirigido à autarquia ré.

Os consectários de mora referentes às prestações vencidas devem observar ao que disposto no REsp 1.495.146-MG, em julgamento tomado sob o rito dos recursos repetitivos, qual sejam, correção monetária pelo INPC e juros de mora pelo índice da caderneta de poupança até a vigência da Emenda Constitucional de º 113, de 8 de dezembro de 2021, a partir da qual deve incidir, exclusiva e mensalmente, a taxa SELIC, conforme art. 3º do referido diploma até a data da efetiva implantação do benefício.

Havendo sucumbência recíproca, estabeleço a obrigação recíproca de as partes arcarem com honorários advocatícios de sucumbência aos causídicos das contrapartes, observado o art. 85, § 3º, do CPC/15, no mínimo legal, a ser liquidado quando do cumprimento de sentença, conforme § 4º, II, do mesmo dispositivo, à proporção de sessenta por cento para o patrono da parte autora e quarenta por cento para a requerida.

Custas isentas, nos termos do art. 5º, I e II, da Lei Estadual nº 16.132/16.

Evito a remessa necessária, haja vista que, embora ilíquida a condenação, nem em tese o valor alcançaria a monta disposta no art. 496, § 3º, I, do CPC (STJ, REsp. 1.735.097/RS, Rel. Min. GURGEL DE FARIA, DJe 11.10.2019).

Publique-se. Registre-se. Intime-se.

Após o trânsito em julgado e adotadas as cautelas de praxe, arquive-se.

CASO 4: MARGEM CONSIGNÁVEL DE SERVIDOR PÚBLICO

Vistos.

I - RELATÓRIO

Trata-se de ação ordinária de cunho constitutivo na qual XXXX litiga em face de **BANCO SANTANDER**.

Sustenta, em síntese, que possui dois contratos de mútuo com referida instituição financeira, com desconto em folha de pagamento, mas que, após redução remuneratória, superam o limite legal de margem consignável.

Requer que o promovido seja instado a atentar para o percentual máximo de trinta por cento de consignação.

Em contestação (fls. 66/81), o promovido argumentara acerca da validade da contratação e da forma de quitação ajustada.

Réplica às fls. 177/180.

É o apertado relato, decido.

II - FUNDAMENTAÇÃO

Cabe o julgamento antecipado da lide, nos termos do art. 355, I, do CPC, na medida em que a controvérsia é meramente jurídica, independendo de outras provas a serem produzidas nos autos.

De partida, acolho a impugnação ao valor da causa envidada pelo requerido em sede de defesa.

Com efeito, o art. 292, II, do CPC, dispõe que:

> Art. 292. O valor da causa constará da petição inicial ou da reconvenção e será:
>
> (...)
>
> II – na ação que tiver por objeto a existência, a validade, o cumprimento, a modificação, a resolução, a resilição ou a rescisão de ato jurídico, o valor do ato ou o de sua parte controvertida;

Na espécie, a parte elencou como valor da causa o somatório dos montantes contratados, mas visa apenas discutir a superação do teto de margem consignável, sem diminuição da valia dos pactos.

Destarte, com fulcro no art. 292, § 3º, do CPC, de ofício, retifico o valor da causa, reduzindo-o a R$ 5.710,92, concernentes ao valor da diferença entre as prestações decotadas e aquelas compreendidas como legais pela própria parte autora, multiplicadas por doze, em leitura analógica do § 2º do mesmo dispositivo.

Superada a preliminar, sigo ao exame do mérito.

Consignação em folha de pagamento é a modalidade de desconto perpetrado na remuneração do devedor realizada diretamente pelo empregador, entidade ou órgão público responsável, antes da disponibilização do numerário salarial ao obreiro ou funcionário público. Dentre os descontos passíveis de consignação, exemplificativamente, estão as retenções tributárias decorrentes da percepção da própria remuneração, as eventuais contribuições sindicais, convênios de planos de saúde e mútuos bancários.

Na linha protecionista da Constituição Federal de 1988, com o fito de garantir o princípio da dignidade da pessoa humana, do art. 1º, III, da Carta Magna, diversas legislações preveem percentuais máximos de descontos passíveis de incidência na remuneração laboral, com o propósito de que o beneficiário não se comprometa financeiramente a ponto de causar prejuízo à sua própria mantença – é a chamada **margem consignável**.

A presente causa versa acerca de empréstimos consignados e eventual superação da margem consignável.

Na definição do Banco Central do Brasil – BACEN, empréstimo consignado *"é uma modalidade de empréstimo em que o desconto da prestação é feito diretamente na folha de pagamento ou de benefício previdenciário do contratante. A consignação em folha de pagamento ou de benefício depende de autorização prévia e expressa do cliente à instituição financeira concedente do empréstimo" (Disponível em: http://www.bcb.gov.br/pre/bc_atende/port/consignados.asp. Acesso em: 20/07/2017).*

A vantagem da contração desta modalidade de empréstimo é a redução dos encargos remuneratórios do mútuo pela instituição concedente, haja vista a considerável minoração dos riscos de inadimplemento contratual pelo devedor.

Como sobredito, diversas legislações e atos normativos infralegais regulamentam a matéria, a depender da natureza jurídica do vínculo estabelecido entre o interessado e a fonte pagadora, ou da qualidade desta. Neste sentido é que, a Lei nº 8.112/90, com a modificação proporcionada pela Medida Provisória nº 681/15, convertida na Lei nº 13.172/15, tratou das consignações realizadas em folha de pagamento dos servidores públicos federais. Atualmente a matéria está regida na Lei nº 14.509, de 27 de dezembro de 2022. Por sua vez, a Lei nº 10.820/03 dispõe sobre as parcelas consignáveis no que concerne aos empregados celetistas. Na mesma ordem de ideias, as legislações estaduais e municipais disciplinam (ou deveriam) as consignações em remuneração de seus funcionários.

Na hipótese, a parte autora, servidora pública local, alega inexistir legislação municipal neste sentido, rogando a aplicação subsidiária da legislação nacional.

Aplico, analógica e subsidiariamente as disposições concernentes à margem consignável dos servidores públicos federais, por mais se aproximar da situação da autora.

Ao tempo da contratação, valia a redação dada pela Lei nº 13.172/15, que dizia:

> § 2º O total de consignações facultativas de que trata o § 1º não excederá a 35% (trinta e cinco por cento) da remuneração mensal, sendo 5% (cinco por cento) reservados exclusivamente para: (Redação dada pela Lei nº 13.172, de 2015) (Vide Lei nº 14.131, de 2021) (Revogado pela Medida Provisória nº 1.132, de 2022) (Revogado pela Lei nº 14.509, de 2022)
>
> I – a amortização de despesas contraídas por meio de cartão de crédito; ou (Incluído pela Lei nº 13.172, de 2015) (Revogado pela Medida Provisória nº 1.132, de 2022)
>
> II – a utilização com a finalidade de saque por meio do cartão de crédito.

Destarte, o limite legal aplicável é de trinta por cento de decotes mensais facultativos, podendo elevar-se em mais cinco por cento para contratos de cartão de crédito.

No caso dos autos, observo que a própria parte autora assume que, quando das contratações, as prestações não atingiam o teto consignável. Todavia, em virtude de superveniente perda do cargo comissionado e respectiva redução remuneratória, o somatório das prestações consignadas passou a representar percentual superior de sua renda, ultrapassando o limite legal.

Entendo não assistir razão à autora.

É que, como ela mesmo confessa, no momento da contratação, as mensalidades contratuais se alinhavam à margem consignável, não havendo, na oportunidade, postura ilícita da instituição financeira.

De se notar, contudo, a conduta da própria parte autora de que, conhecedora de que parcela importante de sua renda advinha de cargo de natureza comissionada, definido pela própria Constituição Federal, lei maior de nosso ordenamento jurídico, como **de livre nomeação e exoneração,** ter comprometido tal parcela remuneratória com os discutidos empréstimos. **E pior, ambos na segunda metade do último ano da gestão em voga da Prefeitura de Santa Quitéria, um deles, inclusive, a menos de quinze dias anteriores à assunção do novo chefe, integrante da oposição ao sucedido.**

Destarte, não há falar em aplicação da teoria da imprevisão, do art. 478 do CC, uma vez que se exige, para tanto, a superveniência de evento extraordinário e imprevisível. Ocorre que, como se percebe, a redução remuneratória da autora adveio de perda de cargo comissionado, fato ordinário e previsível, mormente no que toca ao instante da segunda contratação, em 16/12/2020, quando ciente de que o opositor da atual gestão assumiria o cargo em quinze dias, sendo até mesmo esperado que tal se desse.

Por conseguinte, entendo que a parte autora violou a boa-fé nas relações contratuais debatidas, ofendendo ao art. 422 do CPC:

> Art. 422. Os contratantes são obrigados a guardar, assim na conclusão do contrato, como em sua execução, os princípios de probidade e boa-fé.

Assim é que, em atenção ao contexto e da dinâmica fática que redundou no aperto financeiro da parte autora, impõe-se a aplicação do art. 421, parágrafo único, do CPC:

> Parágrafo único. Nas relações contratuais privadas, prevalecerão o princípio da intervenção mínima e a excepcionalidade da revisão contratual.

Nesse sentido, entendimento do Tribunal de Justiça do Estado do Ceará:

> AGRAVO DE INSTRUMENTO. PEDIDO DE SUSPENSÃO DE EMPRÉSTIMOS EM CONSIGNAÇÃO. ALEGATIVA DE MALFERIMENTO AO REGRAMENTO DA MARGEM CONSIGNÁVEL. FRAGILIDADE DOS ARGUMENTOS. REQUISITOS DO ART. 300 DO CPC: PROBABILIDADE DO DIREITO E RISCO DE GRAVE DANO. NÃO PREENCHIMENTO. RECURSO CONHECIDO E IMPROVIDO. DECISÃO DE PRIMEIRO GRAU MANTIDA. I – Cuida-se de agravo de instrumento interposto por RONALDO GOMES BEZERRA em face de decisão proferida pelo juízo da 32ª Vara Cível da Comarca de Fortaleza – CE, que indeferiu o pedido de antecipação da tutela de urgência do processo de origem (nº 0209826-89.2021.8.06.0001) que move em face do BANCO DO BRASIL S/A. II – Da detida análise do caderno processual, extrai-se que o recorrido é devedor do Banco do Brasil S/A em razão de empréstimos de consignação com desconto diretamente em folha e, argui nas razões recursais, que parte do empréstimo é cobrada com desconto direto na conta-corrente, a demonstrar a abusividade da cobrança. III – Cumpre destacar que no art. 1º da Lei nº 10.820, de 17 de dezembro de 2003, que dispõe sobre a autorização para desconto

de prestações em folha de pagamento, inclusive nos empréstimos de mútuo simples, estabelece que o desconto máximo, referente à amortização de empréstimos, financiamentos ou arrendamento mercantil, deve equivaler a 35% (trinta e cinco por cento) de sua remuneração líquida (sendo 30% para descontos facultativos em geral e 5% para descontos oriundos de operações com cartão de crédito). No caso em tela, por se tratar de empregado público federal, há de se aplicar as disposições normativas constantes do Decreto nº 8.690, de 11 de Março de 2016. Nele, mais especificamente no art. 7º, verifica-se a imposição de um limite para utilização do crédito consignatório, sem ferir a dignidade do servidor/empregado. IV – Na espécie, afirma o Agravante que essa margem está superada, razão pela qual pugna, em medida preventiva, que sejam suspensas as cobranças dos empréstimos que pactuou com o banco Agravado. Ocorre que, como bem destacado pelo magistrado singular, faltou ao Recorrente, neste momento do processo, demonstrar que, de fato, a cobrança feita pelo Banco do Brasil está em dissonância ao regime legal acima elencado. Isso porque, pelos documentos anexados na ação de origem, não ficou claro se houve, ou não, desrespeito por parte do banco apelado. V – O magistrado singular, como razão principal da negativa do pleito de tutela de urgência, afirmou que ao tempo da contratação, fevereiro de 2020, a remuneração do Recorrente era uma (R$ 32.464,40 – fls. 117) e que no decorrer do tempo, passou a um patamar inferior, em janeiro de 2021, (R$ 17.509,99 – fls. 116). Esse argumento, não foi devidamente rechaçado na insurgência e o Recorrente não trouxe elementos fáticos ou jurídicos capazes de infirmar essa conclusão. Dessume-se do processo de origem que o Recorrente detinha cargo comissionado e, por isso, não gozaria daquela primeira remuneração por todo o tempo. VI – Em casos tais, a suspensão dos empréstimos não merece readequação. Não há de se falar em caso extraordinário a permitir a utilização da teoria da imprevisão (ou onerosidade excessiva) – art. 478 do Código Civil –, onde haveria um rearranjo das disposições contratuais, a partir da incidência de acontecimentos extraordinários e imprevisíveis. VII – Sendo assim, "É, pois, descabida a resolução do contrato por onerosidade excessiva. 2. – Não há no processo comprovação da alegação de inobservância da margem consignável da remuneração do apelante. 3. – Não estando configurada a prática de ato ilícito pelo apelado, não há falar em reparação de dano moral. 4. – Recurso desprovido. (TJ-ES – APL: 00060262120158080024, Relator:

> DAIR JOSÉ BREGUNCE DE OLIVEIRA, Data de Julgamento: 06/03/2018, TERCEIRA CÂMARA CÍVEL, Data de Publicação: 16/03/2018)". Não estão preenchidos os requisitos do art. 300 do NCPC para deferimento, nesta oportunidade, da tutela de urgência perseguida, quais sejam: probabilidade do direito e risco de grave dano. VIII – Agravo de instrumento conhecido e improvido. Decisão recorrida mantida. ACÓRDÃO Vistos, relatados e discutidos os presentes autos do Agravo de Instrumento, em que figuram as partes acima referidas, ACORDAM os Senhores Desembargadores da 4ª Câmara de Direito Privado do Tribunal de Justiça do Estado do Ceará, por unanimidade, em conhecer do recurso de agravo de instrumento, e no mérito, NEGAR-LHE PROVIMENTO, tudo nos termos do voto do Desembargador Relator. Fortaleza/CE, 14 de setembro de 2021. RAIMUNDO NONATO SILVA SANTOS Presidente do Órgão Julgador DESEMBARGADOR FRANCISCO BEZERRA CAVALCANTE Relator (Agravo de Instrumento – 0627588-56.2021.8.06.0000, Rel. Desembargador(a) FRANCISCO BEZERRA CAVALCANTE, 4ª Câmara Direito Privado, data do julgamento: 14/09/2021, data da publicação: 14/09/2021)

Na mesma linha de intelecção a seguinte ementa extraída de julgado do Tribunal Federal Regional da 3ª Região:

> E M E N T A APELAÇÃO. SERVIDOR PÚBLICO. CONTRATOS BANCÁRIOS. EMPRÉSTIMO COM DESCONTO EM CONTA CORRENTE. EMPRÉSTIMO CONSIGNADO. LIMITAÇÃO 30% OU 35% DA REMUNERAÇÃO. ALTERAÇÃO SALARIAL. PERDA DE FUNÇÃO COMISSIONADA. LEI 1046/1950. LEI 8112/90. – Diferenciam-se as modalidades de empréstimo consignado em folha de pagamento e empréstimo com desconto autorizado em conta corrente, na medida em que no primeiro a parcela referente ao seu adimplemento sequer chega a ser depositada na conta do mutuário, ou seja, o desconto é realizado pela Administração e passado diretamente à instituição financeira mutuante; e no segundo, o mutuante autoriza o débito direto em sua conta da parcela devida mês a mês – Os limites consignáveis a que se referem as leis nº 1.046/1950 e 8.112/1990 referem-se apenas à primeira modalidade referida. Esses limites são calculados sobre os rendimentos brutos do servidor. Precedentes – Se o devedor tiver redução significativa em seus ganhos mensais posteriormente à celebração do contrato, por fatores alheios a sua vontade e

> imprevisíveis, é de se considerar, analisando-se os contornos do caso concreto, se é cabível o reequilíbrio econômico e financeiro do desconto mensal para ajustá-lo ao percentual máximo de 30% (ou até 35%) do montante bruto indicado na folha de pagamentos. Fatos supervenientes e imprevistos, que surpreendem de maneira inesperada o orçamento doméstico, podem ensejar a determinação de que o contrato seja readequado a esta nova realidade financeira. Entretanto, fatos supervenientes e que, de alguma maneira, já se mostravam possíveis devido à precariedade ou transitoriedade das circunstâncias anteriores não têm o condão de alterar a margem consignável firmada no momento da contratação do empréstimo – A lei zela pela proteção do patrimônio do servidor público nos casos em que cabe à Administração realizar descontos diretamente de suas verbas alimentares. Para além disso, não pode ser conferida proteção extra, sob pena de indevida ingerência na liberdade de contratar de partes maiores e capazes que, por motivos diversos, buscam recursos financeiros além do limite consignável em sua remuneração – No caso dos autos, a parte-autora contraiu empréstimo consignado e, posteriormente, deixou de receber função comissionada, requerendo readequação do contrato a um novo limite consignável. Tal fato não se mostra apto a ensejar a revisão do contrato, pois é da própria natureza das funções e cargos comissionados sua precariedade e demissão ad nutum – Ao celebrar repactuação da dívida, ocorreu novação contratual, nos termos do art. 360 do Código Civil, consolidando-se novo valor devido, que foi reparcelado e definido novo prazo de pagamento. Não há que se exigir, portanto, abatimento de valores pagos anteriormente à novação, pois já foram considerados no novo contrato – Apelação desprovida. (TRF-3 – ApCiv: 50010649320194036136 SP, Relator: Desembargador Federal JOSE CARLOS FRANCISCO, Data de Julgamento: 03/06/2021, 2ª Turma, Data de Publicação: DJEN DATA: 10/06/2021)

Nessa toada, observando-se que a parte autora se inseriu no quadro em que se encontra, cabe a ela buscar meios de sanar as dificuldades advindas, como a busca, junto à instituição, da repactuação das dívidas, estendendo as prestações para diminuir a sua valia, não sendo o caso de intervenção judicial no contrato.

III – DISPOSITIVO

Ante o exposto, com fundamento no art. 487, I, do CPC/15 e nos dispositivos oportunamente ventilados, julgo IMPROCEDENTE o pedido autoral.

Custas e honorários advocatícios pelo sucumbente, estes à ordem de dez por cento sobre o valor conferido à causa, mas suspensos pela gratuidade judiciária deferida, na forma do art. 98, § 3º, do CPC/15.

Publique-se registre-se. Intime-se.

Com o trânsito em julgado, arquivem-se.

Expedientes necessários.

CASO 5: AÇÃO DE IMPROBIDADE ADMINISTRATIVA POR PECULATO DE POLICIAL

Vistos etc.

RELATÓRIO

Trata-se de Ação Civil de Improbidade Administrativa proposta pelo **MINISTÉRIO PÚBLICO** em desfavor de **XXXX** e **YYYY**, pelas razões de fato e de direito expostas na exordial de fls. 04/17.

Juntou documentos de fls. 18/55.

Em síntese, sustenta o órgão acusatório que ambos, em unidade de desígnios, teriam praticado peculato, quando de ocorrência policial em que teria sido flagranteado, dentre outros, **ZZZZ**, tendo sido, na oportunidade, apreendida baixa quantidade de droga – cocaína – além da quantia aproximada de R$ 3.500,00, tendo esta última, contudo, omitida no auto de apreensão, havendo suspeitas de que teria sido surrupiada pelos agentes públicos.

Às fls. 57/64, fora acolhida a cautelar de afastamento dos policiais promovidos.

Devidamente notificadas, as partes promovidas apresentaram manifestação preliminar às fls. 208/216 e 223/239.

Às fls. 293/296, fora recebida a inicial e determinada a citação dos demandados.

Contestações acostadas às fls. 329/335 e 474/513.

Designada audiência de instrução, foram coletados os depoimentos das testemunhas **AAAA** e **BBBB**.

Em manifestação de fls. 719/730, o Ministério Público opinou pelo reconhecimento da procedência processual, cominando aos promovidos as tenazes próprias da legislação de improbidade.

Alegações finais dos promovidos às fls. 737/758 e 763/774.

É o relatório.

FUNDAMENTAÇÃO

As questões de direito material e processual envolvidas ensejam a aplicação da Lei nº 8.429/92, com as alterações impostas pela Lei nº 14.230/21 naquilo que cabível, observadas as normas de direito intertemporal.

Admito a prova colacionada às fls. 607 e ss. como prova emprestada, nos termos do art. 372 do CPC (*art. 372. O juiz poderá admitir a utilização de prova produzida em outro processo, atribuindo-lhe o valor que considerar adequado, observado o contraditório*), tendo as partes processuais tido oportunidade sobre ela se manifestar em suas alegações finais.

Em apertada síntese, o Ministério Público apontou condutas irregulares, e assim, ímprobas, consistentes em peculato dos agentes públicos promovidos em razão da subtração, após operação policial, de numerário apreendido.

Inicialmente, cumpre ressaltar que não há falar em prescrição intercorrente na presente persecução administrativa.

Nesse aspecto, o entendimento do Supremo Tribunal Federal, em sede de repercussão geral (Tema 1.199), é o de que as alterações no regime de improbidade administrativa decorrentes da Lei nº 14.230/21 se aplicam imediatamente, inclusive aos casos anteriores à legislação, **salvo quando já incidir coisa julgada ou no que toca à prescrição.** Segue ementa:

> 'Ementa: CONSTITUCIONAL E ADMINISTRATIVO. IRRETROATIVIDADE DA LEI MAIS BENÉFICA (LEI 14.230/2021) PARA A RESPONSABILIDADE POR ATOS ILÍCITOS CIVIS DE IMPROBIDADE ADMINISTRATIVA (LEI 8.429/92). NECESSIDADE DE OBSERVÂNCIA DA CONSTITUCIONALIZAÇÃO DE REGRAS RÍGIDAS DE REGÊNCIA DA ADMINISTRAÇÃO PÚBLICA E RESPONSABILIZAÇÃO DOS AGENTES PÚBLICOS CORRUPTOS PREVISTAS NO ARTIGO 37 DA CF. INAPLICABILIDADE DO ARTIGO 5º, XL DA CONSTITUIÇÃO FEDERAL AO DIREITO ADMINISTRATIVO SANCIONADOR POR AUSÊNCIA DE EXPRESSA PREVISÃO NORMATIVA. APLICAÇÃO DOS NOVOS DISPOSITIVOS LEGAIS SOMENTE A PARTIR DA ENTRADA EM VIGOR DA NOVA LEI, OBSERVADO O RESPEITO AO ATO JURÍDICO PERFEITO E A COISA JULGADA (CF, ART. 5º, XXXVI). RECURSO EXTRAORDINÁRIO PROVIDO COM A FIXAÇÃO DE TESE DE REPERCUSSÃO GERAL PARA O TEMA 1199. 1. A Lei de Improbidade Administrativa, de 2 de junho de 1992, representou uma das maiores conquistas do povo brasileiro no combate à corrupção e à má gestão dos recursos públicos. 2. O aperfeiçoamento do combate à corrupção no serviço público foi uma grande preocupação do legislador constituinte, ao estabelecer, no art. 37 da Constituição Federal, verdadeiros códigos de conduta à Administração Pública e aos seus agentes, prevendo, inclusive, pela primeira vez no texto constitucional, a possibilidade de responsabilização e aplicação de graves sanções pela prática de atos de improbidade administrativa (art. 37, § 4º, da CF). 3. A Constituição de 1988

privilegiou o combate à improbidade administrativa, para evitar que os agentes públicos atuem em detrimento do Estado, pois, como já salientava Platão, na clássica obra REPÚBLICA, a punição e o afastamento da vida pública dos agentes corruptos pretendem fixar uma regra proibitiva para que os servidores públicos não se deixem "induzir por preço nenhum a agir em detrimento dos interesses do Estado". 4. O combate à corrupção, à ilegalidade e à imoralidade no seio do Poder Público, com graves reflexos na carência de recursos para implementação de políticas públicas de qualidade, deve ser prioridade absoluta no âmbito de todos os órgãos constitucionalmente institucionalizados. 5. A corrupção é a negativa do Estado Constitucional, que tem por missão a manutenção da retidão e da honestidade na conduta dos negócios públicos, pois não só desvia os recursos necessários para a efetiva e eficiente prestação dos serviços públicos, mas também corrói os pilares do Estado de Direito e contamina a necessária legitimidade dos detentores de cargos públicos, vital para a preservação da Democracia representativa. 6. A Lei 14.230/2021 não excluiu a natureza civil dos atos de improbidade administrativa e suas sanções, pois essa "natureza civil" retira seu substrato normativo diretamente do texto constitucional, conforme reconhecido pacificamente por essa SUPREMA CORTE (TEMA 576 de Repercussão Geral, de minha relatoria, RE nº 976.566/PA). 7. O ato de improbidade administrativa é um ato ilícito civil qualificado – "ilegalidade qualificada pela prática de corrupção" – e exige, para a sua consumação, um desvio de conduta do agente público, devidamente tipificado em lei, e que, no exercício indevido de suas funções, afaste-se dos padrões éticos e morais da sociedade, pretendendo obter vantagens materiais indevidas (artigo 9º da LIA) ou gerar prejuízos ao patrimônio público (artigo 10 da LIA), mesmo que não obtenha sucesso em suas intenções, apesar de ferir os princípios e preceitos básicos da administração pública (artigo 11 da LIA). 8. A Lei 14.230/2021 reiterou, expressamente, a regra geral de necessidade de comprovação de responsabilidade subjetiva para a tipificação do ato de improbidade administrativa, exigindo – em todas as hipóteses – a presença do elemento subjetivo do tipo – DOLO, conforme se verifica nas novas redações dos artigos 1º, §§ 1º e 2º; 9º, 10, 11; bem como na revogação do artigo 5º. 9. Não se admite responsabilidade objetiva no âmbito de aplicação da lei de improbidade administrativa desde a edição da Lei 8.429/92 e, a partir da Lei 14.230/2021, foi revogada a modalidade culposa prevista no artigo 10 da LIA. 10. A opção do legislador em alterar a lei de improbidade administrativa com a supressão da modalidade culposa do ato de improbidade administrativa foi clara e plenamente válida, uma vez que é a própria Constituição Federal que delega à legislação ordinária a forma e tipificação dos atos de improbidade administrativa e a gradação das sanções constitucionalmente estabelecidas (CF, art. 37, §4º). 11. O princípio da retroatividade da lei penal, consagrado no inciso XL do artigo 5º da Constituição Federal ("a lei penal não retroagirá, salvo para beneficiar o réu") não tem aplicação automática para a responsabilidade por atos ilícitos civis de improbidade administrativa, por ausência de expressa previsão legal e sob pena de desrespeito à constitucionalização das regras rígidas de regência da Administração Pública e responsabilização dos agentes públicos corruptos com flagrante desrespeito e enfraquecimento do Direito Administrativo Sancionador. 12. Ao revogar a modalidade culposa do ato de improbidade administrativa, entretanto, a Lei 14.230/2021, não trouxe qualquer previsão de "anistia" geral para todos aqueles que, nesses mais de 30 anos de aplicação da LIA, foram condenados pela forma culposa de artigo 10; nem tampouco determinou, expressamente, sua retroatividade ou mesmo estabeleceu uma regra de transição que pudesse auxiliar o intérprete na aplicação dessa norma – revogação do ato de improbidade administrativa culposo – em situações diversas como ações em andamento, condenações não transitadas em julgado e condenações transitadas em julgado. 13. A norma mais benéfica prevista pela Lei 14.230/2021 – revogação da modalidade culposa do ato de improbidade administrativa –, portanto, não é retroativa e, consequentemente, não tem incidência em relação à eficácia da coisa julgada; nem tampouco durante o processo de execução das penas e seus incidentes. Observância do artigo 5º, inciso XXXVI da Constituição Federal. 14. Os prazos prescricionais previstos em lei garantem a segurança jurídica, a estabilidade e a previsibilidade do ordenamento jurídico; fixando termos exatos para que o Poder Público possa aplicar as sanções derivadas de condenação por ato de improbidade administrativa. 15. A prescrição é o perecimento da pretensão punitiva ou da pretensão executória pela INÉRCIA do próprio Estado. A prescrição prende-se à noção de perda do direito de punir do Estado por sua negligência, ineficiência ou incompetência em determinado lapso de tempo. 16. Sem INÉRCIA não há PRESCRIÇÃO. Sem INÉRCIA não há sancionamento ao titular da pretensão. Sem INÉRCIA não há possibilidade de se afastar a proteção à probidade e ao patrimônio público. 17. Na

> aplicação do novo regime prescricional – novos prazos e prescrição intercorrente – , há necessidade de observância dos princípios da segurança jurídica, do acesso à Justiça e da proteção da confiança, com a IRRETROATIVIDADE da Lei 14.230/2021, garantindo-se a plena eficácia dos atos praticados validamente antes da alteração legislativa. 18. Inaplicabilidade dos prazos prescricionais da nova lei às ações de ressarcimento ao erário fundadas na prática de ato doloso tipificado na Lei de Improbidade Administrativa, que permanecem imprescritíveis, conforme decidido pelo Plenário da CORTE, no TEMA 897, Repercussão Geral no RE 852.475, Red. p/Acórdão: Min. EDSON FACHIN. 19. Recurso Extraordinário PROVIDO. Fixação de tese de repercussão geral para o Tema 1199: "1) É necessária a comprovação de responsabilidade subjetiva para a tipificação dos atos de improbidade administrativa, exigindo-se – nos artigos 9º, 10 e 11 da LIA – a presença do elemento subjetivo – DOLO; 2) A norma benéfica da Lei 14.230/2021 – revogação da modalidade culposa do ato de improbidade administrativa –, é IRRETROATIVA, em virtude do artigo 5º, inciso XXXVI, da Constituição Federal, não tendo incidência em relação à eficácia da coisa julgada; nem tampouco durante o processo de execução das penas e seus incidentes; 3) A nova Lei 14.230/2021 aplica-se aos atos de improbidade administrativa culposos praticados na vigência do texto anterior da lei, porém sem condenação transitada em julgado, em virtude da revogação expressa do texto anterior; devendo o juízo competente analisar eventual dolo por parte do agente; 4) O novo regime prescricional previsto na Lei 14.230/2021 é IRRETROATIVO, aplicando-se os novos marcos temporais a partir da publicação da lei".
>
> (ARE 843989, Relator(a): ALEXANDRE DE MORAES, Tribunal Pleno, julgado em 18/08/2022, PROCESSO ELETRÔNICO REPERCUSSÃO GERAL – MÉRITO DJe-251 DIVULG 09-12-2022 PUBLIC 12-12-2022)

Com efeito, a Corte Suprema compreendeu que a novel disciplina prescricional intercorrente não é retroativa, passando o lapso prescricional a contar, nas demandas ainda pendentes quando da vigência dos termos alterados da lei em epígrafe, a partir da publicação desta, conforme trecho acima destacado da ementa do julgado.

Superado o ponto, adentro do mérito das questões aventadas.

De partida, ressalto que está sendo imputada aos requeridos a conduta de apropriação indevida de valores objeto de apreensão em ocorrência policial, a qual, em tese, se subsumiria ao tipo constante do art. 9º, I, da Lei de Improbidade Administrativa:

> Art. 9º Constitui ato de improbidade administrativa importando em enriquecimento ilícito auferir, mediante a prática de ato doloso, qualquer tipo de vantagem patrimonial indevida em razão do exercício de cargo, de mandato, de função, de emprego ou de atividade nas entidades referidas no art. 1º desta Lei, e notadamente: (Redação dada pela Lei nº 14.230, de 2021)
>
> I – receber, para si ou para outrem, dinheiro, bem móvel ou imóvel, ou qualquer outra vantagem econômica, direta ou indireta, a título de comissão, percentagem, gratificação ou presente de quem tenha interesse, direto ou indireto, que possa ser atingido ou amparado por ação ou omissão decorrente das atribuições do agente público;

Nesse campo observo, preliminarmente, o teor da sentença prolatada no âmbito do inquérito policial nº 0000000-12.2015.8.06.0001, instaurado para apurar a conduta de **WWWW** e de **XXXX**, policiais militares, este último parte promovida nesta demanda, na ocorrência também ora em análise, copiada às fls 701/705.

Consigne-se que o magistrado criminal houve por bem, acatando sugestão ministerial, determinar o arquivamento da investigação penal, "**reconhecendo a inexistência de crime militar, com esteio no art. 25, § 2º, do CPPM**". Na espécie, malgrado o redator tenha se valido da expressão "falta de provas" ao longo de sua fundamentação, em verdade, concluiu peremptoriamente pela inexistência de crime, conclusão que decorre não apenas da literalidade do dispositivo, como por outros trechos da argumentação, tal como o *infra* colacionado:

> "É cristalino que os policiais militares fizeram o que legalmente o competiam, porém os percalços observados na narrativa dos fatos, são oriundos do procedimento interno adotado na Delegacia Municipal de Santa Quitéria. Compete unicamente a este juízo, analisar a conduta dos policiais militares, o que comprovadamente se amoldam a estrita obediência da norma processual penal."

Por conseguinte, a despeito de viger o princípio da independência das instâncias administrativa, civil e penal, é cediço que, em razão de o juízo criminal ter uma responsabilidade probatória maior, haja vista estar decidindo acerca de um dos bens mais importantes e direito fundamental do ser humano – a liberdade – a conclusão deste pela inexistência cabal do fato e/ou do ato ilícito prejudica a análise pelo juiz cível nos campos civil e administrativo.

É a regra que decorre do art. 935 do Código Civil:

> Art. 935. A responsabilidade civil é independente da criminal, não se podendo questionar mais sobre a existência do fato, ou sobre quem seja o seu autor, quando estas questões se acharem decididas no juízo criminal.

Destarte, considerando que os fatos aqui apurados se amoldam, tanto quanto, a figura criminal, mas tendo, nesta seara, o juízo criminal concluído pela inexistência de fato típico em relação a **XXXX**, de rigor, por arrastamento, o desfecho de improcedência dos pedidos aqui veiculados em seu favor.

Resta, pois, avaliar o mérito no que toca ao outro promovido, **YYYY**.

O Ministério Público, em suas alegações finais, após ampla oportunidade probatória, baliza sua pretensão condenatória **exclusivamente** em relato do policial militar **WWWW**, inclusive um dos envolvidos e investigados no episódio em apuração, obtido reservadamente pelo próprio órgão acusatório em âmbito de PIC interno.

Vale salientar que a referida coleta testemunhal se deu perante o Promotor de Justiça, na sede da respectiva promotoria, não tendo sido repetido em juízo sob a presidência de magistrado imparcial e sob o crivo do contraditório e da ampla defesa.

Ao revés, em sede de instrução, apenas foram coligidos os testemunhos de **AAAA** e **BBBB**, que foram flagranteados na mesma operação policial que redundou nos fatos investigados, mas que não eram os titulares dos valores supostamente apropriados, uma vez que, segundo consta, tais pertenciam ao também flagranteado **ZZZZ**.

Ocorre que, conforme se constata dos termos de declaração, de fls. 50/52, juntados pelo próprio Ministério Público, e de fls. 646/649, este último dado perante os órgãos correicionais da Polícia Militar, **ZZZZ** mantém versão uníssona e congruente de que teria recebido tais valores em restituição através de seu advogado.

A versão é corroborada através do depoimento do próprio causídico, Dr. **CCCC**, que atuou nos interesses dos flagranteados, no sentido de que teria recebido a quantia da Polícia Civil em sua integralidade, tendo repassado ao Sr. **ZZZZ**, o qual a teria usado em parte para quitar os honorários advocatícios (fls. 656).

Embora não vincule, na forma do já citado art. 935 do CC, mas valendo como reforço argumentativo, fora inaugurada ação penal em face do **ZZZZ** por crime de falso testemunho, pela sua versão dada à autoridade ministerial quando do PIC acima descrito, que redundou no já mencionado termo de fls.

50/52, quando esclareceu ter recebido a quantia apreendida do advogado, de nº 0000000-26.2015.8.06.0085. Cumpre registrar que o réu fora absolvido por falta de provas, conforme sentença de fls 209/215 daqueles autos, **contra a qual não fora proposto recurso pelo Ministério Público**, havendo consequente trânsito em julgado.

É certo que a prova que salta dos autos vai no sentido de que, em um primeiro momento, a quantia de aproximadamente R$ 3.500,00 foi omitida do auto de apreensão pelo promovido **YYYY**, conforme se depreende dos depoimentos da escrivã **DDDD** (fls. 632/636) e do delegado de polícia **EEEE** (fls. 642/645).

Todavia, como antedito, os indicativos mais sólidos nos autos são de que a verba teria sido considerada desimportante pelo agente **YYYY** para a apuração criminal e desde logo restituída ao proprietário através de seu advogado.

Ademais, como relatado pelo delegado de polícia **EEEE**, embora não tivesse tido ciência, em um primeiro momento, da existência da apreensão de dinheiro, se o soubesse como sabia no momento de seu testemunho, teria mantido a capitulação legal de posse de droga pra consumo pessoal e seguido os mesmos trâmites rituais que foram observados na ocasião, se depreendendo que, ainda, a omissão do promovido não acarretou prejuízo à persecução penal deflagrada.

Não se está aqui a justificar a regularidade da conduta do promovido, na medida em que, como se sabe, todos os bens apreendidos em ocorrência policial devem ser apresentados e catalogados pelas autoridades militar e civil envolvidas, cabendo à autoridade civil e, em segundo plano, à autoridade judiciária, após oitiva do Ministério Público, em incidente próprio, providenciar a restituição a quem de direito, conforme determina a legislação processual penal.

Entretanto, se pontua que a conduta do agente não se amolda ao tipo do art. 9º, I, da LIA, por não ter se revertido valores em proveito próprio. Poder-se-ia cogitar, como o fizera o órgão acusatório, de enquadramento da conduta nos arts. 11, I e II, então vigentes, da mesma Lei.

Observo que a ação fora deflagrada em data anterior 25 de outubro de 2021. A Lei de Improbidade administrativa previa, ao tempo do ajuizamento da demanda, a figura típica de violação aos princípios da administração pública, nos termos do art. 11 da Lei nº 8.429/92, e ainda dispunha que o rol do referido dispositivo era meramente exemplificativo, compreensão endossada pela jurisprudência dominante das Cortes Nacionais, inclusive do Superior Tribunal de Justiça. O artigo continha a seguinte redação:

> Art. 11. Constitui ato de improbidade administrativa que atenta contra os princípios da administração pública qualquer ação ou omissão que viole os deveres de honestidade, imparcialidade, legalidade e lealdade às instituições, e notadamente:

> I – praticar ato visando fim proibido em lei ou regulamento ou diverso daquele previsto na regra de competência;
>
> II – retardar ou deixar de praticar, indevidamente, ato de ofício;

Contudo, em 25 de outubro de 2021, entrou em vigor a Lei nº 14.230/21, que promoveu alterações substanciais e volumosas na Lei de Improbidade Administrativa, inclusive, no que ora importa, passando a exigir expressamente a comprovação de dolo com fim ilícito, não bastando a voluntariedade do agente (art. 1º, §2º, da Lei 8.429/92), bem assim restringindo as figuras típicas do art. 11, revogando integralmente a dos incisos I (que justificou a interposição da presente demanda) e II e passando a prever o *caput* que a violação decorreria da prática de alguma das condutas arroladas nos incisos que o seguem, havendo de se compreender pela taxatividade do elenco.

> Art. 11. Constitui ato de improbidade administrativa que atenta contra os princípios da administração pública a ação ou omissão dolosa que viole os deveres de honestidade, de imparcialidade e de legalidade, caracterizada por uma das seguintes condutas: (Redação dada pela Lei nº 14.230, de 2021)
>
> I – (revogado); (Redação dada pela Lei nº 14.230, de 2021)
>
> II – (revogado); (Redação dada pela Lei nº 14.230, de 2021)
>
> III – revelar fato ou circunstância de que tem ciência em razão das atribuições e que deva permanecer em segredo, propiciando beneficiamento por informação privilegiada ou colocando em risco a segurança da sociedade e do Estado; (Redação dada pela Lei nº 14.230, de 2021)
>
> IV – negar publicidade aos atos oficiais, exceto em razão de sua imprescindibilidade para a segurança da sociedade e do Estado ou de outras hipóteses instituídas em lei; (Redação dada pela Lei nº 14.230, de 2021)
>
> V – frustrar, em ofensa à imparcialidade, o caráter concorrencial de concurso público, de chamamento ou de procedimento licitatório, com vistas à obtenção de benefício próprio, direto ou indireto, ou de terceiros; (Redação dada pela Lei nº 14.230, de 2021)
>
> VI – deixar de prestar contas quando esteja obrigado a fazê-lo, desde que disponha das condições para isso, com vistas a ocultar irregularidades; (Redação dada pela Lei nº 14.230, de 2021)
>
> VII – revelar ou permitir que chegue ao conhecimento de terceiro, antes da respectiva divulgação oficial, teor de medida

> política ou econômica capaz de afetar o preço de mercadoria, bem ou serviço.
>
> VIII – descumprir as normas relativas à celebração, fiscalização e aprovação de contas de parcerias firmadas pela administração pública com entidades privadas. (Vide Medida Provisória nº 2.088-35, de 2000) (Redação dada pela Lei nº 13.019, de 2014)
>
> IX – (revogado); (Redação dada pela Lei nº 14.230, de 2021)
>
> X – (revogado); (Redação dada pela Lei nº 14.230, de 2021)
>
> XI – nomear cônjuge, companheiro ou parente em linha reta, colateral ou por afinidade, até o terceiro grau, inclusive, da autoridade nomeante ou de servidor da mesma pessoa jurídica investido em cargo de direção, chefia ou assessoramento, para o exercício de cargo em comissão ou de confiança ou, ainda, de função gratificada na administração pública direta e indireta em qualquer dos Poderes da União, dos Estados, do Distrito Federal e dos Municípios, compreendido o ajuste mediante designações recíprocas; (Incluído pela Lei nº 14.230, de 2021)
>
> XII – praticar, no âmbito da administração pública e com recursos do erário, ato de publicidade que contrarie o disposto no § 1º do art. 37 da Constituição Federal, de forma a promover inequívoco enaltecimento do agente público e personalização de atos, de programas, de obras, de serviços ou de campanhas dos órgãos públicos. (Incluído pela Lei nº 14.230, de 2021)

Quanto à taxatividade das condutas, assim leciona Marçal Justen Filho (FILHO, Marçal Justen, Reforma da Lei de Improbidade Administrativa Comparada e Comentada, p. 135-136, 1ª ed., 2022, Editora Forense):

> Outra inovação significativa promovida pela Lei 14.230/2021 foi a eliminação do cunho exemplificativo do elenco dos incisos do art. 11. redação anterior da Lei 8.429 continha a expressão "e notadamente" para as hipóteses referidas nos diversos incisos. Essa fórmula verbal indicava a ausência de cunho exaustivo das condutas referidas, que apresentavam uma natureza exemplificativa. A Lei 14.230/2021 estabeleceu que a configuração da improbidade, em caso de violação aos deveres de honestidade, imparcialidade e legalidade seria "caracterizada por uma das seguintes condutas", a que se seguem as hipóteses contempladas nos incisos. Portanto, o elenco dos incisos deixou de apresentar cunho exemplificativo. Há um conjunto exaustivo de situações tipificadas. Uma conduta que não se subsuma às hipóteses dos incisos é destituída de tipicidade.

Nesse sentido, por representar o regramento direito administrativo sancionador, entende a doutrina e a jurisprudência majoritárias pela aplicação retroativa da lei mais benéfica, em aplicação analógica do art. 5º, XL, da Constituição Federal. É o entendimento do Tribunal de Justiça do Estado do Ceará, conforme ementas abaixo colacionadas:

> REEXAME NECESSÁRIO E APELAÇÃO CÍVEL. AÇÃO DE IMPROBIDADE ADMINISTRATIVA. PRELIMINAR. APLICAÇÃO IMEDIATA AO CASO DO ART. 17, §19, INCISO IV, C/C ART. 17-C, §3º DA LEI Nº 8.429/1992 COM REDAÇÃO DADA PELA LEI Nº 14.230/2021. DISPENSA DO DUPLO GRAU DE JURISDIÇÃO OBRIGATÓRIO. MÉRITO. EX-PREFEITO DO MUNICÍPIO DE BOA VIAGEM/CE. NÃO DEPÓSITO DE VALORES NECESSÁRIOS PARA O PAGAMENTO DOS PRECATÓRIOS. ENQUADRAMENTO DE SUA CONDUTA NO ART. 11, INCISO I, DA LEI Nº 8.429/92. POSTERIOR REVOGAÇÃO DO TIPO. RETROATIVIDADE DA NORMA MAIS BENÉFICA EM FAVOR DO ACUSADO. DIRETO ADMINISTRATIVO SANCIONADOR. PRECEDENTES DESTE TRIBUNAL. RECURSO CONHECIDO E NÃO PROVIDO. SENTENÇA INTEGRALMENTE MANTIDA. 1. Em evidência, Reexame Necessário e Apelação Cível, adversando sentença em que o magistrado de primeiro grau concluiu pela improcedência de ação de improbidade administrativa movida pelo MP/CE em face do ex-prefeito do Município de Boa Viagem/CE. 2. Preliminarmente, diante das recentes alterações introduzidas na Lei nº 8.429/1992 pela Lei nº 14.230/2021, não há mais que se falar em duplo grau de jurisdição obrigatório, quando a ação de improbidade administrativa, é considerada totalmente improcedente. 3. Com efeito, resta superada a discussão que havia em torno da aplicação subsidiária, em tais casos, da Lei nº 4.717/1965 (Lei de Ação Popular), uma vez que se tem, agora, norma específica, dispondo em sentido contrário. 4. Já com relação ao mérito, é possível se inferir dos autos que foi atribuída ao ex-gestor a prática de suposto atraso no repasse dos valores necessários para o pagamento de precatórios, e enquadrada sua conduta no art. 11, inciso I, da Lei nº 8.429/1992 ("praticar ato visando fim proibido em lei ou regulamento ou diverso daquele previsto, na regra de competência"). 5. Ocorre que, no curso da lide, houve a revogação do referido tipo pela Lei nº 14.230/2021, devendo, consequentemente, ser aplicada a norma mais benéfica em favor do acusado (CF/88, art. 5º, inciso XL). 6. De fato, tem prevalecido entre os mais diversos tribunais do país a orientação de que a LIA faz

parte do que se convencionou chamar de "direito administrativo sancionador", onde a lei nova, se for favorável aos interesses do acusado, deve retroagir para beneficiá-lo. 7. Permanecem, então, inabalados os fundamentos utilizados, in casu, pelo magistrado de primeiro grau, impondo-se confirmação de seu decisum neste azo. - Precedentes. - Reexame necessário não conhecido. - Apelação cível conhecida e não provida. - Sentença mantida. ACÓRDÃO Vistos, relatados e discutidos os presentes autos de Reexame Necessário e Apelação Cível nº 0002300-70.2019.8.06.0051, em que figuram as partes acima indicadas. Acorda a 3ª Câmara de Direito Público do egrégio Tribunal de Justiça do Estado do Ceará, por unanimidade, em não conhecer do reexame necessário e conhecer da apelação cível, mas para lhe negar provimento, confirmando integralmente a sentença proferida pelo magistrado de primeiro grau, nos termos do voto da Relatora. Fortaleza, 18 de julho de 2022 DESEMBARGADORA MARIA IRACEMA MARTINS DO VALE Relatora (Apelação / Remessa Necessária - 0002300-70.2019.8.06.0051, Rel. Desembargador(a) MARIA IRACEMA MARTINS DO VALE, 3ª Câmara Direito Público, data do julgamento: 18/07/2022, data da publicação: 18/07/2022)

DIREITO PÚBLICO. AÇÃO DE IMPROBIDADE ADMINISTRATIVA. CONDENAÇÃO PELA PRÁTICA DO ATO TIPIFICADO NO ART. 11, INCISOS I E II, DA LEI Nº 8.429/92. REVOGAÇÃO DOS DISPOSITIVOS PELA LEI Nº 14.230/21. ROL TAXATIVO. APLICAÇÃO IMEDIATA DA LEI MAIS BENÉFICA - ART. 1º, §4º, DA LEI Nº 8.429/92 E ART. 5, LX, DA CONSTITUIÇÃO FEDERAL. AÇÃO DE IMPROBIDADE JULGADA IMPROCEDENTE. RECURSO CONHECIDO E PROVIDO. 1. O Ministério Público, ao propor a ação de improbidade administrativa, narrou que, conforme apurado em Inquérito Civil nº 01/2016, instaurado a partir de representação do Tribunal de Contas dos Municípios, o réu, no exercício do cargo de Secretário Municipal de Infraestrutura do Município de Solonópole, deixou de repassar ao INSS a integralidade dos valores descontados dos vencimentos dos servidores públicos da referida secretaria a título de contribuição previdenciária, no período de 1º de abril de 2009 a 4 de abril de 2012. 2. Após instrução, o magistrado concluiu pela prática do ato de improbidade administrativa disciplinado no art. 11, incisos I e II, da Lei nº 8.429/92. 3. Todavia, a Lei nº 14.230, publicada no Diário Oficial da União de 26 de outubro de 2021, com vigência na data de publicação (art. 5º), revogou os incisos I e II do art. 11 da Lei nº 8.429/92. 4. O rol do art. 11 da Lei de Improbidade, após a exclusão da expressão "notadamente", passou a ser taxativo, logo se a conduta foi excluída do rol não é possível manter a condenação pela prática do ato imputado ao agente. 5. Ressalte-se que a nova redação do art. 1º, §4º, da Lei nº 8.429/92, alterado pela Lei nº 14.230/2021, deixou explícito que "Aplicam-se ao sistema da improbidade disciplinado nesta Lei os princípios constitucionais do direito administrativo sancionador.". Assim, o princípio da retroatividade da lei mais benéfica (CF, art. 5º, XL) é aplicável ao direito administrativo repressivo ou sancionador e, portanto, incide no âmbito próprio e específico do regime jurídico da Lei de Improbidade Administrativa. 6. Nessa perspectiva, como a conduta atribuída ao apelante tipificada no art. 11, incisos I e II, da Lei nº 8.429/92 foi revogado pela Lei nº 14.230/21 não há como manter a condenação imposta na sentença, haja vista a aplicação imediata da lei mais benéfica nos termos do art. 5º, inciso XL, da Constituição Federal. 7. Recurso de Apelação conhecido e provido. Ação de Improbidade julgada improcedente. ACÓRDÃO Vistos, relatados e discutidos os presentes autos, ACORDAM os Desembargadores membros da 2ª Câmara de Direito Público do Egrégio Tribunal de Justiça do Estado do Ceará, por unanimidade, em conhecer da Apelação para dar-lhe provimento, nos termos do voto do eminente Desembargador Relator. Fortaleza, 13 de julho de 2022 MARIA IRANEIDE MOURA SILVA Presidente do Órgão Julgador DESEMBARGADOR RAIMUNDO NONATO SILVA SANTOS Relator (Apelação Cível – 0003919-43.2017.8.06.0168, Rel. Desembargador(a) RAIMUNDO NONATO SILVA SANTOS, 2ª Câmara Direito Público, data do julgamento: 13/07/2022, data da publicação: 13/07/2022)

CONSTITUCIONAL E ADMINISTRATIVO. PROCESSUAL CIVIL. AÇÃO DE IMPROBIDADE ADMINISTRATIVA. AUTORIA DO MINISTÉRIO PÚBLICO. IMPUTAÇÃO. PRÁTICA DE ATO QUE IMPORTA ENRIQUECIMENTO ILÍCITO E VIOLA OS PRINCÍPIOS DA ADMINISTRAÇÃO PÚBLICA. SENTENÇA DE IMPROCEDÊNCIA. AUSÊNCIA DE DOLO NA CONDUTA DO AGENTE. APELAÇÃO DO AUTOR. LEI SUPERVENIENTE. EXCLUSÃO DAS CONDUTAS CULPOSAS DO REGIME JURÍDICO DA IMPROBIDADE ADMINISTRATIVA. RETROATIVIDADE DA LEI MAIS BENÉFICA. INCIDÊNCIA NO CASO CONCRETO. APELAÇÃO DESPROVIDA. SENTENÇA CONFIRMADA.

> ACÓRDÃO Vistos, relatados e discutidos estes autos, acorda a SEGUNDA CÂMARA DE DIREITO PÚBLICO DO TRIBUNAL DE JUSTIÇA DO ESTADO DO CEARÁ, por unanimidade, em negar provimento à apelação, nos termos do voto do Relator, que faz parte desta decisão. Fortaleza, data registrada no sistema. FRANCISCO GLADYSON PONTES Relator (Apelação Cível - 0002072-72.2018.8.06.0167, Rel. Desembargador(a) FRANCISCO GLADYSON PONTES, 2ª Câmara Direito Público, data do julgamento: 06/07/2022, data da publicação: 06/07/2022)

Por conseguinte, é impossível, neste momento temporal, considerar as condutas do promovido **YYYY** como infratoras e violadoras dos princípios da administração pública, por ter praticado ato visando fim proibido em lei ou regulamento ou diverso daquele previsto, na regra de competência e/ou retardado ou deixado de praticar, indevidamente, ato de ofício, porquanto tais hipóteses de incidência encontram-se revogadas.

DISPOSITIVO

Ante o exposto, **JULGO IMPROCEDENTES** os pedidos da ação, extinguindo o processo com resolução do mérito, com fulcro no art. 487, I, do CPC c/c art. 17, § 11, da Lei nº 8.429/92.

Deixo de condenar o autor ao pagamento de custas processuais por ser isento (Lei Estadual nº 16.132/16) e de honorários advocatícios por não estar provada má-fé (art. 23-B, § 2º, da Lei 8.429/92).

Sentença não sujeita a remessa necessária (art. 17-C, §3º, da Lei 8.429/92).

P.R.I.

Transitada em julgado, arquivem-se os autos.

CASO 6: INEXISTÊNCIA DE CONTRATO DE EMPRÉSTIMO CONSIGNADO SEM DANOS MORAIS

Vistos etc.

I - RELATÓRIO

Cuida-se, em apertada síntese, de ação judicial na qual **XXXX** informa que estão sendo descontados em seu benefício previdenciário, em consignação, prestações atinentes a empréstimo bancário não contraído, em face de **BANCO BRADESCO S.A.**

Em contestação, a requerida alega que a contratação fora normalmente realizada entre as partes, inclusive com depósito do numerário em sua conta corrente, apresentando cópia do contrato afirmadamente entabulado entre as partes.

Réplica nos autos, na qual a requerente impugna a assinatura do instrumento apresentando, arguindo falsidade.

Decisão de fls. retro na qual a requerida é instada a demonstrar a autenticidade do documento, havendo resposta às fls. 179 com requerimento de produção probatória.

É o que importa relatar; decido e julgo.

II - FUNDAMENTAÇÃO

Com supedâneo no art. 370, parágrafo único, c/c art. 434 do CPC, refuto a produção probatória pretendida na petição de fls. 179, haja vista que a parte requerida não colacionou aos autos qualquer documento que indicasse transferência de valores para a referida conta bancária, a exemplo da TED, comumente utilizada nessas espécies de transação, não havendo sequer demonstração de que a parte autora é, de fato, dela titular.

À semelhança, reproduzo a seguinte ementa representativa da jurisprudência majoritária do Tribunal de Justiça do Estado do Ceará:

> APELAÇÕES CÍVEIS. AÇÃO DECLARATÓRIA DE NULIDADE CONTRATUAL. EMPRÉSTIMO CONSIGNADO. AUSÊNCIA DE COMPROVANTE DE TRANSFERÊNCIA DO VALOR EMPRESTADO. FRAUDE VERIFICADA. DANO MORAL CONFIGURADO. MINORAÇÃO DO QUANTUM DEVIDO. RESTITUIÇÃO DO INDÉBITO NA FORMA SIMPLES. RECURSOS CONHECIDOS E PARCIALMENTE PROVIDOS. I. O cerne da controvérsia reside na existência, ou não, dos contratos de empréstimos consignados válidos e se, desses contratos, existe dano passível de indenização. II. O Código de Defesa do Consumidor, em seu art. 14, caput,

estabelece a responsabilidade objetiva dos fornecedores de serviço pelos danos causados aos consumidores, por defeitos relativos à prestação dos serviços. III. In casu, verifica-se que o promovente demonstrou a ocorrência de descontos referentes aos empréstimos consignados questionados. Os promovidos contestaram o feito, porém não apresentaram documentos que legitimassem os descontos efetuados, inexistindo nos autos a comprovação de repasse do numerário ao patrimônio do tomador do empréstimo, restando insuficiente a prova documental apresentada com vistas a legitimar a contratação questionada. IV. Verifica-se que os entes bancários, ora Apelantes, a quem caberia demonstrar a regularidade da transação, não o fizeram, tornando nulo os contratos apontados, bem como indevidos todos os descontos deles decorrentes. V. No caso dos autos, não fora configurada a regular formalização dos contratos em avença, subsistindo, pois, os requisitos autorizadores para o deferimento de pagamento de danos morais, vez que comprovada a conduta ilícita por parte das instituições bancárias, que ultrapassa a esfera do mero aborrecimento. VI. Desse modo, necessária a minoração ao valor de R$ 2.000,00 (dois mil reais) a quantia referente a indenização por danos morais a ser paga a parte autora, de forma individual e sem solidariedade, por cada um dos requeridos, em consonância com o mais recente entendimento jurisprudencial desta Eg. Corte de Justiça. VII. Quanto ao pedido de repetição de indébito, a Corte Especial do STJ, conforme entendimento consolidado por ocasião do julgamento em sede de Recurso Repetitivo EAREsp nº 676.608/RS, fixou a tese de que a repetição do indébito em dobro nas relações de consumo é devida independentemente da comprovação de má-fé do fornecedor na cobrança. Porém, ao modular a decisão, determinou que para demandas que não decorram da prestação de serviços públicos, o acórdão terá eficácia apenas prospectiva, isto é, a tese fixada somente será aplicável a valores pagos após a publicação do acórdão. Nesse sentido, no que toca a restituição dos valores indevidamente descontados, entendo que deve ocorrer na forma simples, uma vez que as cobranças indevidas se referem a período anterior a data da publicação do acórdão que modulou os efeitos da decisão. VIII. Apelações conhecidas e parcialmente providas. ACÓRDÃO: Vistos, relatados e discutidos estes autos, acorda a 2ª Câmara de Direito Privado do Tribunal de Justiça do Estado do Ceará, por unanimidade, em conhecer e dar parcial provimento aos recursos de apelação interpostos, nos termos do voto do Relator. Fortaleza, 29 de junho de 2022 Presidente do Órgão Julgador

> Exmo. Sr. INACIO DE ALENCAR CORTEZ NETO Relator (Apelação Cível – 0001242-55.2009.8.06.0092, Rel. Desembargador(a) INACIO DE ALENCAR CORTEZ NETO, 2ª Câmara Direito Privado, data do julgamento: 29/06/2022, data da publicação: 29/06/2022)

Por conseguinte, e inexistindo requerimento da produção doutras provas além da acima rejeitada, passo ao exame imediato do mérito da demanda.

As preliminares arguidas se confundem com o mérito, nele sendo melhor apuradas, em deferência à Teoria da Asserção.

Incidem as regras consumeristas na demanda em análise, haja vista que as partes se amoldam com perfeição nos conceitos de consumidor e fornecedor dispostos nos arts. 2º e 3º do Código de Defesa do Consumidor, ainda que o primeiro na condição de consumidor equiparado, na forma da previsão contida no art. 17 da legislação consumerista.

A demanda é de ser julgada procedente, mas em parte.

Na hipótese, observo que a parte requerida não demonstrou adequadamente a regular contratação do mútuo bancário, na medida em que conquanto tenha instruído sua peça de defesa com a cópia do contrato supostamente entabulado entre as partes, não fora capaz de superar a queixa de autenticidade levantada pela parte promovente em réplica, em desatenção ao seu ônus probatório regular do art. 373, II, do CPC, e ao que rege o art. 368 do CPC no que toca à arguição de autenticidade.

> Art. 373. O ônus da prova incumbe:
>
> I – ao autor, quanto ao fato constitutivo de seu direito;
>
> II – ao réu, quanto à existência de fato impeditivo, modificativo ou extintivo do direito do autor.
>
> Art. 429. Incumbe o ônus da prova quando:
>
> I – se tratar de falsidade de documento ou de preenchimento abusivo, à parte que a arguir;
>
> II – se tratar de impugnação da autenticidade, à parte que produziu o documento.

É que, em havendo rechaço de regularidade do documento apresentado pela parte contra quem se pretende valha como prova, é da parte que o produziu o dever probatório de demonstrar a autenticidade da firma.

Tal conclusão encontra consonância com o que decidido pelo Superior Tribunal de Justiça, inclusive adotada sob a sistemática dos recursos repetitivos, de observância obrigatória por juízes e tribunais:

> RECURSO ESPECIAL. PROCESSUAL CIVIL. ACÓRDÃO PROFERIDO EM IRDR. CONTRATOS BANCÁRIOS. EMPRÉSTIMO CONSIGNADO. DOCUMENTO PARTICULAR. IMPUGNAÇÃO DA AUTENTICIDADE DA ASSINATURA. ÔNUS DA PROVA. RECURSO ESPECIAL PARCIALMENTE CONHECIDO E, NESSA EXTENSÃO, DESPROVIDO.
>
> 1. Para os fins do art. 1.036 do CPC/2015, a tese firmada é a seguinte: "Na hipótese em que o consumidor/autor impugnar a autenticidade da assinatura constante em contrato bancário juntado ao processo pela instituição financeira, caberá a esta o ônus de provar a sua autenticidade (CPC, arts. 6º, 368 e 429, II)."
>
> 2. Julgamento do caso concreto.
>
> 2.1. A negativa de prestação jurisdicional não foi demonstrada, pois deficiente sua fundamentação, já que o recorrente não especificou como o acórdão de origem teria se negado a enfrentar questões aduzidas pelas partes, tampouco discorreu sobre as matérias que entendeu por omissas. Aplicação analógica da Súmula 284/STF.
>
> 2.2. O acórdão recorrido imputou o ônus probatório à instituição financeira, conforme a tese acima firmada, o que impõe o desprovimento do recurso especial.
>
> 3. Recurso especial parcialmente conhecido e, nessa extensão, desprovido.
>
> (REsp n. 1.846.649/MA, relator Ministro Marco Aurélio Bellizze, Segunda Seção, DJe de 9/12/2021.)

Na mesma linha a recente jurisprudência dos tribunais nacionais:

> *Ação declaratória de inexistência de débito c.c. indenização por danos morais - Contrato de empréstimo consignado em nome da autora por falsário, com desconto de valores dos benefícios previdenciários da requerente - Aplicação da legislação consumerista (súmula 297 do STJ) - Responsabilidade objetiva da instituição financeira (fortuito interno) (Súmula 479 do STJ) - Teoria do risco do negócio - Requerido não comprovou a legitimidade da contratação do empréstimo consignado, ônus seu (art. 6º, VIII, do CPC e art. 373, II, do CPC) - Entendimento sobre o tema fixado pelo STJ no julgamento do REsp º 1.846.679/MA - Devolução dos valores indevidamente descontados - Danos morais evidenciados - Damnum in re ipsa - Jurisprudência do STJ - Indenização arbitrada em consonância

> com os princípios da razoabilidade e proporcionalidade, segundo a extensão do dano – Honorários advocatícios fixados de acordo com o art. 85, §2º c.c. art. 86, parágrafo único, do CPC, não comportando modificação – Recurso negado.* (TJSP; Apelação Cível 1001880-03.2021.8.26.0704; Relator (a): Francisco Giaquinto; Órgão Julgador: 13ª Câmara de Direito Privado; Foro Regional XV – Butantã – 3ª Vara Cível; Data do Julgamento: 03/06/2022; Data de Registro: 03/06/2022)
>
> APELAÇÃO CÍVEL. Ação Declaratória de Inexigibilidade de Débito c.c. Indenização por Danos Morais. Sentença de Procedência. Inconformismo do Banco Réu. Parcial acolhimento. Empréstimo consignado com desconto em benefício previdenciário. Relação de consumo. Ausente comprovação de que o Contrato teria sido celebrado pelo Autor. Ônus da prova da veracidade da assinatura aposta no Contrato que incumbia ao Réu. Inversão do ônus da prova. Possibilidade. Inteligência do Artigo 429, II, Código de Processo Civil. Entendimento vinculante do Superior Tribunal de Justiça no REsp 1.846.649/MA (Tema 1061). Autenticidade da assinatura não comprovada (Artigo 373, II do Código de Processo Civil e do Artigo 6º, "caput" e inciso VIII, do Código de Defesa do Consumidor). Falha na prestação de serviços configurada (Artigo 14 do Código de Defesa do Consumidor). Cobrança indevida. Desconto não contratado em benefício previdenciário. Verba alimentar. Dano moral in re ipsa. Quantum indenizatório. Indenização fixada em R$ 5.000,00 (cinco mil reais) que se mostra razoável e proporcional a reprimir o ato, sem aviltar ou implicar em enriquecimento de quem a recebe. Quantia que não importa minoração. Repetição de indébito, em dobro. Parágrafo primeiro do Artigo 42 do Código de Defesa do Consumidor. A devolução duplicada pressupõe conduta contrária a boa-fé objetiva. Precedentes do Superior Tribunal de Justiça. Ausência de boa-fé não demonstrada na espécie. Compensação com o valor emprestado. Depósito incontroverso do valor do empréstimo na conta bancária do Autor. Possibilidade de devolução. Sentença parcialmente reformada. RECURSO PARCIALMENTE PROVIDO. (TJSP; Apelação Cível 1004899-11.2021.8.26.0318; Relator (a): Penna Machado; Órgão Julgador: 14ª Câmara de Direito Privado; Foro de Leme – 1ª Vara Cível; Data do Julgamento: 17/05/2022; Data de Registro: 17/05/2022)

Por conseguinte, assumo que não houvera adequada e prévia contratação do empréstimo bancário discutido, a justificar os decotes em consignação na prestação previdenciária da parte autora.

É de invocar-se, então, os ditames do art. 14 do CDC, através do qual "o fornecedor de serviços responde, independentemente da existência de culpa, pela reparação dos danos causados aos consumidores por defeitos relativos à prestação dos serviços, bem como por informações insuficientes ou inadequadas sobre sua fruição e riscos".

O dispositivo em liça atrai a implicação da responsabilidade objetiva nas relações consumeristas, pela qual o fornecedor se responsabiliza, independentemente da demonstração de dolo ou culpa, pelos danos causados por sua atividade econômica.

É certo que o art. 14, § 3º, do CDC, apresenta algumas exceções legais à responsabilização objetiva – ausência de defeito ou culpa exclusiva do consumidor ou de terceiros, sem prejuízo da invocação em diálogo de fontes das excludentes de responsabilidade previstas no Código Civil – caso fortuito ou força maior.

> § 3º O fornecedor de serviços só não será responsabilizado quando provar:
>
> I – que, tendo prestado o serviço, o defeito inexiste;
>
> II – a culpa exclusiva do consumidor ou de terceiro.

Consigne-se, entrementes, que a ressalva da culpa exclusiva de terceiros é mitigada pela interpretação doutrinária e jurisprudencial, havendo que se perquirir se se trata de fortuito interno, que está no espectro de visibilidade e antevisão do fornecedor, em conformidade com a atividade praticada, ou de fortuito externo, caso em que o fato é absolutamente alheio à atividade prestada.

É o entendimento retratado em Recurso Repetitivo no âmbito do Superior Tribunal de Justiça, de observância obrigatória por juízes e tribunais, conforme art. 927 do CPC:

> RECURSO ESPECIAL REPRESENTATIVO DE CONTROVÉRSIA. JULGAMENTO PELA SISTEMÁTICA DO ART. 543-C DO CPC. RESPONSABILIDADE CIVIL. INSTITUIÇÕES BANCÁRIAS. DANOS CAUSADOS POR FRAUDES E DELITOS PRATICADOS POR TERCEIROS. RESPONSABILIDADE OBJETIVA. FORTUITO INTERNO. RISCO DO EMPREENDIMENTO.
>
> 1. Para efeitos do art. 543-C do CPC: As instituições bancárias respondem objetivamente pelos danos causados por fraudes ou delitos praticados por terceiros – como, por exemplo, abertura de conta-corrente ou recebimento de empréstimos mediante fraude ou utilização de documentos falsos –, porquanto tal responsabilidade decorre do risco do empreendimento, caracterizando-se como fortuito interno.

> 2. Recurso especial provido.
>
> (REsp n. 1.197.929/PR, relator Ministro Luis Felipe Salomão, Segunda Seção, DJe de 12/9/2011.)

Nesse sentido, inclusive, o teor do enunciado sumular nº 479 do Superior Tribunal de Justiça:

> SÚMULA STJ 479 As instituições financeiras respondem objetivamente pelos danos gerados por fortuito interno relativo a fraudes e delitos praticados por terceiros, no âmbito de operações bancárias.

Em consectário, conclui-se pela responsabilidade da requerida pelo evento danoso envidado à autora, razão pela qual passa-se à avaliação das indenizações reclamadas.

Inicialmente, nesse campo, é de se atentar à necessidade de restituir as partes ao *status quo ante*, identificada a não contratação legítima do mútuo, devolvendo à autora as prestações mensais até então abatidas de sua remuneração, de um lado, e a restituição do montante entregue pela instituição financeira a título do empréstimo na conta bancária de titularidade da promovente.

A repetição do indébito, no caso, é de se proceder de maneira simples, em consonância com a jurisprudência do Tribunal de Justiça do Estado do Ceará e do Superior Tribunal de Justiça, porquanto a previsão do art. 42, parágrafo único, do CDC pressupõe tanto a existência de pagamento indevido quanto a má-fé do credor, este último requisito não observado, na medida em que não há elementos que permitam seguramente imputar comportamento proposital da instituição financeira no que tange à contratação não realizada, havendo de ser responsabilizada exclusivamente por disposição legal que a imputa objetivamente, independentemente no elemento subjetivo da ação.

Colaciono ementas de julgados sobre o tema:

> AGRAVO REGIMENTAL NO AGRAVO EM RECURSO ESPECIAL. CONTRATO DE EMPRÉSTIMO. VÍCIO DO NEGÓCIO JURÍDICO. VERIFICAÇÃO. IMPOSSIBILIDADE. SÚMULA 7/STJ. PRECEDENTES. REPETIÇÃO DE INDÉBITO EM DOBRO. INVIABILIDADE. INEXISTÊNCIA DE MÁ-FÉ. PRECEDENTES. AGRAVO NÃO PROVIDO.
>
> 1. Na hipótese, a conclusão firmada pelo Tribunal estadual quanto à inexistência de vícios de consentimento nos contratos de empréstimos vinculados à conta-corrente não pode ser afastada nesta instância especial, pois demandaria nova análise do acervo fático-probatório dos autos, o que é vedado pela Súmula 7 do STJ. Precedentes.

2. A Segunda Seção desta Corte firmou o entendimento de que a devolução em dobro dos valores pagos pelo consumidor somente é possível quando demonstrada a má-fé do credor. Precedentes.

3. Agravo regimental a que se nega provimento.

(AgRg no AREsp n. 613.543/SP, relator Ministro Raul Araújo, Quarta Turma, DJe de 11/9/2015.)

APELAÇÃO. SENTENÇA PARCIALMENTE PROCEDENTE DO PEDIDO DECLARAÇÃO DE INEXISTÊNCIA DE RELAÇÃO JURÍDICA E INDENIZAÇÃO POR DANOS MATERIAIS E MORAIS. NO CASO, EMPRÉSTIMO CONTRAÍDO COM FRAUDE À REVELIA DA TITULAR DA CONTA BANCÁRIA. BANCO NÃO APRESENTA O PACTO. APLICAÇÃO DA SÚMULA Nº 479, STJ. RESPONSABILIDADE OBJETIVA. REPARAÇÃO DOS DANOS MATERIAIS CONSUBSTANCIADOS NA REPETIÇÃO SIMPLES DO INDÉBITO. INDENIZAÇÃO MORAL CUJO ARBITRAMENTO ATENDE AO PRINCÍPIO DA RAZOABILIDADE. AUSÊNCIA DE PERMISSIVO PARA O REDIMENSIONAMENTO. CORREÇÃO MONETÁRIA CONFORME A SÚMULA Nº 362, STJ E JUROS MORATÓRIOS A TEOR DA SÚMULA Nº 54, STJ. HONORÁRIOS RECURSAIS CONTEMPORIZADOS. PRECEDENTES DO STJ. PROVIMENTO PARCIAL. 1. Rememore-se o caso. Nos autos, ação declaratória de inexistência de débito c/c repetição de indébito e danos morais. Nessa perspectiva, a parte autora sustenta que é beneficiária do INSS. Afirma que foi surpreendida com descontos em sua conta bancária decorrentes de um contrato de empréstimo junto ao banco demandado na modalidade de desconto consignado que afirma não ter contratado. Por fim, pleiteia, em síntese: a declaração de inexistência do contrato de empréstimo consignado; restituição do indébito em dobro; a indenização por danos morais no valor de R$ 20.000,00. Eis a origem da celeuma. 2. REGISTRO À SUBMISSÃO AO PERMISSIVO DA PRIORIDADE DE TRAMITAÇÃO CONFORME PRECEPTIVO DO ART. 1048, I, CPC/15 CONDIMENTADO AINDA PELO ESTATUTO DO IDOSO: Por rigor e transparência, predicados benfazejos à excelência prestação jurisdicional, registra-se que o feito traz como Parte Autora pessoa que, comprovadamente, por documentos, apresenta a condição legal de idosa. 3. NÃO APRESENTAÇÃO DO SUPOSTO CONTRATO: Realmente, a Parte Requerente alega que fora vítima da realização de contrato fraudulento. Sendo assim, incumbe ao Adversário provar a existência de Fatos Impeditivo, Modificativo ou Extintivo do Direito do Autor, nos termos do art. 373, II, CPC/15. Ademais, tendo em vista que se cuida de relação consumerista, para tanto, deve ser feita a inversão do ônus da prova para que a Parte Requerida apresente o instrumento contratual que possa por fim a controvérsia acerca da validade ou invalidade do ato jurídico. 4. Contudo, NÃO HOUVE A EXIBIÇÃO DA POSSÍVEL AVENÇA POR PARTE DO BANCO. No ponto, oportuna a transposição de porção da sentença, ad litteram: No que concerne à comprovação da contratação, é dever da instituição financeira/ré o ônus de provar que houve a contratação do empréstimo questionado, juntando aos autos o contrato ou outro documento capaz de revelar a manifestação de vontade do consumidor no sentido de firmar o negócio jurídico. Neste contexto, o requerido conduziu cópia do contrato impugnado. Contudo, conforme facilmente se percebe, consta no contrato a aposição da digital do contratante e de assinaturas de duas testemunhas desacompanhado de documentos pessoais da autora/contratante e testemunhas, não havendo possibilidade de conferência das identidades dos subscritores e contratante. Nessa toada, tenho que o banco requerido não se desincumbiu do ônus de demonstrar que a suposta contratação é legítima. Pela lei consumerista, a responsabilidade por danos prescinde de persecução de natureza subjetiva em relação ao seu causador, sendo necessário somente a comprovação do evento danoso, da conduta do agente e do nexo entre o ato praticado e o dano sofrido, ressalvada as excludentes legais. Nesse sentido, a omissão do demandado demonstra que a parte autora não realizou o empréstimo vinculado ao contrato em questão, sendo indevidos os descontos realizados mensalmente no seu benefício previdenciário. Provado, pois, o dano. 5. RESPONSABILIDADE OBJETIVA DO BANCO: É pacífico que a Responsabilidade da instituição bancária é objetiva na ocorrência de fraude, como no caso dos autos. Confira-se: Súmula 479, STJ – As instituições financeiras respondem objetivamente pelos danos gerados por fortuito interno relativo a fraudes e delitos praticados por terceiros no âmbito de operações bancárias. (Súmula 479, SEGUNDA SEÇÃO, julgado em 27/06/2012, DJe 01/08/2012) 6. Paradigma do STJ: RECURSO ESPECIAL REPRESENTATIVO DE CONTROVÉRSIA. JULGAMENTO PELA SISTEMÁTICA DO ART. 543-C DO CPC. RESPONSABILIDADE CIVIL. INSTITUIÇÕES BANCÁRIAS. DANOS CAUSADOS POR FRAUDES E DELITOS PRATICADOS POR TERCEIROS. RESPONSABILIDADE OBJETIVA. FORTUITO INTERNO.

RISCO DO EMPREENDIMENTO. 1. Para efeitos do art. 543-C do CPC: As instituições bancárias respondem objetivamente pelos danos causados por fraudes ou delitos praticados por terceiros – como, por exemplo, abertura de conta-corrente ou recebimento de empréstimos mediante fraude ou utilização de documentos falsos –, porquanto tal responsabilidade decorre do risco do empreendimento, caracterizando-se como fortuito interno. 2. Recurso especial provido. (STJ, REsp 1197929/PR, Rel. Ministro LUIS FELIPE SALOMÃO, SEGUNDA SEÇÃO, julgado em 24/08/2011, DJe 12/09/2011) 7. DEVOLUÇÃO SIMPLES DO INDÉBITO: Andou bem o decisório, de vez que determinou a devolução SIMPLES do indébito. É que a devolução em dobro de indébito, segundo o art 42, parágrafo único, Código de Defesa do Consumidor - CDC é necessário os seguintes pressupostos, de forma cumulativa: (i) cobrança extrajudicial indevida de dívida decorrente de contrato de consumo; (ii) efetivo pagamento do indébito pelo consumidor; e (iii) engano injustificável por parte do fornecedor ou prestador. 8. Admite-se a repetição de indébito, independentemente da prova de que o pagamento tenha sido realizado por erro, com o objetivo de vedar o enriquecimento ilícito do banco em detrimento do devedor. Porém, para ocorrer em dobro, deve haver inequívoca prova de má-fé. Precedentes. (STJ, AgRg no REsp 916.008/RS, Rel. Ministra NANCY ANDRIGHI, TERCEIRA TURMA, julgado em 14/06/2007, DJ 29/06/2007, p. 623) Na mesma diretiva, declinam-se mais outros 6 (seis) precedentes do STJ, bom verificar: REsp 871825-RJ, REsp 1032952-SP, AgRg no REsp 734111-PR, REsp 910888-RS, AgRg nos EDcl no Ag 1091227-SP e AgRg no REsp 848916-PR. No caso, não foi comprovada a má fé do banco, daí porque condenado a repetição na forma SIMPLES. 9. EXISTÊNCIA DE DANOS MORAIS: De fato, evidencia-se que o Banco não apresentou os eventuais contratos bancários, de modo que os descontos efetuados na conta da Autora são ilícitos, pois operados com fraude. 10. ARBITRAMENTO MODERADO: Por fim, não se divisa qualquer autorizativo para o redimensionamento dos Danos Morais cujo arbitramento foi de R$ 3.000,00 (três mil reais), de vez que sopesados diante do caso concreto e atendido o critério da razoabilidade. Não há justificativa, portanto, para a intervenção excepcional deste egrégio Tribunal de Justiça, na modificação do quantum fixado pelo Juízo Singular (STJ, REsp 932.334/RS, 3ª Turma, minha relatoria, DJe de 04/08/2009). 11. JUROS MORATÓRIOS: À espécie, incide a Súmula nº 54, STJ: Os juros moratórios fluem a partir do evento danoso, em

> caso de responsabilidade extracontratual. (Súmula 54, CORTE ESPECIAL, julgado em 24/09/1992, DJ 01/10/1992)(DIREITO CIVIL - RESPONSABILIDADE CIVIL). 12. PROVIMENTO PARCIAL do Apelatório, apenas para assegurar a incidência da Súmula nº 54, STJ, com o incremento dos honorários da parte sucumbente, em mais 10% (dez por cento) sobre o valor fixado na origem, observados o limite percentual previsto no art. 85, § 2º, CPC/15, preservadas as demais disposições sentenciais. ACÓRDÃO: Vistos, relatados e discutidos os autos em que são partes as acima indicadas, acordam os Desembargadores integrantes da 2ª Câmara de Direito Privado do Tribunal de Justiça do Ceará, por unanimidade, pelo Provimento Parcial do Apelatório, nos termos do voto do Relator, Desembargador Everardo Lucena Segundo. Fortaleza, 25 de maio de 2022 CARLOS ALBERTO MENDES FORTE Presidente do Órgão Julgador EVERARDO LUCENA SEGUNDO Desembargador Relator (Apelação Cível - 0050118-45.2021.8.06.0084, Rel. Desembargador(a) EVERARDO LUCENA SEGUNDO, 2ª Câmara Direito Privado, data do julgamento: 25/05/2022, data da publicação: 25/05/2022)

Assim sendo, há de ser deferida a restituição de indébito na forma simples.

Noutro ponto, não concluo ter existido ofensa moral ao demandante ocasionadora de dano reparável por ato ilícito da parte adversa. Isto porque, conforme aduz, o art. 186 c/c art. 927 do CC, ambos amparados pelo art. 5º, X, da CF/88, aquele que pratica ato ilícito, ainda que exclusivamente moral, deve ser instado a indenizar a vítima.

Convém observar que, cabe ao magistrado a aferição casuística acerca da configuração de abalo moral indenizável nos casos de reconhecimento de mútuo bancário efetivamente não contraído, uma vez que, para tanto, haverá de ofender a dignidade da pessoa, causando-lhe transtornos que superam o mero aborrecimento.

Na hipótese dos autos, a prestação decotada atingiu o patamar de R$ 17,10 mensais, bem assim, como se observa, a parte autora retardou o ingresso da demanda em quatro anos em relação ao início dos descontos envidados no benefício, não havendo elementos que indiquem que a parte tenha se insurgido em face dos abatimentos mensais em momento anterior ao ajuizamento da demanda.

Destarte, resta claro pelo próprio comportamento autoral em relação ao fato que este não fora capaz de lhe atingir a dignidade, motivo por que não há falar em dano moral indenizável.

O entendimento manifestado se alinha a respeitável jurisprudência dos tribunais pátrios:

APELAÇÃO CÍVEL – AÇÃO DECLARATÓRIA DE INEXISTÊNCIA DE DÉBITO C.C. DANOS MORAIS – EMPRÉSTIMO CONSIGNADO – QUANTIA MÓDICA – VALOR RESSARCIDO – DEMORA NO AJUIZAMENTO DA AÇÃO – MERO DISSABOR – DANO MORAL NÃO CONFIGURADO – RESTITUIÇÃO NA FORMA SIMPLES – MÁ-FÉ NÃO COMPROVADA – RECURSO CONHECIDO E IMPROVIDO. Considerando que a prova dos autos dá conta de que ocorreram apenas quatro descontos de R$ 15,67, cujo prejuízo material será ressarcido integralmente, aliado ao fato de que aguardou o apelante por longo período para ingressar em juízo, não se vislumbra a ocorrência de ofensa moral indenizável A ocorrência de aborrecimentos, contrariedades da vida cotidiana, como os provenientes de uma relação contratual insatisfatória, não caracterizam dano moral, o qual somente deve ser reconhecido quando demonstrada efetiva violação de direitos da personalidade, quais sejam, dignidade, honra, imagem, intimidade ou vida privada., o que não se vislumbra no caso. A restituição de parcelas deve se dar na forma simples, diante da ausência de comprovação de má-fé por parte do banco. Recurso conhecido e improvido. A C Ó R D Ã O Vistos, relatados e discutidos estes autos, ACORDAM, em sessão permanente e virtual, os(as) magistrados(as) do(a) 4ª Câmara Cível do Tribunal de Justiça de Mato Grosso do Sul, na conformidade da ata de julgamentos, a seguinte decisão: Por unanimidade, negaram provimento ao recurso, nos termos do voto do Relator. (TJMS. Apelação Cível n. 0800393-46.2020.8.12.0044, Sete Quedas, 4ª Câmara Cível, Relator (a): Juiz Luiz Antônio Cavassa de Almeida, j: 17/01/2022, p: 19/01/2022)

EMENTA: CONTRATO BANCÁRIO. EMPRÉSTIMO CONSIGNADO. AUSENCIA DE CONTRATAÇÃO. FALHA NA PRESTAÇÃO DO SERVIÇO. DESCONTOS INDEVIDOS. BAIXO VALOR. COMPROMETIMENTO RENDA. FALTA DE COMPROVAÇÃO. MEROS ABORRECIMENTOS. DANO MORAL AFASTADO. DECISÃO MANTIDA. A configuração do dano moral, suficiente à imposição de sua reparação, exige abalo à esfera não patrimonial do ofendido, capaz de repercutir negativamente em sua dignidade e honra subjetiva, o que não ocorre nas hipóteses em que o prejuízo represente meros aborrecimentos decorrentes das relações contratuais. (TJMG – Apelação Cível 1.0000.20.553781-4/001, Relator(a): Des.(a) Luiz Artur Hilário , 9ª CÂMARA CÍVEL, julgamento em 09/02/2021, publicação da súmula em 22/02/2021)

> CONTRATO BANCÁRIO – Falha na prestação de serviço – Ocorrência – Empréstimo consignado alegadamente não contratado – Instituição financeira que não se desincumbiu do ônus processual a ela imposta por força da aplicação do inciso II do art. 373 do Cód. de Proc. Civil – Responsabilidade objetiva – Exegese da Súmula nº 479 do C. STJ e do artigo 14 do Código de Defesa do Consumidor. DANO MORAL – Inocorrência – Simples cobrança, sem notícia de outros dissabores – Montante descontado indevidamente em valor baixo frente ao benefício previdenciário percebido pelo autor – Sentença reformada, em parte – Apelação parcialmente provida. (TJSP; Apelação Cível 1012399-50.2021.8.26.0344; Relator (a): José Tarciso Beraldo; Órgão Julgador: 37ª Câmara de Direito Privado; Foro de Marília – 2ª Vara Cível; Data do Julgamento: 13/01/2022; Data de Registro: 13/01/2022)

Assim é que o pleito de reparação por danos morais é de ser reconhecido improcedente.

III – DISPOSITIVO

Ante o exposto, julgo parcialmente procedente o pleito autoral, extinguindo o feito com resolução do mérito, com base no art. 487, I, CPC, para **declarar** inexistente o contrato de empréstimo impugnado, de número 625021067; e **condenar** a requerida à restituição simples dos valores consignados, com incidência da taxa Selic desde o mês seguinte a cada abatimento.

Custas e honorários advocatícios de sucumbência reciprocamente devidos, na forma do art. 86 do CPC, estes em dez por cento sobre o valor da condenação, na forma do art. 85, § 2º, do CPC/15, em prol do autor; e em dez por sendo sobre o valor pretendido de danos morais em prol do requerido. Suspendo as imputações em desfavor do autor com fundamento na gratuidade judiciária deferida, na forma do art. 98, § 3º, do CPC.

Publique-se. Registre-se. Intime-se.

Após o trânsito em julgado, proceda-se a baixa na distribuição e arquivem-se os autos.

CASO 7: AÇÃO DE ALIMENTOS

Vistos etc.

I - RELATÓRIO

Cuida-se de ação judicial na qual **XXXX** e **WWWW**, representada por sua genitora **YYYY**, pretende a consecução de alimentos, inclusive com sua fixação liminar provisória, em atenção ao rito especial regulado na Lei nº 5.478/68, no patamar de 45,45% do salário-mínimo, em face de **ZZZZ**.

Juntou documentos, dentre os quais a comprovação do liame paternal.

Decisão liminar que arbitrou alimentos provisórios em 45% do salário-mínimo.

Audiência de conciliação infrutífera.

Contestação nos autos na qual o requerido refuta a argumentação autoral no que toca à sua situação patrimonial e financeira.

Instada, a autora apresentou réplica.

O Ministério Público opinou pelo julgamento procedente da demanda.

É o breve relatório; decido.

II - FUNDAMENTAÇÃO

Inexistem preliminares arguidas ou identificadas de ofício que demandem apreciação prévia ao mérito.

A demanda merece prosperar, mas em parte.

Como ponto incontroverso, desde logo, ressalto demonstrada a obrigação de prestar alimentos, dado o vínculo de paternidade entre as partes requerida-alimentante e requerente-alimentada externado através da certidão de nascimento acostada à exordial.

A controvérsia se situa no campo do valor da prestação, incidindo sobre ela a prova produzida ou, à sua ausência, o julgamento da causa com amparo nos ônus probatórios insculpidos no art. 373 do CPC.

Como cediço, o art. 1.694, § 1º, do Código Civil, baliza a fixação de alimentos, cabendo ponderar o binômio necessidade-possibilidade:

> Art. 1.694. Podem os parentes, os cônjuges ou companheiros pedir uns aos outros os alimentos de que necessitem para viver de modo compatível com a sua condição social, inclusive para atender às necessidades de sua educação.

> § 1º Os alimentos devem ser fixados na proporção das necessidades do reclamante e dos recursos da pessoa obrigada.

Cuidando-se de criança/adolescente submetido ao vínculo paternal do genitor, reconhece-se presumidamente necessitado de recursos suficientes, na maior medida possível, Lado outro, cabe a ambos os pais garantir o cumprimento dos deveres próprios do poder familiar, notadamente aquele disposto no art. 1.634, I, do CC – criação e educação.

Todavia, embora se dispense prova acerca do dever de prestar alimentos pelo genitor, o qual decorre da lei, é imprescindível que o credor alimentar demonstre o grau de sua necessidade, com apresentação mínima dos dispêndios envidados para atender com satisfatoriedade os já esclarecidos deveres oriundos do poder familiar.

Noutro giro, vislumbrada a necessidade, é de se dispor sobre a possibilidade, isto é, sobre a capacidade econômico-financeira que sobressai do devedor de alimentos.

Nesse sentido é a jurisprudência do Superior Tribunal de Justiça:

> (...)
>
> 4- O processo de identificação do valor ou do percentual respectivo a ser arbitrado pelo julgador a título de alimentos pode ser dividido em dois momentos distintos: (i) no primeiro, caberá ao julgador, diante das provas e do contexto socioeconômico apresentado, estabelecer inicialmente apenas quais seriam as necessidades vitais do alimentado, fixando os alimentos apenas sob a perspectiva do que seria um valor ideal para que o credor possua uma sobrevivência digna e tenha acesso às necessidades mais básicas e elementares no seu contexto social e econômico; (ii) no segundo, caberá ao julgador investigar se o valor ideal se amolda às reais condições econômicas do alimentante.
>
> 5- Se constatar que a necessidade do alimentado poderá ser integralmente satisfeita pelo alimentante, devem ser fixados os alimentos no valor ou percentual respectivo que originalmente se concluiu ser o ideal para o sustento do alimentando, sendo desnecessário investigar sobre a possibilidade de o alimentante eventualmente dispor de valor ou percentual maior do que aquele reputado como ideal, na medida em que a necessidade do alimentado foi plenamente satisfeita.
>
> 6- Se observar que o valor de que dispõe o alimentante não é suficiente para o pagamento do valor ideal da prestação alimentar que fora inicialmente estabelecido, deverá o julgador reduzi-lo proporcionalmente até que se ajuste à capacidade contributiva

> do alimentante, sempre sem prejuízo de, em ação revisional, ser demonstrada a melhoria das condições socioeconômicas do alimentante e, assim, de ser majorada a quantia até que finalmente se atinja o valor ideal inicialmente delineado.
>
> 7- Assim, não há relação direta e indissociável entre as eventuais variações positivas nos rendimentos auferidos pelo alimentante (como na hipótese da participação nos lucros e resultados) e o automático e correspondente acréscimo do valor dos alimentos, ressalvadas as hipóteses de ter havido redução proporcional do percentual para se ajustar à capacidade contributiva do alimentante ou de haver superveniente alteração no elemento necessidade, casos em que as variações positivas eventuais do alimentante deverão ser incorporadas aos alimentos a fim de satisfazer integralmente às necessidades do alimentado.
>
> (...)
>
> (REsp n. 1.854.488/SP, relatora Ministra Nancy Andrighi, Segunda Seção, julgado em 9/12/2020, DJe de 2/3/2021.)

Nessa senda, percebo que, através da prova produzida, não se logrou êxito nem em elucidar a real necessidade da autora, tampouco há comprovação específica de que o requerido percebe a renda que alega, em desatendimento ao que rege o art. 373, I, do CPC.

Destarte, configurada a obrigação, mas ausente demonstração de renda auferida pelo promovido, considero para fins de fixação dos alimentos definitivos devidos, a renda base nacional de um salário-mínimo (art. 7º, IV, da CF/88).

Assim é que, à míngua de provas específicas, como dito, sobre a necessidade efetiva do credor alimentar e a possibilidade concreta do devedor de alimentos, é de se concluir pela sua incidência no mínimo social, qual seja, quarenta por cento da remuneração básica pátria para o atendimento da necessidade da prole.

Convém advertir, contudo, que os efeitos desta sentença, embora retroajam à data da citação, nos termos do art. 13, § 2º, da Lei de Alimentos, não implicarão, de forma alguma, em compensação ou repetibilidade, dada a natureza alimentar e consumível do numerário:

> Os efeitos da sentença que reduz, majora ou exonera o alimentante do pagamento retroagem à data da citação, vedadas a compensação e a repetibilidade.
>
> (Súmula 621, SEGUNDA SEÇÃO, julgado em 12/12/2018, DJe 17/12/2018)

III – DISPOSITIVO

Ante o exposto, julgo parcialmente procedente o pedido autoral, nos termos do art. 487, I, do CPC, considerando o que versado *supra* e tudo o mais que dos autos consta, determinando a obrigação alimentar de **ZZZZ** em benefício de **XXXX** e **WWWW**, no percentual de 40% (quarenta por cento) sobre o valor de 1 (um) salário-mínimo desde a data da citação até o atingimento da maioridade dos beneficiários, sem direito de acrescer, salvo caso de prorrogação por prestação de curso superior e/ou profissionalizante até os vinte e quatro anos, vedada a compensação e repetibilidade, sendo as prestações vencidas e inadimplidas ajustadas pela taxa SELIC a partir do mês seguinte ao qual deveriam ter sido quitadas.

Vale destacar que o percentual e renda base acima especificados estão sujeitos à coisa julgada considerando as circunstâncias atuais de parte a parte, as quais podem ser revisados ou exonerados em demanda própria.

Custas isentas.

Honorários advocatícios em desfavor do requerido, em dez por cento sobre o valor da condenação, conforme art. 85, § 2º, do CPC, suspensa a obrigação pela gratuidade judiciária deferida (art. 98, § 3º, do CPC).

Publique-se. Registre-se. Intimem-se.

Transitada em julgado, arquivem-se com baixa.

Expedientes necessários.

CASO 8: IMPROCEDÊNCIA LIMINAR ATÍPICA DE INDENIZAÇÃO POR RESPONSABILIDADE CIVIL DO ESTADO

Vistos etc.

I - RELATÓRIO

Trata-se, em síntese, de ação ordinária de cunho condenatório na qual a parte autora **XXXX** alega que seu ex-consorte, na condução de veículo automotor de titularidade do **MUNICÍPIO DE SANTA QUITÉRIA**, ora requerida, veio a óbito em virtude de abalroamento traseiro com outro veículo. Requer indenização.

Juntou documentos, dentre eles certidão de óbito, de casamento e boletim de ocorrência policial.

Vieram-me autos conclusos. É o relatório.

II - FUNDAMENTAÇÃO

Sem preliminares.

A demanda é de ser, desde logo, reputada improcedente.

Com efeito, estabelece o art. 332 do CPC o instituto da improcedência liminar do pedido, nos termos seguintes:

> Art. 332. Nas causas que dispensem a fase instrutória, o juiz, independentemente da citação do réu, julgará liminarmente improcedente o pedido que contrariar:
>
> I – enunciado de súmula do Supremo Tribunal Federal ou do Superior Tribunal de Justiça;
>
> II – acórdão proferido pelo Supremo Tribunal Federal ou pelo Superior Tribunal de Justiça em julgamento de recursos repetitivos;
>
> III – entendimento firmado em incidente de resolução de demandas repetitivas ou de assunção de competência;
>
> IV – enunciado de súmula de tribunal de justiça sobre direito local.
>
> § 1º O juiz também poderá julgar liminarmente improcedente o pedido se verificar, desde logo, a ocorrência de decadência ou de prescrição.

Malgrado haja entendimento doutrinário importante pela compreensão estrita das hipóteses ensejadoras do julgamento liminar de improcedência, tal não se coaduna com os princípios conducentes da atuação do Estado, inclusive do magistrado, uma vez que a abertura do cabimento do instituto é mais consentânea com os ideais de duração razoável do processual, direito individual do cidadão insculpido no art. 5º, LXXVIII, da Carta Magna, e de eficiência, do caput do art. 37 da CF/88.

Veja-se que, no direito comparado, há importantes previsões nesse sentido, a exemplo do atual Código de Processo Civil português, preceituando, quando da gestão inicial do processo em seu art. 590, 1, que:

> 1 – Nos casos em que, por determinação legal ou do juiz, seja apresentada a despacho liminar, a petição é indeferida quando o pedido seja manifestamente improcedente ou ocorram, de forma evidente, exceções dilatórias insupríveis e de que o juiz deva conhecer oficiosamente, aplicando-se o disposto no artigo 560.

Aliás, no próprio direito pátrio, é possível identificar uma série de previsões em procedimentos especiais que contém a ampla permissão para rejeição exordial meritória da demanda, a exemplo do art. 918, I, do próprio CPC, e do art. 6º da Lei nº 13.300/16, abaixo transcritos:

> Art. 739. O juiz rejeitará liminarmente os embargos:
>
> I – quando intempestivos;
>
> II – quando inepta a petição (art. 295); ou
>
> III – quando manifestamente protelatórios.
>
> Art. 6º A petição inicial será desde logo indeferida quando a impetração for manifestamente incabível ou manifestamente improcedente

Destarte, razão não há para, em interpretação extensiva, calcada na existência doutras disposições em sentido assemelhado, deixar de compreender que as hipóteses de cabimento arroladas no art. 332 do CPC são exemplificativas, sendo admitido que o juiz, frente a outros cenários de escancarada improcedência, profira desde logo sentença, evitando a impulsão meramente burocrática e formal do processo para, após dispêndio e desgaste de recursos financeiros, estruturais e humanos, a par de um sem número de outras demandas viáveis, alcançar o mesmo resultado.

Tal leitura conta, inclusive, com suporte importante do processualista Fredie Didier, valendo reproduzir o trecho de sua obra doutrinária para melhor assimilação de sua sustentação:

> O CPC atual não possui um dispositivo que permita, genericamente, que o juiz rejeite liminarmente demandas assim. Em casos tais, teria o juiz de determinar a citação do réu e, no julgamento antecipado do (art. 355, CPC), resolver o mérito da causa. Não há uma válvula de escape.
>
> É possível, e recomendável, construir essa possibilidade a partir dos princípios da eficiência (art. 8º), da boa-fé (art. 5º, CPC) e da duração razoável do processo (art. 5º, LXXVIII, CF/1988; art. 4º, CPC).
>
> Primeiramente, não há razão para aumentar o custo do processo, com a citação desnecessária do réu, para responder a uma demanda absurda. Não apenas se praticarão desnecessários atos processuais, como o autor terá de pagar os honorários advocatícios em favor do advogado do réu, o que torna seu prejuízo ainda maior.
>
> Em segundo lugar, trata-se de importante instrumento de combate às demandas abusivas, permitindo a extinção fulminante de processos que muitas vezes funcionam como mecanismos de extorsão processual.
>
> Em terceiro lugar, essa hipótese já é expressamente permitida nos embargos à execução, que podem ser rejeitados liminarmente quando "manifestamente protelatórios" (art. 918, III, CPC).
>
> Finalmente, não há razão para aumentar injustificadamente o tempo do processo.
>
> Assim, parece-nos possível que o juiz julgue liminarmente improcedente o pedido em situações atípicas, de manifesta improcedência (art. 487, I, CPC).

Na mesma medida, com maior incisividade, cito o texto de Gelson Amaro:

> Como o processo existe para proteger o direito material, quando este (o direito material) já se demonstra desde logo inexistente, não se veem maiores razões para que se dê continuidade a um processo, quando ele não poderá servir de instrumento (meio) para a realização ou proteção de direito inexistente. É instrumento para a realização e não para a criação de direito. O Egrégio Tribunal de Justiça de São Paulo decidiu pela validade do processo mesmo sem citação, em virtude de que esta, se realizada, em nada modificaria o julgamento de mérito. MARINONI observa que, quando o direito é evidenciável, prima facie, é desnecessária a instrução probatória. Da mesma forma

> que se pode julgar o mérito em sede de tutela antecipada, logo no início, mesmo sem lei expressa neste sentido, com base no princípio da inafastabilidade, no dizer de MARINONI, nada impede que se julgue o mérito liminarmente, quando se evidenciar a inexistência de direito ao autor, mesmo sem lei expressa, em respeito ao princípio de que não se devem praticar atos inúteis no processo.
>
> (...)
>
> Ora, se o autor não tem direito e isso já se ressalta logo de início não há razão prosseguir em procedimento inútil e que não poderá produzir os efeitos pretendidos pelo autor. O bom senso indica que, nesses casos, o melhor é julgar o mérito e declarar a inexistência desse direito quanto antes possível. Anota com inteira procedência OMMATI: "Não é dado mais hoje ao juiz criar Direito a partir do nada". Se já se percebe que o autor não tem direito a nada, não se vê razão para prosseguir em processo e procedimento inútil.
>
> (...)
>
> Alongar-se o procedimento com as suas fases ordinárias, para ao final chegar-se ao mesmo resultado, é perda de tempo e dinheiro, não só em prejuízo das partes do processo, mas da sociedade como um todo, porque, enquanto se perde tempo com procedimento inútil, outros processos ficam paralisados à mercê do tempo.
>
> (...)
>
> Perder tempo com procedimento já sabidamente inútil, em prejuízo de outros possivelmente úteis, é algo que não se pode incentivar.

Essas e outras ideias sobre o tema aportam no seguinte trabalho monográfico: https://bdjur.tjce.jus.br/xmlui/handle/123456789/90?show=full.

A causa demanda apreciação das normas atinentes a responsabilidade civil constantes da Constituição Federal de 1988 e do Código Civil/02.

Rege o art. 37, § 6º, do Texto Maior que:

> § 6º As pessoas jurídicas de direito público e as de direito privado prestadoras de serviços públicos responderão pelos danos que seus agentes, nessa qualidade, causarem a terceiros, assegurado o direito de regresso contra o responsável nos casos de dolo ou culpa.

Outrossim, segundo a redação dos arts. 186 e 927 do Código Civil, aplicados ao caso em espeque em diálogo das fontes, *"aquele que, por ação ou omissão voluntária, negligência ou imprudência, violar direito e causar dano a outrem, ainda que exclusivamente moral, comete ato ilícito"*, e *"aquele que, por ato ilícito (arts. 186 e 187), causar dano a outrem, fica obrigado a repará-lo"*.

A responsabilidade aquiliana (extracontratual), quando subjetiva, está fundada em quatro vetores, quais sejam, conduta ilícita, dano, nexo de causalidade e dolo/culpa. Quando objetiva, inexige dolo ou culpa.

Ato ilícito é a ação humana, comissiva ou omissiva, que não encontra amparo no ordenamento jurídico ou por ele seja vedada. É a conduta que se contrapõe, em alguma medida, ao comportamento esperado pelo ordenamento jurídico. Dano é o prejuízo havido em interesse ou patrimônio do indivíduo. Nexo de causalidade é o liame que vincula a conduta ao resultado danoso, é a relação de causa e efeito. Por fim, dolo ou culpa é o elemento volitivo da ação ou omissão, desnecessário na espécie.

Na demanda em análise, a parte autora invoca a normatização da responsabilidade objetiva, na vertente risco administrativo, para suportar o dano experimentado com o óbito de seu então cônjuge.

Ocorre que, ainda que hipoteticamente se assuma integralmente a veracidade da narrativa autoral, *in status assertionis*, não sobrevém o direito postulado.

Com efeito, o texto constitucional indica que "as pessoas jurídicas de direito público e as de direito privado prestadoras de serviços públicos responderão pelos danos que *seus agentes, nessa qualidade, causarem a terceiros*". Na hipótese dos autos o falecido era o próprio agente público que conduzia o veículo automotor que colidiu, vindo a óbito, não um terceiro. Não se pode, por óbvio, acolher como razoável a leitura de que o terceiro, no caso, seria a autora, e o agente público causador do dano teria sido o seu ex-consorte, enquanto o dano seria, a seu turno, igualmente, o seu óbito no evento, o que se apresenta até mesmo esquizofrênico.

A responsabilidade objetiva das pessoas políticas de direito público e concessionárias se aplica à causação de danos, pelos seus agentes, insista-se, a terceiros. Dessarte, parafraseando a narrativa exordial, se a parte autora fosse consorte de um pedestre, do motorista do caminhão ou de um dos pacientes conduzidos ou qualquer administrado outro que viesse a óbito em decorrência de acidente envolvendo a ambulância do Município de Santa Quitéria conduzida pelo agente falecido, aí sim poderia se perquirir o direito indenizatório, ressalvadas as hipóteses admitidas de exclusão de responsabilidade, além da comprovação da conduta danosa.

Ademais, na causa de pedir, não se identifica elemento fático outro a justificar a pretensão que não a condição de servidor público do Município de Santa

Quitéria do ex-cônjuge da autora, como condutor da ambulância envolvida no fatal acidente. Nem sequer se alega outras circunstâncias, adicionais, que poderiam, se constatadas, tornar crível o direito pretendido, como, a título meramente exemplificativo, a não manutenção adequada do veículo, a imposição de carga horária extenuante, entre outras.

Assim é que falta a indicação de conduta da administração municipal, ainda que despida de ânimo subjetivo, apta a ocasionar o infortúnio.

III – DISPOSITIVO

Em face do exposto, e com fundamento no art. 332 c/c art. 487, I, do CPC, julgo improcedentes os pedidos autorais.

Custas isentas.

Sem honorários advocatícios sucumbenciais ante a não angularização da relação processual.

Publique-se. Registre-se. Intime-se.

Após o trânsito em julgado e adotadas as cautelas de praxe, arquive-se.

CASO 9: REPETIÇÃO DE INDÉBITO TRIBUTÁRIO

Vistos etc.

Trata-se, em síntese, de ação ordinária de cunho declaratório e condenatório na qual **XXXX** almeja retificação da base de cálculo do Imposto Sobre Serviços – ISS/ISSQN, abatido na fonte, em virtude de contrato de prestação de serviço junto à administração municipal, contra o **MUNICÍPIO DE ITAREMA/CE.**

Narra que, por força de lei, faz jus à dedução da base de cálculo dos insumos aplicados na prestação do serviço.

Citado, o promovido refuta as alegações autorais, em mérito, requestando o julgamento improcedente da demanda. Afirma que, conforme normatização municipal, o contratante apenas faz jus à dedução tributária caso os insumos empregados sejam de sua própria titularidade.

Réplica nos autos.

Instadas as partes à produção probatória, reclamaram o julgamento antecipado da lide.

Vieram-me autos conclusos. É o relatório.

II – FUNDAMENTAÇÃO

Não há preliminares.

Com efeito, é caso mesmo de julgamento antecipado da lide, com esteio no art. 355, I, do CPC, haja vista que a controvérsia se restringe à matéria jurídica levantada pelas partes processuais.

O Imposto Sobre Serviços – ISS, como não poderia deixar de ser, tem respaldo constitucional no art. 156, III, pelo qual:

> Art. 156. Compete aos Municípios instituir impostos sobre:
>
> (...)
>
> III – serviços de qualquer natureza, não compreendidos no art. 155, II, definidos em lei complementar.

Referido tributo é regulado pela Lei Complementar nº 116/03, cabendo aos municípios instituí-lo em observância aos delineamentos impostos pela lei federal em tela. Rege o art. 1º:

> Art. 1º O Imposto Sobre Serviços de Qualquer Natureza, de competência dos Municípios e do Distrito Federal, tem como fato gerador a prestação de serviços constantes da lista anexa, ainda que esses não se constituam como atividade preponderante do prestador.

No que importa ao caso dos autos – prestação de serviço de construção civil –, dispõe o art. 7º, § 2º, I:

> Art. 7º A base de cálculo do imposto é o preço do serviço.
>
> (...)
>
> § 2º Não se incluem na base de cálculo do Imposto Sobre Serviços de Qualquer Natureza:
>
> I – o valor dos materiais fornecidos pelo prestador dos serviços previstos nos itens 7.02 e 7.05 da lista de serviços anexa a esta Lei Complementar;
>
> 7.02 – Execução, por administração, empreitada ou subempreitada, de obras de construção civil, hidráulica ou elétrica e de outras obras semelhantes, inclusive sondagem, perfuração de poços, escavação, drenagem e irrigação, terraplanagem, pavimentação, concretagem e a instalação e montagem de produtos, peças e equipamentos (exceto o fornecimento de mercadorias produzidas pelo prestador de serviços fora do local da prestação dos serviços, que fica sujeito ao ICMS).
>
> 7.05 – Reparação, conservação e reforma de edifícios, estradas, pontes, portos e congêneres (exceto o fornecimento de mercadorias produzidas pelo prestador dos serviços, fora do local da prestação dos serviços, que fica sujeito ao ICMS).

A seu turno, o Decreto-Lei nº 406/68, que disciplina o Imposto sobre Circulação de Mercadorias e Serviços de transporte interestadual e intermunicipal e comunicação – ICMS, disciplina, em seu art. 9º, § 2º, a, que deve ser decotado o valor dos materiais fornecidos pelo prestador de serviço.

> Art 9º A base de cálculo do impôsto é o preço do serviço.
>
> (...)
>
> § 2º Na prestação dos serviços a que se referem os itens 19 e 20 da lista anexa o impôsto será calculado sôbre o preço deduzido das parcelas correspondentes: (Redação dada pelo Decreto-Lei nº 834, de 1969)
>
> a) ao valor dos materiais fornecidos pelo prestador dos serviços;

Todavia, observe-se que, embora, *a priori*, seja possível conferir ampla interpretação à alínea a, note-se que a redação original, modificada pelo Decreto-Lei nº 834/69, ressalvava que o abatimento se dava no que toca aos materiais produzidos por terceiros.

> § 2º Na execução de obras hidráulicas ou de construção civil o impôsto será calculado sôbre o preço deduzido das parcelas correspondentes:
>
> a) ao valor dos materiais adquiridos de terceiros, quando fornecidos pelo prestador de serviços;
>
> b) ao valor das subempreitadas já tributadas pelo impôsto.

A redação em vigor retirou essa delimitação, fazendo com que a doutrina e a jurisprudência do Superior Tribunal de Justiça, à luz da ressalva contida na parte final do item 7.02 da lista anexa à LC nº 116/03 (*exceto o fornecimento de mercadorias produzidas pelo prestador dos serviços, fora do local da prestação dos serviços, que fica sujeito ao ICMS*), embora reconheça a subsistência do que disposto no art. 9º, § 2º, a, do DL nº 406/68, interprete pela dedução tão somente em caso de utilização, no bojo da prestação de tais serviços, de materiais próprios, haja vista a incidência, sobre estes, de ICMS, evitando-se, portando, indesejável e vedado *bis in idem* tributário.

Nessa linha, aliás, é a previsão expressão da disposição municipal sobre a exação em análise:

> Art. 66. Quando da prestação dos serviços a que se referem os subitens 7.02 e 7.05 constante da Tabela II deste Código, não se inclui na base de cálculo do ISS o valor:
>
> I- dos materiais aplicados no respectivo serviço, desde que produzidos pelo prestador e por ele mesmo fornecidos, na forma disposta na Lei Complementar nº 116, de 31/07/2016;

Veja que o Supremo Tribunal Federal, de um lado, reconhecera a constitucionalidade e vigência dos dispositivos, ao mesmo tempo em que chancelara a interpretação conferida pelo Superior Tribunal de Justiça:

> EMENTA DIREITO TRIBUTÁRIO. IMPOSTO SOBRE SERVIÇOS DE QUALQUER NATUREZA. CONSTRUÇÃO CIVIL. BASE DE CÁLCULO. MATERIAL EMPREGADO. DEDUÇÃO. RECEPÇÃO DO ART. 9º, § 2º, "A", DO DL 406/1968. ACÓRDÃO DO SUPERIOR TRIBUNAL DE JUSTIÇA QUE NÃO DESTOA DA JURISPRUDÊNCIA DO SUPREMO TRIBUNAL FEDERAL. 1. A jurisprudência deste Supremo Tribunal Federal, reafirmada na decisão agravada, circunscreve-se a a asseverar recepcionado, pela Carta de 1988, o art. 9º, § 2º, "a", do DL 406/1968, sem, contudo, estabelecer interpretação sobre o seu alcance nem analisar sua subsistência frente à legislação que lhe sucedeu – em especial, a LC 116/2003 –, tarefas de competência do Superior Tribunal de Justiça. 2. No caso,

> o acórdão do Superior Tribunal de Justiça, objeto do recurso extraordinário, não destoou da jurisprudência desta Suprema Corte, porque, sem contrariar a premissa de que o art. 9º, § 2º, "a", do DL 406/1968 foi recepcionado pela atual ordem constitucional, e considerada, ainda, a superveniência do art. 7º, § 2º, I, da LC 116/2003, restringiu-se a delimitar a interpretação dos referidos preceitos infraconstitucionais, para concluir pela ausência, na espécie, dos requisitos para a dedução, da base de cálculo do Imposto sobre Serviços de Qualquer Natureza (ISSQN), de materiais utilizados no fornecimento de concreto, por empreitada, para construção civil. 3. Agravo interno conhecido e parcialmente provido, para, reafirmada a tese da recepção do art. 9º, § 2º, do DL 406/1968 pela Carta de 1988, assentar que sua aplicação ao caso concreto não enseja reforma do acórdão do STJ, uma vez que aquela Corte Superior, à luz do estatuído no art. 105, III, da Constituição da República, sem negar a premissa da recepção do referido dispositivo legal, limitou-se a fixar-lhe o respectivo alcance.
>
> (RE 603497 AgR-segundo, Relator(a): ROSA WEBER, Tribunal Pleno, julgado em 29/06/2020, PROCESSO ELETRÔNICO REPERCUSSÃO GERAL – MÉRITO DJe-201 DIVULG 12-08-2020 PUBLIC 13-08-2020)

Reproduz-se, então, o entendimento restritivo do STJ:

> TRIBUTÁRIO. AGRAVO INTERNO NO AGRAVO EM RECURSO ESPECIAL. ENUNCIADO ADMINISTRATIVO N. 3/STJ. ISSQN. CONSTRUÇÃO CIVIL. DEDUÇÃO DA BASE DE CÁLCULO DOS MATERIAIS EMPREGADOS PELO PRESTADOR DE SERVIÇO. LEGALIDADE. JURISPRUDÊNCIA SÓLIDA DO STJ. AGRAVO INTERNO NÃO PROVIDO.
>
> 1. Com efeito, o ISSQN incide sobre o preço total do serviço de construção civil. Os insumos adquiridos de terceiros pelo construtor e utilizados na obra compõem a base de cálculo do tributo municipal.
>
> A propósito, o STF, ao avaliar o RE 603.497, com repercussão geral, asseverou ser possível deduzir, da base de cálculo do ISSQN, o valor referente aos materiais empregados na construção civil. Recentemente o Pleno do Supremo Tribunal Federal julgou o referido RE, em que assentou que o art. 9º, § 2º, "a", do DL 406/1968 foi recepcionado pela atual ordem constitucional. Também concluiu que a exegese do STJ sobre o aludido artigo legal, verbis, "é restritiva, mas não se mostra ofensiva

à Constituição da República" (RE 603.497/MG, AgR-segundo, Relatora Min. Rosa Weber, Tribunal Pleno, julgado em 29/06/2020, publicado em 13-08-2020).

2. Agravo Interno não provido.

(AgInt no AREsp 1892536/RJ, Rel. Ministro MAURO CAMPBELL MARQUES, SEGUNDA TURMA, julgado em 19/10/2021, DJe 25/10/2021)

TRIBUTÁRIO E CONSTITUCIONAL. AGRAVO INTERNO. EMBARGOS À EXECUÇÃO FISCAL ISSQN. SERVIÇO DE CONCRETAGEM. DEDUÇÃO DA BASE DE CÁLCULO DOS MATERIAIS EMPREGADOS PELO PRESTADOR DE SERVIÇO. LEGALIDADE. JURISPRUDÊNCIA SÓLIDA DO STJ. JULGAMENTO DO RE 603.497/MG PELO PLENO DO STF.

1. Apesar do que foi assentado na decisão monocrática da Presidência, o agravante lavrou tópico específico no Agravo em Recurso Especial (fls. 390-394, e-STJ) contra o único óbice imposto na inadmissibilidade, qual seja, a Súmula 83/STJ, razão pela qual o Agravo Interno procede.

2. Nas razões do Recurso Especial, a parte sustenta haver violação do art. 9°, § 2°, "a" e "b", do Decreto-Lei 406/1968, sob a tese, em síntese, de que, verbis, o "serviço de construção civil, encontra-se previsto expressamente na lista de serviços, no item 32, razão pela qual deve incidir somente o ISS sobre o total da operação" (fl. 297, e-STJ).

3. Assim, a tese recursal sublinha que "os materiais adquiridos de terceiros (objeto da presente ação) ou produzidos pela autora dentro do local da prestação de serviços não podem ser deduzidos [da base de cálculo do ISSQN]" (fl. 298, e-STJ).

4. "O ISS incide sobre o preço total do serviço de construção civil.

Os insumos adquiridos de terceiros pelo construtor e utilizados na obra compõem a base de cálculo do tributo municipal" (AgRg nos EDcl no REsp 973.432/MG, Segunda Turma, Rel. Ministro Herman Benjamin, DJe 19/3/2009).

4. O STF, ao avaliar o RE 603.497, com repercussão geral, asseverou ser possível deduzir, da base de cálculo do ISSQN, o valor referente aos materiais empregados na construção civil.

5. Recentemente o Pleno do Supremo Tribunal Federal julgou o referido RE, em que assentou que o art. 9º, § 2º, "a", do DL 406/1968 foi recepcionado pela atual ordem constitucional.

> Também concluiu que a exegese do STJ sobre o aludido artigo legal, verbis, "é restritiva, mas não se mostra ofensiva à Constituição da República" (RE 603.497/MG, AgR-segundo, Relatora Min. Rosa Weber, Tribunal Pleno, julgado em 29/06/2020, publicado em 13-08-2020).
>
> 6. Agravo Interno provido para conhecer do AREsp e negar provimento ao Recurso Especial.
>
> (AgInt no AREsp 1620140/RJ, Rel. Ministro HERMAN BENJAMIN, SEGUNDA TURMA, julgado em 21/09/2020, DJe 01/10/2020)

Destarte, em suma, o entendimento prevalecente, com o qual me filio à luz dos argumentos acima envidados, é o de que a dedução da base de cálculo do ISS na prestação de serviços de construção civil restringe-se aos insumos produzidos pelo próprio prestador, não sobre aqueles produzidos por terceiros e empregados na construção, os quais adentram na operação.

Outrossim, é de se destacar, em corroboração à improcedência processual, que a autora deixou de discriminar no contrato e nas notas fiscais as quantias correspondentes aos materiais empregados, restringindo-se a requestar a presunção de incidência da dedução em seu patamar máximo legalmente admitido, o que não se pode prestigiar. Cito julgado do TJCE neste sentido:

> DIREITO CONSTITUCIONAL E TRIBUTÁRIO. AGRAVO INTERNO EM FACE DE DECISÃO MONOCRÁTICA QUE CONFIRMOU A SENTENÇA. IMPOSTO SOBRE SERVIÇOS DE QUALQUER NATUREZA (ISSQN). BASE DE CÁLCULO. DEDUÇÃO DE VALORES DOS MATERIAIS UTILIZADOS NA PRESTAÇÃO DE SERVIÇOS DE CONSTRUÇÃO. AUSÊNCIA DE DISCRIMINAÇÃO DOS MATERIAIS NAS NOTAS FISCAIS. INEXISTÊNCIA DE MOTIVOS APTOS A ENSEJAR A MODIFICAÇÃO DO DECISUM AGRAVADO. RECURSO CONHECIDO E DESPROVIDO. DECISÃO MANTIDA. 1. O cerne da questão cinge-se no reconhecimento ou não do alegado direito líquido e certo da recorrente de excluir da base de cálculo do ISS o valor referente ao material de construção civil utilizado na prestação do serviço de obras. 2. A respeito do tema, importa destacar que Supremo Tribunal Federal já reconheceu a repercussão geral da matéria nos autos do RE 603.497/MG, quando sedimentou o entendimento acerca da possibilidade de dedução da base de cálculo do ISS dos materiais empregados na construção civil. 3. Na oportunidade, prevaleceu o entendimento de que somente se pode exigir a incidência do ISS sobre serviços prestados, não estando, portanto,

> os materiais utilizados na obra englobados no conceito de serviços, hipótese material de incidência do tributo em questão. 4. Na situação posta a análise, deixou a impetrante de juntar documentos que especifiquem os materiais empregados, não constando nos autos, por exemplo, notas fiscais discriminando tais materiais. 5. Assim, a ausência de discriminação não permite que a Fazenda Pública Municipal apure com exatidão quais foram os materiais empregados na prestação do serviço, impossibilitando a dedução do valor da base cálculo do ISS. 6. Agravo interno conhecido e desprovido. ACÓRDÃO: Vistos, relatados e discutidos estes autos, acorda a 2ª Câmara Direito Público do Tribunal de Justiça do Estado do Ceará, à unanimidade, em conhecer do agravo interno, todavia, para negar-lhe provimento, tudo nos termos do voto do Relator. Fortaleza, data e hora indicadas pelo sistema. Presidente do Órgão Julgador DESEMBARGADOR LUIZ EVALDO GONÇALVES LEITE Relator (Agravo Interno Cível - 0035788-55.2011.8.06.0064, Rel. Desembargador(a) LUIZ EVALDO GONÇALVES LEITE, 2ª Câmara Direito Público, data do julgamento: 04/05/2022, data da publicação: 04/05/2022)

III - DISPOSITIVO

Em face do exposto, e com fundamento no art. 487, I, do CPC, julgo improcedente o pedido autoral.

Custas pelo autor, já recolhidas.

Honorários advocatícios pelo autor sucumbente, estes na forma do art. 85, § 3º, do CPC, tendo como base de cômputo o valor atualizado da causa.

Publique-se. Registre-se. Intime-se.

Após o trânsito em julgado e adotadas as cautelas de praxe, arquive-se.

CASO 10: PRESTAÇÃO DE SAÚDE EM FACE DO PODER PÚBLICO

Vistos etc.

I - RELATÓRIO

Trata-se de ação de obrigação de fazer com pedido de tutela de urgência na qual, em apertada síntese, **XXXX** aduz que o **ESTADO DO CEARÁ**, parte promovida, lhe rejeita procedimento cirúrgico fundamental à manutenção de sua saúde e qualidade de vida. Requereu tutela provisória com o fito de ser garantida a prestação de fundamental de saúde.

Consta da documentação, entre outros elementos, encaminhamento cirúrgico para o procedimento reclamado.

Postergada, em despacho inicial, a tutela antecipada para momento ulterior ao exercício do contraditório.

Em contestação, o ente público alega inadmissibilidade do pleito autoral, por representar burla à ordem de procedimentos existentes, atentando-se contra o princípio da isonomia.

Réplica nos autos.

É o que importa relatar; decido.

II - FUNDAMENTAÇÃO

É caso de julgamento antecipado do mérito, na forma do art. 355, I, do CPC.

Assiste razão à parte autora.

A teor do art. 6º da Carta Magna tupiniquim, a saúde é direito social do indivíduo. Nesse compasso, o art. 196 do mesmo diploma constitucional aduz que "*a saúde é direito de todos e dever do Estado, garantido mediante políticas sociais e econômicas que visem à redução do risco de doença e de outros agravos e ao acesso universal e igualitário às ações e serviços para sua promoção, proteção e recuperação*".

Por conseguinte, sem necessidade de maiores delongas ou divagações, no ponto, o legislador constituinte elegeu como dever do Estado, dentre outros, o fornecimento de ações e serviços para recuperação da saúde, sendo este o direito vindicado nos presentes autos.

Configura ônus estatal a ser cumprido, independentemente da argumentação evasiva comumente envidada pelo Poder Público. É devida a integral e suficiente prestação de saúde a quem dela necessitar, corolário da dignidade da pessoa humana e direito constitucional basilar, sem o qual restam frustrados todos os outros. Com efeito, sem saúde e/ou vida, resta impossibilitado o exercício doutros direitos fundamentais elencados constitucionalmente.

Destarte, restando demonstrada a necessidade de prestação de saúde, consistente, neste específico caso, na concessão de procedimento cirúrgico, diante do estado sanitário do autor, deve o Estado, *lato sensu*, adotar as necessárias providências para a realização adequada e em tempo razoável.

O entendimento é de alinhar-se ao entendimento sumulado nº 45 deste Egrégio Tribunal de Justiça do Estado do Ceará:

> Ao Poder Público compete fornecer a pacientes tratamento ou medicamento registrado no órgão de vigilância sanitária competente, não disponibilizado no sistema de saúde.

Relevante destacar que a jurisprudência pátria consagrou o entendimento de que é responsabilidade solidária concorrente da União, Estados e Municípios a prestação do direito à saúde previsto nos retrocitados mandamentos constitucionais.

Nesse sentido, cito os seguintes julgamentos do Superior Tribunal de Justiça:

> ADMINISTRATIVO E PROCESSUAL CIVIL. AGRAVO REGIMENTAL NO AGRAVO EM RECURSO ESPECIAL. FORNECIMENTO DE MEDICAMENTOS. SOLIDARIEDADE DOS ENTES FEDERADOS. MEDICAMENTO NÃO INCORPORADO AO SUS. REEXAME FÁTICO-PROBATÓRIO. SÚMULA 7/STJ.
>
> 1. O STJ fixou entendimento de que o funcionamento do Sistema Único de Saúde - SUS é de responsabilidade solidária dos entes federados, de forma que qualquer deles tem legitimidade para figurar no polo passivo da demanda que objetive o acesso a meios e medicamentos para tratamento de saúde.
>
> 2. Esta Corte admite o fornecimento de medicamentos não incorporados ao SUS mediante Protocolos Clínicos, quando as instâncias ordinárias verificam a necessidade do tratamento prescrito.
>
> 3. No caso em comento, o Tribunal de origem, com base nos elementos probatórios dos autos, concluiu que a não utilização do medicamento pode levar a parte a internações e atendimentos emergenciais, uma vez que a paciente já utilizou todos os fármacos disponíveis para a doença de que padece.
>
> 4. Rever tais conclusões demandaria a análise de aspectos fático-probatórios coligidos aos autos, o que é defeso em sede de recurso especial, conforme o disposto na Súmula 7/STJ.
>
> 5. Agravo regimental a que se nega provimento.

> (AgRg no AREsp 697.696/PR, Rel. Ministro OG FERNANDES, SEGUNDA TURMA, julgado em 18/06/2015, DJe 26/06/2015)
>
> ADMINISTRATIVO. PROCESSUAL CIVIL. AGRAVO REGIMENTAL NO AGRAVO EM RECURSO ESPECIAL. FORNECIMENTO DE MEDICAMENTOS. FALTA DE PREQUESTIONAMENTO. SOLIDARIEDADE DOS ENTES FEDERADOS. SÚMULA 83/STJ. REEXAME DE PROVAS. IMPOSSIBILIDADE. SÚMULA 7/STJ. DECISÃO AGRAVADA MANTIDA. IMPROVIMENTO.
>
> 1 – A tese jurídica debatida no recurso especial deve ter sido objeto de discussão no acórdão atacado. Inexistindo esta circunstância, desmerece ser conhecida por ausência de prequestionamento.
>
> 2 – O Superior Tribunal de Justiça, em reiterados precedentes, tem decidido que o funcionamento do Sistema Único de Saúde – SUS é de responsabilidade solidária dos entes federados, de forma que qualquer deles tem legitimidade para figurar no polo passivo de demanda que objetive o acesso a meios e medicamentos para tratamento de saúde.
>
> 3 – A alteração das conclusões adotadas pela Corte de origem, tal como colocada a questão nas razões recursais, demandaria, necessariamente, novo exame do acervo fático-probatório constante dos autos, providência vedada em recurso especial, conforme o óbice previsto na Súmula 7/STJ.
>
> 4 – Agravo regimental a que se nega provimento.
>
> (AgRg no AREsp 673.822/CE, Rel. Ministro SÉRGIO KUKINA, PRIMEIRA TURMA, julgado em 09/06/2015, DJe 18/06/2015)

Consequência desse entendimento é que a pretensão judicial de prestação de direito à saúde pode ser manejada contra quaisquer dos entes federativos, não havendo que se cogitar de ilegitimidade ativa ou litisconsórcio passivo necessário.

Com fundamento em tal conclusão, alcançou-se o entendimento pretoriano superior acerca da inadmissibilidade do chamamento ao processo dos demais entes públicos que não tenham sido arrolados no polo passivo de uma ação judicial, instituto próprio da intervenção de terceiro prevista no CPC/73, vigente ao tempo da formação do entendimento.

Reproduzo os seguintes excertos de jurisprudência do STJ:

> PROCESSUAL CIVIL E ADMINISTRATIVO. AGRAVO REGIMENTAL EM AGRAVO EM RECURSO ESPECIAL.

REPERCUSSÃO GERAL. SOBRESTAMENTO. DESNECESSIDADE. FORNECIMENTO DE MEDICAMENTO. AÇÃO MOVIDA CONTRA O ESTADO. CHAMAMENTO AO PROCESSO DOS DEMAIS ENTES FEDERATIVOS. ART. 77, III, DO CPC. DESNECESSIDADE.

(...)

2. De acordo com a jurisprudência desta Corte, consolidada sob o rito do art. 543-C do CPC, por ocasião do julgamento do REsp n.º 1.203.244/SC, Rel. Min. Herman Benjamin (DJe 17/6/2014), "o chamamento ao processo da União com base no art. 77, III, do CPC, nas demandas propostas contra os demais entes federativos responsáveis para o fornecimento de medicamentos ou prestação de serviços de saúde, não é impositivo, mostrando-se inadequado opor obstáculo inútil à garantia fundamental do cidadão à saúde".

3. Agravo regimental improvido.

(AgRg no AREsp 594.577/PB, Rel. Ministro SÉRGIO KUKINA, PRIMEIRA TURMA, julgado em 18/12/2014, DJe 03/02/2015)

PROCESSUAL CIVIL. MATÉRIA REPETITIVA. ART. 543-C DO CPC E RESOLUÇÃO STJ 8/2008. RECURSO REPRESENTATIVO DE CONTROVÉRSIA. SISTEMA ÚNICO DE SAÚDE. FORNECIMENTO DE MEDICAMENTOS. AÇÃO MOVIDA CONTRA O ESTADO. CHAMAMENTO DA UNIÃO AO PROCESSO. ART. 77, III, DO CPC. DESNECESSIDADE.

Controvérsia submetida ao rito do art. 543-C do CPC

1. O chamamento ao processo da União com base no art. 77, III, do CPC, nas demandas propostas contra os demais entes federativos responsáveis para o fornecimento de medicamentos ou prestação de serviços de saúde, não é impositivo, mostrando-se inadequado opor obstáculo inútil à garantia fundamental do cidadão à saúde.

Precedentes do STJ.

2. A Primeira Turma do Supremo Tribunal Federal entende que "o recebimento de medicamentos pelo Estado é direito fundamental, podendo o requerente pleiteá-los de qualquer um dos entes federativos, desde que demonstrada sua necessidade e a impossibilidade de custeá-los com recursos próprios", e "o ente federativo deve se pautar no espírito de solidariedade para conferir efetividade ao direito garantido pela Constituição, e não criar entraves jurídicos para postergar a devida prestação

> jurisdicional", razão por que "o chamamento ao processo da União pelo Estado de Santa Catarina revela-se medida meramente protelatória que não traz nenhuma utilidade ao processo, além de atrasar a resolução do feito, revelando-se meio inconstitucional para evitar o acesso aos remédios necessários para o restabelecimento da saúde da recorrida" (RE 607.381 AgR, Relator Ministro Luiz Fux, Primeira Turma, DJ 17.6.2011). Caso concreto 3. Na hipótese dos autos, o acórdão recorrido negou o chamamento ao processo da União, o que está em sintonia com o entendimento aqui fixado.
>
> 4. Recurso Especial não provido. Acórdão submetido ao regime do art. 543-C do CPC e da Resolução STJ 8/2008.
>
> (REsp 1203244/SC, Rel. Ministro HERMAN BENJAMIN, PRIMEIRA SEÇÃO, julgado em 09/04/2014, DJe 17/06/2014).

Impende salientar que, não obstante o chamamento ao processo tenha deixado de existir no atual CPC/15 como modalidade de intervenção de terceiro, a codificação ora vigente prevê, em seus art. 338 e 339, a indicação de terceiro (co) legitimado como matéria de defesa da contestação, a qual, contudo, amparado na mesma razão, é descabida na presente demanda.

Não se sustenta, ademais, o argumento de tratamento anti-isonômico conferido à parte autora.

É certo que este decisor tem posição firme no sentido de que, em regra, é preciso observar a ordem de alocação dos pacientes nas listas de tratamentos ofertados pelo Poder Público, em preservação da dignidade da pessoa humana de todos aqueles que carecem de prestações sanitárias, inclusive os que não buscam suporte do Poder Judiciário neste sentido.

Todavia, na hipótese dos autos, não pode o Poder Judiciário compactuar com a mora e ineficiência do Poder Público em debelar o quadro de saúde dos indivíduos, por longos anos, como é o caso dos autos.

Destarte, com efeito, o princípio da isonomia há de ser resguardado, mas não se presta a chancelar a mora do Poder Público em fornecer cuidados médicos condizentes em prazo razoável.

Alinho-me ao que rege o Enunciado nº 93 das Jornadas de Direito à Saúde propostas pelo Conselho Nacional de Justiça:

> ENUNCIADO Nº 93
>
> Nas demandas de usuários do Sistema Único de Saúde – SUS por acesso a ações e serviços de saúde eletivos previstos nas políticas públicas, considera-se excessiva a espera do paciente por

> tempo superior a 100 (cem) dias para consultas e exames, e de 180 (cento e oitenta) dias para cirurgias e tratamentos

Nessa linha a reiterada jurisprudência deste TJCE, exposta *infra*:

> AGRAVO DE INSTRUMENTO. CONSTITUCIONAL. DIREITO À SAÚDE. PROCEDIMENTO CIRÚRGICO ELETIVO. FILA DE ESPERA DO SUS. DEMORA IRRAZOÁVEL. ENUNCIADO 93 CNJ. URGÊNCIA COMPROVADA. TUTELA DE URGÊNCIA. REQUISITOS PRESENTES. AGRAVO DE INSTRUMENTO CONHECIDO E PROVIDO. 1. Cuida-se de Agravo de Instrumento que visa a reforma da decisão interlocutória que indeferiu o pleito formulado pelo recorrente em sede de Ação Ordinária de Obrigação de Fazerem, na qual argui ser portador de hérnia inguinal bilateral (CID10:K40.2), necessitando realizar procedimento cirúrgico de "hernioplastia bilateral", encontrando-se acamado e existindo possibilidade de agravamento do seu quadro de saúde ante a não realização da cirurgia o mais rápido possível. Alega que o Estado do Ceará o inscreveu na fila para realização da cirurgia, em 28/01/2020, encontrando-se à época na 31ª posição, sem prazo certo para a realização do procedimento. 2. Sem imiscuir-se em definitivo no mérito da demanda, cumpre aferir o acerto na decisão agravada que entendeu ausentes os requisitos necessários à concessão da tutela provisória de urgência, descritos no art. 300, do CPC, quais sejam a probabilidade do direito e o perigo de dano ou risco ao resultado útil do processo. 3. O direito fundamental à vida, e como consequência indissociável, à saúde, representa prerrogativa jurídica indisponível assegurada pela Constituição Federal de 1988, em seus arts. 5º, 6º e 196. 4. Comprovado o estado de saúde do autor, bem como apresentadas as complicações decorrentes da demora excessiva na realização da cirurgia, inclusive tendo o médico que acompanha o autor apresentado sua categorização como A2 na escala Swalis. 5. O autor/agravante encontra-se devidamente cadastrado no sistema do SUS para realização de sua cirurgia desde 28/01/2020, restando assim evidente que o prazo para espera está além do razoável, atraindo a aplicação do que orienta o próprio Enunciado 93 do CNJ a respeito dos procedimentos eletivos. 6. Agravo de Instrumento conhecido e provido para determinar que o Estado do Ceará adote as providências requestadas pelo autor/agravante no sentido de realizar, com urgência, o procedimento cirúrgico pleiteado, devendo ser realizado, preferencialmente, em hospital da rede pública de saúde com suporte técnico necessário, ou, na

> ausência deste, que seja realizado o procedimento em hospital da rede privada conveniada ao SUS. ACÓRDÃO Vistos, relatados e discutidos estes autos, acorda a Primeira Câmara Direito Público do Tribunal de Justiça do Estado do Ceará, à unanimidade, em conhecer o Agravo de Instrumento, para dar-lhe provimento, nos termos do voto do Relator. Fortaleza, 23 de novembro de 2020. DESEMBARGADOR PAULO FRANCISCO BANHOS PONTE Relator e Presidente do Órgão Julgador (Agravo de Instrumento – 0627548-11.2020.8.06.0000, Rel. Desembargador(a) PAULO FRANCISCO BANHOS PONTE, 1ª Câmara Direito Público, data do julgamento: 23/11/2020, data da publicação: 24/11/2020)

Por conseguinte, é devida a prestação reclamada, porquanto, nada obstante eletiva a cirurgia, há mora irrazoável do ente público para providenciá-la, **vez que a espera perdura por mais de dois anos.**

Nesse passo, sigo à verificação dos requisitos atinentes à tutela provisória de urgência.

É cediço que, com a entrada em vigor do Código de Processo Civil, a antiga tutela antecipada passou a ser denominada de tutela de urgência, uma das espécies de tutela provisória, cujos requisitos para concessão encontram-se presentes no artigo 300 do CPC/2015, *in verbis*:

> Art. 300. A tutela de urgência será concedida quando houver elementos que evidenciem a probabilidade do direito e o perigo de dano ou o risco ao resultado útil do processo.

Exige-se, por consequência, para admissibilidade do pleito de tutela antecipada provisória de urgência a cumulação de dois requisitos, nominadamente: probabilidade do direito e perigo de dano ou risco ao resultado útil do processo.

Configurada, não apenas a probabilidade, mas a certeza do direito ventilado na exordial, conforme fundamentação acima envidada.

De outro giro, notório e evidente que a promovente não pode aguardar a discussão do direito social ora em debate, recusado pelo Poder Público, haja vista que a demora do processo acarreta prejuízos à sua vida pessoal e profissional, obstaculizando a fruição de adequada e devida qualidade de vida.

Nesse contexto, presente o requisito da verossimilhança das alegações e o fundado receio de dano irreparável, **DEFIRO** pedido de tutela provisória de urgência em ordem a determinar (obrigação de fazer) que o Estado do Ceará providencie, **em até 60 (sessenta) dias**, a realização do procedimento cirúrgico reclamado na exordial – ARTROPLASTIA DE JOELHO, **sob pena de multa diária de R$ 1.000,00 (mil reais), limitada ao teto provisório de R$ 60.000,00**

(sessenta mil reais), com fundamento no art. 301 c/c art. 536, § 1º, do Código de Processo Civil.

III - DISPOSITIVO

Ante o exposto, considerando a argumentação supracitada, entendo por bem **JULGAR PROCEDENTE** o pleito autoral, **COM RESOLUÇÃO DO MÉRITO**, nos termos do art. 487, I, CPC, para determinar que o **ESTADO DO CEARÁ** forneça o tratamento médico pleiteado - ARTROPLASTIA DE JOELHO, nos termos da tutela provisória de urgência deferida neste ato, à parte autora **XXXX**.

Custas isentas por força de lei estadual e honorários a cargo do sucumbente, em seu mínimo legal, observada a gradação de que cuida o art. 85, § 3º, do CPC.

Sentença sujeita a reexame necessário, por força do art. 496 do CPC e Súmula nº 490 do Superior Tribunal de Justiça.

Publique-se. Registre-se. Intime-se.

Após o trânsito em julgado, o que deverá ser certificado, arquivem-se os autos com as anotações necessárias.

CASO 11: DECLARATÓRIA DE INEXISTÊNCIA DE CONTRATO DE CONSÓRCIO NO ÂMBITO DOS JUIZADOS ESPECIAIS

Vistos etc.

Cuida-se, em apertada síntese, de ação judicial na qual a parte autora informa que fora realizado contrato de consórcio o qual não reconhece.

Citada a reclamada, não se lograra êxito na solução consensual do conflito na audiência inicial.

Em contestação, a requerida requer a denunciação da lide e, preliminarmente, reconhecimento de inépcia da inicial, falta de interesse processual e ilegitimidade passiva. Em mérito, refuta a pretensão autoral.

Réplica nos autos, na qual a requerente impugna a assinatura do instrumento apresentando, arguindo falsidade.

Instadas as partes à produção probatória, a reclamante manifestou-se pelo julgamento antecipado do mérito.

É o que importa relatar; decido e julgo.

É caso de julgamento antecipado do mérito, nos termos do art. 355, I, do CPC, ante o desinteresse das partes na produção probatória.

Incidem as regras consumeristas na demanda em análise, haja vista que as partes se amoldam com perfeição nos conceitos de consumidor e fornecedor dispostos nos arts. 2º e 3º do Código de Defesa do Consumidor, ainda que o primeiro na condição de consumidor equiparado, na forma da previsão contida no art. 17 da legislação consumerista.

De início, rejeito a pretensão de denunciação da lide. Conquanto materialmente possível, é de se atentar que o rito adotado é o sumaríssimo da Lei nº 9.099/95, o qual não admite a intervenção de terceiros, salvo desconsideração da personalidade jurídica. É o teor do art. 10 da lei:

> Art. 10. Não se admitirá, no processo, qualquer forma de intervenção de terceiro nem de assistência. Admitir-se-á o litisconsórcio.

Outrossim, como se verificara, a relação existente entre as partes é tipicamente consumerista, atraindo a disposição do art. 88 do Código de Defesa do Consumidor que, tanto quanto, veda a denunciação da lide:

> Art. 88. Na hipótese do art. 13, parágrafo único deste código, a ação de regresso poderá ser ajuizada em processo autônomo, facultada a possibilidade de prosseguir-se nos mesmos autos, vedada a denunciação da lide.

Malgrado o dispositivo parece restringir a vedação ao caso do art. 13, parágrafo único, do CDC, a jurisprudência dominante amplia a leitura do dispositivo para não admitir a denunciação da lide em qualquer litígio que envolva questão consumerista, salvo quando o próprio consumidor a admitir.

> PROCESSUAL CIVIL. AGRAVO DE INSTRUMENTO. AÇÃO INDENIZATÓRIA. DENUNCIAÇÃO DA LIDE. RECONHECIMENTO DO DIREITO DE REGRESSO. INVERSÃO DO ÔNUS DA PROVA. REEXAME. NÃO CABIMENTO. DESPROVIMENTO DO AGRAVO INTERNO. MANUTENÇÃO DA DECISÃO RECORRIDA I – Na origem, trata-se de agravo de instrumento contra decisão que, nos autos de ação indenizatória, indeferiu a denunciação da lide requerida pela empresa e inverteu o ônus da prova em desfavor da agravante. No Tribunal a quo, negou-se provimento ao agravo.
>
> II – Verifica-se que o acórdão recorrido está em consonância com a jurisprudência deste Superior Tribunal de Justiça, que fixou que a vedação à denunciação da lide prevista no art. 88 do Código de Defesa do Consumidor não se restringe à responsabilidade de comerciante por fato do produto (art. 13 do CDC), sendo aplicável também às demais hipóteses de responsabilidade civil por acidentes de consumo. Nesse sentido: AgInt no AREsp 1.640.821/ES, relator Ministro Raul Araújo, Quarta Turma, julgado em 19/10/2020, DJe 16/11/2020.
>
> III – Ademais, não cabe denunciação da lide nos casos em que a denunciante postula somente o reconhecimento do direito de regresso, desconfigurando a finalidade da demanda originária, em flagrante desatendimento aos propósitos do referido instituto processual, que são a celeridade e a economia processuais. Confiram-se: AgInt no AREsp 1.575.808/SP, relator Ministro Raul Araújo, Quarta Turma, julgado em 25/5/2021, DJe 16/6/2021; AgInt no AREsp 1.554.734/RJ, relator Ministro Antonio Carlos Ferreira, Quarta Turma, julgado em 18/2/2020, DJe 28/2/2020.
>
> (...)
>
> (AgInt no AREsp n. 1.975.384/PE, relator Ministro Francisco Falcão, Segunda Turma, julgado em 23/5/2022, DJe de 26/5/2022.)

Destarte, ante a inadmissibilidade da providência requestada, caberá à parte reclamada, se o caso, se valer da ação autônoma de regresso de que trata o art. 125, § 1º, do CPC ("*O direito regressivo será exercido por ação autônoma quando a denunciação da lide for indeferida, deixar de ser promovida ou não for permitida*").

Noutro ponto, as preliminares de falta de interesse processual e inépcia da inicial arguidas se confundem com o mérito, fundamentalmente, razão pela qual ali se debaterá a questão da responsabilidade.

Resta avaliar a preliminar de ilegitimidade passiva.

Conceituada como a pertinência subjetiva da ação, deve ser atentada pela ótica da teoria da asserção, pela qual a legitimidade processual é de ser vislumbrada em conformidade com a tese fática autoral, exclusivamente, prescindindo de averiguação de provas.

Cito o doutrinador Daniel Neves (em Manual de Direito Processual Civil):

> Para os defensores da teoria da asserção, sendo possível ao juiz mediante uma cognição sumária perceber a ausência de uma ou mais condições da ação, deve extinguir o processo sem a resolução do mérito por carência de ação (art. 485, VI, do Novo CPC), pois já teria condições desde o limiar do processo de extingui-lo e assim evitar o desenvolvimento de atividade inútil. Com embasamento no princípio da economia processual, entende-se que, já se sabendo que o processo não reúne condições para a resolução do mérito, cabe ao juiz a sua prematura extinção por carência da ação. Nesses termos, a teoria da asserção não difere da teoria eclética. Por outro lado, caso o juiz precise no caso concreto de uma cognição mais aprofundada para então decidir sobre a presença ou não das condições da ação, não mais haverá tais condições da ação, que passarão a ser entendidas como matérias de mérito. Dessa forma, aprofundada a cognição, a ausência daquilo que no início do processo poderia ter sido considerado uma condição da ação passa a ser matéria de mérito, gerando uma sentença de rejeição do pedido do autor (art. 487, I, do Novo CPC), com a geração de coisa julgada material. Nesses termos, a teoria da asserção não difere da teoria abstrata pura.

Na espécie, observo que a administradora de consórcio requerida figurou na relação da condição de fornecedor, como integrante da cadeia de consumo, nos termos do art. 14 do CDC.

Nesse sentido, reproduzo julgado extraído do Tribunal de Justiça do Estado do Ceará:

> APELAÇÃO CÍVEL. JULGAMENTO COM ESTEIRA NO ENUNCIADO ADMINISTRATIVO NÚMERO 2 DO STJ CONSÓRCIOS. AÇÃO INDENIZATÓRIA. FRAUDE DE PREPOSTO. TEORIA DA APARÊNCIA. DANOS MATERIAIS E MORAIS. CABIMENTO. APELAÇÃO CONHECIDA E NÃO PROVIDA. 1. Manutenção do reconhecimento da

> responsabilidade da demandada pela fraude de sua preposta na venda de cota de consórcio. Aplicação da teoria da aparência. Art. 34 do CDC. Proteção da confiança decorrente da cláusula geral de boa-fé objetiva consagrada no art. 422 do CC/02. 2. Danos materiais comprovados. Ressarcimento das quantias atualizadas desde o seu desembolso. 3. Danos morais. Caracterização de ilícito passível de ser indenizado. Manutenção do valor da indenização fixada na origem. Observância do caráter compensatório e pedagógico. ACÓRDÃO: Vistos, relatados e discutidos estes autos, acorda a 3ª Câmara Direito Privado do Tribunal de Justiça do Estado do Ceará, em à unanimidade, em conhecer da Apelação Cível, para, lhe negar provimento,nos termos do voto do Relator, parte integrante deste. JUCID PEIXOTO DO AMARAL Presidente do Órgão Julgador Exmo. Sr. JUCID PEIXOTO DO AMARAL Relator (Apelação Cível - 0001981-56.2009.8.06.0115, Rel. Desembargador(a) JUCID PEIXOTO DO AMARAL, 3ª Câmara Direito Privado, data do julgamento: 17/05/2017, data da publicação: 17/05/2017)

Superadas as preliminares, alcança-se o mérito.

A demanda é de ser julgada procedente.

Na hipótese, observo que a parte requerida não demonstrou adequadamente a regular contratação da cota de consórcio, na medida em que conquanto tenha instruído sua peça de defesa com a cópia do contrato supostamente entabulado entre as partes, não fora capaz de superar a queixa de autenticidade levantada pela parte promovente em réplica, em desatenção ao seu ônus probatório regular do art. 373, II, do CPC e ao que rege o art. 368 do CPC no que toca à arguição de autenticidade.

> Art. 373. O ônus da prova incumbe:
>
> I - ao autor, quanto ao fato constitutivo de seu direito;
>
> II - ao réu, quanto à existência de fato impeditivo, modificativo ou extintivo do direito do autor.
>
> Art. 429. Incumbe o ônus da prova quando:
>
> I - se tratar de falsidade de documento ou de preenchimento abusivo, à parte que a arguir;
>
> II - se tratar de impugnação da autenticidade, à parte que produziu o documento.

É que, em havendo rechaço de regularidade do documento apresentado pela parte contra quem se pretende valha como prova, é da parte que o produziu o dever probatório de demonstrar a autenticidade da firma.

Tal conclusão encontra consonância com o que decidido pelo Superior Tribunal de Justiça, inclusive adotada sob a sistemática dos recursos repetitivos, de observância obrigatória por juízes e tribunais:

> RECURSO ESPECIAL. PROCESSUAL CIVIL. ACÓRDÃO PROFERIDO EM IRDR. CONTRATOS BANCÁRIOS. EMPRÉSTIMO CONSIGNADO. DOCUMENTO PARTICULAR. IMPUGNAÇÃO DA AUTENTICIDADE DA ASSINATURA. ÔNUS DA PROVA. RECURSO ESPECIAL PARCIALMENTE CONHECIDO E, NESSA EXTENSÃO, DESPROVIDO.
>
> 1. Para os fins do art. 1.036 do CPC/2015, a tese firmada é a seguinte: "Na hipótese em que o consumidor/autor impugnar a autenticidade da assinatura constante em contrato bancário juntado ao processo pela instituição financeira, caberá a esta o ônus de provar a sua autenticidade (CPC, arts. 6º, 368 e 429, II)."
>
> 2. Julgamento do caso concreto.
>
> 2.1. A negativa de prestação jurisdicional não foi demonstrada, pois deficiente sua fundamentação, já que o recorrente não especificou como o acórdão de origem teria se negado a enfrentar questões aduzidas pelas partes, tampouco discorreu sobre as matérias que entendeu por omissas. Aplicação analógica da Súmula 284/STF.
>
> 2.2. O acórdão recorrido imputou o ônus probatório à instituição financeira, conforme a tese acima firmada, o que impõe o desprovimento do recurso especial.
>
> 3. Recurso especial parcialmente conhecido e, nessa extensão, desprovido.
>
> (REsp n. 1.846.649/MA, relator Ministro Marco Aurélio Bellizze, Segunda Seção, DJe de 9/12/2021.)

Na mesma linha a recente jurisprudência dos tribunais nacionais:

> *Ação declaratória de inexistência de débito c.c. indenização por danos morais – Contrato de empréstimo consignado em nome da autora por falsário, com desconto de valores dos benefícios previdenciários da requerente – Aplicação da legislação consumerista (súmula 297 do STJ) – Responsabilidade objetiva da instituição financeira (fortuito interno) (Súmula 479 do STJ) – Teoria do risco do negócio – Requerido não comprovou a legitimidade da contratação do empréstimo consignado, ônus seu (art. 6º, VIII, do CPC e art. 373, II, do CPC) – Entendimento sobre o tema fixado pelo STJ no julgamento do REsp º 1.846.679/MA – Devolução dos valores indevidamente

descontados – Danos morais evidenciados – Damnum in re ipsa – Jurisprudência do STJ – Indenização arbitrada em consonância com os princípios da razoabilidade e proporcionalidade, segundo a extensão do dano – Honorários advocatícios fixados de acordo com o art. 85, §2º c.c. art. 86, parágrafo único, do CPC, não comportando modificação – Recurso negado.* (TJSP; Apelação Cível 1001880-03.2021.8.26.0704; Relator (a): Francisco Giaquinto; Órgão Julgador: 13ª Câmara de Direito Privado; Foro Regional XV – Butantã – 3ª Vara Cível; Data do Julgamento: 03/06/2022; Data de Registro: 03/06/2022)

APELAÇÃO CÍVEL. Ação Declaratória de Inexigibilidade de Débito c.c. Indenização por Danos Morais. Sentença de Procedência. Inconformismo do Banco Réu. Parcial acolhimento. Empréstimo consignado com desconto em benefício previdenciário. Relação de consumo. Ausente comprovação de que o Contrato teria sido celebrado pelo Autor. Ônus da prova da veracidade da assinatura aposta no Contrato que incumbia ao Réu. Inversão do ônus da prova. Possibilidade. Inteligência do Artigo 429, II, Código de Processo Civil. Entendimento vinculante do Superior Tribunal de Justiça no REsp 1.846.649/MA (Tema 1061). Autenticidade da assinatura não comprovada (Artigo 373, II do Código de Processo Civil e do Artigo 6º, "caput" e inciso VIII, do Código de Defesa do Consumidor). Falha na prestação de serviços configurada (Artigo 14 do Código de Defesa do Consumidor). Cobrança indevida. Desconto não contratado em benefício previdenciário. Verba alimentar. Dano moral in re ipsa. Quantum indenizatório. Indenização fixada em R$ 5.000,00 (cinco mil reais) que se mostra razoável e proporcional a reprimir o ato, sem aviltar ou implicar em enriquecimento de quem a recebe. Quantia que não importa minoração. Repetição de indébito, em dobro. Parágrafo primeiro do Artigo 42 do Código de Defesa do Consumidor. A devolução duplicada pressupõe conduta contrária a boa-fé objetiva. Precedentes do Superior Tribunal de Justiça. Ausência de boa-fé não demonstrada na espécie. Compensação com o valor emprestado. Depósito incontroverso do valor do empréstimo na conta bancária do Autor. Possibilidade de devolução. Sentença parcialmente reformada. RECURSO PARCIALMENTE PROVIDO. (TJSP; Apelação Cível 1004899-11.2021.8.26.0318; Relator (a): Penna Machado; Órgão Julgador: 14ª Câmara de Direito Privado; Foro de Leme – 1ª Vara Cível; Data do Julgamento: 17/05/2022; Data de Registro: 17/05/2022)

Por conseguinte, assumo que não houvera adequada e prévia contratação do consórcio discutido, a justificar a cobrança envidada da parte autora.

É de invocar-se, então, os ditames do art. 14 do CDC, através do qual "o fornecedor de serviços responde, independentemente da existência de culpa, pela reparação dos danos causados aos consumidores por defeitos relativos à prestação dos serviços, bem como por informações insuficientes ou inadequadas sobre sua fruição e riscos".

O dispositivo em liça atrai a implicação da responsabilidade objetiva nas relações consumeristas, pela qual o fornecedor se responsabiliza, independentemente da demonstração de dolo ou culpa, pelos danos causados por sua atividade econômica.

É certo que o art. 14, § 3º, do CDC apresenta algumas exceções legais à responsabilização objetiva – ausência de defeito ou culpa exclusiva do consumidor ou de terceiros, sem prejuízo da invocação em diálogo de fontes das excludentes de responsabilidade previstas no Código Civil – caso fortuito ou força maior.

> § 3° O fornecedor de serviços só não será responsabilizado quando provar:
>
> I – que, tendo prestado o serviço, o defeito inexiste;
>
> II – a culpa exclusiva do consumidor ou de terceiro.

Consigne-se, entrementes, que a ressalva da culpa exclusiva de terceiros é mitigada pela interpretação doutrinária e jurisprudencial, havendo que se perquirir se se trata de fortuito interno, que está no espectro de visibilidade e antevisão do fornecedor, em conformidade com a atividade praticada, ou de fortuito externo, caso em que o fato é absolutamente alheio à atividade prestada.

É o entendimento retratado em Recurso Repetitivo no âmbito do Superior Tribunal de Justiça, de observância obrigatória por juízes e tribunais, conforme art. 927 do CPC:

> RECURSO ESPECIAL REPRESENTATIVO DE CONTROVÉRSIA. JULGAMENTO PELA SISTEMÁTICA DO ART. 543-C DO CPC. RESPONSABILIDADE CIVIL. INSTITUIÇÕES BANCÁRIAS. DANOS CAUSADOS POR FRAUDES E DELITOS PRATICADOS POR TERCEIROS. RESPONSABILIDADE OBJETIVA. FORTUITO INTERNO. RISCO DO EMPREENDIMENTO.
>
> 1. Para efeitos do art. 543-C do CPC: As instituições bancárias respondem objetivamente pelos danos causados por fraudes ou delitos praticados por terceiros – como, por exemplo, abertura de conta-corrente ou recebimento de empréstimos mediante fraude ou utilização de documentos falsos –, porquanto tal

> responsabilidade decorre do risco do empreendimento, caracterizando-se como fortuito interno.
>
> 2. Recurso especial provido.
>
> (REsp n. 1.197.929/PR, relator Ministro Luis Felipe Salomão, Segunda Seção, DJe de 12/9/2011.)

Nesse sentido, inclusive, o teor do enunciado sumular nº 479 do Superior Tribunal de Justiça:

> SÚMULA STJ 479 As instituições financeiras respondem objetivamente pelos danos gerados por fortuito interno relativo a fraudes e delitos praticados por terceiros, no âmbito de operações bancárias.

Em consectário, conclui-se pela responsabilidade da requerida pelo evento danoso envidado à autora, bem assim reconhece-se a inexistência da relação contratual impugnada, razão pela qual passa-se à avaliação das indenizações reclamadas.

Concluo não ter existido ofensa moral ao demandante ocasionadora de dano reparável por ato ilícito da parte adversa. Isto porque, conforme aduz, o art. 186 c/c art. 927 do CC, ambos amparados pelo art. 5º, X, da CF/88, aquele que pratica ato ilícito, ainda que exclusivamente moral, deve ser instado a indenizar a vítima.

Com efeito, o mero reconhecimento de inexistência contratual, despido doutras peculiaridades, não autoriza o reconhecimento de ofensa a direito da personalidade a justificar a indenização pecuniária pretendida.

No caso, nem mesmo é possível atribuir conduta dolosa ou culposa no sentido da contratação à requerida, sendo a responsabilização aferida sob a tônica objetiva, motivo pelo qual o abalo moral haveria de ser endossado por outras consequências gravosas que não a singela inexistência contratual, como a cobrança vexatória, anotação indevida, comprometimento de renda, entre outros.

Ademais, a parte autora apenas narra que recebera boleto de cobrança em sua residência com cópia de documentação de contratação cuja assinatura não era sua. Não há evidência de fatos outros além destes.

O envio de cobrança indevida, por si só, não redunda em danos morais, conforme compreensão dominante da jurisprudência pátria:

> AGRAVO INTERNO NO RECURSO ESPECIAL. AÇÃO DECLARATÓRIA DE INEXISTÊNCIA DE RELAÇÃO JURÍDICA. PROCEDÊNCIA PARCIAL. FALTA DE INTERESSE RECURSAL. INTERESSE DE AGIR JÁ RECONHECIDO NA ORIGEM. DANOS MORAIS. NÃO CONFIGURAÇÃO.

> RAZÕES RECURSAIS DISSOCIADAS DOS FUNDAMENTOS DO JULGADO ATACADO. APLICAÇÃO DAS SÚMULAS 283 E 284 DO SUPREMO TRIBUNAL FEDERAL. ÔNUS DA SUCUMBÊNCIA. DECAIMENTO MÍNIMO.
>
> REEXAME. IMPOSSIBILIDADE. SÚMULA 7/STJ. AGRAVO NÃO PROVIDO. 1. Não há interesse recursal no tocante à discussão sobre o interesse de agir, visto que a existência da referida condição da ação já fora reconhecida na origem.
>
> 2. A jurisprudência desta Corte é firme no sentido de que, inexistindo ato restritivo de crédito, a mera cobrança de valores por serviços não contratados não gera, por si só, danos morais indenizáveis. 3. É inadmissível o inconformismo por deficiência na sua fundamentação quando as razões do recurso estão dissociadas do decidido no acórdão recorrido. Aplicação da Súmula 284 do Supremo Tribunal Federal.
>
> 4. "A sucumbência recíproca ou em parte mínima, estabelecida pelo Tribunal de origem, envolve contexto fático-probatório, cuja análise e revisão revelam-se interditadas a esta Corte Superior, em face do óbice contido na Súmula 7 do STJ."
>
> (EDcl no AgRg no AREsp 151.072/SP, Rel. Ministra MARIA ISABEL GALLOTTI, QUARTA TURMA, julgado em 21/08/2018, DJe de 11/09/2018).
>
> 5. Agravo interno a que se nega provimento.
>
> (AgInt no REsp n. 1.251.544/RS, relator Ministro Raul Araújo, Quarta Turma, julgado em 30/5/2019, DJe de 21/6/2019.)

Enfim, no que concerne à tutela de urgência solicitada, nos termos do art. 300 do CPC, compreendo inexistente situação fática que a autorize, diante da evidenciação pela requerida de que o contrato impugnado se encontra em situação que não redunda em cobrança, não havendo que se falar em perigo da demora.

Ante o exposto, julgo parcialmente procedente o pleito autoral, extinguindo o feito com resolução do mérito, com base no art. 487, I, CPC, para **declarar** inexistente o contrato de consórcio impugnado.

Custas e honorários advocatícios isentos em primeiro grau de jurisdição, com supedâneo no art. 55 da Lei nº 9.099/95.

Publique-se. Registre-se. Intime-se.

Após o trânsito em julgado e adotadas as cautelas de praxe, arquive-se.

Santa Quitéria, data da assinatura digital.

CASO 12: ATRASO DE VOO NOS JUIZADOS ESPECIAIS

Vistos etc.

Cuida-se, em apertada síntese, de ação judicial na qual a parte autora noticia atraso na partida de voo contratado junto à requerida.

Citada a reclamada, não se lograra êxito na solução consensual do conflito na audiência inicial.

Em contestação, a requerida refuta a pretensão autoral.

Réplica remissiva no termo de audiência, oportunidade em que requestou o julgamento antecipado da lide.

É o que importa relatar; decido e julgo.

É caso de julgamento antecipado do mérito, nos termos do art. 355, I, do CPC, ante o desinteresse das partes na produção probatória.

Incidem as regras consumeristas na demanda em análise, haja vista que as partes se amoldam com perfeição nos conceitos de consumidor e fornecedor dispostos nos arts. 2º e 3º do Código de Defesa do Consumidor.

Noutro ponto, a preliminar de falta de interesse processual arguida se confunde com o mérito, fundamentalmente, razão pela qual ali se debaterá a questão da responsabilidade.

A demanda é de ser julgada improcedente.

Segundo a redação dos arts. 186 e 927 do Código Civil, aplicados ao caso em espeque em diálogo das fontes, *"aquele que, por ação ou omissão voluntária, negligência ou imprudência, violar direito e causar dano a outrem, ainda que exclusivamente moral, comete ato ilícito"*, e *"aquele que, por ato ilícito (arts. 186 e 187), causar dano a outrem, fica obrigado a repará-lo"*.

Para ensejar a responsabilidade civil, portanto, imprescindível a demonstração da ocorrência de ato ilícito, da existência de culpa ou de dolo do ofensor (nas hipóteses de responsabilidade subjetiva), do resultado dele decorrente e do respectivo nexo de causalidade.

Os danos proporcionados podem se revelar em materiais, pessoais, sociais e morais.

Danos materiais ou, na dicção do Código Civil, perdas e danos, são os prejuízos efetivamente experimentados pela parte em vista de ato ilícito praticado por outrem, consistindo no abalo certo e imediato - dano emergente; bem como no abalo certo mas mediato - lucro cessante; ou, ainda, pela perda de uma chance (*perte d'une chance*).

Danos morais, por sua vez, são aqueles que proporcionam consequências físico-psíquicas negativas no agravado, ou que lhe ofendem a dignidade de sua pessoa, em caso de pessoas físicas; ou os que causam abalo na honra objetiva, em se tratando de pessoa jurídica.

O dever de indenizar, é cediço, preconizado no art. 927 do CC/02, imprescinde de produção de prova específica do dano, em qualquer de suas modalidades, a fim de se perquirir o *an* e o *quantum debeatur.* Nesse diapasão, não há como se imaginar o estabelecimento de uma reparação pecuniária por um dano incerto, indeterminado.

Nessa linha de intelecção, advertem os professores Cristiano Chaves e Nelson Rosenvald:

> Dispõe o art. 402 do Código Civil que, "salvo as exceções expressamente previstas em lei, as perdas e danos devidas ao credor abrangem, além do que ele efetivamente perdeu, o que razoavelmente deixou de lucrar". Essa norma se conecta aos arts. 186 e 927 do Código Civil, para ressaltar que no direito civil a inexistência do dano é óbice à pretensão de qualquer espécie de reparação.
>
> Como explica Agostinho Alvim, "ainda mesmo que haja violação de um dever jurídico e que tenha existido culpa e até mesmo dolo por parte do infrator, nenhuma indenização será devida, uma vez que não se tenha verificado prejuízo. Essa regra decorre dos princípios, pois a responsabilidade, independentemente de dano, redundaria em mera punição do devedor, com invasão da esfera do direito penal".
>
> A configuração do ato ilícito independe do dano, todavia, o ilícito sem dano não é objeto de reparação, seja em sede de ato ilícito contratual – pelo inadimplemento – ou pela prática do ato ilícito extracontratual que redundará em responsabilidade civil.
>
> (...)
>
> Caio Mário da Silva Pereira adverte que o dano indenizável é aquele que ostenta os requisitos da certeza e da atualidade. Atual será o dano que já existe ou existiu no momento da ação de responsabilidade e a certeza é o atributo do dano fundado sobre um fato preciso e não uma mera hipótese. Excluem-se de qualquer forma de reparação os danos meramente hipotéticos, que não serão realizados. O dano eventual é aquele existente no imaginário, portanto não se confunde com o dano futuro (lucro cessante), que apesar de certo ainda não está definido quando a demanda indenizatória é proposta.[9]

9 Curso de Direito Civil. Vol. 2. 10ª Edição. Editora Juspodivm: Salvador, 2016. p. 580.

Concluo não ter existido ofensa moral ao demandante ocasionadora de dano reparável por ato ilícito da parte adversa. Isto porque, conforme aduz, o art. 186 c/c art. 927 do CC, ambos amparados pelo art. 5º, X, da CF/88, aquele que pratica ato ilícito, ainda que exclusivamente moral, deve ser instado a indenizar a vítima.

Com efeito, o mero aborrecimento decorrente de atraso na partida de voo não tem o condão de infringir direitos da personalidade a justificar pretensão indenizatória por abalo moral.

Em verdade, é de se reconhecer que apenas o atraso de voo somado a outros elementos especiais que caracterizem real experimentação de dano pode ensejar a compensação pecuniária, não sendo este o caso dos autos.

Na espécie, o autor nada evidencia para além do atraso na partida do voo, ainda ressaltando que a requerida ofertou crédito para alimentação, não havendo demonstração que a viagem restou fundamentalmente prejudicada ou que houvera perda de compromissos em decorrência da postergação.

É a jurisprudência do Superior Tribunal de Justiça:

> AGRAVO INTERNO NO AGRAVO EM RECURSO ESPECIAL. TEMPESTIVIDADE VERIFICADA. RECONSIDERAÇÃO DA DECISÃO DA PRESIDÊNCIA. DIREITO DO CONSUMIDOR. ATRASO EM VOO DOMÉSTICO. NECESSIDADE DE COMPROVAÇÃO. COMPANHIA AÉREA QUE FORNECEU ALTERNATIVAS RAZOÁVEIS PARA A RESOLUÇÃO DO IMPASSE. DANO MORAL NÃO CONFIGURADO. DANO MATERIAL NÃO COMPROVADO. AGRAVO PROVIDO. RECURSO ESPECIAL IMPROVIDO.
>
> 1. A inversão do ônus da prova, nos termos do art. 6º, VIII, do Código de Defesa do Consumidor, não é automática, dependendo da constatação, pelas instâncias ordinárias, da presença ou não da verossimilhança das alegações ou da hipossuficiência do consumidor.
>
> Precedentes.
>
> 2. A jurisprudência mais recente desta Corte Superior tem entendido que, na hipótese de atraso de voo, o dano moral não é presumido em decorrência da mera demora, devendo ser comprovada, pelo passageiro, a efetiva ocorrência da lesão extrapatrimonial sofrida.
>
> 3. Na hipótese, o Tribunal Estadual concluiu pela inexistência de dano moral, uma vez que a companhia aérea ofereceu alternativas razoáveis para a resolução do impasse, como hospedagem, alocação em outro voo e transporte terrestre até o destino dos recorrentes, ocorrendo, portanto, mero dissabor que não enseja reparação por dano moral.

> 4. Nos termos da jurisprudência desta Corte, em regra, os danos materiais exigem efetiva comprovação, não se admitindo indenização de danos hipotéticos ou presumidos. Precedentes.
>
> 5. Agravo interno provido para reconsiderar a decisão agravada e, em novo exame, negar provimento ao recurso especial.
>
> (AgInt no AREsp n. 1.520.449/SP, relator Ministro Raul Araújo, Quarta Turma, julgado em 19/10/2020, DJe de 16/11/2020.)
>
> AGRAVO REGIMENTAL NO RECURSO ESPECIAL – AÇÃO DE INDENIZAÇÃO POR DANOS MORAIS – DECISÃO MONOCRÁTICA NEGANDO SEGUIMENTO AO APELO EXTREMO – INSURGÊNCIA DOS AUTORES.
>
> 1. No caso em exame, tanto o juízo de piso, quanto o Tribunal de origem, afirmaram que não há nos autos prova alguma de os autores terem experimentado dano moral passível de indenização, cujos transtornos decorrentes do atraso do voo por algumas horas não passaram de meros dissabores, o que é insuficiente para ensejar a indenização pretendida.
>
> 2. As conclusões do aresto reclamado acerca da não configuração de dano moral indenizável encontram-se firmadas no acervo fático-probatório constante dos autos e a sua revisão esbarra no óbice da Súmula 7 do STJ.
>
> 3. Agravo regimental desprovido.
>
> (AgRg no REsp n. 1.546.645/SP, relator Ministro Marco Buzzi, Quarta Turma, julgado em 15/12/2016, DJe de 1/2/2017.)

Não é outro o escólio da jurisprudência alencarina:

> DIREITO DO CONSUMIDOR. APELAÇÃO CÍVEL. AÇÃO DE INDENIZAÇÃO POR DANOS MORAIS E MATERIAIS. CONTRATO DE TRANSPORTE AÉREO. ATRASO DE VOO DE 3 (TRÊS) HORAS DEVIDO À MANUTENÇÃO NÃO PROGRAMADA DA AERONAVE. PRELIMINAR DE OFENSA AO PRINCÍPIO DA DIALETICIDADE REJEITADA. DANO MORAL NÃO CONFIGURADO. MEROS ABORRECIMENTOS. SENTENÇA MANTIDA. RECURSO CONHECIDO E NÃO PROVIDO. 1. Cinge-se a controvérsia recursal, em síntese, na configuração de danos morais supostamente sofridos pelo apelante, em decorrência de atraso de voo. 2. Primeiramente, a preliminar de ofensa à dialeticidade merece ser afastada. Conforme art. 1.010, III, do CPC, a apelação, interposta por petição dirigida ao juízo de primeiro grau, conterá as razões do pedido de reforma. Logo, repetir os argumentos dispostos na exordial, por si só, não afasta a dialeticidade entre as razões do recurso e

o conteúdo da sentença, desde que possível vislumbrar a relação entre os fundamentos da decisão vergastada e o apelo, tal como acontece nos autos. 3. A relação ora discutida é de consumo, na qual ocupa a parte autora a posição de consumidor, portanto, parte mais fraca e vulnerável dessa relação, figurando a parte ré como fornecedora, na forma dos artigos 2º, parágrafo único, e 3º, § 2º e 17, todos do CDC. 4. Tratando-se de relação de consumo, a responsabilidade é objetiva, na forma do artigo 14 do CDC, de modo que basta a comprovação da conduta, do dano e do nexo de causalidade pelo consumidor para configurar o dever de indenizar do fornecedor, salvo se configuradas as causas excludentes anunciadas no artigo 14, §3º, do CDC. 5. Entretanto, quanto ao pleito de indenização por danos morais, não se verifica que a situação descrita na exordial impôs ao autor máculas do ponto de vista objetivo, de modo que o mero atraso, ainda que enseje legítima frustração ao consumidor apelante, por si só, não se traduz em dano moral indenizável, configurando simples aborrecimento, dissabor e incômodo. Precedentes. 6. Nesses termos, os fatos apontados pela parte autora não comprovam o prejuízo pelo qual se pede indenização por dano moral, visto que cabe ao autor, ora apelante, o ônus de comprovar os prejuízos causados pela conduta da empresa aérea apelada. Portanto, infere-se que não há que se falar em indenização por dano moral, de forma que não merece provimento o recurso em epígrafe, devendo a sentença vergastada permanecer inalterada. 7. Recurso conhecido e não provido. ACÓRDÃO: Vistos, relatados e discutidos estes autos, acorda a 3ª Câmara Direito Privado do Tribunal de Justiça do Estado do Ceará, por unanimidade, em conhecer do recurso para negar-lhe provimento, nos termos do voto da Relatora. DESEMBARGADORA LIRA RAMOS DE OLIVEIRA Relatora (Apelação Cível – 0150795-46.2018.8.06.0001, Rel. Desembargador(a) LIRA RAMOS DE OLIVEIRA, 3ª Câmara Direito Privado, data do julgamento: 09/02/2022, data da publicação: 09/02/2022)

Ante o exposto, julgo improcedente o pleito autoral, extinguindo o feito com resolução do mérito, com base no art. 487, I, CPC.

Custas e honorários advocatícios isentos em primeiro grau de jurisdição, com supedâneo no art. 55 da Lei nº 9.099/95.

Publique-se. Registre-se. Intime-se.

Após o trânsito em julgado e adotadas as cautelas de praxe, arquive-se.

Santa Quitéria, data da assinatura digital.

CASO 13: OFENSAS A POLÍTICO LOCAL NOS JUIZADOS ESPECIAIS

Vistos etc.

Relatório dispensado, na forma do art. 38 da Lei nº 9.099/95.

Trata-se, em síntese, de procedimento de juizado especial no qual o autor, **XXXX**, formula pleito de cunho condenatório para percepção de indenização por danos morais afirmadamente causados por postagem em rede social do promovido, **YYYY**.

Audiência de conciliação inexitosa.

Citado, o promovido apresentara contestação em que refuta a existência de dano moral, e maneja pleito contraposto de indenização por danos morais em virtude do ajuizamento da presente demanda e por outras ações adotadas pelo autor em prejuízo do requerido e de outros opositores políticos.

Instadas as partes à produção probatória, remanesceram silentes.

Vieram-me autos conclusos. É o relatório.

Sem preliminares.

As demandas, original e contraposta, hão de ser solvidas com esteio na normatização civil que dispõe sobre responsabilidade.

Segundo a redação dos arts. 186 e 927 do Código Civil, aplicados ao caso em espeque em diálogo das fontes, "*aquele que, por ação ou omissão voluntária, negligência ou imprudência, violar direito e causar dano a outrem, ainda que exclusivamente moral, comete ato ilícito*", e "*aquele que, por ato ilícito (arts. 186 e 187), causar dano a outrem, fica obrigado a repará-lo*".

Para ensejar a responsabilidade civil, portanto, imprescindível a demonstração da ocorrência de ato ilícito, da existência de culpa ou de dolo do ofensor (nas hipóteses de responsabilidade subjetiva), do resultado dele decorrente e do respectivo nexo de causalidade.

É cediço que o art. 5º da CF/88 apresenta como direito fundamental do cidadão a livre manifestação do pensamento, como decorrência direta do princípio democrático (inciso IV). Por outro lado, na linha da inexistência de direitos fundamentais absolutos e com o propósito de proteção quanto ao potencial deletério da divulgação não autorizada e/ou inverídica, caluniosa, difamatória, injuriosa de informações e imagens pessoais dos indivíduos, previu o constituinte originário, na mesma medida, que "*são invioláveis a intimidade, a vida privada, a honra e a imagem das pessoas, assegurado o direito a indenização pelo dano material ou moral decorrente de sua violação*" (inciso X).

Nesse diapasão, com suporte do princípio da unidade constitucional, segundo o qual as normas supremas devem ser interpretadas conjuntamente, valendo-se da técnica da ponderação de direitos fundamentais, há de se concluir necessariamente que o direito à livre manifestação do pensamento deve ser garantido quando não implique violação à intimidade, a vida privada, a honra e à imagem das pessoas, porquanto estes figuram como consectários do vetor dignidade da pessoa humana.

O próprio texto constitucional previu medida cabível em caso de exacerbação da liberdade de expressão, quando direcionada danosamente a indivíduo, estabelecendo em seu inciso V que "*é assegurado o direito de resposta, proporcional ao agravo, além da indenização por dano material, moral ou à imagem*".

De outra banda, não se descura que a proteção da intimidade de figuras públicas, pela sua condição, deve ser mitigada, haja vista sua natural maior exposição às mais diversas opiniões e críticas. Nessa toada é que, na lição do Ministro Gilmar Mendes, "*a extensão e a intensidade da proteção à vida privada dependem, em parte, do modo de viver do indivíduo – reduzindo-se, mas não se anulando, quando se trata de celebridade. Dependem, ainda, da finalidade a ser alcançada com a exposição e do modo como a notícia foi coletada*" (Curso de Direito Constitucional. 10ª. ed. rev. e atual. São Paulo: Saraiva, 2015).

O Superior Tribunal de Justiça já tivera oportunidade de adotar o posicionamento ora esposado, conforme se constata do excerto de jurisprudência *infra* colacionado:

> PROCESSUAL CIVIL E CIVIL. RECURSO ESPECIAL. AÇÃO INDENIZATÓRIA C/C OBRIGAÇÃO DE FAZER. PUBLICAÇÃO EM REDE SOCIAL. NEGATIVA DE PRESTAÇÃO JURISDICIONAL. AUSÊNCIA. ABUSO DO DIREITO À LIBERDADE DE EXPRESSÃO. DANO MORAL. INOCORRÊNCIA. CRÍTICA POLÍTICA.
>
> 1. Ação indenizatória c/c obrigação de fazer ajuizada em 15/03/2019, da qual foi extraído o presente recurso especial interposto em 09/10/2020 e concluso ao gabinete em 17/01/2022.
>
> 2. O propósito recursal é definir se houve negativa de prestação jurisdicional e se a manifestação do recorrido em rede social extrapolou o direito à liberdade de expressão, configurando ato ilícito ensejador de dano moral indenizável.
>
> 3. É de afastar-se a ocorrência de negativa de prestação jurisdicional, porquanto todas as questões pertinentes ao deslinde da controvérsia foram apreciadas de forma clara e objetiva pela Corte local.
>
> 4. O direito à livre manifestação do pensamento é consagrado no art. 220, caput, da CF/88. No entanto, esse direito não é absoluto, sendo considerado abusivo se exercido com o intuito de ofender, difamar ou injuriar (animus injuriandi), em flagrante

violação a outros direitos e garantias constitucionais, tais como a honra, a privacidade e a imagem.

5. A esfera de proteção dos direitos da personalidade de pessoas públicas ou notórias, notadamente dos agentes políticos, é reduzida, à medida em que são responsáveis pela gestão da coisa pública.

Assim, nos termos da jurisprudência do STF e do STJ, inexiste ato ilícito se os fatos divulgados forem verídicos ou verossímeis, ainda que eivados de opiniões severas, irônicas ou impiedosas, notadamente quando se tratar de figuras públicas que exerçam atividades típicas de estado, gerindo interesses da coletividade, e a notícia e a crítica dizerem respeito a fatos de interesse geral e conexos com a atividade desenvolvida pela pessoa noticiada.

6. Na hipótese dos autos, a publicação realizada pelo recorrido na rede social Facebook, na qual manifestou contrariedade à indicação do recorrente à Secretaria de Segurança Pública do Estado de São Paulo, apresentando como justificativa o fato de que o recorrente "está envolvido no esquema de corrupção das licitações da PMESP, segundo apurações da própria corregedoria", não desborda do exercício do direito à liberdade de expressão, configurando mera crítica política. O recorrente estava, de fato, sendo investigado pela prática de supostos atos de corrupção e, exercia, à época, mandato de deputado estadual, tratando-se, portanto, de agente político sujeito a críticas e a opiniões contrárias à sua nomeação para ocupar determinado cargo público.

7. Recurso especial conhecido e não provido.

(REsp n. 1.986.323/SP, relatora Ministra Nancy Andrighi, Terceira Turma, julgado em 6/9/2022, DJe de 13/9/2022.)

Em caso análogo, o E. Tribunal de Justiça do Estado do Ceará:

APELAÇÃO CÍVEL. CONSTITUCIONAL. REPARAÇÃO DE DANOS. OFENSA À HONRA E IMAGEM. DIREITO DE MANIFESTAÇÃO DO PENSAMENTO E DE CRÍTICA. MERO ABORRECIMENTO INERENTE À OCUPAÇÃO DE CARGO PÚBLICO ELETIVO. DANO MORAL NÃO CONFIGURADO. APELO IMPROVIDO. 1. O cerne da controvérsia cinge-se em saber se a fala do recorrido em comício de inauguração do comitê fustigado causou danos morais ao apelante. 2. De início, cumpre registrar que a Carta Magna confere proteção à liberdade de manifestação, a honra e a imagem do indivíduo, encontrando-se no mesmo nível hierárquico. 3. Nesse contexto, existindo colisão entre direitos fundamentais, caberá ao julgador, através da análise do caso concreto, decidir qual dos princípios deve prevalecer, a partir do sopesamento de valores, mediante a harmonização das normas constitucionais. 4. Acerca do assunto, o Superior Tribunal de Justiça estabeleceu, para situação de conflito entre a liberdade de pensamento e o direito à honra, dentre outros, os seguintes elementos de ponderação: o compromisso ético com a informação verossímil; a preservação dos chamados direitos da personalidade, entre os quais incluem-se o direito à honra, à imagem, à privacidade e à intimidade; e a vedação de veiculação de crítica com o intuito de difama, injuriar ou caluniar a pessoa (animus injuriandi vel diffamandi). 5. Pois bem. Na hipótese em exame, o autor/apelante destaca que teve sua moral e dignidade ofendida em razão das falas do recorrido em comício de inauguração do comitê, ocorrido em 27 de agosto de 2014, imputando-lhe, falsamente, fato delitivo, sem qualquer arcabouço probatório ou procedimento investigativo que dessem azo a tais assertivas. 6. Nos termos dos artigos 186 e 927 do Código Civil de 2002, aquele que, por ato ilícito, causar dano a outrem fica obrigado a repará-lo. Por sua vez, a responsabilidade civil fica condicionada, em regra, à comprovação, cumulativamente, de seus elementos constituidores: o ato (ou conduta), o dano, o nexo causal e a culpa ou dolo, sem os quais não há como exigir reparação. 7. Portanto, nesse caso, para a configuração do dano moral, é imprescindível que as circunstâncias fáticas demonstrem que o ilícito teve o condão de gerar consequências que extrapolem os meros aborrecimentos e transtornos decorrentes do desentendimento, o que não ocorreu. 8. Isso porque, os termos empregados pelo apelado não extrapolam os limites razoáveis para um contexto entre adversários políticos. De modo que inexistem elementos capazes de demonstrar que a conduta do apelado tenha causado abalo emocional ou sentimento de perda irreparável no recorrido, ônus que incumbia à parte autora, à luz do disposto no art. 373, I, do CPC. 9. Ademais, ressalvado o entendimento contrário, não se observam das falas ditas desabonadoras nenhum propósito injurioso ou difamatório, mas mera opinião a respeito de situação política que não se reveste do intuito de ofender intimamente a pessoa do apelado. 10. Ora, sendo o recorrente à época dos fatos homem de vida pública, exposto à luz da observação da sociedade e de críticas no desempenho de suas funções, os fatos narrados não ultrapassam o limite do mero aborrecimento, conforme as bem lançadas palavras da eminente Desembargadora Maria das Graças Almeida de Quental, nos autos do processo nº 0204186-18.2015.8.06.0001. 11. Assim, considerando que não

> restou comprovado que o direito à livre expressão do pensamento restou extrapolado, tampouco houve intenção de malferir a integridade moral do apelado, não há que se falar em dano moral na espécie. 12. Recurso improvido. ACÓRDÃO: Vistos, relatados e discutidos estes autos, acorda a 2ª Câmara Direito Privado do Tribunal de Justiça do Estado do Ceará, por votação unânime, em conhecer do recurso, mas para negar-lhe provimento, em conformidade com o voto do eminente relator. Fortaleza, 17 de agosto de 2022 CARLOS ALBERTO MENDES FORTE Presidente do Órgão Julgador DESEMBARGADOR CARLOS ALBERTO MENDES FORTE Relator (Apelação Cível – 0890629-54.2014.8.06.0001, Rel. Desembargador(a) CARLOS ALBERTO MENDES FORTE, 2ª Câmara Direito Privado, data do julgamento: 17/08/2022, data da publicação: 17/08/2022)

É certo que a circunstância de a pessoa gozar de certa publicidade no cenário local, regional e/ou nacional não pode torná-la suscetível a opiniões e críticas imunes à manifestação de pensamento de outrem quando há extrapolação do razoável, do proporcional, em desrespeito à dignidade da pessoa humana de que inegavelmente são detentores, porém não compreendo ser este o caso dos autos.

Na espécie, o promovido realizou um comentário desfavorável mais veemente, mas dirigido, inclusive, não à pessoa do então gestor, mas à gestão como um todo, despessoalizando a crítica, sem prejuízo de, por não haver controvérsia quanto ao ponto, ser verídica a informação de fundo – não realização da política pública afirmada.

Lado outro, segue a mesma linha o pedido contraposto apresentado pelo promovido no que concerne a danos provocados pelo promovente àquele.

Ademais, o mero ajuizamento de ação judicial não implica em danos indenizáveis, quando não evidenciado inequivocamente a má-fé da contraparte, uma vez que o direito de ação é de cunho constitucional (*XXXV – a lei não excluirá da apreciação do Poder Judiciário lesão ou ameaça a direito;*), sendo uma das consequências naturais de tal exercício a derrota daquele que a propõe, sancionando o legislador com a imputação em ônus pecuniários de sucumbência, ressalvada a gratuidade judiciária e os procedimentos legalmente gratuitos.

Para que o acionamento judicial seja indenizável, pois, é imprescindível a categorização como assédio processual, ou *sham litigation*, não sendo este, *a priori*, o caso dos autos. Vide entendimento do STJ:

> CIVIL E PROCESSUAL CIVIL. AÇÃO DE REPARAÇÃO DE DANOS MATERIAIS E MORAIS. OMISSÃO E OBSCURIDADE. INOCORRÊNCIA. FUNDAMENTAÇÃO SUFICIENTE.

QUESTÃO DECIDIDA. ABUSO DO DIREITO DE AÇÃO E DE DEFESA. RECONHECIMENTO COMO ATO ILÍCITO. POSSIBILIDADE. PRÉVIA TIPIFICAÇÃO LEGAL DAS CONDUTAS. DESNECESSIDADE. AJUIZAMENTO SUCESSIVO E REPETITIVO DE AÇÕES TEMERÁRIAS, DESPROVIDAS DE FUNDAMENTAÇÃO IDÔNEA E INTENTADAS COM PROPÓSITO DOLOSO. MÁ UTILIZAÇÃO DOS DIREITOS FUNDAMENTAIS DE AÇÃO E DEFESA. POSSIBILIDADE. USURPAÇÃO DE TERRAS AGRÍCOLAS PRODUTIVAS MEDIANTE PROCURAÇÃO FALSA POR QUASE 40 ANOS. DESAPOSSAMENTO INDEVIDO DOS LEGÍTIMOS PROPRIETÁRIOS E HERDEIROS E MANUTENÇÃO DE POSSE INJUSTA SOBRE O BEM MEDIANTE USO DE QUASE 10 AÇÕES OU PROCEDIMENTOS SEM FUNDAMENTAÇÃO PLAUSÍVEL, SENDO 04 DELAS NO CURTO LAPSO TEMPORAL CORRESPONDENTE À ÉPOCA DA ORDEM JUDICIAL DE RESTITUIÇÃO DA ÁREA E IMISSÃO NA POSSE DOS HERDEIROS, OCORRIDA EM 2011. PROPRIEDADE DOS HERDEIROS QUE HAVIA SIDO DECLARADA EM 1ª FASE DE AÇÃO DIVISÓRIA EM 1995. ABUSO PROCESSUAL A PARTIR DO QUAL FOI POSSÍVEL USURPAR, COM EXPERIMENTO DE LUCRO, AMPLA ÁREA AGRÍCOLA. DANOS MATERIAIS CONFIGURADOS, A SEREM LIQUIDADOS POR ARBITRAMENTO. PRIVAÇÃO DA ÁREA DE PROPRIEDADE DA ENTIDADE FAMILIAR, FORMADA INCLUSIVE POR MENORES DE TENRA IDADE. LONGO E EXCESSIVO PERÍODO DE PRIVAÇÃO, PROTRAÍDO NO TEMPO POR ATOS DOLOSOS E ABUSIVOS DE QUEM SABIA NÃO SER PROPRIETÁRIO DA ÁREA. ABALO DE NATUREZA MORAL CONFIGURADO. MODIFICAÇÃO DO TERMO INICIAL DA PRESCRIÇÃO. NECESSIDADE, NA HIPÓTESE, DE EXAME DE CIRCUNSTÂNCIAS FÁTICO-PROBATÓRIAS NÃO DELINEADAS NO ACÓRDÃO. SÚMULA 7/STJ. DIVERGÊNCIA JURISPRUDENCIAL NÃO DEMONSTRADA.

(...)

4- Embora não seja da tradição do direito processual civil brasileiro, é admissível o reconhecimento da existência do ato ilícito de abuso processual, tais como o abuso do direito fundamental de ação ou de defesa, não apenas em hipóteses previamente tipificadas na legislação, mas também quando configurada a má utilização dos direitos fundamentais processuais.

5- O ardil, não raro, é camuflado e obscuro, de modo a embaralhar as vistas de quem precisa encontrá-lo. O chicaneiro nunca se apresenta como tal, mas, ao revés, age alegadamente sob o manto dos princípios mais caros, como o acesso à justiça, o devido processo legal e a ampla defesa, para cometer e ocultar as suas vilezas. O abuso se configura não pelo que se revela, mas pelo que se esconde.

Por esses motivos, é preciso repensar o processo à luz dos mais basilares cânones do próprio direito, não para frustrar o regular exercício dos direitos fundamentais pelo litigante sério e probo, mas para refrear aqueles que abusam dos direitos fundamentais por mero capricho, por espírito emulativo, por dolo ou que, em ações ou incidentes temerários, veiculem pretensões ou defesas frívolas, aptas a tornar o processo um simulacro de processo ao nobre albergue do direito fundamental de acesso à justiça.

6- Hipótese em que, nos quase 39 anos de litígio envolvendo as terras que haviam sido herdadas pelos autores e de cujo uso e fruição foram privados por intermédio de procuração falsa datada do ano de 1970, foram ajuizadas, a pretexto de defender uma propriedade sabidamente inexistente, quase 10 ações ou procedimentos administrativos desprovidos de fundamentação minimamente plausível, sendo que 04 destas ações foram ajuizadas em um ínfimo espaço de tempo – 03 meses, entre setembro e novembro de 2011 –, justamente à época da ordem judicial que determinou a restituição da área e a imissão na posse aos autores.

7- O uso exclusivo da área alheia para o cultivo agrícola pelos 14 anos subsequentes ao trânsito em julgado da sentença proferida na primeira fase da ação divisória não pode ser qualificado como lícito e de boa-fé nesse contexto, de modo que é correto afirmar que, a partir da coisa julgada formada na primeira fase, os usurpadores assumiram o risco de reparar os danos causados pela demora na efetivação da tutela específica de imissão na posse dos legítimos proprietários.

8- Dado que a área usurpada por quem se valeu do abuso processual para retardar a imissão na posse dos legítimos proprietários era de natureza agrícola e considerando que o plantio ocorrido na referida área evidentemente gerou lucros aos réus, deve ser reconhecido o dever de reparar os danos de natureza patrimonial, a serem liquidados por arbitramento, observado o período dos 03 últimos anos anteriores ao ajuizamento da presente ação, excluídas da condenação a pretensão de recomposição pela alegada retirada ilegal de madeira e pela recomposição

> de supostos danos ambientais, que não foram suficientemente comprovados.
>
> 9- Considerando a relação familiar existente entre os proprietários originários das terras usurpadas e os autores da ação, o longo período de que foram privados do bem que sempre lhes pertenceu, inclusive durante tenra idade, mediante o uso desenfreado de sucessivos estratagemas processuais fundados na má-fé, no dolo e na fraude, configura-se igualmente a existência do dever de reparar os danos de natureza extrapatrimonial que do ato ilícito de abuso processual decorrem, restabelecendo-se, quanto ao ponto, a sentença de procedência.
>
> 10- É inadmissível o exame da questão relacionada ao termo inicial da prescrição da pretensão reparatória quando, para a sua modificação, houver a necessidade de reexame de elementos fático-probatórios não descritos no acórdão recorrido, como, por exemplo, o exame da data em que cada um dos muitos herdeiros atingiu a maioridade civil.
>
> 11- Não se conhece do recurso especial fundado na divergência quando ausente o cotejo analítico entre o acórdão recorrido e o paradigma invocado, sobretudo quando se verifica, da simples leitura da ementa, a notória dessemelhança fática entre os julgados alegadamente conflitantes.
>
> 12- Recursos especiais conhecidos e parcialmente providos.
>
> (REsp 1817845/MS, Rel. Ministro PAULO DE TARSO SANSEVERINO, Rel. p/ Acórdão Ministra NANCY ANDRIGHI, TERCEIRA TURMA, julgado em 10/10/2019, DJe 17/10/2019)

Nada obstante haja considerável volume de ações propostas pelo requerente em face do requerido e de outros críticos, não entendo que aquele se valha, propositadamente, destes instrumentos a fim de compelir os seus opositores ou constrangê-los de qualquer maneira, tanto é assim que não impediram estes de continuarem a emitir opiniões adversas ao longo de toda a gestão, pelo que se sabe.

Em face do exposto, e com fundamento no art. 487, I, do CPC, julgo improcedentes os pedidos autorais e contrapostos.

Custas e honorários advocatícios isentos em primeiro grau de jurisdição, com supedâneo no art. 55 da Lei nº 9.099/95.

Publique-se. Registre-se. Intime-se.

Após o trânsito em julgado e adotadas as cautelas de praxe, arquive-se.

CASO 14: SEGURO DE VIDA E DE INVALIDEZ EM DOENÇA DE PARKINSON

Vistos etc.

I - RELATÓRIO

Cuida-se de ação ordinária promovida por **XXXX** em desfavor de **ICATU SEGUROS**, na qual a promovente aduz que, acometida de doença severa incapacitante, faria jus à percepção da indenização securitária em face de contrato de seguro mantido junto à promovida, a qual estaria lhe sendo denegada.

Em contestação, a promovida argumenta que o autor seria detentor de invalidez permanente parcial, mas não total, razão pela qual indevida a requestada indenização, por não ocorrência do sinistro contratado.

Réplica apresentada.

Prova pericial realizada, dormitando o respectivo laudo às fls. 471/486.

Manifestações acerca deste exame tomadas às fls. retro.

É o interessante relatar; fundamento e julgo.

II - FUNDAMENTAÇÃO

A demanda está fundada nos delineamentos do contrato de seguro.

O contrato de seguro é modalidade típica do Código Civil, estando prevista nos arts. 757 em diante. Seu conceito legal está no primeiro dispositivo, *infra* reproduzido:

> Art. 757. Pelo contrato de seguro, o segurador se obriga, mediante o pagamento do prêmio, a garantir interesse legítimo do segurado, relativo a pessoa ou a coisa, contra riscos predeterminados.

No caso em epígrafe, a contratação do seguro, o qual abrangia a invalidez permanente total como sinistro, é incontroversa. O ponto de divergência reside no acometimento ou não da invalidez permanente total pelo promovente.

Da cláusula 5.4 da apólice infere-se que, dentre outras previsões, houve contratação para proteção contra Invalidez Funcional Permanente Total Por Doença (IFPD). No subitem 5.4.1 resta esclarecido que "*a perda da capacidade de existência independente será caracterizada pela ocorrência de quadro clínico incapacitante, decorrente de doença que inviabilize, de forma irreversível, o pleno exercício das relações autonômicas do segurado*".

Esta modalidade de cobertura de risco está regida pela Circular SUSEP nº 302/2005, em seus arts. 17 e ss, os quais reproduzo abaixo:

Seção V

Da Cobertura de Invalidez Funcional Permanente Total por Doença

Art. 17. Garante o pagamento de indenização em caso de invalidez funcional permanente total, consequente de doença, que cause a perda da existência independente do segurado.

§ 1º Para todos os efeitos desta norma é considerada perda da existência independente do segurado a ocorrência de quadro clínico incapacitante que inviabilize de forma irreversível o pleno exercício das relações autonômicas do segurado, comprovado na forma definida nas condições gerais e/ou especiais do seguro.

§ 2º Consideram-se também como total e permanentemente inválidos, para efeitos da cobertura de que trata este artigo, os segurados portadores de doença em fase terminal atestada por profissional legalmente habilitado.

Art. 18. Aplica-se à cobertura de que trata este artigo o disposto no art. 16 desta Circular.

Assiste razão à promovida quando argumenta desvinculação entre os requisitos para a invalidez permanente hábeis a justificar a aposentadoria previdenciária daqueles atinentes à consecução de indenização securitária. Com efeito, a concessão de aposentadoria por invalidez impõe mera presunção relativa de incapacidade permanente total, sendo imprescindível a realização de exame médico específico para averiguação do direito à percepção de indenização securitária por invalidez, observados os requisitos da Circular SUSEP nº 302/2005. Nesse diapasão, cito recente entendimento esposado pelo Superior Tribunal de Justiça:

EMBARGOS DE DIVERGÊNCIA EM RECURSO ESPECIAL. CIVIL E PROCESSUAL CIVIL. SEGURO DE VIDA EM GRUPO E ACIDENTES PESSOAIS. PROVA DO SINISTRO. APOSENTADORIA POR INVALIDEZ. PRESUNÇÃO RELATIVA. NATUREZA E GRAU DA INCAPACIDADE. PERÍCIA MÉDICA. NECESSIDADE. COBERTURA E RISCOS GARANTIDOS. ENQUADRAMENTO. SEGURO DE PESSOAS. DEFINIÇÃO NO CONTRATO. CERCEAMENTO DE DEFESA. OCORRÊNCIA.

1. São cabíveis embargos de divergência quando o dissídio for entre acórdão de mérito e outro que, embora tenha apreciado a controvérsia, não conheceu do recurso especial. Caracterização da dissonância interpretativa acerca da mesma questão de direito (art. 1.043, III, do CPC/2015). Afastamento da discussão

> a respeito do erro ou acerto na aplicação de regra técnica de conhecimento recursal, que se esgota nas particularidades de cada caso concreto. Precedentes.
>
> 2. A aposentadoria por invalidez permanente concedida pelo INSS não confere ao segurado o direito automático de receber indenização de seguro contratado com empresa privada, sendo imprescindível a realização de perícia médica para atestar o grau de incapacidade e o correto enquadramento na cobertura contratada.
>
> 3. A aposentadoria por invalidez não induz presunção absoluta da incapacidade total do segurado, não podendo vincular ou obrigar as seguradoras privadas, que garantem riscos diversos. O órgão previdenciário oficial afere apenas a incapacidade profissional ou laborativa, que não se confunde com as incapacidades parcial, temporária ou funcional.
>
> 4. Apesar de o contrato de seguro prever cobertura para incapacidade por acidente ou por doença, se existir controvérsia quanto à natureza (temporária ou permanente) e à extensão (total ou parcial) da invalidez sustentada pelo segurado, é de rigor a produção de prova pericial médica, sob pena de cerceamento de defesa da seguradora. Presunção apenas relativa da prova oriunda da aposentadoria por invalidez.
>
> 5. Consoante o art. 5º, parágrafo único, da Circular SUSEP nº 302/2005, a aposentadoria por invalidez concedida por instituições oficiais de previdência, ou assemelhadas, não caracteriza por si só o estado de invalidez permanente nos seguros de pessoas (Cobertura de Invalidez Permanente por Acidente – IPA, Cobertura de Invalidez Laborativa Permanente Total por Doença – ILPD e Cobertura de Invalidez Funcional Permanente Total por Doença – IFPD), devendo a comprovação se dar por meio de declaração médica.
>
> 6. Embargos de divergência conhecidos e providos.
>
> (EREsp 1508190/SC, Rel. Ministro RICARDO VILLAS BÔAS CUEVA, SEGUNDA SEÇÃO, julgado em 08/11/2017, DJe 20/11/2017)

Noutro julgado, a Corte Superior explicita que as nuances que envolvem a invalidez funcional permanente e a invalidez laborativa permanente, distinguindo uma e outra e reconhecendo a validade das cláusulas atinentes à primeira, não obstante perceba a maior restrição de abrangência dos riscos, o que, por outro lado, reflete no valor do prêmio. Confira-se:

AGRAVO INTERNO NO AGRAVO EM RECURSO ESPECIAL. CIVIL. SEGURO DE VIDA EM GRUPO COM ADICIONAL DE COBERTURA POR INVALIDEZ FUNCIONAL PERMANENTE TOTAL POR DOENÇA - IFPD. INCAPACIDADE PERMANENTE PARA A PROFISSÃO. DESEMPENHO DE ATIVIDADES LABORAIS. DEFINIÇÃO DA APÓLICE: INVALIDEZ FUNCIONAL. ATIVIDADES AUTONÔMICAS DA VIDA DIÁRIA. PRESERVAÇÃO. INDENIZAÇÃO SECURITÁRIA INDEVIDA. SÚMULAS NºS 5 E 7/STJ. NÃO INCIDÊNCIA.

1. A Circular SUSEP nº 302/2005 vedou o oferecimento da cobertura de Invalidez Permanente por Doença (IPD), em que o pagamento da indenização estava condicionado à impossibilidade do exercício, pelo segurado, de toda e qualquer atividade laborativa, pois era difícil a sua caracterização ante a falta de especificação e de transparência quanto ao conceito de "invalidez" nas apólices, havendo também confusão entre o seguro privado e o seguro social, o que gerou grande número de disputas judiciais. Em substituição, foram criadas duas novas espécies de cobertura para a invalidez por doença: Invalidez Laborativa Permanente Total por Doença (ILPD ou IPD-L) e Invalidez Funcional Permanente Total por Doença (IFPD ou IPD-F).

2. Na Invalidez Funcional Permanente Total por Doença (IFPD), a garantia do pagamento da indenização é no caso de invalidez consequente de doença que cause a perda da existência independente do segurado, ocorrida quando o quadro clínico incapacitante inviabilizar de forma irreversível o pleno exercício das relações autonômicas do segurado. Já na cobertura de Invalidez Laborativa Permanente Total por Doença (ILPD), há a garantia do pagamento de indenização em caso de invalidez laborativa permanente total, consequente de doença para a qual não se pode esperar recuperação ou reabilitação com os recursos terapêuticos disponíveis no momento de sua constatação, para a atividade laborativa principal do segurado. Logo, a garantia de invalidez funcional não tem nenhuma vinculação com a invalidez profissional.

3. Embora a cobertura IFPD (invalidez funcional) seja mais restritiva que a cobertura ILPD (invalidez profissional ou laboral), não há falar em sua abusividade ou ilegalidade, tampouco em ofensa aos princípios da boa-fé objetiva e da equidade, não se constatando também nenhuma vantagem exagerada da seguradora em detrimento do consumidor. De qualquer modo, a

> seguradora deve sempre esclarecer previamente o consumidor e o estipulante (seguro em grupo) sobre os produtos que oferece e existem no mercado, prestando informações claras a respeito do tipo de cobertura contratada e as suas consequências, de modo a não induzi-los em erro.
>
> 4. Não incide nos óbices das Súmulas nºs 5 e 7/STJ o julgado que considera dados do contrato e do estado de saúde do autor constantes do próprio acórdão estadual.
>
> 5. Agravo interno não provido.
>
> (AgInt no REsp 1644779/SC, Rel. Ministro RICARDO VILLAS BÔAS CUEVA, TERCEIRA TURMA, julgado em 08/08/2017, DJe 25/08/2017)

Na hipótese dos autos, envidada a prova pericial, a *expert* do juízo concluiu que o promovente "*é portador de Doença de Parkinson (CID -10: G20), estágio 5 da Escala de Hoehn e Yarh (grau máximo), com importante comprometimento da capacidade funcional, sendo incapaz de realizar suas atividades de vida diária de forma independente, bem como não apresenta capacidade de exercer atividade laboral*". Não há razões para duvidar da conclusão alcançada, uma vez que o parecer encontra-se em consonância com a documentação acostada por ambas as partes, as quais asseveram que o autor possui doença de Parkinson. Aliás, o próprio médico assistente anuiu, neste ponto, com a conclusão alcançada, dispondo que "*esta assistência técnica CONCORDA com a caracterização de Invalidez Funcional Permanente Total por Doença*".

Ressalva apenas a parte promovida que o avaliado não apresentava, no momento da perícia administrativa, a mencionada invalidez funcional permanente total, sendo esta decorrência do agravamento do quadro clínico natural da evolução da doença, tornando, naquele tempo, a recusa justificada.

Entendo assistir razão à parte promovida.

A perita judicial esclarece às fls. 479 que a doença de Parkinson pode ser classificada em estágios, segundo escala de Hoehn e Yahr. Explicita que "*pacientes classificados até nível 3 apresentam incapacidade leve a moderada, enquanto pacientes com nível 4 ou 5 seriam portadores de incapacidade grave*" (fls. 478).

Dentre os estágios apontados, destaca-se o '1,5', no qual a perita aponta dentre os sintomas de destaque o "*envolvimento unilateral e axial*". Retornando ao documento de fls. 25, percebe-se que o médico signatário aduz que, naquela ocasião, o promovente apresentava "*uma forma rígido-acinética da enfermidade, com comprometimento motor predominantemente unilateral (esquerdo) e axial do tronco, ...*".

No documento de fls. 363/366, o médico que avaliou o paciente em junho de 2014, assim descreveu o examinado: "*estado geral regular a bom, cooperativo e orientado. Funções cognitivas perfeitamente preservadas. Discurso livre com nexo e coerência. Presença de marcha lenta, em 'correia dentada', bradicinesia. Força muscular reduzida em membro superior esquerdo; tremores evidentes apenas após exigência de mobilidade e força do membro*". Indicou, ao fim, que haveria necessidade de acompanhamento de terceiros para "atividades fora do domicílio", nada mais dispondo sobre uma dependência mais próxima para atividades domiciliares básicas, tais como mudança de roupa, banheiro, alimentação, entre outros.

Já no parecer de fls. 367/372, datado de setembro de 2014, o parecerista aponta, sobre as condições físicas do periciando "*estado geral bom, idade aparente compatível com a idade real, orientado no tempo e no espaço, cooperativo com o exame médico-pericial, Marcha normal...*". Acercar de suas condições mentais, descreveu que o periciando estava "*consciente, orientado no tempo e no espaço e auto psiquicamente. Hipervigil e normotenaz. Sem alteração da consciência do eu. Memória preservada. (...) Inteligência normal*". Enfim, aduz que o paciente estava "*orienta e consciente. Romberg negativo, coordenação motora dentro dos limites de normalidade para idade. Reflexos preservados e simétricos, limitações motoras sendo mais à esquerda, déficit perceptível para escrita*".

Destarte, conhecedor de que a Doença de Parkinson detém natureza inegavelmente degenerativa e progressiva, assim como atestada pela medicina, porém que a evolução da enfermidade depende de diversos fatores corporais, medicamentosos, físicos etc, que determinarão a maior rapidez ou lentidão de seu progresso; que o risco contratado não o fora na modalidade "Invalidez Laborativa Permanente por Doença", cujos requisitos parecem se confundir com aqueles dispostos para a invalidez previdenciária, exigindo 'tão somente' a incapacidade laborativa, mas o de "Invalidez Funcional Permanente por Doença", demandando, para além da incapacidade laborativa, a dependência física para o exercício de atividades cotidianas; que entre o exame administrativo e o judicial se passaram quase dois anos; que no documento médico de fevereiro de 2016 houve discriminação compatível com o estágio 1,5 da doença, fazendo-se alusão apenas à necessidade de aposentação previdenciária e sem descrição de qualquer dependência, bem como que outros documentos pretéritos indicam a detenção da doença porém a relativa independência funcional do promovente; que os contratos de seguro são periódicos; hei por bem considerar que, ao tempo da perícia administrativa, não havia se implementado o risco contratado, mas quando da realização da perícia judicial, o promovente, decerto, encontrava-se funcionalmente inválido, adquirindo tal condição apenas no curso da demanda.

Assim, o promovente faz jus à indenização reclamada, diante do irrefutável alcance da invalidez funcional permanente por doença – risco contratado, nos termos da apólice de seguro colacionada junto à inicial, mas apenas desde a data da realização da perícia judicial.

A título exemplificativo, cito o seguinte excerto do Egrégio Tribunal de Justiça do Estado do Ceará:

> APELAÇÃO CÍVEL. AÇÃO DE COBRANÇA C/C INDENIZAÇÃO POR DANOS MORAIS. SEGURO DE VIDA EM GRUPO. DEFINIÇÃO DA APÓLICE: COBERTURA POR INVALIDEZ FUNCIONAL PERMANENTE TOTAL POR DOENÇA QUE CAUSE A PERDA DE EXISTÊNCIA INDEPENDENTE DO SEGURADO. PRESERVAÇÃO DAS ATIVIDADES AUTONÔMICAS DA VIDA DIÁRIA. APOSENTADORIA JUNTO AO INSTITUTO NACIONAL DO SEGURO SOCIAL - INSS, ENSEJA APENAS PRESUNÇÃO RELATIVA DE INCAPACIDADE. INDENIZAÇÃO SECURITÁRIA INDEVIDA. RECURSO IMPROVIDO. SENTENÇA MANTIDA.
>
> 1 - In casu, o cerne da controvérsia reside em analisar se é ou não devido o pagamento da apólice de seguro pela invalidez funcional permanente total por doença que acomete a apelante.
>
> 2 - Sabe-se que no contrato de seguro, a seguradora se obriga para com o segurado, mediante pagamento de um prêmio, a indenizá-lo do prejuízo resultante de riscos futuros, devendo ser aplicada as cláusulas do contrato.
>
> 3. De acordo com o laudo pericial acostado às fls. 24-26, verifica-se que a recorrente é portadora da Síndrome do Túnel do carpo Bilateral (CID:G56.0), acometida pelo uso e esforço repetitivo dos punhos e das mãos nas atividades ocupacionais. Ocorre que, a apólice de seguro de vida da autora, acostada aos autos às fls. 91-120, estabelece que não está coberto, "doenças profissionais (doença ortopédica relacionada ao trabalho (DORT), lesão por trauma continuado ou contínuo (LTC) ou de lesão por esforço repetitivo (LER)), quaisquer que sejam suas causas, ainda que provocadas, desencadeadas ou agravadas direta ou indiretamente por acidente, ressalvadas as infecções, estados septicêmicos e embolias, resultantes de ferimento visível".
>
> 4. Ressalta-se que o fato da autora estar aposentada por invalidez permanente junto ao Instituto Nacional do Seguro Social - INSS, enseja apenas presunção relativa de incapacidade, admitindo-se, portanto, prova em sentido contrário.
>
> 5. Consoante os argumentos da própria autora, tanto em sua peça exordial quanto no recurso apelatório, a mesma evidencia

> e expõe sua incapacidade laborativa, não demonstrando de fato a invalidez funcional permanente total por doença que cause a perda de existência independente.
>
> 6. Assim, tem-se que a conclusão pericial com o aludido conceito de invalidez contido no contrato de seguro pactuado, não resta caracterizada a sobredita enfermidade como invalidez funcional permanente total por doença, não preenchendo a autora os requisitos contratuais para a percepção da indenização securitária pretendida, sendo de rigor, portanto, a improcedência da ação.
>
> 7. Recurso improvido. Sentença mantida.
>
> (Relator(a): MARIA DE FÁTIMA DE MELO LOUREIRO; Comarca: Fortaleza; Órgão julgador: 2ª Câmara Direito Privado; Data do julgamento: 13/12/2017; Data de registro: 13/12/2017)

Por consectário, fundado no art. 186 do CC, observo que não houvera ato ilícito da promovida na recusa extrajudicial do pagamento da indenização contratada, porquanto, naquele tempo, não havia se perfectibilizado o sinistro, não fazendo jus, por decorrência lógica, a indenização por ofensa moral do reclamante.

III - DISPOSITIVO

Em face do exposto, e com fundamento no art. 487, I, do CPC, julgo parcialmente procedente o pedido para condenar a promovida, ao pagamento do valor da indenização contratual ao beneficiário promovente por advento do sinistro "invalidez funcional permanente por doença" no contrato pactuado, corrigida monetariamente e acrescidos de juros, calculados a partir do trintídio legal para quitação administrativa, iniciado um dia após a realização da pericial judicial e efetiva constatação da invalidez funcional, pela aplicação da taxa Selic, com fundamento no art. 406 do CC/02.

Em adoção ao princípio da causalidade, condeno a promovente ao pagamento das custas do processo, bem como honorários de advogado, os quais arbitro em dez por cento do valor da condenação, com fundamento no art. 85, § 2º, do CPC/15. Contudo, a condenação ficará suspensa por até cinco anos, em conformidade com o art. 98, § 3º, do CPC/15.

Publique-se. Registre-se. Intime-se.

Após o trânsito em julgado e adotadas as cautelas de praxe, arquive-se.

CASO 15: REINTEGRAÇÃO DE POSSE EM CONTEXTO DE VIOLÊNCIA DOMÉSTICA

Vistos etc.

I - RELATÓRIO

Trata-se de ação de reintegração na posse na qual a parte autora sustenta que fora afastada de seu lar por intermédio de medida protetiva da Lei Maria da Penha. Contudo, segundo conta, resta desprestigiado em seu direito possessório sobre o bem, dada a sua titularidade anterior à sociedade conjugal estabelecida junto com a requerida.

Decisão liminar de fls. 71/74 que indeferiu a tutela provisória liminar.

Contestação à fls. 78/90 pela improcedência do pleito exordial.

Réplica apresentada.

Designada audiência de instrução e julgamento, esta não pode ocorrer em virtude da suspensão do trabalho presencial do Poder Judiciário no período em virtude da pandemia da COVID-19.

É o que importa relatar, decido.

II - FUNDAMENTAÇÃO

Cumpre, inicialmente, chamar o feito à ordem para dispensar a produção probatória requestada em audiência. Com efeito, o art. 370, parágrafo único, do CPC confere ao magistrado o poder-dever de fiscalizar pela efetividade dos atos probatórios, deferindo apenas aqueles que se revelem essenciais ao deslinde da questão.

No caso apresentado, cuida-se de ação possessória, procedimento especial que visa restituir ou garantir o direito de posse, não se podendo invocar propriedade, conforme determina o art. 557, parágrafo único, do CPC, pelo qual "*não obsta à manutenção ou à reintegração de posse a alegação de propriedade ou de outro direito sobre a coisa*".

Do compulsar dos fólios, nota-se que não há severa incontrovérsia fática no que tange à titularidade do bem e das demais ocorrências narradas em petição inicial e contestação que demandem esclarecimentos úteis em sede de coleta de prova oral. Em verdade, o debate é estritamente jurídico sobre a existência de direito protetivo possessório à luz do que narrado pelo autor.

Assim, hei por bem dispensar a prova oral outrora deferida por se revelar, em análise mais detida, em prova inútil à conclusão a se seguir.

Observo que não há preliminares arguidas. Sigo ao mérito.

Dispõe o art. 560 do Código de Processo Civil/2015 que: "*o possuidor tem direito a ser mantido na posse em caso de turbação e reintegrado em caso de esbulho*".

Em relação aos requisitos que compete ao autor demonstrar, o art. 561 do Código de Processo Civil disciplina, *in verbis*, que:

> Art. 561 Incumbe ao autor provar:
>
> I - a sua posse;
>
> II - a turbação ou o esbulho praticado pelo réu;
>
> III - a data da turbação ou do esbulho;
>
> IV - a continuação da posse, embora turbada, na ação de manutenção, ou a perda da posse, na ação de reintegração.

A ação de reintegração de posse é, assim, cabível quando o possuidor é despojado do bem possuído, prática esta denominada esbulho.

Observa-se, pois, que não houve qualquer inovação do legislador de 2015 na abertura da seção que cuida das ações possessórias, uma vez que os artigos mencionados repetem as mesmas disposições previstas no Código de Processo Civil de 1973.

Destarte, continuam inteiramente válidas as lições doutrinárias sobre as possessórias no Código de 1973.

Consoante leciona Nelson Nery Junior, in Código de Processo Civil Comentado e Legislação Processual em Vigor, RT, 5ª ed., p. 1297, "*As possessórias se caracterizam pelo pedido de posse com fundamento no fato jurídico posse. O que determina o caráter possessório de uma ação não é só o pedido, como à primeira vista poderia parecer, mas sim a causa petendi e os fundamentos do pedido do autor*".

Em relação à tutela possessória, dissertam Cristiano Chaves de Farias e Nelson Rosenwald, in Direitos Reais, 6 ed., Rio de Janeiro, Lúmen Juris, 2009: "*A tutela possessória pressupõe uma situação anterior de poder fático sobre o bem, tenha sido ela emanada de um auto-fato (ocupação do bem); de um direito real (usufruto) ou obrigacional (locação) ou mesmo do próprio direito de propriedade*".

No tocante à defesa da posse, disciplina o art. 1210 do Código Civil que:

> Art. 1210. O possuidor tem direito a ser mantido na posse em caso de turbação, restituído no de esbulho e segurado de violência iminente, se tiver justo receio de ser molestado.
>
> § 1° O possuidor turbado, ou esbulhado, poderá manter-se ou restituir-se por sua própria força, contanto que o faça logo; os

> atos de defesa ou de desforço não podem ir além do indispensável à manutenção , ou restituição de posse.
>
> § 2° Não obsta à manutenção ou reintegração na posse a alegação de propriedade ou de outro direito sobre a coisa.

No caso dos autos, sustenta a parte autora que houve indevido esbulho possessório quando da expulsão do lar comum por força de medida protetiva.

Contudo, no caso em epígrafe, segundo penso, não há posse a ser reintegrada.

Com efeito, constato que a retirada do autor do seio do lar decorreu de ordem judicial deferida à luz do regramento protetivo à integridade física e psíquica da mulher constante da Lei Maria da Penha. Destarte, não se há falar em esbulho, mas em situação fática decorrente de decisão judicial cujo acerto ou não deve ser debatido no âmbito daquele juízo.

Portanto, não se está a endossar o teor da decisão judicial tomada na medida protetiva, mas a reconhecer-lhe o efeito natural que é o afastamento do suposto agressor do lar conjugal, de modo que, enquanto perdurar, ou seja, enquanto não houver uma segunda decisão daquele juízo acerca da superação do distanciamento, não se há falar em esbulho possessório hábil a ensejar a proteção ora pretendida.

Destaca-se que, conclusão distinta, imporia à mulher sujeita a violência doméstica a, forçadamente, reatar os laços com seu agressor e, quiçá, redundar em continuidade dos atos violentos com até mais gravidade, a fim de que fosse evitado o seu despejo. Isto é, endossar-se-ia uma situação deletéria mas que, certamente, ocorreria em que preferiria a mulher sujeitar-se a novas agressões a ser destituída de seu lar, consequência com a qual não se pode coadunar.

Tais conclusões, aliás, foram adiantadas quando da decisão liminar em trecho que abaixo se reproduz:

> "Entretanto, não há falar em esbulho quando a promovida, ex-consorte do promovente, é mantida no imóvel, determinado o afastamento deste, por força de decisão judicial fruto de medida protetiva oriunda de afirmada violência doméstica e familiar. Nessa senda, pois, verifica-se que o demandado resta afastado do imóvel por força de ordem judicial, não restando caracterizado o afirmado esbulho, cabendo ao autor conquistar no juízo em que apurada a violência doméstica e familiar contra a mulher a demonstração de que assim não agira, ou substituição da medida por outra.
>
> Conquanto haja demonstração de titularidade do bem pelo autor, não se pode acolher seu pedido reintegratório,

> considerando-se que tal conclusão enfraqueceria sobremaneira o instituto da medida protetiva em face da mulher, pois, se em todas as vezes que sofra agressão ou ameaça em caso de bem imóvel incomunicável, tiver de deixar o domicílio comum do casal, em não havendo para onde se destinar, optará por silenciar em relação à violência."

Nesse sentido é a jurisprudência das cortes nacionais:

> EMENTA: APELAÇÃO CÍVEL - AÇÃO DE REINTEGRAÇÃO DE POSSE - IMPUGNAÇÃO DO VALOR DA CAUSA - PROVEITO ECONÔMICO DO BEM - AUSÊNCIA DE DEMONSTRAÇÃO - INTERESSE DE AGIR - EXISTÊNCIA - COMPOSSE ENTRE OS LITIGANTES - AFASTAMENTO DO AUTOR POR CAUSA DE MEDIDA PROTETIVA - LEI MARIA DA PENHA - ESBULHO - INEXISTÊNCIA - CESSAÇÃO DA MEDIDA - AUSÊNCIA DE NOTIFICAÇÃO PARA DESOCUPAÇÃO - POSSE JUSTA. Conquanto nas ações possessórias o valor da causa deva corresponder ao benefício patrimonial pretendido pelo autor, se não houve nos autos a demonstração por parte da impugnante do valor real do imóvel, não se pode fixar o valor da causa com base em especulação imobiliária, sem a juntada de uma avaliação fidedigna do bem. Demonstrada a posse do autor no imóvel, antes do cumprimento da medida protetiva que o afastou do bem, subsiste seu interesse no pleito possessório. Não verificada a existência de posse exclusiva do autor, mas de composse entre os litigantes, a privação do exercício da posse pelo autor, por força de ordem judicial, determinando o seu afastamento, não legitima o manejo de ação possessória para reaver o bem. Ainda que cessada a medida protetiva, se não houve a realização da notificação, por parte do autor, para a desocupação do imóvel, a ré continuou a exercer a posse justamente. (TJMG - Apelação Cível 1.0000.19.156661-1/002, Relator(a): Des.(a) Fernando Caldeira Brant , 20ª CÂMARA CÍVEL, julgamento em 16/09/0020, publicação da súmula em 17/09/2020)

> APELAÇÃO CÍVEL. POSSE (BENS IMÓVEIS). AÇÃO DE REINTEGRAÇÃO DE POSSE. ALEGADA AGRESSÃO POSSESSÓRIA, ADVINDA DE MEDIDA JUDICIAL PROTETIVA ACAUTELATÓRIA PREVISTA NA LEI MARIA DA PENHA. AFASTAMENTO DO AUTOR DO LAR. AUSÊNCIA DE ILICITUDE. NÃO-PREENCHIMENTO DOS PRESSUPOSTOS MÍNIMOS NECESSÁRIOS AO PROSSEGUIMENTO DA DEMANDA. Não legitima o pedido de manutenção de posse

a "agressão" advinda de ordem judicial. Particularidade que retira o caráter de ilegalidade ou abusividade do ato de terceiro. A ameaça há de ser ilegal para se subsumir à ideia de esbulho. NEGARAM PROVIMENTO. UNÂNIME.(Apelação Cível, Nº 70065304925, Décima Oitava Câmara Cível, Tribunal de Justiça do RS, Relator: Pedro Celso Dal Pra, Julgado em: 16-07-2015)

POSSESSÓRIA – Reintegração de posse – Pretensão do autor em ser reintegrado no imóvel de sua propriedade, ocupado atualmente por sua ex-mulher e filhas – Esbulho possessório não constatado – Hipótese em que concedida medida protetiva à requerida, nos termos da Lei Maria da Penha – Recurso não provido. (TJSP; Apelação Cível 1017698-66.2017.8.26.0564; Relator (a): Heraldo de Oliveira; Órgão Julgador: 13ª Câmara de Direito Privado; Foro de São Bernardo do Campo – 8ª Vara Cível; Data do Julgamento: 11/12/2017; Data de Registro: 11/12/2017)

III – DISPOSITIVO

Em face do exposto, e com fundamento no art. 487, I, do CPC, **JULGO IMPROCEDENTE** o pedido autoral de reintegração de posse.

Condeno a parte autora nas custas processuais e em honorários advocatícios à monta de dez por cento sobre o valor da causa, na forma do art. 85, § 2º, do CPC, remanescendo, contudo, a imputação destas verbas em prejuízo da parte promovida suspensa pela gratuidade a qual defiro, conforme art. 98, § 3º, do CPC/15.

Publique-se. Registre-se. Intime-se.

Após o trânsito em julgado e adotadas as cautelas de praxe, arquive-se.

CASO 16: REVISTA ÍNTIMA EM ESTABELECIMENTO PRISIONAL

Vistos etc.

I - RELATÓRIO

Trata-se de ação indenizatória na qual a parte promovente argumenta ter sofrido ato ilícito da promovida, causador de extremo constrangimento apto a justificar o pleito de reparação por danos morais envidados.

Narra que se encaminhara ao estabelecimento penal IPPOO II, em data de 24 de janeiro de 2007, na companhia de sua esposa, visando visitar seu cunhado, XXXX.

Conta que, ao pretender ingressar na unidade prisional, submetido à máquina de detecção de metais, esta alarmara quando de seu trespasse, como que acusando o porte de material metálico. Em virtude de tal fato, teria sido orientado a desnudar-se por inteiro e a agachar-se, para, em seguida, submeter-se mais uma vez ao equipamento, o qual, mais uma vez, teria disparado.

Então, aduz que, por ordem do Diretor da unidade, fora encaminhado para exame de corpo estranho na região retal junto ao Instituto Médico Legal - IML. Neste órgão, o médico legista examinador, após realizar o exame, verificou ausência de qualquer objeto alcançável pelo toque.

Requestou indenização por danos morais da empresa concessionária dos serviços de segurança da unidade prisional - promovida.

Em contestação, a promovida arguiu ilegitimidade passiva, porquanto o ato determinante do exame fora emanado do Diretor do Presídio, agente estatal sem representação ou subordinação à promovida, bem como, meritoriamente, defendeu a regularidade do procedimento e a ausência de ato ilícito moralmente indenizável.

Réplica às fls. 75/86.

Instadas à conciliação, a promovida esclarecera a inexistência de propósito compositivo de sua parte.

É o relatório. Sigo à fundamentação.

II - FUNDAMENTAÇÃO

É caso de exame antecipado do mérito, na forma do art. 355, I, do CPC/15, uma vez que o feito dispensa a produção doutras provas além das carreadas.

Acerca da ilegitimidade passiva arguida, observo que há pertinência subjetiva da parte promovida para responder pela presente demanda. Com efeito, embora não se lhe possa atribuir o ato, isoladamente analisado, de encaminhamento do promovente ao exame de toque, a responsabilidade, e por consequência a legitimidade, decorre de atos pretéritos, tanto em relação à exigência de nudez e agachamento, praticados por agentes da promovida, como da motivação do ato administrativo praticado pelo Diretor, uma vez que o agente estatal só o perpetrara em razão das circunstâncias anteriores de suspeita de porte de material proibido emanadas da sistemática de avaliação e inspeção adotada por prepostos da promovida.

Nesse passo, não compete eximir a promovida de responsabilidade por ilegitimidade, porquanto, inequivocamente, da ação de seus prepostos decorreram os atos apontados pela parte promovente como ilícitos, seja de modo direto, seja direcionando a conduta do Diretor do estabelecimento.

Superada a preliminar, passo à apreciação meritória.

Segundo a redação dos arts. 186 e 927 do Código Civil, aplicado ao caso em espeque em diálogo das fontes, *"aquele que, por ação ou omissão voluntária, negligência ou imprudência, violar direito e causar dano a outrem,* ***ainda que exclusivamente moral****, comete ato ilícito"*, e *"aquele que, por ato ilícito (arts. 186 e 187), causar dano a outrem, fica obrigado a repará-lo"*.

Os danos proporcionados podem se revelar em materiais, pessoais, sociais e morais. No caso em espeque, argumenta o promovente a ocorrência de danos morais, razão pela qual passo a dispor sobre estes.

Danos morais são aqueles que proporcionam consequências físico-psíquicas negativas no agravado, ou que lhe ofendem a dignidade de sua pessoa ou direitos inerentes à sua personalidade, em caso de pessoas físicas; ou os que causam abalo na honra objetiva, em se tratando de pessoa jurídica. Gozam de guarida constitucional, nos termos do art. 5º, V e X, da CF/88

Para a configuração do dever de indenizar, hão de ser verificados os requisitos atinentes à responsabilidade, quais sejam: *ato ilícito ou abuso de direito; dano; nexo causal.*

Assumo ter havido ato ilícito por parte da promovida.

Não descuro que há premente necessidade, mormente em nossa sociedade tupiniquim, de adoção de medidas extremas e, por vezes, indubitavelmente invasivas para controle e verificação de presos e visitantes de unidades prisionais, em prol da mantença da segurança pública dos envolvidos e da coletividade em geral, com respaldo no art. 5º, *caput*, o qual apregoa o direito fundamental à segurança. É de conhecimento público que, não obstante os esforços envidados para evitar o ingresso de materiais e substâncias não permitidos em estabelecimentos de cumprimento de pena, diuturnamente se tem notícias de que presos tem acesso a entorpecentes, armas, substâncias alcoólicas, aparelhos de comunicação externa, entre outros, causando transtornos à ordem prisional e impedindo o bom curso do ideal de ressocialização propagado pelo nosso ordenamento jurídico.

Admito, pois, a inevitabilidade de procedimentos mais incisivos na checagem do porte de objetos de entrada vendada em estabelecimentos prisionais.

Nesse sentido, inclusive, recentemente o Superior Tribunal de Justiça pontuou que "*as pessoas que se dirigem ao presídio sabem, previamente, que podem ser submetidas à revista pessoal e minuciosa. Trata-se. tal procedimento (quando realizado com estrita observância a procedimento legal e com respeito aos princípios e às garantias constitucionais), de legítimo exercício do poder de polícia do Estado, de cunho preventivo, o qual objetiva garantir a segurança social e os interesses públicos. Caso haja fundadas suspeitas de que o visitante do presídio esteja portando material ilícito, é possível a realização de revista íntima, com fins de segurança, a qual, por si só, não ofende a dignidade da pessoa humana, notadamente quando realizada dentro dos parâmetros legais e constitucionais, sem nenhum procedimento invasivo, tal como ocorreu na espécie dos autos. Precedentes*" (REsp 1523735/RS, Rel. Ministro ROGERIO SCHIETTI CRUZ, SEXTA TURMA, julgado em 20/02/2018, DJe 26/02/2018).

Contudo, mesmo diante deste panorama, não se pode isentar em absoluto o Estado ou aquele que lhe faça as vezes de condutas pontuais que acarretem ofensas a direitos da personalidade e dignidade da pessoa humana.

Dos autos se infere que a postura da promovida destoou da mera invasividade para a abusividade, tendo em vista que, ao sinal de alerta emanado do equipamento detector de metais, o promovente fora sujeitado ao procedimento de verificação pelos integrantes da empresa concessionária, com desnudamento e agachamentos, no qual nada se obteve; encaminhamento nu novamente ao equipamento, o qual acusara metais mais uma vez; e posterior direcionamento ao IML para exame de toque, que concluiu pela ausência de corpos estranhos no compartimento retal.

Dessarte, evidencia-se dos autos que o ato ilícito sobressai da prática injustificada de todos os atos vexaminosos aos quais submetido o promovente, porquanto verificara-se, ao fim, que não portava qualquer material ou substâncias de acesso coibido no interior do estabelecimento.

Conquanto adotados em prestígio da segurança pública, os atos de revista devem guardar observância ao princípio da proporcionalidade e da razoabilidade, de extração constitucional implícita, notadamente em razão da necessidade, representada pela imprescindibilidade fática da conduta, da adequação, consistente na aptidão para os resultados almejados, e da proporcionalidade em sentido estrito, com justificação dos meios aos fins pretendidos.

In casu, a ação gravosa carece de necessidade. A uma, a exigência de nudez é inquestionavelmente inconstitucional, por violação da garantia de intimidade do indivíduo, além do que a verificação corporal pode substituída por revista física por apalpamento sobre as vestes por profissional qualificado do mesmo sexo da pessoa checada, procedimento bem menos constrangedor. A duas, o comando de agachamento e, com maior razão, o exame de toque retal compõem providências abusivas, de maior gravidade em relação à constitucional proteção à intimidade dos indivíduos (art. 5º, X, da CF/88), a qual pode (e deve) ser permutada com a utilização de máquinas de extração de imagem, tais como radiografia e ultrassonografia.

Nesse condão, a Comissão Interamericana de Direitos Humanos aprovou a Resolução nº 01/08, a qual previu os "**Princípios e Boas Práticas para a Proteção das Pessoas Privadas de Liberdade nas Américas**". Dentre eles, o Princípio XXI enuncia que:

> Exames corporais, inspeção de instalações e outras medidas
>
> Os exames corporais, a inspeção de instalações e as medidas de organização dos locais de privação de liberdade, quando sejam procedentes em conformidade com a lei, deverão obedecer aos critérios de necessidade, razoabilidade e proporcionalidade.
>
> Os exames corporais das pessoas privadas de liberdade e dos visitantes dos locais de privação de liberdade serão praticados em condições sanitárias adequadas, por pessoal qualificado do mesmo sexo, e deverão ser compatíveis com a dignidade humana e o respeito aos direitos fundamentais. Para essa finalidade, os Estados membros utilizarão meios alternativos que levem em consideração procedimentos e equipamento tecnológico ou outros métodos apropriados.
>
> Os exames intrusivos vaginais e anais serão proibidos por lei. As inspeções ou exames praticados no interior das unidades e instalações dos locais de privação de liberdade deverão ser realizados por autoridade competente, observando-se um procedimento adequado e com respeito aos direitos das pessoas privadas de liberdade.

Em 2014, o Conselho Nacional de Política Criminal e Penitenciária editou a Resolução nº 5, a qual "*Recomenda a não utilização de práticas vexatórias para o controle de ingresso aos locais de privação de liberdade e dá outras providências*".

Dispõem os arts. 1º e 2º que:

> Art. 1º. A revista pessoal é a inspeção que se efetua, com fins de segurança, em todas as pessoas que pretendem ingressar em locais de privação de liberdade e que venham a ter contato direto ou indireto com pessoas privadas de liberdade ou com o interior do estabelecimento, devendo preservar a integridade física, psicológica e moral da pessoa revistada.

> Parágrafo único. A revista pessoal deverá ocorrer mediante uso de equipamentos eletrônicos detectores de metais, aparelhos de raio-x, scanner corporal, dentre outras tecnologias e equipamentos de segurança capazes de identificar armas, explosivos, drogas ou outros objetos ilícitos, ou, excepcionalmente, de forma manual.
>
> Art. 2º. São vedadas quaisquer formas de revista vexatória, desumana ou degradante.
>
> Parágrafo único. Consideram-se, dentre outras, formas de revista vexatória, desumana ou degradante:
>
> I - desnudamento parcial ou total;
>
> II - qualquer conduta que implique a introdução de objetos nas cavidades corporais da pessoa revistada;
>
> III - uso de cães ou animais farejadores, ainda que treinados para esse fim;
>
> IV - agachamento ou saltos.

Malgrado ambos os documentos *supra* mencionados detenham vigência ulterior aos atos questionados, as condutas neles expressamente coibidas já o eram em período anterior, por decorrência dos princípios internacionais e constitucionais do respeito à dignidade da pessoa humana.

Outrossim, em corroboração, não constam dos autos a argumentada autorização formal escrita da parte apresentada ao exame de toque, assim como o esclarecimento de que, ao revés, poderia optar pela realização de ultrassom em qualquer unidade da rede pública de saúde, modalidade bem menos vexatória e insultante de verificação de corpos estranhos e que, com maior certeza e eficiência, aferiria a existência de material ou substância proibidos, de natureza metálica ou não, em qualquer região corporal.

Destaca-se, por oportuno, que o promovente não registra qualquer antecedente criminal, conforme certidões colacionadas aos autos, fator que deveria ter sido ponderado quando do emprego rigoroso dos métodos de verificação de segurança pela empresa promovida.

O dano moral experimentado, por interpretação da situação fática extraída dos elementos coletados, deu-se *in re ipsa*, por atingimento da dignidade da pessoa humana, mandamento fundamental da ordem constitucional jurídico-democrática instaurada com a Carta de 1988, insculpido em seu art. 1º, III. Inegável que a submissão ao quadro ignominioso exposto alhures é capaz de agredir a dignidade da pessoa humana do visitante, quando, enfim, não se logra concluir carregamento de objeto de ingresso vedado em estabelecimento prisional.

O nexo causal, de sua vez, resta configurado, porquanto há incindível relação de correspondência entre o ato ilícito, e seu praticante, e o dano perpetrado. Como se percebeu quando da valoração da legitimidade *ad causam*, para além dos atos de revista, nudez e agachamento, praticados de modo direto por prepostos da promovida, o encaminhamento ao exame de toque adotado pelo Diretor da unidade decorrera estrita e necessariamente dos anteriores de responsabilidade da promovida, de suspeita de porte de objeto ilícito para a ocasião pretendida.

Por conseguinte, concluo ter havido ofensa à moral do promovente, passível de justa e equitativa reparação pecuniária.

Em sentido assemelhado ao perfilhado, destaco a seguinte ementa de jurisprudência extraída do Tribunal de Justiça do Estado de São Paulo:

> APELAÇÕES - RESPONSABILIDADE CIVIL DO ESTADO - Revista corporal íntima em penitenciária - Alegações deduzidas pela autora que têm por caixa de ressonância o conjunto probatório produzido nos autos - A documentação colacionada pela Fazenda Estadual deve ser lida em conjunto com as oitivas das testemunhas realizadas - Quadro probatório a demonstrar que o tratamento dispensado pelas agentes penitenciárias por ocasião da revista íntima da autora afigurou-se abusivo, desgarrado das limitações impostas pelo artigo 157, da Resolução nº 144/2010, da Secretaria da Administração Penitenciária - Violação da honra e da dignidade da revistada, para além de devassa visual do corpo desta - Dano moral configurado - Evento anormal que enseja a composição civil - Valor de R$ 10.000,00 (dez mil reais) fixado a título de danos morais que se afigura proporcional e razoável - Índices de atualização monetária e juros moratórios amoldados à modulação de efeitos realizada pelo STF nas Ações Diretas de Inconstitucionalidade nºs 4.357 e 4.425 - Juros moratórios que devem fluir da data do evento danoso (16/10/2010) - Súmula nº 54, STJ - Fixação dos honorários advocatícios sucumbenciais em R$ 2.000,00 (dois mil reais) que se mostra razoável, sobretudo porque a causa apresenta considerável relevância para a vida da patrocinada, de fora parte ostentar mediana complexidade, e o advogado realizou um trabalho esmerado - Recurso da autora desprovido, e parcial provimento ao da Fazenda Estadual, com observação quanto ao termo inicial dos juros moratórios legais. (TJSP; Apelação 0006133-85.2011.8.26.0224; Relator (a): Marcos Pimentel Tamassia; Órgão Julgador: 1ª Câmara de Direito Público; Foro de Guarulhos - 1ª Vara da Fazenda Pública; Data do Julgamento: 15/12/2015; Data de Registro: 18/12/2015)

Nessa linha, sopesando o prejuízo moral imposto, as condições financeiras das partes, a reprovabilidade da conduta, o comportamento do reclamado, as consequências nocivas dos atos, e obediente aos princípios da proporcionalidade e razoabilidade e, em especial, dos parâmetros comumente adotados por este juízo e pelos tribunais de segundo grau em situações análogas, tenho por suficiente e necessário a quantia a ser imposta de R$ 15.000,00 (quinze mil reais).

III - DISPOSITIVO

Em face do exposto, e com fundamento no art. 487, I, do CPC/15, apreciando o mérito da demanda, **julgo procedente** o pedido autoral, condenando a parte promovida à indenização no montante de R$ 15.000,00 (quinze mil reais), com juros de mora de um por cento desde o evento danoso, mas aplicação única da TAXA SELIC a partir deste arbitramento.

Em atenção à Súmula nº 326 do STJ, imputo por inteiro à promovida as custas processuais e os honorários advocatícios de sucumbência, os quais arbitro em dez por cento do valor da causa, com fundamento no art. 85, § 2º, do CPC/15.

Publique-se. Registre-se. Intime-se.

Após o trânsito em julgado e adotadas as cautelas de praxe, arquive-se.

CASO 17: RESPONSABILIDADE CIVIL E ERRO MÉDICO

Vistos etc.

I – RELATÓRIO

Trata-se de ação ordinária de cunho condenatório na qual as partes promoventes, **XXXX** e **YYYY**, esta representada por sua genitora, aduzem que, por negligência médica, a última restara acometida de paralisia cerebral, em virtude da não adoção de medidas preventivas em face de eritroblastose fetal, carecendo de cuidados médicos e pessoais contínuos para minoração das sequelas da enfermidade, bem como impossibilitando-a de gozar de uma vida comum.

Aduz a primeira requerente que, desde a primeira gravidez, solicitara os préstimos do Dr. **ZZZZ**, médico obstetra, bem como realizando o procedimento parturiente na **WWWCLÍNICA**, nos idos de 2004, nascendo nessa oportunidade AAAA. Em 2011, em uma segunda gravidez, optou pelo profissional e pela mesma unidade hospitalar, onde nasceu **YYYY**, segunda promovente.

Narra que, após poucas horas de vida, a recém-nascida passou a apresentar problemas clínicos diversos, necessitando realizar internações e procedimentos, ressaltando que o hospital não dera maiores detalhes sobre a causa da condição e a situação da bebê, mesmo após sua alta hospitalar, dias depois.

Conta que, em seguida, passou a frequentar vários médicos que a teriam informado que deveria ter sido aplicada vacina Rhogan na promovente, em até setenta e duas horas após o primeiro parto, uma vez que a genitora é detentora de Rh negativo.

Informa que, em teste de Coombs Direto, houve detecção positiva, demonstrando a incompatibilidade sanguínea do Rh da menor com o de sua genitora.

Requer indenização por danos materiais, genericamente formulados, incluindo pensionamento mensal, bem assim imputação em danos morais.

Ao fim, postula o reconhecimento da responsabilidade objetiva do Hospital.

Juntou documentos de fls. 15/337.

Citados, o promovido **ZZZZ** informa, em apertada síntese, que a promovente **XXXX** não o teria informado acerca do Rh de sua primeira filha; que a Rhogam não é cem por cento eficaz; que os Coombs Indiretos realizados na primeira e na segunda gestação apontaram resultado negativo (fls. 47 e 207), de modo que, em virtude destes fatores, teria atuado dentro dos ditames ordenados pela literatura médica, não podendo ser responsabilizado pelas sequelas que acometeram a infante. Ao fim, requereu gratuidade judiciária e imposição de penalidades por litigância de má-fé às promoventes.

Por sua vez, a **WWWCLÍNICA** embasou sua defesa em preliminares de inépcia da peça inicial e de ilegitimidade passiva, ambas fundadas na ausência de responsabilidade pelo dano perpetrado, e, em mérito, aduziu que, de fato, a Rhogam não teria sido aplicada, mas que a indicação para tanto é do médico obstetra, bem como que, em verdade, houvera infecção bacteriana, oportunidade em que se realizou transfusão sanguínea e tratamento com antibióticos. Esclarece que o médico não integra o corpo clínico do hospital, assim como que não houvera ato ilícito deste no tratamento da menor.

Em réplica, a promovente sustenta, em suma, que, diante do Rh- da promovente **XXXX**, haveria necessidade de acompanhamento contínuo na segunda gestação, mostrando-se o único Coombs Indireto insuficiente para garantir a saúde do feto. Ademais, imputa responsabilidade ao hospital pela demora na detecção do diagnóstico escorreito.

Oportunizada a produção probatória, todas as partes pugnaram pela realização de prova pericial e testemunhal.

Após intercorrências com a designação de outro perito, nomeou-se em substituição o Dr. **BBBB**, que procedeu exame físico na promovente **YYYY**, bem assim análise documental no prontuário médico e outros documentos contidos ao longo dos autos, apresentando o laudo pericial de fls. 661/668.

Intimadas as partes, o promovido **ZZZZ** insurgiu-se tanto quanto a designação do *expert* quanto em relação a alguns pontos de suas conclusões, porém as demais anuíram integralmente com as respostas obtidas.

Às fls. 699/700, foram apresentados alguns esclarecimentos pelo perito.

Realizaram-se duas audiências instrutórias, nas quais foram oitivadas testemunhas e tomados os depoimentos pessoais das partes. Ainda, ao final, postulou-se esclarecimento ao *expert*, o que fora atendido às fls. 769/770, concedendo-se, uma vez mais, prazos para manifestações.

Ao fim, todos apresentaram memoriais finais, requerendo, contudo, as promoventes, perícia complementar com apresentação de quesitos suplementares.

Negada a perícia complementar, face a preclusão ocorrida, solicitou-se a juntada de documentação suplementar, a qual consta às fls. retro.

Vieram-me autos conclusos. É o relatório.

II – FUNDAMENTAÇÃO

As preliminares arguidas pela promovida **WWWCLÍNICA** se confundem com o mérito, motivo pela qual nele serão aferidos os argumentos então envidados.

De início, convém reconhecer a improcedência processual em relação à demandada **WWWCLÍNICA**.

Isso porque, conquanto a responsabilidade do hospital, no âmbito das relações de consumo, seja reconhecidamente objetiva, não dispensa nexo de causalidade entre sua conduta e o evento danoso. Assim, é imprescindível perquirir se o erro médico ensejador da pretensa responsabilidade pode ser atribuído à entidade hospitalar, o que se verifica quando há vínculo do profissional com o hospital, seja laboral, seja cível, ou quando o evento decorre de serviços acessórios prestados, alheios ao procedimento médico em si.

Cito excerto de jurisprudência do Superior Tribunal de Justiça no que tange à responsabilidade do nosocômio por lapso médico:

> AGRAVO INTERNO NO RECURSO ESPECIAL. ERRO MÉDICO. CREDENCIAMENTO DE PROFISSIONAIS PELO HOSPITAL PARA UTILIZAÇÃO DE SUAS INSTALAÇÕES. AUSÊNCIA DE VÍNCULO EMPREGATÍCIO ENTRE O MÉDICO E O HOSPITAL. RESPONSABILIDADE OBJETIVA DO HOSPITAL. NÃO OCORRÊNCIA. DECISÃO AGRAVADA MANTIDA. AGRAVO DESPROVIDO.
>
> 1. Consoante a jurisprudência desta Corte, a "responsabilidade do hospital somente tem espaço quando o dano decorrer de falha de serviços cuja atribuição é afeta única e exclusivamente ao hospital.
>
> Nas hipóteses de dano decorrente de falha técnica restrita ao profissional médico, mormente quando este não tem vínculo com o hospital – seja de emprego ou de mera preposição –, não cabe atribuir ao nosocômio a obrigação de indenizar" (REsp 908.359/SC, Segunda Seção, Relator para o acórdão o Ministro João Otávio de Noronha, DJe de 17/12/2008). Decisão agravada mantida.
>
> 2. Agravo interno desprovido.
>
> (AgInt no REsp 1739397/MT, Rel. Ministro MARCO AURÉLIO BELLIZZE, TERCEIRA TURMA, julgado em 14/08/2018, DJe 27/08/2018)

Na espécie, observa-se que o médico, primeiro promovido, não mantinha com a entidade hospitalar promovida qualquer vínculo, apenas indicando-a para a realização do parto. Todo o acompanhamento fora realizado junto a **ZZZZ**, em seu consultório particular. O parto se deu na **WWWCLÍNICA** apenas eventualmente.

Ademais, conforme apurado pela prova testemunhal e corroborado pelo perito do juízo, não se percebeu conduta acessória ou concorrente por parte da entidade hospitalar que incrementasse o dano. Isso porque, segundo concluiu o *expert*, o trabalho de prevenção e acompanhamento de possível eritroblastose fetal compete ao médico obstetra, não tendo a equipe profissional da **WWWCLÍNICA** responsabilidade pelo diagnóstico tardio.

É que é razoável se esperar que o profissional obstetra diligente tenha buscado a adoção de medidas preventivas prescritas na literatura médica no afã de evitar a possível intercorrência, razão pela qual, ante o resultado dos exames, a entidade hospitalar trabalhou com a hipótese de infecção, postura a qual o perito corroborou como a mais indicada na situação *sub examine*, conforme fls. 666.

Desse modo, não se alcança a responsabilidade da promovida **WWWCLÍNICA** pretendida nestes autos, devendo o pleito ser considerado improcedente nesta parte.

No que concerne ao outro demandado, observo que há responsabilidade subjetiva do promovido **ZZZZ**, nos termos do art. 14, § 4º, do Código de Defesa do Consumidor, segundo o qual "*A responsabilidade pessoal dos profissionais liberais será apurada mediante a verificação de culpa*".

Por sua vez, segundo a redação dos arts. 186 e 927 do Código Civil, aplicados ao caso em espeque em diálogo das fontes, "*aquele que, por ação ou omissão voluntária, negligência ou imprudência, violar direito e causar dano a outrem, ainda que exclusivamente moral, comete ato ilícito*", e "*aquele que, por ato ilícito (arts. 186 e 187), causar dano a outrem, fica obrigado a repará-lo*".

Os danos proporcionados podem se revelar em materiais, pessoais, sociais e morais. No caso em espeque, argumenta o promovente a ocorrência de danos materiais e morais, razão pela qual passo a dispor sobre estes.

Danos materiais ou, na dicção do Código Civil, perdas e danos, são os prejuízos efetivamente experimentados pela parte em vista de ato ilícito praticado por outrem, consistindo no abalo certo e imediato – dano emergente; bem como no abalo certo mas mediato – lucro cessante; ou, ainda, pela perda de uma chance (*perte d'une chance*).

Danos morais, por sua vez, são aqueles que proporcionam consequências físico-psíquicas negativas no agravado, ou que lhe ofendem a dignidade de sua pessoa, em caso de pessoas físicas; ou os que causam abalo na honra objetiva, em se tratando de pessoa jurídica.

Nesse diapasão, releva salientar que a definição e natureza diversa entre as ditas espécies de dano material exigem, para seu reconhecimento judicial, pedido específico e demonstração respectiva de cada uma delas.

No caso em liça, postularam as requerentes pensionamento vitalício, danos materiais emergentes e danos morais.

A responsabilidade civil subjetiva tem como fundamentos a constatação de uma conduta, praticada com dolo ou culpa, a ocorrência de um resultado que se revela danoso e a verificação de um nexo de causalidade.

No caso em evidência, os elementos coligidos aos autos, documentais, testemunhais, e a prova pericial de cujo laudo consta às fls. 661/668, apontaram que o promovido **ZZZZ** agiu com culpa, na modalidade negligência, quando deixou de seguir as orientações da melhor literatura médica, consistente em realizar, com frequência razoável, o teste COOMBS quando for o caso de incompatibilidade de RH entre os genitores, tendo o primeiro filho nascido com RH positivo, sem prejuízo de ter deixado de, preventivamente, aplicar a vacina RHOGAM, capaz de evitar a ocorrência do resultado. Em verdade, realizou o exame em apenas uma oportunidade, deixando, ainda, de valer-se da vacinação preventiva.

O resultado danoso, outrossim, sobressai dos autos, ante a constatação de que a nascitura adquiriu eritroblastose fetal, comprometendo sua higidez física e mental, e tornando-a uma criança que demanda atenção e cuidados especiais, a qual não tem condições físicas de se autogerir e depende integralmente de outrem para sobreviver, tendo de comparecer quase que diariamente às terapêuticas essenciais à minoração das consequências advindas da enfermidade.

Ademais, o laudo pericial atestou o nexo de causalidade, destacando que a negligência médica apresentada pelo promovido redundou no quadro em que se encontra a autora, não sendo a parte promovida convincente em demonstrar o seu rompimento.

Em consequência, conclui-se a responsabilidade do promovido **ZZZZ** pelo evento, do qual decorre as imputações previstas em lei.

O dever de indenizar, é cediço, preconizado no art. 927 do CC/02, prescinde de produção de prova específica do dano, em qualquer de suas modalidades, a fim de se perquirir o *an* e o *quantum debeatur.* Nesse diapasão, não há como se imaginar o estabelecimento de uma reparação pecuniária por um dano incerto, indeterminado.

Nessa linha de intelecção, advertem os professores Cristiano Chaves e Nelson Rosenvald:

> Dispõe o art. 402 do Código Civil que, "salvo as exceções expressamente previstas em lei, as perdas e danos devidas ao credor abrangem, além do que ele efetivamente perdeu, o que razoavelmente deixou de lucrar". Essa norma se conecta aos arts. 186 e 927 do Código Civil, para ressaltar que no direito civil a inexistência do dano é óbice à pretensão de qualquer espécie de reparação.
>
> Como explica Agostinho Alvim, "ainda mesmo que haja violação de um dever jurídico e que tenha existido culpa e até mesmo dolo por parte do infrator, nenhuma indenização será devida, uma vez que não se tenha verificado prejuízo. Essa regra decorre dos princípios, pois a responsabilidade, independentemente

> de dano, redundaria em mera punição do devedor, com invasão da esfera do direito penal".
>
> A configuração do ato ilícito independe do dano, todavia, o ilícito sem dano não é objeto de reparação, seja em sede de ato ilícito contratual - pelo inadimplemento - ou pela prática do ato ilícito extracontratual que redundará em responsabilidade civil.
>
> (...)
>
> Caio Mário da Silva Pereira adverte que o dano indenizável é aquele que ostenta os requisitos da certeza e da atualidade. Atual será o dano que já existe ou existiu no momento da ação de responsabilidade e a certeza é o atributo do dano fundado sobre um fato preciso e não uma mera hipótese. Excluem-se de qualquer forma de reparação os danos meramente hipotéticos, que não serão realizados. O dano eventual é aquele existente no imaginário, portanto não se confunde com o dano futuro (lucro cessante), que apesar de certo ainda não está definido quando a demanda indenizatória é proposta.[10]

É entendimento consolidado na jurisprudência, tanto no âmbito do Superior Tribunal de Justiça como dos tribunais locais, a necessidade de comprovação efetiva e específica dos danos materiais, danos emergentes e lucros cessantes, a fim de ensejar a sua reparabilidade. Veja-se:

> AGRAVO REGIMENTAL NO AGRAVO EM RECURSO ESPECIAL. PROCESSUAL CIVIL.
>
> AÇÃO INDENIZATÓRIA. DANO MATERIAL. LUCROS CESSANTES. NECESSIDADE DE COMPROVAÇÃO DO PREJUÍZO. REEXAME FÁTICO-PROBATÓRIO. IMPOSSIBILIDADE.
>
> SÚMULA 7/STJ. LUCROS CESSANTES. RECURSO NÃO PROVIDO.
>
> 1. A jurisprudência desta egrégia Corte se orienta no sentido de considerar que, em se tratando de danos emergentes (dano positivo) e lucros cessantes (dano negativo), ambos "exigem efetiva comprovação, não se admitindo indenização em caráter hipotético, ou presumido, dissociada da realidade efetivamente provada" (REsp 1.347.136/DF, Rel. Ministra ELIANA CALMON, PRIMEIRA SEÇÃO, julgado em 11/12/2013, DJe de 7/3/2014). Precedentes.

10 Curso de Direito Civil. Vol. 2. 10ª Edição. Editora Juspodivm: Salvador, 2016. p. 580.

2. No caso, o eg. Tribunal de origem concluiu que os danos materiais não foram comprovados e que os documentos apresentados não são hábeis a comprovar o dano experimentado. Nesse contexto, afigura-se inviável a esta Corte alterar o contexto fático delineado pelas instâncias ordinárias, tendo em vista a necessidade de reexame do suporte fático-probatório dos autos, a atrair a incidência do óbice da Súmula 7/STJ.

3. Agravo regimental a que se nega provimento.

(AgRg no AREsp 645.243/DF, Rel. Ministro RAUL ARAÚJO, QUARTA TURMA, julgado em 03/09/2015, DJe 05/10/2015)

JUIZADO ESPECIAL. CIVIL. CDC. PRELIMINAR DE FALTA DE INTERESSE DE AGIR REPELIDA. INSTITUIÇÃO FINANCEIRA. DÍVIDA PRETÉRITA. INADIMPLEMENTO. COMPENSAÇÃO UNILATERAL. RETENÇÃO INTEGRAL DE VALORES NA CONTA SALÁRIO DA CORRENTISTA. ILEGALIDADE. RESSARCIMENTO DE VALORES DEVIDO. FALHA NA PRESTAÇÃO DO SERVIÇO. DANO MORAL IN RE IPSA. QUANTUM DEBEATUR QUE NÃO RECLAMA REVISÃO. HONORÁRIOS ADVOCATÍCIOS CONTRATUAIS. REPARAÇÃO INTEGRAL. AUSÊNCIA DE PROVA DO PREJUÍZO PRESSUPOSTO. INTELIGÊNCIA DO ART. 395, DO CC. RECURSO CONHECIDO E PARCIALMENTE PROVIDO.

(...) Em outras palavras, sendo a pretensão espécie de dano material não se presume, havendo de ser indenizada na exata proporção do desfalque patrimonial sofrido pelo lesado. Nesse contexto, melhor sorte não resta ao pedido indenizatório material por falta de demonstração nos autos do efetivo prejuízo já sofrido pela consumidora, vez que não prescindem de comprovação de tal dispêndio, pelos meios legais de comprovação de prestação de serviços e recolhimento do imposto respectivo. Para viabilizar a procedência da ação de ressarcimento, a prova da existência do dano efetivamente suportado é pressuposto essencial e indispensável, já que não se restitui dano hipotético. Assim, à falta de prova do dano concreto experimentado, axioma em tema de responsabilidade civil, improcede tal pedido. Posto isso, conhece-se do recurso, provendo-o, parcialmente, para, em reforma da sentença condenatória recorrida, julgar improcedente o pleito de restituição de valores despendidos com honorários advocatícios contratuais por ausência de comprovação do dano. Sentença reformada.

> (TJ AP, RI 00053160820158030002, TURMA RECURSAL DOS JUIZADOS ESPECIAIS, REGINALDO GOMES DE ANDRADE, 26 de Janeiro de 2016)

Nesse sentido, vejamos, por fim, excerto de pertinente acordão da lavra do Desemb. Rômulo Moreira de Deus do Tribunal de Justiça do Estado do Ceará:

> Por fim, os danos materiais alegados pelos querelantes não foram devidamente especificados nem demonstrados, de modo que os pedidos de indenização por danos patrimoniais formulados por ambas as partes devem ser julgados improcedentes também pela inexistência de especificação e de comprovação. A respeito do tema, colaciono os seguintes arestos: [...] DANO MATERIAL. FALTA DE PROVA. [...] A reparação por danos materiais exige efetiva comprovação. (TJMG, Apelação Cível 0277242-50.2012.8.13.0145, Rel. Des. José Flávio de Almeida, 12ª Câmara Cível, julgamento em 11.09.2013, publicação em 20.09.2013) [...] DANO EM PROPRIEDADE RURAL - CORTE DE BAMBUZAL E CERCA - AUSÊNCIA DE COMPROVAÇÃO DOS DANOS - ÔNUS DA PARTE AUTORA - PEDIDO IMPROCEDENTE. O dano material representa uma perda patrimonial ou perda de uma chance, e deve ser demonstrado, inequivocamente, pela parte Autora, conforme lhe impões o art. 333, I, do Código de Processo Civil. Não demonstrado o dano, deve o pedido ser julgado improcedente. (TJMG, Apelação Cível 0905796-69.2008.8.13.0699, Rel. Des. Newton Teixeira Carvalho, 13ª Câmara Cível, julgamento em 23.05.2013, publicação em 29.05.2013). (TJCE. Apelação Cível n. 724844-31.2000.8.06.0001/1 de Fortaleza)

Rege o art. 949 do CC/02 que "*no caso de lesão ou outra ofensa à saúde, o ofensor indenizará o ofendido das despesas do tratamento e dos lucros cessantes até ao fim da convalescença, além de algum outro prejuízo que o ofendido prove haver sofrido*".

Nessa toada, é inequívoco que a enfermidade a que fora acometida a autora é hábil a causar despesas no seu tratamento e cuidados especiais, tal como as já acostadas exemplificativamente na exordial, ensejando, inclusive, pedido genérico, nos termos do art. 324, § 1º, II, do CPC/15, oportunidade em que as partes devem ser remetidas à etapa liquidatória com o fim de se perquirir o real prejuízo sofrido.

> Art. 324. O pedido deve ser determinado.
>
> § 1º É lícito, porém, formular pedido genérico:
>
> (...)

> II – quando não for possível determinar, desde logo, as consequências do ato ou do fato;
>
> Art. 491. Na ação relativa à obrigação de pagar quantia, ainda que formulado pedido genérico, a decisão definirá desde logo a extensão da obrigação, o índice de correção monetária, a taxa de juros, o termo inicial de ambos e a periodicidade da capitalização dos juros, se for o caso, salvo quando:
>
> I – não for possível determinar, de modo definitivo, o montante devido;
>
> (...)
>
> § 1º Nos casos previstos neste artigo, seguir-se-á a apuração do valor devido por liquidação.

Por conseguinte, merece acolhimento o pleito de condenação em ressarcimento pelas despesas havidas com a autora **YYYY**, a título de danos materiais emergentes, passados, presentes e futuros, decorrentes do tratamento necessário à saúde da autora, advindos inequivocamente da conduta omissiva médica que acarretou seu quadro de paralisia cerebral, os quais, contudo, devem ser apurados em liquidação de sentença.

No que atine ao pensionamento, há de incidir o que disposto no art. 951 do CC:

> Art. 950. Se da ofensa resultar defeito pelo qual o ofendido não possa exercer o seu ofício ou profissão, ou se lhe diminua a capacidade de trabalho, a indenização, além das despesas do tratamento e lucros cessantes até ao fim da convalescença, incluirá pensão correspondente à importância do trabalho para que se inabilitou, ou da depreciação que ele sofreu.
>
> Parágrafo único. O prejudicado, se preferir, poderá exigir que a indenização seja arbitrada e paga de uma só vez.
>
> Art. 951. O disposto nos arts. 948, 949 e 950 aplica-se ainda no caso de indenização devida por aquele que, no exercício de atividade profissional, por negligência, imprudência ou imperícia, causar a morte do paciente, agravar-lhe o mal, causar-lhe lesão, ou inabilitá-lo para o trabalho.

Assim, inescusável a quitação da pensão mensal, haja vista que a autora não será capaz de exercer, por si, atividade laborativa, vez que, infelizmente, nunca chegará a recobrar saúde para tanto. Contudo, a verba apenas será devida a partir do natalício de quatorze anos da infante. Isso porque o pensionamento goza de natureza retributiva em virtude de o ato danoso ter como consequência a incapacidade laborativa total ou parcial. Destarte, para sua percepção, presumível estar o beneficiário em idade laboral, tendo como termo inicial quatorze anos, conforme art. 7º, XXXIII, da CF/88. Nesse sentido:

> ADMINISTRATIVO. RESPONSABILIDADE CIVIL. ERRO MÉDICO EM PARTO A DESAGUAR NO DESENVOLVIMENTO DE PARALISIA CEREBRAL NO AUTOR. NEXO CAUSAL COMPROVADO PELA PERÍCIA. MUNICÍPIO QUE, ALÉM DE NÃO FUNDAMENTAR TECNICAMENTE SUAS IMPUGNAÇÕES, AS FORMULA INTEMPESTIVAMENTE APENAS EM SEDE RECURSAL. DANOS MORAIS IN RE IPSA. VALOR ARBITRADO PELA ORIGEM (R$ 52.800,00) QUE CONSULTA OS PARÂMETROS DO MÉTODO BIFÁSICO. INCIDÊNCIA DO ENUNCIADO SUMULAR Nº 343 DESTA CORTE. PRECEDENTES. PENSIONAMENTO DEVIDO À RAZÃO DE UM SALÁRIO MÍNIMO MENSAL. INTELIGÊNCIA DO ENUNCIADO SUMULAR Nº 215 DESTE EG. TJRJ. TERMO INICIAL QUE DEVE OBSERVAR A PROIBIÇÃO AO TRABALHO DE MENOR DE 14 (QUATORZE) ANOS. JURISPRUDÊNCIA DO COL. STJ. PARECER MINISTERIAL EM RESPALDO. CORREÇÃO MONETÁRIA DA VERBA INDENIZATÓRIA A INCIDIR SOMENTE A PARTIR DO ARBITRAMENTO. ORIENTAÇÃO DO ENUNCIADO SUMULAR Nº 362 DA CORTE NACIONAL. SUCUMBÊNCIA RECÍPROCA NÃO CARACTERIZADA. CONCESSÃO DE DANO MORAL EM VALOR INFERIOR AO REQUERIDO QUE NÃO EQUIVALIA, NO SISTEMA PROCESSUAL VIGENTE SOB A ÉGIDE DO CÓDIGO DE 1973, AO MALOGRO DA PRETENSÃO. ENTENDIMENTO ENTÃO PREVALECENTE E SUMULADO PELA CORTE NACIONAL EM SEU VERBETE Nº 326. DESPROVIMENTO DA APELAÇÃO INTERPOSTA PELO AUTOR. PROVIMENTO PARCIAL DA APELAÇÃO INTERPOSTA PELO MUNICÍPIO DO RIO DE JANEIRO.(TJ-RJ - APL: 01956670420098190001 RIO DE JANEIRO CAPITAL 9 VARA FAZ PUBLICA, Relator: CUSTÓDIO DE BARROS TOSTES, Data de Julgamento: 08/05/2018, PRIMEIRA CÂMARA CÍVEL, Data de Publicação: 10/05/2018)
>
> APELAÇÃO CÍVEL - ERRO MÉDICO - PARTO - SEQUELA - PARALISIA CEREBRAL - INDENIZAÇÃO POR DANOS MORAIS E ESTÉTICOS - PENSÃO - CABIMENTO - AUMENTO DO VALOR DAS INDENIZAÇÕES - POSSIBILIDADE - INDENIZAÇÃO POR DANO MATERIAL - FALTA DE PROVA - CONDENAÇÃO - NÃO CABIMENTO - CÁLCULO DA PENSÃO TOMANDO POR BASE A DATA EM

> QUE O MENOR COMPLETARÁ 14 ANOS DE IDADE - CABIMENTO - INCLUSÃO DO 13º SALÁRIO NO CÁLCULO - IMPOSSIBILIDADE - JUROS DE MORA INCIDENTES SOBRE A INDENIZAÇÃO POR DANOS MORAIS E ESTÉTICOS - DATA DA CITAÇÃO - RESPONSABILIDADE CONTRATUAL - Comprovado o erro médico como causa das seqüelas sofridas pela criança em decorrência do atendimento quando do parto, procedente se mostra o pedido de indenização. - O arbitramento do valor da indenização por dano moral e estético deve levar em consideração todas as circunstâncias do caso e atender aos princípios da razoabilidade e proporcionalidade, de tal sorte que, se o valor fixado se revela em desacordo com tais princípios e o caso concreto, há ele de ser majorado. - Não cabe condenar a parte ré ao pagamento de indenização por danos materiais não comprovados. - É devida a indenização por danos materiais em forma de pensão, a partir dos 14 anos de idade, momento em que a legislação permite o contrato de trabalho, sem inclusão, porém, em seu cálculo, de montante equivalente a 13º salário. - Tratando-se de responsabilidade contratual, os juros de mora incidentes sobre o valor fixado para a indenização por danos morais e estéticos fluem a partir da citação. (TJ-MG - AC: 10024080092737001 MG, Relator: Evandro Lopes da Costa Teixeira, Data de Julgamento: 04/09/2014, Câmaras Cíveis / 17ª CÂMARA CÍVEL, Data de Publicação: 16/09/2014)

Portanto, faz jus a autora, a partir do seu décimo quarto natalício, a uma pensão mensal de um salário-mínimo, na impossibilidade de fixação de patamar superior em virtude de a beneficiária nunca ter tido oportunidade de demonstrar aptidão para o exercício de atividade mais bem remunerada, a qual deverá perdurar ao longo de toda a sua vida.

Note-se que, sem prejuízo de a autora **YYYY** não fazer jus ao pensionamento mensal imediato, nos termos do que disposto acima, pode se alcançar em liquidação de sentença no que concerne ao ressarcimento pelos tratamentos médicos imprescindíveis à manutenção de sua saúde diretamente atrelados à sua condição provocada pelo requerido, modo equivalente de indenização, caso de mostre mais adequado, o que apenas não já se verifica em razão da ausência de elementos mínimos conducentes a uma estimativa mensal de gastos com a terapêutica.

Noutro ponto, concluo ter existido ofensa moral às partes promoventes ocasionadoras de dano reparável por ato ilícito da parte adversa. Isto porque, conforme aduz, o art. 186 c/c art. 927 do CC, ambos amparados pelo art. 5º, X, da CF/88, aquele que pratica ato ilícito, ainda que exclusivamente moral, deve ser instado a indenizar a vítima.

Na definição de Cristiano Chaves e Nelson Rosenvald (CURSO DE DIREITO CIVIL. VOL. 3. 3ª Ed. Salvador: Editora Juspodivm, 2016), "*o dano moral pode ser conceituado como uma lesão a um interesse existencial concretamente merecedor de tutela*".

In casu, insofismável que o resultado do ato ilícito provocou danos morais na própria vitimada, porquanto a tolheu em absoluto de uma vida normal, considerando-se o momento no qual acometida de condições físicas que provocam extrema limitação para os atos cotidianos, dificuldade de locomoção, mesmo após longo e penoso tratamento, sem prejuízo dos danos morais envidados à genitora.

Reproduzo o seguinte excerto de jurisprudência extraída do Superior Tribunal de Justiça, observando-se a compatibilidade da situação com a ora em apreço – erro médico que causou paralisia cerebral:

> ADMINISTRATIVO E PROCESSUAL CIVIL. AGRAVO INTERNO NO AGRAVO EM RECURSO ESPECIAL. RESPONSABILIDADE CIVIL DO ESTADO. HOSPITAL PÚBLICO. ERRO MÉDICO DURANTE O PARTO, QUE CAUSOU SEQUELAS PERMANENTES EM RECÉM-NASCIDO. PARALISIA CEREBRAL TETRAPLÉGICA MISTA, ACOMPANHADA DE RETARDO MENTAL E EPILEPSIA. QUANTUM INDENIZATÓRIO FIXADO, PELO TRIBUNAL DE ORIGEM, EM VALOR IRRISÓRIO. MAJORAÇÃO. EXCEPCIONALIDADE CONFIGURADA, NO CASO. CORREÇÃO MONETÁRIA. TERMO INICIAL. DATA DA FIXAÇÃO. SÚMULA 362/STJ. JUROS MORATÓRIOS. TERMO INICIAL. DATA DO EVENTO DANOSO. SÚMULA 54/STJ. AGRAVO INTERNO IMPROVIDO. I. Agravo interno aviado contra decisao publicada em 22/05/2017, que, por sua vez, julgara recurso interposto contra decisum publicado na vigência do CPC/2015. II. Na origem, trata-se de ação indenizatória proposta em desfavor do Distrito Federal, alegando que, em razão de erro médico, durante o parto, em hospital público, o autor, menor impúbere, sofre de paralisia cerebral tetraplégica mista, acompanhada de retardo mental e epilepsia. III. A jurisprudência desta Corte orienta-se no sentido de que, em regra, não se mostra possível, em Recurso Especial, a revisão do valor fixado a título de dano morais, pois tal providência exigiria novo exame do contexto fático-probatório constante dos autos, o que é vedado pela Súmula 7/STJ. Todavia, tal óbice pode ser afastado em situações excepcionais, quando se verificar exorbitância ou

insignificância da importância arbitrada, e evidenciada ofensa aos princípios da razoabilidade e da proporcionalidade. IV. No caso, restou claramente delineado, no acórdão recorrido, que a paralisia cerebral e demais sequelas, sofridas pelo recém-nascido, ora agravado, decorreram da imperícia da equipe médica que atendeu a mãe do autor, por ocasião de seu nascimento, evidenciando a falha na prestação do serviço médico hospitalar. Não obstante, o Tribunal de origem fixou a indenização por danos morais em R$ 15.000.00 (quinze mil reais). V. Ante as circunstâncias fáticas delineadas no acórdão recorrido, mostra-se irrisório o valor arbitrado, pelo Tribunal de origem, a título de indenização por danos morais, em R$ 15.000,00 (quinze mil reais), levando-se em conta a extensão do dano causado e a gravidade da violação ao direito – sequelas permanentes no recém-nascido, em decorrência de paralisia cerebral tetraplégica mista, acompanhada de retardo mental e epilepsia –, a conduta injustificável do réu, por seus prepostos, bem como a capacidade financeira do ofensor. Merece, assim, ser mantida a decisão ora agravada, que deu parcial provimento ao Recurso Especial da parte autora, para fixar a indenização por danos morais em R$ 50.000,00 (cinquenta mil reais), quantum que não se mostra excessivo, diante das peculiaridades da causa, expostas no acórdão de 2º Grau, e que se encontra dentro dos parâmetros admitidos por esta Corte, para casos assemelhados, atendendo aos princípios da razoabilidade e da proporcionalidade (STJ, AgRg no AREsp 442.266/SP, Rel. Ministro SIDNEI BENETI, TERCEIRA TURMA, DJe de 19/03/2014; AgInt no AREsp 908.469/SP, Rel. Ministro MOURA RIBEIRO, TERCEIRA TURMA, DJe de 22/03/2017; AgRg no AREsp 221.110/RJ, Rel. Ministro HERMAN BENJAMIN, SEGUNDA TURMA, DJe de 31/10/2012). VI. Quanto à correção monetária e aos juros moratórios, devem ser mantidos os critérios fixados pelo Tribunal de origem, que, em conformidade com a jurisprudência desta Corte, determinou que os juros de mora incidam a partir do evento danoso (Súmula 54/STJ) e a correção monetária, referente à indenização por danos morais, a partir do arbitramento (Súmula 362/STJ). Nesse sentido: STJ, AgInt no AREsp 1.060.027/PB, Rel. Ministro LUIS FELIPE SALOMÃO, QUARTA TURMA, DJe de 06/06/2017; AgRg nos EDcl no AREsp 551.162/SP, Rel. Ministro RAUL ARAÚJO, QUARTA TURMA, DJe de 18/08/2015; REsp 502.536/PR, Rel. Ministro LUIS FELIPE SALOMÃO, QUARTA TURMA, DJe de 25/05/2009. VII. Agravo interno improvido.(STJ – AgInt no AREsp: 1094566 DF 2017/0098160-0, Relator: Ministra ASSUSETE MAGALHÃES,

> Data de Julgamento: 19/10/2017, T2 – SEGUNDA TURMA, Data de Publicação: DJe 27/10/2017)

De outra banda, irrefutável que, na mesma medida, os pais da criança padeceram de danos morais, aqui vislumbrados como reflexos, ou no dizer da doutrina, em ricochete, diante do infortúnio em que experimentaram os danos decorrentes da condição de sua filha. A jurisprudência do Superior Tribunal de Justiça reconhece tal modalidade de reparação, conforme se infere da ementa:

> ADMINISTRATIVO. AGRAVO REGIMENTAL NO RECURSO ESPECIAL. INDENIZAÇÃO POR DANO MORAL. LEGITIMIDADE DO FILHO E ESPOSA DA VÍTIMA. MARIDO E PAI TETRAPLÉGICO. ESTADO VEGETATIVO. DANO MORAL REFLEXO. ALEGAÇÃO DE NECESSIDADE DE REEXAME DE PROVAS. INOCORRÊNCIA. PREMISSAS, EXPRESSAMENTE, ASSENTADAS NA CORTE LOCAL. PRECEDENTES: AGRG NO ARESP. 104.925/SP, REL. MIN. MARCO BUZZI, DJE 26/06/2012; AGRG NO AG 1.413.481/RJ, REL. MIN. RICARDO VILLAS BÔAS CUEVA, DJE 19/03/2012;
>
> E RESP. 1.041.715/ES, REL. MIN. MASSAMI UYEDA, DJE 13/06/2008. AGRAVO REGIMENTAL A QUE SE NEGA PROVIMENTO.
>
> 1. **Não obstante a compensação por dano moral ser devida, em regra, apenas ao próprio ofendido, tanto a doutrina quanto à jurisprudência tem admitido a possibilidade dos parentes do ofendido e a esse ligados afetivamente, postularem, conjuntamente com a vítima compensação pelo prejuízo experimentado, conquanto sejam atingidos de forma indireta pelo ato lesivo.**
>
> **2. Trata-se de hipótese de danos morais reflexos, ou seja, embora o ato tenha sido praticado diretamente contra determinada pessoa, seus efeitos acabam por atingir, indiretamente, a integridade moral de terceiros. É o chamado dano moral por ricochete, cuja reparação constitui direito personalíssimo e autônomo dos referidos autores.**
>
> **3. No caso em apreço, não pairam dúvidas que a esposa e o filho foram moralmente abalados com o acidente que vitimou seu esposo e pai, atualmente sobrevivendo em estado vegetativo, preso em uma cama, devendo se alimentar por sonda, respirando por traqueostomia e em estado permanente de tetraplegia, sendo que a esposa jamais poderá dividir com o marido a vicissitudes da vida cotidiana de seu filho, ou a**

> **relação marital que se esvazia, ou ainda, o filho que não será levado pelo pai ao colégio, ao jogo de futebol, ou até mesmo a colar as figurinhas da Copa do Mundo.**
>
> **4. Dessa forma, não cabe a este Relator ficar enumerando as milhões de razões que atestam as perdas irreparáveis que sofreram essas pessoas (esposa e filho), podendo qualquer um que já perdeu um ente querido escolher suas razões, todas poderosamente dolorosas; o julgamento de situações como esta não deve ficar preso a conceitos jurídicos ou pré-compreensões processuais, mas leva em conta a realidade das coisas e o peso da natureza da adversidade suportada.**
>
> **5. Esta Corte já reconheceu a possibilidade de indenização por danos morais indiretos ou reflexos, sendo irrelevante, para esse fim, até mesmo a comprovação de dependência econômica entre os familiares lesados. Precedentes: REsp. 1.041.715/ES, Rel. Min. MASSAMI UYEDA, DJe 13/06/2008; AgRg no AREsp. 104.925/SP, Rel. Min. MARCO BUZZI, DJe 26/06/2012; e AgRg no Ag 1.413.481/RJ, Rel. Min. RICARDO VILLAS BÔAS CUEVA, DJe 19/03/2012.**
>
> 6. Agravo Regimental a que se nega provimento.
>
> (AgRg no REsp 1212322/SP, Rel. Ministro NAPOLEÃO NUNES MAIA FILHO, PRIMEIRA TURMA, julgado em 03/06/2014, DJe 10/06/2014)

Nessa linha, sopesando o prejuízo moral imposto, as condições financeiras das partes, a reprovabilidade da conduta, o comportamento do reclamado, as consequências nocivas dos atos, e obediente aos princípios da proporcionalidade e razoabilidade e, em especial, dos parâmetros comumente adotados por este juízo e pelos tribunais de segundo grau em situações análogas, tenho por suficiente e necessário a quantia a ser imposta de R$ 50.000,00 (cinquenta mil reais) à promovente **YYYY**, bem como R$ 20.000,00 (vinte mil reais) para a genitora **XXXX**.

Enfim, não é o caso de reconhecimento de litigância de má-fé, como pretendem as partes promoventes, não se vislumbrando nos autos conduta ou postura por parte da promovida que tenha exacerbado o mero exercício constitucional do direito de defesa (art. 5º, LV, da CF/88).

III – DISPOSITIVO

Em face do exposto, e com fundamento no art. 487, I, do CPC, **JULGO PARCIALMENTE PROCEDENTE** o pedido para condenar o promovido ZZZZ: *i)* nos danos emergentes da promovente YYYY, os quais deverão ser melhor apuradas em liquidação de sentença pelo procedimento comum, conforme art. 509

do CPC/15; *ii)* no pensionamento mensal de um salário-mínimo à promovente YYYY, desde o atingimento de seus quatorze anos de idade até o termo de sua vida; *iii)* danos morais impingidos aos promoventes na quantia de R$ 50.000,00 (cinquenta mil reais) à promovente YYYY, e no patamar de R$ 20.000,00 (vinte mil reais) à XXXX, ambas as verbas com juros de mora de um por cento desde o evento danoso, mas aplicação única da TAXA SELIC a partir deste arbitramento. Julgo improcedentes os pedidos veiculados em face da promovida WWWCLÍNICA, com esteio no mesmo art. 487, I, do CPC/15, resolvendo também esta parte do mérito.

Condeno a parte ZZZZ na metade das custas judiciais e nos honorários advocatícios em prol do patrocinante das autoras, os quais arbitro em dez por cento do valor da condenação, com fundamento no art. 85, § 2º, do CPC/15, observando-se o que dispõe a Súmula nº 326 do STJ.

Condeno as autoras em metade das custas, bem assim nos honorários advocatícios em prol do patrocinante das requeridas, os quais arbitro em R$ 8.000,00 (oito mil reais), com fundamento no art. 85, § 8º, do CPC/15, analogicamente invocado, suspensas as obrigações impostas em face dos promoventes em vista da gratuidade judiciária de que trata o art. 98, § 3º, do CPC.

Publique-se. Registre-se. Intime-se.

Após o trânsito em julgado e adotadas as cautelas de praxe, arquive-se.

[illegible]

[illegible]

[illegible]

[illegible]

[illegible]

[illegible]

[illegible]

ANEXO V

SÚMULAS DO SUPREMO TRIBUNAL FEDERAL APLICÁVEIS EM SENTENÇA CÍVEL

- **Súmula vinculante 27-STF:** Compete à Justiça Estadual julgar causas entre consumidor e concessionária de serviço público de telefonia, quando a Anatel não seja litisconsorte passiva necessária, assistente nem opoente.
- **Súmula 101-STF:** O mandado de segurança não substitui a ação popular.
- **Súmula 216-STF:** Para decretação da absolvição de instância pela paralisação do processo por mais de trinta dias, é necessário que o autor, previamente intimado, não promova o andamento da causa.
- **Súmula 231-STF:** O revel, em processo civil, pode produzir provas, desde que compareça em tempo oportuno.
- **Súmula 257-STF:** São cabíveis honorários de advogado na ação regressiva do segurador contra o causador do dano.
- **Súmula 258-STF:** É admissível reconvenção em ação declaratória.
- **Súmula 259-STF:** Para produzir efeito em juízo não é necessária a inscrição, no registro público, de documentos de procedência estrangeira, autenticados por via consular.
- **Súmula 266-STF:** Não cabe mandado de segurança contra lei em tese.
- **Súmula 267-STF:** Não cabe mandado de segurança contra ato judicial passível de recurso ou correição.
- **Súmula 268-STF:** Não cabe mandado de segurança contra decisão judicial com trânsito em julgado.
- **Súmula 269-STF:** O mandado de segurança não é substitutivo de ação de cobrança.
- **Súmula 270-STF:** Não cabe mandado de segurança para impugnar enquadramento da Lei 3.780, de 12 de julho de 1960, que envolva exame de prova ou de situação funcional complexa.

- **Súmula 271-STF:** Concessão de mandado de segurança não produz efeitos patrimoniais, em relação a período pretérito, os quais devem ser reclamados administrativamente ou pela via judicial própria.
- **Súmula 304-STF:** Decisão denegatória de mandado de segurança, não fazendo coisa julgada contra o impetrante, não impede o uso da ação própria.
- **Súmula 363-STF:** A pessoa jurídica de direito privado pode ser demandada no domicílio da agência, ou estabelecimento, em que se praticou o ato.
- **Súmula 365-STF:** Pessoa jurídica não tem legitimidade para propor ação popular.
- **Súmula 405-STF:** Denegado o mandado de segurança pela sentença, ou no julgamento do agravo, dela interposto, fica sem efeito a liminar concedida, retroagindo os efeitos da decisão contrária.
- **Súmula 423-STF:** Não transita em julgado a sentença por haver omitido o recurso "ex-oficio", que se considera interposto "ex-lege".
- **Súmula 429-STF:** A existência de recurso administrativo com efeito suspensivo não impede o uso do mandado de segurança contra omissão da autoridade.
- **Súmula 430-STF:** Pedido de reconsideração na via administrativa não interrompe o prazo para o mandado de segurança.
- **Súmula 449-STF:** O valor da causa, na consignatória de aluguel, corresponde a uma anuidade.
- **Súmula 450-STF:** São devidos honorários de advogado sempre que vencedor o beneficiário de justiça gratuita.
- **Súmula 474-STF:** Não há direito líquido e certo, amparado pelo mandado de segurança, quando se escuda em lei cujos efeitos foram anulados por outra, declarada constitucional pelo Supremo Tribunal Federal.
- **Súmula 501-STF:** Compete a justiça ordinária estadual o processo e o julgamento, em ambas as instâncias, das causas de acidente do trabalho, ainda que promovidas contra a união, suas autarquias, empresas públicas ou sociedades de economia mista.
- **Súmula 504-STF:** Compete a Justiça Federal, em ambas as instâncias, o processo e o julgamento das causas fundadas em contrato de seguro marítimo.
- **Súmula 508-STF:** Compete a justiça estadual, em ambas as instâncias, processar e julgar as causas em que for parte o Banco do Brasil, S.A.
- **Súmula 510-STF:** Praticado o ato por autoridade, no exercício de competência delegada, contra ela cabe o mandado de segurança ou a medida judicial.
- **Súmula 512-STF:** Não cabe condenação em honorários de advogado na ação de mandado de segurança.
- **Súmula 516-STF:** O Serviço Social da Indústria (SESI) está sujeito a jurisdição da justiça estadual.
- **Súmula 517-STF:** As sociedades de economia mista só tem foro na justiça federal, quando a união intervém como assistente ou opoente.

- **Súmula 556-STF:** É competente a justiça comum para julgar as causas em que é parte sociedade de economia mista.
- **Súmula 616-STF:** É permitida a cumulação da multa contratual com os honorários de advogado, após o advento do Código de Processo Civil vigente.
- **Súmula 623-STF:** Não gera por si só a competência originária do Supremo Tribunal Federal para conhecer do mandado de segurança com base no art. 102, I, n, da Constituição, dirigir-se o pedido contra deliberação administrativa do tribunal de origem, da qual haja participado a maioria ou a totalidade de seus membros.
- **Súmula 625-STF:** Controvérsia sobre matéria de direito não impede concessão de mandado de segurança.
- **Súmula 626-STF:** A suspensão da liminar em mandado de segurança, salvo determinação em contrário da decisão que a deferir, vigorará até o trânsito em julgado da decisão definitiva de concessão da segurança ou, havendo recurso, até a sua manutenção pelo Supremo Tribunal Federal, desde que o objeto da liminar deferida coincida, total ou parcialmente, com o da impetração.
- **Súmula 629-STF:** A impetração de mandado de segurança coletivo por entidade de classe em favor dos associados independe da autorização destes.
- **Súmula 630-STF:** A entidade de classe tem legitimação para o mandado de segurança ainda quando a pretensão veiculada interesse apenas a uma parte da respectiva categoria.
- **Súmula 631-STF:** Extingue-se o processo de mandado de segurança se o impetrante não promove, no prazo assinado, a citação do litisconsorte passivo necessário.
- **Súmula 632-STF:** É constitucional lei que fixa o prazo de decadência para a impetração de mandado de segurança.
- **Súmula 643-STF:** O Ministério Público tem legitimidade para promover ação civil pública cujo fundamento seja a ilegalidade de reajuste de mensalidades escolares.
- **Súmula 644-STF:** Ao titular do cargo de procurador de autarquia não se exige a apresentação de instrumento de mandato para apresentá-la em juízo.
- **Súmula 689-STF:** O segurado pode ajuizar ação contra a instituição previdenciária perante o juízo federal do seu domicílio ou nas varas federais da Capital do Estado-Membro.

ANEXO **VI**

SÚMULAS DO SUPERIOR TRIBUNAL DE JUSTIÇA APLICÁVEIS À SENTENÇA CÍVEL

- **Súmula 1-STJ:** O foro do domicílio ou da residência do alimentando é o competente para a ação de investigação de paternidade, quando cumulada com a de alimentos.
- **Súmula 11-STJ:** A presença da União ou de qualquer de seus entes, na ação de usucapião especial, não afasta a competência do foro da situação do imóvel.
- **Súmula 14-STJ:** Arbitrados os honorários advocatícios em percentual sobre o valor da causa, a correção monetária incide a partir do respectivo ajuizamento.
- **Súmula 15-STJ:** Compete à Justiça Estadual processar e julgar os litígios decorrentes de acidente do trabalho.
- **Súmula 27-STJ:** Pode a execução fundar-se em mais de um título extrajudicial relativos ao mesmo negócio.
- **Súmula 33-STJ:** A incompetência relativa não pode ser declarada de ofício.
- **Súmula 34-STJ:** Compete à Justiça Estadual processar e julgar causa relativa a mensalidade escolar, cobrada por estabelecimento particular de ensino.
- **Súmula 42-STJ:** Compete à Justiça Comum Estadual processar e julgar as causas cíveis em que é parte sociedade de economia mista e os crimes praticados em seu detrimento.
- **Súmula 46-STJ:** Na execução por carta, os embargos do devedor serão decididos no juízo deprecante, salvo se versarem unicamente vícios ou defeitos da penhora, avaliação ou alienação dos bens.
- **Súmula 58-STJ:** Proposta a execução fiscal, a posterior mudança de domicílio do executado não desloca a competência já fixada.
- **Súmula 66-STJ:** Compete à Justiça Federal processar e julgar execução fiscal promovida por conselho de fiscalização profissional.
- **Súmula 84-STJ:** É admissível a oposição de embargos de terceiro fundados em alegação de posse advinda do compromisso de compra e venda de imóvel, ainda que desprovido do registro.

- **Súmula 105-STJ:** Na ação de mandado de segurança não se admite condenação em honorários advocatícios.
- **Súmula 106-STJ:** Proposta a ação no prazo fixado para o seu exercício, a demora na citação, por motivos inerentes ao mecanismo da justiça, não justifica o acolhimento da arguição de prescrição ou decadência.
- **Súmula 134-STJ:** Embora intimado da penhora em imóvel do casal, o cônjuge do executado pode opor embargos de terceiro para defesa de sua meação.
- **Súmula 137-STJ:** Compete à Justiça Comum Estadual processar e julgar ação de servidor público municipal, pleiteando direitos relativos ao vínculo estatutário.
- **Súmula 139-STJ:** Cabe à Procuradoria da Fazenda Nacional propor execução fiscal para cobrança de crédito relativo ao ITR.
- **Súmula 150-STJ:** Compete à Justiça Federal decidir sobre a existência de interesse jurídico que justifique a presença, no processo, da união, suas autarquias ou empresas públicas.
- **Súmula 153-STJ:** A desistência da execução fiscal, após o oferecimento dos embargos, não exime o exequente dos encargos da sucumbência.
- **Súmula 161-STJ:** É da competência da Justiça Estadual autorizar o levantamento dos valores relativos ao PIS / PASEP e FGTS, em decorrência do falecimento do titular da conta.
- **Súmula 170-STJ:** Compete ao juízo onde primeiro for intentada a ação envolvendo acumulação de pedidos, trabalhista e estatutário, decidi-la nos limites da sua jurisdição, sem prejuízo do ajuizamento de nova causa, com o pedido remanescente, no juízo próprio.
- **Súmula 173-STJ:** Compete à Justiça Federal processar e julgar o pedido de reintegração em cargo público federal, ainda que o servidor tenha sido dispensado antes da instituição do regime jurídico único.
- **Súmula 181-STJ:** É admissível ação declaratória, visando a obter certeza quanto à exata interpretação de cláusula contratual.
- **Súmula 189-STJ:** É desnecessária a intervenção do Ministério Público nas execuções fiscais.
- **Súmula 195-STJ:** Em embargos de terceiro não se anula ato jurídico, por fraude contra credores.
- **Súmula 196-STJ:** Ao executado que, citado por edital ou por hora certa, permanecer revel, será nomeado curador especial, com legitimidade para apresentação de embargos.
- **Súmula 201-STJ:** Os honorários advocatícios não podem ser fixados em salários-mínimos.
- **Súmula 202-STJ:** A impetração de segurança por terceiro, contra ato judicial, não se condiciona à interposição de recurso.
- **Súmula 206-STJ:** A existência de vara privativa, instituída por lei estadual, não altera a competência territorial resultante das leis de processo.

- **Súmula 213-STJ:** O mandado de segurança constitui ação adequada para a declaração do direito à compensação tributária.
- **Súmula 218-STJ:** Compete à Justiça dos Estados processar e julgar ação de servidor estadual decorrente de direitos e vantagens estatutárias no exercício de cargo em comissão.
- **Súmula 224-STJ:** Excluído do feito o ente federal, cuja presença levara o Juiz Estadual a declinar da competência, deve o Juiz Federal restituir os autos e não suscitar conflito.
- **Súmula 233-STJ:** O contrato de abertura de crédito, ainda que acompanhado de extrato da conta-corrente, não é título executivo.
- **Súmula 235-STJ:** A conexão não determina a reunião dos processos, se um deles já foi julgado.
- **Súmula 238-STJ:** A avaliação da indenização devida ao proprietário do solo, em razão de alvará de pesquisa mineral, é processada no Juízo Estadual da situação do imóvel.
- **Súmula 240-STJ:** A extinção do processo, por abandono da causa pelo autor, depende de requerimento do réu.
- **Súmula 247-STJ:** O contrato de abertura de crédito em conta-corrente, acompanhado do demonstrativo de débito, constitui documento hábil para o ajuizamento da ação monitória.
- **Súmula 251-STJ:** A meação só responde pelo ato ilícito quando o credor, na execução fiscal, provar que o enriquecimento dele resultante aproveitou ao casal.
- **Súmula 254-STJ:** A decisão do Juízo Federal que exclui da relação processual ente federal não pode ser reexaminada no Juízo Estadual.
- **Súmula 258-STJ:** A nota promissória vinculada a contrato de abertura de crédito não goza de autonomia em razão da iliquidez do título que a originou.
- **Súmula 268-STJ:** O fiador que não integrou a relação processual na ação de despejo não responde pela execução do julgado.
- **Súmula 270-STJ:** O protesto pela preferência de crédito, apresentado por ente federal em execução que tramita na Justiça Estadual, não desloca a competência para a Justiça Federal.
- **Súmula 279-STJ:** É cabível execução por título extrajudicial contra a Fazenda Pública.
- **Súmula 282-STJ:** Cabe a citação por edital em ação monitória.
- **Súmula 292-STJ:** A reconvenção é cabível na ação monitória, após a conversão do procedimento em ordinário.
- **Súmula 299-STJ:** É admissível a ação monitória fundada em cheque prescrito.
- **Súmula 300-STJ:** O instrumento de confissão de dívida, ainda que originário de contrato de abertura de crédito, constitui título executivo extrajudicial.
- **Súmula 303-STJ:** Em embargos de terceiro, quem deu causa à constrição indevida deve arcar com os honorários advocatícios.

- **Súmula 314-STJ:** Em execução fiscal, não localizados bens penhoráveis, suspende-se o processo por um ano, findo o qual se inicia o prazo da prescrição quinquenal intercorrente.
- **Súmula 324-STJ:** Compete à Justiça Federal processar e julgar ações de que participa a Fundação Habitacional do Exército, equiparada à entidade autárquica federal, supervisionada pelo Ministério do Exército.
- **Súmula 326-STJ:** Na ação de indenização por dano moral, a condenação em montante inferior ao postulado na inicial não implica sucumbência recíproca.
- **Súmula 328-STJ:** Na execução contra instituição financeira, é penhorável o numerário disponível, excluídas as reservas bancárias mantidas no Banco Central.
- **Súmula 329-STJ:** O Ministério Público tem legitimidade para propor ação civil pública em defesa do patrimônio público.
- **Súmula 333-STJ:** Cabe mandado de segurança contra ato praticado em licitação promovida por sociedade de economia mista ou empresa pública.
- **Súmula 339-STJ:** É cabível ação monitória contra a Fazenda Pública.
- **Súmula 344-STJ:** A liquidação por forma diversa da estabelecida na sentença não ofende a coisa julgada.
- **Súmula 345-STJ:** São devidos honorários advocatícios pela Fazenda Pública nas execuções individuais de sentença proferida em ações coletivas, ainda que não embargadas.
- **Súmula 363-STJ:** Compete à Justiça estadual processar e julgar a ação de cobrança ajuizada por profissional liberal contra cliente.
- **Súmula 365-STJ:** A intervenção da União como sucessora da Rede Ferroviária Federal S/A (RFFSA) desloca a competência para a Justiça Federal ainda que a sentença tenha sido proferida por Juízo estadual.
- **Súmula 375-STJ:** O reconhecimento da fraude à execução depende do registro da penhora do bem alienado ou da prova de má-fé do terceiro adquirente.
- **Súmula 384-STJ:** Cabe ação monitória para haver saldo remanescente oriundo de venda extrajudicial de bem alienado fiduciariamente em garantia.
- **Súmula 392-STJ:** A Fazenda Pública pode substituir a certidão de dívida ativa (CDA) até a prolação da sentença de embargos, quando se tratar de correção de erro material ou formal, vedada a modificação do sujeito passivo da execução.
- **Súmula 393-STJ:** A exceção de pré-executividade é admissível na execução fiscal relativamente às matérias conhecíveis de ofício que não demandem dilação probatória.
- **Súmula 394-STJ:** É admissível, em embargos à execução, compensar os valores de Imposto de Renda retidos indevidamente na fonte com os valores restituídos apurados na declaração anual.
- **Súmula 400-STJ:** O encargo de 20% previsto no DL nº 1.025/1969 é exigível na execução fiscal proposta contra a massa falida.
- **Súmula 406-STJ:** A Fazenda Pública pode recusar a substituição do bem penhorado por precatório.

- **Súmula 409-STJ:** Em execução fiscal, a prescrição pode ser decretada de ofício (art. 219, §5º do CPC).
- **Súmula 410-STJ:** A prévia intimação pessoal do devedor constitui condição necessária para a cobrança de multa pelo descumprimento da obrigação de fazer ou não fazer.
- **Súmula 414-STJ:** A citação por edital na execução fiscal é cabível quando frustradas as demais modalidades.
- **Súmula 417-STJ:** Na execução civil, a penhora de dinheiro na ordem de nomeação de bens não tem caráter absoluto.
- **Súmula 421-STJ:** Os honorários advocatícios não são devidos à Defensoria Pública quando ela atua contra a pessoa jurídica de direito público à qual pertença.
- **Súmula 429-STJ:** A citação postal, quando autorizada por lei, exige o aviso de recebimento.
- **Súmula 430-STJ:** O inadimplemento da obrigação tributária pela sociedade não gera, por si só, a responsabilidade solidária do sócio-gerente.
- **Súmula 435-STJ:** Presume-se dissolvida irregularmente a empresa que deixar de funcionar no seu domicílio fiscal, sem comunicação aos órgãos competentes, legitimando o redirecionamento da execução fiscal para o sócio-gerente.
- **Súmula 451-STJ:** É legítima a penhora da sede do estabelecimento comercial.
- **Súmula 452-STJ:** A extinção das ações de pequeno valor é faculdade da Administração, vedada a atuação judicial de ofício.
- **Súmula 460-STJ:** É incabível o mandado de segurança para convalidar a compensação tributária realizada pelo contribuinte.
- **Súmula 462-STJ:** Nas ações em que representa o Fundo de Garantia do Tempo de Serviço (FGTS), a Caixa Econômica Federal (CEF) não está isenta de reembolsar as custas pela parte vencedora.
- **Súmula 481-STJ:** Faz jus ao benefício da justiça gratuita a pessoa jurídica com ou sem fins lucrativos que demonstrar sua impossibilidade de arcar com os encargos processuais.
- **Súmula 482-STJ:** A falta de ajuizamento da ação principal no prazo do art. 806 do CPC acarreta a perda da eficácia da liminar deferida e a extinção do processo cautelar.
- **Súmula 489-STJ:** Reconhecida a continência, devem ser reunidas na Justiça Federal as ações civis públicas propostas nesta e na Justiça estadual.
- **Súmula 490-STJ:** A dispensa de reexame necessário, quando o valor da condenação ou do direito controvertido for inferior a 60 salários mínimos, não se aplica a sentenças ilíquidas.
- **Súmula 503-STJ:** O prazo para ajuizamento de ação monitória em face do emitente de cheque sem força executiva é quinquenal, a contar do dia seguinte à data de emissão estampada na cártula.
- **Súmula 504-STJ:** O prazo para ajuizamento de ação monitória em face do emitente de nota promissória sem força executiva é quinquenal, a contar do dia seguinte ao vencimento do título.

- **Súmula 505-STJ:** A competência para processar e julgar as demandas que têm por objeto obrigações decorrentes dos contratos de planos de previdência privada firmados com a Fundação Rede Ferroviária de Seguridade Social – REFER é da Justiça estadual.
- **Súmula 506-STJ:** A Anatel não é parte legítima nas demandas entre a concessionária e o usuário de telefonia decorrentes de relação contratual.
- **Súmula 515-STJ:** A reunião de execuções fiscais contra o mesmo devedor constitui faculdade do juiz.
- **Súmula 531-STJ:** Em ação monitória fundada em cheque prescrito ajuizada contra o emitente, é dispensável a menção ao negócio jurídico subjacente à emissão da cártula.
- **Súmula 553-STJ:** Nos casos de empréstimo compulsório sobre o consumo de energia elétrica, é competente a Justiça estadual para o julgamento de demanda proposta exclusivamente contra a Eletrobrás. Requerida a intervenção da União no feito após a prolação de sentença pelo juízo estadual, os autos devem ser remetidos ao Tribunal Regional Federal competente para o julgamento da apelação se deferida a intervenção.
- **Súmula 558-STJ:** Em ações de execução fiscal, a petição inicial não pode ser indeferida sob o argumento da falta de indicação do CPF e/ou RG ou CNPJ da parte executada.
- **Súmula 559-STJ:** Em ações de execução fiscal, é desnecessária a instrução da petição inicial com o demonstrativo de cálculo do débito, por tratar-se de requisito não previsto no art. 6º da Lei nº 6.830/1980.
- **Súmula 560-STJ:** A decretação da indisponibilidade de bens e direitos, na forma do art. 185-A do CTN, pressupõe o exaurimento das diligências na busca por bens penhoráveis, o qual fica caracterizado quando infrutíferos o pedido de constrição sobre ativos financeiros e a expedição de ofícios aos registros públicos do domicílio do executado, ao Denatran ou Detran.
- **Súmula 570-STJ:** Compete à Justiça Federal o processo e julgamento de demanda em que se discute a ausência de ou o obstáculo ao credenciamento de instituição particular de ensino superior no Ministério da Educação como condição de expedição de diploma de ensino a distância aos estudantes.
- **Súmula 583-STJ:** O arquivamento provisório previsto no art. 20 da Lei n. 10.522/2002, dirigido aos débitos inscritos como dívida ativa da União pela Procuradoria-Geral da Fazenda Nacional ou por ela cobrados, não se aplica às execuções fiscais movidas pelos conselhos de fiscalização profissional ou pelas autarquias federais.
- **Súmula 601-STJ:** O Ministério Público tem legitimidade ativa para atuar na defesa de direitos difusos, coletivos e individuais homogêneos dos consumidores, ainda que decorrentes da prestação de serviço público.
- **Súmula 628-STJ:** A teoria da encampação é aplicada no mandado de segurança quando presentes, cumulativamente, os seguintes requisitos:
- a) existência de vínculo hierárquico entre a autoridade que prestou informações e a que ordenou a prática do ato impugnado;
- b) manifestação a respeito do mérito nas informações prestadas; e
- c) ausência de modificação de competência estabelecida na Constituição Federal.

ANEXO VII

ENUNCIADOS DAS JORNADAS DE DIREITO PROCESSUAL CIVIL APLICÁVEIS À SENTENÇA CÍVEL

- **I Jornada de Direito Processual Civil – Enunciado 4**

  A entrada em vigor de acordo ou tratado internacional, que estabeleça dispensa da caução prevista no art. 83, § 1º, I, do CPC, impõe a liberação da caução previamente prestada.

- **I Jornada de Direito Processual Civil – Enunciado 6**

  A fixação dos honorários de sucumbência por apreciação equitativa só é cabível nas hipóteses previstas no § 8º do art. 85 do CPC.

- **I Jornada de Direito Processual Civil – Enunciado 9**

  Aplica-se o art. 90, § 4º, do CPC ao reconhecimento da procedência do pedido feito pela Fazenda Pública nas ações relativas às prestações de fazer e de não fazer.

- **I Jornada de Direito Processual Civil – Enunciado 10**

  O benefício do § 4º do art. 90 do CPC aplica-se apenas à fase de conhecimento.

- **I Jornada de Direito Processual Civil – Enunciado 11**

  Aplica-se o disposto nos arts. 133 a 137 do CPC às hipóteses de desconsideração indireta e expansiva da personalidade jurídica.

- **I Jornada de Direito Processual Civil – Enunciado 16**

  As disposições previstas nos arts. 190 e 191 do CPC poderão aplicar-se aos procedimentos previstos nas leis que tratam dos juizados especiais, desde que não ofendam os princípios e regras previstos nas Leis n. 9.099/1995, 10.259/2001 e 12.153/2009.

- **I Jornada de Direito Processual Civil – Enunciado 17**

  A Fazenda Pública pode celebrar convenção processual, nos termos do art. 190 do CPC.

- **I Jornada de Direito Processual Civil – Enunciado 18**

  A convenção processual pode ser celebrada em pacto antenupcial ou em contrato de convivência, nos termos do art. 190 do CPC.

- **I Jornada de Direito Processual Civil – Enunciado 19**
  O prazo em dias úteis previsto no art. 219 do CPC aplica-se também aos procedimentos regidos pelas Leis n. 9.099/1995, 10.259/2001 e 12.153/2009.

- **I Jornada de Direito Processual Civil – Enunciado 20**
  Aplica-se o art. 219 do CPC na contagem do prazo para oposição de embargos à execução fiscal previsto no art. 16 da Lei n. 6.830/1980.

- **I Jornada de Direito Processual Civil – Enunciado 21**
  A suspensão dos prazos processuais prevista no caput do art. 220 do CPC estende-se ao Ministério Público, à Defensoria Pública e à Advocacia Pública.

- **I Jornada de Direito Processual Civil – Enunciado 22**
  Em causas que dispensem a fase instrutória, é possível o julgamento de improcedência liminar do pedido que contrariar decisão do Supremo Tribunal Federal em controle concentrado de constitucionalidade ou enunciado de súmula vinculante.

- **I Jornada de Direito Processual Civil – Enunciado 24**
  Havendo a Fazenda Pública publicizado ampla e previamente as hipóteses em que está autorizada a transigir, pode o juiz dispensar a realização da audiência de mediação e conciliação, com base no art. 334, § 4º, II, do CPC, quando o direito discutido na ação não se enquadrar em tais situações.

- **I Jornada de Direito Processual Civil – Enunciado 26**
  A multa do § 8º do art. 334 do CPC não incide no caso de não comparecimento do réu intimado por edital.

- **I Jornada de Direito Processual Civil – Enunciado 27**
  Não é necessário o anúncio prévio do julgamento do pedido nas situações do art. 355 do CPC.

- **I Jornada de Direito Processual Civil – Enunciado 29**
  A estabilidade do saneamento não impede a produção de outras provas, cuja necessidade se origine de circunstâncias ou fatos apurados na instrução.

- **I Jornada de Direito Processual Civil – Enunciado 30**
  É admissível a prova emprestada, ainda que não haja identidade de partes, nos termos do art. 372 do CPC.

- **I Jornada de Direito Processual Civil – Enunciado 37**
  Aplica-se aos juizados especiais o disposto nos parágrafos do art. 489 do CPC.

- **I Jornada de Direito Processual Civil – Enunciado 40**
  A irreversibilidade dos efeitos da tutela de urgência não impede sua concessão, em se tratando de direito provável, cuja lesão seja irreversível.

- **I Jornada de Direito Processual Civil – Enunciado 44**
  É requisito da petição inicial da tutela cautelar requerida em caráter antecedente a indicação do valor da causa.

- **I Jornada de Direito Processual Civil – Enunciado 45**
  Aplica-se às tutelas provisórias o princípio da fungibilidade, devendo o juiz esclarecer as partes sobre o regime processual a ser observado.

- **I Jornada de Direito Processual Civil – Enunciado 46**
  A cessação da eficácia da tutela cautelar, antecedente ou incidental, pela não efetivação no prazo de 30 dias, só ocorre se caracterizada omissão do requerente.

- **I Jornada de Direito Processual Civil – Enunciado 47**
  A probabilidade do direito constitui requisito para concessão da tutela da evidência fundada em abuso do direito de defesa ou em manifesto propósito protelatório da parte contrária.

- **I Jornada de Direito Processual Civil – Enunciado 48**
  É admissível a tutela provisória da evidência, prevista no art. 311, II, do CPC, também em casos de tese firmada em repercussão geral ou em súmulas dos tribunais superiores.

- **I Jornada de Direito Processual Civil – Enunciado 49**
  A tutela da evidência pode ser concedida em mandado de segurança.

- **I Jornada de Direito Processual Civil – Enunciado 53**
  Para o reconhecimento definitivo do domínio ou da posse do terceiro embargante (art. 681 do CPC), é necessária a presença, no polo passivo dos embargos, do réu ou do executado a quem se impute a titularidade desse domínio ou dessa posse no processo principal.

- **I Jornada de Direito Processual Civil – Enunciado 56**
  A legitimidade conferida à Defensoria Pública pelo art. 720 do CPC compreende as hipóteses de jurisdição voluntária previstas na legislação extravagante, notadamente no Estatuto da Criança e do Adolescente.

- **I Jornada de Direito Processual Civil – Enunciado 57**
  Todos os legitimados a promover a curatela, cujo rol deve incluir o próprio sujeito a ser curatelado, também o são para realizar o pedido do seu levantamento.

- **I Jornada de Direito Processual Civil – Enunciado 59**
  Não é exigível identidade absoluta entre casos para a aplicação de um precedente, seja ele vinculante ou não, bastando que ambos possam compartilhar os mesmos fundamentos determinantes.

- **I Jornada de Direito Processual Civil – Enunciado 84**
  O comparecimento espontâneo da parte constitui termo inicial dos prazos para pagamento e, sucessivamente, impugnação ao cumprimento de sentença.

- **I Jornada de Direito Processual Civil – Enunciado 85**
  Na execução de título extrajudicial ou judicial (art. 515, § 1º, do CPC) é cabível a citação postal.

- **I Jornada de Direito Processual Civil – Enunciado 86**
  As prestações vincendas até o efetivo cumprimento da obrigação incluem-se na execução de título executivo extrajudicial (arts. 323 e 318, parágrafo único, do CPC).

- **I Jornada de Direito Processual Civil – Enunciado 89**
  Conta-se em dias úteis o prazo do caput do art. 523 do CPC.

- **I Jornada de Direito Processual Civil – Enunciado 90**
  Conta-se em dobro o prazo do art. 525 do CPC nos casos em que o devedor é assistido pela Defensoria Pública.
- **I Jornada de Direito Processual Civil – Enunciado 92**
  A intimação prevista no caput do art. 523 do CPC deve contemplar, expressamente, o prazo sucessivo para impugnar o cumprimento de sentença.
- **I Jornada de Direito Processual Civil – Enunciado 96**
  Os critérios referidos no caput do art. 537 do CPC devem ser observados no momento da fixação da multa, que não está limitada ao valor da obrigação principal e não pode ter sua exigibilidade postergada para depois do trânsito em julgado.
- **I Jornada de Direito Processual Civil – Enunciado 97**
  A execução pode ser promovida apenas contra o titular do bem oferecido em garantia real, cabendo, nesse caso, somente a intimação de eventual coproprietário que não tenha outorgado a garantia.
- **I Jornada de Direito Processual Civil – Enunciado 100**
  Interpreta-se a expressão condomínio edilício do art. 784, X, do CPC de forma a compreender tanto os condomínios verticais, quanto os horizontais de lotes, nos termos do art. 1.358-A do Código Civil.
- **I Jornada de Direito Processual Civil – Enunciado 101**
  É admissível ação monitória, ainda que o autor detenha título executivo extrajudicial.
- **I Jornada de Direito Processual Civil – Enunciado 102**
  A falta de oposição dos embargos de terceiro preventivos no prazo do art. 792, § 4º, do CPC não impede a propositura dos embargos de terceiro repressivos no prazo do art. 675 do mesmo Código.
- **I Jornada de Direito Processual Civil – Enunciado 103**
  Pode o exequente – em execução de obrigação de fazer fungível, decorrente do inadimplemento relativo, voluntário e inescusável do executado – requerer a satisfação da obrigação por terceiro, cumuladamente ou não com perdas e danos, considerando que o caput do art. 816 do CPC não derrogou o caput do art. 249 do Código Civil.
- **I Jornada de Direito Processual Civil – Enunciado 105**
  As hipóteses de penhora do art. 833, § 2º, do CPC aplicam-se ao cumprimento da sentença ou à execução de título extrajudicial relativo a honorários advocatícios, em razão de sua natureza alimentar.
- **II Jornada de Direito Processual Civil – Enunciado 108**
  A competência prevista nas alíneas do art. 53, I, do CPC não é de foros concorrentes, mas de foros subsidiários.
- **II Jornada de Direito Processual Civil – Enunciado 109**
  Na hipótese de cumulação alternativa, acolhido integralmente um dos pedidos, a sucumbência deve ser suportada pelo réu.
- **II Jornada de Direito Processual Civil – Enunciado 110**
  A instauração do incidente de desconsideração da personalidade jurídica não suspenderá a tramitação do processo de execução e do cumprimento de sentença em face dos executados originários.

- **II Jornada de Direito Processual Civil – Enunciado 111**
O incidente de desconsideração da personalidade jurídica pode ser aplicado ao processo falimentar.

- **II Jornada de Direito Processual Civil – Enunciado 112**
A intervenção do Ministério Público como fiscal da ordem jurídica não inviabiliza a celebração de negócios processuais.

- **II Jornada de Direito Processual Civil – Enunciado 114**
Os entes despersonalizados podem celebrar negócios jurídicos processuais.

- **II Jornada de Direito Processual Civil – Enunciado 115**
O negócio jurídico processual somente se submeterá à homologação quando expressamente exigido em norma jurídica, admitindo-se, em todo caso, o controle de validade da convenção.

- **II Jornada de Direito Processual Civil – Enunciado 116**
Aplica-se o art. 219 do CPC na contagem dos prazos processuais previstos na Lei n. 6.830/1980.

- **II Jornada de Direito Processual Civil – Enunciado 118**
É cabível a fixação de honorários advocatícios na ação de produção antecipada de provas na hipótese de resistência da parte requerida na produção da prova.

- **II Jornada de Direito Processual Civil – Enunciado 119**
É admissível o ajuizamento de ação de exibição de documentos, de forma autônoma, inclusive pelo procedimento comum do CPC (art. 318 e seguintes).

- **II Jornada de Direito Processual Civil – Enunciado 121**
Não cabe aplicar multa a quem, comparecendo à audiência do art. 334 do CPC, apenas manifesta desinteresse na realização de acordo, salvo se a sessão foi designada unicamente por requerimento seu e não houver justificativa para a alteração de posição.

- **II Jornada de Direito Processual Civil – Enunciado 122**
O prazo de contestação é contado a partir do primeiro dia útil seguinte à realização da audiência de conciliação ou mediação, ou da última sessão de conciliação ou mediação, na hipótese de incidência do art. 335, inc. I, do CPC.

- **II Jornada de Direito Processual Civil – Enunciado 123**
Aplica-se o art. 339 do CPC à autoridade coatora indicada na inicial do mandado de segurança e à pessoa jurídica que compõe o polo passivo.

- **II Jornada de Direito Processual Civil – Enunciado 124**
Não há preclusão consumativa do direito de apresentar contestação, se o réu se manifesta, antes da data da audiência de conciliação ou de mediação, quanto à incompetência do juízo.

- **II Jornada de Direito Processual Civil – Enunciado 128**
Exceto quando reconhecida sua nulidade, a convenção das partes sobre o ônus da prova afasta a redistribuição por parte do juiz.

- **II Jornada de Direito Processual Civil – Enunciado 132**
  O prazo para apresentação de embargos de terceiro tem natureza processual e deve ser contado em dias úteis.
- **II Jornada de Direito Processual Civil – Enunciado 133**
  É admissível a formulação de reconvenção em resposta aos embargos de terceiro, inclusive para o propósito de veicular pedido típico de ação pauliana, nas hipóteses de fraude contra credores.
- **II Jornada de Direito Processual Civil – Enunciado 135**
  É admissível a concessão de tutela da evidência fundada em tese firmada em incidente de assunção de competência.
- **II Jornada de Direito Processual Civil – Enunciado 146**
  O prazo de 3 (três) dias previsto pelo art. 528 do CPC conta-se em dias úteis e na forma dos incisos do art. 231 do CPC, não se aplicando seu § 3º.
- **II Jornada de Direito Processual Civil – Enunciado 147**
  Basta o inadimplemento de uma parcela, no todo ou em parte, para decretação da prisão civil prevista no art. 528, § 7º, do CPC.
- **II Jornada de Direito Processual Civil – Enunciado 148**
  A reiteração pelo exequente ou executado de matérias já preclusas pode ensejar a aplicação de multa por conduta contrária à boa-fé.
- **II Jornada de Direito Processual Civil – Enunciado 149**
  A falta de averbação da pendência de processo ou da existência de hipoteca judiciária ou de constrição judicial sobre bem no registro de imóveis não impede que o exequente comprove a má-fé do terceiro que tenha adquirido a propriedade ou qualquer outro direito real sobre o bem.
- **II Jornada de Direito Processual Civil – Enunciado 152**
  O pacto de impenhorabilidade (arts. 190, 200 e 833, I) produz efeitos entre as partes, não alcançando terceiros.
- **II Jornada de Direito Processual Civil – Enunciado 153**
  A penhorabilidade dos bens, observados os critérios do art. 190 do CPC, pode ser objeto de convenção processual das partes.
- **II Jornada de Direito Processual Civil – Enunciado 154**
  O exequente deve providenciar a intimação do coproprietário no caso da penhora de bem indivisível ou de direito real sobre bem indivisível.
- **II Jornada de Direito Processual Civil – Enunciado 155**
  A penhora a que alude o art. 860 do CPC poderá recair sobre direito litigioso ainda não reconhecido por decisão transitada em julgado.
- **II Jornada de Direito Processual Civil – Enunciado 158**
  A sentença de rejeição dos embargos à execução opostos pela Fazenda Pública não está sujeita à remessa necessária.

ANEXO VIII

ENUNCIADOS DO FÓRUM PERMANENTE DE PROCESSUALISTAS CIVIS APLICADOS À SENTENÇA CÍVEL

- **6. (arts. 5º, 6º e 190)** O negócio jurídico processual não pode afastar os deveres inerentes à boa-fé e à cooperação. (Grupo: Negócio Processual; redação revista no III FPPC-Rio)
- **7. (art. 85, § 18; art. 1.026, § 3º, III)** O pedido, quando omitido em decisão judicial transitada em julgado, pode ser objeto de ação autônoma. (Grupo: Ordem dos Processos no Tribunal, Teoria Geral dos Recursos, Apelação e Agravo)
- **8. (arts. 85, § 18, 1.026, § 3º, III)** Fica superado o enunciado 453 da súmula do STJ após a entrada em vigor do CPC ("Os honorários sucumbenciais, quando omitidos em decisão transitada em julgado, não podem ser cobrados em execução ou em ação própria"). (Grupo: Ordem dos Processos no Tribunal, Teoria Geral dos Recursos, Apelação e Agravo)
- **10. (arts. 113, §§ 1º e 2º, art. 240, § 1º).** Em caso de desmembramento do litisconsórcio multitudinário, a interrupção da prescrição retroagirá à data de propositura da demanda original. (Grupo: Litisconsórcio, Intervenção de Terceiros e Resposta do Réu; redação revista no III FPPC-Rio)
- **11. (arts. 116 e 124).** O litisconsorte unitário, integrado ao processo a partir da fase instrutória, tem direito de especificar, pedir e produzir provas, sem prejuízo daquelas já produzidas, sobre as quais o interveniente tem o ônus de se manifestar na primeira oportunidade em que falar no processo. (Grupo: Litisconsórcio, Intervenção de Terceiros e Resposta do Réu; redação revista no III FPPC-Rio)
- **12. (arts. 139, IV, 523, 536 e 771)** A aplicação das medidas atípicas sub-rogatórias e coercitivas é cabível em qualquer obrigação no cumprimento de sentença ou execução de título executivo extrajudicial. Essas medidas, contudo, serão aplicadas de forma subsidiária às medidas tipificadas, com observação do contraditório, ainda que diferido, e por meio de decisão à luz do art. 489, § 1º, I e II. (Grupo: Execução)

- **16. (art. 190, parágrafo único)** O controle dos requisitos objetivos e subjetivos de validade da convenção de procedimento deve ser conjugado com a regra segundo a qual não há invalidade do ato sem prejuízo. (Grupo: Negócio Processual)

- **17. (art. 190)** As partes podem, no negócio processual, estabelecer outros deveres e sanções para o caso do descumprimento da convenção. (Grupo: Negócio Processual; redação revista no III FPPC-Rio).

- **18. (art. 190, parágrafo único)** Há indício de vulnerabilidade quando a parte celebra acordo de procedimento sem assistência técnico-jurídica. (Grupo: Negócio Processual)

- **19. (art. 190)** São admissíveis os seguintes negócios processuais, dentre outros: pacto de impenhorabilidade, acordo de ampliação de prazos das partes de qualquer natureza, acordo de rateio de despesas processuais, dispensa consensual de assistente técnico, acordo para retirar o efeito suspensivo de recurso, acordo para não promover execução provisória; pacto de mediação ou conciliação extrajudicial prévia obrigatória, inclusive com a correlata previsão de exclusão da audiência de conciliação ou de mediação prevista no art. 334; pacto de exclusão contratual da audiência de conciliação ou de mediação prevista no art. 334; pacto de disponibilização prévia de documentação (pacto de *disclosure*), inclusive com estipulação de sanção negocial, sem prejuízo de medidas coercitivas, mandamentais, sub-rogatórias ou indutivas; previsão de meios alternativos de comunicação das partes entre si; acordo de produção antecipada de prova; a escolha consensual de depositário-administrador no caso do art. 866; convenção que permita a presença da parte contrária no decorrer da colheita de depoimento pessoal. (Grupo: Negócio Processual; redação revista no III FPPC- RIO, no V FPPC-Vitória e no VI FPPC-Curitiba)

- **20. (art. 190)** Não são admissíveis os seguintes negócios bilaterais, dentre outros: acordo para modificação da competência absoluta, acordo para supressão da primeira instância, acordo para afastar motivos de impedimento do juiz, acordo para criação de novas espécies recursais, acordo para ampliação das hipóteses de cabimento de recursos. (Grupo: Negócio Processual; redação revista no VI FPPC-Curitiba)

- **21. (art. 190)** São admissíveis os seguintes negócios, dentre outros: acordo para realização de sustentação oral, acordo para ampliação do tempo de sustentação oral, julgamento antecipado do mérito convencional, convenção sobre prova, redução de prazos processuais. (Grupo: Negócio Processual; redação revista no III FPPC-Rio)

- **25. (art. 246, §3º; art. 1.071 e §§)** A inexistência de procedimento judicial especial para a ação de usucapião e de regulamentação da usucapião extrajudicial não implica vedação da ação, que remanesce no sistema legal, para qual devem ser observadas as peculiaridades que lhe são próprias, especialmente a necessidade de citação dos confinantes e a ciência da União, do Estado, do Distrito Federal e do Município. (Grupo: Procedimentos Especiais; redação revista no III FPPC-Rio)

- **31. (art. 301)** O poder geral de cautela está mantido no CPC. (Grupo: Tutela Antecipada)

- **34. (art. 311, I)** Considera-se abusiva a defesa da Administração Pública, sempre que contrariar entendimento coincidente com orientação vinculante firmada no âmbito administrativo do próprio ente público, consolidada em manifestação, parecer ou súmula administrativa, salvo se demonstrar a existência de distinção ou da necessidade de superação do entendimento. (Grupo: Tutela Antecipada)

- **35. (art. 311)** As vedações à concessão de tutela provisória contra a Fazenda Pública limitam-se às tutelas de urgência. (Grupo: Tutela Antecipada; redação revista no V FPPC-Vitória)[1]
- **42. (art. 339)** O dispositivo aplica-se mesmo a procedimentos especiais que não admitem intervenção de terceiros, bem como aos juizados especiais cíveis, pois se trata de mecanismo saneador, que excepciona a estabilização do processo. (Grupo: Litisconsórcio, Intervenção de Terceiros e Resposta do Réu)
- **44. (art. 339)** A responsabilidade a que se refere o art. 339 é subjetiva. (Grupo: Litisconsórcio, Intervenção de Terceiros e Resposta do Réu)
- **45. (art. 343)** Para que se considere proposta a reconvenção, não há necessidade de uso desse nomen iuris, ou dedução de um capítulo próprio. Contudo, o réu deve manifestar inequivocamente o pedido de tutela jurisdicional qualitativa ou quantitativamente maior que a simples improcedência da demanda inicial. (Grupo: Litisconsórcio, Intervenção de Terceiros e Resposta do Réu)
- **46. (art. 343, § 3º)** A reconvenção pode veicular pedido de declaração de usucapião, ampliando subjetivamente o processo, desde que se observem os arts. 259, I, e 327, § 1º, II. (Grupo: Petição inicial, resposta do réu e saneamento; redação revista no IV FPPC-BH e no IX FPPC-Recife)
- **50. (art. 369; art. 370, caput)** Os destinatários da prova são aqueles que dela poderão fazer uso, sejam juízes, partes ou demais interessados, não sendo a única função influir eficazmente na convicção do juiz. (Grupo: Direito Probatório)
- **52. (art. 372)** Para a utilização da prova emprestada, faz-se necessária a observância do contraditório no processo de origem, assim como no processo de destino, considerando-se que, neste último, a prova mantenha a sua natureza originária. (Grupo: Direito Probatório)
- **53. (art. 396)** Na ação de exibição não cabe a fixação, nem a manutenção de multa quando a exibição for reconhecida como impossível. (Grupo: Direito Probatório)
- **54. (art. 400, parágrafo único; art. 403, parágrafo único)** Fica superado o enunciado 372 da súmula do STJ ("Na ação de exibição de documentos, não cabe a aplicação de multa cominatória") após a entrada em vigor do CPC, pela expressa possibilidade de fixação de multa de natureza coercitiva na ação de exibição de documento. (Grupo: Direito Probatório)
- **56. (art. 525, § 1º, VII)** É cabível alegação de causa modificativa ou extintiva da obrigação na impugnação de executado, desde que tenha ocorrido após o início do julgamento da apelação, e, uma vez alegada pela parte, tenha o tribunal superior se recusado ou omitido de apreciá-la. (Grupo: Execução)

---

1. Superado pela decisão da Ação Direta de Inconstitucionalidade nº 4296.

- **57. (art. 525, § 1º, VII; art. 535, VI)** A prescrição prevista nos arts. 525, §1º, VII e 535, VI, é exclusivamente da pretensão executiva. (Grupo: Execução)
- **59. (art. 540).** Em ação de consignação e pagamento, quando a coisa devida for corpo que deva ser entregue no lugar em que está, poderá o devedor requerer a consignação no foro em que ela se encontra. A supressão do parágrafo único do art. 891 do Código de Processo Civil de 1973 é inócua, tendo em vista o art. 341 do Código Civil. (Grupo: Procedimentos Especiais; redação revista no III FPPC-Rio)
- **60. (art. 541)** Na ação de consignação em pagamento que tratar de prestações sucessivas, consignada uma delas, pode o devedor continuar a consignar sem mais formalidades as que se forem vencendo, enquanto estiver pendente o processo. (Grupo: Procedimentos Especiais)
- **61. (art. 545)** É permitido ao réu da ação de consignação em pagamento levantar "desde logo" a quantia ou coisa depositada em outras hipóteses além da prevista no §1º do art. 545 (insuficiência do depósito), desde que tal postura não seja contraditória com fundamento da defesa. (Grupo: Procedimentos Especiais)
- **62. (art. 548, III)** A regra prevista no art. 548, III, que dispõe que, em ação de consignação em pagamento, o juiz declarará efetuado o depósito extinguindo a obrigação em relação ao devedor, prosseguindo o processo unicamente entre os presuntivos credores, só se aplicará se o valor do depósito não for controvertido, ou seja, não terá aplicação caso o montante depositado seja impugnado por qualquer dos presuntivos credores. (Grupo: Procedimentos Especiais)
- **63. (art. 554)** No caso de ação possessória em que figure no polo passivo grande número de pessoas, a ampla divulgação prevista no §3º do art. 554 contempla a inteligência do art. 301, com a possibilidade de determinação de registro de protesto para consignar a informação do litígio possessório na matrícula imobiliária respectiva. (Grupo: Procedimentos Especiais)
- **65. (art. 557)** O art. 557 não obsta a cumulação pelo autor de ação reivindicatória e de ação possessória, se os fundamentos forem distintos. (Grupo: Procedimentos Especiais; redação revista no VI FPPC-Curitiba)
- **68. (art. 569)** Também possuem legitimidade para a ação demarcatória os titulares de direito real de gozo e fruição, nos limites dos seus respectivos direitos e títulos constitutivos de direito real. Assim, além da propriedade, aplicam-se os dispositivos do Capítulo sobre ação demarcatória, no que for cabível, em relação aos direitos reais de gozo e fruição. (Grupo: Procedimentos Especiais)
- **69. (art. 569)** Cabe ao proprietário ação demarcatória para extremar a demarcação entre o seu prédio e do confinante, bem como fixar novos limites, aviventar rumos apagados e a renovar marcos destruídos (art. 1.297 do Código Civil). (Grupo: Procedimentos Especiais)
- **70. (art. 580)** Do laudo pericial que traçar a linha demarcanda, deverá ser oportunizada a manifestação das partes interessadas, em prestígio ao princípio do contraditório e da ampla defesa. (Grupo: Procedimentos Especiais)
- **72. (art. 693)** O rol do art. 693 não é exaustivo, sendo aplicáveis os dispositivos previstos no Capítulo X a outras ações de caráter contencioso envolvendo o Direito de Família. (Grupo: Procedimentos Especiais)

- **74. (art. 704)** No rol do art. 704, que enumera as matérias de defesa da homologação do penhor legal, deve-se incluir a hipótese do art. 1.468 do Código Civil, não tendo o CPC revogado o citado dispositivo. (Grupo: Procedimentos Especiais)

- **76. (art. 716)** Localizados os autos originários, neles devem ser praticados os atos processuais subsequentes, dispensando-se a repetição dos atos que tenham sido ultimados nos autos da restauração, em consonância com a garantia constitucional da duração razoável do processo (CF/88, 5º, LXXVIII) e inspiração no art. 964 do Código de Processo Civil Português. (Grupo: Procedimentos Especiais)

- **107. (arts. 7º, 139, I, 218, 437, §2º)** O juiz pode, de ofício, dilatar o prazo para a parte se manifestar sobre a prova documental produzida. (Grupo: Negócios Processuais)

- **111. (arts. 19, 329, II, 503, §1º)** Persiste o interesse no ajuizamento de ação declaratória quanto à questão prejudicial incidental. (Grupo: Coisa Julgada, Ação Rescisória e Sentença)

- **115. (arts. 190, 109 e 110)** O negócio jurídico celebrado nos termos do art. 190 obriga herdeiros e sucessores. (Grupo: Negócios Processuais)

- **116. (arts. 113, §1º, e 139, VI)** Quando a formação do litisconsórcio multitudinário for prejudicial à defesa, o juiz poderá substituir a sua limitação pela ampliação de prazos, sem prejuízo da possibilidade de desmembramento na fase de cumprimento de sentença. (Grupo: Negócios Processuais)

- **117. (arts. 113 e 312)** Em caso de desmembramento do litisconsórcio multitudinário ativo, os efeitos mencionados no art. 240 são considerados produzidos desde o protocolo originário da petição inicial. (Grupo: Litisconsórcio e Intervenção de Terceiros)

- **118. (art. 116)** O litisconsorte unitário ativo pode optar por ingressar no processo no polo ativo ou passivo ou, ainda, adotar outra postura que atenda aos seus interesses. (Grupo: Litisconsórcio e Intervenção de Terceiros; redação revista no IX FPPC-Recife)

- **119. (arts. 116 e 259, III; art. 7 º da Lei 7.347/71)** Em caso de relação jurídica plurilateral que envolva diversos titulares do mesmo direito, o juiz deve convocar, por edital, os litisconsortes unitários ativos incertos e indeterminados (art. 259, III), cabendo-lhe, na hipótese de dificuldade de formação do litisconsórcio, oficiar ao Ministério Público, à Defensoria Pública ou a outro legitimado para que possa propor a ação coletiva. (Grupo: Litisconsórcio e Intervenção de Terceiros; redação revista no VII FPPC-São Paulo)

- **120. (art. 125, §1º, art. 1.072, II)** A ausência de denunciação da lide gera apenas a preclusão do direito de a parte promovê-la, sendo possível ação autônoma de regresso. (Grupo: Litisconsórcio e Intervenção de Terceiros)

- **121. (art. 125, II, art. 128, parágrafo único)** O cumprimento da sentença diretamente contra o denunciado é admissível em qualquer hipótese de denunciação da lide fundada no inciso II do art. 125. (Grupo: Litisconsórcio e Intervenção de Terceiros)

- **122. (art. 129)** Vencido o denunciante na ação principal e não tendo havido resistência à denunciação da lide, não cabe a condenação do denunciado nas verbas de sucumbência. (Grupo: Litisconsórcio e Intervenção de Terceiros)

- **123. (art. 133)** É desnecessária a intervenção do Ministério Público, como fiscal da ordem jurídica, no incidente de desconsideração da personalidade jurídica, salvo nos casos em que deva intervir obrigatoriamente, previstos no art. 178. (Grupo: Litisconsórcio e Intervenção de Terceiros)
- **125. (art. 134)** Há litisconsórcio passivo facultativo quando requerida a desconsideração da personalidade jurídica, juntamente com outro pedido formulado na petição inicial ou incidentemente no processo em curso. (Grupo: Litisconsórcio e Intervenção de Terceiros)
- **127. (art. 138)** A representatividade adequada exigida do amicus curiae não pressupõe a concordância unânime daqueles a quem representa. (Grupo: Litisconsórcio e Intervenção de Terceiros)
- **128. (art. 138; art. 489, § 1º, IV)** No processo em que há intervenção do amicus curiae, a decisão deve enfrentar as alegações por ele apresentadas, nos termos do inciso IV do § 1º do art. 489. (Grupo: Litisconsórcio e Intervenção de Terceiros)
- **129. (art. 139, VI, e parágrafo único)** A autorização legal para ampliação de prazos pelo juiz não se presta a afastar preclusão temporal já consumada. (Grupo: Negócios Processuais)
- **132. (art. 190)** Além dos defeitos processuais, os vícios da vontade e os vícios sociais podem dar ensejo à invalidação dos negócios jurídicos atípicos do art. 190. (Grupo: Negócios Processuais)
- **133. (art. 190; art. 200, parágrafo único)** Salvo nos casos expressamente previstos em lei, os negócios processuais do art. 190 não dependem de homologação judicial. (Grupo: Negócios Processuais)
- **134. (Art. 190, parágrafo único)** Negócio jurídico processual pode ser invalidado parcialmente. (Grupo: Negócios Processuais)
- **135. (art. 190)** A indisponibilidade do direito material não impede, por si só, a celebração de negócio jurídico processual. (Grupo: Negócios Processuais)
- **136. (art. 240, § 1º; art. 485, VII)** A citação válida no processo judicial interrompe a prescrição, ainda que o processo seja extinto em decorrência do acolhimento da alegação de convenção de arbitragem. (Grupo: Arbitragem)
- **138. (art. 657; art. 966, §4º; art. 1.068)** A partilha amigável extrajudicial e a partilha amigável judicial homologada por decisão ainda não transitada em julgado são impugnáveis por ação anulatória. (Grupo: Coisa Julgada, Ação Rescisória e Sentença)
- **140. (art. 296)** A decisão que julga improcedente o pedido final gera a perda de eficácia da tutela antecipada. (Grupo: Tutela Antecipada)
- **143. (art. 300, caput)** A redação do art. 300, caput, superou a distinção entre os requisitos da concessão para a tutela cautelar e para a tutela satisfativa de urgência, erigindo a probabilidade e o perigo na demora a requisitos comuns para a prestação de ambas as tutelas de forma antecipada. (Grupo: Tutela Antecipada)
- **146. (art. 332, I; art. 927, IV)** Na aplicação do inciso I do art. 332, o juiz observará o inciso IV do caput do art. 927. (Grupo: Precedentes)

- **152. (arts. 338, caput; 339, §§ 1º e 2º; 350 e 351)** O autor terá prazo único para requerer a substituição ou inclusão de réu (arts. 338, caput; 339, §§ 1º e 2º), bem como para a manifestação sobre a resposta (arts. 350 e 351). (Grupo: Litisconsórcio e Intervenção de Terceiros; redação revista no VII FPPC-São Paulo e no VIII FPPCFlorianópolis)

- **156. (art. 459, caput)** Não configura induzimento, constante do art. 459, caput, a utilização de técnica de arguição direta no exercício regular de direito. (Grupo: Direito Probatório; redação revista no IX FPPC-Recife)

- **160. (art. 487, I)** A sentença que reconhece a extinção da obrigação pela confusão é de mérito. (Grupo: Coisa Julgada, Ação Rescisória e Sentença)

- **161. (art. 487, II)** É de mérito a decisão que rejeita a alegação de prescrição ou de decadência. (Grupo: Coisa Julgada, Ação Rescisória e Sentença).

- **165. (art. 503, §§1º e 2º)** A análise de questão prejudicial incidental, desde que preencha os pressupostos dos parágrafos do art. 503, está sujeita à coisa julgada, independentemente de provocação específica para o seu reconhecimento. (Grupo: Coisa Julgada, Ação rescisória e Sentença; redação revista no VI FPPCCuritiba)

- **166. (art. 926)** A aplicação dos enunciados das súmulas deve ser realizada a partir dos precedentes que os formaram e dos que os aplicaram posteriormente. (Grupo: Precedentes)

- **168. (art. 927, I; art. 988, III)** Os fundamentos determinantes do julgamento de ação de controle concentrado de constitucionalidade realizado pelo STF caracterizam a ratio decidendi do precedente e possuem efeito vinculante para todos os órgãos jurisdicionais. (Grupo: Precedentes; redação revista no IV FPPC-BH)

- **170. (art. 927, caput)** As decisões e precedentes previstos nos incisos do caput do art. 927 são vinculantes aos órgãos jurisdicionais a eles submetidos. (Grupo: Precedentes)

- **172. (art. 927, § 1º)** A decisão que aplica precedentes, com a ressalva de entendimento do julgador, não é contraditória. (Grupo: Precedentes)

- **173. (art. 927)** Cada fundamento determinante adotado na decisão capaz de resolver de forma suficiente a questão jurídica induz os efeitos de precedente vinculante, nos termos do Código de Processo Civil. (Grupo: Precedentes; redação revista no IV FPPC-BH)

- **174. (art. 1.037, § 9º)** A realização da distinção compete a qualquer órgão jurisdicional, independentemente da origem do precedente invocado. (Grupo: Precedentes)

- **176. (art. 525, § 13)** Compete exclusivamente ao Supremo Tribunal Federal modular os efeitos da decisão prevista no § 13 do art. 525. (Grupo: Execução)

- **178. (arts. 554 e 677)** O valor da causa nas ações fundadas em posse, tais como as ações possessórias, os embargos de terceiro e a oposição, deve considerar a expressão econômica da posse, que não obrigatoriamente coincide com o valor da propriedade. (Grupo: Procedimentos Especiais)

- **179. (arts. 559 e 139, VI)** O prazo de cinco dias para prestar caução pode ser dilatado, nos termos do art. 139, inciso VI. (Grupo: Procedimentos Especiais)

- **180. (art. 559)** A prestação de caução prevista no art. 559 poderá ser determinada pelo juiz, caso o réu obtenha a proteção possessória, nos termos no art. 556. (Grupo: Procedimentos Especiais)

- **184. (art. 675)** Os embargos de terceiro também são oponíveis na fase de cumprimento de sentença e devem observar, quanto ao prazo, a regra do processo de execução. (Grupo: Procedimentos Especiais)

- **186. (art. 677; art. 678; art. 681)** A alusão à "posse" ou a "domínio" nos arts. 677, 678 e 681 deve ser interpretada em consonância com o art. 674, caput, que, de forma abrangente, admite os embargos de terceiro para afastar constrição ou ameaça de constrição sobre bens que possua ou sobre quais tenha "direito incompatível com o ato constritivo". (Grupo: Procedimentos Especiais)

- **188. (art. 700, § 5º)** Com a emenda da inicial, o juiz pode entender idônea a prova e admitir o seguimento da ação monitoria. (Grupo: Procedimentos Especiais)

- **191. (arts. 792, § 4º, 675, caput, parágrafo único)** O prazo de quinze dias para opor embargos de terceiro, disposto no § 4º do art. 792, é aplicável exclusivamente aos casos de declaração de fraude à execução; os demais casos de embargos de terceiro são regidos na forma do caput do art. 675. (Grupo: Execução; redação revista no VI FPPC-Curitiba)

- **194. (arts. 921, e 771; enunciado 150 da súmula do STF).** A prescrição intercorrente pode ser reconhecida no procedimento de cumprimento de sentença. (Grupo: Execução)

- **196. (art. 921, § 4º; enunciado 150 da súmula do STF).** O prazo da prescrição intercorrente é o mesmo da ação. (Grupo: Execução)

- **218. (art. 1.026)** A inexistência de efeito suspensivo dos embargos de declaração não autoriza o cumprimento provisório da sentença nos casos em que a apelação tenha efeito suspensivo. (Grupo: Ordem dos Processos nos Tribunais e Recursos Ordinários)

- **234. (arts. 1.068, 506, 1.005, parágrafo único)** A decisão de improcedência na ação proposta pelo credor beneficia todos os devedores solidários, mesmo os que não foram partes no processo, exceto se fundada em defesa pessoal. (Grupo: Coisa julgada, Ação Rescisória e Sentença)

- **235. (arts. 7º, 9º e 10, CPC; arts. 6º, 7º e 12 da Lei 12.016/2009)** Aplicam-se ao procedimento do mandado de segurança os arts. 7º, 9º e 10 do CPC. (Grupo: Impactos do CPC nos Juizados e nos procedimentos especiais de legislação extravagante)

- **236. (art. 44)** O art. 44 não estabelece uma ordem de prevalência, mas apenas elenca as fontes normativas sobre competência, devendo ser observado o art. 125, § 1º, da Constituição Federal. (Grupo: Competência e invalidades processuais)

- **237. (art. 55, §2º, I e II)** O rol do art. 55, § 2º, I e II, é exemplificativo. (Grupo: Competência e invalidades processuais)

- **238. (art. 64, caput e §4º)** O aproveitamento dos efeitos de decisão proferida por juízo incompetente aplica-se tanto à competência absoluta quanto à relativa. (Grupo: Competência e invalidades processuais)

- **240. (arts. 85, § 3º, e 910)** São devidos honorários nas execuções fundadas em título executivo extrajudicial contra a Fazenda Pública, a serem arbitrados na forma do § 3º do art. 85. (Grupo: Advogado e Sociedade de Advogados. Prazos).

- **244. (art. 85, § 14)** Ficam superados o enunciado 306 da súmula do STJ ("Os honorários advocatícios devem ser compensados quando houver sucumbência recíproca, assegurado o direito autônomo do advogado à execução do saldo sem excluir a legitimidade da própria parte") e a tese firmada no REsp Repetitivo n. 963.528/PR, após a entrada em vigor do CPC, pela expressa impossibilidade de compensação (Grupo: Advogado e Sociedade de Advogados. Prazos).

- **247. (art. 133)** Aplica-se o incidente de desconsideração da personalidade jurídica no processo falimentar. (Grupo: Impactos do CPC nos Juizados e nos procedimentos especiais de legislação extravagante)

- **248. (arts. 134, § 2º, e 336)** Quando a desconsideração da personalidade jurídica for requerida na petição inicial, constitui ônus do sócio ou da pessoa jurídica, na contestação, impugnar não somente a própria desconsideração, mas também os demais pontos da causa. (Grupo: Petição inicial, resposta do réu e saneamento; redação revista no IX FPPC-Recife)

- **249. (art. 138)** A intervenção do amicus curiae é cabível no mandado de segurança. (Grupo: Impactos do CPC nos Juizados e nos procedimentos especiais de legislação extravagante)

- **251. (art. 139, VI)** O inciso VI do art. 139 do CPC aplica-se ao processo de improbidade administrativa. (Grupo: Impactos do CPC nos Juizados e nos procedimentos especiais de legislação extravagante)

- **252. (art. 190)** O descumprimento de uma convenção processual válida é matéria cujo conhecimento depende de requerimento. (Grupo: Negócios Processuais)

- **253. (art. 190; Resolução n. 118/CNMP)** O Ministério Público pode celebrar negócio processual quando atua como parte. (Grupo: Negócios Processuais)

- **254. (art. 190)** É inválida a convenção para excluir a intervenção do Ministério Público como fiscal da ordem jurídica. (Grupo: Negócios Processuais)

- **255. (art. 190)** É admissível a celebração de convenção processual coletiva. (Grupo: Negócios Processuais)

- **256. (art. 190)** A Fazenda Pública pode celebrar negócio jurídico processual. (Grupo: Negócios Processuais)

- **257. (art. 190)** O art. 190 autoriza que as partes tanto estipulem mudanças do procedimento quanto convencionem sobre os seus ônus, poderes, faculdades e deveres processuais. (Grupo: Negócios Processuais)

- **258. (art. 190)** As partes podem convencionar sobre seus ônus, poderes, faculdades e deveres processuais, ainda que essa convenção não importe ajustes às especificidades da causa. (Grupo: Negócios Processuais)

- **259. (arts. 190 e 10).** A decisão referida no parágrafo único do art. 190 depende de contraditório prévio. (Grupo: Negócios Processuais)

- **260. (arts. 190 e 200)** A homologação, pelo juiz, da convenção processual, quando prevista em lei, corresponde a uma condição de eficácia do negócio. (Grupo: Negócios Processuais)

- **261. (arts. 190 e 200)** O art. 200 aplica-se tanto aos negócios unilaterais quanto aos bilaterais, incluindo as convenções processuais do art. 190. (Grupo: Negócios Processuais)

- **262. (arts. 190, 520, IV, 521).** É admissível negócio processual para dispensar caução no cumprimento provisório de sentença. (Grupo: Negócios Processuais)

- **263. (art. 194)** A mera juntada de decisão aos autos eletrônicos não necessariamente lhe confere publicidade em relação a terceiros. (Grupo: Advogado e Sociedade de Advogados. Prazos).

- **264. (art. 194)** Salvo hipóteses de segredo de justiça, nos processos em que se realizam intimações exclusivamente por portal eletrônico, deve ser garantida ampla publicidade aos autos eletrônicos, assegurado o acesso a qualquer um. (Grupo: Advogado e Sociedade de Advogados. Prazos).

- **267. (arts. 218, e 1.046).** Os prazos processuais iniciados antes da vigência do CPC serão integralmente regulados pelo regime revogado. (Grupo: Direito intertemporal e disposições finais e transitórias)

- **268. (arts. 219 e 1.046).** A regra de contagem de prazos em dias úteis só se aplica aos prazos iniciados após a vigência do Novo Código. (Grupo: Direito intertemporal e disposições finais e transitórias)

- **269. (art. 220)** A suspensão de prazos de 20 de dezembro a 20 de janeiro é aplicável aos Juizados Especiais. (Grupo: Impactos do CPC nos Juizados e nos procedimentos especiais de legislação extravagante)

- **271. (art. 231, I, II, VI, §3º)** Quando for deferida tutela provisória a ser cumprida diretamente pela parte, o prazo recursal conta a partir da juntada do mandado de intimação, do aviso de recebimento ou da carta precatória; o prazo para o cumprimento da decisão inicia-se a partir da intimação da parte. (Grupo: Advogado e Sociedade de Advogados. Prazos.

- **272. (art. 231, § 2º)** Não se aplica o § 2º do art. 231 ao prazo para contestar, em vista da previsão do § 1º do mesmo artigo. (Grupo: Advogado e Sociedade de Advogados. Prazos).

- **273. (art. 250, IV; art. 334, § 8º)** Ao ser citado, o réu deverá ser advertido de que sua ausência injustificada à audiência de conciliação ou mediação configura ato atentatório à dignidade da justiça, punível com a multa do art. 334, § 8º, sob pena de sua inaplicabilidade. (Grupo: Petição inicial, resposta do réu e saneamento)

- **274. (art. 272, § 6º)** Aplica-se a regra do § 6º do art. 272 ao prazo para contestar, quando for dispensável a audiência de conciliação e houver poderes para receber citação. (Grupo: Advogado e Sociedade de Advogados. Prazos).

- **276. (arts. 281 e 282)** Os atos anteriores ao ato defeituoso não são atingidos pela pronúncia de invalidade. (Grupo: Competência e invalidades processuais)

- **277. (arts. 281 e 282)** Para fins de invalidação, o reconhecimento de que um ato subsequente é dependente de um ato defeituoso deve ser objeto de fundamentação específica à luz de circunstâncias concretas. (Grupo: Competência e invalidades processuais)

- **278. (arts. 282, §2º, e 4º)** O CPC adota como princípio a sanabilidade dos atos processuais defeituosos. (Grupo: Competência e invalidades processuais)

- **279. (arts. 282 e 283)** Para os fins de alegar e demonstrar prejuízo, não basta a afirmação de tratar-se de violação a norma constitucional. (Grupo: Competência e invalidades processuais)

- **280. (art. 290)** O prazo de quinze dias a que se refere o art. 290 conta-se da data da intimação do advogado. (Grupo: Advogado e Sociedade de Advogados. Prazos).

- **281. (art. 319, III)** A indicação do dispositivo legal não é requisito da petição inicial e, uma vez existente, não vincula o órgão julgador. (Grupo: Petição inicial, resposta do réu e saneamento; redação revista no V FPPC-Vitória)

- **282. (arts. 319, III e 343)** Para julgar com base em enquadramento normativo diverso daquele invocado pelas partes, ao juiz cabe observar o dever de consulta, previsto no art. 10. (Grupo: Petição inicial, resposta do réu e saneamento)

- **283. (arts. 319, §1º, 320, 396)** Aplicam-se os arts. 319, § 1º, 396 a 404 também quando o autor não dispuser de documentos indispensáveis à propositura da ação. (Grupo: Petição inicial, resposta do réu e saneamento)

- **285. (art. 322, §2º)** A interpretação do pedido e dos atos postulatórios em geral deve levar em consideração a vontade da parte, aplicando-se o art. 112 do Código Civil. (Grupo: Petição inicial, resposta do réu e saneamento)

- **286. (art. 322, §2º; art. 5º).** Aplica-se o §2º do art. 322 à interpretação de todos os atos postulatórios, inclusive da contestação e do recurso. (Grupo: Petição inicial, resposta do réu e saneamento)

- **287. (art. 326)** O pedido subsidiário somente pode ser apreciado se o juiz não puder examinar ou expressamente rejeitar o principal. (Grupo: Petição inicial, resposta do réu e saneamento)

- **293. (arts. 331, 332, § 3º, 485, §7º, 1.010, § 3º)** O juízo de retratação, quando permitido, somente poderá ser exercido se a apelação for tempestiva. (Grupo: Petição inicial, resposta do réu e saneamento; redação revista no VIII FPPC-Florianópolis; redação revista no IX FPPC-Recife)

- **296. (art. 321)** Verificando liminarmente a ilegitimidade passiva, o juiz facultará ao autor a alteração da petição inicial, para substituição do réu sem ônus sucumbenciais. (Grupo: Petição inicial, resposta do réu e saneamento; redação revista no IX FPPC-Recife)

- **297. (art. 355, I)** O juiz que promove julgamento antecipado do mérito por desnecessidade de outras provas não pode proferir sentença fundamentada em não atendimento ao ônus probatório (Grupo: Intervenção de terceiro, gratuidade da justiça e fase de saneamento e organização do processo; redação revista no XFPPC-Brasília).

- **300. (arts. 357, §7º)** O juiz poderá ampliar ou restringir o número de testemunhas a depender da complexidade da causa e dos fatos individualmente considerados. (Grupo: Petição inicial, resposta do réu e saneamento)
- **301. (art. 369)** Aplicam-se ao processo civil, por analogia, as exceções previstas nos §§1º e 2º do art. 157 do Código de Processo Penal, afastando a ilicitude da prova. (Grupo: Competência e invalidades processuais)
- **303. (art. 489, §1º)** As hipóteses descritas nos incisos do §1º do art. 489 são exemplificativas. (Grupo Sentença, Coisa Julgada e Ação Rescisória)
- **306. (art. 489, § 1º, VI).** O precedente vinculante não será seguido quando o juiz ou tribunal distinguir o caso sob julgamento, demonstrando, fundamentadamente, tratar-se de situação particularizada por hipótese fática distinta, a impor solução jurídica diversa. (Grupo: Precedentes)
- **309. (art. 489)** O disposto no § 1º do art. 489 do CPC é aplicável no âmbito dos Juizados Especiais. (Grupo: Impactos do CPC nos Juizados e nos procedimentos especiais de legislação extravagante)
- **312. (art. 496)** O inciso IV do §4º do art. 496 do CPC aplica-se ao procedimento do mandado de segurança. (Grupo: Impactos do CPC nos Juizados e nos procedimentos especiais de legislação extravagante)
- **313. (art. 503, §§1º e §2º)** São cumulativos os pressupostos previstos nos §1º e seus incisos, observado o §2º do art. 503. (Grupo Sentença, Coisa Julgada e Ação Rescisória)
- **314. (arts. 926 e 927, I e V).** As decisões judiciais devem respeitar os precedentes do Supremo Tribunal Federal, em matéria constitucional, e do Superior Tribunal de Justiça, em matéria infraconstitucional federal. (Grupo: Precedentes)
- **315. (art. 927).** Nem todas as decisões formam precedentes vinculantes. (Grupo: Precedentes)
- **318. (art. 927).** Os fundamentos prescindíveis para o alcance do resultado fixado no dispositivo da decisão (obiter dicta), ainda que nela presentes, não possuem efeito de precedente vinculante. (Grupo: Precedentes)
- **319. (art. 927).** Os fundamentos não adotados ou referendados pela maioria dos membros do órgão julgador não possuem efeito de precedente vinculante. (Grupo: Precedentes)
- **324. (art. 927).** Lei nova, incompatível com o precedente judicial, é fato que acarreta a não aplicação do precedente por qualquer juiz ou tribunal, ressalvado o reconhecimento de sua inconstitucionalidade, a realização de interpretação conforme ou a pronúncia de nulidade sem redução de texto. (Grupo: Precedentes)
- **369. (arts. 1º a 12)** O rol de normas fundamentais previsto no Capítulo I do Título Único do Livro I da Parte Geral do CPC não é exaustivo. (Grupo: Normas fundamentais)
- **370. (arts. 1º a 12)** Norma processual fundamental pode ser regra ou princípio. (Grupo: Normas fundamentais)

- **372. (art. 4º)** O art. 4º tem aplicação em todas as fases e em todos os tipos de procedimento, inclusive em incidentes processuais e na instância recursal, impondo ao órgão jurisdicional viabilizar o saneamento de vícios para examinar o mérito, sempre que seja possível a sua correção. (Grupo: Normas fundamentais)
- **373. (arts. 4º e 6º)** As partes devem cooperar entre si; devem atuar com ética e lealdade, agindo de modo a evitar a ocorrência de vícios que extingam o processo sem resolução do mérito e cumprindo com deveres mútuos de esclarecimento e transparência. (Grupo: Normas fundamentais)
- **374. (art. 5º)** O art. 5º prevê a boa-fé objetiva. (Grupo: Normas fundamentais)
- **375. (art. 5º)** O órgão jurisdicional também deve comportar-se de acordo com a boa-fé objetiva. (Grupo: Normas fundamentais)
- **376. (art. 5º)** A vedação do comportamento contraditório aplica-se ao órgão jurisdicional. (Grupo: Normas fundamentais)
- **377. (art. 5º)** A boa-fé objetiva impede que o julgador profira, sem motivar a alteração, decisões diferentes sobre uma mesma questão de direito aplicável às situações de fato análogas, ainda que em processos distintos. (Grupo: Normas fundamentais)
- **378. (arts. 5º, 6º, 322, §2º, e 489, §3º)** A boa fé processual orienta a interpretação da postulação e da sentença, permite a reprimenda do abuso de direito processual e das condutas dolosas de todos os sujeitos processuais e veda seus comportamentos contraditórios. (Grupo: Normas fundamentais)
- **379. (art. 7º)** O exercício dos poderes de direção do processo pelo juiz deve observar a paridade de armas das partes. (Grupo: Poderes do juiz)
- **380. (arts. 8º, 926, 927)** A expressão "ordenamento jurídico", empregada pelo Código de Processo Civil, contempla os precedentes vinculantes. (Grupo: Precedentes, IRDR, Recursos Repetitivos e Assunção de competência)
- **385. (art. 99, § 2º)** Havendo risco de perecimento do direito, o poder do juiz de exigir do autor a comprovação dos pressupostos legais para a concessão da gratuidade não o desincumbe do dever de apreciar, desde logo, o pedido liminar de tutela de urgência. (Grupo: Poderes do juiz)
- **388. (arts. 119 e 138)** O assistente simples pode requerer a intervenção de amicus curiae. (Grupo: Litisconsórcio e intervenção de terceiros)
- **389. (art. 122)** As hipóteses previstas no art. 122 são meramente exemplificativas. (Grupo: Litisconsórcio e intervenção de terceiros)
- **392. (arts. 138 e 190)** As partes não podem estabelecer, em convenção processual, a vedação da participação do amicus curiae. (Grupo: Litisconsórcio e intervenção de terceiros)
- **395. (art. 138, caput)** Os requisitos objetivos exigidos para a intervenção do amicus curiae são alternativos. (Grupo: Litisconsórcio e intervenção de terceiros)
- **396. (art. 139, IV; art. 8º)** As medidas do inciso IV do art. 139 podem ser determinadas de ofício, observado o art. 8º. (Grupo: Poderes do juiz)

- **400. (art. 183)** O art. 183 se aplica aos processos que tramitam em autos eletrônicos. (Grupo: Impacto do novo CPC e os processos da Fazenda Pública)
- **401. (art. 183, § 1º)** Para fins de contagem de prazo da Fazenda Pública nos processos que tramitam em autos eletrônicos, não se considera como intimação pessoal a publicação pelo Diário da Justiça Eletrônico. (Grupo: Impacto do novo CPC e os processos da Fazenda Pública)
- **402. (art. 190)** A eficácia dos negócios processuais para quem deles não fez parte depende de sua anuência, quando lhe puder causar prejuízo. (Grupo: Negócios processuais)
- **403. (art. 190; art. 104, Código Civil)** A validade do negócio jurídico processual, requer agente capaz, objeto lícito, possível, determinado ou determinável e forma prescrita ou não defesa em lei. (Grupo: Negócios processuais)
- **404. (art. 190; art. 112, Código Civil)** Nos negócios processuais, atender-se-á mais à intenção consubstanciada na manifestação de vontade do que ao sentido literal da linguagem. (Grupo: Negócios processuais)
- **405. (art. 190; art. 113, Código Civil)** Os negócios jurídicos processuais devem ser interpretados conforme a boa-fé e os usos do lugar de sua celebração. (Grupo: Negócios processuais)
- **406. (art. 190; art. 114, Código Civil)** Os negócios jurídicos processuais benéficos e a renúncia a direitos processuais interpretam-se estritamente. (Grupo: Negócios processuais)
- **407. (art. 190; art. 5º; art. 422, Código Civil)** Nos negócios processuais, as partes e o juiz são obrigados a guardar nas tratativas, na conclusão e na execução do negócio o princípio da boa-fé. (Grupo: Negócios processuais)
- **408. (art. 190; art. 423, Código Civil)** Quando houver no contrato de adesão negócio jurídico processual com previsões ambíguas ou contraditórias, dever-se-á adotar a interpretação mais favorável ao aderente. (Grupo: Negócios processuais)
- **409. (art. 190; art. 8º, caput, Lei 9.307/1996)** A convenção processual é autônoma em relação ao negócio em que estiver inserta, de tal sorte que a invalidade deste não implica necessariamente a invalidade da convenção processual. (Grupo: Negócios processuais)
- **410. (art. 190 e 142)** Aplica-se o Art. 142 do CPC ao controle de validade dos negócios jurídicos processuais. (Grupo: Negócios processuais)
- **411. (art. 190)** O negócio processual pode ser distratado. (Grupo: Negócios processuais)
- **412. (art. 190)** A aplicação de negócio processual em determinado processo judicial não impede, necessariamente, que da decisão do caso possa vir a ser formado precedente. (Grupo: Negócios processuais)
- **413. (arts. 190 e 191; Leis 9.099/1995, 10.259/2001 e 12.153/2009).** O negócio jurídico processual pode ser celebrado no sistema dos juizados especiais, desde que

observado o conjunto dos princípios que o orienta, ficando sujeito a controle judicial na forma do parágrafo único do art. 190 do CPC. (Grupo: Impacto nos Juizados e nos procedimentos especiais da legislação extravagante)

- **414. (art. 191, §1º)** O disposto no §1º do artigo 191 refere-se ao juízo. (Grupo: Negócios processuais)
- **415. (arts. 212 e 219; Lei 9.099/1995, Lei 10.259/2001, Lei 12.153/2009)** Os prazos processuais no sistema dos Juizados Especiais são contados em dias úteis. (Grupo: Impacto nos Juizados e nos procedimentos especiais da legislação extravagante)
- **416. (art. 219)** A contagem do prazo processual em dias úteis prevista no art. 219 aplica-se aos Juizados Especiais Cíveis, Federais e da Fazenda Pública. (Grupo: Impacto do novo CPC e os processos da Fazenda Pública)
- **419. (art. 300, § 3º)** Não é absoluta a regra que proíbe tutela provisória com efeitos irreversíveis. (Grupo: Tutela de urgência e tutela de evidência)
- **422. (art. 311)** A tutela de evidência é compatível com os procedimentos especiais. (Grupo: Tutela de urgência e tutela de evidência)
- **426. (art. 340, § 2º)** O juízo para o qual foi distribuída a contestação ou a carta precatória só será considerado prevento se o foro competente for o local onde foi citado. (Grupo: Petição inicial, resposta do réu e saneamento)
- **427. (art. 357, §2º)** A proposta de saneamento consensual feita pelas partes pode agregar questões de fato até então não deduzidas. (Grupo: Negócios processuais)
- **428. (art. 357, §3º, 329)** A integração e o esclarecimento das alegações nos termos do art. 357, §3º, não se confundem com o aditamento do ato postulatório previsto no art. 329. (Grupo: Petição inicial, resposta do réu e saneamento)
- **434. (art. 485, VII)** O reconhecimento da competência pelo juízo arbitral é causa para a extinção do processo judicial sem resolução de mérito. (Grupo: Arbitragem)
- **438. (art. 503, §1º)** É desnecessário que a resolução expressa da questão prejudicial incidental esteja no dispositivo da decisão para ter aptidão de fazer coisa julgada. (Grupo: Sentença, coisa julgada e ação rescisória)
- **439. (art. 503, §§ 1º e 2º)** Nas causas contra a Fazenda Pública, além do preenchimento dos pressupostos previstos no art. 503, §§ 1º e 2º, a coisa julgada sobre a questão prejudicial incidental depende de remessa necessária, quando for o caso. (Grupo: Impacto do novo CPC e os processos da Fazenda Pública)
- **443. (art. 557)** Em ação possessória movida pelo proprietário é possível ao réu alegar a usucapião como matéria de defesa, sem violação ao art. 557. (Grupo: Procedimentos Especiais)
- **444. (arts. 771, parágrafo único, 822 e 823 e 139, IV)** Para o processo de execução de título extrajudicial de obrigação de não fazer, não é necessário propor a ação de conhecimento para que o juiz possa aplicar as normas decorrentes dos arts. 536 e 537. (Grupo: Execução)
- **445. (art. 779)** O fiador judicial também pode ser sujeito passivo da execução. (Grupo: Execução)

- **446. (arts. 785 e 700)** Cabe ação monitória mesmo quando o autor for portador de título executivo extrajudicial. (Grupo: Execução)

- **452. (arts. 921, §1 a 5º, 980 e 982)** Durante a suspensão do processo prevista no art. 982 não corre o prazo de prescrição intercorrente. (Grupo: Precedentes, IRDR, Recursos Repetitivos e Assunção de competência)

- **458. (arts. 926, 927, §1º, e 10)** Para a aplicação, de ofício, de precedente vinculante, o órgão julgador deve intimar previamente as partes para que se manifestem sobre ele. (Grupo: Precedentes, IRDR, Recursos Repetitivos e Assunção de competência)

- **484. (art. 1.072, V)** A revogação dos arts. 16 a 18 da Lei de Alimentos, que tratam da gradação dos meios de satisfação do direito do credor, não implica supressão da possibilidade de penhora sobre créditos originários de aluguéis de prédios ou de quaisquer outros rendimentos do devedor. (Grupo: Execução)

- **486. (art. 12; art. 489)** A inobservância da ordem cronológica dos julgamentos não implica, por si, a invalidade do ato decisório. (Grupo: Sentença, coisa julgada e ação rescisória)

- **487. (art. 18, parágrafo único; art. 119, parágrafo único; art. 3º da Lei 12.016/2009).** No mandado de segurança, havendo substituição processual, o substituído poderá ser assistente litisconsorcial do impetrante que o substituiu. (Grupo: Impacto nos Juizados e nos procedimentos especiais da legislação extravagante)

- **488. (art. 64, §§3º e 4º; art. 968, §5º; art. 4º; Lei 12.016/2009)** No mandado de segurança, havendo equivocada indicação da autoridade coatora, o impetrante deve ser intimado para emendar a petição inicial e, caso haja alteração de competência, o juiz remeterá os autos ao juízo competente. (Grupo: Impacto do novo CPC e os processos da Fazenda Pública)

- **490. (art. 190; art. 81, §3º; art. 297, parágrafo único; art. 329, inc. II; art. 520, inc. I; art. 848, inc. II).** São admissíveis os seguintes negócios processuais, entre outros: pacto de inexecução parcial ou total de multa coercitiva; pacto de alteração de ordem de penhora; pré-indicação de bem penhorável preferencial (art. 848, II); pré-fixação de indenização por dano processual prevista nos arts. 81, §3º, 520, inc. I, 297, parágrafo único (cláusula penal processual); negócio de anuência prévia para aditamento ou alteração do pedido ou da causa de pedir até o saneamento (art. 329, inc. II). (Grupo: Negócios processuais)

- **491. (art. 190)** É possível negócio jurídico processual que estipule mudanças no procedimento das intervenções de terceiros, observada a necessidade de anuência do terceiro quando lhe puder causar prejuízo. (Grupo: Negócios processuais)

- **492. (art. 190)** O pacto antenupcial e o contrato de convivência podem conter negócios processuais. (Grupo: Negócios processuais)

- **494. (art. 191)** A admissibilidade de autocomposição não é requisito para o calendário processual. (Grupo: Negócios processuais)

- **495. (art. 200)** O distrato do negócio processual homologado por exigência legal depende de homologação. (Grupo: Negócios processuais)

- **496. (art. 294, parágrafo único; art. 300, caput e §2º; art. 311)** Preenchidos os pressupostos de lei, o requerimento de tutela provisória incidental pode ser formulado a qualquer tempo, não se submetendo à preclusão temporal. (Grupo: Tutela de urgência e tutela de evidência)

- **497. (art. 297, parágrafo único; art. 300, §1º; art. 520, IV)** As hipóteses de exigência de caução para a concessão de tutela provisória de urgência devem ser definidas à luz do art. 520, IV, CPC. (Grupo: Tutela de urgência e tutela de evidência)

- **498. (art. 297, parágrafo único; art. 300, §1º; art. 521)** A possibilidade de dispensa de caução para a concessão de tutela provisória de urgência, prevista no art. 300, §1º, deve ser avaliada à luz das hipóteses do art. 521. (Grupo: Tutela de urgência e tutela de evidência)

- **499. (art. 302, III, parágrafo único; art. 309, III)** Efetivada a tutela de urgência e, posteriormente, sendo o processo extinto sem resolução do mérito e sem estabilização da tutela, será possível fase de liquidação para fins de responsabilização civil do requerente da medida e apuração de danos. (Grupo: Tutela de urgência e tutela de evidência)

- **505. (art. 323; Lei 8.245/1991)** Na ação de despejo cumulada com cobrança, julgados procedentes ambos os pedidos, são passíveis de execução, além das parcelas vencidas indicadas na petição inicial, as que se tornaram exigíveis entre a data de propositura da ação e a efetiva desocupação do imóvel locado. (Grupo: Impacto nos Juizados e nos procedimentos especiais da legislação extravagante)

- **506. (art. 327, §2º)** A expressão "procedimentos especiais" a que alude o §2º do art. 327 engloba aqueles previstos na legislação especial. (Grupo: Impacto nos Juizados e nos procedimentos especiais da legislação extravagante)

- **507. (art. 332; Lei n.º 9.099/1995)** O art. 332 aplica-se ao sistema de Juizados Especiais. (Grupo: Impacto nos Juizados e nos procedimentos especiais da legislação extravagante)

- **511. (art. 338, caput; art. 339; Lei n. 12.016/2009)** – A técnica processual prevista nos arts. 338 e 339 pode ser usada, no que couber, para possibilitar a correção da autoridade coatora, bem como da pessoa jurídica, no processo de mandado de segurança. (Grupo: Impacto do novo CPC e os processos da Fazenda Pública)

- **514. (art. 370)** O juiz não poderá revogar a decisão que determinou a produção de prova de ofício sem que consulte as partes a respeito. (Grupo: Direito probatório)

- **515. (art. 371; art. 489, §1º)** Aplica-se o disposto no art. 489, §1º, também em relação às questões fáticas da demanda. (Grupo: Direito probatório)

- **516. (art. 371; art. 369; art. 489, §1º)** Para que se considere fundamentada a decisão sobre os fatos, o juiz deverá analisar todas as provas capazes, em tese, de infirmar a conclusão adotada. (Grupo: Direito probatório)

- **517. (art. 375; art. 489, §1º)** A decisão judicial que empregar regras de experiência comum, sem indicar os motivos pelos quais a conclusão adotada decorre daquilo que ordinariamente acontece, considera-se não fundamentada. (Grupo: Direito probatório)

- **521. (art. 487, parágrafo único; arts. 210 e 211 do Código Civil)** Apenas a decadência fixada em lei pode ser conhecida de ofício pelo juiz. (Grupo: Sentença, coisa julgada e ação rescisória)

- **523. (art. 489, §1º, inc. IV)** O juiz é obrigado a enfrentar todas as alegações deduzidas pelas partes capazes, em tese, de infirmar a decisão, não sendo suficiente apresentar apenas os fundamentos que a sustentam. (Grupo: Sentença, coisa julgada e ação rescisória)

- **524. (art. 489, §1º, IV; art. 985, I)** O art. 489, §1º, IV, não obriga o órgão julgador a enfrentar os fundamentos jurídicos deduzidos no processo e já enfrentados na formação da decisão paradigma, sendo necessário demonstrar a correlação fática e jurídica entre o caso concreto e aquele já apreciado. (Grupo: Precedentes, IRDR, Recursos Repetitivos e Assunção de competência)

- **525. (art. 492; art. 497; art. 139, inc. IV;)** A produção do resultado prático equivalente pode ser determinada por decisão proferida na fase de conhecimento. (Grupo: Sentença, coisa julgada e ação rescisória)

- **532. (art. 535, § 3º; art. 100, § 5º, Constituição Federal).** A expedição do precatório ou da RPV depende do trânsito em julgado da decisão que rejeita as arguições da Fazenda Pública executada. (Grupo: Impacto do novo CPC e os processos da Fazenda Pública)

- **533. (art. 536, §3º; art. 774, IV)** Se o executado descumprir ordem judicial, conforme indicado pelo § 3º do art. 536, incidirá a pena por ato atentatório à dignidade da justiça (art. 774, IV), sem prejuízo da sanção por litigância de má-fé. (Grupo: Cumprimento de sentença)

- **537. (art. 774; Lei 6.830/1980).** A conduta comissiva ou omissiva caracterizada como atentatória à dignidade da justiça no procedimento da execução fiscal enseja a aplicação da multa do parágrafo único do art. 774 do CPC/15. (Grupo: Impacto nos Juizados e nos procedimentos especiais da legislação extravagante)

- **543. (arts. 914-920)** Em execução de título executivo extrajudicial, o juízo arbitral é o competente para conhecer das matérias de defesa abrangidas pela convenção de arbitragem. (Grupo: Arbitragem)

- **546. (arts. 919, §1º e 525, §6º)** O efeito suspensivo dos embargos à execução e da impugnação ao cumprimento de sentença pode ser requerido e deferido a qualquer momento do seu trâmite, observados os pressupostos legais. (Grupo: Execução; redação revista no IX FPPC-Recife)

- **547. (arts. 919, §1º e 525, §§ 6º e 8º)** O efeito suspensivo dos embargos à execução e da impugnação ao cumprimento de sentença pode ser parcial, limitando-se ao impedimento ou à suspensão de um único ou de apenas alguns atos executivos. (Grupo: Execução; redação revista no IX FPPC-Recife)

- **548. (art. 921, § 3º)** O simples desarquivamento dos autos é insuficiente para interromper a prescrição. (Grupo: Execução)

- **549. (art. 927; Lei n.º 10.259/2001)** – O rol do art. 927 e os precedentes da Turma Nacional de Uniformização dos Juizados Especiais Federais deverão ser observados no âmbito dos Juizados Especiais. (Grupo: Impacto nos Juizados e nos procedimentos especiais da legislação extravagante)

- **562. (art. 1022, parágrafo único, inc. II; art. 489, § 2º)** Considera-se omissa a decisão que não justifica o objeto e os critérios de ponderação do conflito entre normas. (Grupo: Sentença, coisa julgada e ação rescisória)

- **567. (arts.1.046, § 1º; art. 1.047).** Invalidado o ato processual praticado à luz do CPC de 1973, a sua repetição observará o regramento do CPC-2015, salvo nos casos de incidência do art. 1047 do CPC-2015 e no que refere às disposições revogadas relativas ao procedimento sumário, aos procedimentos especiais e às cautelares. (Grupo: Direito Intertemporal)

- **568. (art. 1046, §1º).** As disposições do CPC1973 relativas aos procedimentos cautelares que forem revogadas aplicar-se-ão às ações propostas e não sentenciadas até o início da vigência do CPC/2015. (Grupo: Direito Intertemporal)

- **569. (art.1.047; art. 190).** O art. 1.047 não impede convenções processuais em matéria probatória, ainda que relativas a provas requeridas ou determinadas sob vigência do CPC1 973. (Grupo: Direito Intertemporal)

- **570. (art. 1.049, parágrafo único; Lei 8.245/1991)** As ações revisionais de aluguel ajuizadas após a entrada em vigor do Código de Processo Civil deverão tramitar pelo procedimento comum, aplicando-se, com as adaptações procedimentais que se façam necessárias, as disposições dos artigos 68 a 70 da Lei 8.245/1991. (Grupo: Impacto nos Juizados e nos procedimentos especiais da legislação extravagante)

- **575. (art. 138)** Verificada a relevância da matéria, a repercussão social da controvérsia ou a especificidade do tema objeto da demanda, o juiz poderá promover a ampla divulgação do processo, inclusive por meio dos cadastros eletrônicos dos tribunais e do Conselho Nacional de Justiça, para incentivar a participação de mais sujeitos na qualidade de amicus curiae. (Grupo: Litisconsórcio e intervenção de terceiros)

- **578. (art. 183, §1º)** Em razão da previsão especial do § 1º do art. 183, estabelecendo a intimação pessoal da Fazenda Pública por carga, remessa ou meio eletrônico, a ela não se aplica o disposto no § 1º do art. 269. (Grupo: Impacto do novo CPC e os processos da Fazenda Pública)

- **579. (arts. 190, 219 e 222, §1º)** Admite-se o negócio processual que estabeleça a contagem dos prazos processuais dos negociantes em dias corridos. (Grupo: Negócios processuais)

- **584. (arts. 385; 117).** É possível que um litisconsorte requeira o depoimento pessoal do outro. (Grupo: Direito probatório)

- **590. (arts. 917, § 3º; 798, parágrafo único; 524, 525, § 4º, 535, § 2º)** Na impugnação ao cumprimento de sentença e nos embargos à execução, o executado que alegar excesso de execução deverá elaborar demonstrativo de débito em conformidade com os incisos do art. 524 e do parágrafo único do art. 798, respectivamente. (Grupo Execução. Redação novamente revista no X FPPC-Brasília)

- **623. (art. 98, §1º, VIII e §4º)** O deferimento de gratuidade de justiça não afasta a imposição de multas processuais, mas apenas dispensa sua exigência como condição para interposição de recursos. (Grupo: Gratuidade da justiça, petição inicial, contestação e fase de organização e saneamento)

- **626. (arts. 186, §§ 2º e 3º, e 223, §§ 1º e 2º)** O requerimento previsto no §2º do art. 186, formulado pela Defensoria Pública ou pelas entidades mencionadas no §3º do art. 186, constitui justa causa para os fins do §2º do art. 223, quanto ao prazo em curso. (Grupo: Poderes do juiz e intervenção do Ministério Público)
- **628. (arts. 334, 695, 190 e 191)** As partes podem celebrar negócios jurídicos processuais na audiência de conciliação ou mediação. (Grupo: Mediação e conciliação (CPC e Lei 13.140/2015))
- **629. (arts. 343, §3º, 231, §1º e 350)** Se o réu reconvier contra o autor e terceiro, o prazo de contestação à reconvenção, para ambos, iniciar-se-á após a citação do terceiro. (Grupo: Gratuidade da justiça, petição inicial, contestação e fase de organização e saneamento)
- **630. (arts. 356, 57 e 58)** A necessidade de julgamento simultâneo de causas conexas ou em que há continência não impede a prolação de decisões parciais. (Grupo: Sentença, ação rescisória e coisa julgada)
- **636. (arts. 439, 440, 369 e 384)** As conversas registradas por aplicativos de mensagens instantâneas e redes sociais podem ser admitidas no processo como prova, independentemente de ata notarial. (Grupo: Direito probatório)
- **637. (art. 471)** A escolha consensual do perito não impede as partes de alegarem o seu impedimento ou suspeição em razão de fato superveniente à escolha. (Grupo: Direito probatório)
- **638. (arts. 503, §1º, 506 e 115, I)** A formação de coisa julgada sobre questão prejudicial incidental, cuja resolução como principal exigiria a formação de litisconsórcio necessário unitário, pressupõe contraditório efetivo por todos os legitimados, observada a parte final do art. 506. (Grupo: Sentença, ação rescisória e coisa julgada)
- **640. (arts. 723, parágrafo único, e 489)** O disposto no parágrafo único do art. 723 não exime o juiz de observar o disposto nos §§ 1º e 2º do art. 489. (Grupo: Poderes do juiz e intervenção do Ministério Público)
- **644. (art. 903, §§3º e 4º)** A ação autônoma referida no §4º do art. 903 com base na alegação de preço vil não pode invalidar a arrematação. (Grupo: Cumprimento de sentença e execução)
- **666. (arts. 4º, 139, X, 317, 488 e 932, parágrafo único; art. 5º, §3º, Lei 7.347/1985 e art. 9º da Lei de Ação Popular)** O processo coletivo não deve ser extinto por falta de legitimidade quando um legitimado adequado assumir o polo ativo ou passivo da demanda. (Grupo: Processo Coletivo)
- **667. (arts. 6º, 8º e 18; art. 6º, § 3º, da Lei n.º** 4.717/1965**)** Admite-se a migração de polos nas ações coletivas, desde que compatível com o procedimento. (Grupo: Processo Coletivo)
- **668. (art. 63)** A convenção de arbitragem e a cláusula de eleição de foro para os atos que necessitem da participação do Poder Judiciário não se excluem, ainda que

inseridas em um mesmo instrumento contratual. (Grupo: Competência e cooperação judiciária nacional)

- **671. (art. 69, § 2º, II)** O inciso II do §2º do art. 69 autoriza a produção única de prova comum a diversos processos, assegurada a participação dos interessados. (Grupo: Competência e cooperação judiciária nacional)
- **672. (arts. 327, §2º e 693, parágrafo único)** É admissível a cumulação do pedido de alimentos com os pedidos relativos às ações de família, valendo-se o autor desse procedimento especial, sem prejuízo da utilização da técnica específica para concessão de tutela provisória prevista na Lei de Alimentos. (Grupo: Gratuidade da Justiça, petição inicial, contestação e fase de organização e saneamento).
- **674. (art. 343, §§ 3º e 4º)** A admissibilidade da reconvenção com ampliação subjetiva não se restringe às hipóteses de litisconsórcio necessário. (Grupo: Litisconsórcio e Intervenção de Terceiros)
- **677. (art. 357, §7º)** É possível a ampliação do número de testemunhas, em razão da complexidade da causa e dos fatos individualmente considerados. (Grupo: Direito probatório)
- **680. (art. 747; art. 1.768, IV, do Código Civil):** Admite-se pedido de autointerdição e de levantamento da própria interdição a partir da vigência do Estatuto da Pessoa com Deficiência. (Grupo: Procedimentos Especiais)
- **686. (arts. 64, § 4º, e 69)** Aplica-se o art. 64, § 4º à hipótese de ato de cooperação que invada a competência do juízo requerente. (Grupo: Cooperação Judiciária Nacional)
- **689. (arts. 134, § 2º e 343)** A desconsideração da personalidade jurídica requerida em reconvenção processa-se da mesma forma que a deduzida em petição inicial. (Grupo: Intervenção de terceiros, gratuidade de justiça, fase de organização e saneamento).
- **690. (art. 138)** A "representatividade adequada" do *amicus curiae* não pressupõe legitimidade extraordinária. (Grupo: Intervenção de terceiros, gratuidade de justiça, fase de organização e saneamento).
- **714. (art. 139, IV)** O juiz pode cumular medida indutiva e coercitiva para o cumprimento da obrigação. (Grupo: atipicidade dos meios executivos)
- **715. (arts. 139, IV e 771; art. 52 da Lei 9.099/1995)** O art. 139, IV, CPC, é aplicável nos juizados especiais. (Grupo: atipicidade dos meios executivos)
- **716. (arts. 139, IV, e 774)** As medidas atípicas não impedem a aplicação das sanções decorrentes dos atos atentatórios à dignidade da justiça. (Grupo: atipicidade dos meios executivos)
- **720. (arts. 854, §3º, e 10)** O juiz intimará o exequente para manifestar-se, em cinco dias, sobre a defesa do executado prevista no §3º do art. 854, do CPC ("penhora online"). (Grupo: Defesas do executado e dos terceiros na execução (incluindo as ações autônomas de impugnação)
- **730. (art. 16, §10, Lei nº 8.429/1992; arts. 14 e 298, CPC)** A indisponibilidade de bens decretada antes da Lei 14.230/2021 para garantir eventual condenação de multa civil ou sobre acréscimo patrimonial decorrente de atividade lícita revogada. (Grupo: Nova Lei de Improbidade)

ANEXO IX

JURISPRUDÊNCIA EM TESES DO SUPERIOR TRIBUNAL DE JUSTIÇA APLICÁVEL ÀS SENTENÇAS CÍVEIS

EDIÇÃO N. 6: SEGURO OBRIGATÓRIO (DPVAT) – I

6) Na ação de cobrança do seguro DPVAT, constitui faculdade do autor escolher entre os foros do seu domicílio, do local do acidente ou ainda do domicílio do réu. (Súmula n. 540/STJ) Redação anterior: Em ação de cobrança objetivando indenização decorrente de seguro obrigatório (DPVAT), constitui faculdade do autor escolher entre os seguintes foros para ajuizamento da ação: o do local do acidente ou o do seu domicílio (parágrafo único do art. 100 do Código de Processo Civil), bem como, ainda, o do domicílio do réu (art. 94 do mesmo diploma). (Tese julgada sob o rito do art. 543-C do CPC/ 1973 – Tema 606)

8) As seguradoras integrantes do consórcio do seguro obrigatório (DPVAT) são solidariamente responsáveis pelo pagamento das indenizações securitárias.

EDIÇÃO N. 8: SEGURO OBRIGATÓRIO (DPVAT) – II

1) As seguradoras integrantes do consórcio do seguro DPVAT são solidariamente responsáveis pelo pagamento das indenizações securitárias.

3) Os juros de mora na indenização do seguro DPVAT fluem a partir da citação. (Súmula n. 426/STJ) (Tese julgada sob o rito do art. 543-C do CPC/1973 – TEMA 197)

EDIÇÃO N. 9: CONCURSOS PÚBLICOS – I

19) O encerramento do concurso público não conduz à perda do objeto do mandado de segurança que busca aferir suposta ilegalidade praticada em alguma das etapas do processo seletivo.

EDIÇÃO N. 10: SEGURO

10) Em ação de reparação de danos, a seguradora possui legitimidade para figurar no pólo passivo da demanda em litisconsórcio com o segurado, apontado causador do dano.

EDIÇÃO N. 14: BUSCA E APREENSÃO – I

3) É possível a conversão da ação de busca e apreensão em ação de depósito quando o bem se encontra na posse do devedor e em péssimo estado de conservação.

5) É cabível reconvenção na ação de busca e apreensão.

6) Na ação de busca e apreensão de bem alienado fiduciariamente, é possível a discussão sobre a legalidade de cláusulas contratuais como matéria de defesa.

EDIÇÃO N. 15: CONCURSOS PÚBLICOS – III

4) O Ministério Público possui legitimidade para propor ação civil pública com o objetivo de anular concurso realizado sem a observância dos princípios estabelecidos na Constituição Federal.

EDIÇÃO N. 16: BUSCA E APREENSÃO – II

3) Na ação de busca e apreensão a comprovação da mora pode ser analisada de ofício.

6) O ajuizamento de ação de revisão de contrato de alienação fiduciária não obsta a ação de busca e apreensão.

7) Extinta a ação de busca e apreensão pelo posterior pagamento das prestações em atraso, o réu responde pela sucumbência em função do princípio da causalidade.

9) A comprovação da mora é imprescindível à busca e apreensão do bem alienado fiduciariamente. (Súmula n. 72/STJ)

11) Extingue-se sem julgamento de mérito a ação de busca e apreensão quando o autor, intimado pessoalmente, deixa de promover a citação do réu no prazo consignado pelo juízo, não sendo aplicável a Súmula n. 240 do STJ.

EDIÇÃO N. 18: AÇÃO MONITÓRIA – I

1) Considera-se como prova escrita apta à instrução da ação monitória todo e qualquer documento que sinalize o direito à cobrança e que seja hábil a convencer o juiz da pertinência da dívida, independentemente de modelo predefinido.

2) A prova escrita hábil a instruir a ação monitória não precisa ter sido emitida pelo devedor ou nela constar sua assinatura.

3) A duplicata ou a triplicata sem aceite são documentos idôneos para instruir a ação monitória.

4) A nota fiscal, acompanhada da prova do recebimento da mercadoria ou da prestação do serviço, pode instruir a ação monitória.

5) Não há impedimento legal para que o credor, possuidor de título executivo extrajudicial, utilize o processo de conhecimento ou a ação monitória para a cobrança.

6) É admissível a ação monitória fundada em cheque prescrito. (Súmula n. 299/STJ)

7) Em ação monitória fundada em cheque prescrito, ajuizada em face do emitente, é dispensável menção ao negócio jurídico subjacente à emissão da cártula. (Tese julgada sob o rito do art. 543-C do CPC/1973 – TEMA 564) (Súmula n. 531/STJ)

8) O prazo para ajuizamento de ação monitória em face do emitente de cheque sem força executiva é quinquenal, a contar do dia seguinte à data de emissão estampada na cártula. (Tese julgada sob o rito do art. 543-C do CPC/1973 – TEMA 628) (Súmula n. 503/STJ)

9) O prazo prescricional para ajuizamento de ação monitória fundada em contrato de abertura de crédito em conta-corrente é quinquenal, na forma do art. 206, § 5º, I, do Código Civil.

10) O prazo para ajuizamento de ação monitória em face do emitente de nota promissória sem força executiva é quinquenal, a contar do dia seguinte ao vencimento do título. (Tese julgada sob o rito do art. 543-C do CPC/1973 – TEMA 641) (Súmula n. 504/STJ)

EDIÇÃO N. 19: PROCESSO COLETIVO I – LEGITIMIDADE

1) O Ministério Público tem legitimidade para atuar em defesa dos direitos difusos, coletivos e individuais homogêneos dos consumidores.

2) O Ministério Público tem legitimidade para ajuizar ação civil pública visando tutelar direitos dos consumidores relativos a serviços públicos.

3) O Ministério Público tem legitimidade para ajuizar ação civil pública com o objetivo de assegurar os interesses individuais indisponíveis, difusos ou coletivos em relação à infância, à adolescência e aos idosos[2], mesmo quando a ação vise à tutela de pessoa individualmente considerada.

4) O Ministério Público tem legitimidade para ajuizar ação civil pública com o objetivo de assegurar assistência médica e odontológica à comunidade indígena, em razão da natureza indisponível dos bens jurídicos salvaguardados e o status de hipervulnerabilidade dos sujeitos tutelados.

5) O Ministério Público tem legitimidade para ajuizar ação civil pública com o objetivo de assegurar os interesses individuais indisponíveis, difusos ou coletivos em relação às pessoas desprovidas de recursos financeiros, mesmo quando a ação vise à tutela de pessoa individualmente considerada.

6) O Ministério Público tem legitimidade para ajuizar ação civil pública em defesa de interesses e direitos individuais homogêneos pertencentes a consumidores decorrentes de contratos de cessão e concessão do uso de jazigos em cemitérios.

---

2. Aduz-se que, após a publicação da Edição nº 19 do Jurisprudência em Teses, fora editada a Lei nº 14.423, de 2022, que alterou a Lei nº 10.741/03, a fim de substituir todas as referências a "idoso" ou a "idosos" para as expressões "pessoa idosa" ou "pessoas idosas", sendo a adoção fiel destas últimas, inclusive, recomendada aos candidatos em certames públicos nas fases subjetivas e orais.

7) O Ministério Público tem legitimidade para ajuizar ação civil pública com o fim de impedir a cobrança abusiva de mensalidades escolares.

8) O Ministério Público Estadual não tem legitimidade para ajuizar ação civil pública objetivando defesa de bem da União, por se tratar de atribuição do Ministério Público Federal.

9) O Ministério Público tem legitimidade para ajuizar ação civil pública objetivando a cessação dos jogos de azar.

10) O Ministério Público tem legitimidade para propor ação civil pública em defesa do patrimônio público. (Súmula n. 329/STJ)

11) O Ministério Público tem legitimidade para propor ação civil pública objetivando o fornecimento de medicamentos e tratamentos médicos, a fim de tutelar o direito à saúde e à vida.

12) O Ministério Público tem legitimidade para propor ação civil pública em defesa dos interesses de mutuários do Sistema Financeiro da Habitação, visto que presente o relevante interesse social da matéria.

14) O Ministério Público tem legitimidade para propor ação civil pública com o objetivo de anular concurso realizado sem a observância dos princípios estabelecidos na Constituição Federal.

EDIÇÃO N. 21: AÇÃO MONITÓRIA – II

1) Em ação monitória, o termo inicial dos juros moratórios segue a natureza da relação de direito material, contando-se a partir do vencimento nos casos de dívida líquida com termo certo.

2) É cabível a cobrança de despesas de condomínio por ação monitória, ainda que seja possível o ajuizamento de ação pelo rito sumário.

3) É inadmissível a conversão, de ofício ou a requerimento das partes, da execução em ação monitória após ter ocorrido a citação. (Tese julgada sob o rito do art. 543-C do CPC/73 – TEMA 320)

4) Cabe ação monitória para haver saldo remanescente oriundo de venda extrajudicial de bem alienado fiduciariamente em garantia. (Súmula n. 384/STJ)

5) Cabe a citação por edital em ação monitória. (Súmula n. 282/STJ)

6) O contrato de abertura de crédito em conta-corrente, acompanhado do demonstrativo de débito, constitui documento hábil para o ajuizamento de ação monitória.

7) A reconvenção é cabível na ação monitória, após a conversão do procedimento em ordinário. (Súmula n. 292/STJ)

8) É cabível ação monitória contra a Fazenda Pública. (Súmula n. 339/STJ)

9) O avalista não tem legitimidade para ocupar o polo passivo de ação monitória nos casos em que o título de crédito está prescrito.

EDIÇÃO N. 22: PROCESSO COLETIVO II – LEGITIMIDADE

1) O integrante da categoria tem legitimidade para ajuizar execução individual de sentença proveniente de ação coletiva proposta por associação ou sindicato, independentemente de filiação ou autorização expressa no processo de conhecimento.

2) Os sindicatos e as associações têm legitimidade ativa para atuar como substitutos processuais na defesa de direitos e interesses dos integrantes da categoria nas fases de conhecimento, liquidação e execução.

3) A Defensoria Pública detém legitimidade para propor ações coletivas na defesa de direitos difusos, coletivos ou individuais homogêneos.

4) A Defensoria Pública tem legitimidade ampla para propor ação coletiva quando se tratar de direitos difusos e legitimidade restrita às pessoas necessitadas nos casos de direitos coletivos em sentido estrito e individuais homogêneos.

5) Os sindicatos e as associações, na qualidade de substitutos processuais, têm legitimidade para atuar judicialmente na defesa dos interesses coletivos de toda a categoria que representam, sendo dispensável a relação nominal dos afiliados e suas respectivas autorizações.

6) A apuração da legitimidade ativa das associações e dos sindicatos como substitutos processuais, em ações coletivas, passa pelo exame da pertinência temática entre os fins sociais da entidade e o mérito da ação proposta.

7) A ilegitimidade ativa ou a irregularidade da representação processual não implica a extinção do processo coletivo, competindo ao magistrado abrir oportunidade para o ingresso de outro colegitimado no pólo ativo da demanda.

8) O Ministério Público tem legitimidade para propor ação civil pública com o objetivo de anular Termo de Acordo de Regime Especial – TARE.

EDIÇÃO N. 24: PROPRIEDADE INDUSTRIAL

11) A ação de nulidade de registro de marca ou patente é necessária para que possa ser afastada a garantia da exclusividade, devendo correr na Justiça Federal ante a obrigatoriedade de participação do INPI.

EDIÇÃO N. 25: PROCESSO COLETIVO – III

1) Por critério de simetria, não é cabível a condenação da parte vencida ao pagamento de honorários advocatícios em favor do Ministério Público nos autos de ação civil pública, salvo comprovada má-fé.

2) É possível a inversão do ônus da prova da ação civil pública em matéria ambiental a partir da interpretação do art. 6º, VIII, da Lei 8.078/1990 c/c o art. 21 da Lei n. 7.347/1985.

3) No âmbito do Direito Privado, é de cinco anos o prazo prescricional para ajuizamento da execução individual em pedido de cumprimento de sentença proferida em ação civil pública. (Tese julgada sob o rito do art. 543-C do CPC/1973 – TEMA 515)

4) Na execução individual de sentença coletiva contra a Fazenda Pública, quando já iniciada a execução coletiva, o prazo quinquenal para a propositura do título individual, nos termos da Súmula n. 150/STF, interrompe-se com a propositura da execução coletiva, voltando a correr, após essa data, pela metade.

5) O art. 18 da Lei n. 7.347/1985, que dispensa o adiantamento de custas, emolumentos, honorários periciais e quaisquer outras despesas, dirige-se apenas ao autor da ação civil pública.

6) Não é possível se exigir do Ministério Público o adiantamento de honorários periciais em ações civis públicas, ficando o encargo para a Fazenda Pública a qual se acha vinculado o Parquet. (Tese julgada sob o rito do art. 543-C do CPC/1973 – TEMA 510)

7) A liquidação e a execução individual de sentença genérica proferida em ação civil coletiva pode ser ajuizada no foro do domicílio do beneficiário, porquanto os efeitos e a eficácia da sentença não estão circunscritos a lindes geográficos, mas aos limites objetivos e subjetivos do que foi decidido, levando-se em conta, para tanto, sempre a extensão do dano e a qualidade dos interesses metaindividuais postos em juízo (arts. 468, 472 e 474, CPC e 93 e 103, CDC). (Tese julgada sob o rito do art. 543-C do CPC/1973 – TEMA 480)

8) A eficácia subjetiva da sentença coletiva abrange os substituídos domiciliados em todo o território nacional desde que a ação tenha sido: a) proposta por entidade associativa de âmbito nacional; b) contra a União; e c) no Distrito Federal.

9) A abrangência nacional expressamente declarada na sentença coletiva não pode ser alterada na fase de execução, sob pena de ofensa à coisa julgada.

10) Os efeitos e a eficácia da sentença no processo coletivo não estão circunscritos a lindes geográficos, mas aos limites objetivos e subjetivos do que foi decidido.

11) A sentença proferida em ação coletiva somente surte efeito nos limites da competência territorial do órgão que a proferiu e exclusivamente em relação aos substituídos processuais que ali eram domiciliados à época da propositura da demanda.

12) As limitações da sentença coletiva não podem ser aplicadas às ações ajuizadas anteriormente à vigência da Lei n. 9494/97.

13) Ajuizada ação coletiva atinente a macrolide geradora de processos multitudinários, suspendem-se as ações individuais, no aguardo do julgamento da ação coletiva.

EDIÇÃO N. 27: ESTATUTO DA CRIANÇA E DO ADOLESCENTE – GUARDA E ADOÇÃO

2) A jurisprudência tem excepcionado o entendimento de que o habeas corpus não seria adequado para discutir questões relativas à guarda e adoção de crianças e adolescentes.

5) A competência para processar e julgar as ações conexas de interesse de menor é, em princípio, do foro do domicílio do detentor de sua guarda. (Súmula n. 383/STJ)

9) Compete à Justiça Federal o julgamento dos pedidos de busca e apreensão ou de guarda de menores quando fundamentados na Convenção de Haia sobre os Aspectos Civis do Sequestro Internacional de Crianças.

10) Nos casos em que o Ministério Público promove a ação de destituição do poder familiar ou de acolhimento institucional não é obrigatória a nomeação da Defensoria Pública como curadora especial.

EDIÇÃO N. 34: APOSENTADORIA ESPECIAL

3) É possível a realização de perícia indireta ou por similaridade para fins de comprovação de tempo de trabalho sob condições de especiais.

EDIÇÃO N. 35: RECUPERAÇÃO JUDICIAL – I

3) O juízo da recuperação judicial não é competente para decidir sobre a constrição de bens não abrangidos pelo plano de recuperação da empresa. (Súmula n. 480/STJ)

4) O juízo da execução individual é competente para ultimar os atos de constrição patrimonial dos bens adjudicados antes do deferimento do pedido de recuperação judicial.

5) Promovida a adjudicação do bem penhorado em execução individual, em data posterior ao deferimento da recuperação judicial ou decretação da falência, o ato fica desfeito em razão da competência do juízo universal.

6) O simples decurso do prazo legal de 180 dias de que trata o art. 6º, § 4º, da Lei n. 11.101/2005, não enseja a retomada automática das execuções individuais.

9) A competência para promover os atos de execução do patrimônio da empresa recuperanda é do juízo em que se processa a recuperação judicial, evitando-se, assim, que medidas expropriatórias prejudiquem o cumprimento do plano de soerguimento.

10) Na vigência da atual legislação de recuperação e falência, a intervenção do Ministério Público ficou restrita às hipóteses expressamente previstas em lei.

12) A ação de despejo (Lei n. 8.245/1991- Lei do Inquilinato) movida contra o sujeito em recuperação judicial, que busca, unicamente, a retomada da posse direta do imóvel locado, não se submete à competência do juízo universal da recuperação.

EDIÇÃO N. 37: RECUPERAÇÃO JUDICIAL II

4) Os institutos da recuperação judicial e da falência, a despeito de instaurarem o juízo universal, não acarretam a atração das ações que demandam quantia ilíquida – art. 6º, § 1º, da Lei n. 11.101/05.

8) O deferimento da recuperação judicial não suspende a execução fiscal, mas os atos que importem em constrição ou alienação do patrimônio da recuperanda devem se submeter ao juízo universal.

10) A recuperação judicial do devedor principal não impede o prosseguimento das execuções nem induz suspensão ou extinção de ações ajuizadas contra terceiros devedores solidários ou coobrigados em geral, por garantia cambial, real ou fidejussória, pois não se lhes aplicam a suspensão prevista nos arts. 6º, caput, e 52, inciso III, ou a novação a que se refere o art. 59, caput, por força do que dispõe o art. 49, § 1º, todos da Lei n. 11.101/2005. (Tese Julgada de acordo com o art. 543-C do CPC/1973 – TEMA 885)

EDIÇÃO N. 38: IMPROBIDADE ADMINISTRATIVA – I[3]

2) O Ministério Público tem legitimidade ad causam para a propositura de Ação Civil Pública objetivando o ressarcimento de danos ao erário, decorrentes de atos de improbidade.

4) A ausência da notificação do réu para a defesa prévia, prevista no art. 17, § 7º, da Lei de Improbidade Administrativa, só acarreta nulidade processual se houver comprovado prejuízo (pas de nullité sans grief).

5) A presença de indícios de cometimento de atos ímprobos autoriza o recebimento fundamentado da petição inicial nos termos do art. 17, §§ 7º, 8º e 9º, da Lei n. 8.429/92, devendo prevalecer, no juízo preliminar, o princípio do in dubio pro societate.

7) A eventual prescrição das sanções decorrentes dos atos de improbidade administrativa não obsta o prosseguimento da demanda quanto ao pleito de ressarcimento dos danos causados ao erário, que é imprescritível (art. 37, § 5º da CF).

8) É inviável a propositura de ação civil de improbidade administrativa exclusivamente contra o particular, sem a concomitante presença de agente público no polo passivo da demanda.

9) Nas ações de improbidade administrativa, não há litisconsórcio passivo necessário entre o agente público e os terceiros beneficiados com o ato ímprobo.

11) É possível o deferimento da medida acautelatória de indisponibilidade de bens em ação de improbidade administrativa nos autos da ação principal sem audiência da parte adversa e, portanto, antes da notificação a que se refere o art. 17, § 7º, da Lei n. 8.429/92.

12) É possível a decretação da indisponibilidade de bens do promovido em ação civil pública por ato de improbidade administrativa, quando ausente (ou não demonstrada) a prática de atos (ou a sua tentativa) que induzam a conclusão de risco de alienação, oneração ou dilapidação patrimonial de bens do acionado, dificultando ou impossibilitando o eventual ressarcimento futuro.

13) Na ação de improbidade, a decretação de indisponibilidade de bens pode recair sobre aqueles adquiridos anteriormente ao suposto ato, além de levar em consideração, o valor de possível multa civil como sanção autônoma.

3. Atentar, quando da leitura das Jurisprudências em Teses referentes a Improbidade Administrativa, que os entendimentos foram firmados com base na redação anterior da Lei nº 8.429/92, sem considerar as severas modificações pela edição da Lei nº 14.230/21 no regramento da matéria quando o caso. Todavia, diante da possibilidade de as compreensões jurisprudenciais formadas com base na legislação revogada/ultrapassada, em aplicação do direito intertemporal, mantem-se importante a leitura proposta.

EDIÇÃO N. 39: DIREITO DO CONSUMIDOR I

2) A inversão do ônus da prova, nos termos do art. 6º, VIII, do CDC, não ocorre ope legis, mas ope iudicis, vale dizer, é o juiz que, de forma prudente e fundamentada, aprecia os aspectos de verossimilhança das alegações do consumidor ou de sua hipossuficiência.

4) A vedação à denunciação da lide prevista no art. 88 do CDC não se restringe à responsabilidade de comerciante por fato do produto (art. 13 do CDC), sendo aplicável também nas demais hipóteses de responsabilidade civil por acidentes de consumo (arts. 12 e 14 do CDC).

5) Em demanda que trata da responsabilidade pelo fato do produto ou do serviço (arts. 12 e 14 do CDC), a inversão do ônus da prova decorre da lei (ope legis), não se aplicando o art. 6º, inciso VIII, do CDC.

EDIÇÃO N. 40: IMPROBIDADE ADMINISTRATIVA – II[4]

1) Os Agentes Políticos sujeitos a crime de responsabilidade, ressalvados os atos ímprobos cometidos pelo Presidente da República (art. 86 da CF) e pelos Ministros do Supremo Tribunal Federal, não são imunes às sanções por ato de improbidade previstas no art. 37, § 4º, da CF.

2) Os agentes políticos municipais se submetem aos ditames da Lei de Improbidade Administrativa – LIA, sem prejuízo da responsabilização política e criminal estabelecida no Decreto-Lei n. 201/1967.

3) A ação de improbidade administrativa deve ser processada e julgada nas instâncias ordinárias, ainda que proposta contra agente político que tenha foro privilegiado.

7) O especialíssimo procedimento estabelecido na Lei n. 8.429/92, que prevê um juízo de delibação para recebimento da petição inicial (art. 17, §§ 8º e 9º), precedido de notificação do demandado (art. 17, § 7º), somente é aplicável para ações de improbidade administrativa típicas. (Tese julgada sob o rito do artigo 543-C do CPC/73 – TEMA 344).

10) Nas ações de improbidade administrativa é admissível a utilização da prova emprestada, colhida na persecução penal, desde que assegurado o contraditório e a ampla defesa.

11) O magistrado não está obrigado a aplicar cumulativamente todas as penas previstas no art. 12 da Lei n. 8.429/92, podendo, mediante adequada fundamentação, fixá-las e dosá-las segundo a natureza, a gravidade e as consequências da infração.

---

4. Atentar, quando da leitura das Jurisprudências em Teses referentes a Improbidade Administrativa, que os entendimentos foram firmados com base na redação anterior da Lei nº 8.429/92, sem considerar as severas modificações pela edição da Lei nº 14.230/21 no regramento da matéria quando o caso. Todavia, diante da possibilidade de as compreensões jurisprudenciais formadas com base na legislação revogada/ultrapassada, em aplicação do direito intertemporal, mantem-se importante a leitura proposta.

EDIÇÃO N. 43: MANDADO DE SEGURANÇA – I

1) A indicação equivocada da autoridade coatora não implica ilegitimidade passiva nos casos em que o equívoco é facilmente perceptível e aquela erroneamente apontada pertence à mesma pessoa jurídica de direito público.

2) Praticado o ato por autoridade, no exercício de competência delegada, contra ele cabe o mandado de segurança ou medida judicial. (Súmula n. 510/STF)

3) A teoria da encampação tem aplicabilidade nas hipóteses em que atendidos os seguintes pressupostos: subordinação hierárquica entre a autoridade efetivamente coatora e a apontada na petição inicial, discussão do mérito nas informações e ausência de modificação da competência.

4) O Governador do Estado é parte ilegítima para figurar como autoridade coatora em mandado de segurança no qual se impugna a elaboração, aplicação, anulação ou correção de testes ou questões de concurso público, cabendo à banca examinadora, executora direta da ilegalidade atacada, figurar no polo passivo da demanda.

5) No Mandado de Segurança impetrado pelo Ministério Público contra decisão proferida em processo penal, é obrigatória a citação do réu como litisconsorte passivo. (Súmula n. 701/STF).

6) A entidade de classe tem legitimação para o mandado de segurança ainda quando a pretensão veiculada interesse apenas a uma parte da respectiva categoria. (Súmula n. 630/STF)

7) A impetração de mandado de segurança coletivo por entidade de classe em favor dos associados independe da autorização destes. (Súmula n. 629/STF)

8) A impetração de segurança por terceiro, contra ato judicial, não se condiciona a interposição de recurso. (Súmula n. 202/STJ)

9) A impetração de segurança por terceiro, nos moldes da Súmula n. 202/STJ, fica afastada na hipótese em que a impetrante teve ciência da decisão que lhe prejudicou e não utilizou o recurso cabível.

10) O termo inicial do prazo decadencial para a impetração de mandado de segurança, na hipótese de exclusão do candidato do concurso público, é o ato administrativo de efeitos concretos e não a publicação do edital, ainda que a causa de pedir envolva questionamento de critério do edital.

11) O prazo decadencial para impetração mandado de segurança contra ato omissivo da Administração renova-se mês a mês, por envolver obrigação de trato sucessivo.

15) O Superior Tribunal de Justiça é incompetente para processar e julgar, originariamente, mandado de segurança contra ato de órgão colegiado presidido por Ministro de Estado. (Súmula n. 177/STJ)

EDIÇÃO N. 44: BEM DE FAMÍLIA

1) A impenhorabilidade do bem de família prevista no art. 3º, III, da Lei n. 8.009/1990 não pode ser oposta ao credor de pensão alimentícia decorrente de vínculo familiar ou de ato ilícito.

2) Os integrantes da entidade familiar residentes no imóvel protegido pela Lei n. 8.009/1990 possuem legitimidade para se insurgirem contra a penhora do bem de família.

3) A proteção contida na Lei n. 8.009/1990 alcança não apenas o imóvel da família, mas também os bens móveis indispensáveis à habitabilidade de uma residência e os usualmente mantidos em um lar comum.

4) É impenhorável o único imóvel residencial do devedor que esteja locado a terceiros, desde que a renda obtida com a locação seja revertida para a subsistência ou a moradia da sua família (Súmula n. 486/STJ).

5) A vaga de garagem que possui matrícula própria no registro de imóveis não constitui bem de família para efeito de penhora. (Súmula n. 449/STJ)

6) O conceito de impenhorabilidade de bem de família abrange também o imóvel pertencente a pessoas solteiras, separadas e viúvas. (Súmula n. 364/STJ)

7) No âmbito de execução de sentença civil condenatória decorrente da prática de ato ilícito, é possível a penhora do bem de família na hipótese em que o réu também tenha sido condenado na esfera penal pelo mesmo fundamento de fato.

8) É possível a penhora do bem de família, quando a dívida exequenda for decorrente de contrato de compra e venda ou de promessa de compra e venda do próprio imóvel.

9) É possível a penhora do bem de família para assegurar o pagamento de dívidas oriundas de despesas condominiais do próprio bem.

10) O fato de o terreno encontrar-se não edificado ou em construção são circunstâncias que, por si só, não obstam a sua qualificação como bem de família, visto que a finalidade a este atribuída deve ser analisada caso a caso.

11) Afasta-se a proteção conferida pela Lei n. 8.009/1990 ao bem de família, quando caracterizado abuso do direito de propriedade, violação da boa-fé objetiva e fraude à execução.

12) A impenhorabilidade do bem de família hipotecado não pode ser oposta nos casos em que a dívida garantida se reverteu em proveito da entidade familiar.

13) A impenhorabilidade do bem de família não impede seu arrolamento fiscal.

14) A preclusão consumativa atinge a alegação de impenhorabilidade do bem de família quando houver decisão anterior acerca do tema.

15) É legítima a penhora de apontado bem de família pertencente a fiador de contrato de locação, ante o que dispõe o art. 3º, inciso VII, da Lei n. 8.009/1990 (Tese julgada sob o rito do art. 543-C do CPC/1973 – TEMA 708) (Súmula n. 549/STJ)

16) É possível a penhora do bem de família de fiador de contrato de locação, inclusive quando pactuado antes da vigência da Lei n. 8.245/1991, que acrescentou o inciso VII ao art. 3º da Lei n. 8.009/1990.

17) A impenhorabilidade do bem de família é questão de ordem pública, razão pela qual não admite renúncia pelo titular.

18) A impenhorabilidade do bem de família pode ser alegada em qualquer momento processual até a sua arrematação, ainda que por meio de simples petição nos autos.

19) A Lei n. 8.009/1990 aplica-se à penhora realizada antes de sua vigência. (Súmula n. 205/STJ)

EDIÇÃO N. 46: DESAPROPRIAÇÃO

2) As regras dispostas nos arts. 19 e 33 do CPC, quanto à responsabilidade pelo adiantamento dos honorários periciais, se aplicam às demandas indenizatórias por desapropriação indireta, eis que regidas pelo procedimento comum.

3) Nas ações de desapropriação incluem-se no cálculo da verba advocatícia as parcelas relativas aos juros compensatórios e moratórios, devidamente corrigidas (Súmula 131 STJ)

4) A intervenção do Ministério Público nas ações de desapropriação de imóvel rural para fins de reforma agrária é obrigatória, porquanto presente o interesse público.

6) A imissão provisória na posse do imóvel objeto de desapropriação, caracterizada pela urgência, prescinde de avaliação prévia ou de pagamento integral, exigindo apenas o depósito judicial nos termos do art. 15, § 1º, do Decreto-Lei n. 3.365/1941.

13) O termo inicial dos juros moratórios em desapropriações é o dia 1º de janeiro do exercício seguinte àquele em que o pagamento deveria ser feito. (Tese julgada sob o rito do art. 543-C do CPC – TEMA 210)

14) Nas ações de desapropriação não há cumulação de juros moratórios e juros compensatórios, eis que se trata de encargos que incidem em períodos diferentes: os juros compensatórios têm incidência até a data da expedição do precatório original, enquanto que os moratórios somente incidirão se o precatório expedido não for pago no prazo constitucional. (Tese julgado sob o rito do art. 543-C do CPC – Temas 210 e 211)

EDIÇÃO N. 49: DESAPROPRIAÇÃO – II

2) Em se tratando de desapropriação, a prova pericial para a fixação do justo preço somente é dispensável quando há expressa concordância do expropriado com o valor da oferta inicial.

3) Em ação de desapropriação, é possível ao juiz determinar a realização de perícia avaliatória, ainda que os réus tenham concordado com o valor oferecido pelo Estado.

4) A revelia do desapropriado não implica aceitação tácita da oferta, não autorizando a dispensa da avaliação, conforme Súmula 118 do extinto Tribunal Federal de Recursos.

5) Se, em procedimento de desapropriação por interesse social, constatar-se que a área medida do bem é maior do que a escriturada no Registro de Imóveis, o expropriado receberá indenização correspondente à área registrada, ficando a diferença depositada em Juízo até que, posteriormente, se complemente o registro ou se defina a titularidade para o pagamento a quem de direito.

7) A imissão provisória na posse não deve ser condicionada ao depósito prévio do valor relativo ao fundo de comércio eventualmente devido.

8) A invasão do imóvel é causa de suspensão do processo expropriatório para fins de reforma agrária (Súmula 354/STJ).

10) O valor dos honorários advocatícios em sede de desapropriação deve respeitar os limites impostos pelo artigo 27, § 1º, do Decreto-lei n. 3.365/41 – qual seja: entre 0,5% e 5% da diferença entre o valor proposto inicialmente pelo imóvel e a indenização imposta judicialmente. (Tese julgada sob o rito do art. 543-C do CPC – TEMA 184)

11) O pedido de desistência na ação expropriatória afasta a limitação dos honorários estabelecida no art. 27, § 1º, do Decreto-Lei n. 3.365/41.

12) São aplicáveis às desapropriações indiretas os limites percentuais de honorários advocatícios constantes do art. 27, § 1º, do Decreto-Lei n. 3.365/1941.

14) O promitente comprador tem legitimidade ativa para propor ação cujo objetivo é o recebimento de verba indenizatória decorrente de ação desapropriatória, ainda que a transferência de sua titularidade não tenha sido efetuada perante o registro geral de imóveis.

16) Nas desapropriações realizadas por concessionária de serviço público, não sujeita a regime de precatório, a regra contida no art. 15-B do Decreto-Lei n. 3.365/41 é inaplicável, devendo os juros moratórios incidir a partir do trânsito em julgado da sentença.

EDIÇÃO N. 50: UNIÃO ESTÁVEL

3) A vara de família é a competente para apreciar e julgar pedido de reconhecimento e dissolução de união estável homoafetiva.

9) O direito real de habitação poder ser invocado em demanda possessória pelo companheiro sobrevivente, ainda que não se tenha buscado em ação declaratória própria o reconhecimento de união estável.

15) Compete à Justiça Federal analisar, incidentalmente e como prejudicial de mérito, o reconhecimento da união estável nas hipóteses em que se pleiteia a concessão de benefício previdenciário.

EDIÇÃO N. 52: EXECUÇÃO FISCAL

2) Em execução fiscal, a prescrição ocorrida antes da propositura da ação pode ser decretada de ofício (art. 219, § 5º, do CPC). (Tese julgada sob o rito do art. 543-C do CPC/73 – Tema 134) (Súmula n. 409/STJ)[5]

---

5. No CPC/15, o reconhecimento da prescrição e da decadência implica em julgamento liminar de improcedência, de ofício e sem a oitiva da parte contrária, nos termos do parágrafo único do art. 332:

Art. 332. Nas causas que dispensem a fase instrutória, o juiz, independentemente da citação do réu, julgará liminarmente improcedente o pedido que contrariar:

(...)

4) A exceção de pré-executividade é admissível na execução fiscal relativamente às matérias conhecíveis de ofício que não demandem dilação probatória. (Tese julgada sob o rito do art. 543-C do CPC/73 – Tema 104) (Súmula n. 393/STJ)[6]

5) É cabível a fixação de honorários de sucumbência quando a exceção de pré-executividade for acolhida para extinguir total ou parcialmente a execução fiscal.

7) A legitimidade para a execução fiscal de multa pendente de pagamento imposta em sentença condenatória é exclusiva da Procuradoria da Fazenda Pública. (Tese julgada sob o rito do art. 543-C do CPC/73 – Tema 931) (Súmula n. 521/STJ)

9) Em casos de extinção de execução fiscal, em face de cancelamento de débito pela exequente, é necessário verificar quem deu causa à demanda a fim de imputar-lhe o ônus pelo pagamento dos honorários advocatícios. (Tese julgada sob o rito do art. 543-C do CPC/73 – Tema 143)

10) A desistência da execução fiscal, após o oferecimento dos embargos, não exime o exequente dos encargos da sucumbência. (Súmula n. 153/STJ)

11) O termo inicial para apresentação dos embargos à execução é a data da intimação da primeira penhora, mesmo que seja insuficiente, excessiva ou ilegítima, exceto naqueles casos em que a discussão se refere aos aspectos formais do novo ato constritivo. (Tese julgada sob o rito do art. 543-C do CPC/73 – Tema 288)

12) O termo inicial para a oposição de embargos à execução fiscal é a data da efetiva intimação da penhora, não da juntada do mandado aos autos. (Tese julgada sob rito do art. 543-C do CPC/73 – Tema 131)

13) Nos processos de execução de dívida ativa da União e naqueles em que há desistência dos embargos à execução fiscal de créditos tributários da Fazenda Nacional, para fins de adesão a programa de parcelamento fiscal, incabível a condenação em honorários advocatícios, tendo em vista que o encargo estipulado no Decreto-Lei n. 1.025/69 já abrange a verba honorária. (Tese julgada sob o rito do art. 543-C do CPC/73 – Tema 400)

14) São devidos honorários advocatícios pelo contribuinte fixados de acordo com o art. 26 do CPC, quando da desistência ou renúncia ao direito em processo que se discute o crédito fiscal que não contempla o encargo de 20% do Decreto-Lei n. 1.025/1969. (Tese julgada sob o rito do art. 543-C do CPC/73 – Tema 633)[7]

---

§ 1º O juiz também poderá julgar liminarmente improcedente o pedido se verificar, desde logo, a ocorrência de decadência ou de prescrição.

6. O CPC/15 passou a disciplinar, embora sem nominar, o instituto da exceção de pré-executividade no bojo do parágrafo único do art. 803:

Art. 803. É nula a execução se:

(...)

Parágrafo único. A nulidade de que cuida este artigo será pronunciada pelo juiz, de ofício ou a requerimento da parte, independentemente de embargos à execução.

7. Embora faça alusão a dispositivo do CPC revogado, mantém-se válida tendo em vista que o CPC/15 não alterou a disciplina do tema.

15) O prazo para oposição de embargos inicia-se a partir da intimação do depósito, para que se dê conhecimento ao juiz e ao exequente do ato praticado.

16) Em atenção ao princípio da especialidade da Lei de Execuções Fiscais, mantido com a reforma do CPC/73, a nova redação do art. 736 do CPC dada pela Lei n. 11.382/2006 – artigo que dispensa a garantia como condicionante dos embargos – não se aplica às execuções fiscais diante da presença de dispositivo específico, qual seja, o art. 16, §1º, da Lei n. 6.830/80, que exige expressamente a garantia para a apresentação dos embargos à execução fiscal. (Tese julgada sob o rito do art. 543-C do CPC/73 – Tema 526)[8]

EDIÇÃO N. 53: LOCAÇÃO DE IMÓVEIS URBANOS

2) É inadmissível a oposição de embargos de terceiros em execução de sentença prolatada em ação de despejo, ressalvada a hipótese de comprovada sublocação legítima, com ausência de intimação do sublocatário.

3) Na ação de despejo por falta de pagamento, não se admite a cumulação do pedido de purgação da mora com o oferecimento de contestação, motivo pelo qual não se faz obrigatório o depósito dos valores tidos por incontroversos.

4) É indispensável a notificação pessoal do locatário por meio de mandado de despejo, no qual conste o prazo de 30 dias disposto no art. 74 da Lei n. 8.245/91, para que proceda à desocupação do imóvel em execução provisória.

5) A Lei n. 12.112/2009, que alterou regras e procedimentos sobre locação de imóvel urbano, por se tratar de norma processual tem aplicação imediata, inclusive a processos em curso.

7) É válida a penhora de bem de família pertencente a fiador de contrato de locação. (Súmula n. 549/STJ) (Tese julgada sob o rito do art. 543-C do CPC/1973 – Tema 708)

8) É impenhorável o único imóvel residencial do devedor que esteja locado a terceiros, desde que a renda obtida com a locação seja revertida para a subsistência ou a moradia da sua família. (Súmula n. 486/STJ)

9) O fiador que não integrou a relação processual na ação de despejo não responde pela execução do julgado. (Súmula n. 268/STJ)

10) Se o fiador não participou da ação de despejo, a interrupção da prescrição para a cobrança dos aluguéis e acessórios não o atinge.

17) A locação de imóvel urbano para a exploração de serviço de estacionamento não afasta a incidência do Lei n. 8.245/91.

20) Nas ações de despejo, o direito de retenção por benfeitorias deve ser exercido no momento em que apresentada a contestação; admitindo-se, ainda, que a matéria seja alegada por meio de reconvenção.

---

8. Embora faça alusão a dispositivo do CPC revogado, mantém-se válida tendo em vista que o CPC/15 não alterou a disciplina do tema.

EDIÇÃO N. 55: IMPOSTOS MUNICIPAIS

7) O locatário, por não ostentar a condição de contribuinte ou de responsável, não tem legitimidade ativa para litigar em ações de natureza tributária envolvendo o IPTU.

8) O usufrutuário de imóvel urbano possui legitimidade ativa para questionar o IPTU.

12) O ônus de provar que o imóvel não está afetado à destinação institucional da autarquia ou da fundação recai sobre o ente tributante que pretende afastar a imunidade.

EDIÇÃO N. 56: TÍTULOS DE CRÉDITO

1) Os títulos de crédito com força executiva podem ser cobrados por meio de processo de conhecimento, execução ou ação monitória.

2) O prazo para ajuizamento de ação monitória em face do devedor principal do título de crédito prescrito é quinquenal nos termos do art. 206, § 5º, I, do Código Civil, independentemente da relação jurídica fundamental.

3) As duplicatas virtuais possuem força executiva, desde que acompanhadas dos instrumentos de protesto por indicação e dos comprovantes de entrega da mercadoria e da prestação do serviço.

4) O devedor do título crédito não pode opor contra o endossatário as exceções pessoais que possuía em face do credor originário, limitando-se tal defesa aos aspectos formais e materiais do título, salvo na hipótese de má-fé.

5) O devedor pode alegar contra a empresa de *factoring* as exceções pessoais originalmente oponíveis contra o emitente do título.

6) A cambial emitida ou aceita com omissões, ou em branco, pode ser completada pelo credor de boa-fé antes da cobrança ou do protesto. (Súmula n. 387/STF)

8) O avalista não responde por dívida estabelecida em título de crédito prescrito, salvo se comprovado que auferiu benefício com a dívida.

17) A vinculação da nota promissória a um contrato retira-lhe a autonomia de título cambial, mas não a sua executoriedade, desde que a avença seja liquida, certa e exigível.

18) A nota promissória vinculada a contrato de abertura de crédito não goza de autonomia em razão da iliquidez do título que a originou. (Súmula n. 258/STJ)

EDIÇÃO N. 59: CADASTRO DE INADIMPLENTES

2) É possível que o magistrado, no âmbito da execução de alimentos, adote as medidas executivas do protesto e da inscrição do nome do devedor nos cadastros de restrição ao crédito, caso se revelem eficazes para o pagamento da dívida.

10) É cabível a aplicação de multa diária como meio coercitivo para o cumprimento de decisão judicial que determina a exclusão ou impede a inscrição do nome do devedor em cadastro de restrição de crédito.

12) A abstenção da inscrição/manutenção em cadastro de inadimplentes, requerida em antecipação de tutela e/ou medida cautelar, somente será deferida se, cumulativamente: a) a ação for fundada em questionamento integral ou parcial do débito; b) houver demonstração de que a cobrança indevida se funda na aparência do bom direito e em jurisprudência consolidada do STF ou STJ; c) houver depósito da parcela incontroversa ou for prestada a caução fixada conforme o prudente arbítrio do juiz. (Tese julgada sob o rito do art. 543-C do CPC/73 – Temas 31 a 34)

EDIÇÃO N. 61: RESPONSABILIDADE CIVIL DO ESTADO

16) Em se tratando de responsabilidade civil do Estado por rompimento de barragem, é possível a comprovação de prejuízos de ordem material por prova exclusivamente testemunhal, diante da impossibilidade de produção ou utilização de outro meio probatório.

18) Nas ações de responsabilidade civil do Estado, é desnecessária a denunciação da lide ao suposto agente público causador do ato lesivo.

EDIÇÃO N. 62: CHEQUE

4) A relação jurídica subjacente ao cheque (*causa debendi*) poderá ser discutida nos casos em que não houver a circulação do título.

5) O negócio jurídico subjacente à emissão do cheque pode ser discutido em sede de embargos monitórios.

6) A investigação da *causa debendi* é admitida nas hipóteses em que o cheque é dado como garantia, bem como nos casos em que o negócio jurídico subjacente for constituído em flagrante desrespeito à ordem jurídica.

7) A ação de locupletamento ilícito (art. 61 da Lei n. 7.357/1985) não exige comprovação da *causa debendi* e deve ser proposta no prazo de até dois anos contados do fim do prazo prescricional da execução do cheque.

8) A ação de cobrança prevista no artigo 62 da Lei n. 7357/85 está fundamentada na relação jurídica subjacente ao cheque, sendo imprescindível a comprovação da *causa debendi*.

9) O foro competente para a execução do cheque é o local do pagamento – lugar onde se situa a agência bancária em que o emitente mantém sua conta corrente – sendo irrelevantes os locais de domicílio do autor e do réu.

15) A pretensão executiva do cheque dirigida contra os endossantes deve ser precedida de protesto realizado dentro do prazo de apresentação (protesto obrigatório).

20) Os juros moratórios decorrentes de dívidas representadas em cheque devem ser fixados a partir da data da primeira apresentação do título para pagamento, independentemente da cobrança ter sido buscada por meio de ação monitória.

EDIÇÃO N. 65: ALIMENTOS

2) Na execução de alimentos, é possível o protesto (art. 526, § 3º do NCPC) e a inscrição do nome do devedor nos cadastros de proteção ao crédito.

3) O Ministério Público tem legitimidade ativa para ajuizar ação/execução de alimentos em favor de criança ou adolescente, nos termos do art. 201, III, da Lei n. 8.069/90. (Tese julgada sob o rito do art. 543-C do CPC/73 – Tema 717)

5) O débito alimentar que autoriza a prisão civil do alimentante é o que compreende as três prestações anteriores ao ajuizamento da execução e as que se vencerem no curso do processo. (Súmula n. 309/STJ) (Art. 528, § 7º do NCPC)

6) O atraso de uma só prestação alimentícia, compreendida entre as três últimas atuais devidas, já é hábil a autorizar o pedido de prisão do devedor, nos termos do artigo 528, § 3º do NCPC (art. 733, § 1º do CPC/73).

8) O cancelamento de pensão alimentícia de filho que atingiu a maioridade está sujeito à decisão judicial, mediante contraditório, ainda que nos próprios autos. (Súmula n. 358/STJ)

9) O pagamento parcial da obrigação alimentar não impede a prisão civil do devedor.

11) Cabe ao credor de prestação alimentícia a escolha pelo rito processual de execução a ser seguido.

EDIÇÃO N. 67: BENEFÍCIOS PREVIDENCIÁRIOS

1) A concessão de benefícios previdenciários depende, via de regra, de prévio requerimento administrativo do interessado perante o INSS. (Tese julgada sob o rito do art. 543-C do CPC/73 Tema 660)

5) O termo inicial para a concessão de benefício previdenciário é a data do requerimento administrativo e, na sua ausência, a citação válida.

6) A correção monetária de débitos relativos a benefícios previdenciários cobrados em juízo tem como termo inicial a data do vencimento da prestação a ser corrigida.

7) Nas demandas que tratam de benefícios previdenciários aplica-se o Índice Nacional de Preços ao Consumidor – INPC como índice de correção monetária (art. 41-A da Lei n. 8.213/1991, introduzido pela Lei 11.430/2006), tendo em vista a declaração de inconstitucionalidade parcial por arrastamento do art. 5º da Lei n. 11.960/2009 (ADIs 4.357/DF e 4.425/DF).[9]

8) Os juros de mora nas ações relativas a benefícios previdenciários incidem a partir da citação válida. (Súmula n. 204/STJ)

9. Rememorar, como tratado no livro, que, em 8 de dezembro de 2021, fora promulgada a Emenda Constitucional nº 113/2021 na qual, em seu art. 3º, o constituinte derivado estatuiu a taxa SELIC como índice de atualização (1), remuneração (2) e mora (3) das condenações impostas à Fazenda Pública, independentemente da natureza da verba principal.

9) Os juros moratórios incidentes nas ações relativas a benefícios previdenciários devem ser calculados segundo os índices oficiais aplicados à caderneta de poupança, a partir da vigência da Lei n. 11.960/2009.

11) Não cabe a aplicação dos mesmos índices de reajuste dos benefícios de valor mínimo (Art. 201, § 2, da CF/88) aos demais benefícios previdenciários, uma vez que para estes o índice a ser aplicado será o INPC (art. 41-A da Lei n. 8.213/1991).[10]

12) Os sucessores do segurado não possuem legitimidade para pleitear direito personalíssimo não exercido em vida pelo titular do benefício previdenciário.

15) Os valores de benefícios previdenciários recebidos por força de tutela antecipada posteriormente revogada devem ser devolvidos, haja vista a reversibilidade da medida antecipatória, a ausência de boa-fé objetiva do beneficiário e a vedação do enriquecimento sem causa.

16) Não é necessária a devolução de valores concedidos ao segurado por sentença confirmada em 2ª instância (dupla conformidade), que, posteriormente, é reformada em sede de Recurso Especial.

17) Os valores relativos a benefícios previdenciários pagos a maior ao segurado por força de decisão judicial transitada em julgado, que venha a ser rescindida, não são passíveis de devolução.

18) A inscrição em dívida ativa não é a forma de cobrança adequada para os valores indevidamente recebidos a título de benefícios previdenciários previstos no art. 115, II, da Lei n. 8.213/1991, que devem submeter-se a ação por enriquecimento ilícito. (Tese julgada sob o rito do art. 543-C do CPC/73 – Tema 598)

19) A sentença proferida em processos trabalhistas é admitida como início de prova material para fins previdenciários.

EDIÇÃO N. 68: CONDOMÍNIO

1) É possível a penhora do bem de família para assegurar o pagamento de dívidas oriundas de despesas condominiais do próprio bem.

2) Na execução de crédito relativo a cotas condominiais, este tem preferência sobre o hipotecário. (Súmula n. 478/STJ)

5) O arrematante só responde pelo saldo remanescente do débito condominial se constar no edital da hasta pública a informação referente ao ônus incidente sobre o imóvel.

10. Rememorar, como tratado no livro, que, em 8 de dezembro de 2021, fora promulgada a Emenda Constitucional nº 113/2021 na qual, em seu art. 3º, o constituinte derivado estatuiu a taxa SELIC como índice de atualização (1), remuneração (2) e mora (3) das condenações impostas à Fazenda Pública, independentemente da natureza da verba principal.

6) É indevida a inclusão do arrematante de bem imóvel no cumprimento de sentença proferida em ação de cobrança de cota condominial, tendo em vista que não participou da fase processual em que constituído o título executivo.

14) A legitimidade passiva na ação cautelar de exibição de documentos é do síndico e não do condomínio.

15) O condomínio tem legitimidade ativa para ajuizar ação objetivando o cumprimento de obrigações e/ou o reconhecimento de vícios de construção nas partes comuns e em unidades autônomas.

EDIÇÃO N. 70: DIREITO TRIBUTÁRIO – PARTE GERAL

1) Aplica-se a taxa SELIC – Sistema Especial de Liquidação e de Custódia, a partir de 1º/1/1996, na atualização monetária do indébito tributário, não podendo ser cumulada com qualquer outro índice, seja de juros ou atualização monetária. (Tese julgada sob o rito do art. 543-C do CPC/73 – Tema 145)

2) Os depósitos judiciais e extrajudiciais referentes a tributos federais efetuados a partir da vigência da Lei n. 9.703/98 são atualizados pela taxa SELIC.

3) A decisão que reconhece a imunidade tributária possui natureza declaratória e produz efeitos retroativos ao momento em que preenchidos os requisitos legais para a concessão do benefício.

12) É incabível o mandado de segurança para convalidar a compensação tributária realizada pelo contribuinte. (Tese julgada pelo rito do art. 543-C do CPC/73 – Tema 258) (Súmula n. 460/STJ)

EDIÇÃO N. 71: PREVIDÊNCIA COMPLEMENTAR

4) Os pedidos de revisão de benefícios complementares devem ser instruídos com perícia técnica que demonstre a manutenção do equilíbrio financeiro e atuarial da entidade de previdência privada.

7) Os valores de benefícios previdenciários complementares recebidos por força de tutela antecipada posteriormente revogada devem ser devolvidos, haja vista a reversibilidade da medida antecipatória, a ausência de boa-fé objetiva do beneficiário e a vedação do enriquecimento sem causa.

11) Compete à Justiça Estadual processar e julgar litígios instaurados entre entidade de previdência privada e participante de seu plano de benefícios. (Tese julgada sob o rito do art. 543-C do CPC/73 – Tema 539)

13) Não há litisconsórcio necessário entre o fundo de previdência complementar e a instituição patrocinadora, tendo em vista a autonomia de patrimônio e a personalidade jurídica própria do ente previdenciário.

19) As contribuições devolvidas pelas entidades de previdência privada ao associado devem ser atualizadas monetariamente pelo IPC – Índice de preços ao consumidor. (Tese julgada sob o rito do art. 543-C do CPC/73 – Tema 512)

20) A impenhorabilidade dos valores depositados em fundo de previdência privada complementar deve ser aferida pelo Juiz casuisticamente e se caracteriza nos casos de comprovada utilização dos valores para a subsistência familiar.

EDIÇÃO N. 73: SERVIDOR PÚBLICO – REMUNERAÇÃO

11) A contagem do prazo decadencial para a impetração de mandado de segurança contra ato que fixa ou altera sistema remuneratório ou suprime vantagem pecuniária de servidor público inicia-se com a ciência do ato impugnado.

EDIÇÃO N. 74: DIREITO DO CONSUMIDOR III

10) O Ministério Público é parte legítima para atuar em defesa dos direitos difusos, coletivos e individuais homogêneos dos consumidores.

11) O Ministério Público tem legitimidade para ajuizar ação civil pública visando tutelar direitos dos consumidores relativos aos serviços públicos.

EDIÇÃO N. 77: ALIMENTOS – II

1) Os efeitos da sentença proferida em ação de revisão de alimentos – seja em caso de redução, majoração ou exoneração – retroagem à data da citação (Lei n. 5.478/68, art. 13, § 2º), ressalvada a irrepetibilidade dos valores adimplidos e a impossibilidade de compensação do excesso pago com prestações vincendas.

3) O descumprimento de acordo celebrado em ação de execução de prestação alimentícia pode ensejar o decreto de prisão civil do devedor.

4) O cumprimento da prisão civil em regime semiaberto ou em prisão domiciliar é excepcionalmente autorizado quando demonstrada a idade avançada do devedor de alimentos ou a fragilidade de sua saúde.

5) O advogado que tenha contra si decretada prisão civil por inadimplemento de obrigação alimentícia não tem direito de cumprir a restrição em sala de Estado Maior ou em prisão domiciliar.

6) Não cabe prisão civil do inventariante em virtude do descumprimento pelo espólio do dever de prestar alimentos.

9) Excepcionalmente, é possível penhorar parte dos honorários advocatícios – contratuais ou sucumbenciais – quando a verba devida ao advogado ultrapassar o razoável para o seu sustento e o de sua família.

10) Os honorários advocatícios – contratuais ou sucumbenciais – têm natureza alimentícia, razão pela qual é possível a penhora de verba salarial para seu pagamento.

12) Admite-se, na execução de alimentos, a penhora de valores decorrentes do Fundo de Garantia por Tempo de Serviço – FGTS, bem como do Programa de Integração Social – PIS.

14) Julgada procedente a investigação de paternidade, os alimentos são devidos a partir da citação. (Súmula n. 277/STJ)

EDIÇÃO N. 79: ENTIDADES DA ADMINISTRAÇÃO PÚBLICA INDIRETA

3) As autarquias possuem autonomia administrativa, financeira e personalidade jurídica própria, distinta da entidade política à qual estão vinculadas, razão pela qual seus dirigentes têm legitimidade passiva para figurar como autoridades coatoras em Mandados de Segurança.

5) A universidade federal, organizada sob o regime autárquico, não possui legitimidade para figurar no polo passivo de demanda que visa à repetição de indébito de valores relativos à contribuição previdenciária por ela recolhidos e repassados à União.

6) Os Conselhos de Fiscalização Profissionais possuem natureza jurídica de autarquia, sujeitando-se, portanto, ao regime jurídico de direito público.

8) O arquivamento provisório previsto no art. 20 da Lei n. 10.522/2002, dirigido aos débitos inscritos como dívida ativa da União pela Procuradoria-Geral da Fazenda Nacional ou por ela cobrados, não se aplica às execuções fiscais movidas pelos conselhos de fiscalização profissional ou pelas autarquias federais. (Súmula n. 583/STJ) (Tese julgada sob rito do art. 543-C do CPC/73 TEMAS 636 e 612)

9) Os créditos das autarquias federais preferem aos créditos da Fazenda estadual desde que coexistam penhoras sobre o mesmo bem. (Súmula n. 497/STJ) (Tese julgada sob o rito do art. 543-C do CPC/73 TEMA 393)

12) Compete à justiça federal decidir sobre a existência de interesse jurídico que justifique a presença, no processo, da União, suas autarquias ou empresas públicas. (Súmula n. 150/STJ)

13) Compete à justiça comum estadual processar e julgar as causas cíveis em que é parte sociedade de economia mista e os crimes praticados em seu detrimento. (Súmula n. 42/STJ)

14) Compete à Justiça ordinária estadual o processo e o julgamento, em ambas as instâncias, das causas de acidente do trabalho, ainda que promovidas contra a União, suas autarquias, empresas públicas ou sociedades de economia mista. (Súmula n. 501/STF)

EDIÇÃO N. 80: REGISTROS PÚBLICOS

1) Os serviços de registros públicos, cartorários e notariais, não detêm personalidade jurídica, de modo que o titular do cartório à época dos fatos é o responsável pelos atos decorrentes da atividade desempenhada.

9) A vaga de garagem que possui matrícula própria no registro de imóveis não constitui bem de família para efeito de penhora. (Súmula n. 449/STJ)

15) O direito à adjudicação compulsória não se condiciona ao registro do compromisso de compra e venda no cartório de imóveis. (Súmula n. 239/STJ)

EDIÇÃO N. 82: PODER DE POLÍCIA

1) A administração pública possui interesse de agir para tutelar em juízo atos em que ela poderia atuar com base em seu poder de polícia, em razão da inafastabilidade do controle jurisdicional.

EDIÇÃO N. 83: BANCÁRIO – II

10) É possível a revisão de contratos bancários extintos, novados ou quitados, ainda que em sede de embargos à execução, de maneira a viabilizar, assim, o afastamento de eventuais ilegalidades, as quais não se convalescem.

11) O contrato de mútuo bancário ou o de abertura de crédito fixo constitui título executivo extrajudicial.

13) A cédula de crédito bancário é título executivo extrajudicial, representativo de operações de crédito de qualquer natureza, circunstância que autoriza sua emissão para documentar a abertura de crédito em conta-corrente, nas modalidades de crédito rotativo ou cheque especial. (Tese julgada sob o rito do art. 543-C do CPC/73 TEMA 576)

EDIÇÃO N. 85: MANDADO DE SEGURANÇA – II

1) Compete à justiça federal comum processar e julgar mandado de segurança quando a autoridade apontada como coatora for autoridade federal, considerando-se como tal também os dirigentes de pessoa jurídica de direito privado investidos de delegação concedida pela União.

2) O impetrante pode desistir da ação mandamental a qualquer tempo antes do trânsito em julgado, independentemente da anuência da autoridade apontada como coatora.

3) Ante o caráter mandamental e a natureza personalíssima da ação, não é possível a sucessão de partes no mandado de segurança, ficando ressalvada aos herdeiros a possibilidade de acesso às vias ordinárias.

4) O prazo decadencial para a impetração de mandado de segurança tem início com a ciência inequívoca do ato lesivo pelo interessado.

6) A ação mandamental não constitui via adequada para o reexame das provas produzidas em Processo Administrativo Disciplinar – PAD.

8) Não cabe mandado de segurança contra ato judicial passível de recurso ou correição. (Súmula n. 267/STF)

12) É incabível mandado de segurança que tem como pedido autônomo a declaração de inconstitucionalidade de norma, por se caracterizar mandado de segurança contra lei em tese. (Tese julgada sob o rito do art. 543-C do CPC/73 TEMA 430)

13) É necessária a efetiva comprovação do recolhimento feito a maior ou indevidamente para fins de declaração do direito à compensação tributária em sede de mandado de segurança. (Tese julgada sob o rito do art. 543-C do CPC/73 TEMA 118) (Súmula n. 213/STJ)

14) É incabível o mandado de segurança para convalidar a compensação tributária realizada pelo contribuinte. (Súmula n. 460/STJ) (Tese julgada sob o rito do art. 543-C do CPC/73 TEMA 258)

15) O mandado de segurança não pode ser utilizado com o intuito de obter provimento genérico aplicável a todos os casos futuros de mesma espécie.

EDIÇÃO N. 86: SISTEMA FINANCEIRO DA HABITAÇÃO – I

1) O Ministério Público Federal possui legitimidade para propor ação civil pública em defesa dos interesses de mutuários do Sistema Financeiro da Habitação – SFH.

2) Nas ações em que se pleiteia a cobertura por vícios de construção de imóvel adquirido pelo Sistema Financeiro da Habitação, o agente financeiro somente terá legitimidade passiva ad causam quando tenha também atuado na elaboração do projeto, na execução ou na fiscalização das obras do empreendimento.

3) Nas ações referentes ao Sistema Financeiro da Habitação, a Caixa Econômica Federal – CEF não tem legitimidade passiva para responder por eventuais vícios de construção nos imóveis financiados, salvo quando realiza atividade distinta daquela própria de agente financeiro estrito senso.

4) Não há interesse jurídico da Caixa Econômica Federal em ingressar como assistente simples nos feitos em que se discute seguro de mútuo habitacional decorrente de vícios de construção de imóvel no âmbito do SFH quando ausente a vinculação do contrato ao Fundo de Compensação de Variações Salariais – FCVS. (Tese julgada sob o rito do art. 543-C do CPC/73 TEMA 50)

10) Nos contratos de seguro habitacional obrigatório no âmbito do SFH, as seguradoras são responsáveis pelos vícios decorrentes da construção, desde que tal responsabilidade esteja prevista na apólice.

EDIÇÃO N. 89: JUIZADOS ESPECIAIS

1) O processamento da ação perante o Juizado Especial Estadual é opção do autor, que pode, se preferir, ajuizar sua demanda perante a Justiça Comum.

2) Em se tratando de litisconsórcio ativo facultativo, para que se fixe a competência dos Juizados Especiais, deve ser considerado o valor da causa individualmente por autor, não importando se a soma ultrapassa o valor de alçada.

3) A necessidade de produção de prova pericial, por si só, não influi na definição da competência dos Juizados Especiais.

4) É da competência dos Juizados Especiais Federais e dos Juizados Especiais da Fazenda Pública a defesa de direitos ou interesses difusos e coletivos exercida por meio de ações propostas individualmente pelos seus titulares ou substitutos processuais.

5) É possível submeter ao rito dos Juizados Especiais Federais as causas que envolvem fornecimento de medicamentos/tratamento médico, cujo valor seja de até 60 salários-mínimos, ajuizadas pelo Ministério Público ou pela Defensoria Pública em favor de pessoa determinada.

6) Compete ao Juizado Especial a execução de seus próprios julgados, independente da quantia a ser executada, desde que tenha sido observado o valor de alçada na ocasião da propositura da ação.

EDIÇÃO N. 91: MANDADO DE SEGURANÇA – III

3) O mandado de segurança não pode ser utilizado como meio para se buscar a produção de efeitos patrimoniais pretéritos, uma vez que não se presta a substituir ação de cobrança, nos termos das Súmulas n. 269 e 271 do Supremo Tribunal Federal.

4) Não configura ação de cobrança a impetração de mandado de segurança visando a desconstituir ato administrativo que nega conversão em pecúnia de férias não gozadas, afastando-se as restrições previstas nas Súmulas n. 269 e 271 do Supremo Tribunal Federal.

5) O mandado de segurança é meio processual adequado para controle do cumprimento das portarias de concessão de anistia política, afastando-se as restrições das Súmulas n. 269 e 271 do Supremo Tribunal Federal.

6) O termo inicial do prazo de decadência para impetração de mandado de segurança contra aplicação de penalidade disciplinar é a data da publicação do respectivo ato no Diário Oficial.

7) O termo inicial do prazo decadencial para a impetração de ação mandamental contra ato que fixa ou altera sistema remuneratório ou suprime vantagem pecuniária de servidor público e não se renova mensalmente inicia-se com a ciência do ato impugnado.

8) O prazo decadencial para impetração de mandado de segurança não se suspende nem se interrompe com a interposição de pedido de reconsideração na via administrativa ou de recurso administrativo desprovido de efeito suspensivo.

9) Admite-se a emenda à petição inicial de mandado de segurança para a correção de equívoco na indicação da autoridade coatora, desde que a retificação do polo passivo não implique alterar a competência judiciária e que a autoridade erroneamente indicada pertença à mesma pessoa jurídica da autoridade de fato coatora.

11) As autarquias possuem autonomia administrativa, financeira e personalidade jurídica própria, distinta da entidade política à qual estão vinculadas, razão pela qual seus dirigentes têm legitimidade passiva para figurar como autoridades coatoras em ação mandamental.

12) Na ação de mandado de segurança não se admite condenação em honorários advocatícios. (Súmula n. 105/STJ)

EDIÇÃO N. 92: SISTEMA FINANCEIRO DA HABITAÇÃO – II

1) Nos contratos de seguro habitacional obrigatório sob a égide das regras do Sistema Financeiro da Habitação – SFH, as seguradoras têm legitimidade para figurar no polo passivo de ação judicial que verse sobre os riscos abarcados pela apólice.

2) Nas ações referentes ao Sistema Financeiro da Habitação, a Caixa Econômica Federal tem legitimidade como sucessora do Banco Nacional da Habitação. (Súmula n. 327/STJ)

3) Na execução hipotecária de crédito vinculado ao Sistema Financeiro da Habitação, nos termos da Lei n. 5.741/71, a petição inicial deve ser instruída com, pelo menos, dois avisos de cobrança. (Súmula n. 199/STJ)

4) É desnecessário que os avisos referidos no art. 2º, IV, da Lei n. 5.741/71, sejam pessoalmente recebidos pelos próprios mutuários, bastando tão somente a entrega no domicílio indicado no contrato.

7) Em se tratando de contratos celebrados no âmbito do Sistema Financeiro da Habitação, a execução extrajudicial de que trata o Decreto-lei n. 70/66, enquanto perdurar a demanda, poderá ser suspensa, uma vez preenchidos os requisitos para a concessão da tutela cautelar, independentemente de caução ou do depósito de valores incontroversos, desde que: a) exista discussão judicial contestando a existência integral ou parcial do débito; b) essa discussão esteja fundamentada em jurisprudência do Superior Tribunal de Justiça ou do Supremo Tribunal Federal (fumus boni iuris). (Tese julgada sob o rito do art. 543-C do CPC/73 TEMA 55)

8) O imóvel vinculado ao Sistema Financeiro da Habitação não pode ser objeto de usucapião.

10) No caso de cessão de direitos sobre imóvel financiado no âmbito do Sistema Financeiro da Habitação realizada após 25/10/1996, a anuência da instituição financeira mutuante é indispensável para que o cessionário adquira legitimidade ativa para requerer revisão das condições ajustadas, tanto para os contratos garantidos pelo FCVS como para aqueles sem a cobertura do mencionado Fundo. (Tese julgada sob o rito do art. 543-C do CPC/73 TEMA 522)

EDIÇÃO N. 94: APOSENTADORIA RURAL

2) O rol de documentos hábeis à comprovação do exercício de atividade rural, previsto no art. 106 da Lei n. 8.213/91, é meramente exemplificativo, sendo possível a admissão de outros documentos a título de prova material.

3) No tocante ao reconhecimento do tempo de serviço rural, a prova material juntada aos autos possui eficácia probatória tanto para o período anterior quanto para o posterior à data do documento, desde que corroborada por prova testemunhal.

4) A prova exclusivamente testemunhal não basta à comprovação da atividade rurícola, para efeito da obtenção de benefício previdenciário (Súmula n. 149/STJ), devendo estar apoiada em um início razoável de prova material.

5) O trabalho urbano de um dos membros do grupo familiar não descaracteriza, por si só, os demais integrantes como segurados especiais, devendo ser averiguada a dispensabilidade do trabalho rural para a subsistência do grupo familiar, incumbência esta das instâncias ordinárias (Súmula n. 7/STJ). (Tese julgada sob o rito do art. 543-C do CPC/73 – TEMA 532)

6) A extensão de prova material em nome de um integrante do núcleo familiar a outro não é possível quando aquele passa a exercer trabalho incompatível com o labor rurícola, como o de natureza urbana. (Tese julgada sob o rito do art. 543-C do CPC/73 – TEMA 533)

11) Na ausência de prévio requerimento administrativo, o termo inicial para a implementação da aposentadoria rural por idade deve ser a data da citação válida do Instituto Nacional do Seguro Social – INSS.

EDIÇÃO N. 95: DO SEGURO DE PESSOA – I

1) É desnecessário o prévio requerimento administrativo para liquidação de sinistro no contrato de seguro de vida.

6) A concessão de aposentadoria por invalidez pelo Instituto Nacional do Seguro Social – INSS não comprova, de forma absoluta, a incapacidade total e permanente para efeito de concessão de indenização de seguro privado, sendo permitido à seguradora requerer a realização de perícia para atestar a real incapacidade do segurado.

11) A oferta de seguro de vida por companhia seguradora vinculada à instituição financeira, dentro de agência bancária, implica responsabilidade solidária da empresa de seguros e do banco perante o consumidor.

12) É possível, excepcionalmente, atribuir ao estipulante a responsabilidade pelo pagamento da indenização securitária, como nas hipóteses de mau cumprimento de suas obrigações contratuais ou de criação nos segurados de legítima expectativa de ser ele o responsável por esse pagamento.

EDIÇÃO N. 98: DO SEGURO DE PESSOA – II

8) A medida cautelar de exibição de documentos interrompe a prescrição ânua da ação que postula a restituição de prêmios pagos pelo segurado participante de apólice de seguro de vida em grupo.

EDIÇÃO N. 100: DOS DIREITOS DOS IDOSOS E DAS PESSOAS COM DEFICIÊNCIA

2) O art. 88 do Estatuto do Idoso, que prevê a possibilidade de pagamento das custas processuais ao final do processo, aplica-se somente às ações referentes a interesses difusos, coletivos e individuais indisponíveis ou homogêneos.

3) É desnecessária a intervenção do Ministério Público na qualidade de fiscal da lei em demandas que não envolvam direitos coletivos ou em que não haja exposição de idoso aos riscos previstos no art. 43 da Lei n. 10.741/2003.

6) É cabível a ação civil pública que objetiva obrigação de fazer a fim de garantir acessibilidade nos prédios públicos ou privados às pessoas com deficiência.

14) É direito do devedor fiduciante a retirada dos aparelhos de adaptação de veículo automotor (pertenças) para direção por deficiente físico, se anexados ao bem principal em momento posterior à celebração do contrato fiduciário, quando houver o descumprimento do pacto e a consequente busca e apreensão do bem, entendimento que se coaduna, também, com a solidariedade social verificada na Constituição Federal e na Lei n. 13.146/2015 – Lei Brasileira de Inclusão da Pessoa com Deficiência.

EDIÇÃO N. 101: DA FIANÇA – I

5) É válida a penhora de bem de família pertencente a fiador de contrato de locação. (Súmula n. 549/STJ) (Tese julgada sob o rito do art. 543-C do CPC/1973 – Tema 708)

EDIÇÃO N. 103: CONCURSO PÚBLICO – IV

9) A vedação de execução provisória de sentença contra a Fazenda Pública inserida no art. 2º-B da Lei n. 9.494/1997 não incide na hipótese de nomeação e de posse em razão de aprovação em concurso público.

EDIÇÃO N. 104: DA FIANÇA – II

1) O fiador que não integrou a relação processual na ação de despejo não responde pela execução do julgado. (Súmula n. 268/STJ)

2) Admite-se a substituição da garantia em dinheiro por outro bem ou por fiança bancária, na fase de execução ou de cumprimento de sentença, em hipóteses excepcionais e desde que não ocasione prejuízo ao exequente.

7) A substituição do depósito em dinheiro por fiança bancária na execução fiscal sujeita-se à anuência da Fazenda Pública, ressalvada a comprovação de necessidade de aplicação do princípio da menor onerosidade.

8) O levantamento da fiança bancária oferecida como garantia da execução fiscal fica condicionado ao trânsito em julgado da respectiva ação.

10) A falta de citação do fiador para a ação de despejo isenta o garante da responsabilidade pelas custas e pelas demais despesas judiciais decorrentes daquele processo, sem, entretanto, desobrigá-lo dos encargos decorrentes do contrato de fiança.

EDIÇÃO N. 106: FUNDO DE GARANTIA POR TEMPO DE SERVIÇO – I

7) A CEF é responsável pelo fornecimento dos extratos das contas individualizadas vinculadas ao FGTS dos Trabalhadores participantes do Fundo de Garantia do Tempo de Serviço, inclusive para fins de exibição em juízo, independentemente do período em discussão. (Súmula n. 514/STJ) (Tese julgada sob o rito do art. 543-C do CPC/1973 – Tema 127)

10) O mero inadimplemento da obrigação de recolher as contribuições para o Fundo de Garantia por Tempo de Serviço – FGTS não configura infração à lei para que seja autorizado o redirecionamento da execução fiscal ao administrador da sociedade.

EDIÇÃO N. 107: DOS CONTRATOS DE PROMESSA DE COMPRA E VENDA E DE COMPRA E VENDA DE BENS IMÓVEIS – I

5) Em caso de rescisão de contrato de compra e venda de imóvel, a correção monetária do valor correspondente às parcelas pagas, para efeitos de restituição, incide a partir de cada desembolso.

7) Decretada a resolução do contrato de compra e venda de imóvel, com a restituição das parcelas pagas pelo comprador, o retorno das partes ao estado anterior implica o pagamento de indenização pelo tempo em que o comprador ocupou o bem, desde a data em que a posse lhe foi transferida.

EDIÇÃO N. 109: FUNDO DE GARANTIA POR TEMPO DE SERVIÇO – II

1) Compete a Justiça Federal, excluídas as reclamações trabalhistas, processar e julgar os feitos relativos à movimentação do FGTS. (Súmula n. 82/STJ)

2) É da competência da Justiça Estadual autorizar o levantamento dos valores relativos ao PIS/PASEP e FGTS, em decorrência do falecimento do titular da conta. (Súmula n. 161/STJ)

3) Compete à Justiça Federal ou aos juízes com competência delegada o julgamento das execuções fiscais de contribuições devidas pelo empregador ao FGTS. (Súmula n. 349/STJ)

7) É possível, na execução de alimentos, a penhora de valores decorrentes do FGTS para o pagamento de prestação alimentícia.

8) Não é possível a penhora do saldo do Fundo de Garantia por Tempo de Serviço – FGTS para o pagamento de honorários sucumbenciais, ainda que a dívida possua natureza alimentar em sentido amplo.

EDIÇÃO N. 113: DA DISSOLUÇÃO DA SOCIEDADE CONJUGAL E DA UNIÃO ESTÁVEL – I

1) O divórcio direto pode ser concedido sem que haja prévia partilha dos bens. (Súmula n. 197/STJ)

10) Na ação de divórcio, a audiência de ratificação prevista no art. 1.122 do Código de Processo Civil de 1973 não é obrigatória, cabendo ao juiz decidir pela oportunidade de realizá-la, não sendo, portanto, causa de anulação do processo.

EDIÇÃO N. 115: CONCURSO PÚBLICO – V

1) A Justiça do Trabalho não tem competência para decidir os feitos em que se discutem critérios utilizados pela administração para a seleção e a admissão de pessoal em seus quadros, uma vez que envolve fase anterior à investidura no emprego público.

2) Compete à Justiça do Trabalho processar e julgar demandas visando a obtenção de prestações trabalhistas, nas hipóteses em que o trabalhador foi admitido na administração pública pelo regime celetista, antes da Constituição Federal de 1988 e sem concurso público.

EDIÇÃO N. 116: DO SEGURO DE DANO

5) Nas ações regressivas, propostas pela seguradora contra o causador do dano, os juros de mora devem fluir a partir do efetivo desembolso da indenização securitária paga e não da citação.

6) Nos contratos de seguro de veículo, a correção monetária dos valores acobertados pela proteção securitária incide desde a data da celebração do pacto até o dia do efetivo pagamento do seguro.

EDIÇÃO N. 119: RESPONSABILIDADE POR DANO AMBIENTAL

6) O termo inicial da incidência dos juros moratórios é a data do evento danoso nas hipóteses de reparação de danos morais e materiais decorrentes de acidente ambiental.

7) A inversão do ônus da prova aplica-se às ações de degradação ambiental. (Súmula n. 618/STJ)

8) Não se admite a aplicação da teoria do fato consumado em tema de Direito Ambiental. (Súmula n. 613/STJ)

10) O pescador profissional é parte legítima para postular indenização por dano ambiental que acarretou a redução da pesca na área atingida, podendo utilizar-se do registro profissional, ainda que concedido posteriormente ao sinistro, e de outros meios de prova que sejam suficientes ao convencimento do juiz acerca do exercício dessa atividade.

EDIÇÃO N. 122: DA ARBITRAGEM

1) A convenção de arbitragem, tanto na modalidade de compromisso arbitral quanto na modalidade de cláusula compromissória, uma vez contratada pelas partes, goza de força vinculante e de caráter obrigatório, definindo ao juízo arbitral eleito a competência para dirimir os litígios relativos aos direitos patrimoniais disponíveis, derrogando-se a jurisdição estatal.

3) A previsão contratual de convenção de arbitragem enseja o reconhecimento da competência do Juízo arbitral para decidir com primazia sobre Poder Judiciário, de ofício ou por provocação das partes, as questões relativas à existência, à validade e à eficácia da convenção de arbitragem e do contrato que contenha a cláusula compromissória.

4) O Poder Judiciário pode, em situações excepcionais, declarar a nulidade de cláusula compromissória arbitral, independentemente do estado em que se encontre o procedimento arbitral, quando aposta em compromisso claramente ilegal.

6) O prévio ajuizamento de medida de urgência perante o Poder Judiciário não afasta a eficácia da cláusula compromissória arbitral.

8) No âmbito do cumprimento de sentença arbitral condenatória de prestação pecuniária, a multa de 10% (dez por cento) do artigo 475-J do CPC deverá incidir se o executado não proceder ao pagamento espontâneo no prazo de 15 (quinze) dias contados da juntada do mandado de citação devidamente cumprido aos autos (em caso de título executivo contendo quantia líquida) ou da intimação do devedor, na pessoa de seu advogado, mediante publicação na imprensa oficial (em havendo prévia liquidação da obrigação certificada pelo juízo arbitral). (Tese julgada sob o rito do art. 543-C do CPC/1973 – TEMA 893)

11) A legislação consumerista impede a adoção prévia e compulsória da arbitragem no momento da celebração do contrato, mas não proíbe que, posteriormente, em face de eventual litígio, havendo consenso entre as partes, seja instaurado o procedimento arbitral.

12) Diante da força coercitiva de convenção condominial com cláusula arbitral, qualquer condômino que ingressar no agrupamento condominial está obrigado a obedecer às normas ali constantes, de modo que eventuais conflitos condominiais deverão ser resolvidos por meio de arbitragem, excluindo-se a participação do Poder Judiciário.

EDIÇÃO N. 124: BENS PÚBLICOS

10) Construção ou atividade irregular em bem de uso comum do povo revela dano presumido à coletividade, dispensada prova de prejuízo em concreto.

EDIÇÃO N. 125: RESPONSABILIDADE CIVIL – DANO MORAL

4) A legitimidade para pleitear a reparação por danos morais é, em regra, do próprio ofendido, no entanto, em certas situações, são colegitimadas também aquelas pessoas que, sendo muito próximas afetivamente à vítima, são atingidas indiretamente pelo evento danoso, reconhecendo-se, em tais casos, o chamado dano moral reflexo ou em ricochete.

5) Embora a violação moral atinja apenas os direitos subjetivos do falecido, o espólio e os herdeiros têm legitimidade ativa ad causam para pleitear a reparação dos danos morais suportados pelo de cujus.

6) Os sucessores possuem legitimidade para ajuizar ação de reparação de danos morais em decorrência de perseguição, tortura e prisão, sofridos durante a época do regime militar.

EDIÇÃO N. 128: DOS HONORÁRIOS ADVOCATÍCIOS – I

1) O marco temporal para a aplicação das normas do Código de Processo Civil de 2015, a respeito da fixação e da distribuição dos honorários de sucumbência, é a data da prolação de sentença/acórdão que as impõe.

2) Não se aplica a regra do art. 85, § 2º, do CPC/2015, direcionada ao arbitramento dos honorários advocatícios sucumbenciais, na hipótese em que a sentença tiver sido proferida na vigência do antigo diploma processual civil.

10) São devidos honorários advocatícios pela Fazenda Pública nas execuções individuais de sentença proferida em ações coletivas, ainda que não embargadas. (Súmula n. 345/STJ)

11) O art. 85, § 7º, do CPC/2015 não afasta a aplicação do entendimento consolidado na Súmula 345 do STJ, de modo que são devidos honorários advocatícios nos procedimentos individuais de cumprimento de sentença decorrente de ação coletiva, ainda que não impugnados e promovidos em litisconsórcio. (Tese julgada sob o rito do art. 1.039 do CPC/2015 – TEMA 973)

EDIÇÃO N. 129: DOS HONORÁRIOS ADVOCATÍCIOS – II

1) Os honorários advocatícios têm natureza alimentar, sendo possível a penhora de verbas remuneratórias para o seu pagamento.

2) O § 8º do art. 85 do Código de Processo Civil de 2015 transmite regra excepcional, de aplicação subsidiária, em que se permite a fixação dos honorários sucumbenciais por critério de equidade, para as hipóteses em que, havendo ou não condenação: (I) o proveito econômico obtido pelo vencedor seja inestimável ou irrisório; ou (II) o valor da causa seja muito baixo.

3) Não é possível a compensação de honorários advocatícios quando a sua fixação ocorrer na vigência do CPC/2015 – art. 85, § 14.

7) Por critério de simetria, não é cabível a condenação da parte vencida ao pagamento de honorários advocatícios em favor do Ministério Público nos autos de ação civil pública ou de ação coletiva, salvo comprovada má-fé.

9) Na hipótese de rejeição da impugnação ao cumprimento de sentença, não são cabíveis honorários advocatícios. (Súmula n. 519/STJ) (Tese julgada sob o rito do art. 543-C do CPC/1973 – TEMA 408)

10) São devidos honorários advocatícios no cumprimento de sentença, haja ou não impugnação, depois de escoado o prazo para pagamento voluntário, que se inicia após a intimação do advogado da parte executada. (Súmula n. 517/STJ)

11) Não é possível a modificação do valor de verba honorária fixada em sentença transitada em julgado, sob pena de ofensa à coisa julgada.

12) São devidos honorários advocatícios sucumbenciais pelo exequente em virtude do acolhimento total ou parcialmente de exceção de pré-executividade.

13) Em embargos de terceiro, quem deu causa à constrição indevida deve arcar com os honorários advocatícios. (Súmula n. 303/STJ)

EDIÇÃO N. 133: DO DIREITO DAS COISAS

1) Por se tratar de competência relativa, a ação que se refira a direitos reais sobre imóvel, excluídos aqueles que expressamente ensejem a competência absoluta do foro em que situada a coisa (art. 47, § 1º, do CPC/2015), poderá ser ajuizada no foro do domicílio do réu ou, se houver, no foro eleito pelas partes.

2) Os motivos que justificam a improrrogabilidade da competência das ações reais imobiliárias cedem diante da competência conferida ao juízo indivisível da falência que, por definição, é um foro de atração para o qual convergem a discussão de todas as causas e as ações pertinentes a um patrimônio com universalidade jurídica.

3) Os herdeiros possuem legitimidade ativa para atuarem diretamente em juízo em ações de direito real, enquanto não aberto o inventário, por aplicação do princípio de saisine.

4) É necessária a citação de ambos os cônjuges nas ações que versem acerca de direitos reais imobiliários, tratando-se de hipótese de litisconsórcio passivo necessário.

EDIÇÃO N. 135: CONSELHOS PROFISSIONAIS – I

9) A Ordem dos Advogados do Brasil – OAB, embora possua natureza jurídica especialíssima, submete-se ao disposto no art. 8º da Lei n. 12.514/2011, que determina que os conselhos de classe somente executarão dívida de anuidade quando o total do valor inscrito atingir o montante mínimo correspondente a 4 (quatro) anuidades.

10) Compete a Justiça Federal processar e julgar execução fiscal promovida por Conselho de Fiscalização Profissional. (Súmula n. 66/STJ)

11) Não se aplica o art. 20 da Lei n. 10.552/2002, que determina o arquivamento provisório das execuções de pequeno valor, às execuções fiscais propostas pelos conselhos regionais de fiscalização profissional.

12) Em execução fiscal ajuizada por conselho de fiscalização profissional, seu representante judicial possui a prerrogativa de ser pessoalmente intimado. (Tese julgada sob o rito do art. 1.039 do CPC/2015 – TEMA 580)

EDIÇÃO N. 136: CONSELHOS PROFISSIONAIS – II

2) A atividade fiscalizatória exercida pelos conselhos profissionais, decorrente da delegação do poder de polícia, está inserida no âmbito do direito administrativo, não podendo ser considerada relação de trabalho e, de consequência, não está incluída na esfera de competência da Justiça Trabalhista.

3) O benefício da isenção do preparo, conferido aos entes públicos previstos no art. 4º, caput, da Lei n. 9.289/1996, é inaplicável aos conselhos de fiscalização profissional. (Tese julgada sob o rito do art. 1.036 do CPC/2015 – TEMA 625)

EDIÇÃO N. 137: DOS DIREITOS DA PERSONALIDADE – I

5) Independe de prova do prejuízo a indenização pela publicação não autorizada de imagem de pessoa com fins econômicos ou comerciais. (Súmula n. 403/STJ)

6) A divulgação de fotografia em periódico (impresso ou digital) para ilustrar matéria acerca de manifestação popular de cunho político-ideológico ocorrida em local público não tem intuito econômico ou comercial, mas tão-somente informativo, ainda que se trate de sociedade empresária, não sendo o caso de aplicação da Súmula n. 403/STJ.

9) O uso não autorizado da imagem de menores de idade gera dano moral *in re ipsa.*

EDIÇÃO N. 138: DOS DIREITOS DA PERSONALIDADE – II

10) Em caso de uso indevido do nome da pessoa com intuito comercial, o dano moral é *in re ipsa.*

EDIÇÃO N. 142: PROCESSO ADMINISTRATIVO DISCIPLINAR – V

1) O mandado de segurança não é a via adequada para o exame da suficiência do conjunto fático-probatório constante do Processo Administrativo Disciplinar – PAD.

2) Na via do mandado de segurança, é possível valorar a congruência entre a conduta apurada e a capitulação da pena de demissão aplicada no processo administrativo disciplinar.

EDIÇÃO N. 148: GRATUIDADE DA JUSTIÇA – I

1) A Defensoria Pública não detém a exclusividade da prestação de assistência jurídica gratuita na defesa daqueles que não têm meios financeiros para contratar advogado, assim como não existe direito subjetivo de o acusado de ser defendido pela Defensoria Pública.

2) Não se presume a hipossuficiência econômica para concessão da gratuidade da justiça pelo simples fato de a parte ser representada pela Defensoria Pública, sendo necessário o preenchimento dos requisitos previstos em lei.

5) O beneficiário da justiça gratuita não faz jus à isenção das custas e dos honorários advocatícios, cuja exigibilidade ficará suspensa, nos termos do art. 98, §§ 2° e 3°, do Código de Processo Civil – CPC.

6) O fato de a parte ser beneficiária da gratuidade da justiça não impede a fixação de honorários, no entanto sua exigibilidade ficará suspensa na forma do art. 98, § 3º, do CPC.

7) Faz jus ao benefício da justiça gratuita a pessoa jurídica com ou sem fins lucrativos que demonstrar sua impossibilidade de arcar com os encargos processuais. (Súmula n. 481/STJ)

8) O direito à gratuidade da justiça da pessoa jurídica em regime de liquidação extrajudicial ou de falência depende da demonstração de sua impossibilidade de arcar com os encargos processuais.

9) O beneficiário da assistência judiciária gratuita tem direito à elaboração de cálculos pela Contadoria Judicial, independentemente de sua complexidade. (TEMA: 672)

10) O art. 12, §2º, da Lei n. 10.257/2001, que assegura aos autores da ação de usucapião especial urbana os benefícios da assistência judiciária gratuita, incluindo as despesas de registro imobiliário, deve ser interpretado em harmonia com o Código de Processo Civil.

EDIÇÃO N. 149: GRATUIDADE DA JUSTIÇA – II

1) O patrocínio da causa por Núcleo de Prática Jurídica não implica, automaticamente, a concessão dos benefícios da assistência judiciária gratuita, sendo indispensável o preenchimento dos requisitos previstos em lei.

2) Os advogados dos Núcleos de Prática Jurídica, por se equipararem aos defensores públicos na prestação da assistência judiciária gratuita, serão intimados pessoalmente de todos os atos processuais (art. 5º, § 5º, da Lei n. 1.060/1950).

4) A concessão de gratuidade da justiça ao sindicato é possível, quando demonstrada a sua condição de hipossuficiência que o impossibilite de arcar com os encargos processuais.

5) O espólio tem direto ao benefício da justiça gratuita desde que demonstrada sua hipossuficiência.

6) Nas ações ajuizadas por menor, em que pese a existência da figura do representante legal no processo, o pedido de concessão de gratuidade da justiça deve ser examinado sob o prisma do menor, que é parte do processo.

7) O benefício da assistência judiciária gratuita depende de expresso pedido da parte, sendo vedada sua concessão de ofício pelo juiz.

8) A ausência de manifestação do órgão julgador a respeito do pedido de assistência judiciária gratuita formulado enseja a presunção da concessão do benefício em favor da parte que o pleiteou, quando acompanhado da declaração de hipossuficiência.

9) O deferimento do pedido de gratuidade da justiça opera efeitos *ex nunc*, ou seja, não alcançam encargos pretéritos ao requerimento do benefício.

10) A afirmação de pobreza goza de presunção relativa de veracidade, podendo o magistrado, de ofício, indeferir ou revogar o benefício da assistência judiciária gratuita, quando houver fundadas razões acerca da condição econômico-financeira da parte.

11) A revogação do benefício de assistência judiciária gratuita deve estar fundamentada em fato novo que altere a condição de hipossuficiência da parte.

12) A revogação da assistência judiciária gratuita não é sanção prevista ao litigante de má-fé, sujeito às hipóteses e penalidades dos art. 80 e art. 81 do Código de Processo Civil – CPC.

EDIÇÃO N. 150: GRATUIDADE DA JUSTIÇA – III

1) É inadequada a utilização de critérios exclusivamente objetivos para a concessão de benefício da gratuidade da justiça, devendo ser efetuada avaliação concreta da possibilidade econômica de a parte postulante arcar com os ônus processuais.

2) A faixa de isenção do Imposto de Renda não pode ser tomada como único critério para a concessão ou denegação da justiça gratuita.

5) O benefício da assistência judiciária gratuita, uma vez concedido, prevalece em todas as instâncias e para todos os atos do processo.

6) A assistência judiciária gratuita limita-se aos atos de um mesmo processo, não alcançando outras ações próprias e autônomas porventura ajuizadas.

7) O benefício da gratuidade da justiça concedido no processo de conhecimento persistirá nos processos de liquidação e de execução, inclusive nos embargos à execução, salvo se revogado expressamente.

8) O beneficiário da justiça gratuita não pode opor embargos à execução fiscal sem a prévia garantia do juízo (art. 16, § 1º, da Lei n. 6.830/1980), pois a Lei de Execução Fiscal – LEF tem prevalência sobre o Código de Processo Civil – CPC, em virtude do princípio da especialidade.

9) A limitação da responsabilidade financeira do Estado, prevista no art. 95, § 3º, II, do CPC, não exclui do sucumbente beneficiário da gratuidade da justiça o ônus de arcar com o adimplemento de verba honorária pericial remanescente.

10) Sob a égide do CPC/1973, o deferimento da gratuidade da justiça não constitui óbice à compensação de honorários advocatícios no caso de sucumbência recíproca.

15) O recolhimento das custas é ato incompatível com o pleito de concessão dos benefícios da gratuidade da justiça, pela proibição de a parte adotar comportamentos contraditórios – *venire contra factum proprium.*

EDIÇÃO N. 155: LEI DE EXECUÇÃO FISCAL – II

2) Na execução fiscal, o devedor não possui o direito subjetivo de alterar a ordem de penhora estabelecida pela lei sem que apresente elementos concretos que justifiquem a incidência do princípio da menor onerosidade. (Tese julgada sob o rito do art. 543-C do CPC/1973 – Tema 578)

3) A Fazenda Pública pode recusar a substituição do bem penhorado por precatório. (Tese julgada sob o rito do art. 543-C do CPC/1973 – Tema 120)

4) A Fazenda Pública pode, a qualquer tempo, requerer a substituição do bem penhorado por outro de maior liquidez – art. 15, II da Lei n. 6.830/1980.

5) O exequente pode recusar a penhora de bem quando este for de difícil ou onerosa alienação, pois a execução é feita no interesse do credor.

6) É facultado a Fazenda Pública requerer a remoção de bens penhorados (art. 11, § 3º, da LEF), cabendo ao juízo, quando demandado, manifestar-se para avaliar a existência de motivos que autorizem o pedido e assegurar que a execução se faça pelo modo menos gravoso.

7) É admissível a penhora por termo nos autos, consoante previsto no art. 659, §§ 4º e 5º, do CPC/73 (art. 845, § 1º, do CPC/15), por ser esse procedimento compatível com o artigo 13 da LEF, que prevê a avaliação no termo ou auto de penhora.

8) Impugnada a avaliação do imóvel penhorado, pelo executado ou pela Fazenda Pública (art. 13, §1º da LEF), o magistrado pode indeferir, fundamentadamente, o pedido de reavaliação do bem, mesmo quando avaliado por oficial de justiça.

9) A inércia do executado em impugnar o valor da avaliação conduz à preclusão.

EDIÇÃO N. 156: LEI DE EXECUÇÃO FISCAL – III

1) A inércia da Fazenda exequente, ante a intimação regular para promover o andamento do feito e a observância dos artigos 40 e 25 da Lei de Execução Fiscal, implica a extinção da execução fiscal não embargada *ex officio*, afastando-se o Enunciado Sumular 240 do STJ, segundo o qual "A extinção do processo, por abandono da causa pelo autor, depende de requerimento do réu". Matéria impassível de ser alegada pela exequente contumaz. (Julgado sob o rito do art. 543-C do CPC/1973 – Tema 314)

3) As compensações efetuadas pelo executado podem figurar como fundamento de defesa dos embargos à execução fiscal, desde que realizadas antes do ajuizamento do feito executivo e reconhecidas administrativa ou judicialmente, afastando-se a vedação do art. 16, § 3º, da Lei n. 6.830/1980. (Julgado sob o rito do art. 543-C do CPC/1973 – Tema 294)

4) O exequente tem direito ao reforço ou à substituição da penhora em qualquer fase do processo (art. 15, II, da LEF) para fazê-la obedecer à ordem legal estabelecida no art. 11 da LEF ou arts. 655 e 656 do CPC/73 (art. 835 CPC/15), sendo irrelevante se foi anteriormente aceita.

5) Recaindo a penhora sobre bem imóvel de devedor casado, o prazo para opor embargos à execução fiscal é contado a partir da intimação do cônjuge.

6) A garantia do juízo é condição de procedibilidade dos embargos de devedor nos exatos termos do art. 16, § 1º, da Lei n. 6.830/80.

7) A garantia parcial da execução não pode obstar a admissibilidade dos embargos do devedor.

8) O depósito prévio previsto no art. 38 da LEF, não constitui condição de procedibilidade da ação anulatória, mas mera faculdade do autor, para o efeito de suspensão da exigibilidade do crédito tributário, nos termos do art. 151 do CTN, inibindo, dessa forma, o ajuizamento da ação executiva fiscal. (Tese julgada sob o rito do art. 543-C do CPC/1973 – Tema 241).

9) O prazo para oferecimento de embargos à execução fiscal inicia-se a partir da intimação do depósito, após sua formalização e redução a termo.

11) Os efeitos da suspensão da exigibilidade pela realização do depósito integral do crédito exequendo, quer no bojo de ação anulatória, quer no de ação declaratória de inexistência de relação jurídico-tributária, ou mesmo no de mandado de segurança, desde que ajuizados anteriormente à execução fiscal, têm o condão de impedir a lavratura do auto de infração, assim como de coibir o ato de inscrição em dívida ativa e o ajuizamento da execução fiscal, a qual, acaso proposta, deverá ser extinta. (Julgado sob o rito do art. 543-C do CPC/1973 – Tema 271)

12) Se a execução foi ajuizada apenas contra a pessoa jurídica, mas o nome do sócio consta da CDA, a ele incumbe o ônus da prova de que não ficou caracterizada nenhuma das circunstâncias previstas no art. 135 do CTN, ou seja, não houve a prática de atos "com excesso de poderes ou infração de lei, contrato social ou estatutos". (Julgado sob o rito do art. 543-C do CPC/1973 – Tema 103)

13) A Fazenda Pública pode substituir a certidão de dívida ativa (CDA) até a prolação da sentença de embargos, quando se tratar de correção de erro material ou formal, vedada a modificação do sujeito passivo da execução. (Tese julgada sob o rito do art. 543-C do CPC/1973 – Tema 166) (Súmula 392/STJ).

14) É possível o prosseguimento da execução fiscal sem a necessidade de emenda ou substituição da CDA, quando, mediante simples cálculo aritmético, se verificar o excesso cobrado pelo fisco cuja origem é um lançamento fundado em lei posteriormente declarada inconstitucional. (Tese julgada sob o rito do art. 543-C do CPC/1973 – Tema 249)

17) A multa moratória, por constituir pena administrativa, não incide sobre a massa falida nas execuções fiscais, em processos de falência ajuizados anteriormente à vigência da Lei n. 11.101/2005.

EDIÇÃO N. 157: LEI DE EXECUÇÃO FISCAL – IV

1) Não cabe exceção de pré-executividade em execução fiscal promovida contra sócio que figura como responsável na Certidão de Dívida Ativa – CDA, pois não é possível dilação probatória nesta ação. (Tese julgada sob o rito do art. 543-C do CPC/1973 – Tema 108)

2) É cabível a fixação de honorários de sucumbência quando a exceção de pré-executividade for acolhida para extinguir total ou parcialmente a execução fiscal. (Tese julgada sob o rito do art. 543-C do CPC/1973 – Tema 421)

4) O deferimento da recuperação judicial não tem, por si só, o condão de suspender as execuções fiscais (art. 6º, § 7º, da Lei n. 11.105/2005, art. 187 do CTN e art. 29 da Lei n. 6.830/1980).

5) O entendimento de que o ajuizamento contra a pessoa jurídica cuja falência foi decretada antes do ajuizamento da referida execução fiscal "constitui mera irregularidade, sanável nos termos do art. 284 do CPC e do art. 2º, § 8º, da Lei 6.830/1980 não viola a orientação fixada pela Súmula 392 do Superior Tribunal Justiça, mas tão somente insere o equívoco ora debatido na extensão do que se pode compreender por 'erro material ou formal', e não como 'modificação do sujeito passivo da execução', expressões essas empregadas pelo referido precedente sumular. (Tese julgada sob o rito do art. 543-C do CPC/1973 – Tema 703)

6) A declaração de inconstitucionalidade do art. 3°, § 1°, da Lei n. 9.718/1998, pelo STF, não afasta automaticamente a presunção de certeza e de liquidez da CDA, motivo pelo qual é vedado extinguir de ofício, por esse motivo, a execução fiscal. (Tese julgada sob o rito do art. 543-C do CPC/1973 – Tema 690).

8) O encargo de 20% previsto no DL n. 1.025/1969 é exigível na execução fiscal proposta contra a massa falida. (Tese julgada sob o rito do art. 543-C do CPC/1973 – Tema 107) (Súmula n. 400/STJ)

9) Presume-se dissolvida irregularmente a empresa que deixar de funcionar no seu domicílio fiscal, sem comunicação aos órgãos competentes, legitimando o redirecionamento da execução fiscal para o sócio-gerente. (Súmula n. 435/STJ)

10) Em execução fiscal de dívida ativa tributária ou não-tributária, dissolvida irregularmente a empresa, está legitimado o redirecionamento ao sócio-gerente. (Tese julgada sob o rito do art. 543-C do CPC/1973 – Tema 630)

EDIÇÃO N. 158: LEI DE EXECUÇÃO FISCAL – V

1) A certidão de dívida ativa – CDA goza de presunção de certeza e liquidez, assim, compete ao executado o ônus de juntar aos autos executório fiscal a cópia de peças do processo administrativo capaz de ilidir tal presunção (art. 41 da LEF).

2) O promitente vendedor é parte legítima para figurar no polo passivo da execução fiscal que busca a cobrança de ITR nas hipóteses em que não há registro imobiliário do ato translativo de propriedade. (Tese julgada sob o rito do art. 543-C do CPC/73 – Tema 209)

3) A citação por edital na execução fiscal é cabível quando frustradas as demais modalidades. (Tese julgada sob o rito do art. 543-C do CPC/1973 – Tema 102) (Súmula n. 414/STJ)

5) A Fazenda Pública, em execução fiscal, é isenta do pagamento de custas e emolumentos, cabendo-lhe, se vencida, reembolsar as despesas antecipadas pela parte litigante no curso do processo. (Tese julgada sob o rito do art. 543-C do CPC/1973 – Tema 202)

6) É absoluta a competência do Juízo de direito da comarca do domicílio do devedor para processar e julgar as execuções fiscais, persistindo nas ações ajuizadas antes da revogação do art. 15, I, da Lei n. 5.010/1966 pela lei n. 13.043/2014.

9) A Lei 11.941/2008 remite os débitos para com a Fazenda Nacional vencidos há cinco anos ou mais cujo valor total consolidado seja igual ou inferior a 10 mil reais. Não pode o magistrado, de ofício, pronunciar a remissão, analisando isoladamente o valor cobrado em uma Execução Fiscal, sem questionar a Fazenda sobre a existência de outros débitos que somados impediriam o contribuinte de gozar do benefício. (Teste julgada sob o rito do art.543-C, do CPC/73, TEMA 457)

EDIÇÃO N. 159: LEI DE EXECUÇÃO FISCAL – VI

1) O devedor não tem o direito a ser executado no foro de seu domicílio quando presentes quaisquer das hipóteses previstas no art. 578, parágrafo único do CPC/1973 (arts. 46, § 5º e 781 do CPC/2015).

2) Antes da edição da Lei n. 13.874/2019, as execuções fiscais promovidas pela União e relativas a débitos iguais ou inferiores a R$ 10.000,00 (dez mil reais) deveriam ter seus autos arquivados, sem baixa na distribuição.

4) Em ações de execução fiscal, é desnecessária a instrução da petição inicial com o demonstrativo de cálculo do débito, por tratar-se de requisito não previsto no art. 6º da Lei n. 6.830/1980. (Súmula 559/STJ)

5) Não é cabível mandado de segurança contra decisão proferida em execução fiscal no contexto do art. 34 da Lei n. 6.830/1980. (Tese julgada sob o rito do art. 947 do CPC/2015 – TEMA 3)

6) O depósito integral do débito tributário para garantia do juízo afasta a incidência dos juros de mora a partir da data em que foi efetivado.

7) É possível a utilização do seguro garantia judicial como caução em execução fiscal, conforme art. 835, § 2º, do CPC/2015 c/c art. 9º, II, da Lei n. 6. 830/1980, alterado pela Lei n. 13043/2014.

10) A execução fiscal pode ser redirecionada em desfavor da empresa sucessora para cobrança de crédito tributário relativo a fato gerador ocorrido posteriormente à incorporação empresarial e ainda lançado em nome da sucedida, sem a necessidade de modificação da Certidão de Dívida Ativa, quando verificado que esse negócio jurídico não foi informado oportunamente ao fisco. (Tese julgada sob o rito do art. 1036 do CPC – Tema 1049)

EDIÇÃO N. 160: DIREITO DO CONSUMIDOR – IV

1) Na ação consumerista, o Ministério Público faz jus à inversão do ônus da prova, independentemente daqueles que figurem como autores ou réus da demanda.

3) O clube de turismo e a rede conveniada de hotéis são responsáveis solidariamente pelo padrão de atendimento e pela qualidade dos serviços prestados, em razão da indissociabilidade entre as obrigações de fazer assumidas pela empresa e pelo hotel credenciado (art. 34 do CDC).

7) A operadora do plano de saúde, na condição de fornecedora de serviço, responde solidariamente perante o consumidor pelos defeitos em sua prestação, seja quando os fornece por meio de hospital próprio e médicos contratados ou por meio de médicos e hospitais credenciados.

EDIÇÃO N. 164: DIREITO DO CONSUMIDOR – VIII

1) As agências de turismo não respondem solidariamente pela má prestação do serviço de transporte aéreo na hipótese de compra e venda de passagens sem a comercialização de pacotes de viagens.

9) O provedor de buscas de produtos voltado ao comércio eletrônico que não realiza qualquer intermediação entre consumidor e vendedor não pode ser responsabilizado por vício de mercadoria ou inadimplemento contratual.

EDIÇÃO N. 165: DIREITO DO CONSUMIDOR – IX

9) Configura dano moral coletivo *in re ipsa* a exploração de jogos de azar, por constituir atividade ilegal da qual resultam relações de consumo que transcendem os interesses individuais dos frequentadores das casas de jogo.

11) Em ação redibitória, o consumidor que teve restituição do valor pago pelo fornecedor deve devolver o bem considerado inadequado ao uso.

EDIÇÃO N. 168: FORNECIMENTO DE MEDICAMENTO PELO PODER PÚBLICO – I

1) O Ministério Público é parte legítima para pleitear tratamento médico ou entrega de medicamentos nas demandas de saúde propostas contra os entes federativos, mesmo quando se tratar de feitos contendo beneficiários individualizados, porque se refere a direitos individuais indisponíveis, na forma do art. 1º da Lei n. 8.625/1993 (Lei Orgânica Nacional do Ministério Público). (Tese julgada sob o rito do art. 1.036 do CPC/2015 – TEMA 766)

2) É possível submeter ao rito dos Juizados Especiais Federais as causas que envolvem fornecimento de medicamentos/tratamento médico, cujo valor seja de até 60 salários-mínimos, ajuizadas pelo Ministério Público ou pela Defensoria Pública em favor de pessoa determinada.

3) É cabível a atribuição de efeitos *erga omnes* à decisão de procedência proferida em ação civil pública relativa ao fornecimento de medicamentos, incumbindo a cada titular do direito o ônus de comprovar o seu enquadramento na hipótese prevista pela sentença.

4) O chamamento ao processo da União com base no art. 77, III, do CPC, nas demandas propostas contra os demais entes federativos responsáveis para o fornecimento de medicamentos ou prestação de serviços de saúde, não é impositivo, mostrando-se inadequado opor obstáculo inútil à garantia fundamental do cidadão à saúde. (Tese julgada sob o rito do art. 543-C do CPC/1973 – TEMA 686)

5) A responsabilidade dos entes federativos (União, Estados, Distrito Federal e Municípios), nas ações que buscam o fornecimento de medicamentos, é solidária, podendo figurar no polo passivo qualquer um deles em conjunto ou isoladamente.

6) Tratando-se de fornecimento de medicamentos, cabe ao Juiz adotar medidas eficazes à efetivação de suas decisões, podendo, se necessário, determinar até mesmo o sequestro de valores do devedor (bloqueio), segundo o seu prudente arbítrio, e sempre com adequada fundamentação. (Tese julgada sob o rito do art. 543-C do CPC/1973 – TEMA 84)

7) É possível conceder a antecipação dos efeitos da tutela contra a Fazenda Pública para obrigá-la ao fornecimento de medicamento.

8) Possibilidade de imposição de multa diária (astreintes) a ente público, para compeli-lo a fornecer medicamento à pessoa desprovida de recursos financeiros. (Tese julgada sob o rito do art. 543-C do CPC/1973 – TEMA 98).

9) O valor da multa cominatória imposta em razão do descumprimento da obrigação de fornecer tratamento e medicamentos adequados ao portador de doença grave deve ser revertido em favor do credor independentemente do recebimento de perdas e danos.

10) É possível o reconhecimento do direito de sucessores ao recebimento de multa diária imposta em demandas cujo objetivo é a efetivação do direito à saúde, pois referido valor não se reveste da mesma natureza personalíssima que possui a pretensão principal, tratando-se de crédito patrimonial, portanto, transmissível aos herdeiros.

EDIÇÃO N. 169: FORNECIMENTO DE MEDICAMENTO PELO PODER PÚBLICO – II

4) A substituição ou complementação do medicamento pleiteado na inicial não configura inovação do pedido ou da causa de pedir, mas mera adequação do tratamento para a cura da enfermidade do paciente.

5) Não incorre em condenação genérica a decisão que determina ao Estado o fornecimento de medicamento especificado na inicial, bem como de outros que se mostrem necessários no decorrer do tratamento da doença objeto da ação, desde que devidamente comprovada a necessidade.

6) Não há julgamento *extra petita* no reconhecimento do direito de receber o medicamento reivindicado conforme prescrito, considerando necessária a apresentação de

receita médica como forma de fiscalização, sobretudo em se tratando de sentença sujeita a reexame necessário.

7) Não há ofensa à coisa julgada quando o autor pleiteia a substituição ou o complemento de medicamento diverso do requerido na petição inicial, desde que relativo à mesma enfermidade, para fins de mera adequação do tratamento, em atenção aos princípios da celeridade processual e da instrumentalidade das formas.

8) Nas ações em que se busca o fornecimento de medicamentos de forma gratuita, os honorários sucumbenciais podem ser arbitrados por apreciação equitativa, tendo em vista que o proveito econômico, em regra, é inestimável.

9) Extinta a demanda que objetivava o fornecimento de medicamentos, sem resolução do mérito, em decorrência do falecimento da parte autora, deve o ente estatal responder pelo pagamento das verbas sucumbenciais, em razão do princípio da causalidade.

10) Nas ações em que se busca o fornecimento de medicamentos, a solidariedade reconhecida em um dos pedidos não se estende aos ônus da sucumbência, pois a regra da proporcionalidade por despesas e honorários apenas será afastada quando decidida expressamente na sentença.

EDIÇÃO N. 186: IMPROBIDADE ADMINISTRATIVA III[11]

1) É lícita a cumulação de pedidos de natureza condenatória, declaratória e constitutiva na ação civil pública por ato de improbidade administrativa.

2) Na ação civil pública por ato de improbidade administrativa, é cabível a compensação por danos morais na defesa de interesse difuso ou coletivo.

5) É viável o prosseguimento de ação de improbidade administrativa exclusivamente contra particular quando há pretensão de responsabilizar agentes públicos pelos mesmos fatos em outra demanda conexa.

6) Não há falar em julgamento extra petita nem em violação ao princípio da congruência na hipótese de decisão que enquadra o ato de improbidade administrativa em dispositivo diverso do indicado na inicial, pois a defesa atém-se aos fatos e o juiz define a sua qualificação jurídica.

7) Nas ações de improbidade administrativa com base nos arts. 9º e/ou 10 da Lei n. 8.429/1992 (dano ao patrimônio público ou enriquecimento ilícito), somente os sucessores do réu estão legitimados a prosseguir no polo passivo, nos limites da herança, para fins de ressarcimento e pagamento da multa civil.

8) É possível a decretação de indisponibilidade de bens sobre ativos financeiros nas ações de improbidade administrativa.

---

11. Atentar, quando da leitura das Jurisprudências em Teses referentes a Improbidade Administrativa, que os entendimentos foram firmados com base na redação anterior da Lei no 8.429/92, sem considerar as severas modificações pela edição da Lei no 14.230/21 no regramento da matéria quando o caso. Todavia, diante da possibilidade de as compreensões jurisprudenciais formadas com base na legislação revogada/ultrapassada, em aplicação do direito intertemporal, mantem-se importante a leitura proposta.

10) No cumprimento de sentença proferida em ação de improbidade administrativa podem ser adotadas subsidiariamente medidas executivas atípicas de cunho não patrimonial, se houver indícios de que o devedor possui patrimônio expropriável e se a decisão for fundamentada, observados os princípios do contraditório e da proporcionalidade.

EDIÇÃO N. 187: IMPROBIDADE ADMINISTRATIVA IV

1) Nas ações de improbidade administrativa, a competência cível da Justiça Federal é definida em razão da presença das pessoas jurídicas de direito público na relação processual e não em razão da natureza da verba em discussão, afasta-se, assim, a incidência das Súmulas n. 208 e 209 do Superior Tribunal de Justiça, por versarem sobre a fixação de competência em matéria penal.

4) O Ministério Público possui legitimidade para propor ação civil pública por improbidade administrativa contra dirigentes das entidades que compõem os chamados serviços sociais autônomos – Sistema S.

6) O afastamento cautelar de agente público durante a apuração dos atos de improbidade administrativa se legitima como medida excepcional se configurado risco à instrução processual, não é, portanto, lícito invocar relevância, hierarquia ou posição do cargo para a imposição da medida.

7) É desnecessária a individualização de bens sobre os quais se pretende fazer recair a cautelar de indisponibilidade requerida pelo Ministério Público nas ações de improbidade administrativa.

8) A medida constritiva de indisponibilidade de bens não incide sobre valores inferiores a 40 salários-mínimos depositados em caderneta de poupança, em aplicações financeiras ou em conta-corrente, ressalvadas as hipóteses de comprovada má-fé, de abuso de direito, de fraude ou de os valores serem produto da conduta ímproba.

9) Na ação de improbidade administrativa é cabível decretação de indisponibilidade de bens sobre verbas provenientes do Fundo de Garantia por Tempo de Serviço – FGTS quando o valor resgatado da conta vinculada passa a integrar o patrimônio do réu, ressalvada proteção prevista no art. 833, X, do Código de Processo Civil.

11) Caracterizada a improbidade administrativa por dano ao erário, a devolução dos valores é imperiosa e deve vir acompanhada de pelo menos uma das sanções legais que visam a reprimir a conduta ímproba, pois o ressarcimento não constitui penalidade propriamente dita, mas sim consequência imediata e necessária do prejuízo causado.

EDIÇÃO N. 188: IMPROBIDADE ADMINISTRATIVA V

2) Nas ações de improbidade administrativa com pluralidade de réus, a responsabilidade entre eles é solidária até, ao menos, a instrução final do feito, momento em que se delimita a quota de responsabilidade de cada agente para fins de ressarcimento ao erário.

3) Na hipótese de não delimitação da cota de responsabilidade solidária dos corréus pelo ressarcimento ao erário na fase instrutória da ação de improbidade, é possível a discussão a respeito da individualização do dano no momento da liquidação de sentença.

4) Na hipótese de solidariedade entre os corréus na ação de improbidade administrativa, o bloqueio do valor total determinado pelo juiz para assegurar o ressarcimento ao erário poderá recair sobre o patrimônio de qualquer um deles, vedado o bloqueio do débito total em relação a cada um dos coobrigados, tendo em vista a proibição do excesso na cautela.

5) Incabível aplicar a pena de cassação de aposentadoria – não prevista no rol taxativo do art. 12 da Lei 8.429/1992 – em processo judicial em que se apura a prática de atos de improbidade administrativa, em virtude do princípio da legalidade estrita, que impede o uso de interpretação extensiva no âmbito do direito sancionador.

7) Na ação civil pública por improbidade administrativa, por critério de simetria, é incabível a condenação da parte vencida ao pagamento de honorários advocatícios sucumbenciais em favor do Ministério Público, salvo comprovada má-fé.

8) Por se tratar de instâncias independentes, eventual sanção imposta a agente no âmbito da Justiça Eleitoral não inviabiliza nova condenação, ainda que pelos mesmos fatos, por violação da Lei de Improbidade Administrativa, pois não há falar em *bis in idem*.

9) Não configura *bis in idem* a coexistência de acórdão condenatório do Tribunal de Contas ao ressarcimento ao erário e de sentença condenatória em ação civil pública por improbidade administrativa.

EDIÇÃO N. 200: BEM DE FAMÍLIA II

3) A impenhorabilidade conferida ao bem de família legal alcança todas as obrigações do devedor indistintamente, ainda que o imóvel tenha sido adquirido no curso de demanda executiva, diversamente, no bem de família convencional, a impenhorabilidade é relativa, visto que o imóvel apenas estará protegido da execução por dívidas subsequentes à sua constituição.

4) Nas situações em que o devedor possua vários imóveis utilizados como residência, a impenhorabilidade poderá incidir sobre imóvel de maior valor caso tenha sido instituído, formalmente, como bem de família, no Registro de Imóveis (art. 1.711 do CC/2002) ou, na ausência de instituição voluntária, automaticamente, a impenhorabilidade recairá sobre o imóvel de menor valor (art. 5°, parágrafo único, da Lei n. 8.009/1990).

5) É possível a penhora de fração ideal de bem protegido pela Lei n. 8.009/1990, desde que o desmembramento não descaracterize o imóvel.

6) É possível mitigar a proteção legal conferida ao bem de família quando o imóvel possuir frações com destinações distintas e separadas uma da outra, permitida a penhora da fração de uso comercial.

7) É possível a penhora de imóvel contíguo ao bem de família, que possua matrícula própria no Registro de Imóveis, sem que se viole o parágrafo único do art. 1º da Lei do Bem de Família.

8) É válido acordo judicial homologado no qual devedor oferta bem de família como garantia de dívida, portanto a posterior alegação de impenhorabilidade do imóvel prevista na Lei n. 8.009/1990 contraria a boa-fé e a eticidade.

9) São taxativas as hipóteses de exceção à regra da impenhorabilidade do bem de família previstas na Lei n. 8.009/1990, logo não comportam interpretação extensiva.

10) É inviável a interpretação extensiva do art. 5º da Lei n. 8.009/1990 para abrigar bem que não ostenta característica de "moradia permanente", pois o propósito da lei é evitar a blindagem de imóveis de uso eventual ou recreativo, não afetado à subsistência da entidade familiar.

EDIÇÃO N. 201: BEM DE FAMÍLIA III

1) É válida a penhora do bem de família de fiador apontado em contrato de locação de imóvel, seja residencial, seja comercial, nos termos do inciso VII do art. 3º da Lei n. 8.009/1990. (Tese julgada sob o rito do art. 1.036 do CPC/2015 – TEMA 1.091)

2) É impenhorável o bem de família oferecido como caução em contrato de locação de imóvel residencial ou comercial.

3) É impenhorável o bem de família pertencente a sociedade empresária de pequeno porte oferecido como caução em contrato de locação e utilizado como moradia de sócio ou de sua família.

4) É penhorável o bem de família quando os únicos sócios da empresa devedora são os titulares do imóvel hipotecado, logo cabe aos proprietários o ônus de demonstrar que a família não se beneficiou dos valores auferidos.

5) É impenhorável o bem de família dado em garantia real por um dos sócios da pessoa jurídica devedora, cabe ao credor o ônus de provar que o proveito se reverteu à entidade familiar.

6) A desconsideração da personalidade jurídica, por si só, não afasta a impenhorabilidade do bem de família, ressalvadas as exceções previstas na Lei n. 8.009/1990.

7) É impenhorável o bem de família para o pagamento de honorários advocatícios ou de profissionais liberais, pois não se assemelham à pensão alimentícia para efeito da exceção do art. 3º, III, da Lei n. 8.009/1990.

8) É possível a penhora do bem de família em favor do credor de pensão alimentícia, ainda que se trate de bem indivisível, desde que respeitada a quota-parte do coproprietário não devedor da prestação.

9) Para a incidência da exceção à impenhorabilidade do bem de família, prevista no inciso VI do art. 3º da Lei n. 8.009/1990, é imprescindível a existência de sentença penal condenatória transitada em julgado.

EDIÇÃO N. 202: BEM DE FAMÍLIA IV

1) A impenhorabilidade do bem de família não pode ser afastada em cobrança de dívida fundada em contribuições criadas por associações de moradores, por se tratar de obrigação de direito pessoal, não equiparada a despesas condominiais.

2) A obrigação do coproprietário de pagar alugueres por uso exclusivo de imóvel comum, que utiliza como moradia, tem fundamento no direito real e possui natureza de obrigação propter rem, de modo a afastar a impenhorabilidade do bem de família.

4) O bem de família alienado fiduciariamente não pode ser penhorado em execução promovida por terceiro contra o devedor fiduciante, pois o imóvel pertence ao credor fiduciário.

5) É possível a penhora dos direitos decorrentes do contrato de alienação fiduciária de bem de família, pois possuem expressão econômica.

6) Os direitos do devedor fiduciante decorrentes do contrato de alienação fiduciária de imóvel dado em garantia são impenhoráveis, quando afetados à aquisição do bem de família e se tratar de único imóvel utilizado por ele ou por sua família para moradia.

7) A penhora de direitos do devedor fiduciante decorrentes do contrato de alienação fiduciária sobre o bem de família prescinde de anuência do credor fiduciário.

8) É possível penhorar bem de família para saldar débito originado de contrato de empreitada global que viabilizou a construção do imóvel.

9) A dívida contraída em razão da compra de material destinado à construção de bem de família, por si só, não afasta a impenhorabilidade do imóvel, pois as exceções estão limitadas às hipóteses do inciso II art. 3º da Lei n. 8.009/1990.

10) A exceção à impenhorabilidade do bem de família prevista para o crédito decorrente de financiamento destinado à construção ou à aquisição do imóvel se estende ao novo imóvel adquirido com os recursos oriundos da venda do bem primitivo penhorável.

EDIÇÃO N. 203: BEM DE FAMÍLIA V

1) Para se reconhecer a impenhorabilidade do bem de família não é exigido que o devedor prove que o imóvel onde reside é o único de sua propriedade.

2) É impenhorável o bem de família de devedor que sirva de residência para os seus familiares, ainda que aquele habite em outro imóvel.

3) É possível atribuir o benefício da impenhorabilidade a mais de um imóvel do devedor, desde que pertencentes a cada uma das entidades familiares formadas após a dissolução da união estável ou da separação ou do divórcio.

4) A impenhorabilidade do bem de família da Lei n. 8.009/1990 remanesce ainda que se trate de imóvel de alto padrão ou de luxo, independentemente do seu valor econômico.

5) A pequena propriedade rural trabalhada pela entidade familiar é impenhorável, ainda que oferecida em garantia hipotecária pelos respectivos proprietários.

6) O falecimento do devedor não faz cessar automaticamente a impenhorabilidade do imóvel caracterizado como bem de família, pois a proteção legal deve ser estendida em favor da entidade familiar.

7) A proteção instituída pela Lei n. 8.009/1990 impede a penhora de direitos hereditários no rosto do inventário do único bem de família que compõe o acervo sucessório.

8) É penhorável o bem de família ofertado como garantia para ingresso no Programa de Recuperação Fiscal – REFIS quando o devedor atua de maneira fraudulenta, com abuso do direito de propriedade e manifesta violação à boa-fé objetiva.

9) Os bens móveis que guarnecem o bem de família são impenhoráveis, excetuados aqueles em duplicidade, por não se tratar de utensílios necessários à manutenção básica da unidade familiar.

10) Os bens móveis que guarnecem a residência do devedor, enquanto não quitados, não se integram ao bem de família protegido pela Lei n. 8.009/1990, logo são passíveis de penhora.

EDIÇÃO N. 204: BEM DE FAMÍLIA VI

1) Não é possível que medida cautelar fiscal de indisponibilidade de bens recaia sobre bem de família, em razão da proteção contida no art. 1º da Lei n. 8.009/1990.

2) Decidida a questão da impenhorabilidade do bem de família, nos termos da Lei n. 8.009/1990, não é permitido ao Judiciário, ao seu arbítrio, em razão da preclusão consumativa, proferir novo pronunciamento sobre a mesma matéria.

3) O protesto contra alienação do bem de família não possui o objetivo de obstar ou anular o negócio jurídico de venda do imóvel impenhorável, mas tão somente de informar terceiros de boa-fé a respeito da pretensão do credor de penhora do bem.

4) A ausência de averbação da hipoteca no cartório de registros de imóveis, por si só, não afasta a exceção à regra de impenhorabilidade prevista no art. 3º, V, da Lei n. 8.009/1990.

5) Tratando-se de execução proposta por credor diverso daquele em favor do qual fora outorgada a hipoteca, é inadmissível a penhora do bem imóvel destinado à residência do devedor e de sua família, pois não incide a regra excepcional do art. 3º, V, da Lei n. 8.009/1990.

6) Para aplicar a exceção à impenhorabilidade do bem de família prevista no art. 3º, IV, da Lei n. 8.009/1990 é preciso que o débito de natureza tributária seja proveniente do próprio imóvel que se pretende penhorar.

7) A alienação, pelo executado, de imóvel considerado bem de família, após a constituição do crédito tributário, não caracteriza fraude à execução fiscal, pois a transferência do imóvel não afasta a cláusula de impenhorabilidade do bem.

8) A impenhorabilidade do bem de família não pode ser arguida, em ação anulatória da arrematação, após o encerramento da execução.

9) O afastamento da exceção à impenhorabilidade prevista no art. 3º da Lei n. 8.009/1990 não se estende ao saldo remanescente do produto da arrematação, de forma que, quitada a dívida, o crédito excedente não perde seu caráter de bem de família.

10) É possível a penhora do bem de família de condômino, na proporção de sua fração ideal, na hipótese de inexistir patrimônio próprio do condomínio para responder por dívida decorrente de danos a terceiros.

EDIÇÃO N. 205: MEDIDAS PROTETIVAS NA LEI MARIA DA PENHA – LEI N. 11.340/2006

1) As medidas protetivas previstas na Lei n. 11.340/2006 são aplicáveis às minorias, como transexuais, transgêneros, cisgêneros e travestis em situação de violência doméstica, afastado o aspecto meramente biológico.

2) As medidas protetivas impostas pela prática de violência doméstica e familiar contra a mulher possuem natureza satisfativa, motivo pelo qual podem ser pleiteadas de forma autônoma, independentemente da existência de outras ações judiciais.

3) Não se aplica o art. 308 do CPC/2015, que exige o ajuizamento de ação principal no prazo de trinta dias, à medida protetiva de alimentos deferida com fundamento na Lei n. 11.340/2006, que possui natureza satisfativa, e não cautelar.

4) A medida protetiva de alimentos deferida com fundamento na Lei n. 11.340/2006 subsiste enquanto perdurar a situação de vulnerabilidade desencadeada pela prática de violência doméstica e familiar, e não apenas durante a situação de violência.

5) O Juizado de Violência Doméstica e Familiar contra a Mulher é competente para executar os alimentos fixados como medida protetiva de urgência em decorrência de aplicação da Lei Maria da Penha pela Vara especializada.

6) A decisão proferida em processo penal que fixa alimentos em razão de prática de violência doméstica constitui título hábil para imediata cobrança e, em caso de inadimplemento, é possível a decretação de prisão civil.

7) Não é possível decretar a prisão do paciente por descumprimento de cautelar de prestação de alimentos sem a indicação concreta de prejuízo efetivo à vítima quando há contra ele a imputação de ataques físicos e morais à vítima e foram fixadas diversas medidas protetivas que preservam a segurança dela.

8) O Juizado de Violência Doméstica e Familiar contra a Mulher é competente para conhecer e julgar ação de divórcio ou de reconhecimento e dissolução de união estável na hipótese em que houve anterior promoção de medida protetiva, ainda que tenha sido extinta por homologação de acordo entre as partes.

9) O Juízo da Vara Especializada em Violência Doméstica e Familiar ou, na ausência deste, o Juízo Criminal é competente para apreciar o pedido de imposição de medida protetiva de manutenção de vínculo trabalhista da ofendida em razão de afastamento do trabalho decorrente de violência doméstica e familiar.

10) Compete à Justiça Federal apreciar pedido de medida protetiva de urgência decorrente de crime de ameaça contra mulher, iniciado no estrangeiro com resultado no Brasil e cometido por meio de rede social de grande alcance.

EDIÇÃO N. 206: MEDIDAS PROTETIVAS NA LEI MARIA DA PENHA II – LEI N. 11.340/2006

2) As medidas protetivas de urgência previstas nos incisos I, II e III do art. 22 da Lei Maria da Penha têm natureza jurídica de cautelares penais e, por isso, devem ser analisadas à luz do Código de Processo Penal, logo não há falar em citação do requerido para apresentar contestação, tampouco em decretação da revelia, nos moldes da lei processual civil.

5) Compete à Vara Especializada da Violência Doméstica e Familiar contra a Mulher julgar pedido incidental de natureza civil, realizado em medida protetiva de urgência, que envolva autorização para viagem ao exterior e guarda unilateral de infante.

EDIÇÃO N. 208: DOS DIREITOS DA PESSOA COM DEFICIÊNCIA

6) Compete à Justiça estadual julgar pedido de concessão de aposentadoria à pessoa com deficiência por tempo de contribuição, com a redução prevista no art. 3º da Lei Complementar n. 142/2013, quando a deficiência for decorrente de acidente de trabalho.

BIBLIOGRAFIA

BUENO, Cassio Scarpinella. *Curso Sistematizado de Direito Processual Civil*: teoria geral do direito processual civil. Vol. 1. São Paulo: Saraiva, 2007.

CABRAL, Antônio do Passo. CRAMER, Ronaldo. *Comentários ao novo Código de Processo Civil.* 1ª Ed. Rio de Janeiro: Forense, 2015.

CÂMARA, Alexandre Freitas. *O Novo Processo Civil Brasileiro.* 4° Ed. São Paulo: Atlas, 2018.

CAPPELLETTI, Mauro; GARTH, Bryant. *Acesso à Justiça.* Trad. Ellen Gracie Northfleet. Porto Alegre: Fabris, 1988.

CINTRA, Antônio Carlos de Araújo; GRINOVER, Ada Pellegrini; DINAMARCO, Cândido Rangel Dinamarco. *Teoria Geral do Processo.* 19ª Ed. São Paulo: Malheiros, 2003.

COSTA NETO, Raimundo Silvino da; RODRIGUES, Rodrigo Cordeiro de Souza. *Sentença Cível: estrutura e técnicas de elaboração.* 2ª Ed. São Paulo: Método, 2017.

DE SOUZA, Motauri Ciocchetti. *Ação Civil Pública e Inquérito Civil.* 5ª Ed. São Paulo: Editora Saraiva, 2013.

DIDIER JR., Fredie. *Curso de Direito Processual Civil*: introdução ao direito processual civil, parte geral e processo de conhecimento. Vol. 1. 19ª Ed. Salvador: Juspodivm, 2017.

DIDIER JR., Fredie; BRAGA, Paula Sarno; OLIVEIRA, Rafael Alexandria de. *Curso de Direito Processual Civil*: teoria da prova, direito probatório, decisão, precedente, coisa julgada e tutela provisória. Vol. 2. 10ª Ed. Salvador: Juspodivm, 2015.

DONIZETTI. Elpídio. *Redigindo a Sentença Cível.* 8ª Ed. São Paulo: Atlas, 2017.

GAJARDONI, Fernando da Fonseca; DELLORE, Luiz; ROQUE, André Vasconcellos e OLIVEIRA JR., Zulmar Duarte de. *Processo de Conhecimento e Cumprimento de Sentença*: comentários ao CPC de 2015. Rio de Janeiro/São Paulo: Forense, 2016.

_____;_____;_____;_____.*Teoria Geral do Processo*: comentários ao CPC 2015. Rio de Janeiro/São Paulo: Forense, 2016.

JUSTEN FILHO, Marçal. *Reforma da Lei de Improbidade Administrativa Comparada e Comentada.* 1ª Ed. Rio de Janeiro: Editora Forense, 2022.

LOPES JR. Jaylton Jackson de Freitas. *Sentença Cível Descomplicada.* 2ª Ed. Brasília: Editora CPIuris, 2017.

MARINONI, Luiz Guilherme; MARINONI, Luiz Guilherme; ARENHART, Sérgio Cruz; MITIDIERO, Daniel. *Novo Código de Processo Civil Comentado.* São Paulo: Editora Revista dos Tribunais, 2015.

_______. *Novo Curso de Processo Civil*: tutela dos direitos mediante procedimentos diferenciados. v. 3. São Paulo: Editora Revista dos Tribunais, 2015.

MEDINA, José Miguel Garcia. *Curso de Direito Processual Civil Moderno.* 3. ed. São Paulo: Revista dos Tribunais, 2017.

MENDES, Gilmar Ferreira; BRANCO, Paulo Gustavo Gonet. *Curso de Direito Constitucional.* 13. ed. rev. e atual., versão digital. São Paulo: Saraiva Educação, 2018.

MITIDIERO, Daniel. *Comentários ao Código de Processo Civil.* Tomo III. São Paulo: Editora Memória Jurídica, 2006.

MINAMI, Marcos Youji. *Da vedação ao non factibile: uma introdução às medidas executivas atípicas.* Salvador: Editora Juspodivm, 2018.

MOREIRA. José Carlos Barbosa. *Comentários ao Código de Processo Civil.* 7ª Ed. Rio de Janeiro: Forense, 1998.

NERY JUNIOR, Nelson e NERY, Rosa Maria de Andrade. *Código de Processo Civil Comentado.* 10. ed. São Paulo: Revista dos Tribunais, 2008.

_______. *Código de Processo Civil comentado [livro eletrônico].* 3. ed. São Paulo: Thomson Reuters Brasil, 2018.

NEVES, Daniel Amorim Assumpção. *Manual de Direito Processual Civil.* Volume Único. 11ª Ed. Salvador: Juspodivm, 2019.

REZENDE, Luiz Otávio; LUNARDI, Fabrício Castagna. *Curso de Sentença Cível: técnica, prática e desenvolvimento de habilidades.* 2ª Ed. Salvador: Juspodivm, 2019.

SLAIBI FILHO, Nagib; SÁ, Romar Navarro de. *Sentença Cível: fundamentos e técnica.* 9º Ed. Rio de Janeiro: Forense, 2017.

SOUZA, Gelson Amaro de. *Sentença de Mérito sem Citação do Réu (art. 285-A do CPC).* Revista Dialética de Direito Processual. n. 43, out. 2006. São Paulo: Dialética. Disponível em: <http://www.gelsonamaro.com.br/artigo33.html>. Acesso em: 24 mai. 2019.

EDITORA JusPODIVM
www.editorajuspodivm.com.br

COLOR system

JUS2888